U0905060

彭铎福文集

（上）

哲学的探索

彭铎福 著

湖南大學出版社

内容简介

本书分上下二册。上册为哲学的探索，分三辑：1. 神、灵魂及其他；探讨中西方哲学思想；2. 辩证唯物主义、历史唯物主义。探讨毛泽东、邓小平哲学思想等；3. 世界观、人生观、价值观。结合社会实际，特别是大学德育教育实际，论述正确的世界观、人生观、价值观的培育问题。下册为作者有关生活回忆的文章。

图书在版编目（CIP）数据

彭铎福文集：全 2 册/彭铎福著. —长沙：湖南大学出版社，2018. 2

ISBN 978－7－5667－1491－6

Ⅰ. ①彭.. Ⅱ. ①彭… Ⅲ. ①社会科学—文集 Ⅳ. ①C53

中国版本图书馆 CIP 数据核字（2018）第 009234 号

彭铎福文集（上、下）

PENGDUOFU WENJI（SHANG XIA）

作　　者： 彭铎福（著）
责任编辑： 邹丽红
印　　装： 长沙鸿和印务有限公司
开　　本： 710×1000　**印张：** 31　**字数：** 512 千
版　　次： 2018 年 2 月第 1 版　**印次：** 2018 年 2 月第 1 次印刷
书　　号： ISBN 978－7－5667－1491－6
定　　价： 100. 00 元（上、下）

出 版 人： 雷　鸣
出版发行： 湖南大学出版社
社　　址： 湖南·长沙·岳麓山　**邮　　编：** 410082
电　　话： 0731－88822559(发行部),88821343(编辑室),88821006(出版部)
传　　真： 0731－88649312(发行部),88822264(总编室)
网　　址： http://www. hnupress. com
电子邮箱： 408703860@ qq.com

前　言

我将写作发表的哲学方面的文章收集了二十五篇，放在本卷印出，有下面几点简短说明。

我在湘潭大学教学期间，主要是从事外国哲学史的授课和研究。特别是给研究生讲授古希腊罗马哲学原著，迫使我研读了一些著作和资料，通过综合、对比、分析和研究，形成了自己的一些看法，因而先后写下了一些关于古希腊哲学方面的论文。在一段时间内，湘潭大学原哲学系与毛泽东思想研究所搞系所合一，因此，我还兼任了毛泽东思想研究所的所长，也是为了有利于工作和教学，我还认真地研究了毛泽东思想等有关马克思主义哲学的问题，也写了一些关于辩证唯物主义和历史唯物主义方面的文章。后来，我调入原湖南教育学院马列教研室（后改名为马列教学部）任教。这个教学部主要是给全院的学生开公共政治课，除讲马克思主义哲学、毛泽东思想概论、邓小平理论、法律基础外，还要讲授思想品德等德育理论。也是为了教学和当时思想政治教育的需要，我研究了有关思想政治教育的一些问题，写了关于世界观、人生观和价值观方面的一些文章。因此，这些文章都是因为教学的需要，或给学生作政治思想教育方面讲课讲演的需要，匆忙赶写成的，说不上精细的研究和深沉的思考，也来不及细致推敲、加工和润色，可以说，从内容到形式都是低水平的、粗糙的，也说不上有多少价值和意义。但它们又毕竟是伴随我三十多年高校教学科研的结晶，不忍割爱，我才不怕献丑，还是将它们集结印出来了。

促使我这样做的另一个原因，就是希望将这些零散的文章收集在一起，便于保存，以免再丢失。我编这个小集子来寻找一些我记忆中的文章，有的怎么也找不到了，就是连手稿也找不到了。后来，我想，可能是几次评职称交上去，未退回来；也可能是别人借了未归还；还有可能是在几次搬家中不慎丢掉了，还有可能是卖旧书和报刊卖掉了，也许到图书馆去翻阅旧报刊杂志能找到一些，但这次来不及了。如果以后能查找到一些，加上这次未选进去的另一些文章，我准备将它们再编一个小集子印出来。

这里印出的二十五篇文章，是我写作发表的文章的主要部分，但不是全部，也不是每篇都是我认为满意的。为什么？一是考虑到这本小书如果篇数再增多，可能在印装等方面会有些不方便；二是有些文章手边一下找不到，这次无法放进来；三是确实我自己认为还有一些比较满意的文章未编进来。如，1997 年我参加在黄山举行的第二届全国外国哲学研讨会，提交一篇关于恩培多克勒论生物进化的论文，我认为是写得比较好的，在会上受到好评，这次，我很想把它收进来，可是，怎么也找不到了；还有，在湘大，我与罗刚建同志合写的发表在《学习导报》上的一篇很有份量的文章，也翻箱倒柜无法找到；还有选录在湖南教育学院编辑出版的《星光灿烂》一书中，一篇从哲学角度谈治学的文章，我认为写得很有特色和新意，考虑到与本书的三辑内容欠吻合，这次，也未收录进来；还有报上的一些小论文也未选进来，因为我认为它们的学术份量可能欠缺一些。

本卷印出的文章全部是按写作发表时的原稿排印的，未作任何修改。为什么？一是时间和精力不允许我来做这么大的修改工作；二是为了尊重历史的真实。这是什么意思？说实在的，从今天来看，有些文章中涉及到政治理论方面的一些观点和内容，明显地是欠妥当了，落后了，或者是与现时的方针政策不太吻合了；有些专业学术方面的文章，由于新资料的发现，研究的不断深入，一些新见解和观点的提出，我的原先的某些观点和论证明显地表现出有些狭窄和欠全面了。但我不愿对它们做任何修改。这是因为，第一，这些文章是我以前写的，不是现在写的，我当时的认识是那个水平，就应当是那样。这叫尊重历史吧。第二，现在看来文章中存在一些欠缺，固然是我个人的认识和水平的局限，同样，也可说是历史的局限。在当时的历史条件下，我阐述这样一些观点和见解，能够得以发表，得到社会的认可，这就表明，当时我的这些观点和见解，并非完全是我一个人的，至少社会上有相当一部分人，或者说社会上的一些思潮是处在一个和我的观点相近的认识水准上。所以，今天看到某些文章中的欠缺，特别是涉及政治理论方面的，我想大家是可以理解和谅解的。第三，过去写的论著，在新的历史条件下看来存在欠缺，不完美，甚至不恰当，我认为，这不能算什么坏事，相反，而应认为是一件好事。因为这恰恰表明，社会进步了，历史前进了，人们的实践和认识提高了，已经站在了一个新的水准上。有历史上存在的不完善的东西作比较的参照，不是更显示出新历史条件下社会的发展、进步的美好和人类智慧之花开得愈益灿烂吗？纵观历史上一切伟大的论著，随着时间的推移，都会表现出它的历史局限性。如叙述孔子主要学说的《论语》，在当时，可谓是中华民族智慧的最高结晶，可到了今天，我们对它也只能是吸取其精化，抛弃其糟粕。更何况是我们这些普通人写的微不足道的东西呢。因此，为了让读者能理解这些文章的历史局限，我特别在每篇文章的末尾注明了写作的年代。

当然，我讲这些理由，并不是为自己文章中的缺点进行辩护，更不是为了封别人的嘴。相反，我是诚恳地、热情地欢迎大家批评、指正的。能够得到朋友们的批评意见，是我所渴求的。因为它会有利于提高我的认识，帮助我改正缺点，也许会使我今后能稍微写作得更好一点。

作 者

2007 年 2 月于长沙岳麓山下寓所

目　次

第一辑　神·灵魂及其他

第二辑　辩证唯物主义、历史唯物主义

第三辑 世界观、人生观和价值观

第一辑 神·灵魂及其他

对古希腊罗马哲学中神的观念的一些理解

本文试图就古希腊罗马哲学中的神的观念及其与哲学的关系诸问题作一初步的探讨。

古希腊罗马哲学中的神的观念就其所表示的根本意义来说，大致有如下一些含义：①万物的始基；②世界的创造主；③至善和目的；④宇宙中的一切自然事物，或象征外界某种规律性。当然，哲学家也还在其他的情况下谈论各种神。不过，我们应能区分，哪些神是表达哲学的根本意义的；哪些只不过是一种口头语顺便提到，如爱神、酒神之类；而哪些则只是一种表面的掩饰，如伊壁鸠鲁的哲学中也讲到了神，而实质他却是主张无神论。上述四个方面的概括，就是从神表达的根本意义上来说的。

古希腊罗马哲学中神的观念给了当时哲学和社会文明一定的影响，而且也显示了哲学的一些内在逻辑特征。

神的观念影响了该时期哲学发展的方向。古希腊哲学是以唯物主义为开端的。尽管这种唯物主义还是朴素、直观的，还把始基称作神，可是，承认始基是一种物质本原，力图对神作出科学的解释，毫不怀疑外部世界的物质真实性，却是这种哲学的基本倾向。然而，随着其内部神的观念的演变，朴素的唯物主义方向就发生了变化。在毕达哥拉斯那儿，哲学社团的活动就和宗教神学紧密地结合在一起了。特别是爱利亚学派认为“存在”是万物的始基，是神，神是不动不变的，它产生万物和管理世界是靠智慧和活跃万能的思想。“把绝对本质表现为纯粹概念或被思维者，……这就是我们在爱利亚学派里所看见的。在这个学派里，我们看见思想本身成为独立自由的了。”① 这样，巴门尼德一反米利都学派，而在哲学的宝座上代之以一个有智慧和活跃万能思想的不

① 黑格尔《哲学史讲演录》第一卷，第252-253页。

动不变的神了。针对巴门尼德提出的新问题，出现了两种不同方向的综合。一种是德谟克利特的唯物主义原子论的综合，提出了明确的唯物主义哲学路线。可是，由于各种条件的制约，他的唯物主义路线毕竟未发展成当时社会中占优势的哲学潮流。另一种是柏拉图的综合。他继承发展了爱利亚学派关于神的观点，提出唯一、崇高、伟大的神是万物创造主的思想，使神成为他整个哲学的轴心，并把在爱利亚学派还是粗糙的神，改造得更完美，精致；把思想和本体还是分离的神铸造成思想、能力、品德和自身都通融为一体的神，规定了整个晚期希腊和罗马哲学的神学唯心主义方向。这种思潮使超验的世界与现实的世界日渐分裂，并让前者统治后者，实际上已为中世纪的神学绝对统治准备了条件。"新的世界宗教，即基督教，已经从普遍化了的东方神学，特别是犹太神学和庸俗化了的希腊哲学，特别是斯多葛派哲学的混合中悄悄地产生了。"①

神的观念严重地影响了古希腊罗马哲学斗争的形式和内容，整个哲学的斗争笼罩着神学的色彩。首先，对哲学中的神的理解。爱利亚学派认为神是"一"和"全"，是"全视、全知、全听"的。② 苏格拉底和柏拉图认为神拥有巨大的力量、崇高的品质和美好的目的，是不生不死的，是万物的创造主。可是，以德谟克利特为首的唯物主义哲学家则认为，神和人一样是生长出来的，有人一样的品质，甚至也有丑行，神是由原子构成的，原子有分合，神也就有生死；自然界中的各种奇异现象不是神的力量施威显灵的表现，而是自然事物自己发生的。其次，由于神的观念的影响，本来是哲学范畴上的对立和斗争，都放在神的题目下进行了，如始基的问题。在唯物主义与唯心主义路线尚未明确形成之前，作为始基的神具有物质内容的多少，还是具有神秘、荒诞的内容的多少，就显示了一定程度上唯物与唯心的倾向的对立。最后，哲学上神的观念之间的斗争，甚而导致了政治上的残酷斗争。柏拉图不仅非常仇视、害怕德谟克利特的唯物主义，而且他把主张水、气、火、土是万物本原的人都看成是无神论者，主张与他们作坚决的斗争。他首先"批驳"了无神论，然后要求国家制订法律惩罚无神论者。就是对那些认为神存在，但认为神不关心人事，或者认为神即使关心人事，但是需要用牺牲和祈祷来奉承神，神才关心人事的人，他认为也是在言语行动上侮辱了神灵，也要加以感化和惩罚。晚期希

① 引自《马克思恩格斯选集》第四卷，第 251 页。

② 引自《古希腊罗马哲学》第 47 页。

腊和罗马的唯心主义哲学家紧步柏拉图的后尘，进一步对唯物主义哲学和无神论者进行打击、迫害。可是，继承了德谟克利特唯物主义原子论的伊壁鸠鲁却高高地举起了无神论的大旗，他和卢克莱修、琉善等对唯心主义神学进行了无情地揭露、辛辣地讽刺和猛烈地抨击，有力地反击了柏拉图开始的对唯物主义哲学家的迫害。

神的观念也影响了社会传统、道德和文明的发展。在古代，原始宗教、巫术和神话是社会文化的基本内容，是保持传统和道德，使人达到某种欲求的重要手段，也是社会维护律法和治安的必要措施。那时原始宗教的入世礼的目的是使青年受到神圣的传统教育，以维持秩序与文明。那时的丧礼对社会有非同小可的作用。因为死亡是通向另一世界的大门，人们在生离死别的短暂时刻，有着强烈的感情和复杂的思绪，常常陷入深深的矛盾之中。正是在此时，宗教插进腿来，它以一种丧礼的仪式使人们相信来世、灵魂不死和生命永生，来解救情感在生死关头的痛苦，使人们的心灵得到一种安慰，使复杂的思绪和冲动的情感神圣化，使心中的恐惧、失望、灰心等冲力得到平息。古代的巫术是用来达到实用目的的手段。人们认为巫术能使他们渡过一切重要事务或急迫关头所有危险之口，不管是在盛怒之下，怨恨难当，还是在情迷颠倒，思灰念焦的状态之下，它使人保持平衡的态度与精神的统一。古代人所以崇信原始宗教和巫术，是因为他们相信在它们背后有一种超现实的神秘力量在主宰人们的命运、决定生死的关卡，行使逢凶化吉、赏善罚恶的职能，使人达到目的和成功。这种超验的力量实质就是神。所以，当古希腊最初的哲学从原始宗教和神话中脱胎出来时，哲学家就把自己最根本的哲学范畴始基叫作神。但是，作为哲学中的神的观念却远远超过了古代原始宗教、巫术在社会生活中的作用，前者比后者更宽广、普遍、深刻、自觉地影响着整个社会的传统、道德和文明。原始宗教对灵魂不死、生命永生还是一种朦胧的期求、幻想，而毕达哥拉斯则使它成了系统的理论和自觉信仰的戒条；在原始宗教和巫术那儿，外在的超验力量的作用还常常表现在偶然性上，而柏拉图则明确地宣布神是万物的创造主，神意主宰着一切；在古代，社会传统、道德、习俗民风是通过各种礼仪形式潜移默化地施行其影响，而哲学中的神的观念则是自觉地、积极地、正面地发生作用。特别是晚期希腊和罗马哲学中的神的观念，与社会伦理道德紧密地结合起来，宣扬禁欲主义、宿命论和神学目的论，使一切道德、传统、风俗习惯和社会文明都统一于神中，都处在神的观念的监护之下。

神的观念也显示了哲学发展的一些逻辑特征。

如，在始基上神的观念的演变展现了古希腊罗马哲学中一般与个别的相互关系。在唯物主义或具有唯物主义倾向的哲学中，米利都学派认为始基全部是神。赫拉克利特虽然提出火和“逻各斯”是神，可是，实际上只强调了火是神，神作为始基在他那儿正在减少。恩培多克勒和阿那克萨哥拉分别提出了“四根”，“爱”和“争”，“种子”和“心灵”（努斯）是万物的始基，可他们只把“四根”等看作神，而把始基的活动性的部分“爱”“争”和“心灵”却排斥在神之外。“现在阿那克萨哥拉说，普遍者（即指‘心灵’）并不是神灵，……而是思想自身。”[①] 这样，在他们那儿始基的某一部分已不是神。德谟克利特在始基中完全排除了神。晚期希腊和罗马的唯物主义哲学主张无神论。从始基的全部是神，到始基的一部分是神，再到始基全部不是神，表现了神的观念是从多神走向无神，显示了哲学从个别走向一般的发展趋势。

在唯心主义或具有唯心主义倾向的哲学中，毕达哥拉斯学派把始基神秘化，但尚未称作神。爱利亚学派的“存在”是始基，可“存在”的对面有“非存在”，“真理”的对面有“意见”和“现象界”。巴门尼德只承认“存在”是“真理”，是神，否认了世界的另一部分。另外，他追求的“神是一”，也不是只有一个神，黑格尔明确地指出了这点：在巴门尼德那儿，“于是真理就只是：神是一，——这意思不是说，只有一个神，（这是另一个规定），而是说，神只是自己与自己等同者。”[②] 因此，在巴门尼德那儿只有部分始基是神，并也不是真正的一神。只是到了苏格拉底和柏拉图，才把神看成是万物的唯一根源。可见，在毕达哥拉斯、爱利亚学派和柏拉图那儿是从神不是始基，到神是部分始基，再到神是唯一的始基，是从多神走向一神，也是在从个别走向一般。

一般与个别的关系问题，是古希腊罗马哲学中的一个基本问题。哲学中神的观念在始基上的演变显示了这种发展的内在逻辑趋势。无论是从多神走向无神，还是从多神走向一神，都表示在从个别走向一般，都标志着人类思维能力上的进步。

---

① 引自黑格尔《哲学史讲演录》第一卷，第 342 页。

② 引自黑格尔《哲学史讲演录》第一卷，第 257 页。

神的观念在动因上也显示了一定的特征。它在作为始基和动因之间的关系的变化可大致划分为三个不同的阶段。第一，神作为始基和动力处于一种含混的未分明的阶段；第二，神作为始基与动力明确分离的阶段；第三，神作为始基（或一种排斥神的始基）与动力紧密地内在地统一于一体的阶段。第一阶段主要是指米利都、爱非斯学派的具体物质元素的始基，动力表现为凝聚、稀薄、冷、热等，并未与始基分离。神作为始基表现出的动力也是含混地与始基结合在一起。所以亚里士多德说，这时期凡是主张宇宙为“元一”的人们，都还未明确指出动因。第二阶段主要是指爱利亚学派、阿那克萨哥拉和恩培多克勒时期。爱利亚学派作为始基的神是不动不变的，它产生万物的动力是他们赋予神的，所以神作为始基和动力实质上是分离的。阿那克萨哥拉和恩培多克勒将始基“四根”“种子”和动力“爱”“争”和“心灵”明确地分离开了，所以亚里士多德说：“与他的前人比较，恩培多克勒是第一个将动因分为相异而相对的两个来源。”① 第三阶段主要是指德谟克利特和柏拉图。这时哲学家意识到要将始基与动力明确地区分开来，又要将它们紧紧地统一于始基自身之内，这仿佛是向第一阶段的回复，可它是在一个更高阶段上的回复，因为这种动力不是游离于始基之外，而是由始基自身产生出来，又统一于自身的。亚里士多德抛弃了原始的始基说，代之以本体论，提出了“四因”，而动因仅是其一，可他又将动因归于形式因，最后得一纯形式即神，即永恒的动力。可见，他虽不满柏拉图将动因归为神自身的创造力，但他自己也未真正解决事物生灭变化的动因，最后只能重蹈柏拉图的覆辙，到神那里去找动因。

探讨事物生灭变化的动因，也是古希腊罗马哲学的重要任务之一。神的观念在作为始基和动因之间的关系的演变，展现了人们在认识动因上的一个曲折上升的过程。

上述神的观念及与哲学的关系，是有其原由的。

从文化传统上看。古希腊罗马哲学中神的观念远在古代社会的文化内容之中就已有它的雏形。那时的社会文化主要有最初的科学、原始宗教、巫术、图腾制、神话等等。古代的科学还十分低下简单，还只是人们一些初始经验的积累。从经验中古人懂得植物栽培、果园管理都要顺应自然生长的秩序；打猎、

---

① 引自亚里士多德《形而上学》第11页。

捕鱼、航海都要适应气候、季节和环境的变化。如违背，任你怎样举行宗教礼仪，行使巫术都是无济于事的。对自然规律显示的这种力量，古人懂得这是与原始宗教、巫术不同的，他们模糊地意识到有种巨大的力量在迫使外界周而复始照常运行。人只能遵循它，才能成功。很显然，这就是后来哲学中的神象征着外界某种规律性的根源。图腾制是古代人们用一些大宗的动植物或装饰品来象征本民族，并当成古老神圣的先祖来崇拜的一种制度。他们认为这样就能维护传统的威严、道德的力量、社会的安宁。同样，古代人也是假定了在图腾形象背后有种巨大的力量在起作用。还有古代的神话，它是古代人们经验和智慧的结晶，它讲述着天地的由来，人类的起源，生死的演变，爱情的悲歌，神鬼的奇迹，它是“通过人民的幻想用一种不自觉的艺术方式加工过的自然和社会形式本身。”① 在这种以幻想形式表达出来的对自然和社会之谜的解释中孕育了人类最初世界观的萌芽，这就为哲学的产生、哲学中神的观念的起源以及神的崇高、伟大、万能提供了充足的资料来源。

从思想渊源看。古希腊罗马哲学主要渊源于原始宗教和神话传说。“宗教是在最原始的时代从人们关于自己本身的自然和周围的外部自然的错误的、最原始的观念中产生的。”② 因而它是用神创世界来说明万物的起源，而哲学则第一次用物质的本原来说明。所以哲学的产生标志着人类对世界起源的观点实现了一个根本突破，标志着一种新的世界观的提出。但是，“最初在意识的宗教形式中形成”的哲学，不可能一下就割断与传统东西的所有联系，而在不少的方面却表现了继承。所以，哲学“一方面它消灭宗教本身，另一方面从它的积极内容说来，它自己还只在这个理论化的、化为思想的宗教领域内活动。”③ 因此，最初的哲学不仅在始基上沿用了神的名称，而且还在内部包含了不少传统神学的观念，因而这种朴素、直观的哲学就完全可能朝着两种不同的方向发展。一种是一步步排除神的观念，走向唯物主义和无神论；另一种是摆脱不了原始宗教和神话的影响，一步步走向唯心主义、走向神学世界观。

从人们对思维与存在的关系的认识过程来看，哲学中神的观念的演变也在很大程度上受了这种认识发展过程的影响。最初的哲学还不可能明确地提出思

① 引自《马克思恩格斯选集》第二卷，第113页。
② 引自《马克思恩格斯选集》第四卷，第250页。
③ 引自《马克思恩格斯全集》第二卷，第26页。

维与存在的关系问题，而只是通过本原与变体的关系极朦胧地体现出初始的倾向。米利都，爱非斯学派把水、气、火作始基，实际是“以自然范畴的形式，以水，空气来理解普遍。”① 但由于“普遍被表现在一个特殊形态里”，就遇到了一个不可克服的矛盾，即带有具体物质特性的本原怎样转化为万千各别的事物？虽然这时始基也是神，但由于思维与存在的关系尚未明确化，所以神的观念作为一般化的本原还未提到议事日程上来。但是，“以后的发展必须是扬弃这种单纯而直接的自然范畴”，② 要求解决本原与变体的矛盾推动着人们去寻找更一般化的本原。然而，人类思维发展的进程是，把某种事物一般化的思想必然会发展到从事物而形成思想概念。黑格尔说：“因此，水并没有感觉的普遍性，却只有一种思辨的普遍性。然而思辨的普遍性必然要扬弃掉感觉性而使自己成为概念。”③ 巴门尼德看到了他的先辈们的缺陷，决心去寻找更一般性的东西来作始基，于是他提出了“存在”。他认为思维与存在具有同一性，是互相联系、互相转化的。为什么？因为“存在”就是神。有智慧和活跃万能的思想，因而始基就是一种具有更多思想特性的一般本原，亦即神的观念被视为一般的精神本原了。同时，他也明确地提出了感性和理性的问题，思维和存在的关系被他第一次明确地指出来了，因而他在解决本原与变体的关系上前进了一大步。德谟克利特从唯物主义的立场上解决了思维与存在的关系问题，认为物质的原子是第一性的，思想、理性是第二性的，企图用这种更多地摆脱了具体物质特性、更一般化的元素来代替巴门尼德的神，去解决本原与变体的矛盾，去保持古伊奥尼亚学派的物质始基传统。然而，他并未彻底解决。柏拉图综合了巴门尼德的“存在”和苏格拉底的“概念论”，提出了理念作为万物的本原，认为理念在先，事物在后，也明确地解决了思维与存在的关系问题，只不过是一种与德谟克利特正相反的解决。柏拉图认为最高的善的理念就是神，思维与存在的统一就统一在神是万物的创造主的基础之上。很显然，柏拉图是从唯心地解决思维与存在的关系出发，并让神的观念起一种核心作用，才进而解决了本原与变体的矛盾。德谟克利特虽然第一次唯物主义地解决了这种关系，但仍留下了问题。柏拉图却从发挥神的观念的核心作用上解决了这个问

① 引自黑格尔《哲学史讲演录》第一卷，第 177 页。

② 引自黑格尔《哲学史讲演录》第一卷，第 177 页。

③ 引自黑格尔《哲学史讲演录》第一卷，第 184 页。

题，从而为古希腊罗马哲学中的唯心主义神学观念的更大发展拓开了道路。所以，恩格斯说："古希腊罗马哲学是原始的自发的唯物主义。作为这样的唯物主义，它不能彻底地了解思维对物质的关系。但是，弄清这个问题的那种必要性，引出了关于可以和肉体分开的灵魂的学说，然后引出了灵魂不死的论断，最后引出了一神教。这样旧唯物主义就被唯心主义否定了"。①

最后，从社会环境的变更，政治、经济的变化对神的观念的影响来看。古代的各种神常局限在一定范围之内，各个民族、部落都有自己的守护神，这些神不越出本民族、部落的范围，植根于人们心中，管理着本民族、部落的简单的事项。但随着古希腊罗马的社会状况逐步发生变化，连年战争，海外移民，政治改革，日趋扩大的海外贸易，东西方频繁的接触交往，使旧日的部落消失，民族融合，城邦更换，社会的政治、经济生活内容与日增多、丰富，各种社会事项日渐复杂、多样。面对着发生了巨大变化的社会状况，原来民族的、部落的神怎么办？它只能作出两种选择：一种是一部分人抛弃原来那种众多的、能力小的、地位低的神，而求之于一种唯一的、能力大的、地位高的神，让它来管理更宽广的范围，更复杂的事务，以适应变化了的社会现实的需要；另一种是一部分人认为，既然原来民族的、部落的神只能管狭小的范围、简单的事务，而现在范围扩大了，事务变复杂了，原来的神管不了了，现在没有神来管，世界万物依旧存在着，人们照样生活着，可见这个世界不要神也是可以的。应当说，哲学中神的观念由多神走向一神，或由多神走向无神就是这种社会现实变动在人们意识中的折光反映。

（1987 年）

① 引自恩格斯《反杜林论》第 136 页。

论古希腊早期自然哲学中的灵魂观

长期以来，国内流行的教科书对古希腊早期自然哲学中的灵魂观都未作全面的评述，以致在人们的观念中造成了错觉，似乎认为灵魂观就是导致向唯心主义和神秘主义发展的根源，灵魂观念就意味着神学唯心主义和宗教神秘主义。其实，这是一种片面的理解。近年来，虽然国内有些学者对此有所更正，但仍未作系统的论证。为全面理解古希腊早期自然哲学中的灵魂观和纠正人们的片面观点，有必要对此作一比较全面的论述。

从原始宗教和神话中脱胎出来的最初的希腊哲学，不可避免地带有古代的灵魂观念。这种灵魂观念是古代希腊人思想中最重要的观念之一，它和神的观念一样，是那时人们认识世界和说明万物起源的重要手段。但是，哲学的产生就标志着它对原始宗教和神话的一种本质变革。哲学第一次用物质来作世界万物统一性的基础，与原始宗教和神话的神创世界观是根本不同的。然而，最初的哲学又仅仅是科学思维的开端，它还没有较多的抽象思维，还不握有复杂的认识方法和各种科学的认识范畴。这样，在古代人们认识和说明世界中起着重要作用的灵魂观念就必然会进入这种哲学之中。当然，新产生的哲学又决不会毫不改变地全盘接受古代的灵魂观，它必然要将其纳入自己的意识之中，并力图对其进行改造。但是，这种哲学又还不可能彻底地改造它，抛弃它；相反，古代的灵魂观念还可能在哲学内部表现出巨大的作用。正因此，自然哲学家不但不否认灵魂的存在，甚至有的还认为灵魂充满了整个世界。这样，古希腊早期自然哲学中的灵魂观就呈现着一种复杂的状况：一方面这种灵魂观受着物质始基的制约，并与其结合在一起，表现了灵魂的物质性；另一方面，它又继承和发展了古代灵魂观的一些内容，表现了神秘和唯心的性质，而在很多情况下，常常是唯物与唯心的倾向交错在一起，造成了矛盾和混乱。

古希腊早期自然哲学认为，灵魂就是始基，始基也就是灵魂。这些哲学家多半是以某种具体物质元素作世界万物统一性的基础，可是他们同时又认为这些具体物质元素就是灵魂。阿那克西美尼认为，对人和动物来说，空气就是灵魂和智慧，“正如我们的灵魂是空气，并且是通过灵魂使我们结成一体一样，嘘气和空气也包围着整个世界。”① 黑格尔指出，毕达哥拉斯“把数的概念进一步应用在灵魂上”，数也就是灵魂，“因为灵魂同时推动自己：所以它是自己推动自己的数。”② 在赫拉克利特看来，“逻各斯”是始基火的根本属性，是火所固有的，而他又说：“‘逻各斯’是灵魂所固有的。”③ 显然他的“火就是灵魂”。④ 这表明，自然哲学家是把灵魂看成和水、火、土、气一样的始基的。所以，亚里士多德说：“赫拉克利特说灵魂是始基。”⑤ 这说明自然哲学家力图摆脱原始宗教和神话的影响，对灵魂作出唯物的解释。

自然哲学中的始基在不断演变，首先是用更轻、更容易变化的始基来代替比较笨重、比较难于变化的始基；然后，又用多种元素结合在一起作始基来代替单一的一种具体物质作始基。与此同时，灵魂观也发生了变化。最先，毕达哥拉斯学派提出了灵魂是太阳光中的尘埃。黑格尔说：“亚里士多德告诉我们说，‘他们（指毕达哥拉斯派）曾以为灵魂是太阳光中的微尘，另一些人认为，灵魂是这些太阳光中的微尘的推动者’。”⑥ 灵魂是太阳光中的尘埃的观念实质上就是始基是气、“无限者”等的进一步发挥，它的唯物主义性质同样是十分清楚的。列宁非常重视这种灵魂是尘埃的学说，他指出，这是“对物质结构的暗示”。⑦ 其次，自然哲学家又认为，灵魂是由各种物质元素构成的整体。阿那克萨哥拉和恩培多克勒分别用“四根”和“种子”来作万物的始基，同时又认为灵魂就是由它们构成的整体。阿那克萨哥拉说，在一切复合事物中，包含着“种子”，人和灵魂都是由“种子”组合起来的。爱利亚学派也指出：“灵魂由冷、热、干、湿四种元素的等量部分构成。”⑧ 所以，黑格尔说：“这里我们有了这种观念：精神、灵魂，它们本身就是这些元素的统一和这些

---

① 引自《古希腊罗马哲学》第 13 页。
② 引自黑格尔《哲学史讲演录》第一卷，第 243 页。
③ 引自《古希腊罗马哲学》第 29 页。
④ 引自黑格尔《哲学史讲演录》第一卷，第 307 页。
⑤ 引自梯尔士《前苏格拉底》22. A. 15。
⑥ 引自黑格尔《哲学史讲演录》第一卷，第 234 页。
⑦ 引自列宁《哲学笔记》第 275 页。
⑧ 引自《古希腊罗马哲学》第 57 页。

元素的同一的整体。”① 自然哲学家之后的原子论者更把灵魂看成是众多光滑的原子的组合，列宁曾说：“在伊壁鸠鲁看来，灵魂是原子的某种‘集合’”。当有人认为伊壁鸠鲁讲的不过是一句空话时，列宁反驳道：“不，这是天才的猜测，是为科学而不是为僧侣主义指示途径的路标。”②

古希腊的自然哲学家也多半是杰出的自然科学家，他们以某种具体物质元素作始基，不仅是为了说明各种单个事物的起源，而且是为了论证宇宙的形成和构造。阿那克西美尼和赫拉克利特都从自己的始基出发提出了关于宇宙构造的模型。作为是始基的灵魂，自然哲学家也企图用它来说明宇宙的构造。亚里士多德在《论灵魂》中曾描述了毕达哥拉斯派是如何在灵魂中也好像在宇宙中一样，将灵魂分为七个圈，象征着宇宙天体不同层次的构造，并指出天体的运动是怎样，灵魂的运动也是怎样。所以，黑格尔说：“他们（指毕达哥拉斯派）把灵魂了解为一个系统，这系统是天体系统的一个摹本。”③ 毕达哥拉斯派关于灵魂的这种见解是“一种深刻的直观和有力的颖思”，因为它把灵魂作为始基提高到了一个新的高度，即把灵魂当作形成和构造宇宙的根源。列宁更深入一步揭示了这种观点的实质，认为它是“关于大宇宙和小宇宙相似的猜测、幻想”。④

然而，自然哲学中的这种灵魂观又恢复并表现出了古代灵魂观的某些神秘主义和宗教神学的性质。这主要表现在灵魂不死和灵魂轮回学说以哲学理论的形式的重新提出。据说，古希腊的第一个哲学家泰勒斯“是第一个肯定灵魂不死的人”。⑤ 毕达哥拉斯也认为，灵魂是由热元素和冷元素组成的一个部分，由于这些元素是不死的，所以灵魂与生命不同，也是不死的。赫拉克利特用形象的语言描绘着灵魂的不死，他说：“灵魂在地狱里嗅着。”⑥ 此外，毕达哥拉斯还宣传灵魂轮回的观念。在他之前，米利都学派的费雷凯德斯就全面地接受了东方的灵魂理论，主张灵魂轮回转世，只不过是在毕达哥拉斯派那儿才形成为一种学说。所以，黑格尔指出，“毕达哥拉斯派关于灵魂还有一个说法也是

① 引自黑格尔《哲学史讲演录》第一卷，第 324 页。
② 引自列宁《哲学笔记》第 327 页。
③ 引自黑格尔《哲学史讲演录》第一卷，第 244 页。
④ 引自列宁《哲学笔记》第 275 页。
⑤ 引自《古希腊罗马哲学》第 2 页。
⑥ 引自《古希腊罗马哲学》第 28 页。

值得注意的，这就是灵魂的轮回。”① 毕达哥拉斯认为，灵魂是依照命运的规定，从一个生物体转移到另一个生物体中去，他认为他的灵魂曾在别人的身上生活了二百零七年，曾在几个生物体身上转移过。爱利亚学派的克色诺芬尼最早记述了毕达哥拉斯关于灵魂轮回的说法。有一天，毕达哥拉斯看见有人打狗，他显出非常怜悯的样子说：不要打它。因为他听出来了它的声音，一个朋友的灵魂附着在这只狗身上。毕达哥拉斯的灵魂轮回说是将古希腊原始宗教和神话中关于灵魂可以离开人的躯体，可以和其他事物相结合的古老观念与埃及祭司的灵魂观念结合在一起，并加以发展而形成的，它充满了神秘主义和宗教迷信的色彩。这种观念对后来产生了严重的影响，助长了古希腊哲学中唯心主义和宗教神秘主义的发展。后来的柏拉图在《斐多篇》里就记述苏格拉底大肆宣扬荒诞的灵魂轮回说，接着又在他自己那儿形成了一套先验主义的“回忆说”，并从此发展为一个以神学为支柱的完整的唯心主义哲学体系。恩格斯说：“古希腊罗马哲学是原始的自发的唯物主义。作为这样的唯物主义，它不能彻底地了解思维对物质的关系。但是，弄清这个问题的那种必要性，引出了关于可以和肉体分开的灵魂的学说，然后引出了灵魂不死的论断，最后引出了一神教。这样，旧唯物主义就被唯心主义否定了。”②

自然哲学中的灵魂观是事物生灭变化的动力。自然哲学的始基和运动的动力含混地纠缠在一起，基本上是同一意思。灵魂也具有这种特性。首先，从泰勒斯开始，“他似乎是把灵魂看成某种具有引起运动的能力的东西。”③ 但是，要把始基与灵魂直接联系起来，在直观上还有相当的困难，他的门徒阿那克西美尼提出气作为始基，就克服了这个困难。因为气具有活动的无定形性，在古代人那里，灵魂是与呼吸联系在一起的，呼吸当然不能离开气，这样气就可以直接和灵魂联系起来，宇宙间的不少事物由气化而成也能证明它是动力。这就说明，米利都学派是把灵魂看作自然事物所固有的某种引起运动的能力或特性，看作自然事物的一个组成部分；这也表明他们的灵魂观在本质上已开始抛弃原始宗教和神话中的灵魂观的超自然主义的含义，而具有了更多的物质方面的内容。第二，灵魂在作为推动事物变化的动力上也曾被自然哲学家理解为一

① 引自黑格尔《哲学史讲演录》第一卷，第 244 页。

② 引自恩格斯《反杜林论》第 136 页。

③ 引自《古希腊罗马哲学》第 5-6 页。

种媒介体，它表现为是一些观念生灭变化的动力和中介。黑格尔说：“灵魂（空气亦然）却是一种普遍的中介，……灵魂是主动的，也是被动的，它把观念从它的统一中彼此分开，加以扬弃。”① 恩格斯也指出，在古希腊自然哲学家那儿，“灵魂和空气被视为一般的媒介体。”② 这说明，自然哲学家并没有把灵魂当作一种纯粹的动力因，而是一种媒介体，是联系和促进观念变化的动力。这表明灵魂能作为精神性的动力因。第三，灵魂作为动力因的这种既带有物质的性质又具有精神的性质的含混状况，在阿那克萨哥拉的“心灵”上得到了最充分的表现。他认为“心灵”是一切运动的源泉，它推动始基“种子”作旋涡运动，进行结合或分离，万物就形成。然而，他又认为“心灵”就是灵魂。亚里士多德也说：“‘心灵’对于他（指阿那克萨哥拉）是与灵魂同一的。”③“‘心灵’是一切东西里面的推动的灵魂”。④ 那么，“心灵”究竟是一种物质性的还是精神性的动力因？他自己的说法是含混的：可是物质也可是精神。这就为后来的研究者的不同理解留下了矛盾的种子。黑格尔从他的唯心主义立场出发，解释“心灵”为一种精神的本质和动力，并大加赞扬：只是从阿那克萨哥拉这里才有一道光芒开始射出来，心智被认作是原理和动力。而有的人则认为“心灵”是物质的动力因。如不是，精神的“心灵”又怎能推动物质的“种子”？又怎样解释阿那克萨哥拉哲学的基本的唯物主义立场？但是，历史上的多数哲学家包括亚里士多德在内却不这样看，而认为“心灵”应是一种既具有物质性作用又具有精神性作用的动力因。之所以出现这种含混状态，是由当时的历史条件和哲学发展的状况所决定的。那时人们思维的抽象性已有提高，精神的能动作用已开始被人们重视。然而，又毕竟还未达到后来唯心主义哲学家所主张的精神主宰一切的那种精神的高度。阿那克萨哥拉本人对“心灵”的说明清楚地表明了这点。他有时说，“心灵”是最轻、最薄、有尺寸大小的东西，这很显然只能从物质的角度去理解它；有时又说，“心灵”是飘浮不定、变化无穷的精神，这当然就只能从精神的角度去理解它。“心灵”的这种含混的状态虽有其增加人们理解困难的一面，但它却表明，作为

① 引自黑格尔《哲学史讲演录》第一卷，第198-199页。
② 引自恩格斯《自然辩证法》第165，166-167页。
③ 引自黑格尔《哲学史讲演录》第一卷，第354页。
④ 引自黑格尔《哲学史讲演录》第一卷，第356页。

灵魂的“心灵”在动力因上有向两种不同方向发展的可能。

自然哲学中的灵魂还常常表现为理性。毕达哥拉斯学派就是把数、灵魂、理性联系等同起来的。“他们认为数目的某一种特性是正义，另一种是灵魂和理性。”① 黑格尔在论早期自然哲学时说，灵魂应该是有自我意识的，能思维的。列宁在引述亚里士多德论阿那克萨哥拉时说：“理性和灵魂是一个东西。”② 自然哲学家把灵魂看作理性，这是与灵魂在古代人那儿拥有巨大的认识作用分不开的。他们用灵魂来解答现实的知识回答不了的社会和自然之中的难解的谜。那时的人们还认为灵魂与自己的意识活动是紧密地联系着的。当哲学开始用一种物质元素来说明万物的起源时，灵魂在古代人那儿的直观、朴素的认识作用就逐步发生改变。随着人类理性思维能力的发展，灵魂观念就逐渐转化为理性，赫拉克利特多次用含糊的语言说出了灵魂就表示为理性的观点。他说：“眼睛和耳朵对于人们乃是坏的见证，如果他们有着粗鄙的灵魂的话。”③ “一个人喝醉了酒，便为一个未成年的儿童所领导。他步履蹒跚，不知自己往哪里走，因为他的灵魂是潮湿的。”④ 又说：“干燥的光辉是最智慧、最优秀的灵魂。”⑤ 灵魂具有理性的意义对后来哲学的发展有重要的意义。德谟克利特和亚里士多德就深受这种观点的影响，因而在他们朴素的反映论中一再地阐述了灵魂作为理性在认识中所起的巨大作用。

关于灵魂的起源，自然哲学中有两种互相矛盾的见解。一种是力图从唯物的立场来解释灵魂的起源。阿那克西美尼认为灵魂和其他事物一样，也是由气产生的。气是一种物质的始基，实际上他对灵魂的起源作一种唯物的解释。毕达哥拉斯派认为，“热的蒸气产生出灵魂和感觉’。⑥ 赫拉克利特也说：“灵魂也是从湿气中产生出来的。”⑦ 也还有的哲学家认为，灵魂是从精液中产生的。这些都是从物质的基础上来寻求灵魂的起源。而与此同时，一些哲学家又从非物质的基础上来说明灵魂的起源，这多半是由于他们继承了古代关于灵魂起源

① 引自《古希腊罗马哲学》第 37 页。

② 引自列宁《哲学笔记》第 295 页。

③ 引自《古希腊罗马哲学》第 29 页。

④ 引自《古希腊罗马哲学》第 29 页。

⑤ 引自《古希腊罗马哲学》第 29 页。

⑥ 引自《古希腊罗马哲学》第 20 页。

⑦ 引自《古希腊罗马哲学》第 35 页。

的观念，认为灵魂是一种早已存在的飘浮不定的神秘精神，它的根源是那样的深，它的边界是那样的广，是谁也不能找到它的由来的。灵魂是永存的，它附着在人身上，人就生，它离开人的躯体，人就死。自然哲学中关于灵魂起源的两种不同的观点，甚至可说在一定程度上影响了后来哲学发展的方向。德谟克利特以物质的原子说明了灵魂的本质，坚持了哲学的唯物主义方向，而苏格拉底、柏拉图却由灵魂引出了唯一、崇高、伟大、不生不死的神，把哲学引向了神学唯心主义的方向。

灵魂内部包含着什么？它由什么东西组成？自然哲学家对此也作了种种探讨，其中尤以毕达哥拉斯派的分析最为精细。该派“把人的灵魂分为三个部分：表象、心灵和生气。动物有表象与生气，只有人有心灵。灵魂的位置是从心到脑。它的在心里的部分是生气，心灵和表象是在脑子里面。各种感觉就是这两个部分的点滴。灵魂的理性部分是不死的，其余的部分则会死亡。灵魂从血液中取得养料，语言就是灵魂的嘘气。灵魂是形成语言的元素，是与语言不可分的。灵魂的纽带是血管、肺和神经。”[①] 这一段论述，说明毕达哥拉斯派企图解释物质与精神的关系，但又是在一种朴素、直观的基础上的说明，因而说不清。但是，客观上却表露了他自己在灵魂观上的矛盾。一方面他承认万物有灵，但在这里，他又只承认人和动物有灵魂，实际上否定了万物有灵论；一方面他承认灵魂可以离开肉体而存在，相信灵魂不死和转世，而在这里，他又认为，除了灵魂的理性部分不死外，其余的部分则会死亡；一方面他继承古代关于灵魂是一种飘浮不定的神秘精神的观念，而在这里，他又认为灵魂是从血液中取得养料，灵魂是语言形成的元素，灵魂的纽带是肺、血管和神经，显然是在把灵魂看成一种物质性的东西。这是自然哲学家在灵魂观上的矛盾和混乱的典型表现。

灵魂能作为动力推动其他东西的生灭变化，那么，它自身还能否生化出事物来呢？自然哲学家认为，它还能生化出物质和精神两类事物。赫拉克利特等人就认为灵魂能生化出水、气、土等具体物质事物来。后来的亚里士多德继承了自然哲学家的这种观点，他说：“在我们可感觉世界中，诸事物每由灵魂而成一，或由灵魂的一部分，或其他具有理性的事物而成一。”[②] 而另一些自然

① 引自《古希腊罗马哲学》第 36 页。

② 引自亚里士多德《形而上学》第 262 页。

哲学家又认为，灵魂能生化成一种感性以外的东西，即一种精神事物。黑格尔在总结这种灵魂生成事物时说："内在的灵魂经常由这里面构成一种感性以外的东西。"①

古希腊早期自然哲学中的灵魂观伴随着自然哲学的发展而经历了一个演变的过程。可从以下几方面来看这种演变的趋势。首先，它是从万物有灵逐步走向只有人才有灵魂的过程。米利都派认为世界充满了灵魂，主张万物有灵；而毕达哥拉斯派就否定了万物有灵，只承认人和动物有灵魂；而到了赫拉克利特和阿那克萨哥拉，就认为只有人才有灵魂了。第二，它是从灵魂是一种不脱离感性事物的直观现象，逐步走向使灵魂精神化、理性化的过程。米利都派和毕达哥拉斯派的灵魂观还带有古代灵魂观的那种朴素、直观的特征，它在说明和认识事物时，还是和具体的物质始基水、气一样的直观、具体；到了赫拉克利特，灵魂作为理性的意义被突出来了，他列举那多种多样的灵魂，实际上多半是指人的理性；而在爱利亚派和阿那克萨哥拉那儿，实际上已把灵魂和理性视作同一的东西。第三，它是从灵魂中唯物与唯心两种倾向含混地结合在一起，而逐步走向两种倾向明确分裂的过程。在米利都派那儿，灵魂和物质始基结合在一起，尽管它包含有古代灵魂观的神秘、宗教的内容，可是它又受着物质始基的制约，唯物与唯心两种倾向含混地结合在一起，表现出一种直观、朴素的唯物性质。后来，由于始基说上唯物与唯心的倾向的演变，灵魂观在表现为物质和精神两种倾向上也愈益发生了明显的分歧。毕达哥拉斯派和爱利亚派相继提出了灵魂不死、灵魂轮回和灵魂万能的观点，因而灵魂的神秘性、精神性和宗教色彩得到进一步发挥；而赫拉克利特、恩培多克勒和阿那克萨哥拉却进一步强调了灵魂的物质性，并逐步用物质的元素来说明灵魂的本质，日渐排除了灵魂中的神秘、宗教的色彩，使灵魂观朝着两种不同的方向明显地分裂开来。当然，灵魂观的这种演变不仅出现在整个自然哲学的发展过程中，就是在一个哲学派别内部，往往也经历了复杂的演变过程。如毕达哥拉斯学派，首先提出了灵魂不死和灵魂轮回的学说，接着提出了灵魂尘埃说，最后提出了灵魂和谐说，并交错在一起，呈现出错综复杂的状况。

综合上述可看出，古希腊早期自然哲学中的灵魂观，是一个内容丰富、形

① 引自黑格尔《哲学史讲演录》第一卷，第190页。

式多样、表述充满矛盾和混乱的现象。它既体现了唯物的内容，又包含了唯心的因素，所以，恩格斯说："虽然古希腊人的整个宇宙观具有朴素唯物主义的性质，但是在他们那里已经包藏着后来分裂的种子。早在泰勒斯那里，灵魂就被看作特殊的东西，某种和肉体不同的东西（比如他认为磁石也有灵魂）；在阿那克西美尼那里，灵魂是空气（正像在《创世纪》中一样）；在毕达哥拉斯那里，灵魂已经是不死的和可移动的，肉体对它来说是纯粹偶然的。在毕达哥拉斯那里，灵魂又是'以太的碎片'。"① 古希腊早期自然哲学中的灵魂观确实是一颗分裂的种子，它既有被引向唯物主义道路发展的可能，也有向唯心主义道路发展的趋势，因此，那种把自然哲学中的灵魂观单纯说成是导向唯心主义和宗教神秘主义的根源的观点，是一种片面的误解。

（1987 年）

① 引自恩格斯《自然辩证法》第 165，166-167 页。

浅论赫拉克利特哲学中的神

在赫拉克利特著作残篇中，有1/5左右内容涉及到神。对此，不少学者早已经注意研究。如拉萨尔在他的长篇著作《爱非斯的晦涩哲人赫拉克利特哲学》一书中，就花费了不少笔墨论述赫拉克利特的宗教哲学和神；近代著名哲学家罗素也在他的《西方哲学史》中详尽地阐述了赫拉克利特哲学中的神，列出了赫拉克利特关于神的残篇的数目，指出了研究赫拉克利特哲学中的神对从总体上认识赫拉克利特哲学体系的意义。可是，在一个相当长的时期内，我们对此却重视不够。在研究赫拉克利特的火、“逻各斯”和朴素辩证法时，出现时褒时贬的左右摇摆现象，不能说不与此有关。所以，我认为，研究赫拉克利特哲学中的神，以及它与火、“逻各斯”、朴素辩证法等的关系，就成为我们能否更全面、更准确认识赫拉克利特哲学体系的一个至关重要的问题。

赫拉克利特综合了古代米利都学派和南意大利学派的学说，在唯物主义和辩证法方面作出了概括和发展，成为了古代朴素唯物主义和朴素辩证法的集大成者。但是，我认为，赫拉克利特之所以能作出这些贡献，其重要原因之一，就是由于他的哲学中的神的作用和影响。古希腊早期是宗教神学观念弥漫的时代，一切伦理、道德、文化、艺术、意识和观念等等，都处于神的监护之下。赫拉克利特的优秀之处就在于他善于把当时流行的思想提高到哲学理论的高度，并以它来丰富、串通自己的哲学，从而使自己的哲学体系更系统，更完整。他一方面继承了米利都学派的唯物主义传统，力图摆脱传统宗教神学的束缚，因而在很多方面表现出对原始宗教和神学进行批判，特别是色诺芬尼反对神的那些激烈的自由思想，无疑地给他增添了巨大的力量。但是，另一方面，南意大利毕达哥拉斯派的宗教神秘主义也不可抗拒地冲击了他的思想。所以，他的哲学中的神也应该是古代伊奥尼亚学派和南意大利学派的综合。正是这种综合，才形成了他哲学中的独特的神。所以，罗素认为，他一方面对当时的各种宗教神学大体上是抱着一种相当轻蔑的态度，而另一方面他又提出了自己的神的观念，并用自己的理论部分地改造了当时的宗教神学，以适合自己的需要。他哲学中的神表现了一定的神秘主义，但不是一般的神秘主义，而是一种特殊的神秘主义。正像赫拉克利特的整个哲学体系是晦涩的一样，他哲学中的神从表面看来也充满了晦涩的特点。但从总的来说，他哲学中的神的脉络还是清楚的，含意还是比较明确的，是可以理解的，虽然还受着旧观念的束缚，可是却已浸透了朴素唯物主义的因素，因而带有泛神论的倾向，甚至还孕育着无神论的胚胎。正是他哲学中的这种神，深深地影响了他的哲学体系，使其中的每一部分都充满了新的奇异的色彩。

赫拉克利特认为，始基火就是神。有人曾写道，“赫拉克利特说，（神就是）永恒的流转着的火。”① 他在这儿像泰勒斯把神看成是水一样，把神看作是火。如果他仅仅停留在这里，他就没有超越他的先辈。可是，赫拉克利特前进了一步，在神与始基火的关系上，展开了更深一层的内容。

首先，赫拉克利特认为，由于神具有物质性，因而影响和决定了始基火的物质性。在古希腊早期自然哲学中，几乎所有的哲学家都在寻找一个世界万物统一的基础，即始基，这个始基物质内容的多少，就在某种程度上决定了这种哲学是具有唯物主义倾向还是具有唯心主义倾向。赫拉克利特却明确地指出，他的始基火是一种具体的物质元素，由它的燃烧演变，而生化万物。但是，始基火的物质内容，却是与他对神的物质性的规定分不开的。他说：“神是日，又是夜，是冬又是夏，是战又是和，是不多又是多余。”② 在那抽象思维还比较贫乏，很多观念都无法摆脱物质具体性的束缚的时代，他规定神的这种具体内容，是可以理解的。正因此，他批判了神秘的原始宗教神学，提出了神与物质事物相一致的思想，并认为这种神的物质内容影响了始基火的物质内容。所以他说：“他（神）变化着形相，和火一样。”③

其次，赫拉克利特认为，是由于神的支配，才使火得以生灭变化。确定始基具有生灭变化的能力，万物生于始基，毁灭后又复归于它，这是自然哲学家共同遵循的原则。因此，始基生灭变化的能力，就是一个关键的问题了。可

① 引自《古希腊罗马哲学》（北京大学哲学系、外国哲学史教研室编译）第 17 页。

② 引自《古希腊罗马哲学》（北京大学哲学系、外国哲学史教研室编译）第 25 页。

③ 引自《古希腊罗马哲学》（北京大学哲学系、外国哲学史教研室编译）第 25 页。

是，赫拉克利特却认为，火之所以具有生化万物的能力，是由于神的支配。所以他说："火首先转化为海，海的一半变成土，一半变成旋风。这就是说，火在逻各斯和神的支配下，由空气结合成水——宇宙的种子，也叫做海，由海即产生土、天和周围的一切。"① 赫拉克利特的这种观点，与原始宗教中讲的神是一切事物变幻莫测的根源，是有本质差异的。赫拉克利特在这儿表明，他正在以一种新的世界观来考察世界，他正在排除神秘主义，并将神秘的东西物质化，把人类对世界的认识引向一条可知的途径，而原始宗教和神学，却是对世界的一种荒诞的幻想。

再者，赫拉克利特通过神与火的关系，神与灵魂的关系，进而架起了灵魂与火相通的桥梁，从而使古代哲学中非常重要的三个概念——始基、灵魂和神统一起来，形成为一个整体。神与灵魂相通，这是从最古老的原始宗教和神话传统中就已有的观念，人们常常把人的灵魂不死，灵魂升天，和人升天为神，看成是一回事，都充满了神秘的色彩。所以在最初的泰勒斯哲学中，神与灵魂被看作是一个东西。同样，自然哲学家也认为，神与始基也是一个东西，正如赫拉克利特说的神就是火一样。那么，神与灵魂，神与火的一致，能否导致灵魂与火的一致呢？赫拉克利特十分肯定地认为，灵魂与火是一致的。黑格尔在说到赫拉克利特灵魂与火的关系时曾说："而火则是过程，因此，他把火认作最初的本质——这就是赫拉克利特的原理的实在形式，自然过程的灵魂和本质。"② 从黑格尔的话中可以看出，赫拉克利特的"灵魂"本质上就是火，基本上是物质性的。赫拉克利特使火与灵魂相通，认为灵魂是火气，把灵魂与水对立起来，认为它们之间是不能调和的，这就使我们想起古代水火相克的道理，自然就容易得到灵魂与火相通的结论。所以，赫拉克利特认为，在纯粹状态下，灵魂就是火。关于这点，古代的学者，包括亚里士多德都作了很多论述。所以，黑格尔又说："我们可以理解亚里士多德所引用的话了，原理是灵魂，因为灵魂是气化——是世界的自己的运动过程，火就是灵魂。"③ 赫拉克利特通过神与始基火、神与灵魂的关系，引出火与灵魂的相通，并进一步导致灵魂与理性联系起来，这就为我们更深刻地理解世界的物质统一性问题，展开

① 引自梯尔士《前苏格拉底》第 22，B31 页。
② 引自黑格尔《哲学史讲演录》第一卷，第 307 页。
③ 引自黑格尔《哲学史讲演录》第一卷，第 307 页。

人类的正确认识途径指出了新的方向。这也是他大大地超出米利都学派的新贡献。

逻各斯的问题是赫拉克利特哲学的中心问题。赫拉克利特认为，它是火的固有的属性，它拥有的一切特性，都与他哲学中的神的制约和影响分不开。

赫拉克利特认为，命运和逻各斯是分不开的，命运也就是逻各斯。他说："命运就是那循着相反途程创生万物的逻各斯。"① 他进而把命运——逻各斯——必然性联系起来，"万物服从命运，命运就是必然性。""命运的实质即是贯穿宇宙实体的逻各斯。"② 这表明赫拉克利特对事物的认识比他的前辈深刻得多。他已经看到逻各斯的本质是表现事物在其生灭变化中，有某种规律性的、固定的东西。但是，众所周知，在古希腊人们的观念中，都认为是神主宰着命运，是神控制着一切。正是由于神的作用，命运才对人们具有那么大的意义。命运就是逻各斯，而神又决定着命运，当然，也就是神在决定着逻各斯，这是顺理成章的事。

逻各斯拥有丰富的含义，但一般学者都认为，它主要是表达关于外界事物规律性的意义。但这种关于规律性的观念还带有很大的直观性，古人甚至认为是可以用数量标志出来的。赫拉克利特认为，是神的法律高于一切，决定一切，也就是神的法律决定了逻各斯的规律性。所以，他说："如果要想理智地说话，就应当用这个人人共有的东西武装起来，就像一座城市用法律武装起来一样，而且还要武装得更强固些。然而人类的一切法律都因那唯一的神的法律而存在。神的法律从心所欲地支配着，满足一切，也超过一切。"③

逻各斯的另一个根本特性，即它是"共同的""普遍的"。指出这个特性有十分重大的意义。古希腊早期自然哲学家的思想总是具有朴素、直观性，还没有摆脱具体事物的物质特性的束缚。任何一个哲学家在寻找一种始基时，他总是在力图更多地摆脱具体物质特性，使其具有更多的"普遍性""一般性""共同性"。作为火的固有属性的逻各斯，当然也拥有这些特性。但是，我们都知道，古希腊早期自然哲学家所强调的神的根本特性也就是它的"普遍性""唯一性"和"共同性"。米利都学派和毕达哥拉斯学派都开始指出神具有

① 引自《古希腊罗马哲学》（北京大学哲学系、外国哲学史教研室编译）第17页。

② 引自梯尔士《前苏格拉底》第22，A8页。

③ 引自《古希腊罗马哲学》（北京大学哲学系、外国哲学史教研室编译）第29页。

"普遍的""共同的"特性。爱利亚学派的创始人色诺芬尼则更进一步，明确地指出了神就是"一"，就是那"普遍的""共同的""一"。神所拥有的这个根本属性被赫拉克利特运用到逻各斯上面，这就表明赫拉克利特的神，也是他的逻各斯理论的根基。

赫拉克利特关于万物流变、无物常住，关于对立面互相斗争转化的朴素辩证法思想，曾使后来的人们对在那古远的年代能够出现这样深刻的思想而无限惊叹，以至于使拉萨尔这样的浅薄之士把它胡乱地吹嘘为这是黑格尔辩证法的超世纪的天才表现，也使我们今天不少缺乏哲学史知识、对马克思主义唯物辩证法不甚了解的人，误把他的朴素辩证法的对立和斗争的思想，认为就是马克思主义辩证法的对立统一规律。但是，只要我们认真研究一下赫拉克利特关于神和辩证法的关系，就会发现，他的朴素辩证法是与他哲学中的神分不开的，正是这种神，使他的辩证法具有朴素直观的特性，具有时代的局限性。

赫拉克利特认为，万物处于流变之中。因而世界上的一切事物构成了复杂的联系。他说："在我们身上，生与死，醒与梦，少与老，都始终是同一的东西。后者变化了，就成为前者，前者再变化，又成为后者。"①

关于对立面的互相转化，是他朴素辩证法的核心思想。他援引了很多生动的例子来说明它，但他最先阐明对立统一的观念，是通过对神的阐述来加以说明的。他说："不死的（神）是有死的，有死的（人）是不死的；后者死则前者生，前者死则后者生。"② 在那时人们的观念中，神被认为是永恒的、不死的。可是他却认为，神具有两面性。一方面是不死的，另一方面却是有死的。不死和有死这对立的双方正是统一在神之中。可以这样说，他正是从神的对立统一观念中，而引申出了普遍的、一般的对立统一观念，从而提出了深刻的对立统一学说。

词和语言的本质及来源，历来是语言学家和哲学家所关注的问题。特别是对于词和语言的相互关系，词和语言与外界事物的相互联系和对立，很深刻地揭示了人们思维领域内的对立统一现象。赫拉克利特很重视对词和语言的本质及来源的研究，并以此来证实对立统一的思想。然而，他认为，词和语言的本质和来源，首先渊源于它对神的摹仿，所以列宁在摘录拉萨尔的一段话时曾

---

① 引自《古希腊罗马哲学》（北京大学哲学系、外国哲学史教研室编译）第 27 页。

② 引自《古希腊罗马哲学》（北京大学哲学系、外国哲学史教研室编译）第 24 页。

说："拉萨尔证明说，在柏拉图的这篇对话中所描写的克拉底鲁（……）是赫拉克利特的忠实的学生，他真实地阐述了赫拉克利特关于词和语言的本质和来源的理论，指出这种本质和来源就在于（……）'对神的摹仿和对它的反映'"，"对神和宇宙的摹仿"。① 这就清楚地表明，赫拉克利特认为，词与语言的本质和来源，以及它所反映的对立统一观念，归根到底来源于神。

赫拉克利特关于对立统一和斗争的思想，也是从他对神本身矛盾的观念中产生的，从而形成了他普遍的矛盾观念。他一方面不能完全摆脱传统神学观念的束缚，另一方面他又对它产生了怀疑和不信任。在古希腊，人们向神灵献祭，相信它的万能，是一种很普遍的社会现象。可是，他却对此表示了怀疑。当他看见希腊人向神灵献祭，于是说道："他们向听不见的神像祈祷，好像它们听得见似的，它们是不会回报，而且也不能提出任何要求的。"② 古埃及的宗教神学具有很大的权威性和影响，据说，毕达哥拉斯神秘的宗教神学观念就是由于受其影响而发展起来的。古希腊和东方的人们都不敢怀疑埃及神灵的神圣和万能，可是"赫拉克利特向埃及人说：如果有神灵，你们为什么向他们哭？你们要是向他们哭，就是不再把他们当作神灵了。"③ 他还说："人们用为祭神而宰杀的牺牲的血涂在身上来使自己纯洁是徒然的，这正像一个人掉进污泥坑却想用污泥来洗净自己一样。任何人见到别人这样做，都会把他当作疯子看待。他们向神像祷告，这正和向房子说话是一样的。他们并不知道什么是神灵和英雄。"④ 赫拉克利特对神灵的否定和怀疑，表现了他一定的无神论倾向。可是，另一方面，他又非常相信神、崇敬神，认为神有伟大的作用和不可抗拒的力量。他说："凡是（在地上）爬行的东西，都是被（神的）鞭子赶到牧场上去。"⑤ 又说："女巫用狂言谵语的嘴说出一些严肃的、朴质无华的话语，（……）因为神附了她的体。"⑥ 还说："那位在德尔斐发神谶的大神不说话，也不掩饰，只是暗示。"⑦ 他甚至还说到肉体的复活，说到人们诞生于其中的

① 引自列宁《哲学笔记》第 399 页。

② 引自《古希腊罗马哲学》（北京大学哲学系、外国哲学史教研室编译）第 31 页。

③ 引自《古希腊罗马哲学》（北京大学哲学系、外国哲学史教研室编译）第 30-31 页。

④ 引自《古希腊罗马哲学》（北京大学哲学系、外国哲学史教研室编译）第 19 页。

⑤ 引自《古希腊罗马哲学》（北京大学哲学系、外国哲学史教研室编译）第 19-20 页。

⑥ 引自《古希腊罗马哲学》（北京大学哲学系、外国哲学史教研室编译）第 27-28 页。

⑦ 引自《古希腊罗马哲学》（北京大学哲学系、外国哲学史教研室编译）第 28 页。

那种尘世的可见的身体的复活，并且认为是神促成了这种复活。可是，与此同时，他又认为，“这个世界对一切存在物都是同一的，它不是任何神所创造的。”[①] 所以，列宁说，他（指赫拉克利特）“不相信有什么东西是由神产生的”。[②] 赫拉克利特在神的观念上表现的这种矛盾和对立，就为他阐述一般意义上的对立和斗争的思想奠定了基础。所以，列宁才赞成拉萨尔的一句话：“赫拉克利特从我们的神学家那里借用了对立面的观念，又用许多详细研究过的实例阐明了这一观念。”[③]

赫拉克利特还探讨了神和人的关系，还把神和人在伦理观上进行了比较。这种探讨和比较表明他正在摆脱原始宗教中神和人的关系的观念，而提出了反传统的大胆的新观念，对后来哲学中关于神和人的理论的发展，也具有重要的意义。

（1990 年）

① 引自《古希腊罗马哲学》（北京大学哲学系、外国哲学史教研室编译）第 21 页。

② 引自列宁《哲学笔记》第 392 页。

③ 引自列宁《哲学笔记》第 397 页。

论亚里士多德哲学中理性—神的意义

《形而上学》第十二卷中的六、七、九、十这四章，通常被称为亚里士多德的“神学”部分。在这里，他详尽地论述了理性—神的意义。当然，他所说的这个神，不是宗教的神，而是哲学中的神。他认为神是理性，神拥有下列特征：它是本体，是现实性，是永恒的不动的动者，它自身就是自己的对象，是最高的善，是人们永远追求的目标，也是永恒的生命。我们考察整个欧洲哲学史就发现，亚里士多德关于理性—神的思想，主要是对古希腊哲学中唯心主义神的观念的继承和发展，它不仅深刻地影响了他自己的整个哲学体系，而且对欧洲中世纪的宗教神学，甚至对整个欧洲的唯心主义哲学都产生了极深刻的影响。

古希腊的哲学家都讲神。无论是唯物主义倾向还是唯心主义倾向的哲学都在不同的意义上谈论着神。最早的自然哲学家米利都学派的代表认为，神是始基，始基也是神。这种哲学观念上的神，虽然第一次向传统的宗教神学中的神进行了挑战，但由于历史条件的限制，它本身仍未摆脱物质的具体特性，因而还保留了传统神的观念的神秘的痕迹。但是，在赫拉克利特那儿，神的理性意义就萌芽了。他说：“人的心没有智慧，神的心则有智慧。”① 又说：“然而人类的一切法律都因那唯一的神的法律而存在。神的法律从心所欲地支配着，满足一切，也超过一切。”② 赫拉克利特第一次明确地说出了神是有智慧的，并以自己的能力支配着一切。在巴门尼德那儿，神的理性意义才逐渐明晰起来。他一反米利都学派的传统，在哲学的宝座上树立了一个有智慧、有活动万能思想的不动不变的神。他说神是“一”和“全”，是“全视、全知、全听

① 引自《古希腊罗马哲学》（北京大学哲学系外国哲学史教研室编译）第 26 页。

② 引自《古希腊罗马哲学》（北京大学哲学系外国哲学史教研室编译）第 29 页。

的”。[1] 阿那克萨哥拉的“努斯”，恩培多克勒的“爱”和“恨”是理性的进一步发展，而且被理解为动因。所以黑格尔才赞扬说，只是从这儿开始才有了理性的第一次真正的闪光。到了苏格拉底和柏拉图那里，神的观念再一次发生了根本性的变化：神被客观化了，精致化了，被赋予了巨大的力量，被认为是一种独立于人体之外的理性的力量。苏格拉底说，神是万能的，它的眼睛能看到一切，它的心能认识一切；神是有目的的，为了使雅典城邦这匹硕马不至于呆笨，正是神派苏格拉底像一只牛虻一样经常来刺刺它，使它振奋起来。因此，苏格拉底说，他将一生服从神，侍奉神；按照神意办事，神就是叫他死，他也不为自己辩护。柏拉图完全从理性的角度来认识神和规定神。首先，他认为神是目的。他说：“整个世界究竟是永远存在，而没有开始的呢，还是创造出来而有一个开始呢？我认为它是创造出来的。……凡是创造出来的东西都必然是由于某种原因而被创造出来的。”[2] 第二，他认为神是世界的创造主。“我们可以宣布这个世界是由于神的天道把它当作一个赋有灵魂和理性的生物而产生出来的。”[3] 第三，他认为神是至善的。“因为……神是至善的，关心一切事情对于他完全是自然的。”[4] 第四，他认为神是一切的最高的监护者。“所有的神不都是一切监护者中之最首要的监护者吗？他们不是保护着我们的最大利益吗？”[5]

亚里士多德所讲的理性—神的意义，实际上是对他以前的古希腊哲学中神的观念的概括和发展，并且他第一次用明确的语言作了完整的表述。亚里士多德对自己讲的理性—神的意义很是欣赏。他说，以前的哲学家都没有像他这样彻底地提出这一问题，所以，他要批评这些哲学家，他并且认为，只有这样理解理性—神的意义，才能解决这些思想家所遇到的困难。但是，亚里士多德从根本上继承和发展的是古希腊哲学中具有唯心主义倾向或唯心主义哲学中神的观念。而对于具有唯物主义倾向或唯物主义哲学中神的观念，除个别观点外，其他的一些基本观点，都未被他重视，或被他否定、抛弃了。正因他这样，才使他提出的理性—神的意义完全是唯心主义的观点，才使他自己的哲学体系发

① 引自《古希腊罗马哲学》（北京大学哲学系外国哲学史教研室编译）第 47 页。
② 引自《古希腊罗马哲学》（北京大学哲学系外国哲学史教研室编译）第 208 页。
③ 引自《古希腊罗马哲学》（北京大学哲学系外国哲学史教研室编译）第 209 页。
④ 引自《古希腊罗马哲学》（北京大学哲学系外国哲学史教研室编译）第 215 页。
⑤ 引自《古希腊罗马哲学》（北京大学哲学系外国哲学史教研室编译）第 219 页。

生了根本的转向。

我们知道，亚里士多德哲学的早期，由于他受古希腊早期自然哲学的朴素唯物主义的影响，尽管他从师柏拉图多年，但在一些重要的观点上，如本体、四因、形式与质料、潜能与现实等基本问题上，却基本保持了唯物主义立场。然而，在他理性—神的思想中，这些基本的观点都发生了变化。首先，表现在他的本体理论上。亚里士多德在《范畴篇》等著作中，正确地阐述了本体的理论。他说，确定是否是本体有两条标准：一、别的范畴都是表述本体的，本体却不是用来表述别的，所以本体是主体、主词，别的范畴是宾词；二、别的范畴都存在于本体之中，本体却不存在于别的范畴里。他认为根据这两个标准，本体有两种：一种是现实存在的具体事物；另一种是这些具体事物的"属"和"种"。前者叫第一本体，后者叫第二本体，并且第一本体比第二本体更真实，第一本体是根本。在这里，他正确地把具体事物叫作第一性的，把事物的"属""种"叫作第二性的，这表明他对哲学的基本问题的看法，是站在唯物主义的立场上的。可是他阐述的理性—神的意义，却离开了这个正确的立场。他说，神就是理性，就是本体，是永恒的，是现实性。"既然动与被动之事物为间在事物，这就必须有某些致动而不被动的永恒事物，这永恒事物为本体亦为实现。"① 接着他又说，这种理性—神是第一本体，是和可感觉事物分离的，"从上面所说这些看来，这是清楚了，在感觉事物以外有一个永恒、不变动，而独立的本体。"② 以前，亚里士多德正确地指出，真正的本体，即第一本体，是一个现实的具体事物，是不能脱离具体事物而独立存在的，而现在他却认为理性—神是第一本体，是能脱离具体事物而独立存在的。亚里士多德背离了自己原先正确的立场。

第二，在形式与质料的关系上。在《范畴篇》和《形而上学》的前面部分，亚里士多德正确地阐述了质料与形式的关系。他说，质料是形式的质料，形式是质料的形式，离开了质料便无所谓形式，离开了形式也无所谓质料。质料和形式不是相互分离，而是相互结合的，形式和质料都统一在具体事物之中，没有离开具体事物而独立存在的形式。但是在理性—神的意义中，亚里士多德却认为，有一种绝对的形式，它就是神，是不包含任何质料的，是脱离质

① 引自亚里士多德《形而上学》第 246-247 页。

② 引自亚里士多德《形而上学》第 249 页。

料而单独存在的。他说："所以这必须有这样一个原理，其要义即实现。又，这些本体必无物质，世上若有任何永恒事物，这些永恒事物就该是这样。那么，它们必须是实现。"① 由于他在这儿认为形式高于质料，先于质料，形式是第一性的，质料是第二性的，所以他又说："所谓本体，与其认之为物质，毋宁是通式与通式和物质的组合。而通式与物质的组合是可以暂予搁置的，它的本性分明后于通式。"② 这样一来，他原来阐述的质料与形式的关系，其次序完全颠倒过来了；现在形式是第一性的，是可以独立存在的，具体事物（质料）反成为第二性的。这就标志着亚里士多德在形式与质料的观点上向唯心主义的倒退。

第三，在潜能和现实的关系上。起初，亚里士多德正确地阐述了它们二者的关系。他认为存在的事物都有潜能和现实两个方面。潜能和现实同质料和形式联系着，潜能是指一种变化运动的出发点，是指一种根源、本原，现实是指事物的现存。潜能和现实是对立的统一。作为潜能的本身或现实的本身都不是运动，只有由潜能向现实的转化过程才是运动。在亚里士多德论述理性—神的意义时，这些正确的观点都被他抛弃了。他认为神作为永恒的本体，必须是完全的现实，神是不带任何质料的本体，它的运动，不是由潜能向现实的转化，它本身就是永恒运动的原因。他说："我们必须说明宇宙间应该有一个永恒不动变本体。"③ "若无实现为先在原因，宇宙云何能生动变?"④ 于是，亚里士多德批评那些主张潜能在先，是由潜能引起运动的人们，认为他们根本未说清运动的原因。他说："这就是有些人——如留基伯与柏拉图——所以要假定有永恒实现的理由，他们说宇宙常动。但是何来这运动，这运动又是什么，以及宇宙间如此如彼之诸运动，其原因又何在，他们都没告诉我们。"⑤ 亚里士多德现在主张神的理性是永恒运动的本体，否定运动是由潜能向现实的转变，也说明他在这一根本问题上又一次失足。

第四，在理性和对象的关系上。在以前，亚里士多德讲到感觉、思想的时候，总把它们和它们的对象区别开来，并且认为感觉、思想决定于它们的对

① 引自亚里士多德《形而上学》第 244 页。
② 引自亚里士多德《形而上学》第 128 页。
③ 引自亚里士多德《形而上学》第 244 页。
④ 引自亚里士多德《形而上学》第 245 页。
⑤ 引自亚里士多德《形而上学》第 245 页。

象，不是主观决定客观，而是客观决定主观。在相当长的时间内，他一直坚持了这个朴素的唯物主义观点。可是在阐述理性—神的意义时，他却明确地放弃了唯物主义的立场，主张理性和它的对象是相同的，同一的。他说："而以纯理性为活动与实现者尤佳，思想必致想于事物之最佳最高者，由此所启之思想方为嘉想。思想与所想者相接触，相参与，而两者循合于一体。"① 亚里士多德是在论述理性的对象"善"时阐述这一观点的。他说，理性所对付的对象，就是它本身最好的东西即"善"，完全意义的理性也就是完全意义的"善"，理性分有了它的对象的性质——"善"，它思想，就是想它自己；当它和它的对象相接触，并且想到它时，理性也就变成理性的对象，所以，理性和理性的对象是同一的。在这里，不是主观合到客观方面去，而是客观合到主观方面。这种同一也不是枯燥的同一，枯燥的同一性与亚里士多德所讲的理性—神的意义是不相符的。关于思维和对象的关系问题也是哲学基本问题的一个方面。在古希腊哲学中最早提出思维和对象同一的思想的是巴门尼德，可是，在他那儿，还仅仅是一个朦胧的开端。柏拉图在他的《理想国》中实际上已提出了这一思想，但也还是用一种象征的方式表达的。只有亚里士多德才第一次明确地提出了这一命题，并作了论证。他之所以这样做，是因为他认为神就是永恒的思辨自身，而这也就是神的本性所在。关于这点，黑格尔特别予以指明："'如果神永远在思辨之中，而我们则只偶尔思辨，'——对于我们思辨只是个别的情况，而神则是这个永恒的思维的自身——：'则神就是值得赞美的；越多思辨，——就越值得赞美'。""而神就是以思辨而存在的。"② 这就深刻地表明，在思维和对象的关系上，亚里士多德也深深地陷入了唯心主义之中。

亚里士多德的整个哲学体系充满着矛盾和混乱，就是在他从唯物主义立场出发，比较正确地阐述哲学的一些基本问题时，其中就蕴含了唯心主义的倾向，表现了他对唯心主义的妥协和让步。他的哲学中理性—神的思想，只不过是从他的体系中必然要蒸馏出来的唯心主义和形而上学的结果。当然，他的理性—神的思想的全面阐述，反过来，又深刻地影响了他的哲学体系，表明他从动摇于唯物和唯心之间的立场上，最终彻底地倒向了唯心主义。

很显然，亚里士多德理性—神的意义不仅把他自己的整个哲学拖进了唯心

① 引自亚里士多德《形而上学》第248页。

② 引自黑格尔《哲学史讲演录》第二卷，第299页。

主义泥坑，而且也成了欧洲中世纪基督教神学的理论基础。他的理性—神的意义是唯心论的最高原则，被中世纪的经院哲学家视为神的定义。黑格尔说：“绝对的实体、真理、自在自为的存在，在亚里士多德那里进一步被规定为‘不被推动的’、不动的‘和永恒的’，而同时都又是‘推动者’、纯粹的‘活动性’。这就是普遍的环节。……经院哲学家把这个视为神的定义，乃是对的。”①

欧洲中世纪，亚里士多德被神学家们抬到“圣哲”“哲学家之王”的吓人高度，使他由人变成了神，他的哲学也被神化为经院哲学的最高经典，绝对权威，成为神学的理论基础和源泉，成为僵死的教条。造成这一历史现象的原因是多方面的，但就亚里士多德哲学本身来讲，他的理性——神的意义是使他走向这种悲剧命运的重要根源。

第一，亚里士多德的理性—神的意义决定了基督教神学教条的基本原则。基督教神学教条的主要原则大致如下：一、三位一体说。认为上帝具有所谓圣父、圣子、圣灵三重人格，而这三者又在同一个神的实体之中，上帝是一个有意志、有智慧、有情感的神；二、创世说。认为万事万物是上帝从虚无中创造出来的；三、原罪说；四、来世报应说。认为今生受苦，死后可以进入天堂，来世得享幸福。亚里士多德理性—神的意义对神的规定与此基本一致。他认为，神是本体，是不动的动者，由于它的推动，世界万物才得以产生。神是理性，是目的，是最高的善，它拥有最优秀的品质，是永恒的生命，是人们敬仰的对象，所以，亚里士多德说：“神固万古间未尝一刻而不在如此之佳境，这不能不令人惊奇；若谓神所在境宜更佳于如此者，则其为惊奇也更甚。而神确在更佳更高之处。生命固亦属于神。生命本为理性之实现，而为此实现者唯神；神之自性实现即至善而永恒之生命。因此，我们说神是一个至善而永生的实在，所以生命与无尽延续以至于永恒的时空悉属于神。”② 这就最清楚表明，基督教将亚里士多德的理性—神的意义作为自己神的定义，作为自己教条的基本原则，是再恰当不过了。

第二，亚里士多德理性—神的意义被经院哲学家当作论证上帝存在的唯一有力的论据。基督教在它背离自己早期的原则而成为封建统治阶级手中的工具

① 引自黑格尔《哲学史讲演录》第二卷，第295页。

② 引自亚里士多德《形而上学》第248页。

后，它站在劳动人民的对立面。为用这个宗教再去奴役人们，教父们抬出了一个神一般的上帝来吓唬人们。可是人们从最初开始就一直在怀疑、否定上帝的存在。因为否定了上帝，也就等于否定了整个基督教神学。因此，从第一个教父德尔图良，直到阿奎那·托马斯，他们都在费尽心机寻求证明上帝存在的理由。最终，他们才发现，亚里士多德理性—神的意义，才是上帝存在的最有力的证明。托马斯提出“证明”上帝存在的五点理由，就是根据亚里士多德理性—神的意义而来的。托马斯说：既然宇宙万物之间的关系都不过是质料对形式或手段对目的的关系，每一事物自身都是较低一级事物的形式和较高一级事物的质料，每一事物都把更高一级的事物作为自己追求的目的，最后必然有一个“形式的形式”，即“纯粹的形式”，作为万物追求的最高目标，那么这个目标就必然是不动的推动者神，只有神是最纯洁的，是失去了质料的形式，失去了潜能的现实。也就是说，只有神才是绝对必然，绝对完善的存在，是万物的最终根源和基础。神既是万物活动的目的的制订者，又是万物活动追求的最终目的。这样的神是存在的，因而上帝也是存在的。罗素说：“证明神的主要论据就是最初因，必须有某种事物产生运动，而这种事物的本身必须是不动的，是永恒的，是实质和现实。”① 托马斯证明上帝存在的论证所讲的神与亚里士多德关于理性—神的意义对神的规定，是多么一致的吻合啊！但这绝不是偶然的吻合，这恰恰表明，亚里士多德理性—神的意义的的确确是基督教神学的根源。

黑格尔在说到亚里士多德关于理性—神的意义时说：“神是纯粹的活动性，是那自在自为的东西；神不需要任何质料，——再没有比这个更高的唯心论了。”② 黑格尔在论述亚里士多德的哲学时，出于他自己哲学体系的需要，常常是评述得不准确，甚至是歪曲。而在这一点上，他却没有说错。所以列宁才赞同：“黑格尔认为亚里士多德的唯心主义就在他的神的观念中。”③ 亚里士多德理性—神的意义确是对唯心论的一种最深刻的表述，并且也因此而影响了欧洲哲学的整个的唯心论，各派唯心论都从它这里得到了启示，吸取了养料。

主观唯心主义是欧洲唯心论的一种重要表现形式，其根本特征就是虚构出

---

① 引自罗素《西方哲学史》上卷，第219页。

② 引自黑格尔《哲学史讲演录》第二卷，第295页。

③ 引自列宁《哲学笔记》第313页。

某种脱离物质、脱离人的肉体的“自我”，并把它当成唯一真实的存在和世界的本原。它认为万事万物都是“自我”的感觉、观念、意志、情感等等的产物，没有“自我”就没有世界。如英国的贝克莱主教就认为，“物质是不存在的实质”，“感性实物”是“观念的集合”，“存在就是被感知”，“对象和感觉是同一个东西”。主观唯心主义的这些观点的实质，无非是说有一个脱离物质和人的肉体的神，它不是客观外在的，而就在人的主观之中，就是这一个主观的“自我”——神，是一切存在和世界的本原，世界就是由它创造的。主观唯心主义所讲的这个“自我”与亚里士多德讲的理性—神的意义是完全一致的。亚里士多德说，神是主体，是永恒的思辨，它和它的对象是同一的。正是这个永恒生命的神的积极创造活动，这个世界才出现万事万物。很清楚，主观唯心主义讲的“自我”的灵魂，正是亚里士多德所论述的理性—神的那些特征。

西方的客观唯心主义就是虚构某种脱离物质、脱离任何个人的“客观”精神，并把它当成万物的创造者。如黑格尔就是把他的“绝对精神”看作是宇宙的本原和基础，自然界、人类社会和思维现象都是“绝对精神”在自我实现、自我认识的辩证发展过程中的外部表现。这种“绝对精神”是一种客观外在的巨大精神力量，它是绝对自由的，它自身就是运动的源泉，宇宙所有的一切都是它自在自为演变的结果。亚里士多德的理性—神的意义恰恰就是认为神是绝对自由的本体，神是没有任何质料的现实，神是永恒的生命，是不动的动者，它创造世界万物，与黑格尔所讲的“绝对精神”的根本特征，纯粹的精神性和自在自为的创造性，是完全一致的。这告诉我们，作为客观唯心论的最典型表现的“绝对精神”，只不过是亚里士多德的理性—神的意义的改装表现而已。后来的一切唯心论所讲的第一原则，包括黑格尔的“绝对精神”，在其基本的规定上，都没有超越亚里士多德的理性—神的意义中对神的规定的那些原则。难怪黑格尔深有感触地说，亚里士多德关于神的理性的表述是最高的唯心论了。

（1991 年）

从狂妄到悲观

——叔本华哲学评析

叔本华的生命意志哲学是1848年革命失败之后，被德国资产阶级重新抬出来的一种唯心主义哲学。它满足了当时资产阶级悲观失望的心境的需要，因而在西方世界产生了巨大的影响，甚至直到今天，对我国的青年也还有相当的影响。

这种哲学主要包含两方面的内容，一是生命意志是世界之源，二是世界是我的表象。

叔本华认为，生命意志既是世界万物之源，也是人的本质。他说："意志是世界的物自体，是世界的内在内容，是世界的本质，生命、可见的世界、现象只不过是意志的镜子。"世上的山川河流，花草树木，鸟兽虫鱼，甚至连晶体的形成，磁针的指北，吸引和排斥，重力和引力，发芽和生根，开花和结果等等都是生命意志的产物；同样，人的记忆、性格和智慧，总之，人的一切心理意识现象都是由意志所决定的。人的肉体，人的每一器官也都是意志的产物：吃东西的意志产生肠胃，抓东西的意志产生手，走路的意志产生脚，繁殖后代的意志产生生殖器。"这个身体的全部存在，以及它的各种机能的总和，只不过是意志的客观化。"

"世界是我的表象"，这是叔本华的另一根本命题。他认为，周围世界只是作为表象而存在，而且必定存在于一种关系之中，为什么？因为一切客体都表现为时间、空间和因果性这三种基本形式，按照先验哲学的原理，这三者是先天地存在于我们的意识之中的。因此，客体不能离开主体而存在，呈现在人们面前的世界只能是主观的心影。这样，他就把整个现象世界看作只是主体的产物，从而为主体所吞没。"一切以任何方式属于世界或者可以属于世界的东西，都不可避免地要受到主体的这种制约，都只是为主体而存在，世界乃是表象。”

叔本华的哲学极力反理性主义，它向欧洲传统的理性主义提出了严峻的挑战。理性主义认为只有理性才能揭示宇宙万物的本质，只有通过理性才能认识真理。他却认为，只有意志、欲望、情感、本能才是最根本的，理性只不过是意欲的工具。据此，他认为，人欲望什么，就应该得到什么，他想奴役谁，谁就得俯首听命，一切都得以他的意志为转移，一切都得按他的欲望办事。这个世界除了意志，岂有他哉？叔本华在生命意志的幻想中狂妄到了极点。

但是，当叔本华在使劲地高吹他的喇叭时，他的不实的心灵就已感到阴影在向他步步逼近。既然我欲望什么就能得到什么，那么，人就应该永远处于欢乐和幸福之中。可是，现实却远非如此。这是为什么？因为人的欲望是无穷无尽的，也是永远不可能得到满足的。即使有时得到满足，也只是暂时的，相对的，有限的。一旦人的某一愿望得到满足时，很快随之而来的就会产生新的欲望，新的追求，新的不满足。叔本华认为，得不到满足就是痛苦。“痛苦不是从‘没有’中产生的，而是首先从‘想有’而又没有中产生的。”因此，人注定是永远痛苦的。而人又不情愿自己处于痛苦之中。为摆脱痛苦必须求解脱，根本的方法就在于灭绝意欲，否定生命意志，最后达到人类的寂灭，这样，世界也就成了“无”。因而，叔本华的生命意志也就走向了悲观主义的人生哲学，进而达到极端的禁欲主义和虚无主义。

由上述表明，叔本华的哲学是完全错误的，主要表现在：

第一，他把生命意志作为世界的本原，作为人的本质是完全错误的。欧洲传统哲学都在探寻世界的本原。有的认为是物质，有的认为是精神，有的主张二者兼之。并且不少人为坚持世界的物质本原而发挥了深刻、卓越的思想。从来也没有人把生命意志作为世界的本原。叔本华的主张与欧洲的哲学传统大相径庭，与马克思主义哲学更是背道而驰。马克思主义认为，世界是物质的，人的一切主观的东西的根源性都在物质。离开物质去谈世界的根源性，这只能是怪异的理论体系。在马克思主义诞生后，资产阶级再次公开地树起叔本华这面旗帜与马克思主义唱对台戏，这就充分地暴露了他的哲学的反马克思主义的本性。至于说意志也是人的本质，那也是同样荒谬。马克思主义认为，人的本质在于人的劳动，人的社会性，决不是什么人的意志。任何意志只能是人在特定的条件下进行社会实践的产物。把意志作为人的本质，实际上就是企图从意识和理性来规定人的木质，这是一切唯心主义惯用的手法。叔本华在重弹唯心主义先辈们的老调。

第二，“世界是我的表象”的论调从根本上颠倒了主客体的关系，违反了马克思主义认识论的基本原则。马克思主义认为，客观物质世界是主体之外的实实在在的存在，它不以人的主观意志为转移。主体中的表象只能是人的感官对外在物质世界的复写、摄影。因此，决不是世界是主体的表象，是由主体来决定的，而是恰恰相反，客观物质世界是主体产生表象的根源，离开了外在的物质世界，主体的表象便不可能存在。这表明叔本华抛弃了康德的“自在之物”的唯物主义因素，而大大地发挥了他的唯心主义观点，从而走到了与贝克莱同流合污的道路上去了。

叔本华哲学在我国，特别是在青年中造成了十分恶劣的影响。一些天真烂漫的青年盲目崇拜叔本华，大讲什么意志、欲望和本能，要求一切都得听从他的意志和愿望，并认为只有他的意志和愿望才是真理，否则，就是不尊重个性，不尊重人格，不尊重理性，从而对现实中一切不合他的意的东西大加指责，并大肆吹嘘按他的意志设计的“新世界”是何等的美妙。然而，他们狂妄的愿望在现实中遇到波折，甚至失败时，他们就急转直下，认为这就是希望的破灭，生命的终结，就唉声叹气，悲观失望，失去一切信心和勇气，终日处于颓废和消极之中。我们认为这是叔本华哲学产生的恶果，是十分错误的。一切真正有志的青年，应当从叔本华创造的迷雾中清醒过来，认清其危害。在马克思主义的指引下，正确处理个人意志和集体意志、个人欲望与集体利益的关系，树立正确的幸福观和价值观，积极投身到实现社会主义现代化建设的洪流中去，在这场伟大的斗争中去获得信心、力量和希望，去认识人生的价值，去获取真正的幸福。

（1992 年）

论赫拉克利特的灵魂观

不少人认为赫拉克利特的哲学是晦涩的，他关于灵魂的一些片断，似乎也同样是晦涩的。国内外一些权威的、或有相当影响的论著，对其灵魂观的评议又纷说不一。有的说，赫拉克利特“认为灵魂是火和水的混合物”。① 有的说：“赫拉克利特的灵魂，本质上就是火。”② 有的说，赫氏（以下均将赫拉克利特简称为赫氏）“反对灵魂不死、灵魂轮回的宗教迷信”，③ 并进一步认为，赫氏的灵魂不容置疑是有死的，而且是一种物质性的东西，根本不同于毕达哥拉斯的灵魂轮回说。④ 有的则反驳说，“这种带着神秘色彩的粗糙的猜测，无疑是典型的灵魂轮回说，……这种看法更为清楚地说明赫氏信奉灵魂不死，灵魂轮回。”⑤ 以上种种截然相反的评述，不仅增加了对赫氏灵魂观理解的困难，而且会影响对赫氏哲学整体的正确评价。和神学观一样占赫氏残篇片断相当份量的灵魂观，究竟应当怎样评论？有什么特色？与其哲学整体是什么关系？它的晦涩和矛盾在哪里？对后来产生了什么影响？所有这些都表明，对赫氏的灵魂观作一全面的考察就显得非常必要了。

作为古希腊朴素唯物论和朴素辩证法思想集大成者的赫拉克利特，是在总结了古代伊奥尼亚学派和南意大利学派的基础上，并发展了他们的学说，才创立了自己的理论的。尽管如此，但他仍然还是处在古希腊早期自然哲学的阶段，他的哲学，包括他的灵魂观仍然具有早期自然哲学的基本特征。从原始宗教和神话中脱胎出来的最初的希腊自然哲学，不可避免地带有古代的灵魂观念。这种灵魂观念是古代希腊人思想中最重要的观念之一，它和神的观念一

① 罗素《西方哲学史》上卷，第 70 页。

② 叶秀山《前苏格拉底研究》第 101 页。

③ 冒从虎主编《欧洲哲学通史》第 38 页。

④ 杨适《哲学的童年》第 196-197 页。

⑤ 人大复印资料《外国哲学与哲学史》1986 年第 12 期第 27 页。

样，是那时人们认识世界和说明万物起源的重要手段。但是，哲学的产生就标志着对原始宗教和神话的一种本质变革。哲学第一次用物质性的始基来作世界万物统一性的基础，与原始宗教和神话的神创世界观是根本不同的。然而，最初的哲学又仅仅是科学思维的开端，它还没有更深的抽象思维，还不握有复杂的认识方法和各种科学的认识范畴。这样，在古代人们认识和说明世界中起着重要作用的灵魂观念就完全有可能进入这种哲学之中。当然，新产生的哲学又决不会毫无改变地全盘接受古代的灵魂观，它必然要将其纳入自己的意识中，并力图依据自己的始基理论对其进行改造。但是，这种改造又还不可能是彻底的，更谈不上摈弃传统的旧灵魂观念，相反，这种哲学还必须在这种或那种情况下借助于灵魂观。正因此，自然哲学家在自己著作的很多地方谈论着灵魂观，赫氏的著作残篇中留下不少关于灵魂的片断，就不足为怪了。

但是，我们认为，赫氏的灵魂观比其他的自然哲学家又大大地前进了一步，显示了更丰富、复杂、深刻的内容，展示了更宽广的方向，表现了朴素唯物论和朴素辩证法对旧灵魂观的深刻的改造。之所以如此，是由赫氏哲学的总体特征所决定的。

赫氏提出万物的始基是火，并认为正是这“一团永恒的活火，在一定的分寸上燃烧，在一定的分寸上熄灭”，[①] 才造成了永远流转的五彩缤纷的世界。可他同时又认为灵魂就是火，就是始基。他说：“然而水是从土而来，灵魂是从水而来的。”[②] 很显然，赫氏在这里是肯定，灵魂来源于水。这就清楚，只要说明了火与水的关系，就说明了灵魂与火的关系了。在另一地方他接着又说：“火死则气生，气死则水生。”[③] 这就是说，火能转化为气，气转化为水，而灵魂又是从水而来的。如果火转化为水，这就将火与灵魂联系在一起了，但问题是中间隔着一个气，似乎难以理解。其实，只要回顾一下古希腊早期自然哲学关于火与气的关系，这就很容易明白。米利都学派的阿那克西美尼就说过，灵魂就是空气，正是这种嘘气和空气包围着整个世界。[④] 由于火燃烧、轻飘的特性，当时不少人们都把火、火气看作是同一个东西。亚里士多德在

① 《古希腊罗马哲学》北京大学哲学系外国哲学史教研室编译，第 21 页。
② 《古希腊罗马哲学》北京大学哲学系外国哲学史教研室编译，第 22 页。
③ 《古希腊罗马哲学》北京大学哲学系外国哲学史教研室编译，第 26 页。
④ 《古希腊罗马哲学》北京大学哲学系外国哲学史教研室编译，第 13 页。

《论灵魂》一书中也就是把赫氏的火看成是火气的。他说："赫拉克利特也说第一原则——'温暖的呼气'，在他看来，一切事物由它构成——是灵魂；并且这个呼气是最无形体的，并处于不停的运动中。"① 亚里士多德不仅指出赫氏的火就是火气，而且指出这个火气就是灵魂，其特点是最无形体、永远流动，能转化为其余的一切。这就将赫氏自己说火就是灵魂，因而中间隔着一个气的问题解决了。正是在这一点上，黑格尔赞同亚里士多德的话，才说："我们可以理解亚里士多德所引的话了，原理是灵魂，因为灵魂是气化——是世界的自己运动的过程；火就是灵魂。"② 这就是赫氏的素朴的唯物主义灵魂观。

朴素辩证法是赫氏哲学的核心，他将它也贯彻于灵魂之中。于是，赫氏哲学中的灵魂也就像火一样运动不停，并充满着斗争。他说："火生于土之死，气生于火之死，水生于气之死，土生于水之死。"③ 又说："与心作斗争是很难的，因为每一个愿望都是以灵魂为代价换来的。"④ 也因为此，列宁才援引了拉萨尔的一句话："在关于赫拉克利特的引文中，只谈到灵魂也是变化过程——运动着的东西被运动着的东西所认识。"⑤ 同样，由于赫氏把始基火与灵魂联系起来，这就使灵魂不仅具有生命标志的含义，而且具有思想、理性等等的意义，这样同时就使火也具有了更为复杂、丰富的内容，所以他说："这个火是赋有思想的，并且是整个世界的原因。"⑥ 从而使他的哲学更为深刻地理解了世界的统一性问题。这就是赫氏高出米利都学派的新贡献。

赫氏认为"逻各斯"是火的固有的属性，万物都按"逻各斯"生灭变化。他说："火的转化是：首先成为海，海的一半成为土，另一半成为旋风。（意思就是说，火凭借着那统治一切的'逻各斯'或神，通过空气而化为水……）它（指土）化为海，并且遵照着以前海化为土时所遵照的'逻各斯'。"⑦ 但是，赫氏又认为，"逻各斯"虽然有规律的意思，但这种规律义是直观的、朴素的，甚至是可以看得见、摸得着的。所以，赫氏说："逻各斯是灵魂所固有

① 亚里士多德《论灵魂》05a25-27。

② 黑格尔《哲学史讲演录》第一卷，第 307 页。

③ 《古希腊罗马哲学》北京大学哲学系外国哲学史教研室编译，第 26 页。

④ 《古希腊罗马哲学》北京大学哲学系外国哲学史教研室编译，第 27 页。

⑤ 列宁《哲学笔记》1974 年版，第 398 页。

⑥ 《古希腊罗马哲学》北京大学哲学系外国哲学史教研室编译，第 25 页。

⑦ 《古希腊罗马哲学》北京大学哲学系外国哲学史教研室编译，第 21-22 页。

的，它自行增长。”[①] 这就表明，赫氏认为，他的作为始基的灵魂的运动也是有规律的。所以他又说：“我们生于灵魂的死，灵魂生于我们的死。”[②] 赫氏从“逻各斯”是客观事物运动变化的规律，隐约地看到这种规律对灵魂同样具有巨大的制约，不管你有多大的期求和愿望，也不管你是活着还是死去，这种规律都在起作用。所以他说：“人们死后所要遭遇到的事，并不是人们所期待的，也不是人们所想像的。”[③] 而是按其规律进行的，因而纯洁的灵魂就升天，卑贱的灵魂则下地狱。按逻各斯来解释灵魂，表明赫氏是非常大胆的、是敢于革新的。因为在那个宗教神学观念弥漫的时代，流行的习俗观念是：灵魂是由神和天意决定的，哪有什么规律可言。但赫氏却否定了天意，肯定了灵魂自身的规律性——必然性。正是在这个意义上，列宁才引用了拉萨尔的另一句话：“拉萨尔指出：奈麦西说赫拉克利特和德谟克利特否认天意，而西塞罗说道，赫拉克利特也像德谟克利特和其他人（以及亚里士多德）一样，承认命运——必然性。”[④]

赫氏还用不少的精力探讨了灵魂的起源和灵魂的生死，表现了他与传统的旧灵魂观的勇敢的决裂和大胆的革新。

关于灵魂的来源，在古代一直是一个使人纷扰不宁的问题。原始宗教和神话将其描述得非常神秘莫测，说它像神一样，来无踪，去无影，在空中飘游着。当人死亡时，它就离开人的肉体，飘向空中；而当它进入一个人的身体时，则生命就在那儿出现。因而在原始宗教和神话中，灵魂被看作是一种寄居在人体之中而又可以独立于人的肉体之外的精神实体，人的肉体可以死亡，而灵魂却永存不朽。对这种观念，早期自然哲学家从一开始就持有怀疑和异议。米利都学派的阿那克西美尼就含糊地指出，灵魂有着空气的性质，灵魂和世界上其他事物一样，也是由空气产生的。这就已初步排除了灵魂是超自然之外的东西。正是在这个基础上，赫氏坚持从朴素唯物主义立场来进一步寻找灵魂的起源。他说：“走下同一条河的人，经常遇到新的水流，灵魂也是从湿气中蒸发出来的。”[⑤] 所以，亚里士多德说：“赫拉克利特说灵魂是始基，因为一切由

① 《古希腊罗马哲学》北京大学哲学系外国哲学史教研室编译，第 29 页。
② 《古希腊罗马哲学》北京大学哲学系外国哲学史教研室编译，第 26 页。
③ 《古希腊罗马哲学》北京大学哲学系外国哲学史教研室编译，第 21 页。
④ 列宁《哲学笔记》1974 年版，第 401 页。
⑤ 《古希腊罗马哲学》北京大学哲学系外国哲学史教研室编译，第 20 页。

蒸气结合而成。”① 在这儿，赫氏明确地提出了灵魂的来源问题。但为什么赫氏要将灵魂的来源与走下同一条河流不断地遇到新的水流联在一起呢？这似乎是有些前后不合逻辑。但一仔细分析就可看出，这正是赫氏从其哲学的根本原则出发来规定灵魂，赋予了灵魂以崭新的意义。赫氏哲学的核心是一切皆流、无物常住的朴素辩证法，“太阳每天都是新的”②，火及其一切事物都处在永恒的流转之中，灵魂也就是从流动的水流中产生的。水流不断地更新，水流的蒸气也时刻在变化，因此灵魂也就不是僵死的，而是不断地拥有它的新内容。赫氏说到的灵魂的演变过程，就是明证。赫氏对灵魂的这种规定，一方面继承了自然哲学的优秀成果，坚持了灵魂观的唯物主义性质；另一方面又前进了一步，将朴素辩证法注入了灵魂观之中，这对后来产生了深远的影响。爱利亚学派的芝诺也说：“灵魂由冷、热、干、湿四种元素的等量部分构成。”③ 很显然，正是由于赫氏关于灵魂是从蒸气中来的论述，迫使具有唯心主义倾向的芝诺，也不得不在这一点上放弃他的唯心主义立场，而做出了上面的那种承认。

赫氏认为灵魂是有生有死的，灵魂的生死是在事物的演变过程中实现的，他说：“对于灵魂来说，死就是变成水，对于水来说，死就是变成土。”④ 接着他又说：“对于灵魂来说，变湿乃是快乐或死亡。”⑤ 这都表明，赫氏用明确的语言说清，灵魂与其他的事物一样，是有生死的。也许是担心人们不能理解他关于灵魂是有生死的观点，他又特别将灵魂的生死与人的生死联系起来论述，以进一步说明之。赫氏“（还说到肉体复活，说到我们诞生于其中的那种尘世的可见的身体的复活，并且认为是神促成了这种复活。他的话是这样说的：）在那个存在者面前，他们（指英雄们）升天了，变成了活人和死人的警醒的守护者。”⑥ 他又说：“战死的灵魂比染疫而死的灵魂纯洁。”⑦ 所以，赫氏认为，英雄们的死，虽死犹生，优秀的人死后应该有一种不同于一般人的命运，一般人死了就成为粪土一样的东西，而优秀的人死后则灵魂升天，成为管理和

① 梯尔士《前苏格拉底》22、A15。

② 《古希腊罗马哲学》北京大学哲学系外国哲学史教研室编译，第 19 页。

③ 《古希腊罗马哲学》北京大学哲学系外国哲学史教研室编译，第 57 页。

④ 《古希腊罗马哲学》北京大学哲学系外国哲学史教研室编译，第 22 页。

⑤ 《古希腊罗马哲学》北京大学哲学系外国哲学史教研室编译，第 26 页。

⑥ 《古希腊罗马哲学》北京大学哲学系外国哲学史教研室编译，第 24 页。

⑦ 《古希腊罗马哲学》北京大学哲学系外国哲学史教研室编译，第 31 页。

守卫着人间和自然事务的神灵。赫氏认为，这是应该的，“更伟大的死获得更伟大的奖赏。”① 人有生死，灵魂也有生死，这表现了赫氏朴素唯物辩证的一元论世界观。

赫氏关于灵魂有生死的论述，不仅否定了泰勒斯灵魂不死的说法，而且反对了毕达哥拉斯的灵魂轮回说。毕达哥拉斯的灵魂轮回说认为，“灵魂依照命运的规定，从一个生物体转移到另一个生物体中”。② 毕达哥拉斯的这种观点，是向原始宗教和神话灵魂观的倒退，造成了极其恶劣的影响。赫氏为反对毕达哥拉斯的灵魂轮回说，独树一旗地提出灵魂有生死的新观点，并详细地描述了灵魂生死的演化过程，并明确地表示，那种灵魂不死、灵魂轮回的观点与他是格格不入的，他不可能承认有什么永恒存在的灵魂。因此，我们认为，赫氏关于灵魂生死的演化，丝毫也不同于毕达哥拉斯的灵魂轮回说，前者讲的灵魂是有生死变化的，而后者讲的则是永恒不变的。

赫氏在古希腊哲学中最早明确地提出了朴素的认识论。这种认识论的很多观点也是通过灵魂观来表述的。赫氏重视感觉在认识中的地位。他说，像蛛网被苍蝇碰击一样，身体的某一部分受到刺激，灵魂就连忙跑到那里，接受外部的刺激，并“以一定的联系牢固地联结在身体上面”。③ 但是，赫氏又认为，光有感性是不够的，还须有理性，而灵魂就是这种理性。他甚至认识到一个人理性认识修养水平的高低，对理解感性是至关重要的。他说：“眼睛和耳朵对于人们乃是坏的见证，如果他们有着粗鄙的灵魂的话。”④ 因此，他努力寻找优秀的理性。结果他终于找到了，认为“干燥的光辉是最智慧、最优秀的灵魂。”⑤ 赫氏万物的本原是“火”，那火气燃烧得最充分、最光亮的，也就是最有理性的。所以黑格尔认为：“在这里干燥的意思即是火热的，所以最干燥的灵魂就是纯粹的火。”⑥ 如果一个人的灵魂没有燃烧火气，或者燃烧得不旺，这个人便失去了理性，正如“一个人喝醉了酒，便为一个未成年的儿童所领

① 《古希腊罗马哲学》北京大学哲学系外国哲学史教研室编译，第 21 页。
② 《古希腊罗马哲学》北京大学哲学系外国哲学史教研室编译，第 33 页。
③ 《古希腊罗马哲学》北京大学哲学系外国哲学史教研室编译，第 25 页。
④ 《古希腊罗马哲学》北京大学哲学系外国哲学史教研室编译，第 29 页。
⑤ 《古希腊罗马哲学》北京大学哲学系外国哲学史教研室编译，第 29 页。
⑥ 黑格尔《哲学史讲演录》第一卷，第 308 页。

导。他步履蹒跚，不知道自己往哪里走；因为他的灵魂是潮湿的。”① 在这儿，赫氏把自己的灵魂观浸透于物质始基中，又将它与思想、智慧、道德、理性等等联系起来，智慧和愚昧、英勇和懦怯，这些人们思想和道德方面的差别，他也认为是灵魂状态的区别，表示了赫氏在朴素唯物主义的基础上，对原始宗教和神话灵魂观的深刻的改造，和对早期自然哲学中关于灵魂的优秀成果的发展。赫氏把灵魂与理性、精神联系起来，是对早期希腊哲学中关于灵魂具有理性特征的朦胧观点的深刻概括。恩格斯在研究了早期希腊哲学关于空气、呼吸等等与灵魂的关系后，就写道：“在这里，空气、呼吸=精神。”② 赫氏的这一概括和发展就为后来哲学家对灵魂观的理解指明了一个正确的方向。后来的唯物主义哲学家，甚至不少的唯心主义哲学家对灵魂的实质的理解，基本上是沿着赫氏开辟的新方向前进的。德谟克利特和伊壁鸠鲁就继承和发扬了赫氏的灵魂观点，他们进一步把灵魂物质化，认为灵魂也是由原子构成的，不过是由一些精细的原子构成罢了，并认为灵魂就是人体内的理性、思维和功能。伊壁鸠鲁说：“因为，如果灵魂不在这个机体里，而且不能引起这些运动，如果包围着灵魂的不再是灵魂现在存在于其中并且在其中实现这些运动的环境时，是不可能想像灵魂有感觉的。”③ 所以，列宁在《哲学笔记》中摘录了亚里士多德论阿那克萨哥拉的一句话：“理性和灵魂是一个东西。”④ 面对德谟克利特和伊壁鸠鲁所做出的卓越贡献，黑格尔出于他唯心主义的本能，却在生气、责骂他们关于灵魂的观点是“胡诌”“空话”，“没有思想”时，列宁却赞扬说：“伊壁鸠鲁论灵魂：更精微的（注意）原子，它们的更迅速的（注意）运动，它们与肉体联系（注意）等等，——很天真而且很好！”⑤ 赫氏关于灵魂是理性的认识论观点，就是对那些唯心主义哲学家也是一个有力的约束，使他们不敢再明目张胆地让自己的灵魂观去与原始宗教和神话的灵魂观的神秘性混在一起，而是也只能承认自己所理解的灵魂也是人体的一种认识的理性和智慧，尽管是一种有别于唯物主义所理解的认识的理性和智慧。所以，苏格拉底才说出了如下的话：“一切别的事物都属于灵魂，而灵魂本身的东西，如果它们要成

---

① 《古希腊罗马哲学》北京大学哲学系外国哲学史教研室编译，第 29 页。

② 恩格斯《自然辩证法》第 165 页。

③ 《古希腊罗马哲学》北京大学哲学系外国哲学史教研室编译，第 359 页。

④ 列宁《哲学笔记》1974 年版，第 330 页。

⑤ 列宁《哲学笔记》1974 年版，第 330 页。

为善，就都属于智慧。”又说：“而智慧的灵魂就正确地指导它们，愚蠢的灵魂就错误地指导它们。”① 因而智者也讲过类似的话：“灵魂不是因为学习和注意而得到启迪、改善和保持吗?”②

赫氏对灵魂观做了比较全面、深刻的阐述，在一些根本问题上表明了确定的态度，做出了巨大的贡献，这是不容置疑的。但他也和其他自然哲学家一样，还受着当时历史条件的制约，因而在灵魂观上表现出一些模糊、混乱和矛盾，体现了他的灵魂观的朴素性和直观性。其主要表现是：一、关于灵魂的生死。他首先认为灵魂是有生死的，并明确指出：灵魂死就变成水，水死就变成土，灵魂是从水而来的；我们生于灵魂的死，灵魂生于我们的死。可在另一些地方，他又说了一些似乎主张灵魂不死的模糊的语言。他说：“灵魂在地狱里嗅着。”③ 又说，英雄们的优秀灵魂死后会升天，成为管理和守卫着人间和自然事务的神灵。二、关于灵魂的根源。首先，赫氏毫不怀疑地认为灵魂的根源是明确的，灵魂是从湿气中蒸发出来的，是从水而来的；可是在另一地方他又认为灵魂的根源在哪儿，我们是弄不清也找不出来的，“灵魂的边界你是找不出来的，就是你走尽了每一条大路也找不出，灵魂的根源是那么深。”④ 三、关于灵魂的性质分类。赫氏提出了有光辉、纯洁的灵魂，可是与此同时，他又提出有潮湿、粗鄙的灵魂。四、关于灵魂生死演变的道路。首先，他认为灵魂与水进行演变，灵魂死就变成水，而灵魂又是从水而来。可是在另一地方他又认为，灵魂是与我们人进行演变的，他说，我们生于灵魂的死，灵魂生于我们的死。五、关于灵魂变潮湿的结局也是矛盾的。他首先认为，灵魂变潮湿了，就是失去了理性，像一个喝醉了酒的人一样，举止失常；可是在另一地方他又认为，灵魂变潮湿了或者是快乐，或者是死亡。以上列举的五个方面（当然还有其他的方面），可以清楚地看到赫氏在灵魂观上是存在矛盾和混乱的。大概也由于此，而造成了他的哲学的晦涩，也可能由于此而引起了人们对他的灵魂观的大相径庭的评论。

怎样认识赫氏灵魂观上的这种矛盾和混乱呢？我们认为赫氏在灵魂的一些

---

① 《古希腊罗马哲学》北京大学哲学系外国哲学史教研室编译，第166页。

② 《古希腊罗马哲学》北京大学哲学系外国哲学史教研室编译，第135页。

③ 《古希腊罗马哲学》北京大学哲学系外国哲学史教研室编译，第28页。

④ 《古希腊罗马哲学》北京大学哲学系外国哲学史教研室编译，第23页。

根本问题上态度是明确的，贯彻唯物辩证的原则是坚决的，所体现的方向是正确的。这是赫氏灵魂观的基本的、主要的方面。矛盾和混乱是偶然的、次要的。当然不能忽视这些矛盾和混乱，相反，却必须认真地加以研究，以便更深刻地认识到那个时代对他的影响和制约，更好地看清一个伟大思想家杰出思想形成时存在的复杂因素。但却千万不能让这些偶然的、次要的矛盾和混乱而模糊了我们主要的视线。那么，这种矛盾、混乱的原因何在？我们认为主要是两个方面：第一，这是由他对万物流变、万物对立斗争的朴素辩证法思想认识还是不深刻、不全面所引起的。从以上例举的五个方面来看，他企图用对立的思想从不同的角度来说明灵魂的两个方面。可是由于时代的局限，人们不可能对辩证法认识那么深刻、清楚，对对立双方的辩证关系不可能研究得深入、细微、全面。尽管赫氏是那个时代的辩证法大师，是第一个天才地研究和叙述了辩证法的哲学家，可他还是不能用对立的观念把灵魂的一些问题表达得那么确切，所以才出现矛盾和混乱。第二，是由传统的原始宗教和神话的灵魂观对他的影响而造成的。如前所述，赫氏对传统的旧灵魂观进行了大胆的改造，加进了唯物辩证的新内容，并对灵魂作了新的本质规定，可是他又无论如何也不可能完全摆脱传统观念对他的束缚，因而在说到灵魂的一些问题时，又不得不承袭沿用了一些传统的观念，这就使他的灵魂观在一些方面呈现出改造与承袭，前进与守旧，率直与神秘的错综复杂的局面。

综上所述，我们认为对赫氏的灵魂观，只有从当时的时代特征来考察，只有从他的唯物辩证的哲学整体特征出发来考察，才有可能作出全面的、合乎他的哲学实际的评论，才有可能通过对他的灵魂观的评论而有助于对他的哲学整体的正确认识和理解。这是至关重要的。

（1995 年）

孔子的仁与苏格拉底的美德

孔子和苏格拉底分别是古代中国和古代希腊的伟大的思想家和哲学家。他们的理论不仅具有自己民族的特色，各自的特点，而且从他们当中可以找到很多共同的东西，具有一般的普遍的意义。只要把孔子的仁与苏格拉底（以下简称苏氏）的美德比较，就会发现在他们思想的基本命题方面存在着不少相同或一致的地方。

孔子的仁和苏氏的美德从总体上讲都表现出一种对人性，对人的美德、人的理性、人的美好心灵的追求和探讨，他们都把人当作自己理论研究的中心，都把人对象化了。在他们那儿，人不仅是认识的主体，同时也是自己认识自己的对象。孔子认为仁是人内心深处的一种真实状态，是一种内在的人格精神，体现出个人心性上真与善的统一。通俗地说，仁也可说就是做人的道理，就是爱心或同情心。所以，孔子认为，“仁者，心也”，并说过，“仁者人心”，他主张用己心，比人心，推己及人，也就是“仁者爱人”。在孔子看来，仁的思想的最高体现就是“博施于民而能济众”（《论语·雍也》，以下凡引自此书的，只写卷名），把仁爱的思想广泛地施给民众，还要使民众得到物质利益的好处。这表现出他将人的利益价值放在第一位，从根本上表现出他对人性的真正的终极关怀，表现出他视全人类为一体，不分等级种族的博大胸怀。孔子肯定人的价值，热爱人生，崇尚理性，忧患社会的人道主义精神在漫长的时间里滋润着中华民族文化绵延发展。苏氏强调的美德即知识，明确地肯定理性知识在人的道德行为中的决定性作用。所以，他的美德论是一种理性的道德价值学说，这种学说表现出对人性，对人的道德、人的理性和人的美好心灵的普遍关注。这样，苏氏就在古希腊以及整个西方哲学中首先建立起了一种理性主义的道德哲学。他带有深情地说，他爱雅典的人们，但是他又告诫人们，必须按理智去生活，必须做一个有道德的人。正因为苏氏提出了与其先辈不同的问题，罗马时代的西塞罗才说，是苏氏把哲学从天上带到了人间。显然，孔子的仁和苏氏的美德都由于把人作为自己学说的中心，分别为中西方哲学的发展辟开了一条新道路。

孔子的仁和苏氏的美德中都贯穿一个共同的思想：即要使自己成为仁者或拥有美德，就必须首先认识自己。两位伟大的哲学家对自己的认识是非常深刻的。孔子认为，不认识自己，就无法成为一个完善的人，“不知命，无以为君子也。”（《尧曰》）于是，孔子就反复地认识自我，认识到自己，“我非生而知之者”。（《述而》）认识到自己是无知的。他说：“盍有不知而作之者，我无是也。”（《述而》）又说：“吾有知乎哉？无知也。”（《子罕》）孔子明确承认自己无知，更不是生而知之的天才。那么，他又是一个什么样的人呢？怎样获得知识的呢？他认识自己是：“吾十有五而志于学，三十而立，四十而不惑，五十而知天命，六十而耳顺，七十而从心所欲，不逾矩。”（《为政》）不管这一段描述是否合乎人的认识发展的科学规律，但孔子对自己认识的深刻却不能不令人钦佩。孔子还生动地叙述了他怎样从认识上的无知而逐步发展获得知识的。他说，“好古，数以求之者也”；（《述而》）“多闻择其善者而从之，多见而识之”；（《述而》）并且“见贤思齐焉，见不贤而自省也”（《里仁》）。由于孔子能正确地认识自己、评估自己，所以他说，与仁人和圣人相比，他是比不上的，他只不过是不断地朝着仁人和圣人的目标前进的。这当然是孔子的谦逊之言。苏氏所说的美德即知识，主要是指人能认识自己的本性。所以，他首先提出的就是“认识你自己”。他认识到自己是无知的，“因为我意识到，如我可以说的，我是什么也不知道的”。[①] 当人们都说苏氏最有智慧时，他却清醒地说：“我知道我是没有智慧的，不论大小都没有。”[②] 那么，人们又为什么这样说呢？这究竟是什么意思呢？苏氏是这样回答的：“虽然我不以为我们中间有谁知道任何真正美和善的东西，但我是比他好些，——因为他什么也不知道，却自以为知道；我既不知道，也不自以为知道。那么，特别在最后这一点上，我似乎比他有稍稍好一点的地方。”[③] 苏氏认为，他之所以比别人聪明一些，是因为他知道自己无知，并不像一些人那样，本来是愚蠢无知

① 引自《古希腊罗马哲学》（北京大学哲学系外国哲学史教研室编译，1982 年版）第 147 页。
② 引自《古希腊罗马哲学》（北京大学哲学系外国哲学史教研室编译，1982 年版）第 145 页。
③ 引自《古希腊罗马哲学》（北京大学哲学系外国哲学史教研室编译，1982 年版）第 146 页。

的，而却要装得什么都懂。“我发现那些最有名声的人正好就都是最愚蠢的。”① “于是我知道了诗人与诗并不是凭智慧，而是凭一种天才和灵感；他们就像那种占卦或卜课的人似的，说了许多很好的东西，但并不懂得究竟是什么意思。这些诗人……他们就自以为是最亲的人，在别的他们并不聪明的事情上也自以为是最聪明的了。”② 苏氏对这些愚蠢的人们表示了轻蔑，他认为他自己应保持原样，正确地认识到自己无知，“于是我就代那神谕问我自己，我是愿意像我原来那样，既没有他们的知识，也没有他们的无知，还是情愿两方面都像他们一样呢？而我对自己也对神谕回答说，我还是像我原来那样好。”③ 苏氏认为，只有认识自己的人才有美德，不能设想，不能认识自己，不能自制、搞非正义的人会有勇敢、友爱、善良、虔诚等等美德。在孔子和苏氏对自己的认识中，他们都认识到自己的无知，都承认自己的知识是在向别人学习、与别人比较中才获得的。

孔子的仁与苏氏的美德在具体内容的表述上有很多相同之点。仁是孔子思想的核心，他的整个思想体系是建立在仁的基础上。那么，仁的具体内容是什么呢？孔子认为仁的一个主要方面的内容是表现为一些美德。仁是一切道德的源头。他说：“能行五者于天下，为仁矣。”是哪五种美德呢？他说：“恭、宽、信、敏、惠，恭则不侮，宽则得众，信则人任焉，敏则有功，惠则是以使人。”（《阳货》）当樊迟问仁时，孔子又说：“居处恭，执事敬，与人忠。”（《子路》）孔子从生活、工作、待人上对仁作了具体说明。但是，对于人们努力做到仁，体现出来的美德，在不同的时候，不同的对象上，他又做了不同的说明。他在评价子产的君子风度时说：“有君子之道四焉：其行己也恭，其事上也敬，其养民也惠，其使民也义。”（《公冶长》）他在评价知识分子时，认为勇、义、敬、哀就是优秀知识分子的美德；而“尊五美，屏四恶”则是一个合格领导者应具备的美德。孔子的学生认为，他们的老师孔子更具有这些美德。一次，陈亢问端木赐，孔子每到一个国家都能听到那个国家的政治大事，是孔子自己打听到的呢，还是别人主动告诉的呢？端木赐说，孔子是靠他自己那温和、善良、恭敬、节俭、谦让的美德取得人们的信任才获得的。概括

① 引自《古希腊罗马哲学》（北京大学哲学系外国哲学史教研室编译，1982年版）第147页。
② 引自《古希腊罗马哲学》（北京大学哲学系外国哲学史教研室编译，1982年版）第147页。
③ 引自《古希腊罗马哲学》（北京大学哲学系外国哲学史教研室编译，1982年版）第148页。

说，孔子的仁体现出的美德就是忠诚、正义、勇敢、善良、节俭、虔诚、谦逊、友爱等等。而所有这些，恰恰与苏氏讲的美德内容基本符合。苏氏认为，人类的美德应是正义、自制、智慧、勇敢、虔诚、友爱等等。他说："让我们考察一下灵魂的善：它们是节制、正义、勇敢、敏悟、强记、豪爽，以及如此等等这些内容。"① 苏氏将人在生活中表现出的优秀、善良品质都称为美德。孔子认为所有美德都是仁的体现，苏氏也同样认为，美德之所以成为美德是由于它们源于一种共同的本性："对于美德也是一样，不论它们有多少种，而且如何不同，它们都有一种使它们成为美德的共同本性。"② 孔子与苏氏在对某一美德的具体内容的理解上也基本一致。如对勇敢的理解。二者都认为，只有在理性的指导下，小心谨慎、避免急躁莽撞、没有私欲、不带恐惧心理的大胆行为才算勇敢。孔子在论及规章制度对领导者的道德起规范作用时说："勇而无礼则乱"；（《泰伯》）在论及一种完美的品质时说："勇者不惧"。（《宪问》）在讲到一个人勇猛刚强时，认为只有个人私欲很少时才能做到。孔子说，吾未见到刚者。当有人告诉他申枨这个人不是很刚强吗！他说："枨也欲，焉得刚。"（《公冶长》）孔子认为申枨这个人欲望不少，怎能算得上勇猛刚强。同样，苏氏也是这样理解勇敢这种美德的。他说："勇敢而不谨慎，岂不只是一种莽撞？但他若是有理性，这样他岂不有益了？"③

孔子和苏氏都认为要有美德，就必须进行修养。孔子认为，使自己具有仁，拥有美德并不难，只要自己下决心修养就可以达到。他说："仁远乎哉？我欲仁，斯仁至矣。"（《述而》）只要我决心实行仁，仁的境界就可以达到。孔子的基本思想就是"修己"求仁。他说："修己以敬。"（《宪问》）一个人应该进行自我修养才能赢得人们的尊重。他主张严于律己、薄于责人的道德修养方法，"躬自厚而薄责于人"。（《卫灵公》）修养美德要遵循一定的原则，孔子提出了四项基本原则，它们是："志于道，据于德，依于仁，游于艺。"（《述而》）这四项基本原则是超凡入圣的必要条件和基本保证，它们是相辅相成，互为条件，缺一不可的。只要坚持和施行这四条原则，就能培养自己的美德，使自己成为理想中的圣人。那么，应当从哪些方面去进

① 引自《古希腊罗马哲学》（北京大学哲学系外国哲学史教研室编译，1982 年版）第 465 页。
② 引自《古希腊罗马哲学》（北京大学哲学系外国哲学史教研室编译，1982 年版）第 453 页。
③ 引自《古希腊罗马哲学》（北京大学哲学系外国哲学史教研室编译，1982 年版）第 465 页。

行自我修养呢？他认为仁在个人修养上有不同的层次，针对不同的层次，阐述了不同的观点。他说君子的修养是：“君子义以为质，礼以行之，孙以出之，信以成之。君子哉！”（《卫灵公》）孔子认为，要使自己成为一个品德高尚的人，必须用道义作为品德的根本，用礼义去实施道义，用谦逊的态度去表达道义，用忠诚去完成道义。从这些方面努力，就能完善自我，培养美德。但这只是一方面，另一方面是同时要与错误和坏的品质作斗争，才能真正地修己。孔子自己就是这样做的：“子绝四——毋意、毋必、毋固、毋我。”（《子罕》）孔子在修美德时与四种毛病——主观臆测，独断专一，守旧保守，自我中心——进行斗争，并根除了它们。孔子认为要真正提高自己的修养，就必须做到：受到表扬不能忘乎所以，挨了批评要知错就改，不能悲观丧气，对自己永远要有清醒全面的评估。他说：“法语之言，能无从乎？改之为贵。巽与之言，能无说乎？绎之为贵。说而不绎，从而不变，吾末如之何也已矣。”（《子罕》）孔子认为修养的目的是为了达到仁，成为仁人志士，成为圣人，要做到为仁而生，为仁而死。仁是一个无限深邃的境界，求仁是一个像追求真理一样永无止境的过程。人生价值不是在生命哪一刻得到最后完成的，而是在终生对仁的追求中实现的。同样，苏氏也强调，只有进行自我修养，才能使自己成为真正有美德的人。当苏氏看到雅典公民迷恋于钱财和名利，而不在意修养美德时，他发出了深情的忠告：“你，我的朋友，伟大、强盛而且智慧的城市雅典的一个公民，像你这样只注意金钱名利，而不注意智慧、真理和改进你的心灵，你不觉得羞耻吗？”① 在腐败的社会风气下，人们的价值观念被歪曲了，当时希腊的一些人们认为，有了金钱和名利也就有了美德和一切。可苏氏却反其道而大声疾呼：“我告诉你们，美德并不是用金钱能买来的，却是从美德产生出金钱及人的其他一切公的方面和私的方面的好东西。”② 苏氏认为，这里的关键是要进行修养，改善自己的心灵。

孔子的仁和苏氏的美德都是要使人们达到善。对至善的追求就成为两位哲学家的根本归宿。孔子的仁主要表达人们内心一种真诚的状态，这种真的极致必然是善的。孔子要求人们修养美德，去实现仁，实际上就是要求人们

---

① 引自《古希腊罗马哲学》（北京大学哲学系外国哲学史教研室编译，1982 年版）第 149 页。

② 引自《古希腊罗马哲学》（北京大学哲学系外国哲学史教研室编译，1982 年版）第 149 页。

融仁与心为一体，一步步走向至善。他描述人们为达到仁而作的种种努力，实际上也就是讲述人们走向至善的艰难历程。孔子认为，仁是道德的本质，万善的总根源。只有具备仁德仁心的人，处在任何情况下不丢失仁，在任何情况下安于仁，只有具备这种仁德天性的人，才有可能达到善。他说："为仁由己，而由人乎哉?"（《颜渊》）他认为，达到了仁，也就达到了善。他说："夫仁者，己欲立而立人，己欲达而达人。能近取譬，可谓仁之方也已。"（《雍也》）人们在不断地追求仁，也就在逐步地达到善。"民之于仁也，甚于水火。"（《卫灵公》）人民需要仁爱，需要善，比需要水火更为迫切。为了追求善，人们可以献出一切："志士仁人，无求生以害仁，有杀身以成仁。"（《卫灵公》）但达到善却是很难的。孔子在回答司马中请教仁的问题时，认为达到仁的境界非常难，像颜渊这样慧根非凡的人，也只有"其心三月不违仁"。（《雍也》）达到善则更难。尽管如此，孔子仍要求人们向善去恶，努力追求善，并提出了划分善恶的标准。他说："唯仁者，能好人，能恶人。"（《里仁》）只有具有高尚美德的人，才有是非曲直的标准，才能区分善恶。孔子提出了达到仁的总纲，告诉人们达到善的根本道路。他说："克己复礼为仁。一日克己复礼，天下归仁焉。"（《颜渊》）好好约束自己的言行心态，使自己的心理言语都符合礼义制度的要求，这就是仁。但达到仁的境界要靠自己的修养磨练，而不是靠别人。按照这个总纲去做，就能达到仁和善。于是，孔子就讲述了他理想中的圣人为达到善，按照这个总纲去修炼而进入各种境界。有时他认为要达到善须进入三种境界：第一，修己以敬，第二，修己以安，第三，修己以安百姓；有时又认为要具有坚定、果断、朴实、言语迟钝这样的素质；而有时又认为做到忠恕原则就可以了。而他心目中完美无缺的圣人则是："若臧武仲之知，公绰之不欲，卞庄子之勇，冉求之艺，文之以礼乐，亦可以为成人矣。"（《宪问》）这种圣人就算达到了至善。孔子还明确地指出，只有通过学习才能达到仁和善。一次，孔子问仲由，他听说过人的六种美德和六种毛病吗？孔子告诉他，人们正是通过学习发扬了美德，克服了毛病，提高了仁，而成为圣人，达到至善的。所以子夏说："博学而笃志，切问而近思，仁在其中矣。"（《子张》）同样，苏氏也论述了从美德达到善。他说："我们不是说美德是一种善吗?""美德使我们善吗？”① 苏氏认为善是人生的最高目的，他说：“善是我们一切行为的目的，其他一切事情都是为了善而进行的，并不是为了其他目的而行善。”② 这种善至少表现为如下两点：一是善是有秩序的安排；二是善与自由、正义等等联系起来。如何达到善？苏氏认为，一方面通过知识和智慧，他说：“如果它们要成为善，就都系于智慧。”③ 另一方面通过教育和学习，“但如果善不是由于本性就是善的，岂不是由于教育而成为善的吗？”④ 又说：“如果知识包括了一切的善，那么我们认为美德即知识就将是对的。”⑤ 人们追求善，是因为善是有益的。苏氏说：“如果我们是善的，那么我们就是有益的，因为一切善的东西都是有益的。”⑥ 又说：“一切可以达到幸福而没有痛苦的行为都是好的行为，就是善和有益。”⑦ 孔子的仁和苏氏的美德在达到善这点上是吻合一致的。

通过孔子的仁与苏氏的美德的一些比较，可以看出，它们尽管有各自的特点，但也有相同的，共同的东西。任何个别都包含一般，任何一般都要通过个别表现出来，共性一定存在于个性之中。有的人，如黑格尔，不承认孔子的哲学思想是哲学，否定孔子哲学思想的普遍世界意义，认为孔子思想与古希腊哲学家思想没有多少相通之处，因而表现出对孔子和中国哲学的轻蔑；同样，在我们中国也有的人只强调孔子哲学的中国特色，认为孔子哲学就只具有中国的特点，这样也降低了孔子哲学思想的博大、宽广。这两者都是同一种片面性。我们比较孔子的仁与苏氏的美德的相同之处，完全没有否认二者存在差异的意思，我们只是想说明，被黑格尔所称赞的古希腊哲学与孔子的哲学并不是没有相通之处，而是存在着很多相同的、一般的东西，在古希腊哲学中体现出来的理性的思辨，在孔子这儿，在中国哲学中也同样存在。孔子思想博大精深，辉煌灿烂，它的深沉的智慧，强烈的爱心，热情地追求和探索，表现出中华民族传统的特色和高尚的民族精神，毫无疑义，孔子是中华民族的骄傲，孔子是中

① 引自《古希腊罗马哲学》（北京大学哲学系外国哲学史教研室编译，1982年版）第164页。
② 引自《希腊哲学史》（汪子嵩等著，1997年版）第441页。
③ 引自《古希腊罗马哲学》（北京大学哲学系外国哲学史教研室编译，1982年版）第466页。
④ 引自《古希腊罗马哲学》（北京大学哲学系外国哲学史教研室编译，1982年版）第466页。
⑤ 引自《古希腊罗马哲学》（北京大学哲学系外国哲学史教研室编译，1982年版）第164页。
⑥ 引自《古希腊罗马哲学》（北京大学哲学系外国哲学史教研室编译，1982年版）第164页。
⑦ 引自《希腊哲学史》（汪子嵩等著，1997年版）第442页。

国的。但孔子的思想又是与世界各民族文化相通的，具有世界一切优秀思想所拥有的共同内容，表现出一般的普遍的世界意义，正是在这个意义上，我们又说孔子是世界的。上述拙论就是要为孔子是世界的这一论断，从一个侧面提供一点点不成熟的论证。

（1997 年）

毕达哥拉斯学派与爱非斯学派的灵魂观之比较研究

毕达哥拉斯学派（主要是指毕达哥拉斯本人，以下简称为毕派）与爱非斯学派的赫拉克利特（以下简称为赫氏）留下关于灵魂的残篇言论较多，国内外学者对此探释评议也不少，但众说纷纭，极易造成混乱。多数人认为毕派的灵魂观基本上是唯心主义的，主张灵魂不死和轮回，赫氏的灵魂观基本上是唯物主义的。但有人却说，毕派的灵魂观是以唯物主义倾向为主;① 还有人说，赫氏的灵魂观与毕派的一样，都是唯心主义的，也是典型地主张灵魂不死、灵魂轮回的。② 更有甚者则认为，毕派和赫氏的灵魂观基本上都是一样的，要说唯物主义都可算唯物主义，要说唯心主义都可算唯心主义，因为他们都主张灵魂不死和轮回。诸如此类的评议，不仅给理解每个哲学派别的性质增添了困难，而且也混淆了二者在灵魂上的基本理论和观点上的区别。作为对后来欧洲哲学发展产生过重大影响的毕派和赫氏的灵魂观其各自的性质究竟如何？其异同何在？产生异同的原因又何在？将二者做一比较研究，予以廓清，无疑将具有重大的理论意义和实际意义。

一

毕派和赫氏同属于古希腊早期自然哲学家，受当时传统灵魂观念的影响，他们对灵魂认识的思路，提问的方式，以及表述的形式等都有类似或相同的一

① 摘引自 1984 年人大复印资料《外哲与哲学史》第一期《略谈毕达哥拉斯哲学思想》徐长安，第 75-78 页。

② 摘引自 1986 年人大复印资料《外哲与哲学史》第 12 期《赫拉克利特的泛神论思想》张秉民，第 25-31 页。

些地方。

二者都探讨了灵魂的起源。在当时，这是一个至关重大而且十分敏感的问题。受原始宗教和神话的影响，早期一些人们认为，灵魂是来无踪去无影、飘游不定的东西，当人肉体死亡时，它就离开人的躯体飘向空中；而当它进入一个人的身体时，生命就在那儿诞生。新产生的哲学力求说明世界万物的起源，对于灵魂是从哪儿来的，他们当然必须做出自己的解释。

所以，毕派说："精液是一滴脑髓，包含着热的蒸气。……热的蒸气产生出灵魂和感觉。"[①] 显然，毕派肯定，灵魂是从蒸气中产生出来的。同样，赫氏也说："走下同一条河流的人，经常遇到新的水流。灵魂也是从湿气中蒸发出来的。"[②] 初看去，讲得何等相似，二者都说灵魂是从蒸气中产生的。指出这一点非常重要，它表明古希腊的早期自然哲学家不管他们的倾向如何，都是竭力从自然本身来说明世界，都坚守自己的哲学原则，力图表明自己对传统灵魂观的态度。

然而，只要深入分析就会发现，二者关于灵魂起源于热的蒸气的观点是表面之同，而实际上却有本质之异。

第一，二者关于灵魂起源于蒸气的根据是不同的。赫氏是将它与自己哲学的总原则紧密地结合在一起的，而毕派却不是。赫氏将灵魂起源于蒸气与"走下同一条河流的人，经常遇到新的水流"联在一起来论述的。赫氏哲学的核心是一切皆流、无物常住的朴素辩证法思想，并通过始基火与万物的永恒流转来体现。水在不断地流，蒸气在不停地产生，灵魂也就从不断运动中的蒸气中产生。显然，赫氏的灵魂起源于蒸气是根源于他的哲学基本原则的。而毕派讲灵魂起源于蒸气则不是根源于他的哲学总原则。他认为灵魂产生于热的蒸气，但热的蒸气却是精液包含的一种东西，精液为什么会包含这种东西，也未作解释。毕派哲学的根本原则是数是万物的始基，数的演变产生世界万物。显然，灵魂起源于精液包含的热的蒸气与数作为万物本原没有任何联系，是与他的哲学根本原则不吻合的，而显得晦涩费解；而赫氏的则与他的根本原则吻合一致，而表现为清晰明朗。

第二，关于灵魂产生演变的过程，二者是根本不同的。赫氏认为灵魂有生

---

① 引自《古希腊罗马哲学》（北京大学哲学系外国哲学史教研室编译）第35页。

② 引自《古希腊罗马哲学》（北京大学哲学系外国哲学史教研室编译）第20页。

也就有死，是在生死演变中产生的，“对于灵魂来说，死就是变成水；对于水来说，死就是变成土。然而水是从土而来，灵魂是从水而来的。”[①] 赫氏将自己灵魂的起源与生死演变与自己的哲学基本原则紧密结合，反对灵魂不死的观点，认为灵魂的起源是在事物生灭变化中发生的，表现了朴素唯物主义的朴素辩证法思想。而毕派则认为他的灵魂不是在生死演变中产生的，它是永恒存在的，是不死的，他说：“灵魂是由热元素和冷元素组成的一个部分：它与生命不同，因为它是不死的，乃是由不死的元素构成的一个部分。”[②] 显然，毕派主张灵魂是不死的，并且看不出与他的哲学基本原则有任何联系。

两派都探讨了灵魂与始基的关系，认为灵魂就是始基，始基也就是灵魂。亚里士多德曾这样论述毕派：“他们（指毕派）把全部时间用在这种研究上，进而认为数学的始基就是一切存在物的始基。……所以他们认为数目的某种特性是正义，另一种特性是灵魂和理性。”[③] 伊本·西那在《论灵魂》一书中也写道：“那些认为本原是数目的人，也是持这个意见，因为他们曾经肯定灵魂是数目。”[④] 显然，毕派认为灵魂与他们的始基数是同一个东西。所以后来黑格尔也这样说：“他们（指毕派）把数的概念进一步应用在灵魂上。”[⑤] 同样，赫氏也认为他讲的灵魂与他的始基火是一致的。“我们可以理解亚里士多德所引用的话了，原理是灵魂，因为灵魂是气化——是世界的自己运动的过程；火就是灵魂。”[⑥]

毕派与赫氏都肯定灵魂与始基的一致，表现了一种力图摆脱、背叛古代灵魂观的趋势，这在当时是一种历史的进步。古希腊最初的自然哲学的根本目的就是要在多中找“一”，在众多的自然现象事物中寻找其背后的单一的本原。灵魂，这种古代初民认为最神秘的东西，他们没有作为一种超世的特殊的东西，而是视它也是属于始基，这是一种反叛传统的大胆的设想。这是毕派与赫氏相同的地方。

但是，在理解灵魂怎样是始基，为什么是始基上，二者则有本质的不同。

---

① 引自《古希腊罗马哲学》（北京大学哲学系外国哲学史教研室编译）第 22 页。
② 引自《古希腊罗马哲学》（北京大学哲学系外国哲学史教研室编译）第 35 页。
③ 引自《古希腊罗马哲学》（北京大学哲学系外国哲学史教研室编译）第 37 页。
④ 引自亚里士多德《论灵魂》第 22 页。
⑤ 引自黑格尔《哲学史讲演录》第一卷，第 243 页。
⑥ 引自黑格尔《哲学史讲演录》第一卷，第 307 页。

毕派虽然承认灵魂是始基，也就是说他似乎承认灵魂就是数，但是，据亚里士多德提供的材料告诉我们，毕派没有把数和灵魂看成是一个本性上完全同一的东西，而是说灵魂只是数的一种特性。“他们（指毕派）认为数目的某一种特性是正义，另一种是灵魂和理性，另一种是机会，其他一切也无不如此。”① 在这儿毕派的灵魂观也表现出存在同样的问题：没有将他的灵魂观与他的哲学基本原则真正统一起来。

相反，赫氏却是紧紧地将他的灵魂观与他的哲学基本原则结合在一起。同样，也是根据亚里士多德的材料，我们知道，赫氏认为“火就是灵魂。”② 这就非常清楚地表明，赫氏的灵魂观与他的始基是吻合一致的。

由于毕派主要是为了关怀人生和灵魂的命运，是为了这个目的来研究世界和自然事物，研究哲学和宗教，他们把算术中的数、几何学中空间形状的量、自然界的感性物体都混淆在一起，分不清它们之间的关系，于是就用数来解释自然和社会，特别是在解释灵魂上，就显得前后不一，混乱不清，所以，一时说灵魂是数的一种特性，一时说灵魂是空气中的尘埃，一时又说灵魂就是一种合谐。而赫氏却相反，他对灵魂是始基火的观点是一种系统而严密的观点，其立场是首尾一贯的。其灵魂是火的观点是对米利都学派观点的继承和发展。阿那克西米尼就说过：“正如我们的灵魂是空气，并且是通过灵魂使我们结成一体一样，嘘气和空气也包围着整个世界。”③ 由于火燃烧轻飘的特性，当时不少人们都把火、气看作是同一个东西。亚里士多德也就是把赫氏的火看作是火气的。他说：“赫拉克利特也说第一原则——温暖的呼气，在他看来，一切事物由它构成——是灵魂，并且这个呼气是最无形体的，并处于不停的运动中。”④

两派都认为一切都充满着灵魂。毕派说：“整个空气里充满着灵魂，我们称之为精灵和英雄。”⑤ 赫氏也说：“一切都充满着灵魂和精灵。”⑥ 从表面看，二者又何等的相似，都主张万物有灵魂。但实质上二者是有根本区别的。

---

① 引自《古希腊罗马哲学》（北京大学哲学系外国哲学史教研室编译）第 37 页。
② 引自黑格尔《哲学史讲演录》第一卷，第 307 页。
③ 引自《古希腊罗马哲学》（北京大学哲学系外国哲学史教研室编译）第 13 页。
④ 引自亚里士多德《论灵魂》第 25-27 页。
⑤ 引自《古希腊罗马哲学》（北京大学哲学系外国哲学史教研室编译）第 36 页。
⑥ 引自《古希腊罗马哲学》（北京大学哲学系外国哲学史教研室编译）第 15 页。

第一，在一切充满灵魂的对象上是有区别的。毕派讲的万物充满灵魂是指人和动物有灵魂。灵魂表现为“表象、心灵和生气。动物有表象与生气，只有人有心灵”。[①] 所以，在他看来，只有人和动物有灵魂。除此以外，“所有的生物都没有灵魂。”[②] 毕派承认人和动物有灵魂，这是一个进步，但同时也表明了毕派的局限。因为米利都学派的泰勒斯是主张万物有灵的。毕派的这种提法就在一定程度上否定了泰勒斯的立场，认为灵魂只与动物生物体有关系，在认识上前进了一步。而赫氏比毕派更前进了一步。虽然他讲了一切充满着灵魂，但他却明确肯定，只有人才具有灵魂，其他生物是没有灵魂的，这就表明他才开始与传统的神秘的灵魂观划清了界限。

第二，在灵魂与人体的关系的认识上是有区别的。毕派也多次提到灵魂与人体的关系，但他只是说：“灵魂的位置是从心到脑……灵魂从血液中取得养料，语言就是灵魂的嘘气。……灵魂的纽带是血管和神经。”[③] 等等，从这些表述中，看不出灵魂与人的肉体关系究竟在哪个方面，究竟是什么。而赫氏却明确表述，人具有灵魂就表现在人的精神活动中。亚里士多德在《论灵魂》一书中讲过如下意思的一段话：凡是存在的都是在运动中的，认识的对象在运动中，因此要求认识的主体——灵魂也是在运动中的。这样一来，赫拉克利特所说的作为灵魂的火，就可以被解释成为智慧或“理性”。[④] 亚里士多德是把赫氏的灵魂看成“认识的主体”“智慧”“理性”的，显然，是把赫氏的灵魂与精神活动联在一起的。赫氏自己的多则残篇也一再表明了灵魂就是精神活动，就是理性思维。他说：“一个人喝醉了酒，便为一个未成年的儿童所领导。他步履蹒跚，不知道自己往哪里走，因为他的灵魂是潮湿的。”[⑤] 又说：“眼睛和耳朵对于人们仍是坏的见证，如果他们有着粗鄙的灵魂的话。”[⑥] 这一切表明赫氏的灵魂是与人体的精神活动联在一起的，他的这一理解也就为后来西方哲学把灵魂逐步引向理性发展拓开了一个新的方向。

毕派和赫氏在灵魂的净化上也表达了相类似的观点。克拉麦曾这样说毕

① 引自《古希腊罗马哲学》（北京大学哲学系外国哲学史教研室编译）第 35 页。
② 引自《古希腊罗马哲学》（北京大学哲学系外国哲学史教研室编译）第 35 页。
③ 引自《古希腊罗马哲学》（北京大学哲学系外国哲学史教研室编译）第 35-36 页。
④ 摘引自汪子嵩等著《希腊哲学史》第一卷，第 435 页。
⑤ 引自《古希腊罗马哲学》（北京大学哲学系外国哲学史教研室编译）第 29 页。
⑥ 引自《古希腊罗马哲学》（北京大学哲学系外国哲学史教研室编译）第 29 页。

派："据阿里斯托克森说，毕达哥拉斯学派用药物纯洁肉体，用音乐净化灵魂。"① 赫氏也讲过相类似的话："他（指赫氏）把那种对灵魂作用的救赎剂称作'药剂'。"② 在这儿，二者都表达了灵魂并不如传统宗教神学认为的那样纯洁、神圣、崇高、美丽，而是需要净化和治疗。表明二者看到了传统神秘灵魂观的问题。这是二者相同的一面。但是灵魂为什么要净化、治疗？怎样进行？又显出了二者的根本不同。

从根本讲，毕派净化灵魂是为了让灵魂升天，使自己成为神，从而使灵魂去顺利地进行轮回演变。显然，毕派主张的灵魂净化表面看来似乎是背叛了传统的灵魂观，而实质上却依然囿居于原始宗教神秘灵魂观的藩篱之内。如何净化？毕派是在充满神秘色彩的宗教道德和戒律的活动下进行的。如毕派主张不许吃动物的心脏，不能吃豆子，不要用刀子拨火，不要使天平倾斜，房子里不要有燕子，不要在剪下来的指甲和头发上小便和行走等等，在这些相当原始的观念中就隐含着一种对灵魂的修善和净化。如禁止吃豆子，是因为他们认为豆子像睾丸，又像冥界之门，像整个的宇宙，它充满生命，里面有死者的灵魂。因而豆子同生命、人、灵魂不能分，当然，就绝对不应该吃它了。上面引述的那些禁讳都有诸如此类的含义。③ 毕派认为净化灵魂的另一途径是通过数和天体的和谐产生的音乐，使灵魂净化和升天。净化了的灵魂升天后融汇于完美的和谐之中，宇宙中的一切便都成了神圣的东西。显然，毕派的灵魂净化还沉浸在原始宗教神学的蒙昧色彩之中。

而赫氏提出净化、救赎灵魂却走着一条与毕派完全相反的路。赫氏是从他关于万物都是互相对立的朴素辩证法观点出发来理解对灵魂的净化、救赎的。他认为人们的灵魂确实有差别，因而人就有一般人与优秀人之分，灵魂也就有干燥、光辉、智慧的与潮湿、愚昧之分。潮湿、愚昧的灵魂带着人"不知道往哪里走"，使人迷失人生的方向，这样的灵魂当然要救赎。因为在这样不同的灵魂的驱使下，人的伦理道德也会发生重大的变化："最优秀的人宁愿取一件东西而不要其他的一切，就是：宁取永恒的光荣而不要变灭的事物。可是多

① 引自苗力田《古希腊哲学》第63页。

② 引自《古希腊罗马哲学》（北京大学哲学系外国哲学史教研室编译）第25页。

③ 摘引自杨适《哲学的童年》第127-129页。

数人在那里像牲畜一样狼吞虎咽。"[1] 因此，赫氏认为净化、救赎灵魂就是一件迫在眉睫的事了。他一再说：认识自己；"我寻找过我自己"；只有认识自己的灵魂，才能确定用什么样的药物去净化、救赎。当时人们对此的认识并不一致，人们使用的方法并非为了真正净化、救赎灵魂，而是为了掩饰，赫氏对此感到很无奈，他借题嘲笑说："人们用为祭神而宰杀的牺牲的血涂在身上来使自己纯洁是徒然的，这正像一个人掉进污泥坑却想用污泥来洗净自己一样。任何人见到别人这样做，都会把他当作疯子看待。他们向神像祷告，这正和向房子说话是一样的。他们并不知道什么是神灵和英雄。"[2] 但赫氏认为，还是会有人为了灵魂的神圣、美好，去做净化、救赎的工作的，尽管这种工作是艰难的，要付出重大的代价的："与心作斗争是艰难的。因为每一个愿望都是以灵魂为代价换来的。"[3] 通过净化、救赎成为美好的灵魂，一定会有美好的结果。"更伟大的死获得更伟大的奖赏。"[4] 因而，他相信人们一定会朝着这个方向去努力做的。

二

毕派与赫氏的灵魂观从根本上讲是存在差别的，这种差异表现在各个方面。但在这些差异中也有一些相同之处。

毕派主张灵魂不死，灵魂轮回，他认为，灵魂依照命运的规定，从一个生物体转移到另一个生物体中去，并宣扬他自己的灵魂曾在别人的身上生活了二百零七年，曾在几个生物体身上转移过。爱利亚的色诺芬尼最早记述了毕派关于灵魂轮回的说法。有一天，毕达哥拉斯看见有人打狗，他显出非常怜悯的样子说：不要打它，因为他听出了它的声音，一个朋友的灵魂附着在这只狗身上。所以，黑格尔郑重指出："毕泰戈拉派关于灵魂还有一个说法也是值得注意的，这就是灵魂的轮回。"[5] 毕派的灵魂不死和轮回说是将古希腊原始宗教和神话中灵魂可以离开人的躯体，可以和其他事物相结合的古老观念与埃及祭

① 引自《古希腊罗马哲学》（北京大学哲学系外国哲学史教研室编译）第 21 页。
② 引自《古希腊罗马哲学》（北京大学哲学系外国哲学史教研室编译）第 19 页。
③ 引自《古希腊罗马哲学》（北京大学哲学系外国哲学史教研室编译）第 27 页。
④ 引自《古希腊罗马哲学》（北京大学哲学系外国哲学史教研室编译）第 21 页。
⑤ 引自黑格尔《哲学史讲演录》第一卷，第 244 页。

司的灵魂观念混合在一起，并加以发展而形成的，它充满了神秘主义和宗教迷信的色彩，并给人生带来了无限的精神重压。

赫氏与毕派相反，坚持认为灵魂是有生有死的，勇敢无情地与毕派唱反调。他说：“对于灵魂来说，死就是变成水；对于水来说，死就是变成土。然而水是从土而来，灵魂是从水而来的。”① 接着又说：“对于灵魂来说，变湿乃是快乐或死亡。”② 所以，黑格尔说：“赫拉克利特说，生死既像死亡一样交织在我们的生活中，同样也交织在我们的死尸中；因为当我们生活时，我们的灵魂业已死亡并埋葬在我们身中；但当我们去世时，我们的灵魂又复活并生活起来。”③

显然，赫氏用明确的语言说清，灵魂与其他事物一样，是有生死的。这表明赫氏与毕派在这一观点上是鲜明对立的。但为什么有人又会提出二者都主张灵魂不死，灵魂轮回呢？原来赫氏说过下面这样晦涩混乱的话：“灵魂在地狱里嗅着。”④ 又说：英雄的优秀的灵魂死后会升天，成为管理和守卫着人间和自然事务的神灵。这就有可能给人们的理解造成困难和混乱。但我们只要综观赫氏关于灵魂论述的全部言论，以及灵魂与他哲学整体的关系，就会看出赫氏所讲的这种言论与毕派的灵魂不死，灵魂轮回只是表面之同，而存在着本质之异。我们认为，赫氏总是将灵魂与生死联系在一块来考虑问题，来认识各种事物，是与他的根本哲学原则火紧密联系在一起的，是讲灵魂有生死演变，没有说灵魂不死和轮回。与毕派明确主张灵魂不死，灵魂轮回是不同的。而且，毕派讲的灵魂轮回，灵魂是不变的，而对赫氏讲，那种不死不变的东西对他是格格不入的，所以，赫氏根本不可能承认有什么永恒不变、不死的灵魂。

那么，如何认识灵魂呢？灵魂究竟是怎样的呢？毕派与赫氏也存在着根本的区别。总的讲毕派是从一种静态的角度来陈述灵魂的内容，分析灵魂的结构；而赫氏则是从动态的辩证法的方法来理解灵魂的实质，考察其运动变化。

毕派说：“人的灵魂分为三个部分，表象、心灵和生气。……灵魂的位置是从心到脑。它在心里的部分是生气，心灵和表象是在脑子里面。各种感觉就

① 引自《古希腊罗马哲学》（北京大学哲学系外国哲学史教研室编译）第22页。
② 引自《古希腊罗马哲学》（北京大学哲学系外国哲学史教研室编译）第26页。
③ 引自黑格尔《哲学史讲演录》第一卷，第308页。
④ 引自《古希腊罗马哲学》（北京大学哲学系外国哲学史教研室编译）第28页。

是这两个部分的点滴。灵魂从血液取得养料，语言就是灵魂的嘘气。灵魂是形成语言的元素，是与语言不可分的。灵魂的纽带是血管、肺和神经。当灵魂精力充盈并且在其中集中了其余一切时，反省和行动便成了它的纽带。当灵魂为暴力所迫，击倒在地时，它便在空气中逡巡，好像幽灵一样……。”① 这一段论述表明毕派企图说明灵魂究竟是什么，它是怎样构成的。他企图说明灵魂与物质的关系，可他又说不清，反而暴露了在此点的矛盾和混乱。一方面说灵魂是由三部分组成的，灵魂的位置是从心到脑；可又说只有心灵和表象在脑子里，生气是在心里。一方面说灵魂是从血液中取得养料，可又说灵魂的纽带是血管、肺和神经。一方面说灵魂像一种精神在心和脑子里，可又说它能像一个物体一样被击倒在地。很多不清的概念、没有联系的东西搅和在一起，牵扯在一块，叫人不可理解，无法接受。表明毕派在理解灵魂究竟是什么上的混乱和矛盾。

而赫氏则相反，他将自己的灵魂观与哲学的整体结合在一起，不是孤立静止地考察它，而是将辩证法贯穿于其中，使灵魂也像他的始基火一样不停地运动，并充满着斗争。他说：“对于灵魂来说，死就是变成水；对于水来说，死就是变成土。然而水是从土而来，灵魂是从水而来的。”② 在这儿，他明确地指明了灵魂究竟是什么，是从什么而产生出来的。他又说：“火生于土之死，气生于火之死，水生于气之死，土生于水之死。火死则气生，气死则水生。”③ 所以，在赫氏看来，灵魂不是某种静止不变的东西，而是处在永恒的运动变化之中。也因为此，列宁才援引了拉萨尔的一句话：“在关于赫拉克利特的引文中，只谈到灵魂也是变化过程——运动着的东西被运动着的东西所认识。”④

关于灵魂与外界事物的关系，毕派与赫氏也提出了截然相反的观点。由于毕派把数与天体的和谐联系起来，就由他的灵魂观推演出了关于天体结构的幻想。毕派的这种天体结构幻想实际上是继承了米利都学派的观点。阿那克西美尼就曾从自己的始基推出了关于宇宙构造的模型。作为始基的灵魂，自然哲学

① 引自《古希腊罗马哲学》（北京大学哲学系外国哲学史教研室编译）第35-36页。
② 引自《古希腊罗马哲学》（北京大学哲学系外国哲学史教研室编译）第22页。
③ 引自《古希腊罗马哲学》（北京大学哲学系外国哲学史教研室编译）第26页。
④ 引自列宁《哲学笔记》第398页。

家当然会利用它来说明宇宙的构造。亚里士多德在《论灵魂》一书中曾详细地描述了毕派是如何在灵魂中也好像在宇宙中一样，将灵魂分为七个圈，象征着宇宙天体不同层次的构造，并指出灵魂的运动是怎样，天体的运动也是怎样。所以，黑格尔说："他们（指毕派）把灵魂了解为一个系统，这系统是天体系统的一个摹本。"① 毕派关于灵魂与外界事物关系的这种见解，是"一种深刻的直观和有力的颖思"。因为他把灵魂作为始基提高到了一个新的高度，即把灵魂当作形成和构造宇宙的根源。列宁更深入一步揭示了这种幻想的实质，并给予高度赞扬，认为它是"关于大宇宙和小宇宙相似的猜测、幻想"。② 这表明毕派的灵魂观在人类认识的发展史上有它启示性的贡献。

与毕派相反，赫氏则提出了他的灵魂观与人类的生命、生活的宽广、复杂的关系。他认为灵魂与生和死，与伦理道德，与逻各斯，与欢乐和痛苦，与理想和期待，与学习和探讨，与财富和荣誉，与城邦的安宁与混乱，与理性和智慧等等都有密切的联系，展示了灵魂观在新时期的丰富内容。他通常是用一些象征性的、寓言式的语句来表述这些思想的，现简略列举一二如下："我们生于灵魂的死，灵魂生于我们的死。"③ 又说："人们死后要遭遇到的事，并不是人们所期待的，也不是人们所想象的。"④ 还说："灵魂的边界你是找不出来的，就是你走尽了每一条大路也找不出；灵魂的根源是那么深。"⑤ 特别是论述到灵魂与理性和智慧的关系，更阐述了丰富深刻的思想："干燥的光辉是最智慧、最优秀的灵魂。"⑥ 又说："智慧只在于一件事，就是认识那善于驾驭一切的思想。"⑦ 赫氏和一些自然哲学家把灵魂视作理性和智慧，这是与灵魂在古人那儿拥有巨大的认识作用分不开的。初民用灵魂来解答现实的知识回答不了的自然和社会中的难解之迷。赫氏的卓越之处在于他改变了灵魂在古人那儿神秘、直观、朴素的解说作用，而直接将灵魂与理性、智慧联起来，这在西方哲学灵魂观念的发展上就具有至关重大的意义。后来的亚里士多德和各种唯物

① 引自黑格尔《哲学史讲演录》第一卷，第244页。
② 引自列宁《哲学笔记》第396页。
③ 引自《古希腊罗马哲学》（北京大学哲学系外国哲学史教研室编译）第26页。
④ 引自《古希腊罗马哲学》（北京大学哲学系外国哲学史教研室编译）第21页。
⑤ 引自《古希腊罗马哲学》（北京大学哲学系外国哲学史教研室编译）第23页。
⑥ 引自《古希腊罗马哲学》（北京大学哲学系外国哲学史教研室编译）第29页。
⑦ 引自《古希腊罗马哲学》（北京大学哲学系外国哲学史教研室编译）第22页。

主义倾向的哲学家都是朝着这个方向前进的。所以列宁在引述亚里士多德论阿那克萨哥拉时才说：“理性和灵魂是一个东西。”[①] 对赫氏所开拓的观点表示了肯定。

那么，为什么有人说毕派的灵魂观也就是理性呢？这是因为毕派的一些人有时也曾将数、灵魂、理性联系起来。他们说过：“灵魂的理性部分是不死的，其余的部分则会死亡。”[②] 亚里士多德也曾说：“他们（指毕派）认为数目的某一种特性是正义，另一种是灵魂和理性。”[③] 但一深究就会发现，毕派和赫氏都主张灵魂是理性之同是表面之同，而实际上却有本质之异。

赫氏把自己的灵魂观浸透于物质始基中，将它与思想、智慧、道德、理想、学习、逻各斯等联系起来展示理性，他对灵魂是理性的论述是全面、深刻的，是在反叛传统宗教神话的神秘灵魂观的战斗中体现出来的，给人以清新、明朗之感。而毕派的灵魂观与自己的哲学整体原则不是吻合一致的，关于灵魂是理性的观点也是后人对其哲学始基进行推论中而偶尔提到。毕派自身并未展示其灵魂观与人类理性的诸多表现的各种联系。

由于毕派是一个延续较久的学派，其对灵魂观的发展就没有一个首尾一贯的、互相联系的、严谨的观点，而是提出了一些没有内在联系的不同观点。与此相反，赫氏把他的灵魂观与逻各斯紧密结合起来，使他的始基火、逻各斯与灵魂观融汇于哲学整体之中，显示出他的灵魂观的圆满统一性。

毕派在灵魂观上首先提出了灵魂不死，轮回说。接着提出了尘埃说，认为灵魂是太阳光中的尘埃。黑格尔说：“亚里士多德更告诉我们说，‘他们（指毕派）曾以为灵魂是太阳光中的微尘；另一些人认为，灵魂是这些太阳光中的微尘的推动者……’”[④] 他们之所以得到这种结论，是因为看到这些尘埃永远处在运动之中，即使在完全没有风的时候也是这样。把灵魂看作是尘埃的推动者的观点更精致，因为他似把灵魂看作是和空气相类似的东西，是呼气。这种灵魂尘埃说的天真猜测、幻想得到了马克思主义经典作家的高度重视、赞扬。列宁曾说：“这是‘对物质结构的暗示’。”[⑤] 恩格斯也曾指出：“在古希

① 引自列宁《哲学笔记》第 295 页。

② 引自《古希腊罗马哲学》（北京大学哲学系外国哲学史教研室编译）第 26 页。

③ 引自《古希腊罗马哲学》（北京大学哲学系外国哲学史教研室编译）第 37 页。

④ 引自黑格尔《哲学史讲演录》第一卷，第 243 页。

⑤ 引自列宁《哲学笔记》第 275 页。

腊自然哲学家那儿，灵魂和嘘气被视为一般的媒介体。”① 毕派关于灵魂的第三种说法即灵魂和谐说。亚里士多德在《政治学》一书中讲过如下的意见：毕派的拥护者们还提出了灵魂是一种和谐，这是因为他们认为：一、和谐是对立物的一种融合或合成；二、人的肉体是对立物合成的。这是一种根据音乐来解释灵魂的统一的观点。他们认为，在我们身上似乎有一种类似音乐格调或和节律一样的东西，从而使他们认为灵魂就是一种乐调，是和谐的。柏拉图在《斐多篇》中也讲到了毕派的这种和谐说，并极力反对它。可见和谐说是属于毕派的较晚期的观点。

赫氏没有提出众多的杂乱的灵魂观，而是将他的灵魂观与始基火、逻各斯紧密结合在一起，在分析火、灵魂与逻各斯的相互关系中，而展开了对灵魂观的全面、深刻的说明。逻各斯这一概念在赫氏哲学中占有极重要的地位。它具有多种意义，但就当时赫氏使用它时所体现的含义则是指事物运动的规律性。他怎样理解灵魂与逻各斯的关系？他说：“逻各斯是灵魂所固有的。”② 这就是说灵魂的生死演变也遵循一定的规律，“火凭借着那统治一切的逻各斯或神，通过空气而化为水，水是世界结构的胚胎，他称之为海。……它（指土）化为海，并且遵照着从海化土时所遵照的‘逻各斯’。”③ 接着他就说：“对于灵魂来说，死就是变成水；对于水来说，死就是变成土。然而水是从土而来，灵魂是从水而来的。”④ 然而，赫氏认为逻各斯的这种规律就会使事物成为智慧的。“如果你不听从我本人而听从我的‘逻各斯’，承认一切是一，那就是智慧的。”⑤ 灵魂拥有逻各斯，所以赫氏就用不少的篇幅描述了灵魂与理性和智慧的关系。赫氏的这一观点具有非常重大的意义。黑格尔给了光辉的赞词：“逻各斯如何进入意识？它与个体的灵魂关系如何？这里我要详细加以说明；这是一种美丽的、天真的、纯朴的真实地谈论真理的方式——这儿谈到普遍、意识的本质和对象的本质的统一及客观界的必然性。”⑥ 但当赫氏看到当时的人们不理解他关于灵魂与逻各斯与火的关系，仍是用以前传统的灵魂对待各种

① 引自恩格斯《自然辩证法》第 165 页。
② 引自《古希腊罗马哲学》（北京大学哲学系外国哲学史教研室编译）第 29 页。
③ 引自《古希腊罗马哲学》（北京大学哲学系外国哲学史教研室编译）第 21-22 页。
④ 引自《古希腊罗马哲学》（北京大学哲学系外国哲学史教研室编译）第 22 页。
⑤ 引自《古希腊罗马哲学》（北京大学哲学系外国哲学史教研室编译）第 23 页。
⑥ 引自黑格尔《哲学史讲演录》第一卷，第 312 页。

事物时，他深有感触地说：“对于‘逻各斯’，对于他们顷刻不能离的那个东西，对于那个指导一切的东西，他们格格不入；对于每天都要遇到的那些东西，他们显得很生疏。”① 又说：“他们即便听见了它（指逻各斯），也不了解它，就像聋子一样。”② 传统的灵魂观认为灵魂是不死的，它来无踪、去无影，是无规律可言的，它可和人的肉体结合，也可分离，甚至还可进入天堂，享受美好的前景。但赫氏却坚持他的灵魂的运动是遵循逻各斯的观点，嘲笑和批评说：“人们死后所要遭遇到的事，并不是人们所期待的，也不是人们所想像的。”③ 赫氏认为，即使按他们所想灵魂进入美丽的天国，也是要经历生死演变的，而且灵魂遵循逻各斯的这个规律是不可抗拒的：“人怎能躲过那永远不变的东西呢?”④ 显然，赫氏通过灵魂与火、与逻各斯的关系的论述，展示了他的灵魂观与外界事物符合逻辑的、更深一层的、更丰富的内容。

那么是什么原因造成毕派与赫氏在灵魂观上的同和异呢？我们认为原因大至有如下三方面：一是他们的灵魂观与各自的哲学根本原则的关系不一样；二是他们各自对待原始宗教和神话中传统灵魂观的态度不同；三是他们的灵魂观受到外来的影响各不同。

基于上述论证，我们的简略结论是：毕派灵魂观的基本倾向是唯心主义的，但在长期的发展中也不乏有某些方面的唯物主义倾向的表述；赫氏灵魂观的基本倾向是唯物主义，但也有晦涩和混乱，也可给人有唯心主义之嫌的错觉。二者在西方哲学史上都产生了重大影响，各自在不同的方面都有巨大贡献。二者的同是表面之同，同中存在着异，是本质之异；二者的异是根本之异，异中也有同，是偶然之同。

（1998 年）

① 引自《古希腊罗马哲学》（北京大学哲学系外国哲学史教研室编译）第 26 页。

② 引自《古希腊罗马哲学》（北京大学哲学系外国哲学史教研室编译）第 22 页。

③ 引自《古希腊罗马哲学》（北京大学哲学系外国哲学史教研室编译）第 21 页。

④ 引自《古希腊罗马哲学》（北京大学哲学系外国哲学史教研室编译）第 20 页。

孔子的大同社会与柏拉图的理想国

孔子和柏拉图都提出了关于人类未来美好社会的理想。孔子提出了大同社会，柏拉图设计了一个理想国。他们在对理想社会的描绘中，所表达的热情追求，展示的深沉思想，揭示的深刻哲理，对于坚定我们追求美好社会的信念，提高我们对建设各自有特色国家的认识，增强我们实现祖国和平统一大业的信心，都提供了很多的启示和教益。

一

大家都认为《礼记·礼运》中的大同学说源于孔子，其所描绘的那种天下一统的美好社会境界，表述的观点正是与《论语》的思想一脉相承的，是孔子一生追求的大同世界的真实写照。《论语》中有关美好社会的各种论述，主要是对此而言的。孔子的大同思想是与他的仁的人生哲学密切联系在一起的，就是说大同是彻底实现了仁的美好社会。柏拉图在他鼎盛之年写作的《国家篇》（有的又译作《理想国》），是他早年政治抱负的理想化和总结。他认为，从事哲学固然是伟大的工作，“但还不是最伟大的，除非他能发现一个适合于他的国家，因为，只有在这样的国家里，他才会有更大的力量，成为他和他的国家的救星。”[①] 因此，他终生在寻求和设计一个这样的理想国。孔子和柏拉图都从理想主义出发，构建和描述了人类未来美好社会的很多共同的有意义的东西。

两位哲学家都认为，未来的美好社会应是一个正义的社会。

孔子认为，大同社会是圣人布施仁道，博施于民的充满正义的德政社会。

① 引自杨适《哲学的童年》第 479 页。

“子贡曰：‘如有博施于民而能济众，何如？可谓仁乎？’子曰：‘何事于仁，必也圣乎！’”（《论语·雍也》，以下凡引自《论语》的只注篇名）这个正义的社会是一个四海一家实行仁治的社会，“宽则得众，信则民任焉，敏则有功，公则说”。（《尧曰》）人们的行为都正义而有礼规，“礼以行之，孙以出之，信以成之”，（《卫灵公》）惠、信、恭、敬等道德原则是人们表达正义的普遍原则，即使是少数民族也能实行，“居处恭，执事敬，与人忠。虽之夷狄，不可弃也”。（《子路》）这个社会，根除了争权夺利，弱肉强食，尔虞我诈等弊端，而是一个圣人禅让的时代，“泰伯，其可谓圣德也已矣。三以天下让，民无得而称焉。”（《泰伯》）社会领导者都能坚持正义和真理，反对邪恶和歪风，“举直错诸枉，则民服；举枉错诸直，则民不服”，（《为政》）是一个取信于民的社会。在这个正义社会中，志士仁人勇而忘私，奋不顾身地为真理和正义而斗争，“志士仁人，无求生以害仁，有杀身以成仁”。（《卫灵公》）

柏拉图认为理想国是一个正义的社会。《国家篇》整部书可说都是在探讨什么是正义及如何实行。“看看我们是否能用什么办法发现在城里什么地方有正义，在什么地方有不正义，两者之间区别又何在。”① 国家的正义就表现在国家三个等级的人们：普通的民众、兵士、统治者，他们各守本位，各尽其职，每个人都做自己的事情而不干预别的阶级的事务，整个城邦就是正义的。三个等级的人们之所以这样做，是因为他们懂得了善的理念。善的理念，“它的确就是一切事物中一切正确者和美者的原因，就是可见世界中创造光和光源者，在可理知世界中它本身就是真理和理性的决定性源泉。”②

两位思想家都认为，未来的美好社会是一个天下为公的社会。

大同社会是一个像尧舜禹时代那样天下为公的社会，故孔子赞美古之舜禹：“巍巍乎，舜、禹之有天下也而不与焉？”（《泰伯》）在这个社会中，天下国家不再是一人一家所私有，天下是天下人之天下，国家是全体人民之国家，天下国家的权力、财富为天下人所共有，天下国家的一切措施是为了天下人的公共利益。孔子自己身体力行，带头破除为私观念，树立一切为国为公的原则。他在教育上对自己的儿子和弟子们一视同仁，没有再特别为自己的儿子多教一些什么；他在发放政府的补贴时恪守为公的原则，没有让不该得的人多

① 引自柏拉图《理想国》郭斌和张竹明译，商务印书馆，1994 年版，第 144 页。
② 引自柏拉图《理想国》郭斌和张竹明译，商务印书馆，1994 年版，第 276 页。

拿国家的钱财。政府和社会的领导者都是经大家选出的贤能之人，他们都能“修己以安百姓”，能积极无私地为社会作贡献，而不会以一技之长而谋己私，所以，孔子对他学生中表现出为公的精神或社会上出现不计个人得失的高尚品行都大加赞美；对那些为个人谋私利或助长社会不公的言行都给予严厉谴责、鞭斥，并把这样的人排除在他的门徒之外，主张“鸣鼓而攻之”。

柏拉图的理想国也是一个主张公有，认为公有制优越的社会。他认为，理想国实行公有制，统治者才能为国尽责，兵士才能勇敢作战，国家才能避免腐败。理想国的公有特别表现在对统治者的教育和生活上。“第一，除了绝对的必须品以外，他们（指统治者）任何人不得有任何私产。第二，任何人不应该有不是大家所公有的房屋或仓库。……他们必须同住同吃，像士兵在战场上一样。至于金银，我们一定要告诉他们，他们已经从神明处得到了金银藏于心灵深处，他们更不需要人世间的金银了。”① 柏拉图认为，财富和贫穷都是有害的，城邦的目的不是为了一个阶级的幸福，而是为了全体人民的好处。理想国的公有观念，除了在生活和教育上之外，还应在诸如婚配，生儿育女，小孩抚养等方面都有它的制度和措施。

两位思想家认为，未来的美好社会是一个重教育、讲道德的社会。

孔子是中国历史上最伟大的教育家，他认为大同社会应是一个重教育的社会。他终生奋发执教，力争培养出高素质的人才。“孔子以《诗》《书》、礼、乐教，弟子盖三千焉，身通六艺者七十有二人。”（《史记·孔子世家》）他主张“有教无类”，这是他“泛爱众，而亲仁”的具体化。他说：“自行束脩以上，吾未尝无诲焉。”（《述而》）他招收学生不问出身门第，不问富贵贫贱，如子路、颜回、原宪等都出身贫寒之家，他都一视同仁器重。他注意教学方法和内容，采取因材施教，学思结合，教学相长，联系实际，启发式教学等方法，“子以四教：文、行、忠、信”，（《述而》）“兴于诗，立于礼，成于乐”。（《泰伯》）因而取得了很好的教学效果，达到了培养君子的目的。孔子认为一个人人受教育的社会，就会是一个有道德的社会。人人都重视道德修养，不须诉诸武力，无须服从棍棒，只须施以德化，人人“见贤思齐焉，见不贤而内自省也”。（《里仁》）人人都真诚爱护，互相关心照顾，彼此都是亲

① 引自柏拉图《理想国》郭斌和张竹明译，商务印书馆，1994年版，第130页。

密的朋友，“德不孤，必有邻”。（《里仁》）社会风气淳化，大家都力争做到：“临之以庄，则敬；孝慈，则忠；举善而教不能，则劝。”（《为政》）

理想国也是一个重教育、讲道德的社会。柏拉图认为，使人形成道德的关键的一步是教育：“他们一定要有正确的教育，（不管它是什么，）使他们不仅主要能够对他们自己温文和蔼，而且对所治理的人也温文和蔼。”① 《国家篇》用大量的篇幅论述了理想国的教育，因而卢梭甚至认为该书是一部关于教育的著作。关于教育对象、内容、方式、重点、步骤，以及教育实践等等，都做了详尽的论述。柏拉图主张男女都应受平等的教育，但统治者更应受高深的教育，理想国应对教学内容进行严格的审查和控制，荷马和赫西阿德的诗是不能用来教育青年的，因为他们的诗中讲神的行为不好。教育分为三个等级，但柏拉图特别强调用音乐和体育来进行教育。应当用音乐和体育的结合给青年带来和谐，用高雅的辞令来鼓励和支持理性，用和谐的节奏来教育抚慰激情的青年的鲁莽，使其心灵得到慰藉，变得温和安宁。柏拉图认为人们受了教育，就会改善自己的心灵，也就会有美德。人的灵魂有理性、意志和情感，相应的人就具有三种美德：智慧、勇敢和节制。同样，国家也具有相应的美德。所以，柏拉图的理想国就是在至善理念的引导下，人们追求自身的完美而实现的一个有道德的社会。

两位哲学家认为未来的理想社会是人人安居乐业、清平安宁的社会。

《礼记·礼运》描写的是一个清平安宁、田园诗一般的美好社会境界，这是孔子所追求的。一次，孔子叫几个弟子谈自己的政治抱负和理想，他唯独对曾皙表示了由衷的赞赏，并且“喟然叹曰：‘吾与点也！’”（《先进》）这是为什么？曾皙并没有正面地表白自己的抱负和理想，而只是简洁地描写了一群青少年在春风回荡的大自然的怀抱里，尽情欢乐歌唱的情景：“莫春者，春服既成，冠者五六人，童子六七人，浴乎沂，风乎舞雩，咏而归。”（《先进》）孔子从曾皙的话中，看到了一个老少尽皆怡然的社会，“知者乐水，仁者乐山；知者动，仁者静；知者乐，仁者寿”（《雍也》）这样一个男女老幼各得其所，鳏寡孤独废疾者皆有所养的人人安居乐业的社会情景。在这个大同社会中，既没有强暴欺凌，也没有盗贼打扰，路不拾遗，夜不闭户，因为“君子

① 引自柏拉图《理想国》郭斌和张竹明译，商务印书馆，1994 年版，第 130 页。

学道则爱人，小人学道则易使也，”（《阳货》）到处是一片祥和、安宁和欢乐。孔子是从仁的人生哲学出发，以怀古的方式憧憬未来。

柏拉图的理想国是一个平静、安乐、充满善的真情的幸福社会。他生动地描述了在理想国中人们受教育、植爱心、求美德、重情谊、树和睦的社会情景。由于强调了对至善理念的追求，就净化了人们的心灵，去掉了邪恶，培植了善心；由于强调了国家的公有制，反对了对金银钱财的追求，限制人们占有大量私有财产的欲望，人们就不会为钱财而去互相争夺，就避免了凶杀和犯罪；由于强调了国家的正义，就使人们懂得了各守其职，互不干预，尽管神用金银和铜铁造成了三个不同等级的人们，但他们彼此都是兄弟，能亲密无隙，和睦相处。这样，理想国就铲除了强权和暴力，消除了自私和贪婪，根除了邪恶和犯罪，清除了不公和不义，社会就处在和睦、安宁和欢乐之中。

两位思想家认为未来的美好社会是一个统一的社会。

孔子反对国家分裂，主张统一的思想贯穿他一生的始终。他不辞劳苦，不畏险阻，遍访列国诸侯，目的在于“求仕”“行道”“治国平天下”，以逐步达到“天下一统”。他认为“天下之无道也久矣”，（《八佾》）明确表示要“一匡天下”使“天下之民归心焉”，（《尧曰》）建立一个天下一统的大同社会。孔子生活的春秋时期经历着剧烈的社会动荡，“礼崩乐坏”，表现在政治上则是“礼乐征伐不自天子出”，而是出自诸侯，甚至“陪臣执国命”，社会处于分裂的混乱局面。孔子对此极为不满，他坚决主张实现社会稳定和国家的统一。他在反复教导弟子为官治天下时，首先讲的就是告诉他们如何实现社会的稳定，国家的统一。因为他认为在大同社会中，只有安定统一的环境，社会生产才能发展，物质产品才会丰富，人民才能安居乐业，社会才能发展进步。

柏拉图看到希腊社会分裂和战争给民族带来的灾难。因而他主张理想国是一个统一的社会。他对雅典的政治家实行改革，促进社会的安定、统一和发展，大加赞赏。理想国是一个统一的国家就表现在：国家有确定统一的疆土，有统一的政治制度，统一的教育制度，统一的财产管理，统一的社会生活安排，统一的婚配生育制度等等。柏拉图认为，是善的理念，正义的原则，高尚的美德保证了理想国的统一。

二

孔子的大同社会与柏拉图的理想国又表现了各自的特点和差异。

首先，二者构建理想社会的理论前提不同。

孔子设想大同社会主要有两方面的前提。其一是憧憬一个正义、统一、安宁的美好社会，是孔子以前中国古代人们就已有过的美丽的幻想。早在《诗经》中就有过关于大同社会的模糊表述。《小雅·北山》直抒了天下一统的思想："溥天之下，莫非王土，率土之滨，莫非王臣。"关于古代公田的美好，《小雅·大田》《周颂·载芟》是这样写的："雨我公田，遂及我私"；"载芟载柞，其耕泽泽，千耦其耘"，孔子的大同社会正是对这种美好思想的继承和发展。其二是孔子的大同社会是建立在深刻的哲学基础上的。具体讲即是建立在仁、礼和中庸的理论基础上的。孔子继承了前辈的哲学思想，又总结了他的丰富的社会实践，提出了以仁为核心的仁道主义哲学体系。他的大同社会就是以仁道主义、平均主义、中和主义为其理论前提的。由于有了这样的哲学基础，大同社会蕴藏的内涵就特别丰富、深沉。

柏拉图的理想国是以善的理念作指导原则建立的。他明确指出，善是知识和真理的原因。真理和知识是好的东西，但善却是更好的东西。"知识的对象不仅从善得到它的可知性，而且从善得到它们自己的存在和实在，虽然善本身不是实在，而是在地位和能力上都高于实在的东西。"① 善如太阳是光辉的泉源和生长的原因一样，也是一切美好事物和理想国家的根源。只有真正的善才使人们的灵魂和国家的政治变得纯洁和合乎正义。于是，柏拉图按照善的理念设计了一个真、善、美相统一的理想国。

其次，二者实现理想社会的途径和道路不同。

孔子认为要实现大同社会，就必须"克己复礼"，走道德教化的道路。他认为今天社会混乱，就是因为抛弃了仁，丢掉了礼。他说："恭而无礼则劳；慎而无礼则葸；勇而无礼则乱；直而无礼则绞。"（《泰伯》）实行克己复礼，天下就会归仁，大同社会就能实现。"能以礼让为国乎？何有？不能以礼让为

① 引自柏拉图《理想国》郭斌和张竹明译，商务印书馆，1994年版，第267页。

国，如礼何?”（《里仁》）克己复礼应从两方面做，一方面是：“非礼勿视，非礼勿听，非礼勿言，非礼勿动。”（《颜渊》）另一方面是正名，即：“君君，臣臣，父父，子子。”（《颜渊》）只有一切都按照礼的规范去做，自觉地维护规章制度，自觉地提高道德品行，坚决反对一切非礼言行，大同社会就一定能实现。因为孔子相信：“道之以德，齐之以礼，有耻且格。”（《为政》）

柏拉图认为，理想国的实现是靠哲学家成为国王或者国王成为哲学家，否则，是不能实现的。他得出这样的结论，是他目睹了希腊各种政体的现实，以及他自己的政治抱负遭受挫折而来的。他深有感慨地说：“除非哲学家成为我们这些国家的国王，或者我们目前称之为国王和统治者的那些人物，能严肃认真地追求智慧，使政治权利与聪明才智合而为一；那些得此失彼，不能兼有的庸庸碌碌之徒，必须排除出去。否则的话，我亲爱的格劳孔，对国家甚至我想对全人类都将祸害无穷，永无宁日。我们前面描述的那种法律体制，都只能是海客谈瀛，永远只能是空中楼阁而已。”① 柏拉图认为，除非这件事情能够实现，否则他提出来的这个国家理论就永远不能够在可能范围内付诸实行，得以看见天日。

第三，二者对理想国家的管理模式也不一样。

孔子对大同社会的管理是采取正民之道。这里包括两层意义，即“正人”和“正己”。要“正人”，统治者必须首先“正己”，就是说统治者必须首先严格要求自己，道德高尚，品质优良，以身作则，身先士卒，否则，就无法“正民”。在《论语》中大量关于治理国家的论述中，孔子对统治者的“正己”提出了一系列严格要求：“苟正其身矣，于从政乎何有？不能正其身，如正人何?”（《子路》）又说：“其身正，不令而行；其身不正，虽令不从。”（《子路》）对统治者的带头作用，孔子说：“政者，正也，子帅以正，孰敢不正?”（《颜渊》）“上好礼，则民莫敢不敬；上好义，则民莫敢不服；上好信，则民莫敢不用情。”（《子路》）对统治者的尽职尽责，孔子提出：“居之无倦，行之以忠。”（《颜渊》）孔子的正人必先正己的要求，就是对我们今天的公务员也是有很多现实启示的。正民之道的第二个方面就是“正人”，即如何对民众进行管理，对社会施行统治。孔子提出了三种方式。一是无为而治，就是君

① 引自柏拉图《理想国》郭斌和张竹明译，商务印书馆，1994年版，第214-215页。

王、统治者用自己的道德行为去引导和熏陶民众。君王、统治者自己树立一个优良的榜样，让民众景仰、效仿，在无声之中，君王、统治者以自己的崇高、威严约束管理民众，达到“我无为而民自化，我好静而民自正，我无事而民自富，我无欲而民自朴”的理想统治。二是为政以德，即要求统治者施德于民，以德正民；“为政以德，譬如北辰，居其所而众星共之。”（《为政》）这就要求统治者要善于导民向善，用礼乐教民，用典章约束民众言行。“其养民也惠，其使民也义”，（《里仁》）就要做到：“敬事而信，节用而爱人，使民以时。”（《学而》）三是采用宽猛相济的手段。孔子看到，在春秋社会大动乱，天下无道，人欲横流的情况下，光讲道义，纯用“道之以德，齐之以礼”，排斥刑法政令，是不现实的，是无法治理天下的。因为今之民已非古之民，“古者民有三疾，今也或是之亡也。古之狂也肆，今之狂也荡；古之矜也廉，今之矜也忿戾；古之愚也直，今之愚也诈而已矣。”（《阳货》）出于这种认识，孔子认为，除了施行仁政，还必须有杀戮，刑罚。“圣人之治化也，必刑政相参焉。太上以德教民，而以礼齐之；其次，以政导民，而以刑禁之。化之弗变，导之弗从，伤义以败俗，于是乎用刑矣。”（《孔子家语·刑政》）当然，这种对民的惩罚，不是任意残杀，而是“威抚兼施，宽猛相济”。即一方面对违章乱纪之人，要“化残暴之人，使不为恶也”；另一方面对作恶多端、屡教不改、民愤极大者则必须坚决地处以重刑。显然，孔子的宽猛相济的思想是辩证的，是宽中有猛，猛中有宽，宽不失法度，猛不失仁民之心，是两手按一定的分寸施行，恰到好处，达到治国安邦之目的。

柏拉图主张用正义的原则来治理理想国。正义不像勇敢和节制，正义是程序、规划、统一和合法的一般原则。治理一个国家要靠法律，柏拉图认为，理想国的法律是充满正义的法律，它对任何人都是一视同仁的，所以它能强大而有力。管理好一个国家要靠合理的社会分工。理想国的社会分工就是按照正义原则进行的，各人尽守本职，而不干涉他人。民众具有美丽的情操、高尚的道德是治理好一个国家的重要因素。柏拉图认为，人们追求正义，崇尚正义，就会使人们具有美德。美德在治理国家中的作用，通过他对节制这种美德的作用的描述可看出来。他说，节制就是自己做自己的主人。人的灵魂里有一个较好的部分和一个较坏的部分，节制就是较坏部分的天性受较好部分的天性的控制。节制是一种和谐，是贯穿全体公民，把最强的、最弱的和中间部分结合起来。节制就是天性优良和天性低劣部分，在谁应当统治，谁应当被统治，这一问题上所表现出来的这种一致性和协调。[①] 柏拉图认为管理好理想国，需要一种国家的凝聚力，即维系城邦团结的纽带。他认为正是正义，才使理想国有了这种凝聚力。这种力量能使万家同欢，万家同悲，举国共甘苦，万众一条心。就会把理想国团结得像一个人一样，在正义的原则下，把国家治理得井井有条。

孔子的大同社会和柏拉图的理想国都具有空想的性质。尽管孔子早柏拉图一百多年，但相比之下，柏拉图的理想国才具有真正乌托邦的性质，而孔子的大同社会则具体得多，现实得多。柏拉图就承认他的理想国具有空想的性质。他说，理想的国家与现实总是有差别的。我们描述这样的国家是为了我们可以有一个样板。我们看着这个样板，是为了我们可以按照它体现的标准，判断我们的幸福与不幸，以及它们达到什么程度。我们的目的并不是要表明，这个样板能成为现实上存在的东西。这正像一个画家画一个美男子，与现实中是否能找到这样的美男子是一样的。[②] 相反，孔子的大同社会则更多地抛掉了空想的成分，对实现它具有了更多的信心和安排。孔子提出了一步步来实现理想社会的统一和大同。首先，一步步实现天下的统一，“齐一变，至于鲁；鲁一变，至于道。”（《雍也》）先实现鲁国的统一，再达到实现各诸侯都统一于周天子的目的。其次，先实现小康，再进一步实现大同。三代圣王的大同社会是遥远的理想，而近期目标则是文、武、周公时代的小康。孔子强调实现大同社会分两步走，第一步是小康，第二步才是大同。很显然，孔子的大同社会比柏拉图的理想国具有更多的现实性。正因此，它们对后来东西方文明发展的影响也就不完全一样。

三

孔子的大同社会和柏拉图的理想国是人类文明发展之树上的两朵美丽的奇葩。它们产生了宽广、深远的影响。

孔子的大同社会理想成为儒家的传统思想，深深地影响了中华文明发展的

① 参看柏拉图《理想国》第 150-152 页。

② 参看柏拉图《理想国》第 211-213 页。

进程。中国历史上任何对未来美好社会的追求和设想中，都可看到大同社会的影子。孟子以井田制为基础的大同理想蓝图，陶渊明描写的世外桃源，都分明可以看见孔子大同思想的影响。洪秀全《天朝田亩制度》设计的大同社会蓝图是以孔子的天下为公和小农经济为基础的。康有为《大同书》所描绘的大同境界，显然是孔子的大同思想和西方空想社会主义的混合。资产阶级民主革命的伟大先行者孙中山则把孔子的大同思想与资产阶级民主革命联系起来，要求在中国建立一个平等、自由、天下为公的社会。中国的马克思主义者李大钊、毛泽东则把大同理想建立在唯物史观的基础上，把它与科学社会主义联系起来，赋予了大同社会科学的含义，提出了一条经过新民主主义革命到达社会主义和共产主义的革命道路，也就是毛泽东《论人民民主专政》中所说的中国达到的大同之路。由此可见，在孔子大同思想的影响和启示下，从古代的儒家到近代的孙中山，从李大钊、毛泽东直到今天的仁人志士，无一不向往大同理想社会，可以说，它是自孔子以来中华民族一直追求的美丽理想，并且在一步步地将它变成现实。

柏拉图的理想国影响深远，几乎成为欧洲后来一切文明发展的源泉。欧洲社会一切追求美好进步社会的理论著述中，都可见到理想国的光芒的闪射。从莫尔的《乌托邦》中可以看到理想国的影子。从康帕内拉的《太阳城》中可见到理想国的结构和模式。从闵采尔的“千载天国”中可以听到理想国中对正义和公有制的呼喊。它深深地影响了马基雅维利的《君主论》，霍布斯的《利维坦》和法国资产阶级的《人权宣言》。就是对后来欧文等人的空想社会主义也提供了有价值的、重要的启示。然而，令人遗憾的是，理想国的乌托邦性质却一直是这些理论不能摆脱的幽灵。

由于受到主客观历史条件的限制，这两个伟大的理想都存在严重的局限性。首先，它们同科学社会主义是性质根本不同的。孔子和柏拉图所描绘的理想社会都只能是当时阶级剥削、压迫的社会的理想化。孔子的大同社会是把尧舜禹时代理想化；柏拉图的理想国则不过是把斯巴达的奴隶主贵族制和埃及的种性制度理想化，与科学社会主义所讲的没有阶级，没有剥削压迫，人人平等自由，人人都是社会的主人，共同劳动，按需分配的共产主义是根本不同的。其次，二人都不可能找到实现理想社会的道路和途径。他们都不了解经济基础的决定作用，不了解生产力与生产关系、经济基础与上层建筑之间的矛盾斗争推动社会形态发展演变，不了解阶级斗争的作用，不了解人民群众是历史的创造者。他们企图仅仅依靠教育，期望社会正义和道德水平的提高，寄希望于“圣王”和“哲学王”实行仁政，当然不可能实现他们的理想社会。再之，他们的理想社会具有极大的幻想性。他们都脱离了当时的社会实际，都违背了社会发展的历史潮流。当时的中国是春秋社会末期，是旧的奴隶制行将灭亡，新的封建力量日益成长壮大；当时的希腊是奴隶制民主政治代表了民众的利益和愿望，日益用民主制取代独裁和暴力的时期。孔子和柏拉图都没有顺应历史前进的潮流，而是提出复兴和维护旧的制度，其结局只能是遗憾和失望。孔子在临终时只能发出“吾道穷矣”的哀叹；柏拉图只能对理想国表示深深的怀疑和露出无可奈何的苦笑。

历史已经过去。然而，我们今天重温孔子和柏拉图的这两个伟大的理想，对我们的启示和教诲应是很多很多的。追求大同，建立一个正义、公正、道德、统一、和平和安宁的美好社会，这是中华民族、希腊民族，乃至全世界人民向往已久的。人类遭受的苦难太多了。我们中华民族走过的历程更是艰难困苦。今天，我们中华民族要实现祖国的“大同”，就必须实现祖国的和平统一，就是要使海峡两岸的骨肉同胞，团结起来，携手同心，群策群力，共同早日完成祖国的统一大业，实现从孔子到孙中山历代志士仁人一致渴望的大同。这是一个伟大的历史责任。有光荣传统的炎黄子孙们是能承当起这一历史责任的。我们对此充满信心。同样，实现理想的大同社会也是全世界人民的愿望。全世界人民应当团结起来，反对暴力，抵制强权，消除不公，摒弃丑恶，友好交往，互相帮助，真诚相待，全世界人民就有可能生活在正义、道德、和睦和安宁的社会中，整个地球村就可能是一个美好的理想国或大同世界。这是不是孔子和柏拉图构建理想社会的初衷？

（1999 年）

古希腊与中国先秦哲学中神的观念之比较研究

在古希腊与中国先秦哲学中，无论是唯物主义或具有唯物主义倾向的哲学家，还是唯心主义或具有唯心主义倾向的哲学家，他们对神都提出了一些相同或相近的观点，也提出了一些相异的观点。综合观之，发现它们展示了人类早期思维和文化发展上的一些共性。

一

首先，对神的唯物主义理解方面存在一些相同之点。

两国哲学家认为神是万物的始基，始基也是神。赫拉克利特就是这样认为的。有人曾写道："赫拉克利特说（神就是）永恒的流转着的火。"① 同样，泰勒斯也是把始基水看作神的。恩培多克勒就把始基的四种元素称作四位伟大的神："一切事物有四种根源：照耀万物的宙斯，养育万物的赫拉，以及爱多纽和纳斯蒂，它们让自己的泪水成为变灭的东西的生命泉源。"② 中国古代把五行金木水火土当作万物的始基，同样也把它们看作神，晋国太史蔡墨就认为五行是我们的祖先神。与古希腊把水当作万物的本原和神一样，中国《管子》书中的《水地》篇也认为水是万物的根源。

两国的唯物主义哲学家都把神看作是自然界或自然界的规律。中国的传统是把"天道"看作神的，但当时的天文学家却用"天道"来表示天体运行的客观规律。范蠡认为"天道"是指自然现象变化的规律，他在《国语·越语》中说："天道皇皇，日月以为常。"荀子直接把天解释为自然界，他在《天论》

① 北京大学哲学系外国哲学史教研室．古希腊罗马哲学［M］．北京：商务印书馆，1982. 17。
② 北京大学哲学系外国哲学史教研室．古希腊罗马哲学［M］．北京：商务印书馆，1982. 81。

中认为“天常有道，地有常数矣”，“天行有常，不为尧存，不为桀亡”。意即自然界是有它自己的规律的。古希腊的哲学家也是把神理解为自然界及其规律的。赫拉克利特的“逻各斯”是他的哲学的重要的一部分，充满着神，但他又认为它的本质是表现事物在其生灭变化中有某种规律性的稳定的东西，而这种规律就是自然界的规律。

两国哲学家还论述了神的来源。古希腊的哲学家认为，神是从自然元素中产生出来的。恩培多克勒认为，从自然界的元素中生出一切过去、现在、未来存在的东西，树木、男人、女人、兽类、鸟类、水里的鱼类，以至于长寿和受尽崇敬的神灵。① 中国的宋钘、尹文认为精气是比“天”更根本的东西，是构成“天”的原始物质。而精气就存在于大自然中，它不仅是构成人的一种不可少的气，就是宇宙中的其他东西，包括神也是由它生成的。《内业》篇说：“凡物之精，此则为生，下生五谷，上列为星。流于天地之间，谓之鬼神；藏于胸中，谓之圣人。”

两国唯物主义哲学家还坚决反对了唯心主义哲学家提出的神是创世主的观点。赫拉克利特大胆地喊出了：“这个世界……不是任何神所创造的。”② 中国的老子也反对神创世界，他在《老子》中认为世界是由物质的道演化生成的：“人法地，地法天，天法道，道法自然。”老子没有给上帝留下任何地盘。恩格斯指出：“在希腊哲学家看来，世界在本质上是某种从混沌中产生出来的东西，是某种发展起来的东西，是某种形成的东西。”③ 恩格斯的论述同样也适用于古代中国。在否定神是世界的创造主的同时，两国哲学家还极力否定神的作用，而强调人的作用。赫拉克利特对神的作用表示了怀疑，当他看见希腊人向神献祭时，就说：“他们向听不见的神像祈祷，好像它们听得见似的；它们是不会回报，而且也不能提出任何要求的。”④ 中国的荀子同样否定神的作用，提出“制天命而用之”的人定胜天的思想。他认为人们对于自然不是无能为力的，人类可以发挥主观努力去改变自然，给人类造福。荀子否定了天神的作用，肯定了人的作用。

---

① 北京大学哲学系外国哲学史教研室．古希腊罗马哲学［M］．北京：商务印书馆，1982. 84。

② 北京大学哲学系外国哲学史教研室．古希腊罗马哲学［M］．北京：商务印书馆，1982. 21。

③ 恩格斯．自然辩证法［M］．北京：人民出版社，1972. 10。

④ 北京大学哲学系外国哲学史教研室．古希腊罗马哲学［M］．北京：商务印书馆，1982. 31。

古代人们之所以容易产生神的观念，其原因之一，是与当时无法解释自然界的一些奇异现象有关。两国的哲学家都力求对此作出科学或合乎实际的解释。当时的宗教神学家和唯心主义哲学家常常把狂风、暴雨、星坠、木鸣、彩虹、日月蚀等等当作神灵存在的有力证据，可两国的唯物主义哲学家却努力作出对抗唯心主义的解释。阿那克西美尼力争说晴雨和彩虹的发生是自然现象："当空气更加浓厚起来的时候，便产生出云来；当它们的凝聚作用更大时，便下雨了。""当太阳的光线投射在极浓厚的云上时，更产生出虹来。"① 恩培多克勒是这样解释了日蚀的形成："当太阳经过月亮的上面时，月亮遮掩了（太阳的）光线，在地上投下一个黑影，和那光亮的月亮一样大。"这就产生了日蚀。② 中国的荀子对星坠、木鸣、日月蚀也做了唯物主义的解释。他说，这些现象虽奇异，但仍是由于自己的原因造成的，不是神施威显灵的表现，且与人事无关，并不可怕。

其次，两国古代哲学对神的唯心主义理解也存在一些相同之处。

神是创世主。柏拉图说："整个世界究竟是永远存在而没有开始的呢，还是创造出来的而有一个开始呢？我认为它是创造出来的。"又说："我们可以宣布这个世界是由于神的天道把它当作一个赋有灵魂和理智的生物而产生出来的。"③ 同样，中国的唯心主义哲学也认为宇宙间有个"天"，叫作"帝"或"上帝"。如殷墟甲骨卜辞有："甲辰，帝其令雨？""帝其令风？""帝其隆堇？"这都说明当时迷信的人们认为风雨变化，年成好坏，战争胜负等等，都是由上帝的意志和命令决定的，上帝是自然、社会的主宰，一切都由它造成。

两国的唯心主义哲学家都宣扬神学目的论。苏格拉底认为宇宙中的一切都是神按照自己的目的安排好了的。他说："那些为某种有用的目的而存在的东西一定是理智所产生的。"④ 他认为神为使人达到各种目的，就有目的地安排了人身上的各种器官，如眼、耳、舌等，使人能看、能听、能尝滋味，特别是在人躯体内安放了灵魂，使人成为万物之灵。同样，孔子也认为"天"有意志、有目的，能赏善罚恶，决定社会的治乱，文化的兴亡。他为挽救正在崩溃

① 北京大学哲学系外国哲学史教研室．古希腊罗马哲学［M］．北京：商务印书馆，1982. 12。

② 北京大学哲学系外国哲学史教研室．古希腊罗马哲学［M］．北京：商务印书馆，1982. 86。

③ 北京大学哲学系外国哲学史教研室．古希腊罗马哲学［M］．北京：商务印书馆，1982. 208-209。

④ 北京大学哲学系外国哲学史教研室．古希腊罗马哲学［M］．北京：商务印书馆，1982. 167。

的奴隶制而奔走，就是因为他认定自己的行为是符合天意的。但当他看到“凤鸟不至，河不出图”时，他才意识到这些代表天意的灵瑞不出现，是表明“天”对他复兴周道不予支持，他才不得不感叹地说：“吾已矣夫。”所以在孔子看来，决定事物成败的不是人，而是神的目的。

两国的哲学家还认为神是最完美、最聪明、最智慧的。苏格拉底对神的优美品质给了最动听、最深情的歌颂。他充满感情地说：“雅典人啊，只有神才是聪明的。”① 神的聪明智慧表现在它是全知、全视、全听、全能的。作为宇宙中精灵的最高花朵——人类的一切作为，神都了如指掌。所以，苏格拉底带结论性地说：“神是有这样的权力，有这样的本性，能一下看见一切，听到一切，无处不在，并且同时照顾到一切事物。”② 色诺芬尼几乎讲了同样的话：“神是全体、智慧和永恒性。……比任何东西都更高超，它的力量是高于一切的。”③ 中国的唯心主义哲学家也认为天是聪明、智慧和万能的，人世间的一切都是由天来决定、来管理的，由于天的智慧的安排，我们才能这样有秩序地生活。

两国的唯心主义哲学家都按照理想的境界来塑造神。爱利亚学派把人的一切美德都赋予神；苏格拉底和柏拉图继承了爱利亚学派，进一步把神精致化，把神改造得更完美、崇高、伟大、神圣。柏拉图说：“神具有美、理智、善及诸如此类的品质。”④ “我们说神是有美德的是什么意思？我们显然要说，有节制，有思想就是美德。”⑤ 同样，中国的哲学家也是一步步将神精致化，使其变得更崇高、神圣、伟大。王弼按照他的理想塑造了神。他更换了那种粗糙的神学服装，用论证了的抽象的本体论上的神，代替了原来神仅表现为目的论和意志论的肤浅说教，而用哲学的精美的思辨树立了神的完美、崇高和神圣的形象。

---

① 北京大学哲学系外国哲学史教研室．古希腊罗马哲学［M］．北京：商务印书馆，1982. 148。

② 北京大学哲学系外国哲学史教研室．古希腊罗马哲学［M］．北京：商务印书馆，1982. 171。

③ 北京大学哲学系外国哲学史教研室．古希腊罗马哲学［M］．北京：商务印书馆，1982. 42。

④ 苗力田．古希腊哲学［M］．北京：中国人民大学出版社，1990. 286。

⑤ 北京大学哲学系外国哲学史教研室．古希腊罗马哲学［M］．北京：商务印书馆，1982. 215。

二

古希腊的哲学家认为神是唯一的、至高无上的，是整个宇宙的独一无二的主宰。爱利亚学派认为神是“一”和“全”。色诺芬尼说：“它（指神）是唯一的，因为它比任何东西都更加有力。”① 苏格拉底和柏拉图更深刻、更全面地论述了神的唯一性。与此相反，中国先秦哲学中的神却不完全如此。虽然中国哲学也把天神看作拥有巨大权威、令人畏惧的东西，但却没有把它当作至高无上的、唯一的权威，没有当作唯一的宇宙主宰。而是提出了一个“道”，并认为道高于天神，道的演化才产生了整个世界，道生一，一生二，二生三，三生万物。老子认为道比天神、上帝更根本，道是“象帝之先”。

古希腊哲学中神的观念总是强调神创造了人，创造了人的身体的各个部分，创造了人的灵魂。恩培多克勒就生动地描绘了神是怎样创造人的：“当一个神与另一个神大规模地交手时，这些肢体就相结合了，有一些个别的肢体相遇了，而另外许多肢体还在外面继续不断地生出来”，“那时生下了许多长着两个脸和两个胸膛的动物，浮现出一些上半截是人下半截是牛的动物，还有一些人身牛首的动物，还有一些半男半女的动物。”② 那么，神是用什么创造人的呢？柏拉图说，神以各种金属造成了各种不同的人，“你们彼此虽是兄弟，但神还是用不同的东西把你们造出来的。你们之中有些人具有统治的能力而适于统治人，在创造这些人的时候神用了金子。……另一些人是神用银子做成的，这些人成为统治者的辅助者。再有一些人是农夫和手艺人，这些人是神用铜和铁做成的。”③ 苏格拉底说：“神也不以只照顾人的身体为满足，而最最重要的，是在人之中安排了灵魂。”④ 而中国先秦哲学则与此不同。他们强调神对人的依赖，神不能离开人，神与人的平等关系等。季梁说：“民，神之主也。”周公说：“天惟时求民主。”这是说，上帝关怀下民，为民求主，表现了神和民的密切联系。就是在中国最古的神话中也没有认为是神创造了人，而是

① 北京大学哲学系外国哲学史教研室．古希腊罗马哲学［M］．北京：商务印书馆，1982.42。

② 北京大学哲学系外国哲学史教研室．古希腊罗马哲学［M］．北京：商务印书馆，1982.87。

③ 北京大学哲学系外国哲学史教研室．古希腊罗马哲学［M］．北京：商务印书馆，1982.232-233。

④ 北京大学哲学系外国哲学史教研室．古希腊罗马哲学［M］．北京：商务印书馆，1982.169。

指出神与民紧密联系，互相依赖，神关心民众。像开天辟地的盘古，炼石补天的女娲，尝遍百草、发明医药、教民稼穑的神农，为民除害、指天射日的羿等，都不是人类的创造者，而是与民众紧密联系，创造物质财富，推进生产，关心人民生活的“英雄”。所以，在中国古代哲学中神的观念所强调的主导方面与古希腊是不同的。

古希腊哲学中的神常常与理性联系在一起，认为神就是理性，理性也就是神。在赫拉克利特那儿，把神理解为理性的观念就萌芽了。他说：“人的心没有智慧，神的心则有智慧。”① 阿那克萨哥拉的“努斯”，恩培多克勒的“爱”和“恨”是把神视为理性的进一步发展，所以，黑格尔才赞扬说，只是从这儿开始才有了理性的第一次真正的闪光。柏拉图完全从理性的角度认识神和规定神。把神的理性意义表达得最完整的是亚里士多德，他说：“生命固亦属于神。生命本为理性的实现，而为此实现者唯神。”② 中国的哲学则相反，是强调神的道德含义，即神与伦理道德的联系。周初的大政治家、思想家周公创立了“以德配天”的宗教政治伦理观，认为天神有左右一切的作用，但它为什么这样做，主要是由于不同的道德引起的。他认为夏商之所以灭亡，是因为他们不能“敬德保民”，因而丧失了天命；而周之所以兴起，是因为文王能够“明德保民”，因而上天授命于周，令周伐商统治四方，所以他提出了“皇天无亲，唯德是辅”。同样，孟子修改了孔子的天命观，他把神、天与道德联系在一起。他认为某一位国君能否传位给下一位，是由天命决定的，但天又是凭国君的德来决定的。所以，孟子认为天是道德性的。

古希腊哲学家所讲的神经历了一个不断演化发展过程。这个过程显示，或者是从多神走向一神，或者是从多神走向无神，这从一个侧面揭示出人类的思维对外界事物的认识历程是一个从个别走向一般的过程。如在唯物主义哲学中神表现在始基上，在米利都学派中始基全部是神，在赫拉克利特那儿始基作为神正在减少，在阿那克萨哥拉和恩培多克勒那儿始基已有一部分不是神，在德谟克利特那儿始基全部不是神，晚期希腊的唯物主义哲学家则主张无神论。从始基全部是神，到始基一部分是神，再到始基全部不是神，表现了哲学中神的观念经历了一个演变过程。相反，中国先秦哲学中神的观念没有经历复杂的演

① 北京大学哲学系外国哲学史教研室．古希腊罗马哲学［M］．北京：商务印书馆，1982. 26。

② 亚里士多德．形而上学［M］．北京：商务印书馆，1983. 248。

化、发展过程。从最古老时提出的天神观念，一直到后来，基本保留了同一观念，没有根本性的改变。虽然也对其做了若干修正，但只是对天神的某些作用方式、活动范围做了补充或限制，但天神作为一个唯一的天，仍如旧，并未提出不同的天，也未描述同一天的不同演变、发展。中国哲学中天神的观念则比较单纯、稳定。

三

是什么原因造成两国哲学中神的观念的异同？其对后来两国甚至东西方哲学和文化的发展有何影响？这就是本文试图寻找的原因和得出的结论。

造成两国哲学中神的观念相同的原因大致如下：

首先，是由于神话和原始宗教的影响。从神话和原始宗教中脱胎出来的最初古代哲学，不可避免地充满神的观念。因为神的观念和灵魂观念一样，是那时人们认识世界和说明万物起源的重要手段。哲学的产生虽然标志着它对神话和原始宗教的本质变革，但最初的哲学又仅仅是科学思维的开端，它还没有较多的抽象思维，还不握有复杂的认识方法和科学的认识范畴，这样，在初民认识和说明世界中起着重要作用的神的观念就必然会进入古代哲学之中。当然，新产生的哲学又决不会毫不改变地全盘接受，必然会力图对其作出新的说明和解释。一些哲学家发展了，使其变得更完满、丰富、多彩；一些则被否定，揭露其虚假，并予以抛弃。这就导致了古代哲学中有神论与无神论的斗争。

其次，是由当时的经济政治状况决定的。两国哲学产生时，两国都基本上处在奴隶制社会时期。奴隶主阶级为维护其经济上的利益和政治上的统治，需要一种对民众有威慑、有巨大恐怖和压抑作用的力量。在当时，这种力量就是神。奴隶主统治者正是看清了这一点，才大力提倡神、利用神以为其服务。

第三，是由当时两国都有一个百花齐放、百家争鸣的环境造成的。古希腊的雅典城邦时期，是奴隶制民主政治的黄金时期。这就给了学术探讨以宽广的自由空间，出现了学派蜂起、百家争鸣的繁荣局面。同样，中国也出现了一个百花齐放、百家争鸣的诸子百家时期。这时各种学派为着各自的政治主张，提出了各种不同的学术观点，也阐述了大量关于天神的观念。

造成两国哲学中神的观念相异的原因大致如下：

一是由于两国神话和原始宗教的内容和形式有较大的差别。古希腊神话包含一个庞大的神的体系，有众多的神，由于这些神都与自然社会事物联系在一起，而自然社会事物又是无限丰富多彩的，所以，哲学中神的观念也就多种多样。古希腊最早的宗教埃流西斯教和奥菲斯教包含了赫西奥德《神谱》所记述的关于奥林帕斯诸神的神话。在对诸神的描述中表现了对外在宇宙和自然现象的想象和猜测，并用人间的社会秩序、人的品格来想象诸神的体系。神话和原始宗教的这些特点，就决定了古希腊哲学中神的观念的特点。相反，古代中国的神话和原始宗教则不同。中国神话中讲的神比较单纯，主要是讲围绕太阳为中心的各种神，如羲和生日，浴日，驭日，后羿射九日，夸父追日，嫦娥奔月等；中国原始宗教主要讲对天帝的崇拜，也比较单纯。这样的神话和原始宗教就影响了中国古代哲学讲的神都与天有关，远没有古希腊的复杂。

二是由于当时两国地域构成差别较大造成的。古希腊是地跨欧、亚、非的宽范围的国家。东方西亚古代文明和宗教，特别是两河流域形成的文明，对古希腊产生了重大的影响。赫西奥德关于大地母亲和关于罪恶起源的思想，都可追溯到东方。非洲埃及关于灵魂不死、灵魂轮回的观念深刻地影响了古希腊。这样宽广的地域带来的外来文化的影响，就决定了它哲学中的神是综合了东西方的一种更丰富、更复杂、更多彩的神的观念。而中国的先秦则是另一个样。那时的中华民族主要位于黄河流域一带。虽然与周围的部落种族国家有联系，但这种联系从版图讲未超出今天的中国和亚洲，从数量看是相对少的。因此，中国古代神话和原始宗教基本上未受到外来文化的复杂影响，中国的神话和原始宗教就按照它自身的样子影响了其哲学。中国先秦哲学中神的观念就局限于以天为中心的单纯范围之内。

三是由于两国的社会政治制度不同。古希腊建立了比较完全的民主政治，它为学术自由创造了比较宽松的环境，人们可以大胆地提出各种观点，哲学家们可以提出各种不同的神，甚至对神表现不同的态度，而不必担心政治上的安危而有所顾忌。但是，中国先秦哲学面对的却不是这样的政治环境。虽然有过诸子百家的争鸣，但那不是由于民主政治造成的，而是由于政治动乱和纷争引起的。而实质上，就在那种列国政治纷争中，各个国家实行的不是民主政治，而是一种专制统治，只是各国实行专制的方式和程度有所区别罢了。在这样的政治背景下，其哲学虽然也提出了不同的观点，也都讲到了神，但却只能讲一个天神来满足统治者的需要，而不能提倡多种多样的神。中国先秦哲学中神的观念的单一，正是地上王朝专一的体现。

基于上述，简略结论是：由于两国哲学中都充满着神的观念，并深刻地影响了社会生活的一切方面，因而，对两国成为伟大的文明古国曾起了一定的作用。古希腊哲学强调神的聪明、智慧、万能，神的复杂演变，就从一个侧面引导了人们对理性的重视和不断追求；强调神的众多、强大和绝对权威，就导致了后来神对人世间的绝对统治——欧洲中世纪的到来和今天西方人的对宗教神学的广泛信仰和普遍关注。而中国哲学强调神与道德的密切关系，就从一个侧面引导了中国古代文化都笼罩上一层温情脉脉的伦理关系的色彩；而强调神与天的一致，就导致了中国哲学中的神在很长时间内，去为自称为“天子”的封建王朝统治者服务。

（1995 年）

第二辑 辩证唯物主义、历史唯物主义

毛泽东同志论世界观和方法论的一致性

世界观和方法论一致性的理论是马克思主义哲学中一个极其重要的基本观点。毛泽东同志在领导中国革命和建设的伟大斗争中，从理论和实践的结合上，深刻地论证了马克思主义科学世界观和科学方法论的一致性，制定了一整套的领导方法、工作方法，解决了马克思主义的普遍真理同中国革命具体实践相结合的根本问题，从而对马克思主义的这条原理作出了新贡献。在经历了林彪、“四人帮”反党集团制造的十年动乱的巨大苦难后的今天，我们来研究毛泽东同志关于世界观和方法论一致性的理论，对于准确、全面理解毛泽东哲学思想体系，对于坚持和发扬毛泽东同志倡导的实事求是的思想路线，对于加速实现四个现代化的宏伟事业，都具有重大的理论意义和现实意义。

一、马克思主义哲学是科学世界观和科学方法论的“一致体”

毛泽东同志指出，马克思主义的辩证唯物主义和历史唯物主义是无产阶级的宇宙观，同时又是无产阶级认识周围世界的方法和革命行动的方法，是宇宙观和方法论的“一致体”。他概括的著名的“一切从实际出发”“实事求是”的公式鲜明生动地体现了辩证唯物主义世界观作为方法论的意义。在《矛盾论》中，他把辩证法和形而上学的对立，既看成是两种宇宙观的对立，又看成是两种方法论的对立。他提出的一整套的、在中国革命和建设中发挥过巨大作用的科学的领导方法、工作方法，就是他关于世界观和方法论一致性的理论的光辉结晶。在《实践论》《矛盾论》和延安整风的三个报告中，他对马克思主义世界观和方法论的一致性作了科学、深刻地论证。

毛泽东同志从以下几方面论证了马克思主义哲学是科学世界观和科学方法论的“一致体”。

（一）世界观制约着方法论，有什么样的世界观，就会有什么样的方法论。

首先，世界观是贯穿一切的东西。人的人生观，社会观，道德观，历史观等等，都是由世界观决定的，同样，人们认识世界和改造世界的方法，也是由世界观决定的。毛泽东同志指出，没有马克思主义的科学世界观，就不可能有科学的方法去认识世界和改造世界。他说在现在的世界上，就世界观而言，基本上只有两家，就是无产阶级世界观和资产阶级世界观，因此，也就有截然相反的两种方法论，这就是马克思主义的辩证唯物主义的科学方法论和资产阶级的唯心主义的形而上学的方法论。用马克思主义的世界观观察问题，就必然会有一切从实际出发，实事求是、矛盾分析、群众路线等正确的方法，用唯心主义形而上学世界观观察问题，就必然是孤立、静止、片面等错误的方法。

有什么样的世界观就会有什么样的方法论，没有脱离世界观的单独的方法论，也没有不表现为一定方法论的纯粹的世界观。世界观决定方法论，这是为哲学史，科学史和人们的社会实践所证实了的一个科学的论断。

其次，只有世界观才能提供方法论。现代西方资产阶级的一些哲学家认为，方法论可以不由世界观提供，是与世界观无关，不受世界观制约的一种独立自生的东西。这是一种资产阶级欺骗无产阶级的反动的哲学思潮。毛泽东同志曾说，马克思主义的科学方法论与黑格尔的唯心辩证法是根本不同的，是丝毫也不能离开它的宇宙观的（《辩证法唯物论提纲》）。只有马克思主义的世界观，才能提供科学的方法论。这是因为只有马克思主义哲学才完全正确地解决了思维与存在、主观与客观的关系问题，才科学地揭示了自然、社会和思维的最一般的规律。马克思主义认为，任何一种世界观都是人们对整个世界理论化、系统化了的总看法和根本观点，人们用这种根本观点去看世界，它就成为人们认识世界、改造世界的根本方法，它就指导人们的行动。不仅马克思主义哲学能为无产阶级提供科学方法论，而且任何一种哲学都能为需要这种哲学的人们提供方法论。

毛泽东同志指出，我们之所以重视马克思主义世界观，也正在于它能提供科学的方法论。“马克思主义者看重理论，正是，也仅仅是因为它能够指导行动。”（《毛泽东选集》一至四卷合订本 1966 年版第 281 页。注：以下凡是引自此书的语录，都用“同上书”表示）那种认为方法论不是由世界观提供的论调，只不过是一种自欺欺人的无知妄说而已。

（二）方法论是世界观的运用，是行动着、实践着的世界观。

毛泽东同志说，世界本来是发展的物质世界，这是世界观；拿了这样的世界观转过去看世界，去研究世界上的问题，去指导革命，去做工作，去从事生产，去指挥战争，去议论人家的长短，这就是方法论，此外，并没有别的什么单独的方法论。马克思主义哲学的根本目的，就是要彻底地改变旧世界，建设共产主义新世界。但是要完成这个伟大的历史使命，就必须解决完成这一任务的一系列方法问题，就必须把科学的世界观转化为科学的方法论。马克思主义的创始人明确指出，他们研究所得到的结论，一经得到后，就成为研究的指南，他们用以分析批判的方法，就是他们的世界观的运用。毛泽东同志反复教导我们，马克思主义不是教条，而是行动的指南。“抓着了世界的规律性的认识，必须把它再回到改造世界的实践中去，再用到生产的实践、革命的阶级斗争和民族斗争的实践以及科学实验的实践中去。”（同上书第 281 页）这是因为在马克思主义看来，所谓方法，就是对于客观规律的正确运用。对于客观世界本质及其规律的正确认识，就是马克思主义的科学世界观。所以在马克思主义哲学中，方法论是世界观的运用。毛泽东同志针对有的人不懂得矛盾分析就是马克思主义世界观的运用，指出不仅要有一个对立统一辩证法的宇宙观，更重要的是要懂得观察问题、处理问题的矛盾分析法，就是这种世界观的运用。他在《实践论》中说过如下意思的一段话，也说明方法论是世界观的运用和实践。工人阶级起初与资本家作斗争，采用捣毁机器，焚毁产品等简单的方法。后来工人阶级学会了组织工会，举行罢工，进行政治斗争直至武装起义，提出推翻资产阶级，建立无产阶级专政的政治口号，工人阶级的这种新斗争方法，是他们加深了对资本主义社会本质的认识的表现和实践。因为在这时，马克思主义的共产主义的世界观武装了工人阶级。毛泽东同志在把马列主义的普遍真理和中国革命具体实际相结合的长期实践中，提出了一系列的策略和方法，都是辩证唯物主义和历史唯物主义世界观的运用和实践。

（三）世界观和方法论在内容上是一致的。

毛泽东同志把辩证唯物主义、历史唯物主义看作是世界观和方法论的“一致体”，实质上就是说世界观和方法论在内容上的一致。马克思主义哲学揭示的规律也就是方法论的规律。对立统一规律，量变质变规律，肯定否定规律，以及各种范畴之间的联系规律，是辩证唯物主义所揭示的，客观世界的一般规律，同时也就是方法论的一般规律。毛泽东同志在《矛盾论》中全面地展开了唯物辩证法的矛盾法则，提出了一系列新的范畴和规律，提出它们既是世界观，又是方法论，就是世界观和方法论在内容上一致的一个最好的证明。还有马克思主义哲学的物质观、时空观、历史观等等，作为说明世界的本质讲，它们是世界观，但是把它们用去观察、分析问题时，履行着方法的功能时，它们又是方法论，它们既是世界观，又是方法论，是同一内容的两个不同的方面。客观世界是不断向前发展的，马克思主义哲学对于世界的认识也不断深入，与此同时，人们认识世界、改造世界的方法也必须同时改进。如当代对于宇宙的起源，生物进化，基本粒子等有了新的观点，那么，人类认识和改造它们也就采用了新的方法。新观点的形成和新方法的同时采用，也说明世界观和方法论在内容上的一致。

（四）世界观和方法论的目的是一致的。

我们掌握马克思主义世界观和方法论是为了认识世界和改造世界，毛泽东同志曾说，唯物辩证法是无产阶级的宇宙观和方法论，无产阶级及一切革命人们拿着这个彻底的科学武器，他们就能理解这个世界并改造这个世界。列宁和斯大林利用这个彻底的科学武器改造了旧俄国，同样地毛泽东同志运用马克思主义的世界观和方法论指导中国的革命和建设，取得了辉煌的胜利，达到了改造旧中国的目的。这都是认识世界和改造世界。世界观和方法论的目的的一致，要求世界观和方法论也必须是一致的，因为只有一致，它们才能实现和达到共同的认识世界和改造世界的目的。

（五）理论和实践相统一的原则是世界观和方法论一致性的根本前提。

马克思主义强调的世界观和方法论的一致性，可以说，就是理论和实践相统一的原则在哲学理论上的一种表现。毛泽东同志说：“把马克思列宁主义理论和中国革命的实践密切地联系起来，这是我们党的一贯的思想原则。”（《中共八大开幕词》1956 年 9 月 15 日）

毛泽东同志在领导中国革命和建设的长期实践中，深刻地论述和发挥了马克思主义关于理论和实践相统一的原则。理论来源于实践，脱离实践的理论是空洞的理论，因此，只有从客观存在的实际事物出发，从其中引出固有的而非臆造的规律，才能形成科学的世界观。同样，理论又必须用去指导实践，只有在指导实践过程中才能检验理论和发展理论，才能将科学的世界观转化为科学的方法论。毛泽东同志指出，马克思列宁主义理论和中国革命实践相联系，就是要用马克思主义的理论去解决中国的实际问题，必须把马克思主义世界观当成观察问题、分析问题、解决问题的科学方法论。“马克思主义哲学认为十分重要的问题，不在于懂得了客观世界的规律性，因而能够解释世界，而在于拿了这种对于客观规律的认识去能动地改造世界。”（同上书第 280—281 页）在实践中掌握客观世界的规律就形成科学的世界观，在实践中人们认识世界、改造世界的科学方法就是对于客观规律的正确运用，也就是世界观的运用。理论和实践相统一的原则不仅要求世界观要转化为方法论，而且也规定了认识世界、改造世界的方法，也必然就是这种世界观的运用和实践。所以，马克思主义世界观和方法论的一致是建立在理论和实践相统一的根本前提之上，离开了这个前提，就谈不上一致性，就只能是世界观和方法论的割裂。

（六）马克思主义认为，世界的本质是物质而不是思维，世界观和方法论一致性的基础是物质世界的辩证发展或辩证发展的物质世界。

客观世界及其规律是不依赖于人们的主观意识而独立存在的，同时也认为人们的主观世界是能够反映客观世界及其规律的，也就是说人们的思维规律与存在规律在本质上是一致的。毛泽东同志说：“一切客观世界的辩证法运动，都或先或后地反映到人们的认识中来。”（同上书第 285 页）是事物的辩证法创造观念的辩证法，是客观辩证法决定主观辩证法。我们知道，不论是世界观还是方法论，其实质都是一个客观辩证法与主观辩证法的关系问题。主观辩证法的根源是客观辩证法，在这个意义上就是世界观，如何用主观辩证法再去揭示客观辩证法，这就是方法论。所以世界观和方法论都离不开客观物质世界的辩证发展，即客观辩证法。《实践论》指出，只有在实践中，主观辩证法去进一步揭示客观辩证法，世界观才转化为方法论。所以，实践，只有实践，才是马克思主义哲学一切理论问题的出发点和归宿。实践的观点是马克思主义认识论的，从而也是理解世界观和方法论一致性的基本观点。只有坚持科学的实践观点，才能正确地理解主观辩证法与客观辩证法的统一，才能完整深刻地理解建立在客观物质世界辩证发展基础上的世界观和方法论的一致性。因此，十分清楚，世界观和方法论的一致性的基础是客观物质世界的辩证发展，即客观辩证法，但是使二者统一于这个基础的是社会实践。

如上所述，马克思主义世界观和方法论是一致的，但是能否把二者简单地等同起来呢？不能。马克思主义者强调二者的一致性，决不意味着否认它们的差别。毛泽东同志不仅深刻地论证了它们的一致性，而且也明确地指出了二者的差别。他说："政治并不等于艺术，一般的宇宙观也并不等于艺术批评的方法。"（同上书第870-871页）（当然，马克思主义哲学方法论与具体的文艺创作、批评的方法也是有不同的，它们的关系是一般和个别的关系。）在这里虽然讲的是世界观与文艺创作的方法不能等同，但对于世界观与其他方法论的关系也是完全适用的。他在《工作方法六十条》指出，好人（即指具有马列主义世界观的人）也会犯方法论的错误。这同样明确告诉我们世界观和方法论不能等同，即使世界观是科学的，也不能说方法论就一定是完全对的。在谈到一些非马克思主义的自然科学家时，他说，有的人在对待研究对象时自发地坚持唯物主义，但他的整个世界观特别是社会观上却常常是完全的唯心主义。这也清楚地告诉我们，在非马克思主义的哲学中，世界观和方法论之间存在着矛盾和差别。

世界观与方法论的矛盾可分为两种情况。一切非马克思主义哲学，尽管世界观与方法论在总体上是一致的，可是却存在着矛盾。这在德国古典哲学中，康德、黑格尔和费尔巴哈是典型的代表；在现代资产阶级哲学中，新康德主义和实用主义是最好的例证。马克思主义哲学虽然与上述哲学有本质的不同，可是在一致性前提下，差别还是存在的。这种差别主要是因为：1. 承认马克思主义世界观和把这种世界观运用于实际之间存在一定的距离，从世界观到工作方法有一个从认识到实践的实际运用过程，一个由一般和个别相结合的过程，即有一个因时因地制宜、和当时当地的具体条件相结合的过程；2. 还受到经验水平、技术水平、物质条件、管理机构、体制等等的影响，如机构臃肿、层次繁杂、过分集中，在方法上就容易导致官僚主义、行政命令、拖拉扯皮和工作效率低等等；3. 也因为还受客观过程的发展及其规律暴露的程度的限制，还有现代自然科学的飞速发展，不断向哲学提出新的理论问题，也影响着马克思主义世界观和方法论的一致性。马克思主义世界观和方法论存在差别，不是像非马克思主义哲学那样，是由于世界观内部的矛盾产生的，而是由于在把这种世界观运用于实际过程中由一些因素的影响而造成的。因此，只要我们坚持理论和实践相结合的原则，更深刻、全面地掌握客观规律和了解各种复杂情况，我们就有可能逐步地缩小这种差别，就能逐步地使马克思主义科学世界观和科学方法论更密切地统一起来。但是，我们无论怎样努力也只能使世界观和方法论在新的水平上达到新的统一，而永远也不能使它们完全等同。

承认马克思主义世界观和方法论在一致性前提下的差别，无论在理论上和实践上都具有重要意义。首先，承认这种差别，有助于彻底地反教条主义和经验主义。教条主义者，不懂得世界观要转化为方法论，经验主义者把局部方法和经验误认为是全部世界观，他们都各执一个片面，看不到世界观和方法论的差别。第二，便于克服和避免简单化的错误。一般说来，世界观正确，方法也往往比较科学。但是，由于各种因素的影响，世界观和方法论是有差别的，是不能简单地等同的，因此，我们检查工作中的错误时，就不能把错误的原因全部归到世界观，也不能全部归到方法论，而应作具体分析。第三，承认世界观和方法论一致性的差别，这也能从一个方面推动马克思主义哲学向前发展。为了获得科学的方法，人们就会深入研究如何缩小世界观和方法论之间这种差别，从而更深入地研究马克思主义哲学方法论的有关问题，从而更全面地认识客观事物的规律，这无疑就会促进马克思主义哲学向前发展。第四，能帮助我们正确地评价自然科学研究的成果，正确地认识一种哲学理论和它的社会效果不一致的原因。一些非马克思主义的自然科学家，虽然整个世界观是唯心主义的，但在研究范围内却自发地坚持唯物主义方法论，就不能将他们的研究成果不加分析地指责为资产阶级唯心主义的，而应该看到这种情况正好说明了世界观和方法论的一致；还有一些哲学理论自称如何如何，而由于世界观和方法论的矛盾，它们的社会效果并不和它期望的一样。如费尔巴哈的哲学，他自以为是彻底的唯物主义，是完全革命的哲学，而实际上他的哲学在社会观上却完全起着一种形而上学唯心主义的作用。对于费尔巴哈这种哲学理论与社会实际效果之间不一致的现象，马克思主义关于世界观和方法论存在矛盾的观点也可帮助我们对它理解得更深刻。

毛泽东同志在总结马克思主义的普遍真理和中国革命具体实践相结合的丰富经验中告诉我们，只有不断地与割裂世界观和方法论的错误倾向作斗争，只有不断地发展马克思主义哲学，才能在实际上做到马克思主义科学世界观和科学方法论的统一。

毛泽东同志之所以一贯强调世界观和方法论的一致，是根据我们党内斗争的实际情况提出来的。党内的教条主义和经验主义者完全忽视客观事物的存在，完全奉行一条理论和实际相脱离的原则，一句话，他们完全把马克思主义的世界观和方法论割裂开来。毛泽东同志说："唯心论和机械论，机会主义和冒险主义，都是以主观和客观相分裂，以认识和实践相脱离为特征的。"深刻地揭露了教条主义和经验主义割裂世界观和方法论一致的实质。割裂世界观和方法论一致性的教条主义和经验主义几乎毁灭我们整个的党，断送整个中国革命。所以毛泽东同志严厉地指出，教条主义、经验主义这种反科学的、反马列主义的主观主义的方法，是我们党的大敌，是人民的大敌，他号召人民起来与教条主义、经验主义作坚决的斗争，只有打倒了它，马克思主义的科学世界观和科学方法论才能统一，马克思主义的普遍真理才能和中国的具体革命实践相结合，我们的革命才会胜利。他提出一系列实际措施来与教条主义、经验主义作斗争。我们党正是遵照了毛泽东同志的教导，对教条主义、经验主义进行了胜利的斗争，才实现了马克思主义科学世界观和科学方法论的统一，才使这一理论不断发展。

毛泽东同志还告诉我们，只有在发展马克思主义哲学中，马克思主义世界观和方法论才能做到一致。如果不去研究社会实践的新特点、自然科学提出的新问题，不去作出新的概括、新的结论，而仅仅是套用马克思主义哲学现成的结论，就难以作出令人满意的正确回答。用老观点看待新问题，或对新矛盾套用老方法，都只能在实践中遭到失败，都只能是对马克思主义世界观和方法论的割裂。马克思主义经典作家从来就是在与形形色色的资产阶级的反动哲学的斗争中发展马克思主义哲学，做到科学世界观与科学方法论的统一，从而正确地回答了那个时代提出的迫切问题，为无产阶级的革命斗争锻造了锐利的武器。恩格斯为了澄清划分哲学阵营方面的混乱，以便彻底地批判唯心主义，才提出了关于哲学基本问题的原理；列宁正是在批判"物质消灭了"的唯心主义怪论时，制定了辩证唯物主义的物质定义；毛泽东同志本人正是在同实际工作中的教条主义和经验主义的斗争中，深刻地发挥了主观和客观、认识和实践的具体的历史的统一的认识论原理。我们时代科学技术的巨大跃进，为哲学提供了非常丰富的材料，提出了极其广泛而深刻的课题。随着自然科学中每一个划时代的发现，唯物主义也必然要改变自己的形式。毛泽东同志说，马克思主义不去认识新问题，作出新结论，老是讲那么几条，就显得单调了，就没有生命力了，马克思主义的基本原理原则需要在实践中去解释和发挥，而这个责任就落在我们的肩上。我们必须坚持马克思主义的基本原理，不断地去认识新问题，概括新经验，形成新观点，做出新结论，才能有新的方法去处理新问题、解决新矛盾，才能真正做到科学世界观和科学方法论的统一。

二、毛泽东同志关于领导方法、工作方法的理论

毛泽东同志依据世界观和方法论一致性的原理，不仅制定了一整套的领导方法、工作方法，而且提出了一个关于马克思主义科学领导方法、工作方法的理论，透彻地论述了马克思主义世界观怎样转化为领导方法、工作方法，把世界观和方法论一致性原理具体化了，从而更深入、具体地论证了世界观和方法论的一致性。毛泽东同志关于世界观和方法论一致性的理论，是他的领导方法、工作方法理论的基础，而他关于领导方法、工作方法的理论则是他的世界观和方法论一致性理论的继续和深入发展。所以毛泽东同志关于领导方法、工作方法的理论是从更宽广、更深刻的方面进一步论证了世界观和方法论的一致性。

毛泽东同志关于领导方法、工作方法的理论经历了一个发生、形成、发展和完善化的过程，这一过程与他领导的中国革命发展的过程密不可分，与他的哲学思想的形成、发展是完全一致的。

《反对本本主义》《关心群众生活、注意工作方法》等这一时期的著作，初步总结和阐述了实事求是，调查研究，自力更生等问题，提出了群众路线方法的雏形，强调了工作方法的重要性，要求任务和方法要同时解决，表明了这个理论的产生。20 世纪 30 年代中期发表的《实践论》《矛盾论》阐述了辩证法与认识论，辩证法与方法论的一致。而《辩证法唯物论提纲》则明确地论述了世界观与方法论的一致性，探讨了马克思主义哲学方法的一系列的问题。延安整风的三个报告，详尽地阐述了马克思主义理论要联系实际，世界观必须转化为方法论的原则。《关于领导方法的若干问题》一文的发表，是这个理论形成的最明显的标志，它研究了领导方法、工作方法之间的辩证关系，揭示了领导方法、工作方法的结构层次，全面地、系统地论述了群众路线方法，并指出了在反对官僚主义方法的斗争中发展马克思主义领导方法、工作方法的方

向。随着中国革命进程的深入，毛泽东同志关于领导方法、工作方法的理论也得到了进一步的丰富和发展，《党委会的工作方法》等著作是光辉的例证。在这个过程中，毛泽东同志把马列主义哲学原理更加广泛、普遍地转化为方法，探讨了工作方法与路线、方针、政策的关系，把方法与策略、手段等等灵巧地配合起来使用，更注意了方法的民族化、科学化和大众化。新中国成立后，毛泽东同志大力提倡哲学的解放，他的《关于正确处理人民内部矛盾的问题》《论十大关系》和《工作方法六十条》把关于领导方法、工作方法的理论进一步完善化了。首先，把上面提出的领导方法、工作方法理论作了总结、概括和系统的阐述。其次，把以前提出的领导方法、工作方法进一步深刻化、具体化，集领导方法、工作方法之大成，提出了很多进行社会主义建设、发展工农业生产的新方法，内容之丰富、涉及面之宽广、表达之具体生动，是前所未有的。再之，他指出要把研究方法论的问题提到我们党的工作议事日程上来。最后，他把领导方法、工作方法理论当作他的哲学的一个重要部分提出来，提醒人们注意它、研究它，为人们研究科学方法论辟开了一个新方向。

毛泽东同志关于领导方法、工作方法的理论贯穿于他的全部革命实践过程中，渗透于他的每篇科学著作里，是十分丰富的。现初步概括其要点如下：

（一）毛泽东同志全面、深刻地论述了领导方法、工作方法的重要性。他指出，马克思主义哲学如果不明确地提出解决方法的问题，那么它认识世界的目的就根本达不到，因为马克思主义的科学的领导方法、工作方法是无产阶级实现自己历史使命的强大武器，是改造旧世界、建设新世界的根本保证。概括起来，毛泽东同志从下面两点强调了领导方法、工作方法在无产阶级革命和建设中的重要性：1. 领导方法、工作方法是无产阶级认识世界、改造世界的强大武器，是决定革命和建设事业成败的关键。他说："在这里，工作方法的问题就严重地摆在我们面前，我们不但要提出任务，而且要解决完成任务的方法问题，……不解决方法问题，任务也只是瞎说一顿。"（同上书第 125 页）干革命，搞建设，在有了正确的路线、方针、政策之后，方法就具有决定的意义了。毛泽东同志把方法比作过河的"船"和"桥"，开门的"钥匙"，洞察事物的显微镜和望远镜，就是强调马克思主义的科学方法在认识世界和改造世界中的巨大作用，就是强调它对革命和建设事业成败的决定作用。有了正确的方法，才能正确认识客观矛盾，妥善处理各种问题，才能避免犯错误，才有可能取得革命和建设的胜利。没有正确的方法，就不能完成革命和建设的任务，就不可能迅速地开展经济战线和各条战线上的运动，就不可能将革命推向胜利。2. 领导方法、工作方法关系到党的团结，国家政治的安定。他说，以前左倾教条主义者用“残酷斗争，无情打击”的错误方法对待党内犯错误的同志，结果是既伤害了同志，又损害了党的团结。延安整风采用“团结——批评——团结”这个正确的方法解决党内矛盾，取得了巨大的成功。在七大时达到了党内的团结。取得了人民革命的伟大胜利。新中国成立后，他针对有些地方少数人闹事指出，有些地方并不是政策不对头，而是方法不对头，引起了不满，妨碍了安定团结。因此，他总是谆谆教导我们在为实现共产主义的斗争中，必须时时刻刻注意科学的领导方法和工作方法。

（二）概括毛泽东同志关于领导方法、工作方法的论述，可以看出他揭示了世界观转化为领导方法、工作方法的途径。这个途径是一个前提，两条原则，三个哲学方法论这样一个把世界观转化为具体方法的完整过程。

一个前提。理论联系实际是马克思主义的最根本的原则，也是马克思主义世界观转化为领导方法、工作方法的根本前提。正是在这种意义上，毛泽东同志总是讲，理论联系实际就是要从马恩列斯的著作中去找立场、观点和方法，去研究他们是怎样把基本原理变成观察问题、分析问题和解决问题的方法的。也就是说，只有理论联系实际的原则才决定了马克思主义世界观要转化为领导方法和工作方法。同样，也只有理论联系实际的原则才使马克思主义世界观转化来的领导方法、工作方法具有现实性。唯心主义者可以在他们的头脑中幻想出进入天国乐园的种种荒诞离奇的方法，教条主义者可以在他们的心灵中虚构出各种美妙的方法，但这些方法都不具有现实可能性。可是马克思主义理论联系实际的原则却规定了马克思主义理论的对象是客观存在的实际事物，客观外界是按照辩证的规律发展变化的，我们认识世界、改造世界的方法也必须和客观外界固有的规律一样实实在在，决不能是头脑中的臆造和虚构。所以，理论联系实际的原则不仅决定了马克思主义世界观要转变为领导方法、工作方法，而且规定了转变来的方法会具有现实性，这就从根本上打开了马克思主义世界观转变为领导方法、工作方法的大门。因此，毛泽东同志把理论联系实际的原则当作世界观转化为领导方法、工作方法的根本前提。

两条原则。第一条，坚持运用辩证唯物主义、历史唯物主义的立场、观点和方法分析客观形势，并根据对客观形势的分析提出任务，规定完成这一任务的具体方法，使任务和方法同时解决。毛泽东同志在《关心群众生活，注意工作方法》中赞扬兴国的同志们的工作特点就是“把革命的工作方法问题，和革命的工作任务问题同时解决了”。（同上书第 135 页）后来，在《关于领导方法的若干问题》中，他更明确地论述了这一原则，并且指出掌握这一原则，是一种领导艺术。在《工作方法六十条》的“前言”中，毛泽东同志更详细地论述了这一原则。他指出，在党的领导下，正确处理人民内部矛盾，调动一切积极因素，进行伟大的经济建设，一个新的生产高潮正在形成，为了适应这种新情况，中央和地方党委的工作方法，有作某些改变的需要。接着他又说，我们现在的主要目的，是想在工作方法方面求得一个进步，以适应已经改变了的政治情况的需要，根据马列主义立场、观点分析社会主义革命和建设中改变了的形势，并根据这种分析提出任务，使任务和方法同时解决。这就是一条把世界观转变为领导方法、工作方法的基本原则。

第二条，坚持运用辩证唯物主义、历史唯物主义的立场、观点和方法总结实践经验，从总结经验中寻求工作方法。毛泽东同志在《反对本本主义》中说：“共产党的正确而不动摇的斗争策略，决不是少数人坐在房子里能够产生的，它是要在群众的斗争过程中才能产生的，这就是说，要在实际经验中才能产生。”（《毛泽东著作选读乙种本》第 18 页）《实践论》指出，方法离不开经验，离开直接的实践经验，任何真知和方法都是不可能的。在《工作方法六十条》的“前言”中，毛泽东同志写道，这里所说的几十条……是中央和地方同志先后在杭州会议和南宁会议上共同商量的结果，又说这些方法是记录了同志们的意见，是总结了群众的经验。在这里，毛泽东同志明确地提出了要用马克思列宁主义的原理去总结群众经验，从总结经验中寻求领导方法、工作方法。这又是一条把马克思主义世界观转化为领导方法、工作方法的基本原则。

这两条原则的实质都是要把马克思主义哲学的基本原理去与客观实际相结合，是在理论联系实际的前提下产生的，是理论联系实际的深入发展和具体化，也是世界观转化为领导方法、工作方法过程中的第二个环节。

三个方法。毛泽东同志提出了马克思主义哲学方法论的三个方法，它们是：1. 实事求是，一切从实际出发；2. 矛盾分析法；3. 从个别到一般，又从一般到个别，从群众中来，又到群众中去。这三个哲学方法论方法是把上面讲的那两条原则与具体工作方法联系起来的桥梁。上面讲的世界观转化为领导方法、工作方法的两条基本原则，告诉了我们怎样把哲学基本原理去与客观事物相结合。但是客观事物是多样的，所以具体的方法也是多样的。而毛泽东同志提出的三个哲学方法论方法却起到了把那两条转化原则与多样的具体方法联系起来的桥梁作用。毛泽东同志曾说，解决问题的各种具体方法都是从实事求是方法发展而来的，这三个哲学方法论方法是一切领导方法、工作方法的基础、核心和内容，一切具体的方法都是由它派生、扩充、发展而来的。如“二分法”“比较法”“弹钢琴”“两条腿走路”“学先进促后进”等等方法，都是从“矛盾分析法”这个哲学方法论方法扩充发展而来的。毛泽东同志通过这三个哲学方法论方法成功地实现了把马克思主义世界观转化为丰富多彩的具体方法。

十分清楚，一个前提，两条原则，三个方法的理论是把世界观转化为领导方法、工作方法的一个完整的过程。通过这一过程，科学抽象的马克思主义哲学原理就转化为生动、具体的工作方法。

（三）毛泽东同志研究了领导方法、工作方法之间的相互关系，指出它们有结构层次，是互相联系的，不断发展变化的。

领导方法、工作方法的结构层次可分四种：基本的，主要的，一般的和派生的。基本的领导方法、工作方法也就是最根本的最普遍的方法，其他的各种方法都是建立在它的基础之上的，毛泽东同志把“一切从实际出发”叫作基本的工作方法，把群众路线叫作基本的领导方法。他说：“从群众中集中起来，又到群众中坚持下去……这是基本的领导方法。”（同上书第 902 页）主要的领导方法、工作方法是针对完成某一任务存在很多方法，而它又起主要作用而言，它不是基本的、唯一的，然而它又是重要的、带有关键性的。毛泽东同志把集中优势兵力、各个歼灭敌人的方法，看作是战胜蒋介石的主要方法。在论及文艺界的斗争方法时，他说：“文艺界的主要斗争方法之一，是文艺批评。”（同上书第 869 页）所谓一般方法，是指对于较多范围都能适应、比较通常采用的。从毛泽东同志关于派生方法的论述中（《毛泽东选集》第五卷第 457 页）可以看出，它是指围绕某一方法而产生出来的一种辅导性的方法。它的作用是协助原来的方法完成任务。这四种方法，除派生方法外，其余三种在先后、作用范围大小等方面都表现出一定的层次关系，现举一例，如：一切从实际出发——调查研究——“蹲点”。一切从实际出发是哲学方法论的概括性的指导原则，是基本的方法之一，调查研究是实现一切从实际出发的主要方法之一，而“蹲点”则是调查研究的一般常用的方法。当然，领导方法、工作方法的结构层次是复杂的，研究这个层次关系对实现四化有巨大的现实意义。四化建设是一个崭新的事业，它要求按照严格的现代科学方法办事，哪件事该先办，哪件应后办，先用什么方法，后用什么方法，最后再用什么方法，都必须按照事物内部发展的规律和秩序去办。如果我们不研究领导方法、工作方法的结构层次，而是盲目乱干，颠三倒四，眉毛胡子一把抓，就一定会造成混乱，一定会阻碍我们的事业顺利向前发展。

领导方法、工作方法存在多种的联系，主要有三种：1. 一种方法包含着另一种方法。毛泽东同志说：“在集中和坚持过程中，必须采取一般号召和个别辅导相结合的方法，这是前一个方法的组成部分。”（同上书第 902 页）他在这里指出，群众路线方法包含了一般和个别相结合这一方法。2. 一种方法体现另一种或多种方法，如在一般和个别相结合这一方法中就体现了“蹲点”“点面结合”“解剖麻雀”等方法。3. 使用一种方法必须与一种或多种方法相配合。如使用“抓两头带中间”这一方法时，就必须伴随地使用“比较法”“学先进，促后进”“开展批评和自我批评”“团结意见不同的同志一道工作”等方法，只有这样联系配合，才能使这一方法见效，才能做好工作。不懂得方法之间的联系和配合，因而在方法上没有灵活性，出现死板、呆笨，往往单打一，给革命事业带来的危害是常见的。

领导方法、工作方法是不断发展的，可从两方面理解方法的发展。1. 方法本身不断完善的过程；2. 这一方法在内容层次上的深入和丰富。以群众路线方法作例，早在青少年时代，毛泽东同志在《民众的联合》一文中，就论述了民众大联合的力量是最伟大的力量，只有民众联合起来才能推垮旧世界，创立新世界，表明毛泽东同志关于群众路线方法的萌芽。在第一次国内革命战争时期，在《反对本本主义》《我们的经济政策》等文中，他就提出了群众路线的雏形，“依靠群众力量来解决建设的资金问题，乃是目前的唯一的和可能的方法”。（同上书第 129 页）《中国革命战争的战略》《论持久战》等著作，提出了广泛发动群众，坚持依靠群众，层层组织群众，不断总结群众经验的方法，以进行伟大艰苦的革命战争，把群众路线方法进一步发挥、丰富。直到

《关于领导方法的若干问题》发表，才用“从群众中来，到群众中去，集中起来，坚持下去”这样明确完整的形式表达出来，群众路线这一方法才算完整地提出来。群众路线方法提出后，它在内容和层次上又进一步发展得更深入、更丰富。《党委会的工作方法》《关于正确处理人民内部矛盾的问题》《工作方法六十条》提出的很多方法，如，“把问题摆到桌面上来”“种试验田”“抓两头带中间”“多谋善断”等等方法，都是它进一步发展丰富的表现。

（四）毛泽东同志论述了领导方法、工作方法与路线、方针、政策的区别、联系和相互转化。

党的路线、方针、政策也是按照马克思主义原理制定的认识世界、改造世界的措施，但它与和实践活动紧密结合在一起的方法又是有区别的，因为路线、方针、政策只是指出总的途径，规定总的方向，确定总的行动准则，因此，毛泽东同志强调要注意它们的区别。他说：“领导工作不仅要决定方针、政策，还要制定正确的工作方法。”“有了正确的方针、政策，如果在工作方法上疏忽了，还是要发生问题。”（同上书第 1441 页）虽然路线、方针、政策与领导方法、工作方法有一定的区别，但它们又是互相联系的。首先，领导方法、工作方法是实现路线、方针、政策的重要保证。反过来，路线、方针、政策又促进领导方法、工作方法的大发展。我们党在革命和建设中制定的一系列正确的方针、政策，特别是党的十一届三中全会以来确立的正确路线、方针和政策就极大地促进了工作方法的变革和发展。其次，领导方法、工作方法与路线、方针、政策在一定条件下可以互相转化，例如：毛泽东同志把一般和个别相结合，领导与群众相结合叫作方法，而在另一条件下又叫作原则、方针；群众路线是方法，但是在一定条件下它又是方针；“力戒骄傲”是一项原则，但毛泽东同志把它看作是工作方法；人们都说百花齐放、百家争鸣是一项方针，可是毛泽东同志把它既看作方针，又看作方法。他说：“百花齐放是一种发展艺术的方法，百家争鸣是一种发展科学的方法。百花齐放、百家争鸣这个方针不但是科学和艺术发展的好方法，而且推而广之，也是我们进行一切工作的好方法。”（《毛泽东选集》第五卷第 415 页）在向四个现代化的宏伟目标进军中，我们应当遵照毛泽东同志关于领导方法、工作方法与路线、方针、政策与新方法的关系，要坚决避免那种把党的路线、方针、政策当作万能方法去代替一切，而不愿意去艰苦探寻新方法的懒汉思想，也要防止那种脱离党的路线、方针、政策而一味盲目地追求新花样、“新方法”的错误倾向。

（五）毛泽东同志在进行马克思主义中国化这一项伟大的工程中要求领导方法、工作方法也要民族化、科学化、大众化。

他说：“中国共产主义者对于马克思主义在中国的应用也是这样，必须将马克思主义的普遍真理和中国革命的具体实践完全恰当地统一起来，就是说和民族的特点相结合，经过一定的民族形式，才有用处，决不能主观公式地应用它。”（同上书第700页）马克思主义哲学就是给无产阶级提供认识世界和改造世界的方法，但是正如毛泽东同志指出的，要使我们的每一种方法让群众懂得，掌握，就必须使方法民族化、科学化、大众化。他提出让哲学从哲学家的课堂上和书本里解放出来，变为群众手里的尖锐武器。也就是为了使马克思主义的科学方法具有中国的特点，便于为中国老百姓所接受。领导方法、工作方法的民族化、科学化、大众化就是要在内容和形式上“彻头彻尾彻里彻外”地具有鲜明、生动、通俗的特点，具有为中国老百姓喜闻乐见的中国作风和中国气派。毛泽东同志提出的一整套的领导方法、工作方法无论在内容和形式上都是民族化、科学化、大众化融为一体的光辉榜样。如他依据唯物辩证法的对立统一规律提出的“一分为二”的方法，就鲜明地体现了民族化、科学化和大众化的统一。在《党委会的工作方法》等著作中，毛泽东同志吸取人民群众中生动的语言和古代语言中有生命力的、广为群众熟悉的成语和典故，赋予它们新的哲学意义，生动准确地表达了科学的领导方法、工作方法。如：“互通情报”“安民告示”“精兵简政”“走马观花”“解剖麻雀”“多谋善断”等等，就十分深刻地体现了领导方法、工作方法的民族化、科学化和大众化。

（六）毛泽东同志论述了马克思主义的科学领导方法、工作方法是在与主观主义、官僚主义的错误方法的斗争中向前发展的。

早在第一次国内革命战争时期，毛泽东同志就指出官僚主义的工作方法不应是革命队伍中的方法。他说：“官僚主义的领导方式，是任何革命工作所不应有的，经济建设工作同样来不得官僚主义。要把官僚主义这个极坏的家伙抛到粪缸里去，因为没有一个同志喜欢它。”（同上书第118页）因此，毛泽东同志号召革命人民要坚决与官僚主义工作方法作斗争，去发展马克思主义的科学领导方法和工作方法。他说：“不反对官僚主义的工作方法而采取耐心说服的工作方法，那么，什么任务也是不能实现的。”（同上书第135页）“我党一切领导同志必须随时拿马克思的科学的领导方法去向主观主义的和官僚主义的领导方法相对立，而以前者去克服后者”，“彻底粉碎主观主义的和官僚主义的领导方法”。（同上书第 904 页）毛泽东同志指出要采取下面三条措施，才能对主观主义、官僚主义方法进行有力的斗争，才能用马克思主义的科学方法去战胜它们。首先，要坚持按照实际情况确定我们的方针，是我们必须牢牢记住的最基本的工作方法；其次，要实行精兵简政，坚决反对机构臃肿，人浮于事，这是从组织上保证与主观主义、官僚主义方法作斗争；再之，要大力把马克思主义的科学方法普及到广大群众中去，提高人民群众对马克思主义的科学方法与主观主义、官僚主义方法的鉴别力，做到时时处处用马克思主义的科学方法去与主观主义、官僚主义的方法作斗争。只有这样，马克思主义的科学方法才能在战胜主观主义、官僚主义的斗争中不断发展。

毛泽东同志关于领导方法、工作方法的理论，把世界观和方法论一致性的原理具体化了。在马列主义的发展史上，从理论上对这一具体化，作深入系统的论述，毛泽东同志是第一个人。关于领导方法、工作方法的理论是毛泽东思想的一个重要内容，是马克思主义科学方法论不可缺少的一个方面，是毛泽东哲学思想独具特色的一个部分。

三、世界观和方法论一致性理论的意义

毛泽东同志关于马克思主义哲学是科学世界观和科学方法论“一致体”的论述，关于领导方法、工作方法的理论，是完全符合马列主义经典作家的观点的，并且发展了他们的观点。马克思、恩格斯、列宁、斯大林原则上提出了世界观和方法论一致性的原理，要求把世界观转化为方法论。马克思在《资本论》中的叙述就是世界观和方法论一致性的光辉示范；恩格斯论述了唯物辩证法是马克思主义的科学方法论，又指出了它包含着新的更广大的世界观的萌芽；列宁和斯大林继承马克思的观点，阐述了逻辑、辩证法和认识论的一致性，提出了无产阶级进行解放斗争的一系列策略原则，强调了对工作方法的研究等等。但是，总的讲，他们都来不及对世界观和方法论一致性原理作系统的论述、深入的发挥。毛泽东同志继承了经典作家的这一基本原理，并且在新的历史条件下大大地发展了、丰富了这一理论，毛泽东同志的发展表现在：

1. 明确地提出了马克思主义哲学是世界观和方法论的“一致体”，比较系统地论证了马克思主义科学世界观和科学方法论的一致性；2. 深刻地研究了唯物辩证法的核心——对立统一规律，指出它既是马克思主义的世界观，又是科学方法论，加深了对辩证法作为世界观和方法论的“一致体”的深刻性和广泛性的认识；3. 从马克思主义认识论的原理提出世界观和方法论的一致性的实质，就是“主观和客观，理论和实践，知和行的具体的历史的统一”，为人们在实践中做到世界观和方法论的一致指出了明确的方向，定出了明确的标准；4. 提出了一个关于领导方法、工作方法的理论，把世界观和方法论一致性的原理具体化，制定了一整套的领导方法、工作方法。毛泽东同志在世界观和方法论一致性原理上对马列主义哲学作出的这些发展，使毛泽东同志哲学思想具有独创性的特色，在中国的革命和建设中发挥了巨大的作用，产生了深刻的影响。

毛泽东同志所处的时代和面临的任务，就是要把马列主义的普遍真理同中国革命的具体实践相结合。正是在如何解决这个结合的问题上，他发展和丰富了马克思主义。而他关于世界观和方法论的一致性的理论，正是解决如何实现这个结合的理论之一，依据之一。依据这一理论制定的一整套的科学的领导方法、工作方法，就实现了马克思主义世界观从理论形态向实践形态的转化。中国人民对毛泽东同志提出的一整套的科学方法是十分熟悉、万分珍惜的。我们党在 20 世纪 50 年代和 60 年代初，曾多次大规模地讨论了毛泽东同志的一系列科学方法，学习了《实践论》《矛盾论》等文中提出的方法的深刻意义和相互关系，对毛泽东同志提出的一些基本方法尤为重视，进行了更深入地阐述和研究。

近年来，也有同志在新的水平上论述了毛泽东同志一整套的方法。因此，本文对毛泽东同志一整套的唯物辩证的科学方法就不再作详尽的论述了。但对这一整套的方法和关于世界观和方法论的一致性的理论的重大意义，则有详细指出的必要。

毛泽东同志关于世界观和方法论一致性的理论，提出的一整套科学方法，无论在革命战争年代，还是社会主义建设时期，无论是对于政治经济军事，还是指导科学研究都起过巨大的作用，放射出灿烂的光辉。

（一）在革命战争年代，毛泽东同志关于世界观和方法论一致性的理论和提出的一整套灵活机动、巧妙高超的方法，是克敌制胜的有力武器。他提出的关于反对日本侵略者的策略和方法，最终战胜了日本帝国主义；关于抗日民族统一战线“有理、有利、有节”的策略，打退了蒋介石的反共高潮，团结了全国的抗日力量，为抗战胜利奠定了基础；关于延安整风的理论联系实际，团结——批评——团结，治病救人的原则和方法，极大地提高了我们党的理论水平，加强了党的团结，保证了党的七大胜利召开；关于解放战争时期各次大战役的战略、策略和方法，关于土改中的策略和方法，关于对待社会各阶层、各党派的策略和方法，保证了我们打倒蒋家王朝，夺取了民主革命的最后胜利，建立了新中国。

（二）在社会主义革命和建设时期，毛泽东同志关于世界观和方法论一致性的理论和提出的一整套科学方法，是贯彻执行党的方针、政策，调动一切积极因素进行伟大的社会主义建设的根本保证。新中国成立后，面临着经济恢复和社会改革的繁重任务，毛泽东同志根据马克思主义原理，清醒地分析了国内外形势，制定了一系列科学方法，如：正确处理人民内部矛盾，全国一盘棋，实行一系列并举，留有余地，普遍推广试验田，两参一改三结合等等，使我们战胜了敌人的破坏，克服了重重困难，进行了改天换地的伟大斗争，在工业、农业和各条战线上都取得了光辉的成就，国民经济得到恢复，社会民主改革、农业合作化和资本主义工商业社会主义改造得到伟大胜利，使我们伟大的祖国开始了社会主义经济建设的新航程。

（三）毛泽东同志关于世界观和方法论一致性的理论为科学研究指明了正确的理论思维方向。我国的科学工作者应用毛泽东同志这一理论，自觉地把马克思主义唯物辩证的方法论运用于科学研究中，取得了辉煌成果。当代自然科学获得了飞速发展，科学方法论成为科学研究中亟待解决的问题。但是目前世界范围内在方法论领域中，无产阶级与资产阶级世界观的斗争是十分激烈的。许多时髦的哲学流派利用自然科学的最新成就和革命变革，进行名目繁多的说教。他们有的主张方法论就是一切，根本无所谓世界观；有的则主张世界观和方法论各自独立，互不相干；有的甚至还打着研究方法论的旗号，攻击马克思主义哲学，歪曲马克思主义关于世界观和方法论一致性的原理。这些资产阶级的反动理论正在严重地危害着科学研究的发展。毛泽东同志在这种新历史条件下，坚持马列主义的基本原理，科学地论证了世界观和方法论的一致性，强调了方法论不能脱离世界观，方法论就是世界观的运用，指出了如何将马克思主义世界观转变为方法论，这就像一盏明灯，照亮了科学研究前进的方向。

（四）毛泽东同志关于世界观和方法论一致性的理论和提出的整套科学方法，是实现四个现代化的根本原则和根本方法。党的十一届三中全会以来，总结正反两面的经验教训，使我们清楚地看到：按照毛泽东同志关于世界观和方法论一致性的原理办事，我们的事业就蓬勃发展，取得丰硕的成果；反之，就一定出现失误，遭受挫折。也使我们认识到，在什么样的情况下马克思主义世界观和方法论就会分裂，分裂的形式和表现是什么；在什么样的情况下能保持一致，为做到保持一致，应朝哪个目标努力，我们应当做些什么。正是深刻地吸取了历史的经验教训，我们党中央又大力倡导恢复毛泽东思想的本来面目，重申实事求是是毛泽东思想的根本之点，健全和发扬了社会主义民主，重新强调了党的群众路线和恢复党的优良传统作风。这样就为实现四个现代化奠下了牢固的基础。在毛泽东同志关于世界观和方法论一致性的原理指导下，我们将更清醒地认识四化建设中的新情况，发现新问题，将更深刻地理解四化发展的规律，阐述新观点，提出新理论，供给党据以制订正确的方针、政策。毛泽东同志提出的基本方法具有普遍意义，在四化建设中仍然是我们锐利的武器。他关于领导方法、工作方法的理论将指导我们在四化建设中不断地寻求新方法。现在，广大群众在四化建设的实践中提出了不少适应新时期的领导方法、工作方法，推动了四化迅速向前发展。伟大的中国人民一定能像过去那样，更好地掌握毛泽东同志关于世界观和方法论一致性的理论，在四化建设的新长征中创造出惊人的奇迹，一定能在四化建设的伟大实践中丰富、发展这一理论，使它永放光芒。

（1981 年）

论社会主义社会的政治体制改革是一项战略工程

社会是一个复杂的大系统，它的任何一个领域、部门和方面的研究、设计、管理，都可看作是一项工程的实施过程。各项工程又不是孤立的，而是互相联系、制约、影响、推动和促进的，因而某些大的方面的多项工程就形成为一个庞大的、复杂的、多层次的系统工程。为了区别于一般的工程，我们常将那些具有全局性的、前瞻性的、举足轻重的巨型系统工程称为战略工程。战略工程自古就有之，而且是多方面的。如中国古代秦始皇修建万里长城，李冰父子修筑都江堰，诸葛亮谋划三国鼎立等皆是。战略工程往往出现在政治经济大变革的时代，并对社会的发展进步起巨大的推动作用。那么，战略工程有什么特点？简言之，即庞大性、复杂性、多层次性和系统性。

我国的社会主义社会政治体制改革是一项庞大、复杂、多层面的系统工程。它涉及的人和事很多、很广、很深，并直接触及每个人的切身利益，因此，集历史之经验和现实的教训，把它视为一项战略工程，并以此为出发点来推进这项工作，是关系社会主义前途和命运的头等大事，也是各种改革取得最终成功的关键所在。因此，本文拟提出一些不成熟的看法，以求教于同仁。

一

社会主义社会的政治体制改革之所以是一项战略工程，其一是因为它是庞大的工作。它的任务之众多，涉及面之宽广是前所未有的。

首先，提高人民对社会主义社会政治体制改革的认识水平，就是一项宽广、巨大的任务。要使人民群众对改革的性质及其历史必然性有一个正确的理解，让大家认识到，改革并不是要否定现存政治体系中的一切，而是社会主义社会的自我完善，而是要分清：哪是好的，哪是弊端，好的要进一步发扬，弊端要克服改掉。评价的标准不能是西方资本主义的那一套政治方案，只能是马克思主义关于科学社会主义的理论。要使群众对改革的内容和目标有一个较清楚的认识，对它的每一项工作有一种参加的饱满热情，对可能出现的问题有一个较充分的思想准备，对可能遭受的挫折有较强的心理承受力。所有这些，都要开展多方面、广泛的、巨大的宣传教育工作。

其次，改革的内容是丰富、宽广、巨大的。实行党政分开，解决以党代政的问题；如何加强党的领导和善于领导的问题；如何实行权力下放，解决好中央和地方的关系，调动地方积极性的问题；如何实行精简机构，解决机构设置重叠、臃肿，人浮于事，办事拖拉、推诿、不讲效率的问题等等。这些都是十分巨大、繁重、艰难的工作。就拿解决党政分开这一问题，其中又有更细一层的具体工作要做：①要求人们树立党是领导一切的新观念；②要具体研究、探讨工厂、矿山、企业、乡镇这些基层单位怎样分开；③要研究、探讨在党委不具有指挥实际生产过程的权力后，怎样实现党的领导；④怎样防范摆脱党的领导的错误倾向等等。

第三，克服和消除党和国家领导制度上的各种严重弊端也是一项巨大的工作。邓小平同志指出：“从党和国家的领导制度、干部制度方面来说，主要的弊端就是官僚主义现象，权力过分集中的现象，家长制现象，干部领导职务终身制现象和形形色色的特权现象。”长期以来，这些弊端造成个人专断，严重妨碍了社会主义民主制度和党内民主集中制的实行，妨碍和限制了广大群众集体智慧的发挥，阻碍了社会主义优越性的发挥。如不认真根除这些弊端，就会严重脱离群众，削弱党的战斗力，实现国家四个现代化就可能落空。过去，针对这些弊端，我们也曾头痛医头脚痛医脚地、小敲小打地做过一些工作，但收效却是甚微。

第四，要去掉民族心理上的弱点，克服强大的旧的习惯势力，也是一项十分巨大的工作。中国是一个经历了几千年的小生产的国家，在这样的生产状态下形成的一些心理和习惯，是根深蒂固的。易于满足，安于现状，不求上进，怕担风险，喜旧保守，乐于乞求等等，这些落后的心理习性是阻碍政治体制改革的无形的力量。列宁说，要战胜千百万小生产者的落后心理习惯，是十分艰难巨大的工作，而如果我们办不到这点，社会主义新制度的建立就会是一句空话。

其二是政治体制改革是一项复杂的工程。对它产生影响的因素之多，与其他各个领域联系之广，涉及人们切身利益之严峻，都是其他各种改革不能相比的。

首先，有极其复杂的因素影响我国的政治体制改革。一是封建主义的残余如权势主义、专制思想、崇拜官场等还相当普遍。“万般皆下品，唯有读书高”的仕途升官思想深入人心。做官不仅是权势的象征，荣耀的象征，甚至还是才华的象征。既然如此，不少人们一心向往的就是不惜一切求得一官半职。在这种社会观念的影响下，要破除家长制，消除特权思想，做到干部任职能上能下，就会遇到相当大的阻力。二是西方资本主义社会的政治观念的影响。资产阶级社会的民主和自由，国家政治生活中的多党竞争制、两院制和三权分立的政体机构也很能迷惑一些人，特别是那些对于社会历史没有深刻了解的人们。他们好走极端，会主张我们的政治体制改革要全盘西化，而不能理解我们的改革是旨在自我完善，目的是为了改善和加强党的指导，是为了巩固我们的人民民主专政，而不是相反。三是广大干部中存在的对改革抱消极、不信任的情绪的严重影响。如前所述，我们曾对政治体制中的一些不良方面进行过一些改革，但由于各种原因，结果却是上下对应的老模式改革；缩而不减，拼而不合的虚改革；成立行政公司的改头换面的假改革；装饰门面、蒙骗上级的骗人改革。诸如此类的结果，严重地败坏了一些干部的心理，因而认为国家政治制度中存在的弊端是积重难返，改来改去，只能是换汤不换药，从而对改革抱消极态度，没有信心，没有热情，冷眼旁观。

其次，政治体制改革与社会生活各个方面有复杂的千丝万缕的联系。它与经济制度、文化制度、教育制度、法律制度、科技制度等等有着敏感的密切的联系；与社会生活的一切领域、行业、部门息息相关，真可谓是牵一发而动全身。因而在对政治体制中的任何一项制度进行改革之前，必须做调查、考证、研究、分析、比较等复杂细致的工作。

第三，政治体制的改革直接涉及到广大干部的切身利益。当然，政治体制改革关系到全体人民群众的福祉，但直接现实的却是干部本身的利害关系。它意味着机构的变更、编制的增减、职位的升降、权势的大小等变化。如有的机构撤并了，多余的官吏往哪儿安排？编制压缩了，富余的职工往哪儿流？处级变科级脸面，往哪儿摆？听发号施令的人少了，心境是否还有那么高兴？与此紧密相联的是票子、车子、房子少了，没了，小了，怎么办？或者是多了，有了，大了，又怎么办？

其三是政治体制改革还是一个多层面的系统工程，它涉及社会生活面的层次的深广，改革的各项方针、政策、措施之间的纵横交错的复杂联系，都是其他领域改革不能匹配的。

首先从改革的总体看，它涉及内与外、上与下、简单与复杂、直接与间接、局部与整体、现实与未来等各种不同的方面、不同的层面的问题。比如，从改革的任务和目标看，有的直接些、现实些、近一些、浅一些，因而要先走一步，有可能早一些实现和完成；有的可能刚好相反，则必须缓一步、慢一些实现完成。有的现在条件具备，就可马上进行；有的则要创造条件后才能进行。有的只要整体一改则能带动全盘；有的则要从多部门、多方面改起，才能完成整体的改。一个旧的制度不可能一下子就全部破除；一个新的体制也不可能在一个早上就建立起来，新旧体制的过渡只能采取分步骤、分阶段、分层面来实现。有的已经改了，有的正在改革中，有的则在做改的准备，不能图轻松快当都搞一刀切。有的上层机构变了，下层尚未变；有的上下层都变了，又向着一个新的高度前进。

比如，就拿发扬社会主义民主这一改革内容来讲，它就是一个多层面的系统工程。它涉及人民群众民主意识的提高，国家法律制度的保证，领导干部作风的改变，人民是国家主人翁地位的提高，人民群众的决策、管理和监督权力的扩大，以及与西方社会民主观念划清界限等等。这些不同层次、不同方面的工作，互相联系、互相影响，必须在一个系统内统一安排，协调处埋，照顾到方方面面，才能达到进一步发扬社会主义民主的目的，否则就只能是一句空话。如果不提高全民族的民主意识，群众的头脑中还充满着唯权、唯上，一切以长官的意志为转移的观念，到处盛行一切俯首听命的家长制作风，各地遵循着礼义忠孝，“君要臣死，臣不死不忠”的道德准则。在这样的社会风气下能进一步发扬社会主义民主吗？一些人们还会认为搞民主不安稳，不如有一个顶头上司来管着，驱使自己，还有一个依靠，还放心舒坦些，即使没有皇帝，人们也会推选一个皇帝来统治自己，安心做他的奴仆。同样，在一个金钱决定一切，冷冰冰的利已主义世界中，到处是唯利是图，尔虞我诈，拼死争夺，也不可能进一步发扬社会主义民主，而只能是使不少人处在金钱的奴役之下。

二

历史和现实的事实一再告诉我们，把政治体制改革当作一项战略工程来对待，并以此为准则进行改革，就有可能成功；否则，就可能是，或者达不到所期待的目的，或者遭受挫折、失败。

中国古代的王安石与古希腊的梭伦都是历史上有名的改革家，他们施行的政治体制改革一个失败了，一个成功了，究其原因，当然是多方面的，但从根本讲就在于：后者将改革视作一项战略工程，而前者则没有。

中国北宋时期的著名政治家王安石下决心进行变法，也就是进行社会制度改革。他首先是从社会经济体制入手的。但他很快就发现，不进行政治制度的改革，经济制度的改革难以进行下去。于是他就着手进行政治制度改革。

首先，他提出“变革祖宗之法”。把宋朝各时期制定的法令制度进行筛选，凡他认为有碍推行经济制度改革的政治制度都予以废弃，并提出新的代替。他认为应该“变风俗，立法度，合今人所用”。然后，进行官僚机构改革。把臃肿的、阻碍改革的机构实行撤、并、合，建立新的、精悍的、推行新法的“制置之司各例司”等机构。紧接着他又改革选择官吏的科举制度，指出“贡举法不可不变”，旧的贡举法使士人囿于无补之学，闭门写作与世无用的诗赋，从而败坏了整个社会的人才。他又提出整顿学校，改组太学，甚而对军队也实行“减兵并营”“置将练兵”等改革。不能说其政治改革之规模不宏大，其勇气和决心不坚毅。但是，王安石的政治改革失败了，他的全部变法都成了泡影。不能说这不是一个历史的悲剧。

古希腊雅典城邦的梭伦、克利斯提尼则进行了成功的社会体制改革，特别是进行了成功的政治体制改革，从而把古希腊引向了繁荣昌盛的发展道路。

首先，梭伦把雅典的公民分为四个等级，并确定其在国家中的作用和地位。他担心这样做平民的权力落不到实处，于是，他恢复公民大会，并建立四百人会议，并规定它为公民大会的常设机构和最高的权力机关。为了打破氏族贵族对国家重大权力的垄断，他规定各级公民有权参加国家领导人的选举，有权参加决定战争、媾和等国家重大事件。

其次，为了保证平民在法律上的平等和发挥作用，他设立陪审法庭，凡公民都可被选为陪审员，参加审理案件，都有权可以上诉，让法律的权力也能掌握在平民手中。

第三，为了破除世袭贵族利用自己的经济权力控制各级政府机构，平民则因为无经济实力而无法在机构中履职，他实行平民公民参政津贴，让贫穷的平民有国家的经济资助，而能在政府机构中行使职责。

梭伦的改革取得了初步的成效。但他的继任者克利斯提尼看到：政治体制改革是项复杂的系统工程，看到了改革的庞大性、复杂性和长期性，为了巩固这个改革成果，并取得最终成功，他在不同的层面、领域继续扩大和深化了梭伦开创的改革。

首先，他扩大公民的民主权力，增加平民参政的机会。他改革了雅典城邦的选举制度。原来是以部落进行选举。世袭贵族依靠自己在部落中的传统权势，总是让他们自己当选。他打乱部落，把原来的部落划为一些新的区，所有的公民在新区内选举，这样，就有更多的平民公民凭着自己的才能被选为国家的管理人。

其次，为了进一步限制和缩小贵族的特权，扩大平民在政权中的权力，他把四百人会议扩大为五百人会议，特别扩大平民在权力机构中的比重。他还扩大公民行使权力的范围，使五百人会议除了为公民会议准备议案外，并授权它执行公民会议的决议，因而实际上让它起着雅典政府的作用，进一步削弱了氏族贵族把持的元老院等的权力。

第三，为了防止贵族的不满，利用他们控制的军权作乱，他实行十将军委员会，由各选区各选一人组成，一年一任，轮次统率军队，让平民公民掌握军权，作为政治体制改革的后盾。

第四，为了阻止贵族利用权势和资格胡作非为，破坏和阻挠改革，他在取得广大公民支持的基础上，实行“贝壳放逐法”，由广大公民参加投票，在贝壳上写上政绩恶劣、阻挠破坏改革的官吏的名字，投票决定将其放逐，赶出雅典，这就是将官吏的升迁命运权真正交在人民手中。

克利斯提尼还实行了其他一系列改革措施，正是由于他和梭伦把政治体制改革视为一项战略工程，前后相继有计划、有步骤、多方面地进行了一系列工作，取得了改革的成功，把古希腊从氏族贵族的专政政体引向了奴隶主民主政体。

当前，苏联和东欧的一些社会主义国家也在试行政治体制改革。如最近在苏联戈尔巴乔夫的报告中就肯定了要进行政治体制改革，并指出这种改革是极其复杂的，是巨大的综合性社会工程，对其进程中的艰巨性、复杂性决不能低估。又如南斯拉夫在20世纪50年代就提出了走自己的政治道路的口号，冲破了传统的社会主义政体模式，使自己国家在经济各方面都获得了较大的发展。当然还有一些国家和政党先后提出了各种改革口号。有的提出建立全民国家、全民党；有的提出建立完全民主自由的社会主义政体；有的提出按西方马克思主义的理论修改社会主义社会的政治结构；有的甚至完全赞同马尔库塞的社会改革方案；还有的提出按资本主义社会的三权分立，重构社会主义社会的政权体制等等。所有这些，我们认为可能都还未把政治体制改革视为一项战略工程。它们的利弊得失，一些专家学者已有诸多评议，本文在此不再赘述。何况，他们进行的改革成效如何，还要让实践和历史来作结论呢。

我们的社会主义社会建立三十多年来，党和政府是重视政治体制改革的，一直把改善领导体制、干部制度、管理机构当作一项大事来抓。毛泽东同志在世时，他曾多次倡导精兵简政、精简机构、下放干部、简政放权，以期达到改善党和国家领导体制的目的。但结果并不如愿。国家机关和权力，多次上上下下，收收放放，分分合合，结果是终究逃脱不了陈旧的模式和僵化的管理体制，常常是精简一次又膨胀一次，放权一次又大集权一次，砍掉一些部、办、室，又兴起一大批工作组，领导小组，办事处等，始终处在一种“扩大——精简——扩大”，“集权——分权——集权”的恶性循环之中。究其原因，人们可列出很多，但我们认为最根本的原因是没有将其视为一项战略工程来进行，没有充分认识到在改革上层建筑这个核心部门时是多么的艰难，因而没有多方面地、多层面地、系统地、互相配套地来进行，才落入“机构愈改愈大，人员愈改愈多，工作愈改愈繁，权力愈改愈集中”的覆辙之中。

党的十一届三中全会以来，政治体制改革又迈入了一个新的阶段。在党的十三大政治报告中就明确提出了继续改革和完善国家的政治体制和领导体制的任务。在这八年多的时间里，我们党在逐步实行废除干部领导职务终身制，建立干部任期制和退休制，健全党和国家的监督和检查机构，实行厂长负责制，试行基层的直接选举，贯彻选择干部的四化方针，制订一大批新的法规和制度等等，都是在朝政治体制改革这个目标前进，而且取得了相当可喜的成绩。但是，就总体讲，这些改革在很多方面还不能适应整个社会主义现代化建设的需要。我们可以预言：随着经济体制改革一步步深入，随着四化建设更宽广地展开，必将对政治体制改革提出更迫切、更全面、更深入的要求。这是历史的必然，也是社会主义自身发展的必然要求。另外，还必须清醒地看到，在由旧体制向新体制的过渡中，矛盾、斗争、冲突是不可避免的。那么，出路在哪里？唯一的办法是：将政治体制改革当作一项战略工作，开展巨大、复杂、多方面、多层次的系统改革，只有这样，我国的社会主义政治体制改革才能适应经济体制改革和其他的改革的需要，我们社会主义四化建设的巨轮才能顺利地驶向胜利的港湾。

三

怎样实行政治体制改革这项战略工程？我们党总结了历史上、国际上和我国进行改革的经验教训，正在积极计划、安排，并且已制订了一系列新的规章、制度，提出了不少新的举措。不少专家学者也发表了很多的意见和建议。我们在此也提出自己的几点看法，向同仁请教、商讨。

首先，应在党的领导下，从我国的国情和当前世界的形势出发，制订一个我国社会主义社会政治体制改革的蓝图。政治体制改革未来发展的形势可能十分复杂，进程也可能非常艰难，但也必须制订一个尽可能全面的、多层次的、系统的战略蓝图。有这个蓝图，就给全国人民指出了方向，树立了目标，大家就可以朝这个目标去努力。当然，这个蓝图应是分步骤、分阶段的，应是动态的、留有伸缩空间的，以适应新的变化形势，而能不断修正添加，使其逐步趋向完善。我们是期求一个和平的环境来进行改革和建设，但国际风云变幻是很难预料的。20 世纪 40 年代，苏联人民正在集中精力进行社会主义建设，但希特勒法西斯却发动了大规模的入侵，就迫使苏联人民不得不中断建设，全力投入保卫祖国的反法西斯战争。我们看到，我们党集全党、全国人民的智慧，在党的十三大报告中，就已绘出了这幅美丽的蓝图。

其次，要先进行试点，然后再全面推广。改革的每一项措施，每一个方面的制度，每一个公众性的原则，都可先在不同的地区、部门、行业进行试点，取得经验教训，进行修正后，认为它已具备较大的普遍性，能适应各种复杂的状况，能避免在众多的联系中可能出现的片面性和问题，再在一个较大的范围进行推广，然后，再进行总结、修正。这样做，损失会减到最小，负作用降到最低，挽回的余地也较大。

第三，一定要走群众路线，要动员广大人民群众热情地投入到这项改革中来。群众路线是我们党的基本路线。中国已往革命和建设的成就都是靠党的群众路线取得的。说实在的，群众对改革政治体制是十分关注的，问题在我们的干部如何对待。如果不动员广大群众积极参与，如果不把国家官吏的选举、举荐、罢免、提拔的权力真正交到人民群众手中，而是像以前一样害怕群众在改革中提出尖锐的批评和意见，甚至压制群众的意见；还是像以前一样在干部内部修修补补，在机构设置上改头换面，如果仍是这样的做法，就很难调动人民参与的积极性。这就不是将政治体制改革当作一项战略工程来做，改革是很难有成效的。所以，我们可以直言不讳地说：是否真正地相信群众，真正动员群众投身到改革中来，是决定实行这项战略工程是否成败的关键所在。

第四，要在马克思主义理论指导下进行，要在实施过程中加强党的领导。只有这样做才能保证政治体制改革的正确方向，才可能战胜改革中出现的困难和可能出现的破坏。我们的改革是社会主义制度的自我完善，是使社会主义社会变得更加美好，绝对不是回头倒向资本主义，绝对不是抹黑和毁谤社会主义。马克思主义从来就认为，社会主义社会是一个历史的发展过程，虽然从它诞生的第一天起，就从本质上优越于资本主义，但并不是从它建立那天起就已十全十美，而是要在不断改革中发展自己，使自己逐步完美。资本主义社会不也是不断改变发展了几百年才达到了今天这样的地步？另外，国际资本主义时刻都未放弃对社会主义实行和平演变。我们国内也有一些人们期望改革就改成资本主义的模样，而且在一些理论上和现象中已显露出这种苗头。因此，在政治体制改革中必须加强党的领导，必须由我们共产党来牢牢掌握改革的航向，并团结全国广大人民群众与这些错误思潮进行坚决的斗争。只有这样，才能保证我国社会主义社会的政治体制改革作为一项战略工程顺利实行，并取得最终的胜利。

（1986 年）

毛泽东工作方法、领导方法层次结构初探

善于把马克思主义理论转化为科学的工作方法和领导方法，是毛泽东对马克思主义理论宝库的伟大贡献之一。他在中国革命和建设的实践中，灵活机动地使用这些方法，对中国革命胜利的取得，起了巨大的作用。毛泽东之所以能科学地使用这些方法，原因当然是多方面的。但是，其中有一点特别明显，就是他是按照这些方法的层次结构来运用它们的。那么，毛泽东工作方法、领导方法的层次结构是怎样的？如何使用它？联系我们今天建设四个现代化的伟大任务，探讨这一问题就显得十分必要和迫切了。

根据毛泽东在《关于领导方法的若干问题》《党委会的工作方法》《工作方法六十条》《论十大关系》等一系列著作中阐述的工作方法、领导方法及其理论，我们可从以下三个方面来探讨它们的层次结构。

第一，递进型结构。毛泽东认为，工作方法、领导方法是一层比一层更接近实际、更加具体的。他把工作方法、领导方法分为基本的、主要的和具体的三个不同层次。他说“一切从实际出发”是基本的工作方法，“按照实际情况决定工作方针，这是一切共产党员必须牢牢记住的最基本的工作方法”。[①]“从群众中集中起来，又到群众中坚持下去，……这是基本的领导方法”。[②] 在论及文艺界的斗争方法时，他说，“文艺界的主要斗争方法之一，是文艺批评”。[③] 用于直接完成各项工作任务的方法，他叫具体的方法。如在《关心群众生活，注意工作方法》一文中，他把直接解决群众穿衣吃饭、柴米油盐等现实问题的方法，看成是这一类的方法，并号召人们“采取实际具体的工作

① 《毛泽东选集》一卷本，第1306页。
② 《毛泽东选集》一卷本，第809页。
③ 《毛泽东选集》一卷本，第135页。

方法”去“反对官僚主义的工作方法”。[1] 在毛泽东看来，所谓基本的方法也就是最根本、最普遍的方法，其他的各种方法都是建立在它的基础之上的。主要的方法是指在完成某一任务的很多方法中，起主导作用的方法，它不是基本的，然而又是重要的，带有关键性的。具体的方法就是完成任务直接使用的方法，它比基本的方法更接近实际，比主要的方法更丰富多样。现举一例说明三者的层次。如，“矛盾分析法”——“抓两头带中间”——“评比”“参观展览”。“矛盾分析法”是哲学方法论的概括性的指导原则，是基本的方法之一，“抓两头带中间”是实现“矛盾分析法”的主要方法之一，而“评比”“参观展览”等方法，则是实现“矛盾分析法”的具体方法。在毛泽东的著作中，通常把“一切从实际出发”“矛盾分析法”“一般与个别相结合”“群众路线”等叫作基本的方法，把“抓两头带中间”“两条腿走路”“弹钢琴”“抓关键”等叫作主要的方法，把“蹲点”“一切经过试验”“评比”“树样板”“解剖麻雀”“以点带面”“留有余地”“互通情报”等叫作具体的方法。

第二，放射型结构。以一基本方法为中心，派生出一系列的方法，又以派生出来的每一个方法为中心，再派生出一系列的方法来，以此类推，从而派生出很多层次的方法来。因而使方法愈来愈丰富，愈具体，愈接近实际。如从“一切从实际出发”派生出“调查研究”“胸中有数”“多谋善断”“一切经过试验”等方法。再从“调查研究”这一方法又派生出“开调查会”“蹲点”“解剖麻雀”等方法。从其他的各种基本方法中，也能以这种放射的方式，派生出一系列不同层次的方法来。这种放射型的层次结构，在《关于领导方法的若干问题》一文中得到了最充分的体现。毛泽东在该文的开头就提出“一般与个别相结合”“领导与群众相结合”是进行任何工作必须采用的基本方法。紧接着从这一基本方法就派生出一系列的方法来：1.“蹲点”。他说，如果只有一般号召，不“深入实际，突破一点，取得经验”[2]，就无法检验这一般号召是否正确，就会流于空谈。这里所讲的，就是“蹲点”的方法。2.“弹钢琴”。“在任何一个地区内不能同时有许多中心工作，在一段时间内只能有一个中心工作，辅以别的第二位、第三位的工作。”[3] 领导者不能零乱无序

① 《毛泽东选集》一卷本，第899页。
② 《毛泽东选集》一卷本，第903页。
③ 《毛泽东选集》一卷本，第900页。

地、不分轻重缓急地同时抓很多工作，而应集中精力去抓中心工作，并围绕中心而展开其他各项工作。这好比弹钢琴，将全部手指都按下去，决不会成什么调子，只有十个指头有轻有重，有动有停，才能产生好的音乐。这里讲的就是“弹钢琴”的方法。3. “抓两头带中间”。毛泽东说：“任何有群众的地方，大致都有比较积极的、中间状态的和比较落后的三种人，故领导者必须善于团结少数积极分子作为领导骨干，并凭借这批骨干去提高中间分子，争取落后分子。”[①] 这里所讲的，就是“抓两头带中间”的方法。同样，诸如“解剖麻雀”“树样板”“一切经过试验”等方法都是由“一般和个别相结合”这一方法派生出来的。

第三，网络型结构。毛泽东指出，人们观察问题不仅要看纵的，而且要看横的，还要看到它们之间的纵横交错的复杂关系。从这种观点出发，他所创造的工作方法和领导方法也就具有了一种纵横交错的网络型结构。这些方法互相交错、联结、贯通，形成一张庞大的方法之网。在这张网上，基本方法构成了它的主线，主要的、具体的方法将这些基本方法串联起来。这种串联又可分为双项联结、三项联结和多项联结。例如，“以点带面”这一方法，不仅是“矛盾分析法”的具体化，而且也是“一般与个别相结合”的具体化。因此，它就将上述两种基本方法联结起来了。同样，“解剖麻雀”这一方法就将“一切从实际出发”“矛盾分析法”“一般与个别相结合”联结起来了。而“蹲点”这一方法，就可将上述四种基本方法都联结起来。显然，基本方法就好像网上的纽结，而具体方法就是穿梭于它们之间的经线和纬线，由此编织成了这张方法之网。工作方法、领导方法的这种网络型结构，在《党委会的工作方法》一文中得到了生动的体现。在该文中，毛泽东正是用“善于当班长”“要把问题摆在桌面上来”“互通情报”“安民告示”“弹钢琴”“要抓紧”“胸中有数”“不懂、不了解的东西要问下级，不要轻易表示赞成或反对”等等方法，与一些基本的方法编织在一起。在这张方法之网上，只要你拨动任何一个纽结，就会立即牵动其他很多方法。因此，我们在使用某一种方法时，要并联使用其他方法才能奏效。如使用“抓两头带中间”这一方法，就必须同时使用“评比”“学先进”“开展批评和自我批评”“团结意见不同的同志一道工作”等方法。

---

① 《毛泽东选集》一卷本，第 1282 页。

上述这三种层次结构的划分，并不是孤立的、绝对的，而是互相联系的，是从不同的侧面考察的结果。一种是从接近具体任务的不同程度来划分的，一种是从覆盖面的宽广度来划分的，而另一种是从方法之间的交互联系的形式来划分的。但是，在这三种结构中，递进型结构是最基本的，放射型和网络型都是以它为基础的。网络型结构是递进型结构各层次的交互联系和贯通，而放射型结构只不过是递进型结构各层次的横向扩张。当然，放射型结构和网络型结构又使递进型结构进一步多样化、复杂化、深入化，更深刻地揭示出方法之间的复杂关系，为科学地运用它们提供了指南。同时，我们还要看到毛泽东工作方法、领导方法又是一个开放性的系统，它随着实践的发展，随着不断地吸收自然科学方法等新的成果而向纵深，向科学化、精密化发展。因此，关于方法的这三种层次结构也不是一成不变的，它会在实践中变得更丰富、圆满和完整。

毛泽东按方法的层次结构使用方法，可谓得心应手，运用自如。例如，在民主革命的土地改革中，首先，他使用“一切从实际出发”的基本方法，分析了土改的形势和任务，认为土改可分为三种不同的类型。在不同类型的地区，土改的具体任务是有差别的。接着，他使用“抓关键”这一主要方法，指出当时的关键任务是两件大事，一是平分土地，二是组织贫农团。只有抓住这两件大事，才能完成土改和巩固农村阵地。怎样完成这些关键性的任务呢？他告诉人们必须使用“蹲点”“以点带面”这些具体工作方法。他说：“不要全面动手，而应选择强的干部在若干地点先做，取得经验，逐步推广，波浪式地向前发展。”同时，他还要求使用“弹钢琴”的方法于整个土改过程之中。他指出，土改工作要随时间不同而有所侧重。在农忙时，土改要暂停一下，以便集中力量搞农业生产，争取获得丰收。① 土改工作也不是孤立进行的，它与当时尚在进行的解放战争和统一战线等工作都是紧密联系的。因此，要围绕土改这个中心工作，同时开展其他各方面的工作，做到互相影响，互相促进，以保证土改任务的顺利完成。

今天，我国正处在社会主义初级阶段，最近召开的党的十三大提出了党在社会主义初级阶段的基本路线，并从社会主义初级阶段这个实际出发，确立了

---

① 《毛泽东选集》第五卷，第34-35页。

具有长远意义的指导方针。要顺利实现党的基本路线和指导方针，仍然存在一个如何解决方法的问题。毛泽东把完成任务的方法比作过河的船和桥。没有船和桥过不了河，没有科学的方法也就不能完成十三大提出的历史任务。我们的事业愈宏伟，就愈要求按严格的科学方法办事，愈要求工作方法、领导方法进一步现代化、科学化、完善化，愈要求我们在积累新经验的同时去探索更多的新的工作方法、领导方法。然而，在现实生活中，背离马克思主义科学方法的主观主义、官僚主义、命令主义的方法还随处可见。一些同志还津津乐道于自己的陈旧的常规模式，他们没有兴趣去研究新问题、探求新方法。他们不理解毛泽东工作方法、领导方法这一宝贵财富对于实现四个现代化的价值。更有甚的是，他们不顾工作方法、领导方法的客观规律性，而是自以为是，从想当然出发，对面临的任务，颠三倒四，无所适从，弄得不少事情几经折腾，多次反复，严重地阻碍了改革开放的顺利进行，给国家造成巨大的浪费和损失，叫人触目惊心。为了我们伟大社会主义祖国的富强，为了四化大业，我们没有理由不重视科学的工作方法、领导方法。因此，我们今天研究毛泽东方法的层次结构，对于建设有中国特色的社会主义，其意义是十分深远的。

（1988 年）

“全盘西化”的论调是完全错误的

搞资产阶级自由化的人大肆宣扬“全盘西化”，鼓吹什么“经济上私有化，政治上多党化，思想上自由化，道德上自私化，文艺上西方化、腐朽化”。一时间，这些论调甚嚣尘上，它模糊了是非，动摇了信仰，产生了极坏的影响。

什么是“全盘西化”？按照搞资产阶级自由化的人的看法就是“包括学习西方的科学、技术、文化、政治、意识形态、道德，所有全部的东西”，“包括我们的政治体制、所有制这些问题都是可以研究的”。因而就要反对马克思主义与中国的实际相结合，反对建设有中国特色的社会主义，就要用现代西方资产阶级的思想来取代马克思主义，这样就能把中国人民从“没有出路的社会主义”引向“光明的前途和道路”。

事情果真如此吗？每一个头脑清醒的人都知道，所谓“全盘西化”的观点是完全错误的，也是十分幼稚可笑的。诚然，历史上的每一个民族或国家要想走在时代的前列，就不能闭关锁国，即必须与其他民族互相交流，互相学习。比如中国，在古代就有丝绸之路，东渡日本，三宝太监下西洋等与其他民族和国家进行经济、文化交流的典型事例，在近代，西方资产阶级用大炮震塌了古老的中国围墙之后，西方的文化就逐步地传入到了中国。先进的中国人也起来摆脱对传统文化的偏见，开始吸收西方文化中的优秀部分。严复等人介绍的“进化论”“社会契约论”等西方思潮确实对中国的思想文化产生了重大的影响。特别是十月革命一声炮响送来的马克思主义，更改变了中国人民的命运。这些都毫无疑问地说明，我们是在学习西方，但不是“全盘西化”。这正如古代欧洲的马可波罗来东方的中国学习，中国古代的三大发明传入欧洲，而引起了欧洲文化发展的巨大转变，也不能够说欧洲人就“全盘东化”了一样。即使再退一步说，就算一个国家在发展进程中大量地引进了西方的制度、体制、文化、艺术、管理等等，也很难说，它就“全盘西化”了。例如日本，在明治维新期间，曾以西方的天赋人权、平等博爱、自由民主等思想为根本指导原则，大力推行资产阶级的改革，实行普选制和代议制，并派伊藤博文率一个庞大的代表团赴欧美进行历时数年的全面考察，学习、研究西方资本主义的政治、经济、文化、艺术、军事、国防和企业管理等等，回国后，以典型的资产阶级宪法——普鲁士宪法——为蓝本，制定了日本宪法，全面贯彻实行了资产阶级的政治、经济、文化管理的制度和体制，但是，结果如何呢？一方面，通过明治维新之后，日本确实走向了资本主义发展的道路，成为了一个新的资本主义国家。但另一方面，日本又确实没有“全盘西化”。无论是过去还是今天，日本的政治、经济，特别是思想文化、伦理道德、风俗习惯、生活方式等等，仍然还是典型的东方式的日本的，并不是“全盘西化”的。日本杰出的思想家福泽论吉在其名著《文明论概略》中就明确地指出，学习西方要密切结合日本国情的实际，走日本式的欧化道路，是择其善者，弃其坏者，不是盲目崇洋媚外，拜倒在西洋文明的脚下。所以，主张“全盘西化”的人是对历史的无知，是在搞民族虚无主义和历史虚无主义。

关于“经济私有化”。搞资产阶级自由化的“精英”们抛出了一系列否定公有制、颂扬私有制的文章。方励之说，政府应当做的第一件事就是鼓励私人所有制，主张“用私有制代替公有制”。《世界经济导报》公开鼓吹，社会主义国家改革的希望“就是经济私有化”，认为把全民所有制当成社会主义的旗帜来坚持“是犯了历史错误”。他们还抛出了《私有制宣言》，罗织了社会主义公有制的“十大罪状”，声称社会主义的公有制“超前了历史的发展规律”，“束缚了生产力的发展”，“不清除公有制这一祸根，中国就不可能有真正的民主和自由，就不可能富强”。所以，他们高喊“推进改革”，实际上是要“早日敲响公有制的丧钟，去迎接共和国新的明天”。他们这样卖力地吹捧私有制，咒骂公有制，其根本目的就是要推翻社会主义制度，建立资本主义私有制。但是，几千年私有制的历史告诉人们，私有制是人类社会一切痛苦、灾难、战争、流血、死亡的根源，是富人的天堂，穷人的地狱。今天美国虽然有上千个的亿万富翁，但也有两千多万劳动人民生活在美国官方规定的“贫困线”之下。两极分化，这是一切私有制无法避免的规律。从奴隶社会到资本主义社会，所有优秀的、进步的思想家都在控诉私有制的罪恶，颂扬公有制的美好。柏拉图的《理想国》，康帕内拉的《太阳城》，莫尔的《乌托邦》，以及卢梭的《论人类社会不平等的起源和基础》，就是最典型的例证。几十年社会主义的发展史也证明，正是由于实行了公有制，才避免了资本主义无法逃避的经济危机和社会灾难。搞资产阶级自由化的人鼓吹经济私有化，只能说明他们是货真价实的西方资本主义在中国的代言人。

关于“政治上多党制”。几年来，坚持资产阶级自由化的人一直高唱政治上的多元化，主张在中国实行多党轮流执政。方励之说，“大陆知识分子采取民主的长期目标是多党制的民主制。”刘晓波也叫喊说要“以多党并存的民主制代替一党独裁”。叫嚷“取消共产党专制，实行多党制”，有的甚至提出要“邀请国民党回大陆建立两党政治”。十分明显，搞资产阶级自由化的人主张实行多党化，其真实的目的就是推翻共产党的领导，建立资产阶级政党的专政。邓小平同志说：“坚持四项基本原则的核心，是坚持党的领导。”毛泽东同志早就深刻地指出：“领导我们事业的核心力量是中国共产党。”中国各族人民经过长期的血与火的斗争，深刻体会到，没有共产党就没有新中国。西方一些国家实行多党制，就真正实行了民主？回答是否定的。西方有些国家确有两个以上的政党，但能执政的只能是代表资产阶级利益的政党，其他的根本不可能。比如，美国轮流上台执政的只能是共和党和民主党，共产党和其他政党是不允许上台的。就是轮流执政的党，也只能执行他自己一党的决议和主张，决不会接受和执行其他政党的意志和要求。那么，多党制的所谓真正的民主又在哪儿？

关于“思想自由化”。搞自由化的“精英”们高喊要实现思想的绝对自由。这是什么意思呢？这就是要让他们自由地攻击共产党的领导，自由地污蔑党和国家的领导人，自由地咒骂人民民主专政，自由地诋毁社会主义制度，自由地歪曲、篡改马克思列宁主义。同时就是要允许他们自由地歌颂资本主义，自由地赞美资产阶级代表人物，自由地吹捧西方的价值观念，自由地宣扬西方颓废、腐朽的生活方式。他们认为在社会主义的中国不能够实现思想的绝对自由，关键就是没有民主。所以，争民主就成为达到思想自由化的必经之路。于是，一时间，在中国掀起一股争“民主”的狂浪。其实，民主在不同的历史时期有不同的内涵，五四时期提倡民主，是为了推翻封建专制，今天我们要求民主，是为了进一步完善社会主义制度。有目共睹，从党的十一届三中全会以来，我们正在朝着这方面前进，并努力在法制的轨道上来使民主逐步得到实现。但是，搞自由化的人却故意抹煞无产阶级民主与资产阶级民主、社会主义民主与资本主义民主的原则界限，抹煞民主的阶级性，不承认民主总是一定阶级的、具体的民主，不承认从来没有抽象的民主、纯粹的民主、超阶级的民主。他们别有用心地以这种抽象的民主来偷运、贩卖西方的破旧货色，来欺骗广大的青年学生，对此，我们千万要提高警惕，决不能上当。

关于“道德自私化”。搞资产阶级自由化的人反对共产主义道德的核心——集体主义，竭力吹捧个人主义，主张道德“自私化”。他们强调“个人自由”“个人利益”“个人价值”“个人欲望”“个人自我意识”等等，并叫喊要重新评价个人主义、要为个人主义“正名”和“恢复名誉”。他们还直言不讳地宣扬“人都是自私的”“自私是人的本性”“人不为己，天诛地灭”。他们还宣扬拜金主义，大肆鼓吹一切向钱看，唯利是图，唯钱是逐。他们叫嚷拜金主义要成为新的人生价值观。在他们看来，为了赚钱，什么寡廉鲜耻、出卖尊严、出卖灵魂、出卖肉体、丧失国格和人格的事，都可以毫无顾忌地去干。于是乎“争名于朝，争利于市”、乱伦丧德、伤风败俗的风气广泛流传起来，各种腐败现象竞相生长出来。所以，目前最重要的是要用马克思主义的立场、观点和方法，对个人与集体的关系作正确、完全、深入的分析，引导人们正确认识集体主义的原则与个人主义的自私道德的本质区别，引导人们去彻底识破搞资产阶级自由化的人所散布的以个人主义为中心的道德自私化是多么的低下和渺小。

关于“文艺西方化、腐朽化”。首先，搞自由化的人反对马列主义、毛泽东思想的文艺观，认为这些理论已“过时”，“是保守的”“有害的”“教条主义的”。他们胡说一个文艺家只要坚持它就会走进教条主义的死胡同，其艺术生命也就完结了。第二，他们否定革命的、进步的文艺传统，集中反对、贬低、咒骂鲁迅，否定他所开创的中国文艺运动的新方向。他们特别痛恨毛泽东《在延安文艺座谈会上的讲话》，费尽心机贬低、污蔑这个理论。第三，鼓吹文艺非意识形态化，主张以文艺的本体论代替马克思主义的反映论，而且把这种辩证的反映论当作直观的或机械的反映论加以批判。他们认为文艺创作中的人性、人道主义、人的价值追求等原则是永恒的，并以此反对马克思主义关于文艺的阶级性、党性原则的理论。第四，在文艺创作上，他们极力吹捧西方资产阶级一些消极、悲观、颓废、没落、腐朽、色情的创作流派，认为诗写得越朦胧，越叫人看不懂，就越有诗意，越有价值；小说写性爱越肉麻，就越展现了人的自然的真正的灵魂；戏剧表演得越荒唐，越疯狂，就越揭示了生活的本质。在搞自由化的人的支持下、鼓励下，我国文艺界创作出版了那样多的格调低下、充满色情、颓废消极、悲观厌世、崇洋媚外的刊物和书籍，严重地污染了整个文艺领域，毒害了广大群众，特别是青少年。对此，我们必须有足够的估计。我们并不否认世界各国的文艺要进行交流，但我们必须坚决反对文艺领域这种丢掉民族气节的洋奴相。

“全盘西化”的论调并不始于今天，而是旧调重弹，中国人民对此早就有认识、有领教。搞资产阶级自由化的人再次搬出这件武器要弄一番，也绝达不到他们所期望的目的。

（1989 年）

论社会主义精神文明建设的战略地位

马克思主义认为，社会主义精神文明是社会主义的重要特征，是否进行社会主义精神文明建设，是关系社会主义兴衰成败的大事。为此，党中央发出了《中共中央关于社会主义精神文明建设指导方针的决议》，邓小平同志也发表了多次讲话，强调社会主义精神文明建设在社会主义建设中的特殊重要地位。全国人民认真学习党中央的决议和邓小平同志的讲话，积极开展社会主义精神文明建设，取得了丰硕的成果，这是有目共睹的。但同时我们也不得不承认，现在社会上存在不少消极腐败现象：违法乱纪，贪污腐败，坑蒙拐骗，吸毒嫖娼；表现出大量的愚昧落后的不健康言行：随地吐痰，满口脏话，损害公物，求神拜佛等等，这都表明我们的精神文明建设还存在着不少令人忧虑的问题，与党中央的要求相差甚远。为什么会这样？究其原因当然是多方面的。但其中的一个主要原因是我们的广大干部和群众对社会主义精神文明建设的重要性认识不足。所以，进一步阐明社会主义精神文明建设的重要性，明确它在建设有中国特色社会主义中的战略地位，就显得十分必要了。因此，本文拟对社会主义精神文明建设的战略地位作一初步探讨，以求教于同仁。

我们认为社会主义精神文明建设在社会主义建设中的战略地位应从以下几方面来理解和认识。

首先，社会主义精神文明建设是社会主义物质文明建设的精神动力和智力支持，是物质文明得以巩固和发展的必要条件。物质文明建设不能离开精神文明建设。人类在改造客观世界中所取得的物质财富都凝结着人类的智慧，都离不开精神文明。精神文明搞好了，才能调动、激发人们的积极性，推动促进物质文明建设发展的速度。如果没有精神文明作指导，物质文明建设就会失去正确的方向，也不可能取得好的效益。所以，邓小平同志说：“不加强精神文明建设，物质文明建设也要受破坏，走弯路。光靠物质条件，我们的革命和建设都不可能胜利。”① 十分清楚，没有高度的社会主义精神文明，即使社会物质文明再高，也会失去方向，也不是社会主义社会。陈云同志告诫我们党：“在进行社会主义物质文明建设的时候，如果不同时进行社会主义精神文明建设，物质文明建设就可能偏离正确的方向。任何单位，任何领导干部，如果忘记或放松社会主义精神文明建设，物质文明建设也不可能搞好。严重的，甚至会脱离社会主义和共产主义的理想，这是很危险的。”② 这些话应足以让我们对这个问题的认识变得清醒。

其次，社会主义精神文明是社会主义优越性的一个重要方面和表现。为什么说社会主义社会优越于资本主义社会？当然有很多方面的原因和条件，但其中最重要的一个原因就是社会主义拥有自己的精神文明。正是这种精神文明保证了社会主义社会有强大的力量抵制和抗拒人类社会几千年封建剥削阶级社会遗留下来的精神垃圾的侵蚀，反击和抵抗资本主义社会的消极腐朽的文化的进攻，消除和清洗社会主义社会在自身发展过程中出现的消极腐败、愚昧落后等丑恶现象。社会主义精神文明建设优越于资本主义还在于，社会主义精神文明建设特别注重建设好社会主义的教育、科学文化，特别强调用共产主义思想去培养人、教育人，使人们成为有理想、有信念、有道德、守纪律的高素质的公民。人民群众是历史的创造者。社会主义精神文明建设提高了人民群众的素质，人民群众就能自觉地成为社会和国家的主人，意识到自己的社会责任感，就会积极地发挥自己的聪明和才智，在社会的物质文明建设中施展自己的才华，进行创新式的劳动，为社会创造更多的物质财富，推动人类社会不断向前发展。正是社会主义精神文明建设使人民群众摆脱了剥削社会遗留下来的愚昧落后，使其成为了国家的真正主人，成为了自己命运的主人。当然，资本主义社会在其发展历程中建设了自己的精神文明，并且达到了社会的最高水平。但其实质仍是剥削阶级的精神文明，带给劳苦大众的不是福音，而是精神枷锁和奴役。况且，今天西方世界出现的赌博、色情、吸毒、厌世、颓废、自杀、同性恋等表明资本主义社会的精神文明无论在思想道德，还是在人生理想追求等方面都每况愈下，日趋衰落；而我国的社会主义精神文明建设却蓬勃向上，健康发展，充满生机和活力。

---

① 引自《邓小平文选》第三卷，第 144 页。

② 引自《坚持四项基本原则，反对资产阶级自由化》第 301 页。

再之，社会主义精神文明建设是社会主义建立新思想、新观念、新道德、新风尚、新习俗，抵制和扫除旧思想、旧观念、旧道德、旧风尚、旧习俗的强大武器和措施。人类历史上发生过很多革命，出现过各种社会形态，但在社会主义出现以前，所有这些革命的共同基本特征是：以一种剥削制度去代替另一种剥削制度。尽管随着一种革命的到来，社会的思想、观念、道德、风尚、习俗也发生了各种各样的变化，但都只是形式的变化，而渗透于其中的私有观念这个核心，却是根深蒂固，丝毫未变。其流传下来的基本准则是："人不为己，天诛地灭"；"人为财死，鸟为食亡"；"各人自扫门前雪，休管他人瓦上霜"。这种在剥削制度下形成的私有观念，是与社会主义的精神文明格格不入的。社会主义建设是人类历史上空前的最深刻的革命和变革，是要用公有观念、集体主义、爱国主义去战胜剥削制度遗留下来的旧思想、旧观念、旧道德、旧风尚、旧习俗。社会主义如果不能完成这个任务，就不能说社会主义取得了最后的胜利，也不能说彻底地战胜了剥削制度。社会主义用什么武器来进行这个斗争呢？唯一的有效办法就是用建设社会主义精神文明来实现。建设社会主义精神文明就要用共产主义的思想来教育广大群众，提高整个民族的素质，消除和荡涤旧社会遗留下来的污泥浊水、陈旧观念、腐朽意识，用新思想、新观念培养新时代的建设者和接班人。所以，邓小平同志说："所谓精神文明，不但是指教育、科学、文化（这是完全必要的），而且是指共产主义的思想、理想、信念、道德、纪律、革命的立场和原则，人与人的同志式的关系等等。"① 历史的借鉴、现实的经验教训一再告诉我们，只有用建设社会主义精神文明的强大武器和措施，我们才能达到破旧立新、用新兴的社会主义代替旧社会的目的。

最后，建设社会主义精神文明是保证无产阶级政党抵制腐败思想侵蚀，保持自身纯洁性和永不变色的重要途径。无产阶级政党是工人阶级的先锋队，是用马克思主义理论武装起来的、带领广大人民群众与剥削制度进行斗争、并最终引导人民群众奔向美好的共产主义社会的领路人。这种伟大的历史使命要求无产阶级政党必须永远保持先进性，具有伟大的抱负、远大的理想、大公无私的胸怀、全心全意为人民服务的奉献精神。这就要求无产阶级政党要在社会实

---

① 引自《邓小平文选》第二卷，第 326 页。

践中不断地提高自己的马克思主义理论水平，提高对社会主义社会的认识，不断地增强自身的战斗力。但是，无产阶级政党并非处在真空之中，社会主义社会仍然存在着敌对势力的反对和破坏，存在着剥削阶级残余思想的影响，存在着外部资产阶级生活方式和思想意识的影响和侵蚀，这就有可能影响无产阶级政党的先进性和纯洁性，特别是党内的那些意志薄弱者，更可能首先被糖衣炮弹击中。实际上，现实生活中的一些事实表明，我们的党已经受到了影响。党内一些干部的贪污腐败已经相当严重地败坏了党风，损害了党的形象，引起了广大人民群众的强烈不满。在这种形势下，重振党风，重塑党的先进性、纯洁性的美好形象，当然有多方面的渠道和措施，我们党事实上已经采取了不少的措施。但加强社会主义精神文明建设，要求所有的共产党员做建设精神文明的带头人和表率，却是一条最重要、最基本的渠道。所以，陈云同志说："要充分认识到，社会主义精神文明的建设，关键是执政党要有好的党风。""建设社会主义精神文明，是全党的任务，……同志们要坚决地杀歪风，正党风，增强全体党员的党性，从精神文明建设上，保证和促进社会主义物质文明建设。"① 所以，进行精神文明建设，加强马克思主义世界观、人生观、价值观的教育，加强思想道德品质教育，加强法制教育，提高全民的科学文化素质，是保证无产阶级政党的先进性、纯洁性，提高其拒腐防变的能力，提高战斗力的重要途径。我们的党一定要在精神文明建设中把自身建设得更美好。

精神文明建设在建设有中国特色的社会主义事业中占有极其重要的战略地位，所以，江泽民同志在党的十五大的报告中指出："精神文明重在建设。"并指出，精神文明建设必须紧紧围绕经济建设这个中心。这就为我们今后进行精神文明建设提出了明确的指导方针。我们的各级党组织、各级政府一定要按照党中央的要求，两个文明一起抓，并且两手都要硬，这才算真正认识了精神文明建设在四化建设中的重要战略地位。只要我们扎实地、持之以恒地这样做，就一定能达到邓小平同志所期望的目的："我们要在建设高度物质文明的同时，提高全民族的科学文化水平，发展丰富多彩的文化生活，建设高度的社会主义精神文明。"②

（1992 年）

① 引自《坚持四项基本原则，反对资产阶级自由化》第 302 页。

② 引自《邓小平文选》第二卷，第 180 页。

毛泽东哲学思想是科学技术研究的指南

毛泽东哲学著作是对马列主义理论宝库的重大贡献。他善于把哲学原理化为具体的科学思想方法、领导方法和工作方法，这更是他对马列主义的独特贡献。同样，在科学、技术研究领域中，毛泽东哲学思想也像光辉灿烂的灯塔一样，照耀着我国科学、技术研究的前进方向。

毛泽东精辟地阐明了哲学与自然科学的关系

哲学与自然科学是什么关系？这是一个长期争论不休的问题。在马克思主义哲学诞生之前，不少人把哲学看成是一个包罗万象的、穷尽了世界上一切知识的体系，因而认为哲学是凌驾于科学之上的“科学之科学”。显然，以这种思想作指导的哲学，不能解决哲学与具体科学的关系。马克思、恩格斯创立自己的哲学后，首先就明确规定他们的哲学“是关于外部世界和人类思维的运动的一般规律的科学”。[①] 这就为科学地解决哲学和具体科学的关系指明了方向。毛泽东在新的历史条件下，遵循马恩的科学论断，深刻、具体地论述了哲学和具体科学的关系。他指出，哲学是对自然知识和社会知识的概括和总结，但决不意味着用哲学去代替自然科学和社会科学，而仅仅是意味着，哲学从各门具体科学知识中概括和抽象出一般的规律和方法后，可以指导人们更好地去认识自然界和人类社会。毛泽东写的《在延安文艺座谈会上的讲话》一文，在阐述马克思主义和文艺创作的关系时，已十分明显地涉及了马克思主义哲学和自然科学的关系。他说：“学习马克思主义，是要我们用辩证唯物论和历史唯物论的观点去观察世界，观察社会，观察文学艺术，并不是要我们在文学艺

① 《马克思恩格斯选集》第四卷，第239页。

术作品中写哲学讲义。马克思主义只能包括而不能代替文艺创作中的现实主义，正如它只能包括而不能代替物理科学中的原子论、电子论一样。”正是基于哲学与具体科学的这种关系，毛泽东正确地指出了我国科学、技术研究的性质、道路和方向。

毛泽东把科学实验列为伟大的革命运动

马克思主义认识论认为，一切知识来源于实践，只有在实践中认识了事物的规律，人们才获得了自由。从这样的观点出发，毛泽东对自然科学的本质、职能和社会功能确立了他自己独特的见解。他认为，自然科学是人类与自然作战、从自然中获取自由的一种武器，是人类征服自然的一种工具。他完全赞同马克思、恩格斯的观点：“科学是一种在历史上起推动作用的、革命的力量。”① 所以，在《实践论》中，他才把“科学和艺术活动”列为社会实践的主要形式之一；在1963年写的《人的正确思想是从哪里来的?》一文中，才把科学实验与阶级斗争、生产斗争并列作为建设社会主义强大国家的三项伟大革命运动。就是在他的晚年，1973年，他接见美籍物理学家杨振宁教授时，还再次强调了科学实验的重要性，再次强调了进行自然科学研究在建设伟大社会主义强国中的极端重要性。

毛泽东鼓励人们探索，提出真理有时在少数人手里

科学技术发展的道路同任何新生事物一样，要经历艰难曲折，要从小到大，从不完善到完善。但只要是科学真理，最终一定会取得胜利，会得到广大人民的承认。毛泽东为鼓励广大科技工作者勇敢地探索，他说：“许多时候，少数人的意见倒是正确的。历史上常常有这样的事实，起初真理不是在多数人手里，而是在少数人手里。马克思、恩格斯手里有真理，可是他们在开始的时候是少数。列宁在很长一个时期内也是少数。我们党内也有这样的经验，在陈独秀统治的时候，在‘左’倾路线统治的时候，真理不在领导机关的多数人

① 《毛泽东的读书生活》生活、读书、新知三联书店，1986年版，第106页。

手里，而是在少数人手里。历史上的自然科学家，例如哥白尼、伽利略、达尔文，他们的学说曾经在一个很长的时间内不被多数人承认，反而被看作错误的东西，当时他们是少数。”① 正是在毛泽东这一光辉哲学思想的指引下，我国的科学家才敢于披荆斩棘，勇敢探讨，向前人未涉猎过的“禁区”大胆进攻，才出现了陈景润在“哥德巴赫猜想”上的巨大突破，才会有20世纪70年代青年数学家杨乐、张广厚在亏值、渐近值和奇异方向之间联系上的探讨，才对整函数和亚纯函数的理论研究作出了突出的贡献。也正是在这种思想的指导下，当有人打算要铲掉坚持摩尔根学派观点的研究人员的实验麦苗地时，当有人要取缔“封建医学”，要改造“资本主义医学”时，毛泽东及时察觉，并坚决加以制止；当1985年有人借解放思想、破除迷信的口号，也企图否定科学、技术时，毛泽东及时指出，破除迷信不能把科学技术破除，凡是真理，凡是科学，一定要保护。这样，才保证了我国的科学技术沿着正确的道路和方向前进。

毛泽东倡导科学技术研究，号召又红又专

毛泽东指出，进行科学、技术研究的目的，是要改变我国科学技术落后的面貌，迅速地把我国建设成强大的社会主义国家。他在1956年写的《社会主义革命的目的是解放生产力》一文中指出：“我国人民应该有一个远大的规划，要在几十年内，努力改变我国在经济上和科学文化上的落后状况，迅速达到世界上的先进水平。为了实现这个伟大的目标，决定一切的是要有干部，要有数量足够的、优秀的科学技术专家。”② 毛泽东从当时的国际形势出发，并用发展的观点分析，清醒地看到：现在世界注意的中心，正在逐渐转向东方。如果我们不在今后几十年内，争取彻底地改变我国经济技术远远落后于帝国主义国家的状况，那么，我们将处于被动地位，挨打就是不可避免的。所以，他反复提倡，大力开展我国的科学技术研究，以有助于加速建设强大的社会主义国家。

科学、技术人员的思想素质和业务能力如何，直接关系到我国科学、技术

① 《毛泽东著作选读》，上、下册，第835页。
② 《毛泽东著作选读》，上、下册，第718页。

研究水平的高低和国家发展的速度。针对当时有些科技专业人员忽视思想政治的倾向，以至造成找不到科研的正确方向，并给科研带来危害时，毛泽东从对立统一的辩证法原理出发，深刻、全面地阐明了政治与业务、政治与专业技术的关系。他说："政治和经济的统一，政治和技术的统一，这是毫无疑义的，年年如此，永远如此。这就是又红又专。……不注意思想和政治，成天忙于事务，那会成为迷失方向的经济家和技术家，很危险。思想工作和政治工作，是完成经济工作和技术工作的保证。"① 毛泽东在这儿讲得多好啊，当我们今天联系现实重温这些教导时，我们感到多么的亲切。我们不会忘记，正是在毛泽东这一哲学思想的光辉指引下，很多有志气、有才华的科技工作者，遵循着领袖的教导，肩负着祖国、人民的重托，在西北沙漠的烈日酷寒中，在西南高山峻岭的风餐露宿中，默默无闻地、辛勤地研究着，探讨着，发明着，创造着，才结出了我国原子弹和航天事业的灿烂花朵，才锻炼出我国一批既有高深的科技专业知识，又经得起风吹浪打的科技骨干，才撑起了年轻共和国科技大厦的栋梁。

毛泽东提出"双百方针""三不原则"，繁荣了我国的科学技术

毛泽东从马克思主义哲学关于对立统一、关于事物的多样性和真理发展的规律的原理出发，提出了我国科学技术研究的方针。

经过 1956 年的农业合作化和资本主义工商业的社会主义改造后，我国的社会主义事业呈现出一片生机勃勃的发展形势，全国面临着社会主义建设的高潮，艺术和科学、技术也面临着发展的大好春天。毛泽东在 1957 年写的《关于正确处理人民内部矛盾的问题》这一著作中，提出了艺术同时也是科学、技术发展的方针。他认为真理是跟谬误、美是跟丑、善是跟恶、香花是跟毒草相比较而存在，相斗争而发展的。禁止人们跟谬误、丑恶、敌对的东西见面，禁止人们跟唯心主义、形而上学的东西见面，这样的政策是很危险的。正是遵循辩证法的这一原理，所以他说："百花齐放、百家争鸣的方针，是促进艺术发展和科学进步的方针，是促进我国社会主义文化繁荣的方针。艺术上不同的

① 《毛泽东著作选读》，上、下册，第 803 页。

形式和风格可以自由发展，科学上不同的学派可以自由竞争。”① 这就是著名的“双百方针”。毛泽东接着解释了为什么在我们的国家要实行这样的方针。他认为，利用行政力量，强制执行一种风格，一种学派，禁止另一种风格，另一种学派，这会有害于艺术和科学的发展。这是因为艺术和科学中的是非问题，应当通过艺术界、科学界的自由讨论去解决，通过艺术和科学的实践去解决，而不是采取简单的方法去解决。他说，历史经验告诉我们，为了判断正确的东西和错误的东西，常常要有考验的时间。历史上新的正确的东西，在开始的时候常常得不到多数人承认，不但不认为是鲜花，反而把它们看作是毒草。他说，提出这一“双百”方针，就是要为我国科学、技术和艺术的发展创造良好的环境，要鼓励科技工作者、艺术工作者大胆地探索，勇于创新。毛泽东认为，科学技术研究，就是要标新立异，只有不断地研究出新成果，创造发明出新技术，才会推动世界前进。他说，特别像中国这样大的国家，应该标新立异。正是在“双百方针”的指引下，我国的科学、技术和艺术如雨后春笋般地发展起来，形成了群芳争艳的明媚春光。如地质学领域关于地壳运动的问题，长期以来有几种学说的争论，如“地槽地台说”“大陆漂移说”“海底扩张说”“板块构造说”等等，我国著名地质学家李四光、张文佑、陈国达等，分别提出了“地质力学说”“断块构造说”“地洼学说”，积极参与了国内外的学术争鸣，用大量的事实证明自己学说的正确性。特别是李四光关于在我国寻找石油的杰出地质理论，打破了外国关于“中国是贫油国”的荒谬地质学说，指导我国地质工作者发现一个又一个的大油田，极大地促进了地质学科研究的深入发展。毛泽东说：“许多自然科学理论所以被称为真理，不但在于自然科学家们在创立这些学说的时候，而且在于为尔后的科学实践所证实的时候。”②

提出“双百方针”后，毛泽东又考虑到科技工作者可能还会担心政治上出问题，怕从政治的角度抓出毛病来，因而不敢大胆参与科学争鸣。所以，他又提出一项原则。他说：“我们提倡不抓辫子，不戴帽子，不打棍子，目的就是要使人心里不怕，敢于讲意见。”③ 当然，在科学技术争鸣中，毫无疑义存在着是非问题，甚至存在着区分香花和毒草的问题，亦即是存在着判断真理标

① 《毛泽东著作选读》，上、下册，第 783-784 页。
② 《毛泽东著作选读》，上、下册，第 131-132 页。
③ 《毛泽东著作选读》，上、下册，第 836 页。

准的问题。毛泽东明确指出，判断是非和真理的标准只能是实践：“真理只有一个，而究竟谁发现了真理，不依靠主观的夸张，而依靠客观的实践。”① 他考虑到当时我国的具体情况，认为为了辨别是非，区分香花和毒草，特别是在社会科学中，首先提出一些政治标准是完全必要的。但他又认为，对于科学技术和艺术，光有六条政治标准是不够的，它们应当还有一些各自的标准。

毛泽东提出了科学技术研究的一般方法论原则

毛泽东还从马克思主义哲学原理出发，提出了一系列科学、技术研究的一般方法论原则。

早在延安时期，他就提出了进行科学技术研究的一般方法论原则。他说：“应当从客观存在着的实际事物出发，从其中引出规律，作为我们行动的向导。为此目的，就要像马克思所说的详细地占有材料，加以科学的分析和综合。”② 怎样进行分析和综合？这就是要进行一番改造制作的工夫，即去粗取精，去伪存真，由此及彼，由表及里。怎样才能做到这一步？他说，在这里要运用对立统一规律，要运用两点论，要善于看到事物共性与个性的关系。毛泽东说：“一棵树的叶子，看上去是大体相同的，但仔细一看，每片叶子都有不同，有共性，也有个性，有相同的一面，也有相异的方面。这是自然法规，也是马克思主义的法规。”③ 这个关于共性与个性、绝对与相对的道理，是关于矛盾问题的精髓，只有把握了它，才能认识事物，才会发现真理。他认为，我们党 1956 年制订的《十二年农业发展纲要四十条》和《十二年科学发展纲要》，就是从马克思主义关于宇宙发展的两重性，关于事物总是当作过程出现无不包括两重性这样一个基本观点，即对立统一观点出发来制订的。

毛泽东的自然哲学观

毛泽东对当代自然科学，特别是对物理学进行深入研究后，经过长期的哲

① 《毛泽东著作选读》，上、下册，第 349 页。
② 《毛泽东著作选读》，上、下册，第 349 页。
③ 《毛泽东著作选读》，上、下册，第 476 页。

学沉思，形成了他的自然哲学观，并用它指导我国的科学、技术研究。毛泽东的自然哲学观集中表现为：对对立统一思想的深入阐述；关于物质、时空无限性的思想；关于物质无限可分的思想等。他为了用这种方法论武装我国广大的科技工作者，几乎随时都不忘记阐述这种思想。1955 年 11 月，他亲自召开一次研究原子能科学发展的会议。在会上，他谈及了原子内部的结构问题，并提出物质无限可分的思想。他说，原子里头分为原子核与电子，它们是对立的统一；原子核里头又分为质子和中子，它们也是对立的统一；而原子、中子、电子也仍然是可分的，一分为二是普遍的现象。当日本物理学家板田昌一关于基本粒子的文章发表后，1964 年 8 月，毛泽东在北戴河同几位哲学工作者谈及此事时，再一次阐述了他对物质、时空无限性和物质无限可分的思想。他说，不但原子可分，电子也可分。“一尺之棰，日取其半，万世不竭。”这是真理。世界是无限的，时间、空间也是无限的。宇宙方面，宏观、微观是无限的，物质是无限可分的。后来的实验也证实了毛泽东的预言。前一次讲话半年后，美国就发现了“反质子”，后一次讲话后的 1965—1966 年间，我国的物理学家提出“强子结构的层子模型”理论，即基本粒子中的一个种类的“强子”，是由物质更深一层次的“层子”所组成的。这一理论受到各国物理学家的重视。毛泽东这种自然哲学观不仅指导了我国的科技工作者在高能物理方面取得了一个又一个突破性进展，为我国的原子能核工业发展奠下了坚定的基础，就是对世界粒子物理学等的研究也发挥了理论导向作用。在毛泽东讲话后，各国科学家陆续发现了数以百计的基本粒子，充分印证了他的这一科学论断。所以，在 1977 年召开的第七届国际粒子物理学讨论会上，诺贝尔物理学奖获得者格拉肖在述说了物理学家研究物质结构如同剥洋葱一样逐层深入之后，接着就提议以“毛粒子”来命名“构成物质的所有这些假设的组成部分”，“以纪念已故的毛主席，因为他一贯主张自然界有更深的统一”。

毛泽东关于科学、技术研究的一些具体方法论原则

毛泽东关于科学、技术研究的其他一些具体方法论原则。主要有：第一，进化论的思想方法。毛泽东确信天体、地球有自己的起源、形成演化和发展的过程。植物、动物和人类有自己的起源和进化。他说：“地球上原来只有无生

物，生物是后来才有的，是由无生物即死物转化而来的。”但毛泽东在这儿讲的进化论，绝不是重复达尔文时代所宣扬的进化论，他已把这种进化论思想升华为事物本身不断运动、变化和发展的思想，从而使这种进化观具有新的内容和新的特色，而成为一种科学方法论。第二，系统思想。这是毛泽东通过对一些相关自然科学例如农业科学及与农业相关的科学进行长期的综合研究而形成的。1958 年，毛泽东亲自制定了“水、肥、土、种、密、保、管、工”的农业“八字宪法”。这“八字宪法”较为系统地提示了农作物生长的必需条件、栽培、保管及获取丰收的诸种主要客观因素。很显然，农业“八字宪法”是以实用形式呈现出来的具体化了的系统思想。这种思想形成后，毛泽东不断把它充实和丰富。1964 年，在扩大的中央工作会议上的讲话中，毛泽东在谈到要懂得农业时，就提出要懂得与农业相关的一系列科学，如土壤学，植物学，作物栽培学，农业化学，农业机械等等，还要懂得农业内部的各个分业部门，例如粮，棉，油，麻，丝，茶，糖，菜，烟，果，药，杂等等，并认为，只有农、林、牧、副、渔全面发展，才会促进农业生产部门之间的协调发展及整个农业生产的发展。这表明毛泽东已在娴熟地运用系统方法探索农业诸科学之间及与农业科学有关的学科之间的有机联系。毛泽东的这种系统思想原则指导了我国科研人员开展了全方位的农业科学研究，为我国农业的发展和增产做出了巨大的贡献。第三，新陈代谢、推陈出新的原则。毛泽东认为这是宇宙间的普遍的永远不可抵抗的规律。宇宙中的诸事物，凡有生必有死，一切个别的、特殊的东西都有它的产生、发展和死亡。一切种类也有其产生、发展和死亡的过程。不仅地球会死亡，而且人类也会死亡，但一定会有比人类更进步的东西来替代人类，达到事物发展的更高阶段。第四，种试验田的方法。毛泽东用这种方法来研究技术革新，推广新技术。他说：“农业方面是搞试验田，工业方面是抓先进典型，试用新技术，试制新产品。”当一些人对农业密植的技术产生错误的观念，认为越密越好时，毛泽东指出，如何对待密植，要进行试验，要听取有经验的老农的意见，通过试验，得出一个合适的密度，既不可太稀，也不可太密。第五，关于向古人和外国学习的原则。处理好如何向古人和外国人学习是搞好科研技术的一个重要环节。毛泽东认为，“古为今用，洋为中用”，是我们对待古代和外国东西的基本方针。我们学习中国历史上遗留下来的有价值的科学、技术和文化，其目的是为了有益于今天；同样，学习外国的一切先进科学、技术，也是拿来为我国人民今天服务。学习的态度是：一是认真地、老老实实地学；二是有选择地学。他说："我们的方针是，一切民族，一切国家的长处都要学，政治、经济、科学、技术、文学、艺术的一切真正好的东西都要学习。但是，必须有分析有批判地学。"① 不能照搬，不能盲目地学。他还强调学习外国是为了用来研究中国的东西。"学了这些原理，要用来研究中国的东西。""如果先学了西医，先学了解剖学、药物学等等，再来研究中医、中药，是可以快一点把中国的东西搞好的。"② 最后，学习古人和外国，既不能搞复古，也不能搞"全盘西化"。毛泽东认为，研究古代的东西，就一头栽进故纸堆里，并倡导古代的一切，这是最没出息的复古行为，只能被时代所抛弃；同样，学习外国，就主张"全盘西化"，这是一种洋奴腔调，是一定会被中国人民所反对、所唾弃的。

毛泽东预言了中国科学技术发展的光辉前景

毛泽东还预言了中国科学、技术发展的光辉前景。早在新中国成立的前夕，他在《在新政治协商会议筹备会上的讲话》和《论人民民主专政》等文中，就预言了新中国建立后，随着经济的发展，不可避免地有文化教育和科学、技术发展的新时期的到来。1956 年，农业合作化和资本主义工商业社会主义改造之后，他预料中国将开始进入"社会主义工业化"和"原子能"的新时期。1958 年，党中央决定把工作重点转移到技术革新后，他就预言到 20 世纪末，我国将会有一大批科学技术项目接近或超过世界先进水平。我国的科学、技术研究的发展的实践已经证实了，并将继续证实毛泽东的伟大预言。

毛泽东为什么重视科学技术

促使毛泽东这样重视科学、技术研究，并为此而呕心沥血，竭尽全力，是有其深刻的根源的。

---

① 《毛泽东著作选读》，上、下册，第 804 页。

② 《毛泽东著作选读》，上、下册，第 740 页。

毛泽东深深地热爱我们伟大的祖国。但从青少年时代起，他就深切地体验了由于我们国家科技落后，遭受拥有洋枪洋炮的帝国主义欺凌、宰割的痛苦。从幼时起，他就立誓为挽救祖国、解救人民脱离苦海而献身。他在一师读书时，就非常认真地研读了天文、地理、几何、医学和农学等自然科学知识，还记录了牛顿、富兰克林、瓦特这些大科学家的材料。在延安，毛泽东读了汤姆生的《科学大纲》，普朗克的《科学向何处》，秦斯的《环绕我们的宇宙》，爱丁顿的《物理世界的本质》等自然科学书籍。与此同时，在研究苏联的有关哲学著作时，他还非常重视爱因斯坦的相对论，注意到了它对自然科学和哲学的重大影响。新中国建立后，他更从未间断过学习自然科学。他研读了哥白尼、布鲁诺、达尔文、赫胥黎、麦开柏、板田昌一、杨振宁、李四光、竺可桢等人的著作，订阅了《化石》《动物学杂志》《自然辩证法》《科学大众》等杂志。他为了研读自然科学书籍，甚至与保健医师建立互教互学制度。他尽量利用时间接见国内外科学家，他多次向李四光、周培源、竺可桢、板田昌一、杨振宁、李政道等人了解科学发展的现状，科学发展前沿中的一些高深理论问题，并与他们一起讨论自然科学发展中的一些重大理论问题。

另一原因，则是由我们国家近代自然科学技术落后的状况所引起的。与西方资本主义社会相比，中国的科学、技术似乎整整落后了一个时代。当中国1905年成立反清组织同盟会时，西方国家则在同年创立了狭义相对论；当中国1911年发动“辛亥革命”迫使清帝退位，组织临时资产阶级革命政府时，西方国家在同年提出了新的原子结构模型；当中国1919年发生五四运动、1921年产生中国共产党时，西方国家则在1916年完成了广义相对论。这两组同时或时差不是太远而发生的重大的社会历史事件表明，当西方科技在大踏步前进时，中国还远未将此事提上议事日程，中国还处在社会大动荡、大变革的时期。正是中国在科技上的这种落后，才带来了无穷的苦难和屈辱。也正因如此，才促使有强烈爱国心的毛泽东，从新中国建立的第一天起，就着手来设计规划我国科学、技术发展的宏伟蓝图。

再一个原因，就是我们党历来重视科学、技术的研究。早在延安时期，党中央不仅使延安成为抗日的中心，而且使它也成为研究和应用自然科学于工农业生产的模范。在延安聚集了不少自然科学工作者，创办了自然科学院，成立了自然科学研究会，培养了不少科技人才，并着重研究当时急需的医药、农学、地质、矿冶、生物、机械、化学等学科。1940 年，延安自然科学研究会成立时，毛泽东还亲自去讲话。新中国建立后，党和政府制定了一系列发展科学技术的具体方针和政策，建立了各种科研机构，培养了一批又一批的科技人才，强有力地推动了我国科学、技术研究深入迅速地向前发展，使我国的科技研究迅速进入了世界先进水平。

今天，当我们前进在建设有中国特色的社会主义大道上时，我们回顾毛泽东哲学思想对我国科学、技术研究的光辉指引，我们倍感亲切，豪情激奋。现在我们正在努力实现四个现代化，关键是实现科学、技术的现代化。我们面临着许多困难，我们正在努力奋斗，只要我们沿着邓小平同志指出的建设有中国特色的社会主义道路前进，去勇敢地开拓，勇敢地探讨，我们的前途一定是光明的，一定会有所前进，一定会取得丰硕的成果。因为毛泽东早就指出："人类的历史，就是一个不断地从必然王国向自由王国发展的历史。这个历史永远不会完结。在有阶级存在的社会内，阶级斗争不会完结。在无阶级存在的社会内，新与旧、正确与错误之间的斗争永远不会完结。在生产斗争和科学实验范围内，人类总是不断发展的，自然界也总是不断发展的，永远不会停止在一个水平上。因此，人类总得不断总结经验，有所发现，有所发明，有所创造，有所前进。停止的论点，悲观的论点，无所作为和骄傲自满的论点，都是错误的。其所以是错误的，因为这些论点，不符合大约一百万年以来人类社会发展的历史事实，也不符合迄今为止的我们所知道的自然界（例如天体史、地球史、生物史、其他各种自然科学史所反映的自然界）的历史事实。"① 让我们在建设有中国特色的社会主义理论的指引下，在毛泽东光辉哲学思想的照耀下，把我国的科学技术研究推向光辉灿烂的明天！

（1993 年）

① 《毛泽东著作选读》，上、下册，第 748 页。

论邓小平同志的“两手抓、两手都要硬”的基本方针

《中共中央关于学习〈邓小平文选〉第三卷的决定》中指出，要“紧紧抓住和深入领会一手抓物质文明，一手抓精神文明，一手抓建设，一手抓法制，一手抓改革开放，一手抓惩治腐败等一系列两手抓、两手都要硬的基本方针”。中央的指示说明，邓小平同志提出的两手抓、两手都要硬的理论，是一个十分重要的理论，是他建设有中国特色社会主义理论体系中的一个重要组成部分。党中央把这一理论看作是建设有中国特色的社会主义的基本方针。因此，从理论和实践上理解和坚持“两手抓、两手都要硬”的方针，让每个人都认识正确，并在行动中自觉地实践这一方针，对我们实行改革开放，实现四个现代化，就具有十分重大的理论和现实意义。

一、“两手抓、两手都要硬”的基本方针的理论渊源

（一）

“两手抓、两手都要硬”的方针是建立在马克思主义哲学的基础上的。

马克思主义的辩证唯物主义以为，世界上的所有事物都是互相联系、互相影响、互相制约的，任何事物的发展变化，一定是与其他事物或与自己的对立面紧密相关的。不与周围事物发生关系，不受其影响，是绝不会有事物独立的运动并获得自身的发展和进步的。“两手抓、两手都要硬”的方针正是相互联系、相互影响、相互制约的观点的体现。

在事物的很多矛盾中，可以分为主要矛盾和次要矛盾；在任何一对具体的矛盾中又可分矛盾的主要方面和次要方面。主要矛盾与次要矛盾、矛盾的主要方面与次要方面之间的辩证关系原理告诉我们，在观察和处理矛盾时，必须坚

持“两点论”和“重点论”相结合的原则。两点论就是既要看到主要矛盾和矛盾的主要方面，又要看到次要矛盾和矛盾的次要方面，不能只顾一方面而忽视另一方面。邓小平强调两手抓，这就体现了“两点论”的全面观点；不是一手抓，就避免了陷入片面性的“一点论”。重点论就是在看到两个方面的矛盾时，又必须分清主次，抓住主要矛盾或矛盾的主要方面，不能把两者等量齐观，更不能颠倒主次，否则，眉毛胡子一把抓，就会犯“均衡论”的错误。强调两手都要硬，这就体现了“重点论”的观点。邓小平指出，强调两手硬，决不意味着在任何情况下都平均使用力量，不分主次轻重缓急，而是恰恰相反，在对二者都重视的前提下，对二者都下功夫抓的同时，要根据当时的具体情况，有主有从，有轻有重，有缓有急地来抓，这样才能弹好钢琴，奏出最美的音乐。这样就避免了“均衡论”。

世界观和方法论是一致的，有什么样的世界观就会有什么样的方法论。马克思主义者在对世界进行改造时的一个重要任务就是要把世界观转化为方法论。毛泽东是善于把马克思主义哲学世界观转化为方法论的大师。邓小平的“两手抓、两手都要硬”的基本方针，就是把“两点论”和“重点论”转化为领导方法和工作方法的杰出表现。这表明邓小平是毛泽东这一典范行为的忠诚继承者和创造性的发展者。

（二）

关于“两手抓、两手都要硬”的思想，马克思主义经典作家在他们大量的著作中，早就有过类似的表述，并在指导和领导无产阶级的革命事业中作为战略、策略、手段、方法使用过。

在《共产党宣言》中，在讲到无产阶级进行解放斗争的策略时指出：一方面讲要坚决反对资产阶级；另一方面又讲要团结一切革命政党，支持一切反对现存的社会制度和政治制度的革命运动。并强调指出，无产阶级对这两个方面都要认真对待。

在《法兰西内战》中，马克思指导巴黎的无产阶级：1. 要一手抓无产阶级建立自己的政权组织，一手抓革命武装斗争，一刻也不能放松对梯也尔反革命集团的武装斗争。2. 要一手抓建立无产阶级专政，一手抓建立统一战线和革命联盟，要求巴黎的无产阶级尽快与农民取得联系，建立工农联盟。3. 要一手抓经济分配上的平等供给制，一手抓没收大资本家的财政，掌握国家的财政实权。

1870年，法国巴黎的无产阶级准备进行革命起义。马克思、恩格斯事先看到条件不成熟，提出警告，不要起义。但起义一旦发生后，他们感到欢欣鼓舞，就坚决支持，并在斗争的方针、策略上给巴黎无产阶级予以指导。

在《反杜林论》中，恩格斯在谈到如何建立新型的社会主义社会时，要求：1. 一手抓发展社会主义城市，一手抓消灭城市和农村的差别。2. 一手抓对资本主义经济体制的改造，一手抓建立无产阶级自己的新经济体系。并强调对这两个方面都要使用强大的力量，坚决抓好。

在《社会民主党在民主革命中的两种策略》一文中，列宁指出，1. 一手抓组织武装起义，一手抓对广大民众的宣传教育，并指出这两手都必须硬，革命的胜利才有希望。2. 如何对待当时的临时政府？他指出：一手抓与临时政府的斗争；一手抓对临时政府的利用。利用临时政府这个讲坛对群众进行宣传。

在《共产主义运动中的"左派"幼稚病》一文中，列宁指出，1. 一手抓与资产阶级政党的坚决斗争，一手抓与其进行必要的妥协和退让，以保护无产阶级的利益。2. 一手抓党的队伍的纯洁，一手抓尽量获得大量的同盟者，扩大党的队伍和力量。

在《湖南农民运动考察报告》中，毛泽东指出，共产党要一手抓工人运动，同时要一手抓农民运动。

在《论反对日本帝国主义的策略》中，毛泽东指出，要一手抓正面的军事斗争，一手抓全民的敌后斗争。

在《在延安文艺座谈会上的讲话》中，毛泽东指出要一手抓文艺的普及，同时要一手抓文艺的提高。

在《论十大关系》中，基本上全都是讲如何进行两手抓的问题。毛泽东指出并告诫人们如何对待重工业与轻工业、农业，沿海工业与内地工业，经济建设与国防建设，汉族与少数民族，党与非党，中国与外国，是与非等等两个方面的矛盾，如何认识它们，如何抓好各自的两个方面。

但邓小平的杰出贡献就在于：在总结建设有中国特色的社会主义实践的新情况、新经验的基础上，对马克思主义经典作家表述的这一普遍原则，做了更深刻、更广泛、更普遍的概括，用更明确、清晰的语言表达为："两手抓，两手都要硬。”

二、“两手抓、两手都要硬”的基本方针提出的历史背景

这一基本方针是在国际国内发生了巨大的变化，提出了新的问题的背景下提出的，是从东欧的剧变、苏联解体的惨痛教训中，从中国实行改革开放的实践经验中，从借鉴参考西方资本主义生产经营的成败对比中提出来的。

（一）

现代西方资本主义生产经营管理中的两手抓提供的参考、启示。

一方面抓增加财富，一方面抓勤俭节约，并贯彻到从生产到生活的全过程。

一方面抓严格生产制度、纪律，一方面抓对职工的关怀、体贴；炒鱿鱼和给职工生日送礼同时进行。

一方面抓技术的革新，设备的改革、进步；一方面抓人才的培养、技能的训练。

一方面抓工薪、奖金的不断提高；一方面抓对违规、违纪的高额罚款的惩罚制度。

正是这样的两手抓，使当代资本主义化解了很多矛盾，不断提高了生产经营管理水平，建立了严格的制度，渡过了一个个危难关头。

（二）

东欧剧变、苏联解体所提供的历史借鉴表明：这些国家在社会主义道路上失败的原因有很多，而且也各有不同，但其中共有的一点就是：它们在国家的政治、经济、文化等方面的管理中，没有注意事物的两个方面，没有实行强有力的两手抓。

他们狠抓四大民主：经济民主、政治民主、社会民主和国际民主；但不抓社会主义的集中，不抓工农民众在国家生活中的主人翁地位，不抓无产阶级专政。

他们只抓社会主义如何向资本主义“趋同”，并极力美化资本主义；不抓社会主义与资本主义的本质区别与斗争，也不宣传社会主义新生事物的强大生命力和美好前景。

他们只抓指导思想上和世界观上的多元论、自由化和多党制；不抓马克思主义理论在国家政治生活中的主体地位和决定作用。

他们只抓发展私有经济、扩大私营企业，建立大型的私有公司；不抓社会主义公有制在国家经济生活中的主体地位，不巩固社会主义公有制的一些基本原则，不强调社会主义的共同富裕。

他们只抓改革，不抓反腐败；只抓反左，不抓反右；只抓物质文明，不抓精神文明；只抓依靠外援，不抓自力更生等等。

这样做的严重后果是：社会主义在这些国家消亡，资本主义重新复辟。这给国际共产主义运动提供的教训是广泛、深远的。不少的人们将会对此进行历史的沉思！

（三）

我国改革开放迎来的新成就和带来的新问题告诉我们，必须实行“两手抓、两手都要硬”的方针。

1. 从思想政治、精神文化领域看

实行解放思想、实事求是、破除迷信、反对两个“凡是”，提倡学习一切优秀文化，提倡向西方学习等等，取得的巨大成就是：

新的解放思想、实事求是的思想路线的确立；对马列主义、毛泽东思想一些观点的重新审视和思考；停止使用以阶级斗争为纲的口号；反对个人崇拜和迷信；引进一大批西方学术著作、文化艺术项目、科学技术成果；人们敢想敢为的创造、革新精神的大大发扬等等。

同时带来的严重问题是：

在一些人们中出现了全盘否定毛泽东的过激错误情绪；反对和抵制四项基本原则，削弱党的领导，取消思想政治教育的错误倾向。特别是少数社会“精英”，他们大搞自由化，大搞精神污染，宣传鼓吹西方的人生价值观，大讲存在主义的人的自我设计，自我创造，自我选择，人的绝对自由和解放；大讲社会主义条件下的异化，企图否定社会主义社会；在文艺界不加选择大量出版西方消极颓废的电影、电视、戏曲、音乐、舞蹈等等，以达到美化资本主义、丑化社会主义的目的。

2. 从经济建设领域看

取得的巨大成就是：

改革了旧的经济体制，旧的生产、经营管理机制，引进了外国的资金、技术、人才、经营管理经验，扩大对外贸易，进口外国产品，开办经济特区，试行股票、债券等等，使我国经济持续高速增长，连上几个台阶，经济实力大大加强。

同时带来的严重问题是：

出现大量的经济犯罪，国家工作人员中的严重腐败，一些社会丑恶现象如嫖、赌、毒重新沉渣泛起，社会治安形势严峻，刑事犯罪剧增，贫富不均分化严重，“大款”“大腕”“大亨”“官倒”拥有巨额财富，社会主义道德滑坡，拜金主义、享乐主义、极端个人主义、雇佣思想、钱权交易等大肆泛滥。

这一切表明，我们的改革开放如果要取得社会的发展、进步，就必须在我们的物质生活得以提高时，加强精神文明建设；当民主得到充分发扬时，必须同时健全法制；当金钱杠杆在市场经济中发挥巨大作用时，要同时加强对腐败的预防和惩治。简言之，必须同时两手抓。

党的一个中心、两个基本点的基本路线决定我们在改革开放中必须两手抓、两手都要硬。抓改革开放，就必须抓坚持四项基本原则；抓发扬民主，就必须抓法制建设；抓发展市场经济，就必须抓反腐倡廉。

当时国外曾流行一种荒谬的观点，说中国共产党在当时的国内外情势下，遇到了所谓逻辑上的二难困境：不改革开放，就要亡国；改革开放，就要亡党。对这种荒谬的、反动的观点，我们必须坚决批判。但它也从反面启示我们：在我们实行改革开放，实行市场经济时，必须两手抓、两手都要硬，在大力发展经济时，必须坚决、严厉地惩治腐败，只有这样，我们才能冲破困境，才能不断地从胜利走向新的胜利。

邓小平作为当代最杰出的马克思主义者，他深刻研究了、全面总结了国际上的经验教训，又看到中国实行改革开放后现实生活中的两个方面，所以他说：“经济建设这一手我们搞得相当有成绩，形势喜人，这是我们国家的成功。但风气如果坏下去，经济搞成功又有什么意义？会在另一方面变质，反过来影响整个经济变质，发展下去会形成贪污、盗窃、贿赂横行的世界。”① 正是因为他清醒地看到了这一切，他才说：“搞四个现代化一定要有两手，只有

① 引自《邓小平文选》第三卷，第154页。

一手是不行的。所谓两手，即一手抓建设，一手抓法制。”① 又说：“要坚持两手抓，一手抓改革开放，一手抓打击各种犯罪活动。这两只手都要硬。”②

三、“两手抓、两手都要硬”的基本方针的特征、具体表现

（一）

它的特征是：是简洁、明晰的领导方法、工作方法，体现了唯物辩证法的“两点论”与“重点论”的统一，形式极其灵活多样，内容丰富而宽广。

在实际工作中，要考虑到事物多种矛盾的主次之分，也要考虑到在一个具体矛盾中两个方面的主次之分，又要考虑到它们之间的相互联系、相互影响、相互制约，头绪纷繁杂乱。怎样解决这些具体问题？恰当地处理它们之间的关系？邓小平说：两手抓，两手都要硬。这就是一个最简单明了的概括，为实际工作提供了最单纯而又有实效的领导方法和工作方法。

邓小平指出，经济建设、物质文明这一手始终是中心、重点，各项工作，包括民主法制建设、精神文明建设、打击犯罪等都要围绕、服从、服务于经济建设这个中心，这就是两点论的重点论。离开重点论谈两点论，就是形而上学的“均衡论”。我们讲两手都要硬的“硬”，指的是两只手要互相配合，互相协调，在重点抓经济建设时要把民主政治建设、精神文明建设、法制建设放在社会主义建设的总体布局中统一布置，同时抓好。而民主法制建设、精神文明建设这一手“硬”的标准或尺度就在于它们要足以适应和保证经济建设和改革开放的顺利进行，足以保证社会的全面进步和富强、民主、文明的社会主义现代化的实现。这又是重点论中的两点论。我们是重点论与两点论相统一的辩证论者。离开两点论来讲重点论，便是形而上学的“一点论”。对两手都要硬的“硬”，只能作这样的理解。

这一基本方针作为领导方法、工作方法可运用于社会生活的各个方面，可运用于不同的领域、不同的部门、不同的层面、不同的时期，具体操作和使用视具体内容的不同而表现为极其多样的形式，是我们处理和解决各种问题时不

① 引自《邓小平文选》第三卷，第 154 页。
② 引自《邓小平文选》第三卷，第 378 页。

可须臾离开的方法。

（二）

邓小平针对四化建设中的实际情况，提出了一系列两手抓、两手都要硬的具体内容，归纳起来，大致有以下三个方面。

第一个方面：从社会主义建设的全局考虑的两手抓。

在思想路线上，提出一手抓防右，一手抓防左。邓小平说：“‘右’可以葬送社会主义，‘左’也可以葬送社会主义，中国要警惕‘右’，但主要是防止‘左’。”①

在战略指导思想上，提出一手抓社会主义物质文明，一手抓社会主义精神文明。他说：“不加强精神文明建设，物质文明的建设也要受破坏，走弯路。光靠物质条件，我们的革命和建设都不可能胜利。”②

在建设的基本方针上，提出一手抓自力更生，一手抓对外开放。他说：“中国的事情要按照中国的情况来办，要依靠中国人自己的力量来办。独立自主，自力更生，无论过去，现在和将来，都是我们的立足点。”③ 又说：“我们坚定不移地实行对外开放政策，在平等互利的基础上积极扩大对外交流。”④

第二个方面：从社会主义建设具体领域考虑的两手抓。

经济领域

1. 一手抓生产力，一手抓生产关系

1）在抓生产力时，他认为又要两手抓。一手抓科学技术，一手抓提高劳动者的素质。他说：“科学技术是第一生产力。”“从长远看，要注意教育和科学技术。”⑤ 他一再强调要加强各级学校的政治教育，形势教育，思想教育，包括人生观教育，道德教育，努力培养青少年成为有理想，有道德，有知识，有能力的人，使他们立志为祖国，为人民和人类作贡献，使他们从小养成守纪律，讲礼貌，尽职责，维护公共利益的良好习惯。

2）在抓生产关系时又有两个方面的两手抓。

---

① 引自《邓小平文选》第三卷，第 375 页。
② 引自《邓小平文选》第三卷，第 144 页。
③ 引自《邓小平文选》第三卷，第 3 页。
④ 引自《邓小平文选》第三卷，第 3 页。
⑤ 引自《邓小平文选》第三卷，第 274 页。

A. 一手抓公有制经济，一手抓多种经济成份。邓小平说：“基本的生产资料归国家所有，归集体所有，就是说归公有。”① 又说，多种经济成份是社会主义公有经济必要的补充。“我们允许个体经济发展，还允许中外合资经营和外资独营的企业发展，但始终以社会主义公有制为主体。”②

B. 一手抓先富，一手抓共富。邓小平说：“我们提倡一部分地区先富裕起来，是为了鼓励和带动其他地区也富裕起来，并且使先富裕起来的地区帮助落后的地区更好地发展。” “提倡人民中一部分人先富裕起来，也是同样的道理。”③ 并且指出这样做的目的是为了共同富裕，“社会主义的目的就是要全国人民共同富裕，不是两极分化。”④

2. 一手抓对外开放，一手抓有计划有目的的选择

邓小平说，我们坚定不移地实行对外开放的政策，但对外开放又不是一股脑儿地让外国的东西全部流进来。我们吸收的是外国的先进的科技，先进的管理经验，决不会让那些乌七八糟的东西在中国也有市场。我们开放什么，进口什么，是有计划，有目的，有选择的。他说：“我们保持清醒的头脑，坚决抵制外来腐朽思想的侵蚀，决不允许资产阶级生活方式在我国泛滥。”⑤ 并坚决表示，我们决不会做外国的附庸，决不会吞下损害我国利益的苦果。

3. 一手抓计划，一手抓市场

邓小平指出，我们是社会主义国家，我们的经济和各项工作，首先得有计划。但过去的全盘计划又卡得太死，使经济失去了生机活力。市场经济能做到信息灵，资源配置合理，产销对路，有利于搞活经济。但市场经济也有它的弊端。现在的问题是要两手抓，一手抓计划，一手抓市场，使二者结合起来。他说：“为什么一谈市场就是资本主义，只有计划才是社会主义呢？计划和市场都是方法嘛。只要对发展生产力有好处，就可以利用。它为社会主义服务，就是社会主义的；为资本主义服务，就是资本主义的。好像一谈计划就是社会主义，这也是不对的，日本就有一个企划厅嘛，美国也有计划嘛。”⑥ 又说：“计

① 引自《邓小平文选》第三卷，第 91 页。
② 引自《邓小平文选》第三卷，第 110 页。
③ 引自《邓小平文选》第三卷，第 111 页。
④ 引自《邓小平文选》第三卷，第 110-111 页。
⑤ 引自《邓小平文选》第三卷，第 3 页。
⑥ 引自《邓小平文选》第三卷，第 204 页。

划多一点还是市场多一点，不是社会主义与资本主义的本质区别。计划经济不等于社会主义，资本主义也有计划；市场经济不等于资本主义，社会主义也有市场。计划和市场都是经济手段。”①

在抓计划时，他又提出要两手抓：一手抓防速度过高，一手抓注意速度过低。他说：“总结历史经验，计划订得过高了，冒了，教训是深刻的，这方面问题我们已经注意到了，今后还要注意。现在我们又要注意另一个问题，计划过低。”②

政治建设方面。

邓小平提出四个两手抓。

1. 一手抓民主，一手抓专政

他指出，人民民主专政是对人民的民主同时对敌对分子的专政的结合。他说：“只有人民内部的民主，而没有对破坏分子的专政，社会就不可能保持安定团结的政治局面，就不可能把现代化建设成功。”“没有专政手段是不行的。对专政手段，不但要讲，而且必要时要使用。”③

他特别强调在建设有中国特色的社会主义的整个过程中，必须进一步加强人民民主专政。没有这一手，就不足以保证我们的事业顺利进行。

2. 一手抓经济发展，一手抓社会稳定

他说，中国的问题，压倒一切的是稳定。没有稳定的环境，什么都搞不成，已经取得的成果也会失掉。他又说，没有一个安定团结的政治局面，就不能安下心来搞建设。“文化大革命”的教训已经证明，动乱不能前进，只能后退。只有社会稳定才能利用资源，才能利用外资，才能搞建设。经济发展了，人民的生活水平才会提高。所以，我们一定要两手抓，一手抓经济发展，一手抓社会稳定，而且两手都要硬。

3. 一手抓民主，一手抓法制

邓小平指出，民主与法制是相互关联的。民主是基础，法制是保障。如果没有民主，就不可能建立起完备的法制。反之，如果没有完备的法制，不能做到有法可依，有法必依，执法必严，违法必究，民主就没有保障。他说：“我

① 引自《邓小平文选》第三卷，第373页。

② 引自《论改革开放》第70页。

③ 引自《邓小平文选》第三卷，第196页。

们坚持发展民主和法制，这是我们党的坚定不移的方针。”① “还是我们过去的想法，搞四个现代化一定要有两手，只有一手是不对的。所谓两手，即一手抓建设，一手抓法制。”② 他强调指出，没有民主就没有社会主义；同时又指出，没有法制也没有社会主义。我们国家缺少执法和守法的传统，没有法制不行。对干部和共产党员来说，廉政建设要作为大事来抓，还是要靠法制，搞法制靠得住些。

4. 一手抓民主，一手抓集中和纪律教育

在民主同集中、自由与纪律的关系问题上，邓小平重申了当年毛泽东的观点。在人民内部，既不可以没有民主，也不可以没有集中；既不可以没有自由，也不可以没有纪律。二者是相辅相成的，要把它们辩证地统一起来。邓小平强调，在四个现代化建设中，一手抓民主，一手抓集中和纪律教育是十分必要的。我们一定要教育人们遵守纪律，特别要加强对青少年的思想政治教育、纪律教育，使他们成为遵纪守法的一代。各级党和政府一定要把这一工作放在重要的地位上。我们既要反对只讲集中不讲民主的官僚主义、个人专断；又要反对只讲民主不要集中和纪律的分散主义、无政府主义和极端个人主义。

文化建设方面。

他主要提出了两个方面的两手抓。

1. 一手抓继承发扬优秀文化传统，一手抓清除落后的封建性糟粕和开展扫黄打非

邓小平指出，我们一定要继承祖国的优秀文化传统，特别要教育青少年继承这种传统。我们的民族文化中有很多好的东西，我们不继承、不发扬，怎样对得起我们的祖宗？在继承时，还是按照毛主席讲的办：古为今用，洋为中用，吸取精华，抛弃糟粕，除旧布新。他又指出：让那些黄色的东西泛滥，我们不去抓，不去管就是失职，就会造成严重的后果，就是对人民的犯罪。只有两手抓，两手都硬，优秀文化传统才能得到继承和发扬，消极落后的东西才会被消除，建设社会主义的新文化才有可能。否则，只能是一句空话。

2. 一手抓对外文化交流，一手抓引进时的分析、鉴别、批判

他指出，我们的对外开放，就包括对外实行文化交流。中国有对外文化交

---

① 引自《邓小平文选》第二卷，第 321 页。

② 引自《邓小平文选》第三卷，第 154 页。

流的传统。我们古代的四大发明传到欧洲去，就影响了欧洲、甚至世界的文明进程，这是明摆着的嘛。当然，我们只能把我们的优秀文化传播出去。同样，我们吸收外国的文化，也只能是学习外国优秀的、先进的东西，决不能让苍蝇、蚊子，一些消极、腐败的东西都涌流进来，像“精英”们所吹捧、所主张的那样。那是绝对不行的。这里存在一个文化交流上的分别、鉴定、取舍的问题。对于好的东西，我们当然要宣传、发扬，对于坏的东西，一定要批判、抵制，这才是马克思主义的态度。

国防军事方面。

邓小平提出了三个两手抓。

1. 一手抓国防军事建设，一手抓军队参加国家经济建设

邓小平指出，国防军事建设和国家经济建设是互相支持的。有强大的国防军事力量，保卫祖国的安宁，才能顺利进行经济建设；反过来，国家的经济发展了，有了更强大的经济物质基础，才可能支持国防军事建设有更大的进步。但是在相对安宁的条件下，更要着重抓军队参加国家四化建设。他说：“军队要服从整个国家建设大局。”①“现在需要的是全国党政军民一心一意服从国家建设这个大局，照顾这个大局。这个问题，我们军队有自己的责任，不能妨碍这个大局。要紧密配合这个大局，而且要在这个大局下面行动。”② 正是在这个两手抓的思想的指导下，军队大力参加国家的经济建设，而同时我们的国防军事建设又因为有强大的经济实力的支持，而连续上了几个新台阶。

2. 一手抓军队的革命化，一手抓军队的现代化

为了巩固国防，抵御外来的侵略，邓小平提出了一手抓军队的革命化，一手抓军队的现代化、正规化的两手抓的军事建设思想。他认为要以现代化为中心，以革命化为根本，全面加强军队的正规化建设，建设中国强大的国防力量。革命化是军队建设的根本。我们的军队永远是忠于人民忠于党的军队，是党所领导的人民军队，它的根本宗旨就是保卫祖国的安全，保卫人民的安宁，保卫四化建设的顺利进行，它一刻也不能背离这个宗旨。同时，我们的军队又必须现代化、正规化，这是全部军队工作的中心，这是由现代战争的客观要求决定的。没有先进的武器设备装置，没有严格的管理教育、训练，没有现代化

① 引自《建设有中国特色的社会主义》（增订本）第 87 页。

② 引自《建设有中国特色的社会主义》（增订本）第 88 页。

的军事人才，没有健全的法规、条令和纪律，是打不赢现代化的战争的，保卫祖国的安全也就会落空。所以，他强调，我们的军队必须两手抓，但现代化又是以革命化为根本的现代化，这样，才能达到我们的目的。

3. 一手抓军队专业人才的培养，一手抓军地两用人才的培养

邓小平曾发问：在四个现代化建设的形势下，我们的军队应当怎样培养人才？他明确指出：应当两手抓，培养军地两用人才。一手抓军事专业知识、技术的教育培训，一手抓科学知识和生产知识技术的教育，这样培养出来的人才，才能适应祖国建设发展的需要。他说："培养军队和地方两用人才，也是个顾全大局的问题。"① 又说："使干部既学到现代战争知识，又学到现代科学知识和生产知识，还学会做政治工作和管理工作。这样，我们的军队干部既能在军队建设中发挥作用，到地方上也能发挥作用，打起仗来，又可以在战争中发挥作用，就成为军队和地方都合用的干部。"② 邓小平的这一两手抓的思想，对我国军队建设和发展，对四化建设都起了巨大的作用。新时期我国军队缩编下的大量干部和战士，每年上百万的干部战士的转业复员，他们能迅速地投入到四化建设中，并在各自的岗位上适应工作，发挥巨大作用，就得益于此。所以，邓小平培养军地两用人才的两手抓，对我国的社会主义四化建设和社会政治的稳定具有难以估量的战略作用。

实行邓小平的"两手抓、两手都要硬"的基本方针，促进了我国社会主义四化建设的蓬勃发展，扭转了各项建设中出现的偏差、错误，保证了我国现代化的巨轮从一个港湾驶向新的胜利的港湾，为我国社会主义现代化的最终实现提供了可靠的保证，对我国人民实现中华民族的伟大复兴，具有不可估量的深远的历史意义。

（1994 年）

① 引自《建设有中国特色的社会主义》（增订本）第 88 页。

② 引自《邓小平文选》（1975—1982）第 76 页。

论邓小平的科技开放思想

在改革开放的总体设计中，邓小平把科技开放放在特殊重要的地位上。他就科技开放的目的、原则，以及怎样使科技为经济建设服务，怎样开展中外科技交流，怎样引进先进的技术、管理和设备，作了大量的论述，提出了很多深刻的思想，指引着我国的科技事业蓬勃发展，使我国的科技事业在短短的时间内取得了举世瞩目的辉煌成就。

一、邓小平科技开放思想的形成和提出

早在1975年，邓小平复出主持中央日常工作时，就提出要引进外国的先进科技，并认为“这是一个大政策”。[①] 在1977年再次复出工作后，他在各种场合向国内外人士广泛宣传中国要实行对外开放。邓小平说：“总结历史经验，中国长期处于停滞和落后状态的一个重要原因是闭关自守。经验证明，关起门来搞建设是不能成功的，中国的发展离不开世界。”[②] 党的十一届三中全会以后，邓小平领导全党制定了改革开放的路线、方针和政策，其中一个重要内容就是科技开放。他说：“四个现代化，关键是科学技术的现代化。”[③] 在世界科技日新月异地高速向前发展的今天，不吸收世界的先进科学和技术，而是将自己封闭起来，是绝对建设不了有中国特色的社会主义的。所以邓小平一再明确指出：“对外开放具有重要意义，任何一个国家要发展，孤立起来，闭关自守是不可能的，不加强国际交往，不引进发达国家的先进经验、先进科学技

① 《邓小平文选》第二卷，第29页。
② 《邓小平文选》第三卷，第78页。
③ 《邓小平文选》第二卷，第86页。

术和资金，是不可能的。”①

1. 提出科技开放思想是邓小平对国际科技发展经验的总结

自从工业革命以来，一个国家的经济发展已经和科学技术进步融为一体了。科学技术的进步在很大程度上标志着一国的经济发展水平。但在今天这个广泛联系的世界上，仅仅以一国的科技进步为基础，还会受到限制，只有把国门打开，积极开展国际科技交流与合作，才能促进本国科技的进步，带动本国经济的发展。世界上工业化国家和发展中国家与地区的发展经验，都充分地证明了这一点。例如美国，它今天之所以成为强大的资本主义国家，原因很多，但有一点却是不能忽视的，即它借鉴了别国的发展经验，利用了别国的人才、资金、技术和设备。在 18 世纪美国就从英国引进蒸汽机技术，广泛吸收熟练工人，极大地发展了自己的工业。美国大力引进外国智力，广泛搜罗收买各种专家和工程技术人员，仅从二次大战到 20 世纪 80 年代初，就引进了 30 多万名各种科技专家，并礼聘了像爱因斯坦、奥本海默、费米、杨振宁、李政道等显赫一时的大科技专家。同样，日本也是实行对外开放才发展成为经济强国的。就是在 18 世纪中期，日本还奉行“锁国政策”，还是一个贫穷落后的国家。从“明治维新”以后，才实行对外开放政策，确立“技术立国”“技术称霸”的指导思想，博采众家之长，以“七分美国、三分欧洲”的科学技术为基础，大力引进外国的先进科学技术。特别是在战后的 15 年内日本掌握了欧美半个多世纪所取得的科技成就，引进的技术项目之多、范围之广是任何国家都无法比拟的，成功地实现了科学技术和国家经济的现代化。再拿发展中国家印度来讲，它非常重视引进国外先进科技，加强与发达国家的技术合作，充分利用外国的智力。从 1950 年到 1978 年，印度政府同外国的技术合作项目共有 5000 多项，平均每年 230 项左右。从 1980 年起，印度政府进一步加快对外国科技的引进，从而加速了该国工业、农业、科学、国防、交通运输等各个部门的飞速发展。外国的成功经验给了我们深深的启发和借鉴。

2. 实行科技开放政策也是邓小平对我国科技发展历史经验教训的总结

众所周知，“在科学技术方面，我国古代曾经创造过辉煌的成就，四大发明对世界文明的进步起了伟大的作用。”② 但是在近代，我国落后了，其重要

① 《邓小平文选》第三卷，第 117 页。

② 《邓小平文选》第二卷，第 90 页。

原因就是长期闭关自守。长期封闭给我国带来的后果是灾难性的。所以，邓小平说："我们吃过这个苦头，我们的老祖宗吃过这个苦头。……如果从明朝中叶算起，到鸦片战争，有三百多年的闭关自守，如果从康熙算起，也有近二百年。长期闭关自守，把中国搞得贫穷落后，愚昧无知。"① 封闭的结果在科技上一方面使我国古代优秀的科技没有进一步发展、弘扬光大；另一方面对西方的现代科技闭塞无知，使我国的科技与世界发达国家的差距愈来愈大。"必须清醒地看到我们的科学技术水平同世界先进水平的差距还很大，科学技术力量还很薄弱。"② "现在看来，同发达国家相比，我们的科学技术和教育整整落后了二十年。" "科研人员美国有一百二十万，苏联九十万，我们只有二十多万。"③ 我们本来应该面对现实，实事求是地承认落后，然后奋起直追，这才是正确的态度。可是长期闭关锁国带给不少国民的是一种近似麻木的夜郎自大，一方面对西方现代科技的迅猛发展视而不见，另一方面却又洋洋自得地躺在我国古代科技的成就上自我陶醉、自我欣赏。针对这种落后心理，邓小平指出："中国在历史上对世界有过贡献，但是长期停滞，发展很慢。现在是我们向世界先进国家学习的时候了。"④ "我们祖先的成就，只能用来坚定我们赶超世界先进水平的信心，而不能用来安慰我们现实的落后。我们现在在科学技术方面的创造，同我们这样一个社会主义国家的地位，是很不相称的。"⑤ 所以，历史经验告诉我们，中国的当务之急是实行科技开放，向外国的先进科技学习。

3. 科技开放思想的提出，还是邓小平对当代高科技发展的敏锐观察的结果

他说："现在世界的发展，特别是高科技领域的发展一日千里，中国不能安于落后，必须一开始就参与这个领域的发展。"⑥ "下一个世纪是高科技发展的世纪。"⑦ 面对即将来临的伟大的时代，我国再也不能将自己置身于世界之外，不然，就会日落千丈。"拿中国来说，五十年代在技术方面与日本差距也

① 《邓小平文选》第三卷，第 90 页。
② 《邓小平文选》第二卷，第 90 页。
③ 《邓小平文选》第二卷，第 40 页。
④ 《邓小平文选》第二卷，第 132 页。
⑤ 《邓小平文选》第二卷，第 90 页。
⑥ 《邓小平文选》第三卷，第 279 页。
⑦ 《邓小平文选》第三卷，第 279 页。

不是那么大。但是我们封闭了二十年，没有把国际市场竞争摆在议事日程上，而日本却在这个期间成了经济大国。”[①] 因此，我们必须实行科技开放，参与到世界科技潮流中去，“在高科技方面，我们要开步走，不然就赶不上，越到后来越赶不上，而且要花更多的钱，所以从现在起就要开始搞。”[②] 科技落后，经济一定落后，国力就一定不强。近代，我国屡遭外国列强洋枪洋炮侵略欺凌的耻辱历史，直到今天还使每个中国人心痛。新中国建立后，我们党和国家看到了这一点，也曾作过若干努力。但在现代高科技方面仍然基本上处于落后状况。邓小平说：“中国必须发展自己的高科技，在世界高科技领域占有一席之地。如果六十年代以来中国没有原子弹、氢弹，没有发射卫星，中国就不能叫有重要影响的大国，就没有现在这样的国际地位。这些东西反映一个民族的能力，也是一个民族、一个国家兴旺发达的标志。”[③] 现代高科技，就目前总的来讲，西方国家走在前面，因此，我们必须向外国学习。“学习先进，才有可能赶超先进……任何一个民族、一个国家，都需要学习别的民族、别的国家的长处，学习人家的先进科学技术。我们不仅因为今天科学技术落后，需要努力向外国学习，即使我们的科学技术赶上了世界先进水平，也还要学习人家的长处。”[④]

二、邓小平为科技开放设计了一幅宏伟的蓝图

邓小平明确指出，实行科技开放，引进国外的先进科技、管理、资金和设备，其根本目的是为了实现我国的四个现代化，为了发展经济，提高人民的生活水平。他说：“我们引进先进技术，是为了发展生产力，提高人民生活水平，是有利于我们的社会主义国家和社会主义制度。”[⑤] 这一明确的目的，保证了科技对外开放的正确航向。

邓小平提出了科技对外开放的基本原则。它们是：第一，坚持社会主义方向，坚持四项基本原则。他说：“我们采取的所有开放、搞活、改革等方面的

① 《邓小平文选》第三卷，第 274 页。
② 《邓小平文选》第三卷，第 184 页。
③ 《邓小平文选》第三卷，第 279 页。
④ 《邓小平文选》第二卷，第 91 页。
⑤ 《邓小平文选》第二卷，第 133 页。

政策，目的都是为了发展社会主义经济。我们允许个体经济发展，还允许中外合资经营和外资独营的企业发展，但是始终以社会主义公有制为主体。”① 又说：“我们要实现工业、农业、国防和科技现代化，但在四个现代化前面有‘社会主义’四个字，叫‘社会主义四个现代化’。我们现在讲的对内搞活经济、对外开放是在坚持社会主义原则下开展的。”② 第二，独立自主，自力更生，从中国实际出发的原则。邓小平指出：“提高我国的科学技术水平，当然必须依靠我们自己努力，必须发展我们自己的创造，必须坚持独立自主、自力更生的方针。”③ 又说：“中国的事情要按照中国的情况来办，要依靠中国人自己的力量来办。独立自主，自力更生，无论过去现在和将来，都是我们的立足点。”④ 坚持这一原则，就是要求在外国先进技术、管理经验一切有用的东西面前，不能妄自菲薄、盲目崇外、机械照搬照抄。而应是从自己的实际出发进行改造和创新。“我们的现代化建设，必须从中国的实际出发。无论是革命还是建设，都要注意学习和借鉴外国经验。但是，照抄照搬别国经验、别国模式，从来不能得到成功。这方面我们有过不少教训。”⑤ “我们要有计划、有选择地引进资本主义国家的先进技术和其他对我们有益的东西，但是我们决不学习和引进资本主义制度，决不学习和引进各种丑恶颓废的东西。”⑥ 第三，坚持平等互利、抵制腐朽的原则。国际交往，需要确立一些国际社会共同认可的原则，平等互利、恪守信用就是一条用以维护国际经济技术合作按正常秩序运行的准则。邓小平指出，我国的科技开放就应遵循这条原则。因为国家不分大小，不论贫富，作为一个主权国家都应一律平等、互惠互利，使双方取得各自应有的利益。但是，西方资本主义大国的有些人们，他们并不想把先进科技转让给我们，甚至将他们过剩或过时的东西卖给我们，还企图将他们的世界观、人生观、价值观强加于我们，迫使我们依附于他们。显然，在学习和引进国外先进科技中是存在着尖锐复杂的斗争的。对于这点，邓小平从实行对外开放的第一天起，就清楚明确地指出：“任何外国不要指望中国做他们的附庸，不要

① 《邓小平文选》第三卷，第 110 页。
② 《邓小平文选》第三卷，第 138 页。
③ 《邓小平文选》第二卷，第 91 页。
④ 《邓小平文选》第三卷，第 3 页。
⑤ 《邓小平文选》第三卷，第 2-3 页。
⑥ 《邓小平文选》第二卷，第 168 页。

指望中国会吞下损害我国利益的苦果。我们坚定不移地实行对外开放政策，在平等互利的基础上积极扩大对外交流。同时，我们保持清醒的头脑，坚决抵制外来腐朽思想的侵蚀，决不允许资产阶级生活方式在我国泛滥。”①

邓小平还详尽论述了科技开放的具体措施。归结起来，大致如下。第一，建立经济特区，兴办“三资”企业。他说：“从特区可以引进技术，获得知识，学到管理，管理也是知识。”② 特区和“三资”企业在引进资金和项目时，也就引进了科技和人才。国外企业主在加强对“三资”企业的管理过程中，会加强对企业中的中国管理人员、技术人员和工人的培训，这就必然把国外的技术和管理经验都带进来了。所以，“特区是个窗口，是技术的窗口，管理的窗口，知识的窗口，也是对外政策的窗口。”③ 国外的很多先进技术、先进管理经验都是从特区首先引进来，再推广到全国各地的。第二，开展国际合作与国际交流。在当今开放的世界形势下，任何民族和国家要发展本国经济和科技，都必须对外开放，加强同其他国家的交流和合作。邓小平说：“我们要积极开展国际学术交流活动，加强同世界各国科学界友好往来的合作关系。”④ 第三，扩大出口，换回先进的科技和设备。邓小平说：“要进口，就要多出口点东西，这里有一个出口政策问题……要争取多出口一点东西，换点高、精、尖的技术和设备回来，加速工业技术改造，提高劳动生产率。”⑤ 提出引进资本主义的先进科技，还有一个澄清是非观念的问题：即资本主义的科技，社会主义国家能不能用？否则，就不会积极、自觉地引进。邓小平说：“科学技术本身是没有阶级性的，资本家拿来为资本主义服务，社会主义国家拿来为社会主义服务。……我们要把世界一切先进技术、先进成果作为我们发展的起点。”⑥ 第四，借鉴国外的管理技术与经验。邓小平说：“我们要学会用经济方法管理经济。自己不懂就要向懂行的人学习，向外国的先进管理方法学习。不仅新引进的企业要按人家的先进方法去办，原有企业的改造也要采用先

① 《邓小平文选》第三卷，第 3 页。
② 《邓小平文选》第三卷，第 51-52 页。
③ 《邓小平文选》第三卷，第 32 页。
④ 《邓小平文选》第二卷，第 91 页。
⑤ 《邓小平文选》第二卷，第 29 页。
⑥ 《邓小平文选》第二卷，第 111 页。

进的办法。"① 第五，引进国外智力，邀请国外专家。邓小平特别重视引进国外智力，他指出，"要利用外国的智力，请一些外国人来参加我们的重点建设以及各个方面的建设。对这个问题，我们认识不足，决心不大。搞现代化建设，我们既缺少经验，又缺少知识。……他们长期来也好，短期来也好，专门为一个题目来也好。请来之后，应该很好地发挥他们的作用。"② 又说："接受华裔学者回国是我们发展科学技术的一项具体措施，派人出国留学也是一项具体措施。我们还要请外国著名学者来我国讲学。"③ 在邓小平这一思想指导下，我国采取了各种形式聘请外国学者专家来我国讲学，参加一些项目的建设，对振兴我国经济、发展科学技术、推动四个现代化建设起了积极的促进作用。

三、邓小平科技开放思想的特点

1. 盯住高精尖目标

邓小平认为，我国科技开放的目标，主要是向高、精、尖科学技术前进，就是要赶超世界一流的先进水平。"现代科学技术正在经历着一场伟大的革命。近三十年来，现代科学技术不只是在个别的科学理论上，个别的生产技术上获得了发展，也不只是有一般意义上的进步和改革，而是几乎各门科学技术领域都发生了深刻的变化，出现了新的飞跃，产生了并且正在继续产生一系列新兴科学技术。"④ "世界上一些国家都在制订高科技发展计划，中国也制订了高科技发展计划。"⑤ 根据邓小平的指示，我们国家组织了大量的人力投向高科技，建设了最先进的科研基地，创建了最先进的实验室，采取了一系列科技产业化的措施。科技开放盯住高精尖这个目标，就抓住了科技发展中的主要矛盾，就带动了整个科技的发展。

2. 强调全面开放，全方位开放

世界各国实行科技开放，由于其开放程度不同，其收效也就不尽相同。美日是开放得比较宽广的国家，因而这两国的经济发展成绩显著。邓小平根据国

① 《邓小平文选》第二卷，第 150 页。
② 《邓小平文选》第三卷，第 279 页。
③ 《邓小平文选》第二卷，第 57 页。
④ 《邓小平文选》第二卷，第 87 页。
⑤ 《邓小平文选》第三卷，第 99 页。

际经验和我国的具体情况，强调我国的科技开放必须全面开放，全方位地开放。这就包括：首先，必须对一切国家实行开放。邓小平说：“我们是三个方面的开放。……一个是对西方发达国家的开放，我们吸收外资，引进技术等等主要从那里来，一个是对苏联和东欧国家的开放，这也是一个方面……还有一个是对第三世界发展中国家的开放，这些国家都有自己的特点和长处，这里有很多文章可以做。”① 其次，在国内实行多层次、多形式的开放。从多层次来讲，第一步开办经济特区，接着第二步开放沿海城市，紧接着又建立了经济开发区，这就使科技开放一步步拓宽；从多形式来讲，主要有：引进国外先进科技，引进国外的先进管理方式，引进国外智力，扩大产品与技术的出口，积极参与国际科技事务，开展国际科技合作与交流。再之，实行多渠道的开放。不仅国与国之间、政府部门与政府部门之间进行科技合作和交流，而且各个企业、科研机构、高等学校和民间团体之间，甚至个人与个人之间都可以进行国际科技交流和合作。国家还建立了各种政府机构来帮助、促进这种交流和合作。

3. 实行科技、资金、管理、设备四个并举开放

邓小平认为对外科技开放，不仅仅是科技一个方面，而是包括相互联系的资金、管理和设备一共四个方面，是四个方面同时并举开放，而且只有这样才能实现真正的科技开放。这是因为引进科技与引进资金、管理和设备是紧密地联系的，如果只引进国外的某种技术，不同时引进设备和管理，这种技术就是不完全的，对我们的发展就没有实际的学习和模仿的意义。同样，如不同时引进资金，也会使引进设备和技术遇到困难。反过来，如果只引进资金和设备，不引进技术，则将设备买回来会变为一堆废物，因为没有有一定技术的人员操纵，发挥不了作用。其次，外国老板与我们打交道时，他想赚钱而又少担风险。光向他借钱，不买他的技术和设备，他是不太放心的。他希望我们既借钱，又买技术和设备。邓小平深刻理解这些关系，他在讲科技对外开放时，总是同时讲引进外资和设备；在讲引进外资和设备时，从未忘记要同时引进技术和管理。邓小平主张在科技对外开放时，科技、资金、管理和设备四个方面同时并举。

① 《邓小平文选》第三卷，第 175 页。

4. 崇高的价值导向

邓小平科技开放思想中体现出一种崇高、伟大的价值导向：即热爱祖国、热爱人民、热爱科学、追求真理，为在中国实现四个现代化而不惜牺牲个人一切的宏大志向和宽广胸怀。在中国实行科技开放并不是一件容易的事情。长期习惯于闭关锁国的人们，对于大开国门，引进外国的东西，特别是苍蝇和蚊子趁机都飞进来了，各种议论和非难都会随之而来，而且在“姓资”“姓社”的问题上更会为一些人大做文章找到口实；另一方面，就在近代的清朝历史上，洋务运动学习西方科技、大办洋务而失败的教训，也会为有的人对今天的开放进行怀疑和责难找到借口。要不要在中国实行改革开放？这是一个非常严峻的问题。不实行，则中国就仍然贫穷、落后，强大不起来。实行，则可能冒风险，承担历史责任。在事关中国前途和命运的重大原则面前，事关中国四个现代化能不能实现的关键时刻，作为伟大炎黄子孙、杰出的马克思主义者——邓小平，他没有考虑个人的得失，而是出于对祖国、人民和人类的深深的爱，出于对共产主义、对我国四个现代化的坚强的信念，出于造福于中国人民和世界人民的意愿，以最雄伟的气魄、敢于冒最大的风险、承担最大的历史责任的大无畏精神冲破禁区，排除万难，勇往直前，提出改革开放的路线、方针和政策，把中华人民共和国的巨轮引向了建设有中国特色社会主义的新航向，翻开了中国历史上建设社会主义的新的一页。这是一个伟大的历史转变。邓小平之所以能这样做，因为他是一个坚定的共产主义战士，是一个中国人民的儿子，他说：“最终我是一个共产党员，要服从党的决定。我是一个中华人民共和国公民，要服从人民的意愿。”① 是党和人民给了他力量和信心。在这里，我们看到了一个伟大的爱国者对人民充满深深的爱、对真理执着追求的火热的美丽的心灵，一个老共产主义战士的崇高伟大的信念和人生价值理想——一切为了祖国、人民和人类。

四、邓小平科技开放思想在我国现代化建设中的巨大作用

邓小平科技开放思想的最大成就在于：它使我国从封闭状态走向开放，走

① 《邓小平文选》第三卷，第107-108页。

向与世界进行科技交流与合作。邓小平说："建设一个国家，不要把自己置于封闭状态和孤立地位。要重视广泛的国际交往，同什么人都可以打交道，在打交道的过程中趋利避害。"① 这样我们国家就在全世界面前树立一个新的形象：打开国门，走向世界。这为我国的经济全面发展创造了一个优越的先决条件。

邓小平科技开放思想使我国在引进国外科技、资金、设备和管理方面开创了历史新纪录。据这几年不完全统计，到1991年底，共引进国家和省市两级经贸部门审批的技术合同4237项，合同总金额达到238亿美元，共邀请五大洲的50多个国家的20多万名专家学者来华讲学，协助工作，帮助培训技术人才。如欧共体资助在中国开办8个能源培训中心，已培训3000多人；中美合作在大连创办中国科技管理培训中心，自1980年以来，已培训2500多技术骨干。近几年来，我国先后同58个国家缔结了政府间科技合作或经济技术合作协定；同108个国家和地区建立了科技合作关系，在联合国系统的30多个科技机构中争得了地位；我国学术团体参加了280多个国际学术组织：促进了我国科技出口事业的发展，改变了我国只引进、不出口的局面。从1980年起，科技出口额逐年增加，到1991年科技出口合同猛增到462项，合同总成交金额达到127.7亿美元。

科技开放思想促进了我国科技的蓬勃发展，不仅在基础科研方面，而且在应用科研方面，特别是在高精尖科技方面都有了长足的进步。在我国新中国建立后科技原已取得一定成就的基础上，跃进到了一个新时期，登上了一个新台阶。邓小平说："我也很高兴，科技界的同志这几年做了很多工作。我们国家的经济搞得不错，光景一年比一年好。……这里面，有你们（指科技工作者）的一份功劳。中央要求科技界面向经济建设。你们是出了大力的。同志们不仅出了很多科技成果，而且以主人翁的态度，为国家出了许多很好的主意。"② 这些成就主要有：1）制订了一些重点科技攻关计划，如"七五""八五"国家重点科技攻关计划、星火计划、丰收计划、火炬计划等。2）制订了"863"高科技发展计划，从1987年开始，在生物技术、航天技术、信息技术、激光技术、自动化技术、能源技术、新材料技术等七个领域，100多个主题，1000多个课题中进行研究，经过五年多的实施，取得较好成绩，到1991年4月，已取得成果400多项，其中50项达到国际20世纪80年代水平。3）制订

① 《邓小平文选》第三卷，第274页。

② 《邓小平文选》第三卷，第107-108页。

了基础研究计划，从事基础研究的科技人员已达 10 万人，已建立国家重点实验室 79 个，博士后流动站 145 个。4）在一些重要科技领域中取得了重大成果。如航天领域，用火箭成功地发射了卫星，并回收了卫星；在核能领域，建立了秦山和大亚湾核电站；在自然科学基础研究方面，人工合成了胰岛素，建成了北京电子对撞机，设计了亿次银河巨型计算机；还有在农业、工业和超导技术方面，都取得了巨大成就。

邓小平科技开放思想的丰硕成果，表明我国已处在科技春天中。邓小平指出："科学技术是第一生产力。"① 科技促进了经济的高速发展，增强了经济实力。反过来，经济实力的增长又为科技发展提供了坚实的基础，使我国有资金、有能力去建立更多的科研机构，去开拓更多新的研究领域，去兴办更多的高级实验室，去培养更多的科技专门人才。邓小平指出我国科技的发展必须盯住高科技这个目标，"要以世界先进科学技术成果作为我们发展的起点"。② 21 世纪将是高科技发展的世纪。这一场高科技革命将会创造出意想不到的人间奇迹，将会给中国人民和世界人民带来意想不到的福音。世界上很多国家都在积极准备迎接这个伟大世纪的到来；我们国家也制订了 21 世纪高科技发展计划。邓小平纵观科技发展史，满怀深情地说："科学的未来在于青年。"③ 他说，人类历史上很多伟大、杰出的科学家都是在青年时代立下大志，并作出创造性贡献的。所以，他提倡："大力培养新的科学技术人才。"④ 并指出："一个向科学技术现代化进军的热潮正在全国迅猛兴起。"⑤ 我们党和政府遵照邓小平的指示，采取了很多有力的措施培养、支持青年科技工作者成长。而那些有抱负、有理想的科技工作者，也不辜负祖国人民的殷切期望，正在勤奋地耕耘，辛勤地劳作，艰苦地创造，……他们在祖国的大花园里，沐浴着党和人民亲切关怀的雨露和阳光，正含苞待放。我们相信，在邓小平科技开放思想的光辉指引下，认真贯彻党的"科教兴国"的方针，在 21 世纪世界科技大发展的潮流中，百花争艳的科技春天将常驻在中华大地上。

（1996 年）

---

① 《邓小平文选》第三卷，第 274 页。
② 《邓小平文选》第二卷，第 129 页。
③ 《邓小平文选》第二卷，第 95 页。
④ 《邓小平文选》第二卷，第 95 页。
⑤ 《邓小平文选》第二卷，第 95 页。

唯物辩证法的又一伟大的历史性胜利

今天，当中华民族以雪洗历史耻辱，满怀自豪和喜悦的心情欢呼香港回归祖国，当饱尝殖民苦涩，现在感受回归祖国温暖的香港人民迎接历史新纪元的到来，当世界人民都以钦佩和奇异的目光注视东方明珠的历史性巨变时，我们——曾遭受无数历史苦难和悲伤的炎黄的子孙们，抑制不住心中的激动，情不自禁地赞颂：这是伟大改革家邓小平的“一国两制”构想创立的辉煌！这是马克思主义唯物辩证法的又一伟大的历史性胜利！

一

实事求是，一切从实际出发，从客观存在的实际情况引出规律，制订我们的路线、方针和政策，这是马克思主义唯物辩证法的活的灵魂，是我们一切工作必须遵循的基本原则。

邓小平“一国两制”构想，正是这一原则的具体运用。它是从香港、中国大陆和世界的实际出发，提出来的实现和平统一祖国的正确的方针和政策。

首先，“一国两制”的提出，是从香港的实际出发的。《南京条约》签订后，香港与祖国分离一百多年。英国殖民者在这儿建设了繁荣发达的经济。香港人民就在这种制度下生活了一百多年，因而在思想观念、生活方式、习俗信仰诸多方面与大陆人民有一定的差别。这就是香港的实际，解决香港回归，就必须从这个实际出发。邓小平说：“采用和平方式解决香港问题，就必须考虑到香港的实际情况。”①

其次，“一国两制”是从中国的实际出发提出来的。新中国建立后，几十

① 引自《邓小平文选》第三卷，第101页。

年来，在社会主义革命和建设方面取得了令人震惊的成就。我国再不是受人任意欺凌的国家，而是在世界上起举足轻重作用的伟大的社会主义国家，已经有能力、有力量来解决港澳回归祖国和实现祖国大陆和台湾统一的问题。而另一方面，我国目前又还处在社会主义初级阶段。我国经济发展水平和国力与先进发达的国家差距仍然很大。要想把我国建成繁荣富强的伟大的社会主义国家，在一个相当长的历史时期内，还存在一个大力发展生产力，全心全意发展经济的问题。实行"一国两制"就有利于香港的继续繁荣和稳定，有利于加强我国同世界经济的联系，这就为我国发展生产力、展开大规模现代化建设提供了一个良好的外部条件。

再之，它也是从当代国际环境的实际出发提出来的。我们正处在和平与发展已成为当代世界主题的时代，按"一国两制"和平统一祖国就符合时代的主旋律。现在世界各地联系愈益密切，任何一个局部范围内的重大事变，往往会影响到整个国际局势。港澳台问题涉及很多方面的关系，涉及不少国家的利益。解决香港回归，就要考虑到有利于国际稳定、世界和平。邓小平说："'一个国家，两种制度'在国际上是一种新的构想。我们提出这一方针不仅因为面临香港问题，而且因为我们对外政策的总方针是维护世界和平。"① 唯物史观认为，历史是人民群众创造的。"人民，只有人民，才是创造世界历史的动力。"② 相信、依靠、尊重人民群众的创造精神，是马克思主义者对待历史的基本出发点。"一国两制"正充分体现了这一基本出发点。

"一国两制"的基本政策，就是港人治港，高度自治。回归后，就是由香港人民自己当家作主来管理好香港。当有人散布非英国人不能治理好香港时，邓小平充满对香港人民的信任说："要相信香港的中国人能治理好香港。不相信中国人有能力管好香港，这是老殖民主义遗留下来的思想状态。"③ 又说："香港人是能治理好香港的，要有这个自信心。香港过去的繁荣，主要是以中国人为主体的香港人干出来的。"④

人民群众是社会物质财富的创造者。在英国统治时期，香港人民用自己的

① 引自邓小平《建设有中国特色社会主义》，第64页。
② 引自《毛泽东选集》第三卷，第1031页。
③ 引自《邓小平文选》第三卷，第60页。
④ 引自《邓小平文选》第三卷，第60页。

辛勤和汗水，创造了大量的物质财富，推动了经济的繁荣和社会的进步。香港回归后，香港人民一定会进一步加强与祖国大陆的联系，焕发活力，勇于开拓，去创造更多更美好的事物，促进香港进一步走向辉煌。

人民群众也是精神财富的创造者。在过去的一个多世纪内，香港人民为发展政治民主、法律公正、教育普及、科技进步、艺术创作，做出了不懈的努力。回归后，成为历史主人的香港人民，一定会饱含爱国的激情，弘扬祖国的优良文化传统，采集世界文化的精华，创造出更加丰美、灿烂的精神财富，为祖国和世界文明作出新的贡献。

二

马克思主义认为，国家是阶级矛盾不可调和的产物，是阶级统治的工具。“一国两制”理论突破了对国家观点的传统看法，更深刻地理解和实践了恩格斯关于国家的经典论述，使恩格斯关于国家的理论重显异彩，大放光芒。恩格斯说：“国家是表示：这个社会陷入了不可解决的自我矛盾，分裂为不可调和的对立面而又无力摆脱这些对立面。而为了使这些对立面，这些经济利益互相冲突的阶级，不致在无谓的斗争中把自己和社会消灭，就需要有一种表面上凌驾于社会之上的力量，这种力量应当缓和冲突，把冲突保持在‘秩序’的范围以内。”[①] 恩格斯的论述非常清楚：国家是阶级矛盾不可调和的产物，是阶级统治的工具，但它又具有“缓和冲突”，起“调停人”作用的性质。但在过去，人们只强调了国家上述前面的两点；但对上述后面“缓和冲突”，起“调停人”作用则忽视了。“一国两制”的构想却使我们对恩格斯的上述思想得到全面、完整的认识，使国家在特殊时期所起的“缓和冲突”和“调停人”的作用得到充分的理解和运用。事实是这样的：我国正处在一个特殊历史时期，大陆实行的是社会主义制度，港澳台实行的是资本主义制度，而且他们现在还不能接受社会主义制度，用社会主义去统一祖国，是一种不现实的设想。欲达到统一祖国的目的，就必须找到一条使各方都能接受的解决问题的方法。邓小平深刻地认识了这种现实。他发挥了恩格斯关于国家的“调停人”和“缓和

① 引自《马克思恩格斯选集》第四卷，第166页。

冲突”作用的思想，进而提出了使两种根本不同的社会制度并存于统一国家之内，把两个阶级、两种制度的冲突和斗争保持在宪法和法律的“秩序”范围内，用和平的方法调节和解决各方的利益，达到国家统一的目的。

香港回归，国家统一，两种制度就共处于统一国家之内，但两种制度的对立和斗争仍是一个客观存在。在此情况下，人民民主专政的社会主义国家必然要处于“调停人”的地位，起“缓和冲突”的作用。由国家来调节大陆与香港的关系，缓和两种不同制度间的矛盾，调整工人阶级与资产阶级的矛盾和斗争。我们说邓小平的“一国两制”发展了恩格斯的思想，是一种创造性的运用就在于：恩格斯当年讲的是在一国一制之内，国家起这样一种作用。而现在“一国两制”却把“缓和冲突”和“调停人”的作用扩大到一个国家内部的两种不同的社会制度上，使社会主义国家的中央政府充当两种制度的“调停人”。这是国家理论上的一个重大的突破。

“一国两制”构想还突破了单一制国家结构形式的传统观念，丰富和发展了马克思主义国家结构形式的理论。

所谓国家结构形式是指国家调整整体与部分、中央机关与地方机关之间相互关系所采取的形式。现代国家的结构形式基本上有单一制和联邦制。单一制与联邦制的区别主要在于二者主权来源和国家的整体与部分间的权力关系的不同。联邦制国家联邦的权力来源于各成员国的让予，除此外，联邦中各个成员国还拥有自己很大的权力，有的甚至是联邦政府无法制约的权力。单一制国家则不同，虽然它也划分为各个不同的区域，但各个区域不是拥有自己权力的联邦，而是统一于国家之内的一个行政区域，它所行使的权力，只能是国家中央政府委托的或授予的，不能是自己制定的。所以，在单一制国家内，中央政府原则上掌握了国家的一切大权，不过将部分权力委托地方政府行使罢了。显然，我国是属于单一制国家。

在“一国两制”情况下，香港回归后，虽然我国仍是单一制国家，但却发生了一些变化。香港基本法规定香港拥有很多自己的权力和制度，邓小平说：“我们的政策是实行‘一个国家，两种制度’，具体说，就是在中华人民共和国内，十亿人口的大陆实行社会主义制度，香港、台湾实行资本主义制度。”[①] 又说：“祖国统一后，台湾特别行政区可以有自己的独立性，可以实行同大陆不同的制度。司法独立，终审权不须到北京。”[②] 香港回归，除外交权和国防权直属中央人民政府外，其他的行政管理权、立法权、司法权、终审权、货币发行权、税收权都是自治独立的。香港特别行政区政府甚至还可以制定和全国人大制定的相应法律相抵触的法律，只要符合香港基本法和法定秩序。显然，香港上述的权力和立法都是大陆各省、自治区和直辖市所不具有的。香港拥有的这些特点，就带有联邦制联邦成员国权力关系的特点。我国的单一制就具有了联邦制的一些特征，这就是“一国两制”下我国的国家结构形式的新特点。这是世界上一种崭新的国家结构形式，在马克思主义国家学说中是找不到现成答案的。

三

无产阶级在推翻旧世界，建设新世界的伟大斗争中，遵循马克思主义唯物史观的基本原则，提出了科学的战略、策略理论和原则，指导无产阶级在革命和建设中取得了一个又一个的伟大胜利。“一国两制”构想把马克思主义的战略、策略理论和原则做了最深刻的阐述、最生动的运用。

“一国两制”构想是对和平共处思想和原则的创造性运用和发展。列宁在十月革命后，针对当时世界范围内社会主义制度和资本主义制度同时并存，社会主义国家面临帝国主义干涉、颠覆的危险，提出社会主义国家处理不同社会制度国家关系的一种政策思想，即和平共处。苏联人民和中国人民长期坚持了列宁的这一策略思想，正确地处理了很多国与国之间的关系。

列宁讲的和平共处是不同社会制度国家间的和平共处。那么，一国内不同社会制度的地区是否也可以和平共处呢？这是一个前人未曾遇见过、也未曾解决的新问题。“一国两制”构想恰恰回答了这一重大的理论和现实问题。邓小平说：“现在进一步考虑，和平共处的原则用之于解决一个国家内部的某些问题，恐怕也是一个好办法。……这也是一种和平共处。……十亿人口的大陆坚定不移搞社会主义，台湾可以搞它的资本主义，北京不派人到台湾去。这不也

① 引自《邓小平文选》第三卷，第58页。

② 引自《邓小平文选》第三卷，第30页。

是和平共处吗？所以，和平共处的原则不仅在处理国际关系问题上，而且在一个国家处理自己内政问题上，也是一个好办法。”①

当然，“一国两制”所讲的和平共处是一种特殊的和平共处，与不同国家制度之间的和平共处是有它自己的特点的。这种和平共处是以大陆坚定地搞社会主义为基础的；港澳台可以搞资本主义，但这种资本主义不能动摇和影响大陆的社会主义。中华人民共和国在世界上作为一个整体（包括港澳台）是社会主义国家。这种和平共处是以宪法和法律作保证的。国家依据宪法和法律保障这些地区的资本主义在相当长时期内不变，邓小平说：“‘一国两制’也要讲两个方面。一方面，社会主义国家里允许一些特殊地区搞资本主义，不是搞一段时间，而是搞几十年、成百年。另一方面，也要确定整个国家的主体是社会主义。否则怎么能说是‘两制’呢？那就变成‘一制’了。”② 我们允许小范围内的资本主义存在，是因为相信，这会更有利于发展社会主义。所以，“一国两制”所讲的和平共处是一种利用资本主义促进社会主义发展的特殊的和平共处。

统一战线是马克思主义政党进行斗争的重要策略，特别是中国共产党团结一切可以团结的人们、结成最广泛的同盟以反对最主要的敌人的强有力的武器和法宝。在中国共产党领导的艰苦卓绝的斗争中，多次使用这一法宝促进了革命的胜利和成功。

我国历史上的抗日民族统一战线，团结全国各族人民打败日本帝国主义，就是由中国共产党领导和组织的一次伟大的联盟。邓小平在新时期提出的“一国两制”构想为马克思主义的统一战线理论和实践增添了许多新内容，使我国新时期的统一战线在性质、范围及工作方式等方面出现了许多新特点。

“一国两制”构想使新时期统一战线的爱国主义性质比以往任何时期都更加突出，更加鲜明了。爱国主义是任何一个国家团结本国人民的强大的凝聚力量。在中华民族历史上，曾有多少次由于在爱国主义伟大旗帜的号召下，组成浩浩荡荡的大军，战胜了一个个艰难险阻，挽救了我们的民族和国家；有多少仁人志士，在爱国主义的感召下，赴汤蹈火，捐躯献身，写下了可歌可泣的悲壮的篇章。“一国两制”高举爱国主义旗帜，以是否爱国为最大的政治分野，

① 引自《邓小平文选》第三卷，第96-97页。

② 引自《邓小平文选》第三卷，第219页。

不管生活在何种制度下，政治信仰、意识形态有多大的差别，也不论哪一个阶级、阶层、党派、集团或个人，只要有利于建设四化，统一祖国，振兴中华，只要有利于民族团结，社会进步，人民幸福，我们就要团结，就可以参加统一战线，成为其成员，就可以成为国家和社会的管理者和组织者。香港回归，港人治港。什么样的港人来治？只要是爱国者就行。邓小平说："港人治港有个界线和标准，就是必须由以爱国者为主体的港人来治理香港。……什么叫爱国者？爱国者的标准是，尊重自己民族，诚心诚意拥护祖国恢复行使对香港的主权，不损害香港的繁荣和稳定。只要具备这些条件，不管他们相信资本主义，还是相信封建主义，甚至相信奴隶主义，都是爱国者。"①

同样，很显然，"一国两制"构想也扩大了新时期统一战线的政治基础和范围。不同时期统一战线的政治基础和范围是不同的。抗日战争时期统一战线的政治基础是以赞成反对日本帝国主义为基础；社会主义革命和建设时期，统一战线的政治基础和范围是以是否赞成和拥护社会主义为基础的。"一国两制"把统一战线的政治基础和范围扩大了。在这里，只要是爱国者，都是统一、团结的对象。这就把我们党在新时期所领导的统一战线变成为包括两个范围的联盟：一个是大陆范围的，以爱国主义和社会主义为政治基础的团结全体劳动者和爱国者的联盟。在这个同盟里必须坚持四项基本原则，反对资产阶级自由化，弘扬爱国主义精神。一个是大陆范围以外以爱国和拥护祖国统一为政治基础的港澳台同胞和海外侨胞的联盟，在这个同盟里，只要求爱祖国，拥护祖国统一，并不要求人们拥护社会主义制度，赞成我们的意识形态和生活方式。有了后一个同盟，新时期统一战线团结的同志和朋友就更多、更广泛了。这个联盟就构成我国新时期统一战线的整体。

如何处理国际争端？这也是马克思主义政党和社会主义国家必须高度重视的策略之一。唯物辩证法认为，矛盾着的双方在一定条件下具有同一性。用"一国两制"来解决国际争端，正是这一原理的生动运用。

在国际关系中，社会主义国家彼此之间，社会主义国家与资本主义国家之间，以及资本主义国家彼此之间，都可能存在诸如领土疆界、水源分配、岛屿归属、战争遗留问题等国际争端。一些社会主义国家比较正确地处理了这些关

---

① 引自《邓小平文选》第三卷，第61页。

系，维护了世界的和平与稳定。但同时也要看到，一些争端未处理好，曾发生了剧烈的冲突，酿成了悲剧性的结局。“一国两制”构想就为解决国际争端找到了一条新的出路。邓小平说：“我们提出‘一个国家，两种制度’的构想，也考虑到解决国际争端应该采取什么办法。因为世界上这里那里有很多疙瘩，很难解开。我认为有些国际争端用这种办法解决是可能的。”① 如果不用恰当的方式解决，“给终顶着，僵持下去，总会爆发冲突，甚至武力冲突。如果不要战争，只能采取我上面讲的这类的方式。”② 现在，世界已进入新时代，和平与发展成为时代的基本趋势。然而，两次世界大战，特别是第二次世界大战却留下了不少引起国际争端的复杂问题，所以，现在国际上“一分为二”的情况很多：中国大陆与台湾，朝鲜北方与南方，以前的东德与西德等等。“中国有香港、台湾问题，解决这个问题的出路何在呢？是社会主义吞掉台湾，还是台湾宣扬的‘三民主义’吞掉大陆？谁也不好吞掉谁。”③ “我多年来一直在想，找个什么办法，不用战争手段，而用和平方式，来解决这个问题。”④ 今天的世界，就要求我们要从尊重现实出发，要学会从死胡同里找出路，新问题就得用新办法来解决。“怎么解决这个问题，我看只有实行‘一个国家，两种制度’。世界上一系列争端都面临着用和平方式来解决还是用非和平方式来解决的问题。”⑤ 这样做，当然还留下了问题。但留下来的问题可以通过和平竞赛，让人们通过竞赛去作最终的选择。如果这样，就可以消除爆发点，稳定国际局势，就符合时代发展的主旋律。“我还设想，有些国际上的领土争端，可以先不谈主权，先进行共同开发。”⑥ 是不是将来永远也不谈主权，永远不解决呢？也不是那么回事。邓小平说，将来是要解决的，而且将来也一定能解决。因为在将来，“也许下一代人比我们更聪明些，会找到实际解决的办法。”⑦ 既坚持了维护祖国领土主权神圣不可侵犯的原则，又保持了我国与周边国家的友好关系，对维护世界和平作出了巨大的贡献。

① 引自《邓小平文选》第三卷，第 68 页。
② 引自《邓小平文选》第三卷，第 49 页。
③ 引自《邓小平文选》第三卷，第 59 页。
④ 引自《邓小平文选》第三卷，第 49 页。
⑤ 引自《邓小平文选》第三卷，第 59 页。
⑥ 引自《邓小平文选》第三卷，第 49 页。
⑦ 引自《邓小平文选》第三卷，第 87 页。

四

“一国两制”构想之所以能顺利实现，获得成功，是有深刻的原因和基础的。

其一是，因为它符合马克思主义的基本原理。邓小平说：“如果‘一国两制’的构想是一个对国际上有意义的想法的话，那要归功于马克思主义的辩证唯物主义和历史唯物主义，用毛泽东主席的话来讲就是实事求是。”①

其二是，因为有实行改革开放的强大的社会主义祖国作坚强的后盾。党的十一届三中全会以来，我们党坚持马克思主义实事求是的思想路线，总结了建设社会主义的正反两方面的经验教训，克服了过去的错误，实行改革开放，进行四化建设，并取得了伟大的成功。邓小平说：“近几年来，中国一直在克服‘左’的错误，……经过五年半，现在已经见效了，正是在这种情况下，我们才提出用‘一个国家，两种制度’的办法来解决香港和台湾问题。”② 众所周知，在中国历史上，由于统治阶级的腐败、无能，有多少次被帝国主义列强逼迫签订丧权辱国的不平等条约，既割地，又赔款，使中华民族遭受深重的苦难。就是在二次世界大战之后，作为战胜国的中国军队已把香港从日本军人手中接收过来，国民党欲言让香港回归中国，可是英国主子把眼一瞪，国民党就只能把话卡在喉间，再不敢声言半个字，又乖乖地拱手把香港送给英国。中国软弱无能、受人欺凌，达到何等可怜的地步，今昔对比，感慨万千！今天香港回归，又何止是一颗明珠回到东方巨龙的头冠上！它应该是豪迈地向世界显示：马克思、恩格斯早在一个多世纪前的预言已成为现实，东方巨龙已经觉醒，已经腾飞！中华民族已经有能力置身于世界民族之林的行列，我国各族人民应该为此感到自豪，香港人民应该感到自豪，海内外的炎黄子孙应该感到自豪。

其三是，因为我们有能力继续保持香港的繁荣和稳定。“一国两制”构想中就设计好了继续保持香港现状的完美方案，其中高度自治，港人治港，五十年不变，就得到了香港人民最广泛的支持和拥护，就能最充分地调动起港人的

① 引自《邓小平文选》第三卷，第101页。

② 引自《邓小平文选》第三卷，第58-59页。

积极性和创造性，使他们安下心来制订长远规划，满怀信心地去追求新目标。祖国大陆的源源不断的强有力的支持，会时时给香港注入更多的新活力，推动香港经济走向新的繁荣和发展。

当有人怀疑“一国两制”能否获得成功时，邓小平对此却充满信心。他说：“也有人怀疑这个主张能否行得通，这就要拿事实来回答。现在看来是行得通的，至少中国人坚信是行得通的，因为这两年的谈判已经证明了这一点。这个构想在解决香港问题上起了不说是决定性的作用，也是最重要的作用。……再过三十年，再过五十年，会更加证明‘一国两制’是行得通的。”① 中国人民坚信“一国两制”构想能获得成功，就是世界上的很多政治家和国家领导人也对此毫不怀疑，并交口赞誉。英国前首相撒切尔夫人说：“我认为，从历史的观点看，‘一国两制’是最富天才的创造。这种构想看起来是简单的想法，但却是充满想像力的构想，是解决香港问题的关键，是我们达成协议的关键。”② 前联合国秘书长佩雷斯·德奎利亚尔说：“在紧张和对抗不幸地笼罩着世界许多地区的时期，对香港未来地位的谈判取得成功，将毫无疑问地被认为是在当前国际关系中，有效的、静悄悄外交的一项极为突出的范例。”③ 朝鲜人民的伟大领袖金日成在 1984 年 12 月的一次谈话中，在谈到南北的统一问题时，说：“朝鲜南北方也可以学习香港方式，各自维护现行的经济体制不变，实现和平统一。”④ 世界的很多政治家都认为，邓小平“一国两制”的构想是“一个高瞻远瞩的设想”，它的提出，“可以为未来的政治哲学开一个新纪元”，是“足以开创未来世界的新局面”。⑤ 英国前外交大臣杰佛里·豪才含意深长地说：“1997 年将不仅标志着香港一个时代的结束，更为重要的是，它将标志着一个新时代的开始。”

邓小平提出的“一国两制”的构想，是中国共产党长期坚持和平统一祖国的产物，是他运用马克思主义唯物辩证法提出的一个全新的、富有智慧的战略构想，是诸多统一祖国方案中可行的最佳方案，是建设有中国特色社会主义的重要内容，是我们时代充满创造性的崭新事物。“从世界历史来看，有哪个

① 引自《邓小平文选》第三卷，第 102 页。

② 引自《邓小平和他的事业》（下）第 898 页。

③ 引自《红旗》1984 年第 20 期，第 23 页。

④ 引自《上海译报》1985 年 1 月 28 日，第 83 期。

⑤ 引自香港《明报》1984 年 6 月 15 日。

政府制定过我们这么开明的政策？从资本主义历史看，从西方国家看，有哪一个国家这么做过？”[1] 前人没有讲过，我们讲了；西方没有做过，我们做了。这就是站起来了的中国人民的气魄，这就是邓小平的胆略和勇气。当然，“这个胆略是要有基础的，这就是社会主义制度，是共产党领导下的社会主义的中国。”这个勇气是要有来源的，这就是“来自人民的拥护，人民拥护我们国家的社会主义制度，拥护共产党的领导”。[2] 我们欢呼香港的回归，我们庆贺“一国两制”的伟大胜利，因为它给了我们很多的联想和启示；它是否给台湾回归祖国做了一场示范性的预演，并描绘了更清晰的途径？它是否给人们处理各种世界事务提供了一种思维模式的启迪？它是否给人类未来新世界的结构和图景显现了充满希望的新曙光？

（1997 年）

① 引自《邓小平文选》第三卷，第 60 页。

② 引自《邓小平文选》第三卷，第 21 页。

自然科学的发展与马克思主义哲学面临的新问题

从20世纪中叶到20世纪末，在将近一百五十年的时间内，世界的自然科学取得了巨大、辉煌的进步。爱因斯坦的相对论、海森堡的量子力学、宇宙热大爆炸理论、基本粒子理论、系统论、控制论、信息论和人工智能工程、生物工程、生命工程等等展示了现代自然科学发展的一幅绚丽多彩的画面。这些伟大的成就深刻地影响了自然科学和社会科学的各个领域，渗透进了社会生活的各个方面，也几乎对马克思主义哲学的各个部分提出了一些值得探讨、研究的新问题。

一、唯物论方面

1. 物质是不是无限可分的

高能物理的发展，使人们对物质微观结构的探索，进入基本粒子这一层次。1936年提出了“重子—介子复合模型”，突破了传统观念，认为强子一类的基本粒子是由更基本的东西组成的，为粒子理论研究开辟了一个新局面。1964年，美国物理学家盖尔曼进一步提出了“夸克模型”。后来，中国的科学家又提出了“层子模型”，美国的丁肇中教授等人又发现了胶子存在的迹象。这些发展充分说明基子粒子是具有内部结构的。然而，到目前为止还未能从基本粒子中打出夸克来，即谁也没有发现过自由夸克（层子）的独立存在形式。有趣的是，实验室虽然没有找到夸克，却给出了大量的证据，证明夸克是确实存在的。于是，“夸克为什么被幽禁”的问题，成为物理学界的一个极受重视而又极力寻求解答的大问题，就被提出来了。

夸克被幽禁向人们提出了一个问题，物质是否永远这样按分子——原

子——原子核——基本粒子——夸克……无限地分割下去？如果不能，物质的无限可分性的内涵理论要不要做实质性的发展？如果“夸克被幽禁”最终被证实，那么物质的无限可分性的含义又是什么？中国古代提出的“一尺之棰，日取其半，万世不竭”的格言还是不是真理？

2. 时空观念是否需要进一步发展

按照通常的观念，物体经过分割，其体积总是愈来愈小。可是在微观领域人们发现，一个高能粒子打到另一个粒子上，并把它打碎变成两个、三个甚至一簇粒子，这一簇粒子中的每一个都不比原来的小，空间尺度还变大，这是为什么？

在宏观领域，时空观念也遇到了问题。例如本来时间是有方向的不可逆的，但在传统的物理学中用-T（-t）代表T（t），方程也不变，即时间的方向性并不影响规律的表达，这又是为什么？在宇观世界，黑洞的核心由于物质的密度特别大，引力非常强，时空弯曲得很厉害，并且存在着时空奇点，从而时空被“凝结”起来，出现了微观和宏观时空都不存在的新性质。这是为什么？这是不是表明，在宇观时空、宏观时空、微观时空中可能具有不同的性质，时空可能带有层次性？

3. 宇宙无限应怎样理解

大爆炸宇宙学的发展，使宇宙到底是有限的还是无限的，如果是无限的，又是哪种范围的无限，争论日趋尖锐。早期宇宙学给出了宇宙经大爆炸产生的最初几分钟的情况。早期宇宙学又给出了此后几小时到几天的宇宙的状态。这两种理论研究了宇宙物质怎样从最初状态发展成夸克，以后又发展成基本粒子、原子，最后发展成分子的。现代宇宙学则接着描述了宇宙的演化和膨胀过程。宇宙在这些理论中完全是有开端和有界的。根据现有的资料看，天文观察的结果，大约有一半符合这些理论。例如，热大爆炸的余烬微波背景辐射，被后来的天文观察证实了。人们利用射电望远镜发现了3°K背景辐射。另外，它对河外星系谱线红移及射电源计数的说明，也大体同观察相符合。尽管如此，如何解决我们的宇宙无限性的观念同大爆炸宇宙学具体结论之间的矛盾仍然是一个急迫的问题。有人认为大爆炸宇宙学说的是我们今天所认识到的宇宙，即恩格斯所说的“我们的宇宙”，它只是“我们的宇宙以外的无限多的宇宙”的一部分，而哲学讲的宇宙包括整个客观世界。那么宇宙的无限性的含义究竟是什么？如何把哲学上的宇宙无限性同大爆炸宇宙学所说的宇宙有限性统一起来？

4. “物质统一性”的内容到底是什么

从1918年第一个统一场模型——魏耳规范不变几何提出算起，统一场论已经度过了几十个年头。目前，物理学领域正在兴起一种新的“统一场论”热。如何评价爱因斯坦的统一场论被重新提了出来。这种“热”是由于规范场理论的迅速发展引起的。20世纪60年代末期温伯格—萨拉姆用规范场理论统一地描述了电磁相互作用和弱相互作用，建立起弱电统一理论。这个理论同实验符合得比较好。70年代用规范场理论处理强相互作用的量子色动力学的诞生，为统一描述电、弱、强三种相互作用带来了希望。近几年用规范场理论描述引力相互作用的努力有了进展。引力规范、超引力、超对称等理论的提出表明有可能把引力相互作用纳入到规范场理论中来，从而为研究电磁作用、弱相互作用、强相互作用、万有引力作用四个基本力的统一创造了条件。

统一场论的发展，正在向科学和哲学提出新的问题，物质的统一性的含义究竟是什么？通常我们说世界的统一性在于它的物质性，是指物质的整体而不是指物质的某一种具体形态。而在统一场论中，世界不是笼统地统一于物质，而是统一于一种具体的物质形态——统一场。物质的多样性与统一性是什么关系？世界上的物质是否具有层次性，它们一层包含一层，所以上一层的物质统一于下一层物质，就如分子统一于原子那样？按照这种统一场理论，世界的物质统一性究竟应作如何理解？

二、辩证法方面

1. “突变理论”对质量互变规律带来的影响

“突变理论”是20世纪70年代国际数学界出现的一种新学说。1972年，法国数学家雷内·托姆在《结构的稳定性和形态发生学》一书中，明确地阐明了突变理论的内容，宣告了突变理论的诞生。突变理论主要以拓朴学、奇点理论为工具，并通过对稳定性结构的研究说明了有的事物不变，有的渐变，有的则是突变，从而提出了一系列的数学模型，用以解释和预测自然界和社会现象中所发生的不连续的变化过程，描述各种现象为何从性状的一种形式突然地跳跃到根本不同的另一种形式。如岩石的破裂，桥梁的断塌，细胞的分裂，胚胎的变异，市场的破坏以及社会结构的改变等。

19 世纪法国自然科学家居维叶就提出了生物“激变论”，认为有机界的变化是由于某种突然性的“灾变”引起的，认为有些生物不经量变而突然发生质变。居维叶的这种见解由于证据不充分而受到了批评。而现在雷内·托姆以一系列数学模型，充分的证据提出了“突变理论”，于是在学术界就引起了激烈的争论。一百多年前，黑格尔从大量的现象中第一次概括出质量互变规律，然而，却一直没有出现过阐述质量互变规律和突变现象的数学理论。这一理论的提出，使人们不得不考虑，应当如何看待质量互变规律？它的一些方面是否需要修正和发展？

2. 黑洞理论对因果性提出的问题

黑洞理论于 1939 年根据广义相对论提出，于 20 世纪 60 年代才开始受到重视，并流行起来。黑洞理论的发展向因果性提出了新的挑战。经典物理认为，知道了一个系统的状态及其物理规律就可以确定它的未来。有确定的因，必然有确定的果。量子物理把因果律变成为统计性的，给定了初始状态可能导致若干个结果，规律所确定的只是各种状态出现的几率。确定的因，导致不确定的果。黑洞理论走得更远。对于黑洞，根据现有理论，我们只能知道它的质量、角动量、电荷三个参数，而它是由什么样的物质、经历了什么样的具体过程形成的，都一概无从考查。这等于说，我们只能知道果而不能知道因。同样，黑洞要向外辐射粒子，然而辐射出去的粒子的具体形态完全不能确定。人们既无法确定地预言某一粒子的位置如何，也无法确定地预言其速度如何，更无法确定地预言其位置和速度的某一组合的情况如何。因此，对黑洞辐射粒子来说，我们又只能知道因，不能知道果。黑洞理论对我们通常理解因果观念提出了挑战，这就提出一个问题，如何理解因果性这一范畴？或许因果性要进一步发展，那么它又应该作如何表述？

3. 机遇对偶然性与必然性提出了什么问题

进入 20 世纪以后，自然科学开始了由经典科学向现代科学的转变。量子力学、分子生物学、系统科学的创立和发展，终于把机遇问题推向了哲学研究的前沿。1926 年奥地利物理学家薛定谔基于量子性是波动性的反映这一认识，建立了量子波动力学，并用波函数来描写微观粒子的波动性。随后，作为量子力学创始人之一的德国物理学家玻恩提出了对波函数意义的几率解释，指出描写粒子的波是一种几率波。它所决定的东西，不是粒子在每一时刻的精确的位置和速度，而仅仅是它们出现的几率。它表明，量子力学不再具有经典力学规律的那种严格确定性，而是具有由机遇决定的随机性。这样量子力学就揭示了微观客体运动规律的统计学特征。1954 年，玻恩出版了《关于因果与机遇的自然哲学》一书，依据量子力学的最新成果指出：机遇是一个极为基本的哲学范畴，“自然界同时受到因果律和机遇律的某种混合方式的支配”。著名哲学家波普尔曾专门研究了量子力学中的机遇问题，他说，人们有时所说，行星的运动服从严格的定律，而一粒骰子的掷下是碰运气，或受机遇支配。其区别在于，迄今我们已经成功地预测行星的运动，但还不能预测掷骰子的个别结果。由此产生了关于主观主义的说法。但波普尔认为，更值得考虑的是关于机遇是客观的观点。他说，当我们的概率估计得到验证时，我们遇到客观意义上的机遇，正如我们遇到了因果规律性一样。后来，系统科学自然组织理论的创立，提出了随机涨落在系统有序化的过程中的选择作用，又进一步把机遇的思想带进了对系统化的研究之中。世界著名的系统哲学家拉兹洛就指出：自然界和历史进程有很大程度的随机性和偶然性，进化不是预先确定的，而是充满了一系列的机遇。另一位世界著名的系统哲学家邦格则提出：“那种认为存在客观的机遇和偶然性的论点，是一种较为现代的观点。”“无论如何，过去通常被认为只是掩饰人们无知的机遇，现在作为一种发生的模式已经获得了相当重要的本体论地位。”

值得注意的是，我国的哲学研究对机遇问题开始予以重视。特别是邓小平用机遇的观点研究社会发展问题，为历史研究注入了当代科学精神，填补了马克思主义哲学发展中的一个重要空白。他对机遇与发展，机遇与挑战，历史必然性与历史偶然性，人的主观能动性与客观规律等辩证关系，有多方面的论述和深刻的描述。邓小平的机遇思想，有着鲜明的时代特征和科学的思想内涵，是对唯物辩证法和唯物史观的新发展，新运用。机遇问题的提出和深入研究，给必然性和偶然性的关系带来了什么新问题？对这一对范畴要做什么样的新理解？

三、认识论方面

1. 系统论、信息论、控制论深化了马克思主义哲学的认识论

20 世纪提出的系统论、信息论、控制论（简称为“三论”）是科学上的一项巨大成果，由于“三论”的宽广的运用，迅速地渗透进社会的各个领域，改变着事物的面貌。“三论”也深刻地影响了马克思主义哲学，特别是在认识论上提出了一些新的问题和见解。

系统论表明，除了事物的因果联系之外，还存在着系统联系、结构联系、功能联系等等。这就给人的认识提出了新的要求，即要从认识“物的世界”转变为认识“系统的世界”，从孤立的“实物中心论”向“系统中心论”过渡。由于所导致的认识的“系统综合性模式”，为“分析与综合的统一”这一辩证逻辑方法提供了新的形式，它要求人们从整体出发，“在综合的基础上并在综合的控制下进行分析，再回到综合”。这样才能把握系统的质，揭示出系统的整体性规律。

用控制论来研究认识过程，总是包含着信息过程和反馈过程，包含着自身的形式化和量的方面。认识，就其本质来说，是在实践基础上主客体相互作用的结果，控制论的反馈原则为我们理解主客体关系提供了一把钥匙。因为，主客体的相互作用，主要是一种能动的反馈过程，抓住了反馈原则，就抓住了主客体相互关系的核心。用反馈原则来说明主客体的相互关系，可表达为：第一，主客体之间的相互作用不是意识与物质的关系，而是物质的相互关系，其中，主体起控制系统作用，客体起被控制系统的作用。第二，主客体相互作用的过程，是一个能动的反馈过程。如果把主体对客体输入的各种信息，包括计划、方案、决定、措施、行为等等的输入量称之为主体的可控制量，客体表现的各种反应、结果称为客体的可观察量，那么，可控制量就引起可观察量。主体就是不断地把可观察量反馈回来，调整可控制量，从而调整主客体关系，使认识符合实践，意识符合物质。第三，认识过程是主客体相互关系的一个环节。主客体相互作用首先是物质间的相互作用。这一物质过程由于主体有目的地实施着对客体的改造，因而又必然包含认识过程。从反馈过程看，认识作为客体相互关系的调节者出现，认识也只有在反馈过程中定型化，模式化。

第四，反馈过程的结果是双向的，即主体对象化（或主体客体化）和自然对象主体化（或客体主体化）。

信息论在认识论上有自身的涵义和意义，其认识论的意义主要表现为四个方面：（1）作为接收、加工信息的主体的认知能力问题已成为认识论研究的重要课题。（2）人类在认识活动中，作为主客体联系起来的桥梁不只是实践，而且也包括信息。完整地说是在实践基础上的信息。认识过程本质上是实践基础上的信息过程。（3）信息概念指明了信息是客观事物相互作用过程的表征，指明了客体事物普遍具有反映属性。研究特殊事物所有的反映属性，有助于认识客观事物的特殊本质。（4）信息作为客观存在已经纳入人的认识范围，成为人的认识对象，同时因此也就改变着人的主体性的本质力量。信息论中的信息概念，信息系统理论，信息选择理论，信息加工理论，知识库理论都丰富了马克思主义哲学的认识论。显然，系统论、控制论、信息论就提出了一个问题：对马克思主义哲学讲的认识主体、对象、过程是否要作修正？它们与认识过程的辩证运动是什么关系？

2. 人工智能的认识论问题

人工智能从多方面丰富了辩证唯物主义原理，同时也向人们提出了许多重大的哲学问题，特别是在认识论方面向马克思主义哲学提出了新的问题。

人工智能是否引起人类认识方式的变革？传统的认识基于认识的本原，着重研究意识与外界客体的相互作用；现代认识论则要基于认识的本因，着重探讨意识与脑内神经的相互作用。传统的认识只是用天然的认识器官去认识外部世界，而人工智能则改变了这种认识方式，采用天然的认识器官与人工认识器官相结合的方式去认识世界。尽管在这种复合的认识器官中，认识主体自然是人，人工认识器官只不过作为主体的一部分发挥作用，但仍然提出了一个尖锐的问题：这会引起人类认识方式发生什么样的变革？

是否出现了人工认识主体？马克思主义哲学认为认识主体是人，即从事实践活动的人。而人工智能电子计算机能够进行一定的思维活动，机器人在人工发动下，能够进行相对独立的认识活动，即能自动地接收和处理外来信息，并按照数理逻辑的思维规则，对外来信息进行判断和推理，所以，可以认为它也成为了认识的主体。机器人是人脑的延长，而不只是手的延长，客观上进行了人脑的一部分认识职能，因而这种机器人已经不单纯是人们的认识工具，同时还应视作认识主体的一个必要的组成部分而进入到人的认识主体的系统中。当然，自然主体是主导方面，人工主体是从属方面。但实践已证明，人工主体一经创造出来，人们只可顺着规律掌握它，却不能随心所欲地对待它。

电脑到底在多大程度上扩大了人脑？人工智能改变了意识的结构，形成了人机互补的新的放大的意识结构。人工智能作为智能机器自然也就成为人脑的扩大。人工智能不仅能帮助人完成一部分意识活动，而且由于突破了人脑器官的许多自然局限性，使得人脑的许多工作可以交给电脑。从电脑是对人脑的模拟来看，电脑离不开人脑，反过来，从人脑借助于电脑进行更深入、更广泛的思考来看，人脑现在又依赖于电脑，特别在那些涉及到系统的、宏观的、微观的复杂领域中，人脑表现了对电脑的很大依赖。正因此，一些人产生幻想，认为机器真的能够思维，可以造出与人智力相等的机器；有的人甚至认为，电脑不仅比人脑更聪明，而且将来的世界会是机器人统治的世界，到那时候，“人将成为计算机思想家的玩物或害虫”，人将被“保存在将来的动物园里”。从辩证唯物主义的观点来看，我们认为这种预言是毫无根据的，是错误的。但这也提出一个问题：电脑的作用到底有多大？能把人脑扩大到一个什么程度？

3. 模糊数学在认识论方面提出的问题

1965 年，英国控制论学家查德教授发表了一篇题为“模糊集合”的论文，首先提出模糊数学的概念，从而给人们认识事物模糊性提供了一个新的数学处理方法，因此实现了在数学方法上的一次重大突破。二十几年来，模糊数学作为一个新的数学分支得到了迅速的发展，有人称之为数学发展史上继精确数学、统计数学之后的第二发展阶段。精确数学在科学技术发展史上有着重要作用，对推进唯物辩证法思想的发展起了重要作用。但是，当人们进一步研究人类系统的行为，或者处理复杂系统时，复杂和精确性互相排斥，精确数学反而不精确了。因此，有必要引进没有明确外延的模糊概念，模糊数学体现出“模糊性”与“精确性”的辩证统一的集合特点。含有模糊概念的语言叫模糊语言，与之相联系，有模糊逻辑，模糊算法。人脑对客观事物进行认识与判断时，多数采用模糊概念；人类先后所使用的自然语言，多数是模糊语言；复杂系统中所呈现的现象，差不多都是模糊现象。模糊数学的研究，特别是模糊语言、模糊选择、模糊算法的研究，对于自然语言的形式化，对于人工智能的研究，对于人机直接对话等，提供了有力的工具。研究和探索模糊数学的辩证内容及其认识论和方法论的意义，就成为哲学关注的重要课题。

4. 相对论、量子力学和“人择原理”在认识论上提出的问题

相对论揭示了认识环境和条件对于认识对象的重大影响。以往，人们为了认识某一物体的运动特性，总要找出一个静止不动的“绝对空间”，并据此建立一个绝对的参考系统。这个绝对的参考系统对于认识对象有何影响，是不予考虑而被排除于认识结果之外的。相对论的创立推翻了这个绝对参考系统。这意味着在认识过程和认识结果中，再也不能忽略认识环境和条件对于认识对象的影响了。这种认识方式同经典物理学认识方式的区别在于它把一系列离开了参考系统就没有意义的特点引进了理论体系。在相对论看来，宇宙中根本不存在绝对的空间和绝对的时间，宇宙的每一点都有同物质运动特性紧密相关的空间和时间。这就是说，空间和时间的性质取决物体的相对运动，选定不同的参考系统，就会得到有关认识对象的不同空间和时间的性质。同样，物体的时间进程也取决于物体的相对运动，这里不存在相对于绝对参考系而言的统一的“同时性”，而是在不同的相互作用中，就有不同的“同时性”。

量子论揭示了认识手段和工具对于认识对象的重大影响。对于物理量的测量，在宏观世界中与微观世界中存在着本质上的不同。在宏观领域，对于物理量的测量，从理论上说都可以得到准确的数值。在微观领域则不然，根据量子力学的测不准关系，对于不可对易算符所对应的两个物理量，原则上不可能同时得到准确的测量值。微观物体的“位置”和“动量”之所以不能同时准确测量，一方面是由于微观粒子具有波粒二象性，另一方面是由于具有这种本质特征的微观粒子同宏观测量仪器的相互作用。就是说，在量子物理学中我们所面对的认识方式，不再是经典物理学中那种把物理量和它的度量视为直接同一的直接反映论，而是要将客体的微观属性和它的度量看成不直接同一的间接反映论。这就要求我们重视测量仪器对于认识对象的作用和影响。重视测量仪器在认识过程中的作用，并不等于操作主义。对操作主义夸大实验操作、实验数据的意义，以致于怀疑甚至否定微观粒子的客观存在的现实，是必须予以批判和摒弃的。海森堡的量子力学所揭示的微观粒子同宏观测量仪器的相互作用，深化了我们对于认识手段和认识工具在认识过程中的作用的认识。

天体物理学和现代宇宙学的发展，特别是近年来新提出的“人择原理”，正在揭示认识主体在认识过程中对于认识对象的重大影响。“人择原理”的独特之处在于，它以对“大数之谜”的巧妙解释，提出了有别于相对论和量子物理学的新的主、客体关系问题。按照这种学说，所谓对于宇宙的认识，其实是宇宙演化中产生的认识主体使宇宙达到了“自我认识”。然而，并不是宇宙演化中任何条件都允许人类产生。人类只能在一定条件下存在，他们在认识世界时不能选择和回避这种特定的条件。因此，人类所看到的世界结构总是符合这种特定条件的结构，这就是“巧合”或“大数之谜”的原因。“人择原理”说明世界的立足点的实质就是：“事物现在之所以是这样，那是因为现在有人存在。”可见，“人择原理”强调了认识主体对于认识对象的影响。本来，在相对论和量子物理学中，无论是参考系的选择，还是测量仪器的运用，都有一个主体的能动作用问题，只是在“人择原理”中，主体的能动作用更突出了。这就提出一个问题：究竟应当怎样认识环境、条件，认识手段和工具对人类认识的影响？

四、历史观方面

1. 关于科学技术革命对社会历史观的影响

近代的科学革命、工业革命，特别是16—17世纪的科学革命证明了神学天堂的虚无，使得人们不再诚服上帝的安排而开始从现实生活中寻找历史的原因，人自身的力量和作用被摆到了突出的位置。18世纪工业革命创造了巨大的物质财富，也带来了极其深刻的社会变革。这时候，出现了以黑格尔和费尔巴哈为代表的唯心史观和以三个伟大的空想社会主义者圣西门、傅立叶、欧文为代表的历史未来观，表明了工业革命引起的对待历史的两种态度。19世纪自然科学的重大发现，哲学社会科学的发展形成了唯物史观创立的理论条件，大工业的蓬勃发展、生产方式的变化、资本和劳动冲突的发展为唯物史观的创立提供了实践条件。马克思、恩格斯正确地利用了这些理论条件、实践条件，对人类社会的历史发展作出了科学概括，创立了唯物史观，使社会历史观变成了一门科学。当代科学技术革命浪潮正在席卷全世界，高科技以极大的速度渗透进社会生活的各个领域，改变着工业、农业、经济的面貌。这种高科技比之以前的各个世纪的科学技术，显示出其丰富的内容，巨大的力量，空前的创造性，人类社会又面临着一个新的历史转折时期。如前所述，从16世纪以来，每一次科学技术革命都对人类社会产生了巨大的影响，都使人类社会发生了巨大而深刻的变化，都提出了认识社会发展规律的必要性，又为这种认识的实现提供了可能性，因此在每次科学技术革命之后，人们对社会历史规律的认识总要出现某种飞跃，总要形成社会历史的新观念。当代高科技的到来，也必然对人类社会历史产生深刻重大的影响，必然会对马克思主义历史观提出新的问题，要求我们去做出新的解释，新的发展。那么，当代的高科技对人们认识社会历史的发展提供了什么启迪？

2. 关于科技决定论的问题

由于科学技术在社会发展中的巨大作用，特别是当代高科技在生活中的全面的巨大的作用，于是人们就提出了科技决定论的问题。有人认为，肯定科学技术决定论对于促使人们高度重视科技的作用及其带来的问题是有一定意义的，有助于启迪我们对科学进行深刻的反思。在以电子计算机的发展和广泛运用为标志的高度自动化的生产过程中，科学技术相对于人的直接劳动成为生产物质产品的决定性因素，在这种意义上讲科技决定论是可以的，不应该反对这种科技决定论。因为肯定现代科学技术是新的社会生产力的决定性因素，不仅不会同“物质生活生产方式决定论”相矛盾，而且会推动我们把历史唯物主义的这一基本原理具体化。否定生产关系的作用，把科学技术说成能够直接决定社会生活的一切方面的力量，这种科技决定论才是和历史唯物主义相对立的。那么，这种科技决定论与科技动力论是什么关系？与科学技术是第一生产力的论断是什么关系？我们应当怎样对待科技决定论？这是值得我们深一步研究的问题。

3. 关于信息社会问题

由于“三论”等高科技的广泛应用，西方的一些学者认为当代工业发达国家经过信息技术革命实现信息化之后就进入了信息社会，认为所有工业社会在将来都要进入信息社会。这就与马克思主义关于人类社会发展进程的理论大相径庭。这种理论认为，在将来的“信息社会”里价值的增长不再是通过劳动而是通过知识，因而划分社会形态不再是经济标准，而应以信息为标准。这种理论用信息社会的概念代替社会经济形态划分，代替资本主义社会和社会主义社会的划分。这对马克思主义关于社会形态的理论提出了什么样的挑战？

4. 生态平衡与不平衡的问题

由于科技的广泛运用，生产的巨大发展，经济的暴涨，自然资源遭到严重的破坏，环境空前污染，人类的生存受到威胁。我们与大自然、与周围的环境是一种什么样的关系？关于生态环境平衡与不平衡的问题就成为当代最为急迫关注的普遍的社会问题。

生态平衡是凭借生态系统的结构与功能之间的关系获得最优化协调而实现的相对平等，它是在一定时间内生态系统中生物和环境之间以及生物各种群之间相互制约、维持某种协调，并由于系统内在调节机制而遵循动态平衡法则，使能量流动、物质循环和信息传递达到一种动态结构的相对稳定性。如城市生态平衡，就是把城市作为一个有机的统一整体进行研究，认识城市生态系统中物质与能量运动的规律，自觉调节物质与能量运动中的不平衡状态，以维护城市生态系统的相对平衡与和谐的发展。人类在其发展的不同阶段对生态系统的影响是不同的，对生态平衡的研究必须因时间、地点的不同而有所区别。因而，应开展生态与环境的多方面的研究。

应当进行生态道德的研究，应当从人与生态相互依存、相互制约的科学认识出发，做到合理地、道德地开发利用自然。如不这样，而肆意侵犯生态环境，破坏生态平衡，不仅破坏人类与生态的关系，而且对人类的未来造成严重后果，这是极不道德的。保护人类与生态统一，必须保护生态。尊重地球生物圈中各种存在物也就是尊重人类自己。当人们的发展需要与生态规律发生冲突时，要求个人或局部作出让步或牺牲，以求得人类在更大利益上实现人类与生态环境的和谐统一。

应当研究生态经济循环圈。以前生态学研究生态循环，经济学研究经济循环，这已不能适应目前发展的需要，而应当将二者统一起来，研究生态经济循环圈。在社会系统中物质以人口—环境循环模式，按人口—生产—消费—资源—环境的顺序循环。这里人是主体，生产与消费是中心，资源和环境是基础，经济圈与生态圈的矛盾是基本矛盾。这一基本矛盾导致环境污染和生态破坏，对人类生存提出挑战。要解决这一矛盾，就要实现经济圈与生态圈的协调，即生态经济循环圈的协调。这就要求一方面要减少人口数量和提高人口质量，另一方面要强调技术圈的中介作用，遵循生态与经济结合上两者协调发展的规律，把经济圈的进化增长建立在生态圈进化演替的基础上，确保生态经济循环圈沿着有利于人口再生产质量的方向发展。

应当从“人—自然”系统的层次来研究环境问题。生态环境问题不能就环境论环境地思考，而应当在它的更高一级层次，即“人—自然”系统的层次去思考，从文化的视角思考环境问题，即从文化与自然的关系研究环境问题。如这样，就必须考虑如下问题：（1）拯救地球也拯救人类。当前拯救地球（保护环境）的努力，是为了拯救人类，因此不能割裂二者，而人只有在它们的统一中才能达到目的。（2）关于人类生存与自然界的生存。过去人们没有提出“自然界生存”这样的问题，而只关注自身的生存，并常常以损害自然界生存的方式谋求自己的生存，从而产生了威胁自身生存的形势，在这里，“地球不属于我们，相反，我们属于地球”，因而必须协调人类生存与自然界生存的关系。（3）文化价值与自然价值，人类的自然本性是在自然价值的基础上创造和实现文化价值。但是历来，人们不承认自然价值，只承认文化价值，并且常常以损害自然价值的形式去实现文化价值，从而使自己陷入困境之中。其实，区分两者是为了认识人在自然界中的位置从而承担责任，人们不仅要开发利用自然价值而且要保护自然价值。自然界是多价值的，人类发展是在自然价值的基础上创造和实现文化价值。因而发展应是文化在不损害根本自然价值的条件下的发展。

要合理解决生态平衡问题，必须树立人类文明的新观念。人类文明发展的下一个纪元是宇宙文明的新纪元，必须从人类在宇宙中的地位与作用，人与自然的关系，人类的能力和自然的价值等方面进行观念变革，这种变革主要包括：（1）破人类中心论，立人类与自然平等论，人类与自然万物建立一种充分适应、和谐相处的关系；（2）破人类与自然二分对抗论，立人类与自然统一和谐论，人类作为自然稳定与和谐的调节者，需要从自然整体利益出发，制定新的行为规范和准则；（3）破人类能力绝对论，立人类能力相对论；（4）破自然价值无限论，立自然价值有限论，从一定的实践水平出发，人类所利用的自然界的价值总是有限的，必须合理地利用，并在利用的同时注意其价值生成与转换机制的养护。

（2001 年）

第三辑　世界观、人生观和价值观

是“全盘西化”还是坚持社会主义道路？

——两种根本对立的价值取向

搞资产阶级自由化的人们所提出的重要论调之一，就是主张在中国实行“全盘西化”。他们说，“全盘西化”是一种价值取向，就是按资产阶级的价值观来引导中国的发展，是远比社会主义优越的价值取向。在中国究竟是“全盘西化”还是坚持社会主义道路，这本来是一个常识的问题。但由于反对资产阶级自由化的斗争一再夭折，这股思潮已经在相当深度和广度上“动摇”、涣散和瓦解了许多人坚持四项基本原则的信念，扭曲了许多人的心态，改变了不少人，特别是年轻一代的价值取向。这一论调也把理论界弄得乌烟瘴气，混乱不堪。因此，我们现在来谈谈这个问题，对于坚持社会主义方向，澄清青年学生中的一些模糊认识，辨清两种不同的价值取向，确立正确的价值取向，定会具有全新的现实意义。

一、“全盘西化”的主张是完全错误的

搞资产阶级自由化的人，出于他们对社会主义的本能的对抗，大肆宣传“全盘西化”，鼓吹什么“经济上私有化，政治上多党化，思想上自由化，道德上自私化，文艺上西方化”。一时间思想理论战线处于一片混乱之中，一些错误论调甚嚣尘上。但十分显然，“全盘西化”的主张就是他们的最核心的观点。正如他们所说的，是他们的基本的价值取向，基本的价值观。因此，分析和评论这一观点就显得格外重要了。

什么是“全盘西化”？按照搞资产阶级自由化的人的看法就是“包括学习西方的科学、技术、文化、政治、意识形态、道德、所有全部的东西”。“包括我们的政治体制，所有制，这些问题都是可以研究的”。因而就要反对马克

思主义与中国的实际相结合，反对建设有中国特色的社会主义。就要用现代西方资产阶级的思想来取代马克思主义。就是要用资产阶级的价值观，来取代社会主义的价值观，因而主张在政治、经济、文化、道德、艺术等一切方面全部照搬西方资产阶级的那一套，让西方资产阶级思想大量涌入我国，并大肆加以宣扬和吹捧。他们认为现行中国的一切都不行，都非常愚昧、落后，价值取向都是低下的。为了对中国人进行“启蒙”教育，必须把资产阶级思想的代表人物当作崇拜的偶像，把他们的思想当作“圣经”来信仰。必须在中国掀起各种各样的“热”和“新浪潮”。即什么“萨特热”“弗洛伊德热”“韦伯热”“第三次浪潮”等等，来把中国人民从“没有出路的社会主义”引向“光明的前途和道路”，引向新的资产阶级的价值观上去。显然，“全盘西化”的价值取向的实质，就是反对中国走社会主义道路，主张在中国实行资本主义。

事情果真如此吗？每一个头脑稍微清醒的人都会知道，所谓“全盘西化”的观点，是完全错误的观点，是十分幼稚可笑的。诚然，历史上的每一个民族或国家要想走在时代的前列，就不能闭关锁国，即必须与其他民族互相交流，互相学习。比如中国，在古代就有丝绸之路，东渡日本，三宝太监下西洋等与其他民族和国家进行经济、文化交流的典型事例；在近代，西方资本主义用大炮震塌了古老的中国围墙之后，西方的文化就逐步地传入了中国，先进的中国人也起来摆脱对传统文化的偏见，开始吸收西方文化中的优秀部分，用以改造中国的传统文化和指导中国的社会革命斗争。严复等人介绍的“进化论”“社会契约论”等西方思潮确实对中国的思想文化产生了重大的影响，特别是十月革命一声炮响送来的马克思主义更改变了中国人民的命运。以毛泽东为首的优秀中国共产党人，努力学习马克思主义，并把它与中国的革命实际相结合，取得了中国革命和建设的伟大胜利。这些都毫无疑问地说明，我们是在学习西方，但不是“全盘西化”。这正如古代欧洲的马可波罗来东方的中国学习，中国古代的三大发明传入欧洲，而引起了欧洲文化发展的根本转折，也不能说欧洲人就“全盘东化”了一样。即使再退一步说，就是一个国家在发展过程中大量引进了西方的制度、体制、文化、艺术、管理等等，也很难说，它就“全盘西化”了，就全盘改变了自己的价值取向。例如日本，在明治维新期间，曾以西方的天赋人权、平等博爱、自由民主等思想为根本指导原则，大力推行资产阶级的改革，实行普选制和代议制，并派伊藤博文率一个庞大的代表团赴欧美进行历时数年的全面考察，学习、研究西方资本主义的政治、经济、文化、艺术、军事、国防和企业管理等等，回国后，仿照典型的资产阶级宪法——普鲁士宪法——为蓝本，制订了日本宪法，全面贯彻实行了西方资产阶级的政治、经济、文化、管理的制度和体制，这可说是“全盘西化”了吧！但是，结果如何呢？一方面，通过明治维新之后，日本确实走向了资本主义发展的道路，成为了一个新的资本主义国家（这也可供佐证：主张中国“全盘西化”的结果是什么。），但另一方面，日本又确实没有“全盘西化”。无论是过去还是今天，日本的政治、经济，特别是思想文化、伦理道德、风俗习惯、生活方式等等，仍然还是典型的东方式的日本的，而是坚持了自己的价值观，并不是“全盘西化”的。日本杰出的思想家福泽伦吉在其名著《文明论概略》中就明确地指出，学习西方要密切结合日本国情的实际，走日本式的欧化道路，是择其善者，弃其坏者，不是盲目崇洋媚外，拜倒在西洋文明的脚下。更不是改变我们的价值取向，而是刚好相反。所以，主张“全盘西化”的人是对历史的无知，是在搞民族虚无主义和历史虚无主义，搞资产阶级自由化的人的那些荒唐可笑的论调，只能是暴露了他们的险恶的用心和可耻的目的。

关于“经济私有化”。大约从 1988 年春天开始，搞资产阶级自由化的“精英”们就抛出了一系列否定公有制“颂扬私有制的文章”。方励之说：政府应当做的第一件事就是鼓励私人所有制。主张“用私有制代替公有制”。《世界经济导报》连篇累牍地发了不少文章，公开鼓吹，社会主义国家改革的希望“就是经济私有化”；认为把全民所有制当成社会主义的旗帜来坚持“是犯了历史性的错误”，是根本的价值取向的错误。搞资产阶级自由化的人甚而还抛出了《私有制宣传》。罗织了社会主义公有制的“十大罪状”，声称社会主义公有制“超前了历史发展规律”，“束缚生产力的发展”，“不消除公有制这一祸根，中国就不可能有真正的民主和自由，就不可能富强”。所以，他们高喊“推进改革”，实际上是要“早日敲响公有制的丧钟，去迎接共和国新的明天”。搞资产阶级自由化的人这样卖力地吹捧私有制，咒骂公有制，其根本目的就是推翻社会主义制度，建立资本主义制度。这是两种根本不同的价值取向的斗争。我国宪法第六条明确规定：“中华人民共和国的社会主义经济制度的基础是生产资料的社会主义公有制。”公有制是社会主义的基本特征。几千年私有制的历史告诉人们，私有制是人类社会一切痛苦、灾难、战争、流血、死亡的根源，是富人的天堂，穷人的地狱。今天美国虽然有上千个亿万富翁，但也有两千多万劳动人民生活在美国官方规定的“贫困线”之下。两极分化，这是资本主义私有制无法避免的规律。从奴隶社会到资本主义社会，所有优秀的、进步的思想家都控诉私有制的罪恶，颂扬公有制的美好。柏拉图的《理想国》，莫尔的《乌托邦》，康帕内拉的《太阳城》，以及卢梭的《论人类社会不平等的起源和基础》，就是最典型的例证。社会主义的公有制是以往一切公有思想的最高概括和发展。只有它才能给人们带来真正的平等、自由和幸福，才使劳动人民真正成为国家的主人。几十年社会主义的发展史也证明，正是由于实行了公有制，才避免了资本主义无法逃避的经济危机、社会灾难。搞资产阶级自由化的人鼓吹经济私有化，主张在中国搞资本主义私有制。那么，请问你们打算让谁去当占人口极少数的富翁？让谁去当占人口 95% 以上的穷人呢？饱尝私有制苦难的中国人民会答应吗？

关于“政治上多党化”。几年来，坚持资产阶级自由化的人，一直高唱政治上的多元化，主张在中国实行多党制轮流执政。方励之说，“大陆知识分子争取民主的长期目标是多党制的民主制”。刘晓波也叫喊说要“以多党并存的民主制代替一党独裁”。有的还叫嚷“取消共产党专制，实行多党制”，因为“共产党烂透了”。有的甚至提出要“邀请国民党回大陆建立两党政治”。十分明显，坚持自由化的人主张实行多党化，其真实目的就是要推翻共产党的领导，建立资产阶级政党的专政。哪里是什么多党制！这不过是装饰门面的话。邓小平同志说：“坚持四项基本原则的核心，是坚持党的领导。”当搞自由化的人打出“政治体制改革”的幌子，要求实行多党制时，邓小平同志又一针见血地指出：“某些人所谓的改革，应该换个名字，叫‘自由化’，即资本主义化。”毛泽东早就深刻地指出，在中国，共产党是全中国人民的领导核心，只能是共产党领导，不能搞多党轮流执政，搞多党制的结果，只能是亡党亡国，只能是沦为帝国主义的殖民地。中国历史的发展，证明了毛泽东的科学论断，没有共产党就没有新中国。谁都不能否认，没有中国共产党的领导，就不可能推翻三座大山，建立一个统一、独立和强大的人民共和国；没有中国共产党的领导，就不可能有国家的前途和民族的希望，什么“改革开放”，什么现代化建设，都将变成一句空话。中国人民只能饱受动乱之苦。不可否认，我们党在领导现代化事业中，在工作指导上有过偏差和失误，党内也确实存在腐败现象，但是，党对这些问题是清醒的，党有决心来解决这些问题，决不能以此为借口来反对党的领导。我们坚持中国共产党的领导，并不排除民主党派的存在和作用。民主党派是共产党的亲密的朋友和伙伴。党与他们是一种同舟共济、互相监督、荣辱与共的关系。在与民主党派的关系上我们与搞自由化的人的根本分歧在于：我们主张共产党领导下的多党合作制；而他们则主张多党轮流执政。西方的一些资本主义国家实行多党制，就真正实行了民主？在这一点上，如果不是搞自由化的人政治上的无知，那就是有意在欺骗群众。西方的一些国家确有两个以上的政党，但能执政的只能是代表资产阶级利益的政党，其他的根本不可能。比如，美国轮流上台执政的只能是共和党和民主党。共产党和其他的政党是不允许上台的；就是轮流执政的共和党和民主党也只能执行他自己一党的决议和主张，决不会接受和执行其他政党的意志和要求。那么，多党制的所谓真正的民主又在哪儿？资产阶级的这种价值取向又好在哪里？

关于“思想自由化”。搞资产阶级自由化的人高喊要实现思想的绝对自由。这是什么意思？这就是要让他们自由地攻击共产党的领导，自由地污蔑党和国家的领导人，自由地咒骂人民民主专政，自由地诋毁社会主义制度，自由地歪曲篡改马克思列宁主义。一句话，就是要允许他们自由地反对社会主义的价值取向。同时就是要允许他们自由地歌颂资本主义，自由地赞美资产阶级的代表人，自由地吹捧西方的民主和自由，自由地宣扬西方颓废、腐朽的生活方式。一句话，就是要允许他们自由地宣传西方的价值观。他们认为在社会主义的中国不能实现思想的绝对自由，关键就是没有民主。所以，争民主就是达到思想自由化的必经之路。于是，一时间，在中国掀起了一股争“民主”的狂浪，搞资产阶级自由化的人打着民主的旗号，自封什么“民主斗士”，自称搞什么“民主运动”。他们用“民主”作招牌，欺骗、煽动天真烂漫的青年学生和不明真相的群众。他们以“民主”为幌子，破坏社会主义法制，他们以“民主”作标榜，勾结海外反对派，恬不知耻地散布卖国主义论调，干起卖国主义的勾当。他们又将“反民主”作为大帽子，硬扣到那些不同意他们的言行的干部和群众的头上，污蔑这些同志是“保守”“僵化”“赶不上时代的潮流”，声言要把这些同志作为“改革”的对象。那么搞资产阶级自由化的人要求民主的实质是什么呢？就是要为他们宣扬反党、反社会主义、反马克思主义创造前提条件。所以，他们要求民主不是目的，而是手段，民主只是他们美化自己、伪装自己的装饰品和遮羞布，又是他们蒙蔽群众的带甜味的毒药，更是他们实行进攻的最阴险的武器。他们的丑恶言行，表明他们根本不是什么“民主斗士”，而恰恰是我国人民民主的反对者，他们搞的也根本不是什么“民主运动”，而恰恰是破坏社会主义民主和法制的违法乱纪行为。我国人民历来酷爱民主，社会主义当然必须实行民主，因为只有真正的民主才能给人民以思想言论充分的自由，才能调动人民的一切积极因素。从五四运动以来，我国人民就在谈论着科学和民主，但是民主在不同的历史时期有不同的内涵。五四时期提倡民主，是为了推翻封建专制，今天我们要求民主，是为了进一步完善社会主义制度。有目共睹，从党的十一届三中全会以来，我们正在朝着这方面前进，并努力在法制的轨道上来使其逐步得到实现。但是，搞资产阶级自由化的人却故意抹煞无产阶级民主与资产阶级民主、社会主义民主与西方资产阶级民主的原则界限，抹煞民主的阶级性，不承认民主总是一定阶级的、具体的民主，从来没有抽象的民主，纯粹的民主，一般的民主，超阶级的民主。他们别有用心地以这种一般的民主来偷运、贩卖西方的民主，并以此来欺骗广大的青年学生。他们宣扬这种民主观，实质就是在宣传资产阶级的价值取向。对此，我们千万要提高警惕，决不能上当。

关于“道德自私化”。搞资产阶级自由化的人反对共产主义道德的核心——集体主义，竭力吹捧个人主义，主张道德“自私化”。他们宣扬个人主义的资产阶级道德，强调“个人自由”“个人价值”“个人自我意识”“个人利益”“个人欲望”等等，并叫喊要重新评价个人主义，要为个人主义“正名”和恢复“名誉”，他们还直言不讳地宣扬个人名利观念，宣扬“人都是自私的”，“自私是人的本性”，“人不为己，天诛地灭”。有的人甚至认为，只有诱发人们这种自私自利之心，才可能推动我国的改革开放事业。他们还宣扬拜金主义，大肆鼓吹一切向钱看，唯利是图，唯钱是逐，叫嚷拜金主义要成为新的人生价值观，这正如一句顺口溜所说的，“干部拿钱引，群众为钱干，一切向钱看，离钱玩不转”。在他们看来，为了钱，什么寡廉鲜耻、出卖尊严、出卖灵魂、出卖肉体、丧失国格和人格的事，可以毫无顾忌地去干。因为他们的理论根据是“一切不向钱看的思想也是不道德的”。除此之外，他们还大肆宣扬腐朽的享乐主义，为寻找理论根据，他们从弗洛伊德那儿搬出了泛性欲主义。认为性是人类追求快乐的普遍机能。但是，由于文明发展的需要，人们只能把性生活局限在生殖领域内，这样就限制了人的快乐的生物本能。这是一种“压抑”。现在科技发展了，必须扫除这种“压抑”，必须实行“性解放”，扩大“性欲文明”，为了个人的满足，人们喜欢怎样“爱”，就怎样“爱”，才是真正的幸福。生活中的“第三者”不一定都是不道德的，也有它的“合理性”。在资产阶级自由化的人们坚持的这种价值“理论”的鼓励下，于是乎“争名于朝，争利于市”，乱伦丧德，伤风败俗的道德风气广泛流传起来，各种腐败现象竞相生长出来。搞资产阶级自由化的人提出种种理由来攻击或否定社会主义集体主义道德原则，以引起人们对社会主义集体主义的逆反心理，企图从根本上否认社会主义的集体主义的价值观，以推售资本主义的个人主义的价值观。搞自由化的人们还借批判中国伦理道德本位制，宣扬非理性、非道德，其结果只能是使中国人民重新成为一盘散沙。所以，目前最重要的是用马克思主义的立场、观点和方法，用马克思主义的爱国主义的集体主义的价值观来对个人与集体的关系作正确、全面、深入地分析，引导人们正确认识集体主义的原则与个人主义的自私道德的本质差别，认识个人主义强调的至多只是个体的道德完善，而集体主义所强调的则是社会整体的道德完善，引导人们去彻底地认清搞资产阶级自由化的人所散布的以个人主义为中心的道德自私化是多么的低下和渺小，所宣扬的价值观是多么的卑下和庸俗。

关于“文艺西方化”。这些年来，搞资产阶级自由化的人在文艺领域散布了很多反对四项基本原则，宣扬西方腐朽、没落文艺思想的论调。首先，他们反对马列主义、毛泽东思想文艺观，认为它们“已过时”，是“错误的”“保守的”“有害的”“是教条主义”。他们胡说一个文艺家只要坚持它就会走进教条主义的死胡同，文艺家的艺术生命也就完结了。这样的文艺家的价值取向就是低下的。他们长篇累牍地著文奚落和“反驳”马克思主义文艺理论，大量地贩卖西方资产阶级的文艺理论，宣传资产阶级的价值观。第二，他们否定革命的进步的文艺传统，他们集中反对、贬低、咒骂鲁讯，否定他所开创的中国文艺运动的新方向。他们特别痛恨毛泽东《在延安文艺座谈会上的讲话》，费尽心机贬低在这个理论指导下的革命文艺和社会主义文艺运动。与此同时，他们却把胡适、周作人、梁实秋等人吹捧上天，把西方的一些人捧上天，大肆叫喊要重写文学史，要打倒中国的社会主义文学史，树立资产阶级文学史，重塑资产阶级的文艺价值观，企图把中国的文学引导到资产阶级轨道上去。第三，鼓吹文艺非意识形态化，主张以文艺的本体论代替马列主义的反映论，而且把这种辩证的反映论当作直观的或机械的反映论加以批判。以文艺的“自律性”“自身研究”，割断文艺与改革、时代、社会的联系，把自我主体推到文艺创作和批判的首位，拒绝承认生活是文艺的源泉，认为文艺仅仅是一种精神现象，人类生命现象，特殊的符号现象，语言现象和文化现象，抹煞文艺的意识形态性及文艺发展的历史主义。他们认为文艺创作中的人性，人道主义，人的价值追求等原则是永恒的东西，并以此反对马克思主义关于文艺的阶级性、党性原则的理论。第四，在文艺创作上，他们极力吹捧西方资产阶级一些消极、悲观、颓废、没落、腐朽、色情的创作流派。什么意象派，弗洛伊德主义、意识流派、荒诞派、“黑色幽默”等等，都成为他们崇拜的偶像，认为诗写得越朦胧，越叫人看不懂，就越有诗意，越有价值；小说写性爱越肉麻，就越展现了人的自然的真正的灵魂；戏剧表演得越荒唐，越疯狂，就越揭示了生活的本质。在搞资产阶级自由化的人的支持下，鼓励下，我国文艺界创作出版了那样多的格调低下、充满色情、颓废消极、悲观厌世、崇洋媚外的刊物和书籍，严重地污染了整个文艺领域，广泛地宣扬了资产阶级的文艺价值观，极大地毒害了广大人民，特别是青年学生。对此，我们必须有足够估计。我们不否认世界各国的文学艺术是互相交流的，中国当然也要学习西方的文学艺术。但是，吸收外来文化应当是取其精华，去其糟粕，洋为中用，应当是吸取外国有益的东西，来与中国的民族特点、民族风格相结合，创造出更新更好的富有民族特色的文学艺术品，而不是将西方的各种乌七八糟的东西全盘照搬，“全盘西化”，如果是这样，那就只能表现了搞自由化的人没有气节的洋奴相。

“全盘西化”的论调并不始于今天，他们提出的这种价值取向也不是今天才提出，中国人民对此早就有认识，有领教。搞资产阶级自由化的人再次搬出这个武器要弄一番也绝不会达到他们所期望的目的。相反，倒叫我们冷静地深一层地来看看主张“全盘西化”的价值取向的实质：它是不是国际帝国主义的战略——对共产主义实行和平演变，把中国纳入他们需要的轨道——的一个组成部分。凡有良心、爱国之心的人都看得很清楚，主张“全盘西化”的险恶用心和可耻目的，不外乎是期望使中国成为资本主义的附属国，去向帝国主义摇尾乞怜。但这在社会主义的中国是绝对行不通的。“全盘西化”的价值取向，只不过是一些人们心中的一个美妙的幻想。

二、只有社会主义才能救中国、才能发展中国

中国向何处去？是建设独立自主的国家，走社会主义道路，还是“全盘西化”，做资本帝国主义的附属？这是近一个多世纪来中国一切争论问题的中心。“自从1840年鸦片战争失败那时起，先进的中国人，经过千辛万苦，向西方国家寻找真理。洪秀全、康有为、严复和孙中山，代表了中国共产党出世以前向西方寻找真理的一派人物。那时，求进步的中国人，只要是西方的新道理，什么书也看。”真是在努力学习西方。可是结果如何？帝国主义的侵略打破了中国人学西方的迷梦，那时的中国人从政治、经济、文化到军事，几乎全是模仿和照搬西方的，学得可谓不少了，可是总是行不通，理想总是不能实现，先生老是侵略学生，先生总是不许学生独立，国家的情况一天天坏下去，人们在水深火热的死亡线上挣扎，民族处在生死存亡的危急关头。向西方学习能救中国吗？怀疑产生了，增长了，发展了。多少仁人志士揭竿而起，浴血奋战，结果失败了。中国没有走上独立自主的道路，而是一天天更为严重地沦为殖民地、半殖民地，面对血淋淋的残酷现实，多少中国人都从学习西方，照搬西方的迷梦中惊醒过来了。所以孙中山最后说：欲达建立独立自主的新中国之目的，依靠西方列强行不通，只有联俄、联共和扶助工农。孙中山的话代表了那时人们从失败的痛苦中得出的真理性认识。

1921年，中国共产党诞生了，从它成立的那天起，就改变了中国革命的面貌。它以马列主义为指导思想的理论基础，发动全国人民进行英勇斗争，开展了北伐战争，土地革命战争，抗日战争，解放战争，打倒了军伐，推翻了蒋家王朝，赶走了帝国主义，把灾难深重的中华民族从水深火热之中解放出来，建立了中华人民共和国，把伟大的祖国引向了社会主义的康庄大道。这就在中国确立了一种新的价值取向。

社会主义制度在中国大地一确立，就以它辉煌的光焰普照大地，荡涤了旧社会留下的污泥浊水，以它清新的雨露滋润着新事物的生长，使祖国的面貌焕然一新。四十年来，在中国共产党的正确领导下，社会主义革命和建设取得了伟大的成就。工业生产取得了惊人的进步。新中国建立，我国几乎没有钢铁工业，而现在每年能生产几千万吨钢铁，以前不能制造汽车和飞机，现在生产的

不但能满足本国的需要，而且还能出口，原油、原煤、发电等等都几十倍、几百倍地增长，更为重要的是一些当代最先进的工业，我们也建立起来了。我国的农业发展也很迅速。旧中国连四亿五千万人口都养不活，而现在我们的粮食增长了很多倍，使十一亿人口过上了温饱的生活。我国的文化教育事业获得了高速的发展，建立了比较完备的教育体系，每年培养了上百万各种类型的毕业生，极大地提高了整个民族的文化素质。我国的科学技术，特别是尖端科技，获得了突飞猛进的发展，取得了令人惊奇的成就。原子弹、氢弹、火箭、卫星陆续试验成功，并上了天，极大改变了我们国家科技的状况。社会主义除了在生产建设上取得了巨大的成绩外，更为重要的是在精神文明建设上取得了巨大的成功。它改变了中国在世界上的形象，改变了中国人在世界上的地位。新中国建立前，外国人嘲笑中国人为“东亚病夫”，意即中国人不讲文明和卫生，疾病多，体育运动不发展。现在，在社会主义的中国大地上，几乎消灭了各种恶性流行病，中国人的健康水平大大提高了，中国人的体育运动水平更是空前地提高了，无数的世界冠军都属于中国的运动健儿。我们的国际地位也空前地提高了，中国在国际事务中具有举足轻重的地位，所有国际大事，没有中国参加都是不能解决问题的。邓小平同志最近说，中国是一个穷国，为什么能争得中美苏大三角的地位？就是因为中国坚持独立的社会主义道路，不坚持社会主义谁会看得起我们？不须赘述，四十年的辉煌成就雄辩地向人民说明：只有社会主义才能救中国，才能发展中国，是社会主义弘扬了炎黄子孙壮志凌云的英雄气概，是社会主义实现了全国各民族的大团结，是社会主义成了漂泊他乡异国的侨胞在海外做人立业的坚强后盾；是社会主义使我们伟大的祖国能跻身于世界民族之林。没有社会主义，就不会有中华民族的今天。所以，我们坚持走社会主义道路的价值取向是完全正确的，是中国人民的必然选择。

当然，在我们充分讲社会主义道路的优越性和取得的巨大成绩时，我们并不讳言存在的偏差、失误和缺点。社会主义作为人类历史上一种崭新的社会制度出现在地球上，总共才 70 多年的历史。它和其他任何事物一样，有一个生长、完善的过程；资本主义已历时数百年，才有今天这个样子。另外，从事社会主义建设，这是前人从未干过的，对它也有一个认识和积累经验的过程。在前无榜样、又无经验可供参照的情况下，我们党在指导社会主义革命和建设中，出现了偏差、失误和缺点，诸如像搞浮夸风，刮“共产风”，搞“文化大革命”，忽视发展生产力，不重视商品生产，党的干部中，确实存在腐败现象等等，这些都是事实，它确实妨碍了社会主义优越性的充分发挥，延缓了社会主义生产力发展的速度，给国家和人民带来了损失。但是人所共知，党只要一发现了错误，自己就立即起来纠正自己的错误，总结经验教训。特别是党的十一届三中全会以来，在这方面做出的成绩尤为显著。以江泽民同志为核心的新的中央政治局一建立，就下决心切实抓好四件大事，其中的一件就是惩治腐败，以取信于民。所以，坚持资产阶级自由化的人抓住党的指导工作上的偏差、失误和缺点，极尽全力攻击，丑化党和社会主义制度，只能进一步暴露他们反党反社会主义的嘴脸。

历史是人民创造的。最有资格评判历史的也只能是人民。社会主义在中国四十年的历史，广大人民看得清清楚楚。只有社会主义才改变了中国的落后面貌；只有社会主义才使劳动人民成为了国家的主人；只有社会主义才在最广大的民众中实行了真正的民主；只有社会主义才使我们有了强大的国防；只有社会主义才展示了我们民族和国家未来的光辉前途和希望。我国广大的工人、农民、士兵和知识分子，真心热爱和拥护社会主义制度，真心和坚决地选择社会主义价值取向，这就是历史的必然。虽然，由于历史的原因，他们当中某些人有过挫折和不幸，有过曲折和反复，可是经过比较和鉴别，他们认为还是社会主义好，所以才焕发出那样大的建设社会主义四个现代化的热情和力量，才把我们的事业一步步地推向前进。搞资产阶级自由化的人硬要不顾历史和现实，全面否定社会主义，提出“全盘西化”的价值取向，因而四处碰壁就完全不足为怪了，抛出西方的价值观被人们卑视和冷淡就完全可以理解了。

三、坚持立国之本，走好强国之路

搞资产阶级自由化的人为了达到他们否定社会主义制度，实行“全盘西化”，宣扬西方价值观的目的，他们蓄意否定中华五千年的历史，把五四以来的70年描绘成为“受骗上当的70年”。把新中国建立40年污蔑为“苦难的40年”，把改革的10年说成是“失败的10年”，以此来说明社会主义的“失败”，马列主义、毛泽东思想的“过时”和“无能”，社会主义价值观的无用。金观涛于1989年1月初在台湾《联合报》上发表了一篇题为《中国走向21世纪》的文章。在这篇文章中，他明确地说：“21 世纪给人类最大的遗产是两项：西方中心论的破产和社会主义运动的实践尝试及其失败。”“人们尽管嘴里不说，但用自己的改革实践来确认社会主义的失败。”他的伙伴们也合着调儿高叫：“马列主义的精神和理想已经死亡，没有必要再对它抱一厢情愿的态度。”“马克思主义已经过时”，马克思主义、毛泽东思想是“中国政治、经济发展的最大障碍”，不突破“马列和毛思想的约束，中国不会有突破性的、政治上的巨大改革”。简言之，中国的社会主义价值取向是失败的。一时间，这些搞自由化的人，紧锣密鼓，上下配合，在中国演出了一曲反党反社会主义的自由化大合唱。吹奏出一曲颂扬资产阶级价值观的美妙乐章。

在这“山雨欲来风满楼”的情势下，我们的老一辈无产阶级革命家邓小平同志，保持着清醒的头脑，坚定地坚持着党的十一届三中全会所提出的坚持四项基本原则，实行改革开放，建设四化的路线、方针和政策，坚持社会主义的价值取向，坚决地反对资产阶级自由化。他说：“中国在粉碎‘四人帮’以后出现一种思潮，叫资产阶级自由化，崇拜西方资本主义国家的‘民主’‘自由’，否定社会主义。这不行，中国要搞现代化，绝不能搞自由化，绝不能走西方资本主义道路。”又说：“我多次解释，我们搞的四个现代化有个名字，就是社会主义四个现代化。我们实行开放政策，吸收资本主义社会的一些有益的东西就是作为发展社会主义生产力的一个补充。”最后还说：“反对资产阶级自由化，我讲得最多，而且我最坚持。” “不仅这次要讲，还要讲十年二十年。”

所以，坚持立国之本，走好强国之路，就是摆在每个中国人面前最主要、最根本的任务。四项基本原则是立国之本，必须毫不动摇，始终一贯地加以坚持；改革开放是强国之路，必须坚定不移，一如既往地贯彻执行，决不能回到闭关锁国的老路上去。但是，在相当长的一段时间里，由于我们党的高层领导中的主要负责人，坚持四项基本原则不够一贯，对资产阶级自由化认识不足，软弱退让甚至纵容和支持一小撮顽固搞资产阶级自由化的人，排斥打击坚持四项基本原则的同志，极力削弱马克思主义阵地和思想政治工作。因而，在相当一部分人中，特别是在青年学生中造成了思想上的混乱和对学习马列主义不感兴趣，对社会主义丧失信心，对祖国和民族的前途感到渺茫。思想政治教育一放松，资产阶级自由化思想以及各种腐朽思想便乘虚而入。于是，很多人就在混乱中迷失了方向。

中国人民选择社会主义道路，坚持社会主义价值取向，是历史的必然，建设社会主义走改革开放之路，也是历史的必然。四十年正反两个方面的经验都证明若要发挥社会主义制度的优越性，就必须不断地进行改革，通过改革，社会主义制度才能自我完善，自我发展；就必须实行对外开放，通过对外开放，吸取世界上一切对我有益的东西，有利于增强社会主义的实力。要使我们的国家富强起来，必须走改革开放之路。试想，如果没有改革开放，还固守旧的体制，还闭关锁国，哪有今天的局面？坚持党的十一届三中全会路线，就要坚持改革开放。如果放弃了改革开放，人们的思想必然会重新被禁锢。社会生产力和一切新生事物将会被压制。繁荣活跃的经济将会重新被统死，生动活泼的政治局面将会变得死气沉沉，通向五洲四海的途径将会被堵塞，中国将重新回到旧思想、旧体制的束缚中去。“实现四化，振兴中华”将成为一句空话。“全盘西化”的资产阶级价值取向就可能沉渣泛起。

当然，我们也要清醒地看到，实行改革开放，打开了窗子、门户，必然会有“苍蝇”飞进来。邓小平同志说：“这个思潮（指资产阶级自由化）不顶住，加上开放必然进来许多乌七八糟的东西，一结合起来，是一种不可忽视的力量，对我们社会主义四个现代化的冲击会不小。”这些“苍蝇”，乌七八糟的东西，有的是曾经在中国已经被证明是行不通的思想、思潮，有的是西方文化中的消极的东西，有的是资产阶级颓废、没落腐朽的东西，都是一些浸透了西方价值观的东西，对这些东西如果不加鉴别、不批判地“囫囵吞枣”，就必然会造成有害的后果。坚持资产阶级自由化的人主张的“全盘西化”，一切照搬西方的论调，就正是这种“囫囵吞枣”，它的严重危害和恶果，已经是众人有目共睹的了。

因此，坚持四项基本原则，实行改革开放，二者是相辅相成的，缺一不可。我们要用坚持社会主义、坚持无产阶级专政、坚持共产党的领导、坚持马列主义毛泽东思想来反对“全盘西化”，反对走资本主义道路的观点，反对资产阶级的价值取向，来建设有中国特色的社会主义；我们也要用改革开放，来克服我们工作中的弊端，发挥社会主义的优越性，向西方和世界学习一切有益的东西，以加速我们的四化建设。在改革开放中，我们是要向西方资本主义学习的，这是我们坚定不移的政策，但这不是“全盘西化”，更不是照搬西方的价值观。这就是我们实行对外开放，倡导向西方学习与搞自由化的人主张“全盘西化”的根本区别。坚持自由化的人们也说，他们的“全盘西化”，宣传的西方价值取向，也是“改革”。但这是一种什么样的“改革”呢？这只能是用西方资本主义国家的模式来改造我们的几千万革命先烈用鲜血换来的社会主义制度，来改变我们坚持的社会主义价值取向。我们与搞自由化的人们的不同就在于：对外来的东西，既不是一概排斥，也不是全盘照搬，而是有鉴别、有批判地吸收和利用，以有利于中华民族的发展和繁荣。所以我们所说的四个坚持，是以改革开放为特征的四个坚持，我们所说的改革开放，是以四个坚持为基础和方向的改革开放。我们是在坚持社会主义道路和方向的前提下向西方学习的，同时，我们又通过学习西方来促进我们社会主义现代化的发展。既不能用僵化的观点看待四项基本原则，也不能用自由化的观点看待改革开放。改革开放决不是我们所要坚持的四项基本原则的对立物，而是其天然本质、本性的内在要求，是四项基本原则的“题中应有之义”。闭关锁国和“全盘西化”都是我们所要反对的。我们的结论只能是：我们要用坚持四项基本原则来保证我们向西方学习的正确方向；也要用改革开放来发挥社会主义制度的优越性，促进四化建设；要真正坚持四项基本原则，必须同时坚持改革开放，要真正坚持改革开放，也必须真正坚持四项基本原则。总之，要把这“两个基本点”统一起来贯穿、渗透于实现社会主义四化大业的全部过程中。唯有这样，中国的社会主义道路才能坚持，社会主义的价值取向才能得到发扬，资产阶级自由化的“全盘西化”及其价值取向的论调才会收场。

（1989年）

在社会主义市场经济条件下，大学生应该树立什么样的人生观

人为什么活着？怎样活着才有意义？这是每一个人都不能回避而又必须严肃对待的问题。对这个问题的不同回答，就形成了不同的人生观。每一个同学都希望自己有一个朝气蓬勃的青春年华和充满活力而有价值的人生。大学时期是人生观形成的关键时期。在社会主义市场经济条件下，大学生应树立什么样的人生观？这是一个非常重要而严肃的问题，每个人都应该认真地思考。可以说，对这个问题的不同回答，将决定你这一生走什么样的道路，做出什么样的业绩，为社会做出多大的贡献。所以，我今天就和大家一块来探讨这个深沉、严峻的问题。

一

按照马克思主义观点，所谓人生观，就是生活在一定社会条件和环境中的人们，依据一定的世界观和生活实践经验，对于人生的目的、态度和价值等重大问题所形成的根本看法、信念和观点。概括地说，人生观就是人对人生目的、意义的根本看法和态度。

人生观就其基本内容而言，主要有三个方面：①人生目的。它回答人究竟为什么而活着？它是衡量人生观先进还是落后，高尚还是低下的根本尺度。②人生态度。它回答人应怎样生活的问题。人生态度有积极进取、乐观向上的，也有消极颓废、悲观失望的。③人生价值。主要是指对人生目的、意义和行为的评价。不同的时代、不同的阶级有不同的人生价值观。

历史上有过各种不同的人生观，有奴隶主阶级的、封建地主阶级的、资产阶级的人生观，所以，有“人生如梦”“人生在世如春梦，争权夺利枉费神”

“人生如苦海”“人生是个大戏台”“人生是一座监狱”等等说法。当然，每个时代的广大劳动民众都有自己的人生观。但是，历史发展到了今天，只有无产阶级的共产主义人生观，才是世界上最先进、最科学的人生观。

无产阶级的共产主义人生观的形成有它的阶级基础。代表先进生产力的无产阶级的出现，是产生这种人生观的阶级基础。有它的理论基础，这就是马克思主义的辩证唯物主义和历史唯物主义。有它的实践基础，这就是工人阶级和广大劳动群众所从事的改造自然的实践和改造社会的实践。

无产阶级共产主义人生观的基本特征是：以实现共产主义为人生的最高理想；以全心全意为人民服务为人生目的；以革命乐观主义为人生态度。

人生观是与世界观、历史观紧密结合在一起的。世界观和历史观在很大程度上决定着人生观，支配着人们对生活道路的选择，贯穿于人们的生活理想、信念和抱负中，表现在人们对人生幸福、苦乐、荣辱、生死、爱憎、美丑以及对恋爱、婚姻、家庭等等的看法中。总之，人生观离不开世界观和历史观；一定的世界观、历史观定会表现为一定的人生观。

人生观对人一生的巨大作用，主要表现在它的制约性上，它制约着人生的方向、道路、价值和意义，是人们一切思想和行动的总开关。具有不同人生观的人，他们在社会实践中的表现，以及他们对人生所抱的态度是有很大区别的。例如，在我国革命和建设的不同时期，人生观不同的人们的表现就完全不一样。有的视死如归，有的投降变节；有的刚强不屈，有的卑躬屈膝；有的高风亮节，有的腐化变质；有的慈爱善良，有的凶恶残暴；有的公而忘私，有的唯利是图等等。由于具有不同的人生观，就影响着他们对人生、对社会、对价值的不同态度和看法。一些优秀的人们就说出了关于人生意义的深刻哲理。

爱迪生说：“我的人生哲学就是为人类而工作。”

爱因斯坦说：“只有献身于社会，才能找出那短暂而有风险的生命的意义。”

高士其说：“如果现在让我回答，人活着是为了什么？我要说：‘美好的人生应当是为了学习的愉快，工作的欢欣，劳动的乐趣，战斗的喜悦，事业的探索，真理的追求，社会的进步，人民的幸福。’”

二

人生观的丰富内容，通过人对生活的不同方面，不同认识，不同态度表现出来。

1. 生死观与命运观

人们对生和死抱什么态度？为什么而生？为什么而死？如何对待死？怎样死才有价值？历史上有两种对立的生死观。

一切剥削阶级的生死观主要表现是：贪生怕死，一切奉行活命哲学。宣扬唯心主义的宿命论，认为“生死有命，富贵在天”。为了活命，可以叛国投敌，可以六亲不认，可以抛妻卖子。但为了钱财的得失，也会悲观厌世，看破红尘，舍命夺财，轻掷人生。

无产阶级的生死观表现为：把个人的生死直接与人民的利益、与共产主义事业联系起来，与坚持真理联系起来，非常重视生命的意义，珍惜生命的价值，但为了祖国人民的利益，如果需要，又会毫不犹豫地献出自己的生命，时刻都是从集体主义、爱国主义原则出发，来对待个人的生存和死亡。所以，无数为共产主义事业而英勇奋斗的战士、英雄、革命家，他们在对待生和死的态度上，发出了很多震撼天地、永存不朽的豪言壮语。

罗世文烈士在渣滓洞狱中高吟：“从来壮烈不贪生，许党为民万世轻。”

周文雍、陈铁军二烈士在刑场上宣布：“当我们把青春和生命献给党的时候，我们就要举行婚礼了，让反动派的枪声作为我们的礼炮吧！”

李大钊说：“人生的目的，在发展自己的生命，可是也有为发展生命必须牺牲生命的时候。因为平凡的发展，有时不如壮烈的牺牲足以延长生命的音响和光华。绝美的风景，多在奇险的山川，绝壮的音乐，多是悲凉的韵调，高尚的生活，常在壮烈的牺牲中。”

陈毅曾写下豪迈的诗章：“投身革命即为家，血雨腥风应有涯。取义成仁今日事，人间开遍自由花。”

什么叫命运？按照马克思主义的观点，命运是指人的一生中一定的境遇，每个人的境遇不同，即每个人的命运不同。

顺境和逆境，幸运和倒霉总是在一定条件下互相转化的。古人云：“吃一堑，长一智”“失败乃成功之母”。马克思主义认为人是能够改变自己的命运的。

欧洲中世纪神学唯心主义认为，命运是由神主宰的，命运神秘莫测，是天定的，人不可抗拒。

那么，究竟什么是命运的决定因素？不同的哲学派别、宗教神学都力图从自己的原则出发作出解说。我们认为古希腊的哲学家伊壁鸠鲁把人们所以有不同的命运的原因归为三个方面的看法，可作为我们理解的参考：①归因于必然。某些遭遇有其客观必然性，是不可避免的。②归因于机遇。某些遭遇带有偶然巧合性。③归因于我们自己。某些遭遇是由于我们自己的主观条件造成的。

我们应如何正确对待命运呢？第一，要鼓起勇气，振作精神，掌握命运，战胜厄运。贝多芬就是一个努力掌握自己的命运、英勇战胜厄运的斗士。他17岁丧失所有亲人，32岁耳全聋。他说：“我要扼住命运的咽喉，它妄想使我屈服，这绝对办不到——生活这样美好，活它一辈子吧！”第二，正确认识偶然与必然的关系，知道任何必然一定要通过偶然表现出来；而任何偶然中则一定包含某种必然性。不要局限于偶然，不要被偶然迷惑住，而是要认定必然，做掌握自由命运的自由人。第三，正确认识主观与客观的关系，争取掌握命运的主动权。

2. 幸福观与爱情观

幸福和爱情这四个字，是激动人心的字眼。谁不在追求幸福和爱情？

什么是真正的幸福？怎样才能获得幸福？这是多少人在孜孜不倦地探求并为此而奋斗了一生的。爱情是支美好甜蜜的歌，要把这支歌唱好，也真不容易，多少人未唱完这支歌就陷入了痛苦的悲剧之中。所以，幸福观和爱情观是人生观的一个十分重要的方面。

按照马克思主义的观点，幸福是指人们在创造物质生活条件和精神生活条件的实践中，由于感受和理解到目标和理想的实现而得到的精神上的满足。

幸福与需要相连。人的需要按层次顺序有六种：生理需要、安全需要、社会性需要、心理需要、自我成就需要、追求真理需要。较高级的需要可以给人带来更深刻、更持久的幸福享受。

在历史上，幸福观是有阶级性的。剥削阶级幸福观的特点是：为满足剥削者个人的欲望和维护本阶级的私利欲望，疯狂地追求物质生活的享受，追求对金钱和财富的占有，牺牲别人，肆意纵欲，追求肉体感官的快乐与欢愉。剥削阶级是将自己的幸福建立在别人的痛苦的基础上的。

无产阶级幸福观则刚好与之相反。它是从共产主义道德的集体主义原则出发，强调个人幸福与集体利益的统一。认为为大多数人谋利益是最大的幸福。个人与集体发生冲突时，牺牲个人幸福维护集体利益。无产阶级并不否认个人对幸福的追求、要求，而且在情况允许的条件下要尽可能地予以满足。建设社会主义和共产主义也是为了这个目的。无产阶级幸福观强调物质生活幸福与精神生活幸福的统一，并认为劳动、创造、奋斗和奉献才是幸福的源泉。

历史上很多著名的人对幸福提出了各种不同的观点和看法，现选摘一些如下，可作为我们理解的参考。

苏格拉底：我的幸福就是向人们传播真理。

柏拉图：幸福就是摆脱人的肉体对人的灵魂的束缚，使灵魂回到彼岸的理念世界。

伊壁鸠鲁：幸福就是肉体的无痛苦和心灵的无纷扰。

卢梭：幸福就是把我们的生命和精力献给亲爱的祖国。

马克思：最大的幸福就是为全人类工作。

毛泽东：与天奋斗，其乐无穷；与地奋斗，其乐无穷；与人奋斗，其乐无穷。

我们应当坚持在生活和奋斗中创造幸福。创造幸福与享受幸福是统一的。苦中有乐，乐在其中，生活的艰苦包含着创造的快乐。真正的幸福只会产生在艰苦的创造之中和创造之后。奋斗是实现理想、幸福之桥梁。以艰苦奋斗为荣，在艰苦奋斗中求乐。为实现共产主义奋斗到底才是人生最大的幸福。

什么是真正的爱情？怎样才能获得甜美而又长久不衰的爱情？这是从古至今多少人们一直在不断探索的永恒课题。

历史上有过对爱情的各种观点和态度。古希腊的神秘主义者认为，爱情是宇宙灵魂；中世纪基督教认为，爱情是世欲罪过；不可知论者认为，爱情是飘泊不定、神秘不可捉摸的东西；纵欲主义者认为，爱情是纯生理机能，是性欲付之实践等等。

我们无产阶级的观点与上述观点不同，我们认为爱情是男女之间相互倾慕并愿意结成终身伴侣的一种真挚、专一、持久的强烈感情，而这种感情是由性爱、理想、情意和责任等要素交织而成的。所以，恩格斯说：“爱情是人们彼此间以相互倾慕为基础的关系。”

真正的爱情应有一定的基础：①生理基础。歌德在《少年维特之烦恼》一书的开头写道：“青年男子谁个不善钟情？妙龄女人谁个不善怀春？这是人性中的至洁至纯。”人长大到一定程度自然会产生对异性的追求。②心理基础，是指男女双方在性格、气质、志趣、爱好等方面基本和谐，即所谓情投意合。③思想基础，即志同道合，对共同理想的追求，对共同事业的并肩奋斗。④道德基础，责任是高尚的爱情之花永不凋谢的沃土，永远要对自己所爱的人尽自己的责任。

但在历史和现实中，却有不少对爱情的不当的追求。有的认为爱情就是金钱和财富，非万贯家财不嫁，非豪门巨富不娶；有的认为爱情就是权势和地位，非达官贵人不嫁，不门当户对不匹配；有的认为爱情就是美色和帅气，为了美貌和潇洒而轻抛人生。建立在这些基础上的所谓爱情，有几对是真正的爱情？有几对相恩相爱白头到老？残酷的事实却常是短暂的寻欢作乐之后被抛弃，流浪街头；飘荡的虚荣的后面是阴谋和残害，悲痛欲绝；叶老花黄的年岁里是绝情地出走异邦他国，或者是“第三者”悄悄来临。多少悲剧就在这里上演。爱情是一曲美妙的乐章，要奏好它是多么不容易。

3. 荣辱观与美丑观

什么是荣誉和耻辱，什么是美和丑，几乎是每个人生活中时时刻刻要判别和回答的问题。

荣誉和耻辱是一对道德范畴，它们主要包含两方面的意思：一是指一定的社会、一定的阶级用以评价人们行为的社会价值尺度；二是指个人对行为的社会评价的自我意识。一个人以什么为荣，以什么为辱，如何评价行为荣辱，就构成一个人的荣辱观。

要有正确的荣辱观就要处理好几个关系。认清荣誉与虚誉的界限；对荣誉要谦虚、谨慎、戒骄、戒躁，对耻辱要痛恨、悔改，坚决与之诀别。要认清荣誉的来源：党、人民和集体的给予；耻辱的产生：个人的私心、贪求、虚荣和无能。珍惜荣誉的人常常是生活中的勇士；不知耻辱的人往往是各种败类。懂得荣誉的人就会尊重人格，爱护国格；不知耻辱的人常常是出卖人格，丧失国格。

美丑观是人们欣赏美、追求美、创造美，并对其进行评价的根本观点。对美丑的评价标准与时代、民族、阶级紧密相关。由于时代、民族、阶级的不同，甚至对同一事物判断其为美或丑，会截然相反。当然，美学理论上讲的审美观与我们在这儿从伦理角度讲人们的美丑观是有一些不同的。

我们应当追求什么样的美？从根本上讲应当追求内在美。内在美是指人的心灵美、情操美、行为美、性格美。与外在美相比，内在美是主要的，是人的美的决定性方面。人的形象的美学价值主要在于人的内在美。容貌、形体、线条的外在美是浅层次的，内在美是深层次的。外在美多是感性的表面，内在美则充满理性的深沉。外在美是易逝的，内在美则是永久的。马克思主义者是内在美与外在美的统一论者，决不赞成为追求外在美而抛弃内在美，相反，而认为内在美才是人的美的根本所在。

追求内在美的人才可能实现自己的人格美。人格美是纯美心灵的净化，崇高理想的升华，是人生价值放射光辉的源泉。人达到人格美的关键在于：把正确的人生观转化为生活的指南，把道德规范转变为内心的需要；把理性的行为化为良好的习惯，成为自觉的行为，达到理想与情感的统一。

康德说：在人类生活的原野上奔驰着一驾金色的三轮马车，它的三个轮子发出轰鸣的响声，这就是真、善、美。让我们在树立正确人生观的过程中，把自己塑造成真、善、美统一的高尚的人。

三

在社会主义市场经济条件下青年学生应当树立什么样的人生观？通过上面的论述应当很清楚了，那就是树立无产阶级的共产主义人生观，这是肯定的，毫无疑义的。

但是，我们看到在社会主义市场经济条件下，青年学生的人生观出现了很多变化，有可喜的方面，也有令人忧虑的问题。

可喜的方面是，在人生观方面出现了一些积极的新内容：创新观念、务实观念、效益观念、质量观念、风险观念、竞争观念、平等观念等等的出现，还有敢于摒弃因袭守旧、不图进取、安贫乐道、消极懈怠等陋习的行为。这是应当肯定的。

令人忧虑的是，一是在部分青年学生中心态发生了重大的变化，甚至出现了扭曲心态，这些心态一方面可以概括为一个“浮”字，这就是浮华、浮躁、浮夸。所谓浮华，就是追风赶潮，追求物质生活的享受，厌恶朴实的平凡生活；浮躁就是指不安心自己周围的一切，不愿意踏实地学习和劳动，而是这山望着那山高，幻想自己一个晚上“发”起来，成为“大款”或“大富”；浮夸则是热衷于夸夸其谈式的吹牛，千方百计地显示“自我”，把芝麻大的小事吹得天花乱坠，不计后果地欺名盗誉，对人民、集体、别人没有责任感。而另一方面可概括为一个“玩”字。玩麻将，玩嘴皮，玩阴谋，这是自古就有之，现在还要有新的玩法：玩文学，玩电影，玩买卖，玩股票，玩追星，玩人生……等等，反正什么都可以玩，而且要玩得痛快，玩得彻底，玩得心跳，玩得死去活来，否则就不过瘾，至少是不够潇洒。这些颓废的心态在现实中一遇到抵制和碰壁，这些人就失望、悲观，对社会和人生打上一个大大的问号，眼前是一片渺茫，于是又产生了消极心理：疑虑心理，困惑心理，投机心理，焦躁心理，逆反心理，冷漠心理等。这些不良的心态、心理严重地阻碍青年学生树立正确的人生观。

二是一些消极腐朽的人生观，如享乐主义，拜金主义，悲观厌世，实用主义等又乘机泛滥起来。它们的产生和出现究其原因当然是多方面的，但我们认为主要应是如下方面：市场经济的负面效应的影响；西方青年中流行病的消极影响；西方文学、历史、哲学、艺术中的不健康因素的影响；学生思想方法上的形而上学片面性；学校的教育和管理不到位等等。我们还应看到，这些消极的心态、心理、人生观已经给青年学生的健康成长造成了巨大、严重的危害。有的学生不努力学习，成天沉溺于吃、喝、玩、乐；有的对组织的安排漫天要价，钱少就拒绝不去；有的赌博，抢劫；有的偷摸拐骗；有的出卖人格、国格；有的投河跳楼；有的甚至残酷杀人……等等。所有这些都警示我们：帮助青年学生树立正确的人生观去对抗、抵制消极腐朽的人生观，以促进其健康成长，已是摆在每个教育工作者面前的迫在眉睫的任务。

那么，我们应当怎样帮助青年学生在社会主义市场经济条件下树立正确的人生观呢?

第一，要对他们进行有关社会主义市场经济的理论教育，使他们认识到市场经济的利弊得失，提高他们对市场经济的负面效应的识别能力和抵制能力。

第二，要用历史上无产阶级杰出人物的崇高人生观的典范来引导他们。

燕妮抛弃金钱和权势，跟随马克思，追求真理，而贫困艰难一生。

列宁在流放和流亡的艰苦岁月中，对俄国革命表示出的坚定信念和乐观的态度。

毛泽东面对六位亲人为革命牺牲所表现出的坚强意志和伟大的胸怀。

雷锋在平凡工作岗位上的积极的、友善的、向上的人生态度。

焦裕禄在领导岗位上呕心沥血、全心全意为人民服务，尽职尽责，鞠躬尽瘁的崇高品德。

第三，要用我国历史上一些杰出人物，他们的高尚的人生道德、人生态度、人生志向，来作为青年学生树立正确的人生观的参考和借鉴。

孟子：“富贵不能淫，威武不能屈。”

范仲淹：“居庙堂之高，则忧其民；处江湖之远，则忧其君。是进亦忧，退亦忧。然则何时而乐耶？其必曰：‘先天下之忧而忧，后天下之乐而乐欤’。”

文天祥：“人生自古谁无死？留取丹心照汗青。”

林则徐：“苟利国家生死以，岂因祸福避趋之。”

顾炎武：“天下兴亡，匹夫有责。”

孙中山：“顺乎历史之潮流，合乎人群之需要。”

第四，要用马列主义，毛泽东思想，邓小平理论武装青年学生的头脑，首先帮助青年学生树立正确的世界观，讲清共产主义世界观与人生观的关系，引导他们树立崇高的理想和抱负；其次，引导他们建立正确的人生目的，就是为祖国、人民而贡献自己毕生的力量，乐观、勇敢、顽强地去战胜人生道路上的困难，在实践的奉献中去实现自己的人生价值。

第五，学校的日常生活教育和管理要落到实处，规章制度要严格执行，要注重好的习惯和品德的养成，一切从细小事情做起，一切从自我做起，不要讲大话、空话，不要摆花架子。只有这样一点，一滴，扎扎实实地进行培养、教育，一切都到位，才有可能使他们成为有理想、有抱负、积极向上、乐于进取、勇于探讨和创新的社会主义事业接班人。

人的一生应当怎样度过？这是一个非常严峻的问题。要对这个问题交出一份美满的答卷，从根本上讲又是由自己的人生观决定的。下面我引用两个英雄的两段话来作为本文的结束，你是否能从中得到更深的启迪？

雷锋说：

“青春啊，永远是美好的，可是真正的青春，只属于那些永远力争上游的人，永远忘我劳动的人，永远谦虚的人！”

“人的生命是有限的，可是，为人民服务是无限的，我要把有限的生命，投入到无限的为人民服务之中去。”

保尔·柯察金来到自己的同伴的墓前，在肃穆的森林前面，他沉思着，感慨万千。留下了下面两段话：

“他（保尔）像一个铁面无私的法官，将自己的生活逐年加以审判。结果他感到满意，认为他的生活过得还不算怎么坏。……最主要的是在斗争火热的时期他并没有睡觉，在争夺政权的残酷斗争中，他找到了自己的岗位，而且在那革命的红旗上，也有他的几滴鲜血。”

“人生最宝贵的东西是生命。这生命，人只能得到一次。人的一生应当这样度过：当他回忆往事的时候，他不至于因为虚度年华而痛悔，也不致于因为过去的碌碌无为而羞愧；在临死的时候，他能够说：我的整个生命和全部精力，都已经献给世界上最壮丽的事业——为人类解放而斗争。”

（1995 年）

论社会主义市场经济条件下的德育与正确人生价值观的形成

我们国家一直把德育放在全部教育的首位，高度重视德育在形成青年正确人生价值观上所起的巨大作用和具有的深远意义。今天，在社会主义市场经济条件下，人们的人生价值观，特别是青年的人生价值观出现了很多新内容，也带来了不少新问题。如何认识德育面临的新形势，怎样发挥其作用，已引起党和国家的高度重视，也为我国广大的教育工作者所密切关注。

一

我国实行改革开放，必然引起人们的观念上的重大变化，特别是人生价值观上的深刻变化。一方面，在社会主义市场经济条件下，人们的人生价值观出现了一些适应时代要求，积极向上的新思想、新内容，如开拓精神，创新观念，务实观念，效益观念，质量观念，风险观念，竞争观念，平等观念等等，以及对因袭守旧、不图进取、安贫乐道、消极懈怠等积习的摒弃，对敢破常规、积极进取、永不满足、勇于创造等新风尚的大胆追求。所有这些集中地表现了在新形势下人们对人生价值观的新探索、新起步。很显然，这些新观念丰富了社会主义人生价值观的内容，促进了社会主义精神文明的建设和发展，因此，这些新观念、新思想是需要我们深入研究，并倍加爱护和大力扶持的。另一方面，由于商品经济的负面效应，人们特别是青年的人生价值观又出现了一些令人忧虑的现象，如社会责任感、社会义务感的淡漠，见利忘义行为的增长，人际交往中利用性和实惠性的盛行，拜金主义、享乐主义和极端个人主义的出现等等。

人生价值观上出现的这些新问题，特别是消极、腐朽人生价值观在社会主义制度下的重新泛滥，究其原因大致有如下几方面：一是市场经济的负面影响。由于我们制度上、管理上不够完善、健全，制约机构不够有力，市场经济的消极面没有得到应有的控制，因而在现实生活中，资产阶级的金钱至上、金钱万能的观念就实际上在发挥很大的作用。二是现代西方青年中的“流行病”对我国年青一代的影响。西方社会青年看不到个人的前途、国家的希望，因而徬徨苦闷、精神空虚、人生渺茫。这些青年消极颓废的心境，悲观失望的言行，玩世不恭的态度，醉生梦死的生活，对我国一些青年产生了极坏的影响。三是西方资产阶级错误学术理论的危害，对一些西方资产阶级的文学、历史、政治、哲学等著作，未及时进行正确的评介，其宣扬的错误观点，消极、腐朽的生活方式没有受到有力的批判，致使一些阅历浅薄的年青人是非不分，真伪不辨，香臭不闻。四是过去宣传工作中的某些形而上学片面性带来的恶果。在宣传工作中只讲一面、或强调一面，而忘记或忽视了另一面。如大力宣传集体主义时，就不讲个人利益，甚至将个人利益与个人主义混淆起来；宣传政治思想是首位时，实际上就用政治价值代替包揽了一切，忽视了人们的职业理想和生活理想的多样追求。这种形而上学的片面性就带坏了很多青年的思维方式，导引他们只按一个片面去想问题、看问题，不懂得全面看问题。如追求享乐主义，就是不懂得苦与乐，获取与付出，物质生活与精神生活的辩证关系，片面夸大了一方，抹煞否定了另一方。

我们如何用社会主义德育去改变一些青年的错误的人生价值观，去战胜资产阶级的腐朽、消极的人生价值观，帮助青年树立正确的人生价值观，已成为摆在我们面前的一项紧迫任务了。

二

社会主义德育对形成青年正确的人生价值观能起巨大积极的作用，这已为我国的实践所证明。因此，我们相信，在社会主义市场经济条件下的德育，也一定能起到这样的作用。这是因为德育决定着人生价值观的方向，也决定着人生价值观的根本内容。

德育决定着人生价值观的方向。不同的德育会产生不同方向的人生价值观。社会主义的德育能使青年确立正确的政治方向，树立爱国主义、集体主义、社会主义的思想原则，培养崇高的品质和优美的情操，从而达到树立正确人生价值观的目的。邓小平同志指出：“要让我们的人民，包括我们的孩子们知道，我们是坚持社会主义和共产主义的，我们采取各方面的政策，都是为了发展社会主义，为了将来实现共产主义。”① 当一些青年受西方资产阶级思想的影响，大搞自由化，思想混乱到了极点，行动上表现出不文明，不道德，甚至丧伦败德，违法乱纪时，邓小平同志指出：“首先要向青年进行有理想、有纪律的教育。没有理想和纪律，建设四化是不可能的。许多青年崇拜西方的所谓自由，但什么叫自由他们并不懂。要使他们懂得自由和纪律的关系。”② 新中国建立40多年来，一直坚持社会主义德育，积极开展对资产阶级和一切剥削阶级腐朽人生价值观的斗争，从而保证了我国广大青年人生价值观的正确方向。

德育决定着人生价值观的根本内容，正确的人生价值观主要包括在马克思主义科学世界观指导下的爱国主义、集体主义、无私奉献、全心全意为人民服务、勇于开拓、大胆创新、满腔热情为国争光的拼搏精神等根本内容。而这些内容，都是由德育来决定、来培养的。邓小平同志说：“要加强各级学校的政治教育、形势教育、思想教育，包括人生观教育、道德教育。”③ 具体讲，就是要进行中国历史和国情、中华民族传统美德、革命传统和法制教育，进行马克思主义、毛泽东思想的基础理论教育，以达到使青少年树立科学世界观、正确的人生价值观的目的。“要教育全党同志发扬大公无私、服从大局、艰苦奋斗、廉洁奉公的精神，坚持共产主义思想和共产主义道德。”④

三

然而，社会主义市场经济条件下的德育与我们以前所开展的传统的德育尽管从本质上讲是一致的，但由于社会生活条件有了很大的变化，因而具有与过去不同的特点。

---

① 《邓小平文选》第三卷，第112页。
② 《邓小平文选》第三卷，第191页。
③ 《邓小平文选》第二卷，第369页。
④ 《邓小平文选》第二卷，第367页。

首先，德育的社会历史条件发生了变化。以前在社会主义革命和建设时期，进行德育是在强调计划经济、强调单一公有制的社会环境比较封闭的历史背景下开展的。而现在则是在市场经济条件下进行的。由于市场经济的负面效应，拜金主义、享乐主义和极端个人主义思潮已在较大范围内和一定程度上影响了广大群众，特别是青年。这与过去社会上广泛流行的重集体、爱国家、比勤劳、讲奉献的社会风尚有了很大的变化。市场经济的盲目性、自发性、滞后性、竞争的排他性等观念就必然渗透到社会生活的各个领域。这种新的社会历史条件增大了德育的难度。

第二，德育的对象发生了很大的变化。过去，人们具有崇高的理想和信念，并为理想和信念可以奉献自己的一切乃至生命，但是，在市场经济大潮的冲击下，不少人的思想观念则发生了很大变化，变得更加实际，常常表现在很多问题上的明显的两重性：一方面渴望社会发展、政治稳定，另一方面又存在着自由化的倾向，缺乏坚定的理想和信念；一方面渴望自立、自重、自强、成才，另一方面又存在不愿刻苦学习、贪图舒适、得过且过的思想；一方面参与、竞争、开拓、进取的意识增强，另一方面又存在着自满、自足、自卑、嫉妒、安于现状等倾向；一方面重实效、讲实际、看重现实利益，另一方面又耽于幻想，抱侥幸心理，盲目地等待“运气”。

第三，德育的内容比以前更丰富。在社会主义市场经济条件下，德育增添了新内容。增强了适应时代发展、社会进步，以及建立社会主义市场经济的新要求和迫切需要的素质教育；培养开拓进取、平等竞争、自立自律、艰苦创业的时代精神的教育；重视社会公德、职业道德的教育；以及学法、守法、遵法的法制教育。通过这些新增加的德育内容的教育，使青年在原有的基础上，在素质和教养上有一个较大的提高。

第四，对德育的形式有了新的更高的要求。社会主义市场经济条件下德育的内容发生了变化，就应当有新形式来适应这种内容，对过去那些行之有效的形式，要根据变化了的情况，加以完善，以适应新形势下德育的需要。但主要的是去创造和发现新形式。现实的实践清楚地告诉我们：是否采用适合新形势下的恰当的形式，直接关系到德育的效果。在这里，要坚决反对两种错误的观点：一是僵化的观点，抱着过去的旧形式不改，尽管实践已证明其效果甚微，但不是去改变它，抛弃它，检查自己，而是一个劲地抱怨受教育者不买账。二是形式主义的观点，为形式而搞形式，搞花样翻新，因而抛弃或淡化德育的实质内容。这样追求形式不但不利于德育，反而会将其引入歧途。

四

在社会主义市场经济条件下，怎样开展德育才会有利于青年正确人生价值观的形成呢？我们认为至少应做以下几方面的工作。

要清除当前对德育的错误观念。面对滚滚而来的市场经济的大潮，一些人对德育产生了一些错误的看法，集中表现为“德育无力”“德育无位”“德育无用”的观念。当前，一些人虽然在理论上并不公然否认德育的作用，但在思想深处却认为“有能力才有金钱”“有钱才好办事”。当然，一些人产生这样错误的观念，与我们过去在德育中的一些不尽人意的做法和收效不显著的结果是有关的。这主要是由于德育上的片面性、主观性和教条性造成的。

德育必须与时代合拍。我们正处在一个深化改革，扩大开放，加速发展，全面建立社会主义市场经济新体制的历史时期，社会政治经济体制的变革和各阶层群体利益分配格局的变化，不可避免地影响着人们的价值取向，因而各种各样的社会“热点”“焦点”问题会此起彼伏、连绵不断地出现。德育必须反映这些时代最根本、最重大的社会问题，必须反映人们最关切、最热心、最注目、最紧迫的社会问题，而不是宣讲脱离现实的书本上的陈旧内容。这些“热点”“焦点”常常会把人们对党、国家、政府、社会，对现行四化建设的路线、方针和政策的看法和观点，突出鲜明地表现出来。德育就是要针对这些问题，在深入调查研究的基础上，从马克思主义的立场观点出发，作出耐心而有说服力的回答和解释。这样就疏导了人们的思想，解除了疑虑，就会使人们得出该怎样看、怎样说、怎样做，不该怎样看、怎样说、怎样做的正确结论。所以，邓小平同志教导我们：“教育一定要联系实际。对一部分干部和群众中流行的影响社会风气的重要思想问题，要经过充分调查研究，由适当的人进行周到细致、有充分说服力的教育，简单片面武断的说法是不行的。”①

德育要健康自身的内容。这一提法乍一看似乎觉得有点不可理解。有人也

① 《邓小平文选》第三卷，第144页。

许会问：难道德育还有不健康的内容吗？我们认为确实有，这主要表现为：由于判断不清而采用的错误内容，形式主义的内容，虚假的内容，教条主义的内容等等。在教育中，有时由于目的不甚明确，再加上德育工作者本身的素质和水平问题，特别是在市场经济条件下，常有把不健康的、甚至错误的东西当成正确的东西向人们宣传，引起严重的教育失误。有些内容在此时此地是正确、适当的，到彼时彼地则不适合了，如硬将其搬去，牵强附会，就会变为形式主义。还有的人为证明某种观点和论点，杜撰出某些例子，甚至编造出虚假的数字和事件，振振有词地向人们宣讲，而一旦这些东西在实践中被揭破，它所产生的消极破坏作用，决非一朝一夕能够消除。所以，健康德育内容是一个务必高度重视的问题。用集体主义、爱国主义和社会主义的内容来取代那些不健康的内容就成为我们必须认真研究的一个问题。

要研究青年学生的实际思想水平状况，掌握其思想的脉搏，做到有的放矢。在经济和社会关系急剧变革的时期，由于缺乏足够的准备和教育上的不完善，致使青年学生在知识上明显地存在缺陷，表现出对马克思主义基本理论的生疏，对中国历史和国情的不了解，对国际上出现各种波折的原因不理解，等等。正因此，对他们进行的德育教育就不易为其理解和接受。基于此，学校的各科教学都要有意识地补上这些知识，这需要全体教育工作者齐心协力来做。但另一方面，这些青年大学生，又已有一定的实践经验，掌握了一些理论知识，他们在政治、经济、人生、道德等重大问题上，常常会联系祖国的前途、人类的命运、个人的理想、共产主义的远景，进行深深的思索，常会爆发出一些富有时代气息、具有深刻感染力的、激奋人心的思想火花。这就是其思想的闪光点。如能抓住这种时机进行教育，恰如往干旱的土地上浇雨露和清泉，就极易为其吸收，收到最佳的教育效果。

要充分利用民族优良道德传统进行德育教育。我国是文明古国，有数千年文明发展史。德育理论和伦理道德渊远流长、博大精深、内容丰富、影响深远。利用这些优秀文化遗产为现实服务是我们的责任。我们的目的是使民族道德传统经过现代社会实践的批判和改造，将其精华发扬光大，体现出现代化的精神，为今天的德育服务。如我国古代进步、杰出的思想家都主张“大道之行也，天下为公”“先天下之忧而忧，后天下之乐而乐”“人生自古谁无死？留取丹心照汗青”；都提倡“见利思义”“舍生取义”“以义为利”，精忠爱国，仁民爱人等崇高精神；都反对见利忘义，唯利是图，贪赃枉法，背信弃义等卑鄙言行。如能将这些优秀的道德传统向青年做出正确的解释和发挥，无疑对他们形成集体主义、爱国主义、见义勇为、乐于奉献等优良品质起巨大的促进作用。

要在全社会造成树立正确人生价值观的舆论，形成一个开展德育的良好环境。这是发挥其作用，帮助青年树立正确人生价值观的基础环节。德育是一项社会性系统工程，社会的各个部门应当为此而尽自己庄严神圣的职责。报刊、杂志、电影、电视、广播、演出都必须旗帜鲜明地表明：什么是美，什么是丑；什么是崇高，什么是卑鄙；什么是真正的幸福，什么是腐化堕落；什么是有价值，什么是轻如鸿毛。各种文艺作品和表演都应当满腔热情地歌颂爱国主义、集体主义、社会主义、艰苦奋斗、无私奉献、全心全意为人民服务的崇高精神；都必须无情地揭露和鞭挞自私自利、损人利己、损公肥私、贪图享乐、以权谋利、贪污受贿、醉生梦死等腐朽丑恶现象；都必须以爱国主义、集体主义和社会主义为主旋律，以科学的理论武装人，以正确的舆论引导人，以高尚的情操塑造人，以优美的作品鼓舞人。广大人民群众都自觉地起来维护真理和正义，赞美劳模和英雄；都勇敢地起来反对谬误和邪恶，谴责虚伪和暴行。只有这样的人生价值导向，才会与学校的德育工作和谐地合拍，才会有利于青年正确人生价值观的形成。然而，现在的育人环境却远非如此。学校教育学生勤俭节约、艰苦朴素，过朴实纯洁的生活，而社会的一些部门却在起劲地宣传高消费，鼓吹花天酒地的夜总会、歌舞厅；教师在课堂上讲人生的真正价值是无私、奉献，完全彻底地为祖国和人民献出自己的一切，而有的电台和报刊却吹嘘港台的“影星”“歌星”的“潇洒人生”最有价值，暗暗鼓动青年们追“星”；政治理论课宣讲努力奋斗、踏实工作，用自己的汗水和诚实的劳动获取的报酬，才是真正的幸福生活，而社会则大搞开奖、中彩、抽签，在人们心中引发侥幸心理，制造暴发致富的幻想；老师告诉学生应当读马列著作，读进步的、科学的、革命的书，而有的出版部门则偷偷摸摸地出版武侠小说，色情作品，黄色歌曲，淫秽录像……。很显然，这样的社会环境就使德育工作困难重重，举步维艰，致使学校费尽心血在学生身上培养的正确人生价值观念，一与社会接触，就产生理论与现实的不统一，在学生心灵上造成混乱和怀疑，甚至产生逆反心理。我们列举上述事实，并不是说在社会主义市场经济条件下不能出现抽奖、夜总会、赞誉“歌星”“影星”之类的东西，而是说，既然要这样做，就要考虑到把这些东西宣传到一个什么程度，限制在什么范围，怎样讲清它的作用和危害，采取什么防范措施，以便与德育协调。如果不这样，而是任其发展下去，就将产生更为严重的后果。我们不能不承认一个严峻的事实：学校用尽气力进行的德育收效甚微。有的青年甚至拒绝或逃避参加德育学习，难道不能引起深思吗？育人环境对青年形成人生价值观起着潜移默化的作用。这里的关键是政府在事实上提倡什么，坚持什么，以怎样的公众形象对人民群众进行引导。否则，就会使德育失去社会基础，就会产生人生价值观上的误区。

要切实进一步加强、重视德育，坚决反对资产阶级自由化。在社会主义市场经济条件下，思想政治教育、德育决不能削弱；而是要结合反对资产阶级自由化进一步加强。邓小平同志说：“思想政治工作和思想政治工作队伍都必须大大加强，决不能削弱。”① 又说：“我们希望从事教育工作的同志，各个有关部门的同志，整个社会的家家户户，都来关心青少年思想政治的进步。”② 这里起关键作用的是各个学校、各种教育部门的领导，要提高对德育工作的认识，要将其摆在自己的议事日程上，采取各种措施帮助解决德育工作中的困难。与此同时必须坚决反对精神污染和资产阶级自由化。邓小平同志指出：“中国在粉碎‘四人帮’以后出现了一种思潮，叫资产阶级自由化，崇拜西方资本主义国家的‘民主’‘自由’，否定社会主义。”③ 这种精神污染和自由化直接关系到德育是否有实效，关系到青年人生价值观的形成，关系到社会主义事业的成败。“不要以为有一点精神污染不算什么，值不得大惊小怪。有的现象可能短期内看不出多大的坏处，……从长远来看，这个问题关系到我们的事业将由什么样的一代人来接班，关系到党和国家的命运和前途。”④ 我们一定要认识到反对资产阶级自由化的艰巨性、长期性、复杂性，做很多扎实细微的工作深入下去。为了加强德育，反对资产阶级自由化，党中央发布了关于加强和改进学校德育工作的《意见》和关于实施爱国主义教育的《纲要》。这两个

① 《邓小平文选》第三卷，第 145 页。

② 《邓小平文选》第二卷，第 105-106 页。

③ 《邓小平文选》第三卷，第 123 页。

④ 《邓小平文选》第三卷，第 45 页。

纲领性文件贯穿着建设有中国特色社会主义理论的精神实质，明确指出，现在和今后一二十年学校培养出来的学生，他们的思想品德和科学文化素质如何，他们的人生价值观如何，对我国以什么样的面貌跨入 21 世纪，能否实现社会主义现代化目标，能否坚持党的基本路线一百年不动摇，关系极大。必须站在历史的高度，以战略的眼光来认识新时期德育工作的重要性。我们必须坚决贯彻实施这两个文件，进一步加强、提高德育工作反对资产阶级自由化，清除形形色色消极腐朽的思想，帮助青年树立正确的人生价值观，培养他们成为建设四个现代化的新人。

（1996 年）

实施德育促进青年学生形成正确人生价值观的途径探索

江泽民同志在党的十五大的报告中指出：“深入持久地开展以为人民服务为核心、集体主义为原则的社会主义道德教育……引导人们树立正确的世界观、人生观、价值观”，“在全社会形成共同的理想和精神支柱，是有中国特色社会主义文化建设的根本。”江总书记的指示为我们在社会主义市场经济条件下，如何认识德育在学校中的任务和目的，如何探索实施德育的新思路、新方法，促进青年学生形成正确的人生价值观指出了明确的方向。

在社会主义市场经济条件下，青年学生的人生价值观发生了很大的变化，出现了不少积极的富有创造性的新内容，也产生了很多消极严重的问题。怎样实施德育才有利于青年学生正确人生价值观的形成？国内理论界对此已开展了一些探讨。在江总书记讲话的指引下，学习了其他同志的一些见解，联系笔者自己多年从事德育工作的实践，也有一些浅陋之见，作为引玉之砖抛出来，以期得到同仁的指教和帮助。为便于操作，我把自己的看法概括为四句话：坚持一个中心，了解两项实际，营造三类环境，贯彻四种结合。下面分叙于后。

一

坚持一个中心，就是在实施德育时，必须时时刻刻坚持以邓小平理论为中心。这是因为在现阶段指导我国社会主义现代化建设的正确理论就是邓小平理论。这个理论正确地回答了社会主义的本质是什么，中国应当怎样建设社会主义。

如何认识和处理社会主义市场经济条件下的公与私、奉献与索取、个人利益与集体利益的关系？这是青年学生形成正确人生价值观必须首先解决好的问题之一。在改革开放以前，国家提倡的是以共产主义公有观念为核心的德育内容。它要求通过实施德育要做到大公无私、无私奉献、全心全意为人民服务。可是在社会主义市场经济条件下，在强调效益和公平、勤奋和竞争、开拓和进取的形势下，金钱和物质利益实际上已起着巨大的调节作用，再不全面妥善地处理公与私、公平与效益、个人利益与集体利益的关系，而还是只从一个方面强调以前的那些原则，显然就带片面性和不合时宜了，就会使得有些关系不好处理。唯一能指导我们在这两者之间作出正确说明和理解，提供我们判断标准的，就是邓小平理论。同样，在中国搞社会主义市场经济，是建设有中国特色社会主义的一个重要内容。而有的人则误认为这是搞资本主义。社会主义市场经济与资本主义有什么本质不同？搞社会主义市场经济是不是回头去搞资本主义？这是一个大是大非的原则问题。同理，唯一能在有中国特色的社会主义与资本主义之间做出正确区别的也是邓小平理论。

实施德育必须以邓小平理论为中心，还因为只有邓小平理论才正确地解决了新时期的教育方针，指明了培养四化接班人的目的、任务、方法和途径，才提出了跨世纪接班人应具有什么样的素质和人生价值观。邓小平说："要加强各级学校的政治教育、形势教育、思想教育，包括人生观教育、道德教育……要努力使我们的青少年成为有理想、有道德、有知识、有体力的人，使他们立志为人民作贡献，为祖国作贡献，为人类作贡献，从小养成守纪律、讲礼貌、维护公共利益的良好习惯。"①

坚持邓小平理论为中心，就是要在德育的每一个环节上都毫不打折扣地、原原本本地用邓小平理论来指导。在德育目标、内容、原则、途径、考评等环节和过程中都认真地按邓小平理论指示的去做。首先，要做到让邓小平理论进教材、进课堂、进头脑，就要对现行的"两课"教材进行认真地研究和审查，删除那些不合时宜的东西，补进邓小平理论的适当的部分；就要在高校的所有学生中都开设邓小平理论概论课，用这个理论来武装学生的头脑；就要求在所有的各门学科的教学中都贯穿邓小平理论这根主线。其次，要用邓小平理论来指导学生工作的全过程。从个别谈心到集体帮助，从课堂纪律到宿舍管理，从学术报告会到组织大型的校园文化活动，从学校的精神文明建设到投身社会大

① 《邓小平文选》第二卷，人民出版社 1994 年版，第 369 页。

环境的实践活动，在每一项活动中都要有目的、有意识地将邓小平理论渗透于其中，给学生以潜移默化的影响，让学生的心灵时刻沐浴在充满智慧、真理的阳光之中。

二

了解两项实际，就是了解青年学生的实际思想状况和当前德育实施的状况。这是正确实施德育的基础和改进提高它的前提。唯有这样，才有可能产生出正确的方针和方法。

首先，要了解青年学生的实际思想状况。这主要是了解三个方面：

一是青年学生的复杂心理。在社会主义市场经济条件下，情况已发生了很大变化。在过去，不少青年学生都讲崇高的理想和信念，并为理想和信念准备奉献自己的一切乃至生命。然而今天，很多学生的思想却变得很讲实际，常常表现在众多问题上的明显的两重性：一方面渴望社会发展、政治稳定；另一方面又存在着自由化倾向，缺乏坚定的理想和信念。一方面渴望自立、自重、成才；另一方面又存在不愿刻苦学习、贪图舒适、得过且过的思想。一方面参与、竞争、开拓、进取的意识增强；另一方面又存在着自满、自足、自卑、嫉妒、安于现状的倾向。一方面重实效、讲实际、看重现实利益；另一方面又耽于幻想，抱侥幸心理，盲目地等待“运气”。

二是要了解学生的心境和心情。学生的心境也有了复杂的变化。一方面，在改革开放的大潮中产生了很多健康、积极向上的精神风貌，另一方面，当前我国社会中的消极心态，如疑虑心理、困惑心理、投机心理、冷漠心理、焦躁心理、逆反心理等也严重地影响了青年学生的心境。其中特别是冷漠心理、焦躁心理和逆反心理在学生身上表现明显。一些学生在对待人事上，漠不关心，避而远之，多一事不如少一事，碰到问题绕道走，凡事只顾自己、顾眼前，不管他人、社会和未来。一遇到不顺心或挫折，就焦躁不安，不能忍耐，或抱怨他人，或指责社会，一时消极悲观，一时铤而走险。对党和国家宣传的正面事物，认为一概不可信任。“现在都是人哄人，人骗人”“叫卖越凶，越要当心上当”。对一切都从反面或对立的角度去理解。你宣传清正廉洁的好干部典型，他就认为这一定是干部贪污腐败达到了极点；你宣传安定团结、形势大好，他就认为一定哪儿出了乱子，大事不妙。这些消极心态非常严重地危害着实施德育，应引起我们足够的重视。

三是要了解学生的知识状况和认识能力。在这方面，也存在着两方面的情况。在知识结构上，一方面已上学多年，掌握了一些课程的基础知识；另一方面，又由于社会处在急剧变革的时期，加之教育的不完善，缺乏足够的准备和未及时跟上，致使一些学生在知识上明显存在缺陷，表现出对马克思主义基本理论的生疏，对中国历史和国情的不了解，对国际共产主义运动出现的波折的不理解等等。这些知识缺陷会严重地影响学生形成正确的人生价值观。基于此，学校的各科教学都要有针对性地补上这些知识。这就要求学校领导要高瞻远瞩地统筹安排全体教育工作者共同齐心协力来完成这一艰巨细致的任务。在思想认识上，一方面由于受到社会上各种消极现象的影响，存在片面和错误的东西；但另一方面，青年学生毕竟多年接受了党的教育，参加了一些社会实践，他们在政治、经济、道德、人生目的和价值等重大问题上，常常会联系祖国的前途、人类的命运、个人的理想、共产主义远景，进行深深地思索，常会爆发出一些富有时代气息、具有深刻感染力的、激奋人心的思想火花。这就是青年学生思想的闪光点。如能抓住这种时机实施德育，用邓小平理论去助燃那些思想火花，照亮他们的心灵，就能收到最佳的教育效果。

其次，要了解目前德育进行的实际状况。

党和政府非常重视德育，党和国家领导人亲自研究高校马克思主义理论课的设置，认为把德育放在首位是社会主义教育的基本特征。在党和国家方针政策的指导下，各校都开设了“两课”，配备了理论教学和政工队伍两套人马。德育工作面貌较之以前有了较大改观。但是，我们这些身居德育第一线的人们又深深地感到：目前学校的德育进行得还远不如人意，离党的要求还相差甚远。这可从如下几方面看出来：

第一，对德育的现状缺乏深入系统的研究。今天，德育的情况发生了很多变化。表现在什么地方？有什么规律性的东西？应采取什么方法和途径去实施德育？本来应对诸如此类的问题进行经常地调查研究，系统地综合分析，不断加深理解和认识，可是有一些学校仍未把这件大事摆上议事日程，仍未重视已经变化了的现实，仍未采取强有力的措施，仍是用老一套常规办事。

第二，德育工作队伍不够落实，不够健全、有力。本来应以从事德育教学和从事思想政治工作的两支队伍，互相配合，形成一股实施德育的力量。但实际上常常是人员不落实，队伍不健全。政工队伍或者是配不齐，或者是不称职。教学队伍则因受到诸多因素的制约和影响，挫伤和抑制了积极性和热情的发挥，部分年老的教师因感到无能为力而有些灰心；中年的则忙于第二职业，四处奔波，无法专心；青年的由于无经验，又眼见不受重视，认为干这行无前途，不甚安心。这支队伍本应是坚强而有力的，但事实上长期以来，它与学校其他队伍比较起来，显得有些不齐而无力。邓小平同志早就看出了这点，所以，他坚决指出："思想政治工作和思想政治工作队伍必须大大加强，决不能削弱。"①

第三，德育内容亟待健康、提高，形式亟待改进。不健康的德育内容主要表现在：由于判断不清而采用的错误的、形式主义的、虚假的、教条主义的内容等等。在相当长的时期内，对德育内容理解狭窄，认为德育就是对学生进行政治意识形态的教育，就是向学生灌输党的路线、方针和政策。当然，这样做也是必要的。但仅仅这样做，而忽视向学生进行爱国主义教育、人生观教育、法制教育、价值观教育，忽视对学生进行人格和心理素质等方面的教育和培养，就是狭窄的和片面的。应当以党中央和国务院关于进行爱国主义教育的《纲要》和实施德育的《意见》为中心内容，把邓小平理论渗透于其中，辅之以其他丰富多彩的、生动活泼的新鲜东西，使德育内容更健康、更完美。

与此同时，实施德育的方式也应当改进。要改过去理论教育满堂灌为启发式、讨论式的教学，特别是对成人高校学生更应如此。要把课堂教学与调查研究结合起来，要把个别谈心与集体帮助、家长规劝结合起来，把正面的造一定声势的教育与潜移默化的隐形教育结合起来，把小组讨论与大集体辩论结合起来，把组织各种读书小组、研究会与请专家学者做学术报告结合起来。

三

环境对青年学生形成什么样的人生价值观，养成什么样的兴趣爱好，培养成什么样的道德品质产生经常的、潜移默化的影响。邓小平一再指出环境在教

① 《邓小平文选》第三卷，人民出版社 1993 年版，第 145 页。

育和做好工作中的重要作用。良好的环境有利于人才的培养，有利于人才脱颖而出。营造良好的环境就十分重要。

首先，要营造好校园环境。

校园是学生学习、生活的主要场所，是培养人才的坚强阵地。学生学习期间的大部分时间是在校园度过的。校园环境如何，直接影响到德育的效果。校园环境是由物质的、文化的、情感的和意志的多种因素多种条件构成的有机整体。良好的校园环境引起人们心灵上的宁静，情感上的共鸣，认识上的探索，意志上的奋进。校园环境主要包括两个方面：一是校园的设施、制度和管理，二是校园的文化生活、精神风貌和校园传统。显然，在社会主义市场经济条件下，一些歪风邪气会影响校园环境。因而必须大力加强校园环境的建设，不断清除各种消极因素。首先要美化校园环境，种植树木花草，培育绿草坪地，建造浮雕塑像，整修道路石阶，修缮屋舍门窗，设计凉亭望台。其次，要加强校园的制度建设和组织纪律管理。必须禁止在校园内张贴大小字报，进行宗教活动，出版非法刊物。必须遵守公共秩序，讲究公共卫生，礼貌待人，说话和气，举止文明，衣着整洁大方，不允许打架、斗殴、赌博、酗酒，不允许损害公物，浪费水电。校园环境的另一方面是精神文化生活。必须清理学校图书馆的书刊，管理好电影、录像、演出、舞会、讲座和报告会。现在令人忧虑的是：在不少高校周围形成了一个包围学校的“文化环带”。在这儿有舞厅、录像厅、卡拉 OK 厅、游戏机房和租书屋等等。它们常常以五花八门的黄色电影、录像，开打带赌博性质的游戏机，出租黄色书刊，开放格调低下的舞厅和卡拉 OK 厅，几乎天天通宵达旦。这个“文化环带”严重地污染了校园环境，对学生产生消极影响。为营造健康的校园环境，政府有关部门应帮助学校采取强有力的果断措施，取缔和清除它。社会的各个部门应当为此而尽自己庄严神圣的职责。

其次，要营造好家庭环境。

由于血缘和辈份的关系，家庭环境对学生的影响在某种意义上更具有直接性和权威性。所以，邓小平要求社会的各个家庭都来关心青少年的成长：“我们希望……整个社会的家家户户都来关心青少年思想政治的进步。”① 无数事

① 《邓小平文选》第二卷，人民出版社 1994 年版，第 105~106 页。

实一再表明，健康文明的家庭环境引导学生走向正确的人生道路，养成良好的习惯和品质，反之，则使其染上恶习，酿成错误和犯罪。家庭是社会的细胞。社会上的各种风浪和变化都会冲击和影响家庭，并以缩影的形式在家庭再现出来。特别是一些重大的政治生活事件会深刻地影响家庭，而家庭又影响学生。“这次闹事的学生多半是大学一二年级、二十岁以下的青年，他们没有社会实践经验，今年放寒假回去，几乎每个家庭都给学生上了课……所以，很多人回校后承认他们原来的认识和行为不对。”① 营造家庭环境就是要使家庭具有热爱祖国、拥护社会主义的政治气氛，具有良好的生活习惯和优秀的品德，具有教育指导孩子的一般教育理论知识。应该使每一个家长认识到，营造健康文明的家庭环境决不是哪一个家庭的私事，而是关系到培养未来接班人的重大事业。一些家长的恶习影响了孩子，也许并非出于本意，而是由于对教育常识的无知，这就存在一个教育和提高家长素质的问题。当然，随着两个文明建设的进步，家庭也会得到教育和提高，但诸如教育学原理方面的一些知识，则只有给家长再教育才能获得。一些有识之士已经看到营造家庭环境对促进青年形成正确人生价值观的重要作用，因而大力倡办“家长函授学校”，这不失为一种有远见的创举。

再次，要营造好社会环境。

上述的两类环境也可包括在社会环境之中。但这儿所言的社会环境是除它们之外的另外一些社会生活的主要方面，如政治、经济、金融、财政、法律、宣传、出版、演出、体育、商业、广告等等。青年学生生活在社会中，时刻受其影响。因此，营造健康、文明、向上的社会环境，对学校实施德育起着巨大的推动作用。欲达此目的，整个社会，特别是政府机关、宣传广播部门和文化工作者，应当提供正确的舆论导向和标准。都应当旗帜鲜明地表明，什么是美，什么是丑，什么是崇高，什么是卑鄙，什么是真正的幸福，什么是腐化堕落，什么是真正的价值，什么是轻于鸿毛；都应当满腔热情地讴歌爱国主义、集体主义、社会主义、艰苦奋斗、无私奉献、全心全意为人民服务的崇高精神；都必须无情地揭露和鞭挞自私自利、损人利己、损公肥私、贪图享乐、以权谋私、贪污受贿、醉生梦死等腐朽丑恶现象。这样做，本是我们文化工作者

① 《邓小平文选》第三卷，人民出版社 1993 年版，第 208 页。

的基本职责和良心所在。邓小平说：“思想战线上的战士，都应当是人类灵魂的工程师。在当前这个转变时期，在社会主义精神文明建设和整个社会主义建设事业中，他们在思想教育方面的责任尤其重大……作为灵魂工程师，应该高举马克思主义、社会主义的旗帜，用自己的文章、作品、教学、讲演、表演，教育和引导人民正确地对待历史，认识现实，坚信社会主义和党的领导，鼓舞人民奋发努力，积极向上，真正做到有理想、有道德、有文化、守纪律，为伟大壮丽的社会主义现代化建设事业而英勇奋斗。”① 如果通过我们的出版、宣传、广播，广大人民群众都能自觉起来维护真理和正义，赞美劳模和英雄，都勇敢地起来反对谬误和邪恶，谴责虚伪和暴行。如果社会环境是这样的一种人生价值导向，就会与学校的德育合拍，就极有利于青年正确人生价值观的形成。然而，令人遗憾的是，现在社会上的个人主义、拜金主义、享乐主义、贪赃枉法、大吃大喝、敲榨勒索、弄虚作假、偷摸拐骗、出卖人格、出卖灵魂、出卖肉体等腐朽丑恶现象严重地败坏了社会风气。这就使学校德育工作困难重重，举步维艰，致使学校费尽心血对学生进行的人生价值观教育，一与社会接触，就产生理论与现实的反差，小环境与大环境的不协调，在学生思想上造成混乱和怀疑，甚至产生逆反心理。因此，为使涉世不深的学生少受或不受影响，首先，固然是学校要加强教育，增强其抵抗力和识别力，但关键是政府机关要积极起来采取坚决的措施，清除腐败和丑恶现象，明确地表示提倡什么，坚持什么，反对什么，以怎样的公众形象对人民群众进行引导，并且政府官员身体力行，为群众做出榜样。如果不是这样，而是任其下去，并且言行不一，对群众讲大道理是一套，自己做的又是另一套，就会使德育失去自己的社会基础，就会引导学生的人生价值观走向误区，就将产生更为严重的后果。

四

在实施德育中贯彻四种结合，就是必须与素质教育、时事政策教育、民族传统教育和社会实践教育结合起来。只有这样，德育内容才宽广、丰富多彩，形式才生动活泼，德育的作用才能更好发挥，目的才能达到。

---

① 《邓小平文选》第三卷，人民出版社 1993 年版，第 40 页。

把实施德育与素质教育结合起来。

所谓素质应当理解为人在后天通过环境影响和教育训练所获得的稳定的长期发挥作用的基本品质结构，包括人的思想、知识、身体、心理品质等。具体讲，素质教育包括两方面：科学文化素质和思想品德素质。使二者结合，就是使德育贯穿于素质教育之中，二者互相渗透，互相融汇。这就必须要求所有的教育工作者认真执行教书育人的原则。不仅仅是讲课，做具体工作，而是育人，铸造学生的心灵，是在使学生获得做一个现代人必须具备的丰富的知识的同时，告诉学生怎样做人，做一个堂堂正正的人，做一个脱离低级趣味的人，做一个有道德的人，做一个有益于人民的人。这就必须要求所有的教师不仅仅是授业，而是在传授知识时贯穿真、善、美的人生真理，并把邓小平理论的伟大真理渗透于教育的全过程，在学生的心灵中树起一盏指路明灯。就是叫学生懂得，没有优良的素质，决不会产生伟大的科学真理，掌握书本理论知识固然重要，但更重要的在于有正确优良的思想品质，在于拿了理论去从事实践，去改造世界，去创造发明，为祖国人民争取荣誉，作出奉献，造福于人类。就要使学生具备坚忍不拔的心理素质，经得起失败、挫折、厄运的打击，受得住成功、赞美、幸运的考验，能永远朝气蓬勃地、谦虚谨慎地对待生活和未来。欲将德育与素质教育结合好，除德育工作者的艰苦奋斗外，关键是学校领导应具有高瞻远瞩的视野，巧妙灵活的工作方法，热情持久的事业心和责任感。只有这样，才能将全校的教工统一在一个行动中，互相协调配合，来完成这个系统工程。

把实施德育与时事政策教育结合起来。

时事政策教育就是对学生宣讲党和国家现时的方针、政策，国内外大事，以及我们的立场、态度和措施。它能最及时、最迅速地解决思想上的实际问题，引导学生形成正确的观点和立场。现正处在急剧变化的新时期，社会政治经济体制的变革和各阶层群体利益分配格局的变化，不可避免地影响着人们的价值取向，因而各种各样的社会“热点”“焦点”，会连绵不断地出现，时事政策教育就必须讲这些现时最根本、最重大的社会问题，必须反映人们最热心、最注目、最紧迫的事件。因为这些“热点”“焦点”常常会把人们对党、国家、政府，对现行四化建设的路线、方针和政策的看法、观点和意见突出鲜明地表现出来。时事政策教育的根本目的是用邓小平理论来教导人们认识和解决这些问题。所以，把德育与时事政策教育结合起来，就是要采取适当的方法，在深入调查研究的基础上，从马克思主义的立场、观点出发，作出耐心而有说服力的解释，这样就疏导了人们的思想，解除了疑问，就会使人们得出该怎样看、怎样说、怎样做，不该怎样看、怎样说、怎样做的正确结论。所以，邓小平指出："教育一定要联系实际。对一部分干部和群众中流行的影响社会风气的重要思想问题，要通过充分调查研究，由适当人进行周到细致、有充分说服力的教育，简单片面武断的说法是不行的。"①

把实施德育与进行民族优良传统道德教育结合起来。

我国有优秀的民族传统道德，我们一定要弘扬它的精华，为今天的德育所用。如何结合？关键是做好两点。一方面是正确认识和评价它。另一方面是有目的地向学生宣传优秀民族传统道德，组织学生自觉学习，使他们受到教育和鼓舞。一般说来，我国的传统道德讲维护人伦，提倡人道，重视修养人性，主张礼乐结合，先后有序，主张义利兼顾而又重义的义利观。它一方面肯定利的合理性，另一方面又强调必须将义放在第一位，在义和利冲突时，应无条件地服从义，甚至不惜牺牲自己的生命。所以，我国古代进步杰出的思想家都主张"大道之行也，天下为公""先天下之忧而忧，后天下之乐而乐""人生自古谁无死？留取丹心照汗青"，都提倡"见利思义""以义为利""舍生取义"，精忠爱国，仁民爱人等崇高精神，都反对见利忘义，唯利是图，贪赃枉法，背信弃义等卑劣言行。我们如将这些优秀的东西向青年学生做出合乎时代精神的正确解释，无疑对其形成集体主义、爱国主义、见义勇为、乐于奉献等优良品质起巨大的作用。

把实施德育与引导学生参加社会实践结合起来。

社会实践是一部内容丰富、生动活泼的教科书。学生会在社会实践的劳动中亲近工农群众，并逐步与其结合，学到课堂上、书本中学不到的知识，受到学校受不到的教育，使知识得到巩固和提高。我们之所以强调这点，还有原因，是针对目前的时弊而发的。由于受"升学率"这根指挥棒的影响，只要能考上大学，就一好代百好，实际上是以智育掩盖德育。这样就使他们中的一些人轻视社会实践，轻视劳动，轻视工农群众。我们要求学生参加社会实践，

① 《邓小平文选》第二卷，人民出版社1994年版，第369页。

就是要组织他们参加生产劳动、军事训练、业务学习、社会服务，要使他们在实践中培养热爱劳动、热爱劳动人民、珍惜劳动成果、艰苦奋斗的思想感情。要使他们在社会实践中加深对我国国情的了解，对我国社会现实的理解，懂得为什么邓小平提出的建设有中国特色的社会主义理论是正确的，懂得正确处理个人与他人、与集体、与社会的关系，从而消除和化解在书斋和课堂里难以消除的偏见、牢骚和抱怨，澄清在校园中难以扫除的消极情绪和模糊心境，以促进青年学生正确人生价值观的形成。

（1997 年）

学会读书与树立正确的人生价值观

每个刚进入大学的同学都必须认真地思考一个问题：进大学学什么？这是一个非常关键的问题，只有弄明白了它，你才会清楚入大学的目的，才会朝这个目标去努力。那么，入大学学什么呢？我们认为要进行四个方面的学习。一是熟悉本专业一些基础课程的内容和知道进一步学习它的途径；二是学会读书；三是树立正确的人生观和价值观；四是学会做人。为什么学会做人要作为一个目标呢？因为有不少大学生，自以为读大学就有了知识，就了不起，尾巴翘得老高，不谦虚谨慎，不会为人处世，因而在很多方面表现出自己不是一个有教养的人。但在这四者中，我们认为学会读书与树立正确的人生价值观是最重要的。这两个目标有密切的内在联系，而且对另外两个目标起着制约和影响作用。因此，本文拟就对这一问题谈一点粗浅的看法，以期引起大家的重视。

一

学会读书对每个学生的四年大学学习和今后一生的意义特别重大。它关系到大学生活是充实丰满，还是空虚无为；是游手好闲，无所事事，夸夸其谈，还是善于学习，勤于思考，不断进取，积极探索。它关系到能否学好本专业的基础理论知识，打下较好的基础，达到合格毕业，还是与此相反。它关系到走向工作后能否善于不断地学习，不断地提高，为祖国和人民作出创造性的贡献，从而实现自身巨大的社会价值和自我价值，获得真正的人生幸福，展现自己光辉灿烂的人生；还是终生心灵空虚，不学无术，无所适从，碌碌无为，虚度一生。

我们之所以强调学会读书，还与大学生目前读书的现状有关。当然，从总的讲，有的人在读书，而且还有一些人在努力读书。但不完整的调查却显示，目前大学生读书的状况令人担忧。一些人厌学，在巨大的压力面前，不能给自己定位，无所适从，不想读书，也不会读书；一些人认为无时间读书，每天的活动太多，又是电脑，又是比赛，又是旅游，又是生日团聚，又是友情聚会，又是各种社团、协会活动，又是卡拉 OK 和歌舞厅等等，实在无法坐下来读书；一些人认为读书无用，所以不读书，现实是，不读书照样当大官，发大财，读了书成绩好又怎样？还是靠命运、靠运气、靠后台。还有一些人说，我们也不是完全不读书，有些书也还是看的，不过不是读那些枯燥无味的科学著作，更不是什么马列著作，而是我们感兴趣的书。进一步问：感兴趣的是些什么书？他们讲了不少，大致可归为四类：一类是功利化的书（如何当老板赚钱快，如何投机发财快，如何买股票升值快的书）；二类是庸俗化的书（描写三角恋爱，两性关系，描写美女与豪杰、大款过灯红酒绿的生活的书）；三类是猎奇化的书（描写某一歌星的隐私，某一影视明星的绯闻，某某球星的胡言乱语的书）；四类是表现自己的逆反心理的书（老师讲哪本书是黄色的，不能看；政府宣传说哪些书有毒，禁止阅读，就偏找这些书来看）。所有这些表明，一些青年学生还没有认真读书，更谈不上学会了读书。

一些学生尚未区别“在读书”与“会读书”这两个概念。一些人认为在读书，就是学会了读书。所以，当问他在大学学会了读书吗？他会惊奇地反问：我上大学不是在读书吗？复习功课准备考试不是读书吗？这种回答就清楚表明，未区别开“在读书”与“会读书”。当然，“在读书”与“会读书”是互相联系的，“会读书”也是通过“在读书”表现出来的。“会读书”一定是先要“在读书”，是在“在读书”的过程中学会的。但“在读书”又绝不等于“会读书”。二者的区别是明显的，至少表现在四个方面：一是目的高低不同。“会读书”的人，读哪一本书，哪一类书是服从一个既定的目标，一个远大高尚的目的的，围绕这个目的来确定读书的范围，而不是信手拈来，随意乱读。不会读书的人，他可能也看书，但多半是随意的、消遣的，不是服从确定的目的需要。二是方法优劣的不同。“会读书”的人是十分讲究读书方法的，使用正确的方法以求得最佳的效果。有本书叫《学人谈治学》，里面介绍了很多大学者读书治学的经验。这些大学者都是一辈子苦读的会读书的专家，他们在如何选择书，如何处理精读与泛读的关系，如何读书的序言、作卡片、写纲要等等，都摸索出了一套成功的方法，很值得我们学习。不会读书的人，他们是不懂，也不讲究读书方法的。三是读书的动力大小不同。“会读书”的人由于目的明确远大，为掌握各种知识，会产生一种强大的读书力量，表现出不怕苦，不怕累，锲而不舍的刻苦精神，即使书再难，也会一口口啃下去，直到掌握住它才罢休。不会读书的人则没有这种动力，想读则读，一遇到难懂、难读之处，就会把书搁在一边，没有强大的动力支持他顽强地坚持下去。四是读书的效果不同。“会读书”的人由于目的明确，方法对头，动力强大，能持之以恒地读完、读懂，其读书效果是明显可见的。不会读书的人在看了一些书后很难说有什么明显的收获。

大学的学习方法与中学的有很大不同。在中学很大程度上是靠上课听懂就行，讲的内容较少较单纯，不需要阅读较多参考书来理解、丰富老师的讲解。而大学上课则不同，速度快、内容丰富，很多东西老师常常是指一个方向、引一下路，大量的学习是靠学生课后依据教师提示的，自己去寻找各种书籍阅读，才能达到加深理解、掌握知识的目的。这就涉及一个学会读书的问题。学会了读书的学生，就能做到有目的地去搜寻需要的书，用恰当的方法去读，从而达到加深理解、消化教师讲授的内容的目的。没有学会读书的学生，他就不会这样做，在考试来临时，最多读读教材，卷面上也许能考个及格，甚至较高的分数，但就其掌握知识的丰富性和理解的深刻性讲，与会读书的学生相比则相差甚远。这种差距会在以后的工作中显得愈益巨大。

二

怎样才算会读书呢？回答此问题的书和文章很多，大家可去找来看看。但我们认为，学会读书并不纯粹是一个理论问题，而是一个理论和实践相结合的问题，甚至可说是一个在读书过程中经历了成功和失败后，不断总结经验教训摸索出来的问题。笔者本人就是一辈子在读书的路上走得弯弯曲曲，尝尽了酸甜苦辣的人。下面，我想就一些学者所介绍的比较一般的经验，并结合自己的点滴体会，谈几点关于会读书的做法的不成熟的观点，供同学进行探讨参考。

1. 要热爱读书，养成有计划、有目的的读书习惯。只有喜欢读书，才有可能去考虑怎样把书读好。在给自己确定读书的目的、制订读书的计划、长时间的阅读中，就会慢慢养成热爱读书的习惯。有了这个好习惯，经常读书，是学会读书的基本前提。

2. 要正确处理好专业学习与感兴趣的课外阅读的关系。不少同学进入大学往往遇到一个录取专业与自己的志趣不一致的问题。如何对待这个问题，关系到能否学会读书。因为录取到自己非填报的专业，一些人就专业思想不稳定，抱怨命运不好，入错了门，有说不尽的苦恼和不愉快，因而不认真读自己所学的专业书，而是凭兴趣随意读信手拈来的书。这样没有目的、没有计划、胡乱地读，怎样能学会读书呢！应当如何对待专业不对口？首先，对一个刚从高中进入大学的学生讲，专业兴趣是可以在学的过程中培养起来的；其次，大学所学的专业并非就是自己将来一辈子一定要做的专业，多少人因为真正的天赋才华在别的方面，大学毕业后从事另外的专业，干出了光辉灿烂的业绩。鲁迅、郭沫若就是典范。所以，你完全用不着为专业不对口而太过烦恼。真正要重视的倒是要认真处理好专业学习与感兴趣的课外阅读的关系。正确的做法应当是：把主要精力放在阅读专业书籍及与专业有关的参考书，并在教师的指导下，逐步学会读书。对感兴趣的课外阅读要放在次要的位置上，而且阅读也不是信手拿来随意而读，而是有选择、有目的地读，按一定的方法读。并且注意将这两种阅读结合起来，使自己在这个过程中逐步学会读书。

3. 要保证读书时间。不保证时间，读书就是一句空话，学会读书就更是奇谈。读书时间问题是一个高度勤奋、高度自觉的问题。学会读书是在读的过程中学会的。没有保证读书的时间，书都未读，那就一切都谈不上。鲁迅先生针对一些人借口工作忙，无时间读书，就说过：时间像海绵里的水，你用力挤，总是可以挤出来的。关键是你是否真正把该书摆上你的议事日程。现在诱惑大学生分心，静不下心读书的活动太多了，这就要看各人志向的高低和意志力坚强的程度。韩愈说："业精于勤，而荒于嬉；行成于思，而毁于随。"一个有远大理想抱负的大学生应当培养自己强大的抵制诱惑的能力，做到能坐下来静心读书。

4. 要摸索出一套适合自己的读书方法。不同的方法会产生事半功倍或事倍功半的不同效果。掌握一套适合自己的有效的读书方法，是学会了读书的重要标志。学术上有成就的大学者都是有一套好的读书方法的。这些方法可能是因人而异的，但综合起来，我们认为下列方法是具有较大的普遍性的。

①对所读的书要用去粗取精的方法进行选择。

书浩于烟海，良莠不齐。对自己要读的应有所选择。这个“精”字要全面理解，不仅指书的质量的好坏高低，还包括指与专业、目的对口、吻合。对所谓“开卷有益”这句话要有一个正确的理解。

选择应有标准。能否从以下几方面考虑：原著与解读；众说与独见；经典与一般；编辑完善与不完善等。

②读书要做到由博返约——就是说要广博与精深相结合。

只读专业书，知识面太窄，深不下去，从根本上讲专业也不会有更大成就。完全泛读不专，危害更大，造成一无成就。因为泛读，过目很多，留心却少，比如饮食，不消化的东西积累愈多，愈易酿成肠胃病。书多易叫人迷失方向，在无足轻重的书上浪费时间，会把基本要读的书耽搁了。

所以，学会读书就是要学会正确处理“博”与“约”的关系，准确把握泛读与精读的尺度。读书不能不多，古人讲：读书破万卷，下笔如有神。读书少了，知识肤浅，成不了大气候。但读书又并不只在多读，而贵在精读，选得精，读得精，理解得深。与其读十部无足轻重的书，不如以读十部书的时间和精力去读懂、读透一部真正值得读的书。举个例子，搞哲学的人都必须较好地懂得辩证法。而关于辩证法解释的书是多于牛毛。与其花很多时间读很多部这种解说书，到最后还是觉得自己对辩证法的理解好像在云里雾里一般，心中无底，不如下决心认真啃懂黑格尔的《小逻辑》，才会让你真正懂得辩证法的全貌。所以，古人讲，精读一部或数部该读的书，口诵心记，嚼得烂熟，透入身心，变成一种原动力，那会使你搞学业感到四处逢源，一生受用不尽。说实在的，读书原为提高自己，多读不能算是荣誉，少读也不能说是羞耻，多读不精造不成学术，少读狭窄也成不了气候。所以，学会读书就是学会善于处理“博”与“约”的关系，善于掌握这个精读与泛读因人而异的恰当的“度”。这是每个读书人终生追求的目标。

③要善疑深思。就是说要相信书，又不能全信书，而是要进行研究、分析、批判。为什么？因为任何书总是在一定历史条件下，人们对某种事物有了某种认识而写成的。任何历史条件下的实践总是有局限的，而人们的认识则由于各人的具体条件不同而具有更多的局限性，因而反映在书中就有各种欠缺、错误和不完善。加之，任何事物都是发展变化的，在新条件下实践也向前发展了，对某一事物的认识也就更全面、更丰富、更深刻了，所以，在一定历史条

件下写成的书总有它的局限性。特别是在阶级社会中，人们处在不同的阶级立场上，具有不同的世界观、人生观、价值观，对问题认识的结果就更不一样。反映在书中则真理与谬误、正确与错误、真与假、是与非，更是大量地存在。因之，读时要研究、分析、对比、评判就是完全必要的。古人云："学贵善疑"。又说："学而不思则罔。"这就是说，人要读书，但是做书的主人，不能做书的奴隶。所以，会读书的做法是："博学之，审问之，慎思之，明辨之，笃行之。"在中外历史上，有很多大学者是善疑深思的。中国的荀子就是这样的人。他怀疑了前人提出的"性善论""天命观"，经过深思提出了自己的"性恶论"和"人定胜天"的新观点。王夫之也是善疑深思的。他怀疑了从孔孟以来直到宋明理学那一总套的儒家理论，或改头换面的儒家理论，从朴素的唯物主义的"气"是万物本原的观点出发，阐述了中国的自然主义的唯物主义和辩证法，并使它达到最高峰，一扫从孔孟以来的中国哲学逃不出伦理道德的陈规的旧风气，把中国的传统的唯物主义提到一个新高度。古希腊的亚里士多德，欧洲中世纪的哥白尼，英国的牛顿，法国的笛卡尔都是善疑深思的人，所以，他们才能在人们习以为常的平凡现象中冲破前人的陈规而揭示出伟大的科学真理。这些都是会读书的杰出代表，是值得我们永远学习的。

5. 要培养和掌握一些读书的技巧。

①学会读书的序和前言。好多人是忽略这一点的。只有读懂了书的序和前言，你才掌握了打开这本书的金钥匙。很多写书的目的，全书的主旨，书中的重点、难点，以及与其他书的区别，通常都在这儿讲的。读懂了它，就会让你把书读得纲举目张。

②不要忽略读书的脚注和尾注。很多人图快，是不读的。只有认真读懂了这些注释才可能让你对所读的有正确的理解，并帮助你加快理解。图快不读书的注释是欲速则不达。

③认真做各种读书笔记和卡片。卡片因人而异，可多种多样。大致有：语录卡，摘抄段落卡，概括意义卡，书目卡等。作卡片有点麻烦，养成习惯则大受其益。台湾学者李敖，写成近百部书，大多得益于他终生积累的几箱卡片。

④经常做书和文章的结构分析，并编写提纲，这会帮助你训练逻辑思维，对提高写作大有帮助。

⑤学会在自己的书上做各种眉批。

6. 要处理好与读书相关的另外两个关系。

①要处理好书本阅读与电脑上网学习的关系。当然，这两种阅读都可以使我们获得知识，而且电脑有很多优点：速度快，容量大，精确性高，随机选择性大，甚至可超越时空限制，阅读很方便。电脑阅读本质上也还是书本阅读，只不过改变了书本的外观形式。但电脑阅读并不等于书本阅读。一般的网站只转载篇幅较短的论著，而一些篇幅较长的著作，在网上是难以读到的，只能进行书本阅读。如果电脑上网只是泛泛浏览或玩游戏，那只能是增加一般见闻和玩乐，说不上是认真读书。所以，绝不能借口上网阅读而忽视一本本的书本阅读。因为在目前，就一般网站而言，电脑阅读是不能取代一本本的书本阅读的。正确的做法是：将两种阅读结合起来，用电脑阅读的优点促进书本阅读。

②要处理好读有文字之书与读无文字之书的关系。实际上每个人一生都在读这两本书。只有读好了这两本书，才能有全面的知识，才能算有真学问，才能做好工作。上面讲的都是关于如何读有文字之书的问题，关于读无文字之书，即生活这本教科书的问题，却是一个实践的问题。有的人甚至没有上过什么学，基本上没有读过多少本书，同样很有知识，很有本领、能力，干成各种大事业。这就是读好了无文字之书，从实践中获得的知识。所以，一个人一生要学会读这两本书，特别要处理好读这两本书的关系。我们知道，任何知识都是从实践中产生的，实践是一切认识和知识的源泉。这是颠扑不破的真理。但书本上的理论知识又是对实践知识更高一层的概括和综合，更深刻、更本质地反映了客观事物，学习它，会使人们的认识更深刻，会提高人对世界的认识和改造。但从某种意义上讲，无文字之书的知识，即实践的认识和经验甚至比书本知识更有用，更重要。一个没有上过什么大学，但有丰富实践经验的医生常常能治好张三、李四的病，而一个有满脑子书本理论，但无实践经验的医科学生，却不一定能治好，常成为人们谈笑的书呆子。所以，一个人要有全面的知识，一定要读好有文字之书和无文字之书这两本书，并处理好二者的关系。但对青年大学生来讲，当前在上学，目前首要的任务是书本学习，学会读有文字之书，但同时也要注意理论联系实践。

三

历史和现实告诉我们，学会了读书的人，就有可能较快、较好地树立起自己的人生价值观。这是为什么呢？因为会读书的、读懂了书的人，就有可能较容易确立起自己的世界观。如果读的书又都是有用的、有价值的书，就有可能使他树立起远大的理想和抱负，正确对待生死和命运，正确对待爱情和幸福，正确对待荣誉和耻辱，正确对待奉献和索取。而这些恰恰是人生价值观的根本所在。一个人学会了读书，在深刻理解书的基础上，确立起这些方面的正确观点，当然也就是树立起了正确的人生价值观。有的人也会读书，而且读了不少的书，却树立了消极、错误，甚至反动的人生价值观。这是为什么呢？原因当然是多方面的，但可能与他读的不是有价值、有用的书大有关系，也可能与他对书的理解有关系。所以，这些人从根本讲还是没有学会读书，才会造成这样的结果。

世界观是人们对整个世界、宇宙，包括自然界、人类社会和思维在内的根本观点。世界观制约着人生观和价值观。一般来讲，有什么样的世界观就会有什么样的人生价值观。在当今世界上只有无产阶级的共产主义世界观才是唯一科学正确的世界观。而要使自己获得这一科学世界观，基本的途径就是认真读马克思主义的著作，读自然科学史和社会科学史，这样才能获得对整个宇宙和世界的正确认识，才有可能确立起科学的世界观。

是否具有远大的理想和抱负，是一个人能否树立正确人生价值观的重要表现。远大的理想和抱负会使一个人品质崇高、价值纯美。伟大的时代常常唤发青年人确立远大的理想和抱负。很多杰出人物就是在时代的召唤下，在认真读书的过程中坚定了自己的理想和抱负的，从而树立了正确的人生价值观。马克思就是在研读了人类社会发展史，研读了包括空想社会主义在内的揭发资本主义罪恶的巨量文献后，而确立了为改造旧社会、促进全人类获得解放而奋斗终生的理想和抱负。同样，青年达尔文也是在认真研读了林奈和拉马克等人关于生物发展的大量书籍后，才确立一定要找出生物发展变化的规律的远大理想的，才有了他搜寻物种的环球旅行。苏步青说：为学应须毕生力，攀高贵在少年时。青年学生应趁着美好的青春时期学会读书，认真读书，确立起远大的理想和抱负。

人生的目的、信念是什么？这也是人生价值观的一个重要内容。在我们当代，正确的人生价值观表现在人生目的和信念上，就是信念社会主义和共产主义，人活着就是为实现这一信念而奋斗。而要解决这个人生目的和信念的问题，也只有在学会读书，认真读书中才能达到目的。如果我们认真读了孔子的《论语》，康有为、谭嗣同的《论大同书》，就会知道他们在追求一个公平、正义、合理、和谐的大同世界。如果读了柏拉图的《理想国》，莫尔的《乌托邦》，康帕内拉的《太阳城》，闵采尔的千载太平天国，就会知道他们都在追求一个共同劳动，共同生活，没有剥削，没有压迫，卑视金钱，平等互爱的理想国家。如果读了以欧文、圣西门、傅立叶为代表的空想社会主义者的著作，就会明了包括资本主义在内的所有的剥削阶级社会是造成劳动人民贫穷、落后、痛苦、死亡的根本原因，只有消灭剥削，消灭压迫，没有阶级，共同劳动，平等自由的共产主义社会才是人类追求的理想社会。如果你认真地读懂了这些书，你的共产主义信念，为实现这一美好社会而奋斗的人生目的难道还会不坚定吗？

正确对待生和死，正确对待命运是树立正确人生价值观的又一重要方面。生和死本来是人生的自然规律，有生就会有死。但在人生旅途中，由于某种特殊的条件有时要求你在生死面前作出选择，就最集中地表现了一个人的人生价值观。马克思主义认为，为人民利益而死，就是死得其所，就比泰山还重；为法西斯卖力，为剥削者、压迫者卖命就轻于鸿毛。如果认真读了书，知道了“人生自古谁无死？留取丹心照汗青”如文天祥、谭嗣同那些为正义、为国家利益而视死如归的崇高精神；知道了刘胡兰为了保守党的机密，为了保护同志的安全自己大义凛然地走向敌人铡刀的英雄气概；知道了渣滓洞的英烈们在共和国的曙光即将升起的前夕英勇走上敌人的刑场就义的惊天动地的壮举，难道你还不能正确对待生和死吗？同样，一个人的命运也应掌握在自己手中，并顽强勇敢地与厄运作斗争，而不应愚昧地听从上帝和天神的安排、摆弄。如果你读了贝多芬、爱迪生的生平传记，知道了他们是怎样与自己的厄运作斗争，战胜了一切艰难困苦，战胜了厄运，掌握了自己的命运，英勇奋斗一生，作出了辉煌的业绩。难道你还会相信是上帝在操纵你的命运吗？

如何对待爱情和幸福也是人生价值观的另一个重要的方面。可以说，人们一切活动的最终目的就是为了获得幸福。可是什么是幸福？对这一问题的回答也只有在认真读书中才有可能获得正确的答案。历史上不同的人们对幸福作了各种不同的理解。有的认为，拥有万贯家财，拥有显赫的权势和地位，吃的山珍海味，穿的绫罗绸缎，住的宫殿别墅，玩的声色犬马，伴的美女帅哥，这就是幸福。而有的理解则与此相反。苏格拉底说：幸福就是向人们传播真理。卢梭说：幸福就是把我们的生命和精力献给亲爱的祖国。马克思说：最大的幸福就是为人类工作。毛泽东说：与天奋斗，其乐无穷，与地奋斗，其乐无穷，与人奋斗，其乐无穷。保尔·柯察金说：幸福就是把整个生命和全部精力献给世界上最壮丽的事业——为人类的解放而斗争。雷锋说：幸福就是把有限的生命投入到无限的为人民服务中去。只要你认真读书，在分析对比中，你就有可能确立真正的幸福观。同样，爱情也是激动青年学生心灵的字眼。可什么是真正纯洁的爱情，什么是爱情的高尚的美？也只有在学会读书、认真读书中才有可能帮你解决，才会使校园里一些学生的庸俗、低级的举动，一些越轨行为得以消失。如果你读了歌德的《少年维特之烦恼》，大仲马的《茶花女》，屠格涅夫的《前夜》，看了中国的戏剧《杜十娘怒沉百宝箱》等等，你就有可能懂得什么是人生的真正爱情，什么是爱情的美。你的人生价值观就也会同你对幸福和爱情的正确认识和理解而显得崇高、美丽。

同样，要做到正确对待荣誉和耻辱，正确对待奉献和索取，都只有在学会读书，认真读书中才有可能提高你的认识，帮助你解决问题。

基于以上的论述，所以，我们认为青年学生只有学会读书，在认真读书的过程中，才有可能获得对正确人生价值观各个方面的正确认识和理解，才能获得服务人民，贡献社会，实现自己理想和抱负的才能和本领，才能帮助你树立正确的人生价值观。华罗庚和陈景润在数学上的光辉成就，冯友兰、任继愈在中国哲学研究上的巨大贡献，都是他们终生苦读的成果。马克思说："在科学研究的道路上没有平坦的路可走，只有那不畏艰险，在崎岖的山壁上攀登的人，才有希望达到那光辉的顶点。"青年同学们，努力吧，学会读书，认真读书，树立起正确的人生价值观，去攀登那光辉的顶点，去为中华民族的伟大复兴作出创造性的贡献，去书写自己人生的壮美的篇章吧！

（2001 年）

彭铎福文集

彭铎福 著

下

故乡的回忆

湖南大学出版社

前　言

我决定写一组关于我童年、少年时代在故乡的文章，这是为什么？最根本的原因是我热爱我的故乡。我爱故乡的一山、一水、一草、一木，故乡的一切对我讲都是亲切的、美好的、是有一种特异的感情的。无论我在哪儿，无论我处在什么样的境况下，只要一想起故乡，我的心中就会有欢乐、力量、勇气和向往，就会从忧愁和苦闷中解脱出来。尽管我十三四岁就离开故乡开始在外边求学，但只要有可能的时间和机会，我就会回到故乡，特意到处溜溜、看看，重温过去我熟悉的一切，回忆童年、少年时代的期盼和梦幻。去看古老的腊梅它是否依然如旧多姿迷人？去听后面山地里松涛的鸣响是否依然神秘悦耳？去小河岸上漫步，观看河里的小鱼是否依然在青石板上翻滚着它的白肚皮？去大山沟里寻找从乱石中涌出的泉水是否清澈冰凉？特别是我年老后，更有一种对故乡无限的思念和怀想。所以每一年，我和老伴返故乡一两次，去看望我的姐妹们，拜访老同学、老同事，去观看我们家曾经住过的旧屋，我曾经和小伙伴们玩要过的地方，曾经隆谷（碾谷）舂米劳动过的房屋，跟母亲一道种过红薯、辣椒和豆角的菜土，捞过鱼虾的小水沟，跟母亲一道种下的金竹和小杉树。尽管我们是挤着乘坐火车、汽车回去的，非常辛劳，但我这样做了，心里就感到一种安然的慰藉。我的这种对故乡的思念之情是同我日趋年老而与日俱增的。这就是乡情、乡恋、或者叫落叶归根之感。我相信我的儿女们会尽孝心的，当我们年事更高、手脚不灵便、不能挤车时，他们会用又好又安全的方法护送我们回到故乡，让我们去观看、拜访，了却我对故乡的无限热爱、思念之情。

我之所以写这一组文章，还因为我的童年、少年是在那儿度过的。童年、少年时代的许多回忆，有欢乐，有幸福，也有痛苦和悲伤。但总的讲，它们时时在我的心中激起的还是美好欢乐的情感，在我的眼前展现的还是一幕幕纯真

朴实的生活画面。正是这些东西，让我初始体验到人生的真善美和假恶丑，让我开始尝到人生的艰难和困苦。虽然，在后来的生活阅历中，我有过许多不平凡的经历，当然也有许多感受，但我总觉得它们缺少一点什么。它们没有故乡的经历给我的那种纯真的美的享受，即使是在痛苦和悲伤之中，那种对欢乐的憧憬和对苦难的最初的思考。正是故乡童少年的生活、体验、思考，塑造了我的人生性格，框定了我后来生活道路的基本轨迹。因而我期望，我的这些童少年时代的生活阅历和感受，能给我的儿孙后辈们一个启示：一个人童少年的生活经历对他一生的发展有多么重大的意义，从而使他们能从我这儿吸取教训，能自觉地有目的地去创造一定的生活环境，培养他们的后代。

从另一个角度讲，是考虑到在遥远的年代以后，我的儿孙后辈们将来读到我写的文章，能了解到他们的先辈们是在什么样的环境下生活的，他们做过什么，想过什么，期待什么。能了解到在那样艰苦的生活条件下，他们为了活下去，表现得多么勤劳、勇敢和智慧。能了解到，他们是怎样克服困难的，是怎样与贫穷、困苦、邪恶做斗争的。在斗争中，他们遭受了何等的痛苦，付出了多大的牺牲，流了多少辛酸苦难的泪水。从而使儿孙后辈们生活在现实的富裕幸福环境中，知道祖国的过去是怎样的贫穷落后，先辈们曾经遭受过怎样的悲惨命运，以教育他们不忘记过去，珍惜现在。列宁曾经说过，忘记过去就意味着背叛。事实一再证明，我们年轻儿孙后辈们身上存在的某些问题，常常是因为忘记了过去，忘记了历史。当然过去贫穷落后苦难生活的历史也许不会再重复，但任何时候相对来说的艰难困苦是永远存在的。因而希望他们在读了这些文章后，能认识到任何美好东西的获得都是要付出艰辛的劳动的，是要经历困苦和斗争的，从而能给他们信心，增加他们克服困难的勇气，激励他们努力学习，艰苦磨炼自己，奋发有为，积极向上，掌握真才实学，以报效伟大的祖国和人民，以服务于人类。

还有一点就是，尽管我们的大家族、姐妹们的家大多还在宜章，但我的这个小家已经离开宜章，已经离开故乡。我的儿孙后辈们将来在什么地方，是说不准的。我的期望是，在遥远的年代之后，有那么一天，无论他们在什么地方，在天涯海角，异国他乡，或者在别的星球上，他们读到我的这本回忆录，能回到地球，回到中国，回到湖南的宜章，回到宜章县城南乡西门村的茶山脚，找到这个小小的村子。美国出版了一本叫《根》的书，它描写了一个黑

人为寻找他的祖先是谁，是怎样来到美国的。他经历了千辛万苦，多次回到非洲，左寻右访，终于弄清楚了他的祖辈是谁，在什么地方，什么时候，被当做奴隶卖到美国来的。他终于找到了自己的“根”。当他回到他的故乡，与他的乡亲们诉说起这件发生在很久以前的事时，大家喜悦激动到了极点，泪流满面，放声痛哭，感慨万千。我也期望我的儿孙后辈们，不要忘记他们的“根”，能找到他们的“根”。在一个春光明媚的日子，返回我的故乡，探寻询问他们先辈们的往事，凭吊过去的遗址，寻访他们根源的亲戚，甚至寻找到他们列祖列宗的坟墓，献上几片绿叶，或者一丛鲜花，表达对先辈们的无限深情的怀念。这也许是我的先辈们和我的最大的期望。

也许，我的这些期盼是多余的，或者更是白费力气的奢望。随着时间的飞逝，在遥远的年代之后，在未来的美好社会里，一切落后、愚昧都已消失，一切艰难困苦都不复存在，一切差别都在发展中赶齐。社会高度发展，人们都处在自由、平等、友爱、欢乐、和谐、富裕的环境中，每个人都受到最完美的教育，每个人都得到全面的发展，都具有高度的科学技术水平，都是新社会、新生活的创造者。历史巨大的差距使他们不能理解我写的艰难困苦的生活，痛苦悲伤的遭遇。也许，他们会指着我的书说：看，这个老头在向我们讲着好像远古时代的故事。如果真如此，那时，即使我在九泉之下听到这样的话，也会欢乐高兴。或许，在我的儿孙后辈中会有不肖子孙，他们不求进取，不学无术，而是沉醉于庸俗无聊之中，他们对我写的根本不予理睬，把我的希望和期盼抛在一边，任己与世沉浮，碌碌无为。如果真是这样，那我写这个回忆确是白费力气的奢望，那我能说什么呢？我只能伤心地叹息和表示深深的无奈。但愿我的儿孙后辈们中不会有这样的不肖子孙。

故乡的回忆，只写从我童年、少年能记事时开始，直到我离开故乡到外地求学时为止这一段时间经历的事情。关于我到外地求学以及后来全部人生经历，我打算在我的回忆录中再详细地写。

作 者
2007 年 2 月于长沙岳麓山下寓所

目　次

美丽的小山村

我是湖南省宜章县人，也可说宜章就是我的故乡。但具体讲我是出生在宜章县的城南乡的西门村的茶山脚村，所以通常就把茶山脚叫做我的故乡。茶山脚离宜章县城大约有两公里，在县城的西边。从县城到茶山脚要经过蒋家湾、白子桥，从茶山脚再往西走约四公里，就是著名的骑田岭山脚下。从我的故乡到骑田岭山脚下，要经过石坝下、起山脚周家、下湾、念田、法塘等地。故乡的房屋是坐北朝南的，它的北边是一片山地树林，树林过去就是两个村庄，一个叫胡家村，另一个叫蒋家村。它的南面的前面是一片稻田，稻田过去，是一条小河，小河的对面叫刘家村。刘家村的背后叫下庾岭，都是姓李的。下庾岭再过去，分别是罗家山、鸭塘等地。

我的故乡叫茶山脚，这名字怎样得来的，老一辈的人们也说不清楚，据说可能是由于村背后的山林中有一大片茶子树林，因而得名。但地名叫茶山脚的，在宜章不止这一个。宜章县城往南走约八公里，一个叫蕉溪的地方，有一个村庄叫茶山脚。还有别的乡，也有名叫茶山脚的村庄。

故乡的房屋是一栋明清时代的古老的大四合院，整个村庄就是一栋大房子。它基本上由三部分组成：中间是厅屋，又分上厅屋和下厅屋。在上下厅屋的中间，有一个很大的天井，光线直接照射进来，使上下厅屋非常光亮。在很长的时间里，我们家就住在下厅屋右边的一间厢房里。厅屋的两边是厢房，每边的厢房又分两条，中间一条过道将它分开。在前后厢房的中间，同样有一个小厅屋和一个小天井。天井的光线使厢房也显得明亮。每一条厢房的前后各有两间住房，这样厅屋每边的厢房各有八间住房。在左边厢房的旁边还有两排房子，一排是关猪牛的，还有一排是厕所。同样，在住房和关猪牛的房子之间，有一条很长的天井，一方面将住房与关猪牛的房子分开，以利于卫生，另一方面也使两边的房子都光亮。两边厢房的小厅屋都有一条过道通中间大厅屋，左

边厢房也有一条过道通猪牛栏屋和厕所。这样就是下雨天，不用戴斗笠打雨伞，不用穿雨鞋，就可以在这两三千多平方米的大房子内来回走动。

房子的墙壁大概由三种材料建成，上下厅屋是由青色火砖砌成的，其他的厢房的下部也是由青色火砖砌成的，上部由沙质泥砖砌成。厅屋的后墙壁以及厢房的四周墙壁都是由沙子和石灰斗成的泥沙墙，据说这种泥沙墙防盗贼最有用。火砖墙盗贼容易拆卸下来，而这种泥沙墙是无法拆下来的，只能靠一点一点地挖，这就很难打一个洞进来。厅屋的地面铺的是四方的青色火砖，厢房都是打的三合土地面。房屋盖的全部是大片的青色瓦。

房屋的前面是一块长方形的大晒谷坪，大约长八十米，宽二十米，是用石灰和沙子打成的，很平，很牢实。晒谷坪的左右边各有一排房子，这房子各通过一条过道屋与每边的厢房联结起来。左边的房子是用做打谷舂米的，右边的房子是书坊，据说是用做私塾先生给孩子教书的地方。晒谷坪的前面有一道围墙，这围墙与两边的房子连在一起，围墙的正中，也就是与下厅屋正相对，是一间小房子，这里竖着大门，也就是整个村庄房子的大门。大门的两边各有一条对联，有一条是：鸟语花香慈善人家，另一边的不记得了。大门的两边有一对用青石打磨平滑的门坎石，可供人坐歇，清凉清凉的。大门的前面是一块小草坪，小草坪的旁边是稻田。大门的两边各有一条路，是村庄通往外边的通道。两边的厢房的旁边，是一个围起来的院子，面积很大，左边的院子，一半是菜地，另一半是水稻田；右边的院子也是一半是菜地，另一半是两丘稻田。通往村外的两条道路，就是沿着围院子的围墙伸展出去的，左边的通往宜章县城，右边的通向后边的大路，再通往骑田岭山脚下。

我的故乡在那时是非常美丽的。它的上厅屋的正面墙上是神龛，上面供奉着列祖列宗的牌位，下面是土地菩萨的牌位。神龛的两边是两条字迹优美的对联，尽管年代久远，但仍清晰。神龛的前面是一张很长的放贡品的桌子，桌子的四边是镂空的梅花，泛着金黄色的红光。桌子的脚上都雕着龙凤，栩栩如生。厅屋两边的四根柱子是深红色的，漆印着两副对联，这些对联人部分都不记得了，只是神龛旁的一条，我还记得是“祖德功勋远”。房屋前面的滴水屋檐板上都雕刻着花鸟，前面厢房的窗子是杉木做的，都雕着美丽的格子花。厢房前面的屋脊上，每边耸立着两个屋垛子，挺得高高的，两边盖着圆瓦，前面盖着尖形的瓦，好像雄鹰要展翅高飞，在垛子的正前面漆得白白的，上面画着

彩色的龙凤。

出大门左边通往县城的路，是沿着围院子的围墙走的，这围墙是用沙灰和卵石砌成的，整个围墙被葱绿的蔓藤植物覆盖着。牵牛花、月季花、野蔷薇、夜来香、野菊花、凉粉子藤，它们交叉地匍匐攀援在一起。春天或者秋天它们竞相开放，有的是淡紫色的喇叭花，有的是米黄色的晶子花，有的是圆圆的白花，带着淡黄色花蕊，一阵微风吹来，把芬芳醉人的香气送得远远的。特别是从外地来的客人，老远就闻着这股香味，似乎主人早就准备了丰富的饭菜在等着他，心里增添了几分高兴。每逢月明朗的晚上，我们坐在晒谷坪里乘凉，浓郁的香气阵阵送来，一下子就把一天疲劳全去掉了。

在房屋的后面是一块用卵石砌的坪地，坪地的旁边是一条大水渠。在人们挑水洗菜洗衣的地方，长着几棵很大的芙蓉花树，它的叶子很宽大，像一把小扇子，它开的花有圆盘那样大一朵，红的，白的，淡黄色的，还有紫色的，美丽极了。在跨过水渠通往后龙山的小桥旁，长着一群栀子花树，每当夜雨淅沥，第二天早上每片叶子都在滴着水时，一大朵一大朵的栀子花开着，白的闪光发亮，老远就有一股浓郁的香气袭来，树上还挂着又大又尖的花蕾。我们小孩子通常折下一枝枝花蕾，插入有水的碗里或罐子里，放在房子里的桌子上，第二天它就开放了，整个房子都是香的。还有一棵古老的腊梅，在通往县城的小道的小桥旁边，每逢大雪纷飞时它就吐着米黄色的小花蕾，预示着春天的来临。村子的后龙山里有很多棵桂花树，当深秋来临，映山红把满山遍野烧红时，它把香气充满了整个树林和村庄。

村庄的后面是后龙山，长满了各种树木。特别是那些巨大的高耸入云的松树，是我永远也不能忘记的。即使是微风轻拂，它们也会奏出美妙的乐曲。故乡的天空是蓝蓝的，我们晚上看到的星星特别明亮。有时云雾笼罩着骑田岭大山，太阳出来了，看着那白白的云雾一缕一缕升上蔚蓝的天空。有时一场大雨后又露出了太阳，一条美丽的彩虹挂在西边的天空，它的一端好像搭在骑田岭山尖上。我们小孩子看见彩虹会高兴地不断拍着小手掌，紧紧地盯着它，看它慢慢变化，好久好久，直到它消失在白云中。故乡的水是透明清凉的，无论是小河里的，小溪里的，还是村后的水渠里的，它清透得能看见底部的颗颗小沙子，看见小鱼虾在泥沙中嬉戏游动，这样的水还未到口就感到甜入心脾。

故乡还有很多美丽的鸟儿值得我回忆，特别是在今天很多地方都看不到什

么鸟的时候，我更想起了童年时代故乡多种多样的、逗人喜爱的鸟儿。那时最多的鸟儿是麻雀。它们都是灰色的，一大群一大群的，噗的一声落下来，又噗的一声飞走。有时我走在稻田的田埂上，噗的一声一大群麻雀从稻谷中飞出来，吓我一跳，又使我一阵高兴。它们无论落在那儿都是叽叽喳喳地叫个不停，使人感到热闹。还有就是鹧鸪，在后龙山的枇杷树、桂花树、梨树和樟树上，它们低低地咕鸣着，让人好像听到吹葫芦丝的美丽的音乐声，非常悦耳动听。在围墙的蔓藤枝叶里，黄脑袋、绿尾巴、红嘴巴的小黄鹂鸟在藤叶中钻来钻去。当你伸手去抓时，它“呀”的一声就钻到藤叶中去了，不一会儿又在不远的另一枝藤叶上眨巴着小眼，朝你吱吱叫。

还有燕子也是我们最喜欢的鸟儿之一。每当春暖花开，柳絮飘飞，燕子就回来了。它们夹着像剪刀式的长尾巴，含着泥草在屋里飞来飞去，吱吱地叫个不停。其实很多人家的屋里已有窝，因为人们都喜欢燕子，把燕子来自家筑窝看做是吉祥的事。所以，人们看到燕子朝自家飞，屋里还没有窝，就会赶快用小竹片编一块小竹板，在屋柱上钉几个小钉，把小竹板安放在上面。即使这样，燕子还是不满足这样的窝，它们还是衔来很多泥草筑窝，把小竹板与屋柱连紧。燕子筑好窝后就会孵小燕。小燕一出壳，燕妈妈就忙着觅食喂孩子了。我们最喜欢看燕妈妈喂食。小燕用两条小腿撑直身子，摆动着两只无毛的小翅，张大红红的小嘴吱吱地叫着，燕妈妈把衔有食物的嘴伸进小燕的口中，吐出给小燕吃，立即又飞去找食物。春天过后，小燕长大了，燕妈妈就带着孩子飞走了，等到下年春天再回来。

在河边有一种鸟早上和下午在灌木丛中飞来飞去，叫个不停，而且叫的声音很长，好像押了韵似的。我问母亲鸟叫的是什么意思。母亲说鸟叫的是：“过江过河，水打秤砣，卖光田地，讨个寡婆”。我把鸟的叫声与母亲讲的连起来听，就感到鸟叫的完全像是母亲讲的那四句话。在我们家乡把不会游泳的人叫做“秤砣”。于是，我又问这是什么意思，母亲简短地讲了一个美丽而悲伤的故事。传说在很久以前，有一个农民，由于家里太穷，直到四十多岁还未娶亲，别人告诉他，只有有了田地，又有了钱财，才可能娶到媳妇。于是他拼死拼命地干活，积了一点钱，买了一点田。他看中了一个寡妇，因为在他这种年龄是无法娶到未出过嫁的姑娘的。于是他提出要娶这个寡妇。可是村子里的族长出面干涉，说寡妇是不能改嫁的，如要改嫁就必须出三倍的钱用去赎罪。

于是农民卖掉了田，但钱还不够，他会捕鱼，只有捕鱼攒钱才快。有一天涨大水，他高兴地带着工具去捕鱼。由于他是“秤砣”，不会游泳，一不小心被大水冲到河中心就淹死了。那个寡妇听说后，悲痛欲绝，在夜里也偷偷地投河自尽了。从此以后，在河边的灌木林中就有一对鸟儿互相追逐着，并这样凄凉地叫着。听了这个故事，当时我就想，他们能结合在一起该多好呀。后来我长大了一些，从外地回来，仍听到这种鸟在河边的灌木林中叫，在我的心中唤起的是一种凄凉悲伤的感觉，我的心中久久地充满惆怅和哀伤。

我记得故乡最多的还有喜鹊，它们在后山的树林里叽叽喳喳地叫个不停。它们繁忙不停地衔来一根根柴草在树颠和树杈上筑窝。它们的叫声给人一种欢乐愉快的感觉，所以在我们故乡都把听到喜鹊的叫声当做是好兆头，都说“喜鹊叫，喜信到”。还有老鸹（有的地方又叫乌鸦）也很多，人们认为它的哇哇的叫声是不吉利的。所以，人们就编了顺口溜诅咒它：老鸹叫，老鸹哨，老鸹嘴巴生疔疮，今日生一个，明日生一双，死得老鸹硬邦邦。因此，我从小就产生了对老鸹的讨厌感情。我们今天看电视电影时，人们要遇到不吉利或倒霉事时，影片中也会播出老鸹的凄凉的叫声。那时，每年的冬天还可以看见白鹭在门前的稻田里慢悠悠地晃来晃去，寻觅食物。在春天，快天亮时还经常听到猫头鹰的刺耳的叫声。母亲告诉我，听到猫头鹰叫是不吉利的。最值得我回忆的是故乡的老鹰，又叫岩鹰，人们通常都以为老鹰就是秃鹫。实际上我在动物园看到的秃鹫与老鹰是不同的。我们家乡的老鹰与老鸹是差不多的，是不秃头顶的，只是嘴比老鸹的长些，弯些，翅膀比老鸹的宽大一些，脚爪比它的长些，锐利些。我去香港开会看到海洋公园上空盘旋着的老鹰就与我小时候故乡的老鹰是一样的。那时，老鹰在故乡的天空上盘旋飞翔，好像时时在找寻什么目标。有时小鸡在晒谷坪里啄食，它就噗的一声猛冲下来把小鸡抓走，人们从屋里赶出来，大声吆喝，喊道：“老鹰把小鸡叼走了！”听到人们的叫喊，老鹰两爪紧紧地捉住小鸡，腾的一声飞上了天空。有时母鸡带着小鸡，老鹰扑下来，母鸡就张开翅膀护着小鸡，昂起头，竖起颈毛，与老鹰搏斗。勇敢的母鸡护住了自己的小孩。老鹰抓不着小鸡也就乖乖地飞走了。

那时，整个村庄就住着八户人家，由于这栋房子都是互相连通的，又是共着大门，进进出出，大家时时见面，经常来往，经常串门，哪家做了什么糍粑、粽子，都会相互送一点；哪家弄到了什么新的野味做成菜也会送到各家，

让大家尝个新；哪家出了什么问题，有什么困难，都会凑在一起想办法，出主意。彼此之间十分亲热和睦。尽管劳动非常辛苦，生活也十分清苦，并且还遭受着各种苦难和波折，但大家彼此不计较什么，互相帮助，互相支持，大家在一起过得欢欢乐乐的。

花香，鸟语，人和，慈爱，使这个小山庄显得非常美丽，非常安宁祥和。

采蘑菇

村庄的后面是后龙山，后龙山的后面是一大片山地松树林。老人们都说，这一片松树林是长蘑菇的好地方，特别是在春天下雨之后又马上出太阳，第二天早晨多半会长出很多很大的蘑菇来的。

我们小孩子最喜欢采蘑菇，通常是当天晚上就做好准备，找好篮子、小挖刀等东西，就是晚上睡觉都不安稳，总希望第一个起来，采到最大最好的蘑菇，有时还从睡梦中惊醒，喊叫起来："我采到最大的蘑菇了！"

虽然采蘑菇是农村孩子常做的事，但由于我当时是"铎"字辈长孙，整个家族都看得比较重，有一些事长辈们是不让我去做的，怕发生危险和出现不测。就是采蘑菇，也只允许我和小伙伴在村庄后的后龙山里采，不准我到深山野林里去采。特别是我曾祖父在世时，管得格外严。所以，尽管我进城多，到外婆家、在街上看得多，见识比我的小伙伴广，但就在采蘑菇这样的事情上，我比小伙们就做得少，远没有他们知道得多。所以当他们给我讲起他们在很远的胡家村后、或过小河到对岸的呼山前的树林里采到又大又多的蘑菇时，我羡慕得不得了。我早就盼望能和小伙伴们到后龙山以外的大树林里去采蘑菇。所以，当第一次获准和小伙伴们一块去深山树林里采蘑菇，我非常激动，高兴得一晚都没睡着。

第二天早上，我们孩子们都早早地起床了，提着篮子各自往松树林跑。但我们都不敢天未亮就一个人跑进树林，到黑黑的树林里大家都害怕，而且，天太黑也不看见采蘑菇。所以，就是先到的也只能坐在大路边的石头上等着大家。来了几个人了，看得比较清楚了，大家就钻进林子里去了。

春天早上的松树林是十分清新美丽的。微风习习，吹着松树林，像奏着乐曲似的，美妙动听，空气湿润洁净，呼吸新鲜舒适。晨曦一缕缕透进树林，闪耀着光芒。鸟儿醒来了，在树林里飞蹿着，噪叫着。在晨光的映照下，松树林

地上出现了一片惊人的景象：在很多松树根部的泥土上，长着一簇簇蘑菇，有绿豆菌、红毛菌、牛肚菌、凉伞菌、鸡毛菌等等，有的是红色，有的是白色，有的是绿色，有的是灰黄色，闪烁着五彩缤纷的光芒。孩子们看到了都惊叫起来，“哗”的一声散开来，各自朝着自己选定的目标奔去。

我飞快地跑到一棵松树前，看到一大簇蘑菇，就采起来。我第一次到深山树林里来采，以前又采得比较少，当然一些方法和技巧就不如小伙伴们熟悉了。我用手去摘蘑菇，蘑菇的盖和茎就断了，还有的蘑菇刚刚顶破泥土，露出一个圆圆的盖，我用手去扒挖，不小心手就被尖锐的小石头刺破了。因此，我采得慢。我的一个妹妹看见了，就跑过来教我。她说，摘一朵朵的大蘑菇，要用两个手指紧紧地挨着泥土，两个手指夹紧蘑菇的根部，用力往上一提，这样，蘑菇就不会断；采刚刚破土的蘑菇，要用小挖刀把周围的泥土掀开，再用小挖刀从底部挖出来。这个妹妹是二叔的大女儿，比我小一岁，小小的年纪，就做很多事，因而很能干。我知道，尽管在别的方面我比小妹懂得多，可是采蘑菇，我得向她学。

正当我们紧张地采摘时，“啊”的一声叫喊把我们惊住了。一会儿就有一个小男孩叫道；“快来呀，小梅掉到坑里去了！”我们都飞快地跑过去。原来，一个大坑旁边长着一棵大松树，松树旁的坑壁上长着一大簇蘑菇。小梅想去采它，用脚踩在坑壁上，一不小心就滑到坑底里去了。坑比较深，坑壁上又没有攀手的树枝，小梅爬不上来，坐在那里哭，小篮子打翻了，蘑菇全碎了。我和孩子们都围拢过来。我仔细打量了一下，就对红亮说：“我拉着你的手，你沿着坑壁跳下去，把小梅抱起来，尽力举高来，我们大家一齐把她拉上来。”红亮是六叔的大儿子，比我小一点，在这群采蘑菇的男孩子中，我最大，他第二，但他在家里做事比我多，力气也比我大。但我会出主意、想办法，所以孩子们都听我的安排。听了我的话，他马上照办。我拉着他的手，他就沿着坑壁滑下去了。他用力将小梅举起来，小梅也向上伸出手来，我和另一大男孩，还有两个大女孩弯下身，每两人各拉住小梅的一只手，就把她拉上来了。红亮把篮子递上来，我们又把他拉上来，大家都很高兴，可小梅盯着空篮子还在哭。我一看就明白了，于是对大家说：“小梅的蘑菇全烂了，我们大家帮她重新采一些好蘑菇给她，行吗？”小孩子们都赞同我的建议，大家立即散开去采蘑菇。不久，她的篮子也就快装满了，小梅挂着泪水的脸也笑起来了。

太阳出来了，它的光线穿过茂密的松树林，在林子里闪烁着一条条彩色的金光。小鸟儿更起劲地在林子里叽叽咕咕地叫个不停。我和小伙伴们已把这一大片树林的每一个角落都搜索了一遍，已把蘑菇采完，大家的篮子也快满了，都陆陆续续走出林子，来到大路旁边的小石头旁，坐下休息。

有的在清理蘑菇，有的在争论谁采的蘑菇最大，有的在叫喊他采的种类最多，并拿出来让大家看，显得好神气。我也在清理自己的蘑菇。小梅妹妹过来一看就说："哥，这几朵不是凉伞菌，是毒菌，不能吃的。"我问："为什么?"她说："凉伞菌的盖是灰色的，光亮亮的，没有花点子；毒菌的盖是白色的，上面有花点子。"另外几个小伙伴也说："哈，你采了毒菌了，快丢掉!"我第一次到后山松树林来采，这儿的蘑菇种类多，还夹杂着各种不能食的蘑菇，有的还是毒菌。以前在后龙山玩耍，采蘑菇，也没看过、采过这种有毒的蘑菇，所以我采错了。听了小妹的话，我心里就想：不让我做各种事，我就比小伙伴们蠢多了，今后一定各种事都要做，也像他们一样能干、有本事。

大家清理蘑菇很仔细，一是把采错的、不能食的丢掉，二是把碎裂的与完整的一朵朵分开。选出这些好的来，自己家舍不得吃，是为了拿到城里去卖，用卖的钱买油盐，买煤油和火柴。那时我们村庄每个家里都很穷，只能靠卖鸡蛋、卖蘑菇、卖鱼虾、卖蔬菜得来的钱买生活日用品。

这样的采蘑菇，每年的春夏天都要进行多次，只要我没有去外婆家，没在街上上学，我不管曾祖父等长辈们怎样要求我，只要我知道了，有时是经过他们允许去，有时是我偷偷地去参加的。我喜欢这种活动，因为它不仅使我长知识，而且增添了不少的乐趣。

过河摘绿豆

我的曾祖父很看重我这个重长孙，处处表现出对我的器重。据我母亲告诉我，他要求我母亲和其他人非常小心地照顾我，抚养我，不能听到我的哭叫声。如果我母亲等人在干活，他一听到我哭，就认为他们没照顾好，他就会骂人，吓得我母亲等人赶快丢下手头的工作来抱我，哄我，喂我奶吃。我长到两三岁时，他每次上城里，总会带一点豆腐、糍粑之类的东西给我吃。后来我更大一些，曾祖父到哪儿去，他也会带着我去。他认为他带着我又安全，又放心，他自己也感到荣耀和高兴。有两次他带我出去的经历至今我仍记得十分清晰。

有一次他带我过河去摘绿豆。记得那是一个深秋的早上，太阳刚刚升起，松树林里微风习习地吹着，已有几分凉意。他把我叫过去，带着我提个篮子就出了门。那时，我祖父在对河的一个叫吴家庙的地方种有稻田，通常都在稻田的田埂上种上绿豆或者黄豆。每到秋天，就把豆子收回来，以便冬天做霉豆豉，过年时做豆腐。

到了河边，曾祖父叫我把裤子脱下来，然后他把裤子扎在我的颈脖上。本来河水不太深，最多是齐大人的膝盖骨大腿上。但对我来讲，河水就已经快齐胸膛了。他把裤管扎到大腿上，就拉着我的手慢慢过河了。河水很清，可以看到水底的石子，就是河中心也能看到底。我看到小鱼在水底的石板上翻动着白色的肚皮，小草在水中摇摆着。河边的水较浅，越往河中心水越来越深，也越来越急。水齐到我的大腿，我已感到很冷了，水齐到我的肚脐，我开始打寒战。曾祖父望了我一眼，说："没事吧？"我点了点头，他拉着我的手继续往前走。到了河中心，水流又急，又深，齐到我的胸膛了，我的气都快出不来了，脚都快站不稳了，他拖着我快步涉过河中心，我心里才好受些。越往河边去，水就慢慢浅了。上了河滩，他解下我脖子上的裤子，叫我穿上，又把我的

衣服脱下，拧干，叫我穿上。我冷得牙齿打战，他对我说："快点去摘绿豆，就到庙里去，那里有人家，一边煨豆吃，一边烘干衣服。"我刚走上河岸，河边的灌木中"吱"的飞出一只绿色的小鸟，猛冲进河中啄着一条小鱼，又腾空飞走了。我大叫："看，青翠鸟啄鱼了！"

来到田埂上，曾祖父教我摘绿豆。他说，豆壳还是绿的就不能摘，豆子还未熟，要摘豆壳已变成黄色的或灰色的。煨着吃的黄豆就要比较嫩的。我不小心一把就将熟的和未熟的都摘下来。曾祖父就说，要用手分开来摘，把熟的摘下，未熟的留着。突然，一只大青蛙从豆根部蹦出来，吓得我差点跌到田里，他就拖住我说："你是老鼠胆。青蛙有什么可怕，它吃虫子，对我们有益呢。"有的绿豆壳开始裂开，他就教我先把绿豆一把抓紧，再摘下，免得豆掉在田里，可惜了。我们很快就摘满了一篮子，他说，今天就摘这么多，下次再来。于是，他就带我往庙里去。

庙不远，就在田边的岭畔脚下。庙是一栋破旧的房子，庙的前面有一颗老樟树，还有几棵小柏树。庙的正屋是一间大厅，厅里比较暗，有烛光闪烁，烟雾弥漫。里面有很多菩萨，正中间是三个大菩萨，两边有很多小菩萨。庙的旁边排着几间房子，住庙的人家就住在这儿。一来到庙前，曾祖父就叫我向菩萨作揖，求菩萨保佑。我们来到住庙的人家，庙里的主人跟我曾祖父很熟，一见我们很热情，招呼我们坐下烤火，曾祖父煨黄豆给我吃，并教我烘干衣服。回来的时候，他怕我再湿衣服受凉，就带着我绕一个大圈，从白子桥过桥回家。

还有一次，曾祖父带我躲日本鬼子。大约是一九四四年，日本侵略者占领了宜章县城，驻扎在县城内，并经常到县城附近的村庄烧杀抢劫，奸淫掳掠。日本鬼子什么都抢，都要，宰猪牛，打鸡狗，抢粮食，抓妇女，掳衣被，据说在有的村庄还枪杀了人。所以，一听说日本鬼子下乡来打抢，大家就赶快往山上跑，躲进密林里，逃到山沟里，钻进岩洞里。大家害怕极了，只怕自己跑得不快，躲得不远。

据说，在开始躲日本鬼子时，每次都是曾祖父带我躲，他认为他带我躲才安全，才放心。有多少次，我都不记得了。但最后这一次，也就是遇到危险的这一次，我至今还记得清清楚楚。那是一天上午，听说日本鬼子下乡打抢来了，村子里的人全都跑光了，曾祖父带着我往村后的大山里跑。由于时间紧迫，来不及往更远的地方跑了，曾祖父带着我躲进一个灌木丛的小山沟里。这

条小山沟狭窄，谷深，沟壁上长满了荆棘、杂木，它们交织在一起，把沟面盖得严严实实，从远处看，看不出这儿有一条小山沟。

躲了好长一段时间，我们都饿了，曾祖父拿出几个小红薯，叫我咬掉皮吃，他自己也吃。山沟里没有水，天气又热，几个小红薯根本解不了饥渴。蚂蚁和虫子又多，爬到我身上咬了好多疙瘩，肿起一个个堆，红红的，又痒又痛。我老是抓个不停，有的皮肤抓得露血丝了。曾祖父望了望我，我一声没吭。我们都不敢大声讲话，怕鬼子听见。太阳已经偏西了，但树林里还是热气腾腾，知了使劲地在树丫上鸣叫，已经听不到狗叫，听不到人的呼喊，也没有听到枪声了，山林里是一片寂静。曾祖父以为日本鬼子已经走了，他就从小山沟的树丛中慢慢爬出来，四处望了望，未见任何动静，他又爬进来，小声地叫我出去。我也从山沟的树丛中爬出来了，他就带着我慢慢往山下走。

我们走了不到二十米，就听到一声大喊：“站住!”我和曾祖父都大吃一惊，往前一看，距离二三十米远，有一个日本兵举着枪瞄着我们。曾祖父赶快举起双手并叫道：“太君，不要开枪，我们是大大的良民的。”曾祖父边喊边向着日本兵走去。等我们走到他前面，那个日本兵放下了枪，伸手就打了曾祖父两记重重的耳光，鼻血马上就流出来了。接着就在曾祖父的身上乱搜，把一个银元和几个毫子搜走了。日本鬼子把枪一摆，大吼道：“快滚!”曾祖父拖着我就跑。我们未跑几步，就听到后面一声大叫：“不动!”曾祖父回头一看，日本兵正举枪瞄着我们。曾祖父吓得拉着我就扑倒在地上。也就在这时，远处响起了时断时续的、急促的哨声。过了一会儿，我们回头看，日本兵不见了。曾祖父慢慢爬起坐在地上，苍白的脸上还挂着鼻血，急喘着气。我先爬起来，拉曾祖父慢慢站起来。我问曾祖父，为什么日本鬼子会讲中国话，他说：“这个人不是日本鬼子，是二本鬼子，是中国人当日本鬼子。”

回到家中说起这件事，大家都大吃一惊，说能脱这一险，全是天老爷保佑、祖宗保佑的结果。我母亲又赶快去插香、点烛、烧纸钱敬神，感谢天神和祖宗的保佑。从这以后，曾祖父就说他老了，眼睛和耳朵都不灵了，就再也不带我躲日本鬼子了。我也感到经过这次大的惊吓后，曾祖父好像老了好多。

大约日本投降后两年，曾祖父就去世了。我记得很清楚，那是在夏天，正是割禾的时候，我们都在晒谷坪里。曾祖父的住房就是舂米房隔壁的房间，正对着晒谷坪。他那时正患病躺在床上。突然，听到他大叫一声，大家立即往他

房里去。只见他床前一淌血，嘴里还在来血，大家忙去给他揩血，他摇了摇手，一句话也没说出，就离开了人世。在我的模糊记忆中，曾祖父似乎是患有胃病，听人说，他常吃苏打粉，不久前他就病了，一直躺在床上休息养病。这次可能是胃穿孔，大出血，那时又没有医院，无法抢救，就这样去世了。对曾祖父的去世，我感到很难过，很悲痛，在很长的时间里我都高兴不起来。因为他最关心我，他教了我一些知识，还教我认字，可以说他是我的真正的发蒙老师，我是很爱他的。

母亲给我捞魂

我小时候身体瘦弱，常有各种毛病，尽管全家都小心照料，在饮食营养方面尽量护着我，但还是毛病不断。其中最主要的毛病之一就是睡不好觉，常从睡梦中惊醒，并大声喊叫，有时就是在白天也会突然感到惊恐不安，心里发懵。当时人们都认为我是受了惊骇，吓掉了魂魄的结果。那时农村古老的习俗就是捞魂，把三魂七魄捞回来，毛病也就好了。我母亲完全听信了别人讲的这一套。为把我的毛病治好，我记得她曾多次给我捞魂。

在我们村庄，捞魂通常是这样做的：母亲拿我的一件衣服，里面包一些米，然后搬一幅楼梯，架在晒谷坪的围墙上，用一个钵子盛一些米，在上面插几支香。她再拿一张捕鱼虾的小网，到了黄昏夜幕降临时，她就站在楼梯上，朝着墙外喊，一边用小网从外边捞进来。我记得喊的话大概是这样一些：某某回来啊！山神水神吓了你，地神谷神惊了你，它们都会保佑你，送你三魂七魄回来啊！某某回来啊！亲生父母喊你回来啊，晚上安安静静地睡，白天高高兴兴地玩，回来啊！当我母亲捞魂时，有一个人陪着我，并接着我母亲的话说，回来啊，回来啊！然后，母亲就带我进房，把衣服里的米放进我衣服的口袋里，叫我坐在床边上，她用嘴嚼烂一些米涂在我额头上和手腕上。母亲这样做时，我心里感到一种安宁和镇定，这个晚上一般都能睡好，我母亲等相信这是捞魂的结果。但事实却不完全是这样。

有两个事情说明不是这样。一，如果捞魂解决问题，那就应该好了，不会再犯惊恐不安的毛病。可是隔不了多久，这种毛病又犯了；二，我当时还经常犯“撞煞”的毛病。这种毛病的表现就是有时突然脸色苍白，大汗淋漓，手脚冰凉，人事不知。当时农村里把一个人出现这种情况，就叫做他撞了“煞”，就得赶快“出煞”。据说“煞”有好多种，我祖父会算，他通常用手指头捏就能算出是哪种“煞”。我记得当时“出煞”用得最多的方法是用公鸡冠

上的血涂在人的额头上、两个手腕上；还有就是把鸡血涂在风车上或者涂在木马（就是农村木匠砍木料时用来架木料的那个木架子）上。但是，这样做了后，同样是当时好一下，隔不多久又再犯。只是后来我母亲给我讲了一件事，我才明白，我的身体之所以虚弱，之所以出现这些毛病，可能是由于我的脑部神经受了损害造成的。

我母亲告诉我，后来我姐姐也证实了。在我一岁多一点时，我头部的左耳上方，生了一个疖子，红肿得很厉害，很痛，痛得我日夜吵闹，不吃不睡，急得父母没有办法。那时我们村子里刚好住了一些伤兵，有一个伤兵就对我母亲讲，用碘酒打，就能消肿，并且好心地给了我母亲碘酒。我母亲作为一个农村妇女，根本就不懂什么医学知识，就把碘酒擦在疖子上，结果就把我左耳上方额头上的疖子打烂了。可能打烂了血管，就流血不止。这下就吓坏了全家人。据说用尽了当时的一切土方法来止血：用头发烧成灰，用棕树皮烧成灰，用锅底上的碳墨等来止血都止不住。由于流血过多，我已经休克了。我母亲抱着我坐在床上已经哭不出声来了。我的祖父母、曾祖父等都急得团团转。后来据说是找了一个懂草药的人，捣了一副很大的草药敷上，才止住了血，才救了我的命。我母亲抱着我在床上七天七夜未下过床。过了好多天，我好了些后慢慢去掉草药，我的左耳上方就永远留下了一个比铜钱还大的伤疤。我想我后来那些惊恐不安、心虚胆怯、体质虚弱是否与这次大流血或与这次可能伤了神经有关。我现在年老了也感觉到这方面的问题，如我的左眼的近视度数就比右眼高两倍以上，现在基本失去视力，我的左耳很早就听力下降，现在是耳鸣和神经性耳聋，基本上听不见。

我的这场大病真是九死一生，据说好久之后才慢慢复原，因此在很长时间内，我的体质就很虚弱干瘦。人们都说，大难不死，必有后（厚）福。这句话是不是规律的总结，有待实践的证明。如果说“厚福”是指经济方面，是指荣华富贵，那李宗仁的夫人可算是一个证明，可以说是厚福。据说李宗仁的夫人郭女士出身贫寒人家，小时一场大病，拖了很久，眼看就要死了，就是还有一点气未断，父亲把她丢在茅草房里，准备第二天用筐子装了提到山上埋了。可是当她父亲第二天用筐子装她时，她又睁开了眼睛，活下来了，后来成为代总统夫人，享尽了荣华富贵。而我是一个普通教师，经济上和地位上就是那个样，很难说是“厚福”；如果说“后福”是指健康长寿，那就要看我活得

是否长久来证明。我倒期望这种“后福”就是我晚年的健康长寿。但愿真是如此。当然，如果“后福”既是健康长寿，又能荣华富贵，那肯定是更加美好，可这样的人世界上又有多少？

第一次认字

大约在我四五岁时，曾祖父开始第一次教我认字，是从教我认屋里对联上的字开始的。那时村子里上厅屋的壁上、梁柱上、下厅屋门口两边的墙上，还有晒谷坪前面大门两边的墙壁上，都写有对联。这些对联的句子我基本上不记得了，只有两句还记得，一句是在上厅屋神坛旁边的对联“祖德功勋远，儿孙孝心长”，另一句是在大门口墙壁上的对联“鸟语花香，慈善人家”，其余的那些大意我还记得，但句子却不记得了。原因是在 1957 年前这些对联都还在。那时我已经初中快毕业了，回到家里我还经常读它们。我现在虽没有记住它们每句的具体内容，但大意还记得，是三个方面的内容：一是讲祖宗的功勋，二是讲家族的兴旺发达，三是讲做好人做善事。我记得有十多副对联，长短不一，字迹非常优美。到了 1958 年，搞大跃进，破四旧，拆掉晒谷坪的围墙，拆掉大门和大门的房子，搬掉上厅屋的神坛，这些对联才被擦掉和毁坏的。

那时，没有书本，更谈不上现在的识字卡。曾祖父第一次教我认字就是从教我认对联上一个个字开始的。他先指着对联上的一个一个字教我读，然后就要我顺着读，再要我倒着读，目的是让我记熟每个字。第二天他要我读他教过的字，我读得不对，他又教我，我还是读不对，他也不骂我，只是自言自语地说：“看来，这孩子将来一定很笨。”教我记熟字后，他就教我连读对联。他先读一遍，然后就要我跟着念。他教我这样念了几遍后，就要求我自已念。我当然念不对。他无法，又回过头来，教我念一个个的字。那些字有的意思我懂，如山，水，花，草，木，鸟等，有的我根本就不懂。这就是我的曾祖父教我的第一次认字。后来还教过多次，几乎所有的对联都教我读过。

这就是我进入学校发蒙读书前的启蒙识字教育。曾祖父第一次教我认字，在我的一生中具有特殊重要的意义。虽然有些字我不理解意义，有的对联死背

下来，现在全忘了，但我当时能理解的一些字，如“人”，“天”，“地”，“鸟”，“花”，“风”等等，我还是记住了一些，这就对我后来发蒙读书大有帮助，为我后来比别人学得主动、学得快一些奠定了基础。

认识了一些简单的字就大有好处。我记得那时我父亲因躲抓壮丁，逃在衡阳帮别人打工，有时偶尔写信回来，我母亲就叫我念。我父亲据说也只上过一年私塾，只能写一些最简单的字。曾祖父教我读对联学会的那些字，就帮助我能断断续续地认识父亲信中的一些字，但没办法把句子读通，读不懂信。无法，只有去请别人读。我四叔叔（我二祖父的儿子）读书比较多，母亲通常请他读信。在他读信时，我就在旁边认真地听、看，不懂的我又问他，这样就慢慢地又学会了一些简单的字。由于这样的多次重复，我认识的字就慢慢多起来。后来，我父亲写回来的信，我也能结结巴巴地读懂一部分了。还有就是过年通常都要写对联，我就看别人写，有的字认识，有的不认识，就问大人。这样就巩固了原来认识的字，又增添了新认识的字。但是当时没有书，没有课本，只是用脑袋记，就相当有限，而且没有学会写，有的就很容易忘记。

这样一个基础，对我后来发蒙读书就大有好处，因为我已比别人先认识了一些字。我看胡适写的回忆录，他认为他之所以后来比别人学得好学得快，就是在他上学之前，他父亲教他认识了较多的字，教他读了启蒙的课文，他在这个好的基础上就比别人多读了很多书，就为他后来进行中国古代文化研究奠定了好的基础。我自己也有这种感觉，后来发蒙读书，我认字就比别人快一些，就记住了更多的新字了。我读了不到两年小学后回到家里，有时帮母亲舂米，看到舂米房的墙上有这样的顺口溜：“善有善报，恶有恶报，不是不报，时候未到，时候一到，一切都报。”，还有一组顺口溜是：“人善被人欺，马善被人骑，”“人善人欺天不欺，人恶人怕天不怕。”（后来我才知道，这几句话是《增广贤文》上的）。我只上了不到两年学，就能把这些顺口溜流利地读出来，而且能初步理解一些意义，这对我后来的智力发展是大有增益的。之所以能达到这一点，应当说与曾祖父在我发蒙之前就教我认字是大有关系的。

由于多次和母亲姐妹们一块舂米，多次读这几组顺口溜，也就慢慢对它们的意义理解更深一些。在我幼小的心灵里，就形成了初步的辨别是非的标准，以及惧怕某种外在的无形力量的观念。这就影响了我一辈子，使我胆小怕事，过于老实本分。养成这种性格，就使我失去应有的勇气和决心，过分地相信别

人，天真地把一切都想象得十分美好，没有雄心壮志去大胆开拓，这也就是后来我多次失掉良机，累次吃亏上当，一生总是走得不顺当的根源吧。大家知道，因为人生和社会并非完全如上面的顺口溜所讲的那样。

捉蜻蜓

我永远不会忘记童年时代与小伙伴们捉蜻蜓、网蝴蝶的那些美好的欢乐的事情。那时故乡的蜻蜓很多，每当太阳阴下去，天气闷热，快要下雨时，晒谷坪的上空就盘旋着一大群一大群的蜻蜓，数量特别多，一般都有几百上千只。它们上下盘旋飞着，时高时低，时疏时密，不断地变化着形状，显得特别好看。大家都知道，这是蜻蜓采水，预示着快要下雨了。大雨一下，蜻蜓就消失得无影无踪了。

我们小孩子最喜欢捉蜻蜓，常用的工具是捕鱼虾的小网，用它朝蜻蜓网去，就能捉住几只。有时也用蜘蛛的丝。猪牛栏屋的墙角里有很多大蜘蛛网，我们用两根长棍子把蛛丝搬下来，朝蜻蜓网去，有时也能粘住几只。有时我们就到田里去捉。下过雨后，蜻蜓的翅膀打湿了，飞不起来，停在稻叶上，用手一下就能捉住很多。我和小孩子们赤着脚，走在滑溜溜的田埂上，踏着嫩草上的水珠，心里舒服极了。有时走得太快，滑倒了，弄得身上、脸上、手上全是泥，大家也是乐呵呵的，因为等一下就能捉住很多蜻蜓了。

我们来到一丘大稻田旁，雨后的阳光特别娇艳，晶莹的水珠在稻叶上映着阳光闪闪发亮，金黄的稻穗低垂着头，青蛙鸣鼓比赛似的哇哇地叫个不停，远处河岸丛林中的蝉使劲地叫着“知了，知了”，树丛中的鸟时不时地叫着：“过江过河，水打秤砣，卖光田地，讨个寡婆。”空气中饱含着水分，闷热闷热的。当我们看到淡黄的稻叶上到处都趴着蜻蜓时，我们都惊喜地叫了起来，大家散开去，赶快去捉蜻蜓。我们都带着小袋子，捉住的都放在袋子里，有时也不用袋子，把蜻蜓的翅膀扭个小结，它就飞不动了。我们很快就能捉到很多，然后叫喊着，高高兴兴地回家。

我们捉这么多蜻蜓干什么？第一，用来喂小鸡小鸭。我们小孩子最喜欢逗小鸡小鸭玩，给它们蜻蜓吃，小鸡小鸭就跟着我们团团转，小脚丫在地上爬得

吧吧响，好玩极了。喂饱了它们，爸妈还夸奖，心里挺快活的。第二，用它们来逗蚂蚁。无论在哪儿看到一只小蚂蚁，把一只死蜻蜓放在它前面，小蚂蚁在蜻蜓身上嗅一嗅，赶快就往回跑了，钻进一个小洞，不一会儿，一大串小蚂蚁就连贯爬出来了。爬在前面的都是小蚂蚁，要等好一阵，蚂蚁王才出来。我们把蚂蚁王叫“老头子”，看到蚂蚁王出来，我们高兴极了。我们趴在地上，静静地看着看着，心里也想了不少呢。一只蚂蚁搬不动蜻蜓，十只也搬不动，二十只也搬不动，可是众多的蚂蚁搬动了。你看，它们多齐心协力，多努力呀，拖的拖，拉的拉，推的推，抬的抬，终于把蜻蜓一点点地慢慢移动了。我就想，以后，一个人搬不动的大石头，就叫大家搬；一个人移不开一段大木头，就叫大家抬。小伙伴也七嘴八舌地说，上次山沟里那根树木未弄回来，下次我们也像蚂蚁一样齐心协力把它抬回来吧。我们看着，争论着，一直看到小蚂蚁把蜻蜓搬进洞，我们才会心满意足地散去。

蜻蜓有很多种，一般下雨时飞来飞去的都是小的黄蜻蜓，我们捉住这种多半用来喂鸡鸭。平常玩的都是捉那种大的、非常美丽的花蜻蜓。这种花蜻蜓身子大，尾巴长，翅膀宽大，眼睛大而绿，翅膀上有美丽的彩色，尾巴是黄绿色的，漂亮极了。如果谁捉到了这样的蜻蜓，我们都羡慕得不得了，他自己也会高兴好一阵子。这种蜻蜓我们会把它养起来，用一个大盒子装着，每天喂它饭。但这样是养不活的，没过几天，或者死了，或者快要死了，有时我们会把快要死的放生，把它放在稻叶上、树干上、花枝上。至于它到底是死还是活，我们就不知道了，但是我们是希望它活的。

除了捉蜻蜓，我们还喜欢抓蝴蝶。在我们乡村，在炎热的阳光中，空气里滚着阵阵热浪，翻飞在花丛、在草间、在浅黄的泥路上，扑动着美丽的翅膀的就是蝴蝶。我们小孩子看见它，会高兴得跳起来去追它。它时高时低，时快时慢，时而在花的顶端，时而在低低的草坪上。我们叫喊着，追逐着，几个人一起围起来抓它，就是抓不着。有时我们想出了办法，硬逼得母亲拿出一段白纱布，就是做糍粑用来过滤米浆的布，做一个小三角网，扎上一根很长的棍子，用它去扑。有时能扑到，有时扑不到。如果扑到了，当把蝴蝶从网里捉出来时，它扑动着翅膀，璀璨的花粉沾满了手，有时不小心弄到脸上、身上，痒痒的，尽管如此，可我们还是高兴得不得了。蝴蝶有好多种，我们那时经常看到的有白色的、淡黄色的、绿色的，还有花蝴蝶，这种花蝴蝶漂亮极了，它的翅

膀上有各种颜色的斑点，它的身子是绿黄色的。在深山里，还看到过红蝴蝶，它通身火红，又大，须毛也挺粗，好像很凶猛，我们都不敢去惹它。有时，在树干上发现一只美丽的蝴蝶死了，我们会难过，会生气地问：是谁把它弄死的？如果我们知道是谁弄死了，我们大家就会责怪他，并要他保证以后不再弄死蝴蝶。因为我们看到它在花丛中飞舞就高兴，看到它在黄泥路上逗着我们追逐，我们就开心。我们很喜欢蝴蝶，不愿意看到它死的。后来，我读书了，老师讲蝴蝶危害庄稼，我就不那么看重它了。我看到老师用它做成美丽的标本，我也抓了几只花蝴蝶夹在书本里，过一段时间打开看，美丽极了！

捉蜻蜓、抓蝴蝶给我们带来了高兴快乐，但也让我们吃了不少苦头。有时弄得一身都是泥土，回去挨妈妈的骂。有时跌得头青面肿，半个月还好不了。有时蝴蝶的花粉弄到身上，全身发痒，起一个个疙瘩，难受极了，搞得几天睡不着觉。特别是我，有一次为了捉蜻蜓、追蝴蝶，高兴得过了头，不小心一脚踩在晒谷坪的一堆未完全熄灭的火灰里，把一只脚全烫伤了，我当时就睡在地上痛得打滚。母亲把我抱起坐在凳上，用水把脚清洗干净，又是用麻油涂，又是找草药敷。父母费了不少的力才把我的脚治得刚快好，不小心又给小鸡啄一下，又引起伤口溃烂流脓水，痛得我多少夜里不能入睡，很长时间脚不能落地，我只好是拄着一根棍跛着走。尽管如此，但捉蜻蜓、抓蝴蝶的高兴劲在我心头一直未减。

母亲带我进城

我们村庄离县城不远，人们常到县城去买生活日用品，有时还挑小菜到城里卖。可我们小孩子去一趟城里，就不容易，非得有大人带着才能去。我母亲什么时候开始带我进城，我没有记忆，我这里写的是我记得的那一次。

那天，天气晴朗，天空碧蓝碧蓝的，太阳早早就爬上了树梢。母亲催我快吃饭，说饭后上街去。我觉得好新鲜，自然十分高兴。母亲换了件没打补丁的干净衣服，提一个竹篮子，交代姐妹中午要记得喂猪，拖着我就出门了。

路上，我问母亲进城干什么，母亲说，买东西，还给我做新衣服。听后，我更加高兴，一蹦一跳的，很快就到了街上。

街道不宽，路面铺的都是大块的青石板。街道两旁是铺子，多半是杂货店，里面摆着火柴、洋油、草纸、烟叶、碗、筷子、砂糖，地面的桶里装着盐，还有豆豉，还有的大泥钵里盛着乌黑发亮的、散发着香味的东西。我感到好新奇，问母亲是什么，母亲告诉我是豆胶，放在菜里挺香的。那时可能没有酱油，就是用这种豆胶（又叫豆油）来调味。有的店铺卖布，有的卖米，还有的卖香、蜡烛、纸钱和鞭炮。

走过一段没有店铺的街道，老远就听到急促的、有节奏的叮当、叮当的响声，这是到了打铁的铺子，一排三四家都是打铁的铺子。每一家都是一个年纪大的人，一手拉着风箱呼呼响，一手用铁钳夹着铁块在炉火里烧。等铁块烧红，就放到铁砧上，一个年轻人就挥着铁锤使劲打，老者用一个小锤也拌着打。一轻一重，叮叮当当，火星飞溅，气氛十分紧张。两人的脸上都是碳墨，黑黑的，腰间围着一条烂围裙。打了好一阵，铁块由火红变为灰色，冷了，又放到炉火里烧，然后再打，直到把它打成需要的东西。然后就放在水里，再夹出来。每一个铁铺门口摊着块板子，上面摆着菜刀、镰刀、铁钳、锄头、草刮、斧子等等，这些都是老百姓日常生活必需的东西。

母亲带我来到一杂货店买了火柴、洋油（就是煤油，那时都是从外国进口的，就叫洋油）、盐和筷子，又到另一店铺扯布。那时布的质量差，品种也少，花布就是一种白花格子布，还有青布和蓝布。母亲给我买了做一套衣服的青布。然后来到一家裁缝店，找人给我做衣服。裁缝店的师父姓谢，一个矮个子男人，见我们进门就满脸笑容地打招呼。母亲从前可能在这儿做过衣服，是熟人。母亲请他给我打比量尺寸。他叫母亲把布拿出来，用一把木尺量了量，说够了；就用一条布尺在我身上量了一阵，用一块黄色的小石片在布上写下尺寸，就说过十天半月来取衣服。

从裁缝店出来，已是中午了，母亲带我来到一个叫三星桥的地方。这是一座石头砌的拱桥，是跨过玉溪河连接南门口、东门口的通道。桥的两边搭了厂棚，全部是卖吃的小摊子。有炸油糍粑的，卖米粉的，卖烤红薯的，卖稀饭的，卖米糖的，卖锅煮牛肉、狗肉的，五花八门，各种各样都有。大家都来这儿吃东西，人来人往，热闹非凡。母亲带我挤进一间卖米粉的厂棚，我们坐下要了两碗米粉。我是第一次吃，觉得非常好吃，有点辣味又很香，米粉又很有韧劲，吃了还想再吃。后来我到外面读书，回到故乡，再去吃就不好吃了。我问母亲为什么现在米粉不好吃了。母亲回答是因为没有那种米了，要做有韧劲的米粉，需要高山里经受冷冻的稻谷，而现在这种稻谷没有了。所以，米粉就变了味了。

我在吃米粉时，往桥下看，好大的河水又清又亮。河的中心还有一个人在撑一块木板，我问母亲那是什么，她说那是筏子，就是小船。这就是我第一次看到船。啊，这就是船！能在水中浮起来，在我的心中留下了好深的印象。我问母亲这条河是从哪儿流来的，怎么这样大的水。她告诉我，这条河就是我们家门口的那条漳河，因为在白子桥汇集了另一条河，那一条河是从我们村庄后的胡家村、蒋家村那儿流来的。两条河的水和在一起，水就大了。在我童年、少年时，宜章街上的河中心还是比较深的，还能划小船，水是干净清洁的。而现在河道淤塞干枯，水是黑黄色的，根本就不能吃用，用来洗衣被都不行。据说是河的上游建了榨糖厂和造纸厂。

离开三星桥，母亲还到一个店铺的摊位上买了香和蜡烛，加上先买的，小竹篮已快装满了，她拉着我快步走，说要回家了。在快到一个街口转角时，老远听到锣鼓声，还听到大声的吆呼声，围满了人，大家踮着脚伸着脑袋往里

看。我好奇，停住了步，母亲也停了下来。我个子小往人缝里钻，挤到里面一看，有两个身上长着毛，有点像人的小动物，屁股红红的，两条腿站着，身上穿着小衣服，一个手里捧着个铜锣，大人用铁链条牵着，手中拿根皮条打得叭叭地响。捧铜锣的小动物就走向人面前，好像讨什么东西似的。有人叫道："猴子讨钱啦!"接着就有人往铜锣里丢铜板，丢铜钱，打得铜锣当当的响。小猴儿转了一圈，铜锣里装了不少的钱，有人喊："我们给了钱啦，叫小猴儿再耍几回吧。"那个主人从猴子手中接过铜锣往地上一放，小猴就跳到另一只猴子肩上，站起来，主人给小猴手里一面铜锣，一根棒槌，它马上就敲起来，另一只猴儿驮着它飞快地绕圈子，主人一边唱，一边吆喝着，猴儿转得更快，大家一阵欢呼，一阵喊叫。后来，主人转个圈，向大家作揖，就算散场了，人们慢慢离开。母亲告诉我这是耍猴把戏。今天上街，我又看到了猴子，有点像人，真是高兴极了。

母亲带着我出了城，走山路回家。这个小丘陵叫石岭石马。爬上山坡，路两边排着很多石马，都是用青石凿成的，有的高，有的矮，有的站着，有的蹲着，在阳光照射下，反射着银灰色的光。母亲告诉我这是古代当大官的荣归故里，为显示他的地位而雕琢的。马越多，地位就越高，官就越大。母亲也说不清，这些马是一个官的还是多个官的。后来我大了才知道，宜章这个地方虽小，却出了不少大官。我们村庄后面不远的邓家湾，隔一条村巷，就出了两位尚书，这在古代是大官了，相当于今天的部长级干部。

下了山坡，到了蒋家湾背后，又叫樟树下（还有人叫它为虎背岭）。这里有一条很长的青石板路，一块较宽的长坪，有六七棵大樟树，它们巨大茂密的枝叶，撑成一块巨大的、较长的荫凉地。城西洞里上城的来往行人都在这儿歇息。大樟树经常掉下大毛虫。这种毛虫的确很大，青黄色，一身长着根根的粗刺，爬行得快，如果不小心让它爬到手脚上，或者掉在背上，就会红一块，火辣辣的痛几天。我们小孩子最怕这种毛虫。那儿有两只大木桶盛着凉水，有两只小竹筒当做勺子用来喝水。据说是做善事的老人天天自愿做的，他们想以此积阴德，期望儿孙后辈的发达。后来我读中学，读鲁迅的小说，祥林嫂到庙里捐门槛，用来赎罪和积德，我就常常想起樟树下那些挑水做善事的老人。我和母亲走累了，又被太阳晒得口干了，坐下歇一阵，喝了水，母亲又叫我走了。

沿着山腰的青石板路走，要十分小心，因为下面是一个陡坡，再下面是稻

田，一失脚就会滑到坡底稻田里。母亲牵着我的手，生怕我跌下去。走完这段山腰路，就到了白子桥。通往桥上的路是劈开一座山头修成的。这座山生得好雄伟，从远方延伸而来，到白子桥这儿，活像个大龙头。我问母亲这条路是怎样挖出来的，母亲看了看太阳说，天不早了，回去再告诉我。我和母亲走过劈开的山头，通往河边有两座桥，右边是石拱桥，左边是木板桥。走木板桥近些，母亲拉着我过木板桥。桥有四孔，每孔间架着四五根木料，踩在上面有些摇晃，下面河水急湍奔流。我和来时一样迈不开脚，都是母亲拖着我慢慢过桥，太阳还未落山我们就回到了家。

一个古老的传说

从城里回来后，我又问起在白子桥那个地方劈开大龙头山架桥的事。母亲用简单的语言，断断续续地给我讲了一个古老的传说。后来，我又从别人那儿听说了关于这个传说的很多内容。所以，今天我能回忆起儿时的一些记忆，较详细地把这个故事叙述出来。

据说在很久很久以前，有一个勇敢善良的石匠，他逢山开路，遇水架桥，解人之难，为人们做了很多好事善事，人们都称赞他是勇敢的英雄。有一次，他来到白子桥这个地方，人们告诉他，这个大龙山头屹立在河边，挡住了人们去县城的路，人们涉水过河上城，很不方便，而且时有悲剧发生，因此希望他想办法挖开河边的大龙头山，架一座桥在河上，让城西众多的老百姓来往县城方便。石匠听后，立即就答应了。他决定和人们一块挖开这个山头，架一座桥。可是这不是一座平凡的山，它从很远的地方蜿蜒游移而来，在河边止住，气势雄伟，活像一条奔腾而来的巨龙。在河边形成的这个高峰，怪石狰狞，活像一条巨龙的龙头。

于是石匠就带领人们从龙头开始挖山。这些人是附近的农民，他们志愿来的。挖的挖，担的担，凿的凿，大家干得非常辛苦，成果也不小，开始第一天就挖掉了一大块。晚上人们休息，但是第二天起来一看，昨天被挖掉的又重新长满了，和原来的一模一样。大家感到奇怪，石匠也觉得不可理解，但他二话没说，带领大家又继续挖。结果是第三天又长满了。天天挖，天天长，人们气馁了，灰心了，石匠也陷入迷惑苦恼之中，茶饭难进，渐渐消瘦憔悴，而且百思不得其解。

石匠有一个贤惠能干的妻子，他们还生有一对双胞胎，一男一女，长得聪明伶俐。他们把两个小孩视为掌上明珠，非常喜爱。石匠妻子也感到这件事奇怪，就劝丈夫放弃，慢慢从长计议。但石匠却坚持说，他这一辈子还从未遇到

过克服不了的困难，答应过别人的事，就一定要办到。他仍和众农民天天挖山不止，但仍旧天天无任何成效。妻子被逼得无法，只好去求取神灵的帮助。有一天，她到一个大庙向菩萨陈明原因，请求菩萨给予启示。当天晚上就有一位白发老人给她送梦说："不怕你千挑万挑，只怕铜钉铁钉斩断腰。"第二天，妻子把这事告诉丈夫，丈夫也说他做了一个同样的梦。他们都不理解"铜钉铁钉斩断腰"是什么意思。于是，他们俩又来到那个大庙，请求老和尚解释这句话的含义。老和尚手捏念珠，闭目沉思好一阵才慢腾腾地说："'铜钉铁钉斩断腰'，就是要把一对童男童女埋在龙头山上，让他们的血洒在那儿，才能挖开这座山。"

原因弄清楚了，但石匠夫妇好为难：怎能伤害两个小孩的性命来挖开这座山呢？他们左思右想没有办法，最后他们把这事告诉了挖山的人们，大家听了非常气愤，但也无法。大家劝石匠夫妇放弃，并且说，挖不开山，只不过上县城困难一些，也算不了什么。但石匠一声不吭，没有表态。

石匠回到家中苦苦地思索，怎么办？他像一头苦闷的狮子，在屋子里走过来，窜过去，跑出屋，又奔进来，日夜不能安宁。贤惠的妻子看着痛苦的丈夫心里也是干着急。两个伶俐的孩子也不敢大声叫喊爸爸，也看不到爸爸平日的慈祥温柔的笑容。石匠的脸更加消瘦，阴沉，严峻，好像在痛苦地下着什么决心似的。

一天，石匠非常严肃地把妻子叫到房里，对她说："你是知道我的，我下了决心要办的事，是什么也阻挡不住，是一定要办到的。"妻子会心地点了点头。接着他又说："挖开这座山，架起桥，让整个城西的老百姓方便来往县城，减少他们的困苦，这是造福子孙后代的大事，你说是不是？"妻子答道："当然是，这会给老百姓带来很多好处和方便。"石匠又说："但是现在却办不成呀。"说完长长地叹了口气。妻子接着说："这是没有办法的事，又不是我们不尽力，而是天意，也无由责备我们呀。"石匠紧接着说："办法还是有的，就是怕你不同意。"妻子马上问："什么办法？"石匠坚决而充满信心地说："我们还年轻，我们还，还可再……"未等石匠说完，妻子急匆匆地打断说："不行！我知道你要说什么，两个孩子是我的心肝宝贝，是我身上掉下的肉，说什么也不行！怎么也不行……"还未说完，她就哭着奔出房去了。

石匠好生为难，但他没有发火，他理解妻子的心情，他自己也十分爱这对

小宝宝。每当听到两个孩子的叫声，心中就充满欢乐和高兴。他又何尝不是不舍得呢。石匠阴沉着脸，在房内房外踱来踱去。他回想起乡民跟他讲的那一幕幕情景：一个老大爷从县城回来，不小心从山上滑下来，摔断双腿，终身残疾在家；两个老大娘从山上跌下来双双送命；常有小孩和妇女在下大雨时从山上滑下来跌进涨水的河里，被洪水吞灭；还有平常无数的乡民挑着沉重的担子涉水过河被河水冲倒，蔬菜等东西漂得满河都是；还有乡民们负重爬这个陡山坡艰难的喘息的情景……石匠怎么也不能平静下来。石匠想起小时父亲给他讲的那些舍己救人、大义灭亲、舍身救国救民的英雄故事，再次受到鼓舞。他认为这些年来自己之所以为老百姓做了一些好事善事，就是效仿这些英雄的结果。这次正是考验他能不能舍己为人、大义灭亲的时候了。石匠再次下定了决心，他决定再次耐心地说服妻子，并相信他贤惠的妻子最终会同意的。

晚上，他来到妻子房里，见妻子伏在两个小儿的床边哭泣。两个孩子正甜蜜地睡着。他轻轻来到妻子身边，拉着妻子的手，温和地说："我理解你的心情，我不怪你。你知道，我是多么的爱我们的两个小宝宝！为了他们俩，我和你一样，付出了多少心血和劳累。"妻子没吭声，抬眼望了丈夫一眼，回想起丈夫在儿女出生前后所付出的辛劳，她知道丈夫确实非常爱自己的两个儿女。石匠拉起妻子来到房外，给她讲没有挖通这座山，没有架起这座桥，多少老爷爷老奶奶残疾丧命，多少妇女儿童被洪水吞没。这座山给乡亲们带来了多少死亡、痛苦和灾难。一件件悲惨的事情震撼着妻子善良的心，在她的心中唤起了同情之感。可石匠为难地说："现在明摆着，没有'铜钉铁钉斩断腰'，这座山是挖不开的，我们也就没有办法帮助乡亲们解除灾难。"妻子没有吭声，可再没有表示强烈地反对。石匠抓住机会继续说："现在是我们为乡亲们做善事做好事的时候了，也是需要我们做出牺牲的时候了，我们个人的牺牲能解除众多乡亲们的不幸，我想我们这样做是值得的。"妻子把头贴紧石匠的胸膛，用力猛摇着石匠说："可这是我们的小宝宝，是我身上掉下的肉，我怎么舍得呀！"石匠坚定而满怀信心地说："我们的孩子是为造福大家而献身的，神灵一定会保佑他们有一个更美好的来世。而我们还年轻，神灵也一定会送更好的孩子给我们的。我也不舍得我们的小宝宝，可我们只能这样办。"妻子哭泣着，再也没有说什么。石匠见妻子默认了，激动得紧紧抱住妻子，眼里流出了热泪。

石匠要牺牲自己的孩子挖开龙头山的事传出后，乡亲们都大吃一惊，大家议论纷纷，有的反对，有的赞誉，有的谴责。不少人来到石匠家请求他们夫妇放弃这个决定。有的说，我们宁愿永远不开这条路，永远不架这座桥，也不能让你们做出这样大的牺牲；有的说，你们有这种无私奉献的心意，我们就十分领情了，两个小孩是两条命呀，我们坚决不同意这样做；还有的说，神灵送的那个梦讲的就一定可信吗？这样做真能解决问题吗？还有没有别的更好的办法？石匠听到这些话，心情十分激动，他理解乡亲们的真诚关爱之心，但是他的决心已下，他决定说服乡亲们。

石匠首先对乡亲们的关爱表示感谢，接着他就讲述了不挖开龙头山，不架起这座桥，过去给人们造成了多么大的灾难和痛苦，今后还要给人们带来多少死亡和不幸，给乡亲们进出县城增加了多少劳累和不便。大家听了，知道这是事实，都无话可说。他又说，这个梦可不可信，大家看得清楚，我们天天挖，它天天长满，我们只有信它了。接着，石匠坚决地说：“你们知道，我决定要办的事，就一定要办到。我不做出这种牺牲，别人也会做出。如要别人做出这种牺牲，我宁肯自己做出。我的两个孩子做出的牺牲，是为众位乡亲们做出的，上天一定会给他们美好的回报。而且，我和我的妻子都年轻，我们可以今后再有孩子。”乡亲们听了十分感动，也十分了解石匠的心愿。

石匠又接着说：“请众位父老乡亲支持我这次造福子孙后代的事情吧，请大家齐心协力把龙头山挖开，把桥架起来吧！”大家再没有说什么，只是饱含着热泪望着石匠表示钦佩和支持。

根据乡亲们的建议，石匠同意，不能伤害两个小孩，只在晚上等孩子睡着后，把他们悄悄地装进篮子埋在龙头山上。第二天晚上，附近的村民来了很多很多，大家都等一埋下小孩，就一鼓作气地把龙头山挖开。

那天夜里，两个村民把两个熟睡的孩子用筐子抬来了，石匠的妻子跟在后面哭泣着。石匠安排村民把筐子放在一个大坑边。他自己就开始点蜡烛，烧纸钱。就在这时，天突然阴沉下来，狂风大作，雷电轰鸣，飞沙走石，暴雨倾盆，打得人们睁不开眼，淋得个个像落汤鸡，四处躲藏。过了好一阵，只听那两个村民喊道：“两个孩子跌到坑里去了，大家快来盖土吧。”乡民一拥而上冒雨把坑填满了。

就在这时雨停了，乡亲们打着火把，发挥最大的干劲挖龙头山，石匠指挥

安排，进度非常快，挖到天亮时，已把龙头山挖开一大半了。一些村民挖到埋两个小孩的坑时，掀开泥土看，都大吃一惊：坑里埋的不是两个孩子，而是两只猴子。大家都疑惑不解，石匠自己看了也感到非常奇怪。他什么也没有说，只是和大家一起一股劲把山挖开。乡亲们真是人多力量大，大家干得热火朝天，到第二天早饭时，龙头山已被全部挖通了！大家高兴地把石匠抬起来，抛上半空。太阳出来了，照得四处金光闪闪，大家劳累了一通宵，实在是又饿又累，都回家休息了。

石匠推开门，一跨进屋，就听到妻子在跟人说话。他赶紧往屋里瞧，看见妻子在给两个孩子讲话，他激动得大叫："孩子！"两个孩子也高兴地奔过来大叫："爸爸！"妻子知道丈夫不了解原由，立即给石匠讲述了事情的经过。

她看到两个孩子放在坑边准备掩埋，心痛得快昏过去。开始下暴雨时她不知道，后来她被淋得昏昏沉沉。过了好一阵才摸黑慢慢回到家，到屋门口就再也支持不住，倒在门前就昏过去了。又过了好一阵，她突然听到屋里孩子的哭声，她大吃一惊，赶快往房里去，看见两个孩子在哭，她大叫孩子，孩子大叫妈妈，她才相信孩子又回到家里了。

石匠一听，什么都明白了，他打开大门，"扑通"就跪下，又作揖又磕头，并大声说："感谢苍天，感谢天神，你给我们的大恩大德，我永远不会忘记，我今后会为人们做更多的好事善事，来报答你对我的关爱！"就在这时，妻子也带着两个孩子跪在地上磕头，感谢天神的救命之恩。乡亲们知道石匠的孩子得救后，都喜出望外，高兴得不得了，几乎每家每户都烧香，点烛，感谢天神的保佑，感谢天神有眼。

龙头山被挖通后，石匠和众多乡亲们一起又挖凿了好多天，挖开了好宽一段，修好了路，架起了两座桥，一座石拱桥，一座木桥，极大地方便了群众，给乡民带来了永远的福祉，大家也就永远记住了石匠。这个美丽的故事也就永远流传了下来。

母亲用粗略的语言给我讲述的这个美丽动人的传说，给了我幼小的心灵深深的感动。直到今天我用详细的话语描述它，我的心中仍然不能平静。

过　年

回忆童年时代的过年，永远在我的心中激起欢乐和愉快。

也许是从冬天一开始，我们就问爸爸妈妈，还要多久过年啦。也就从那时开始，每天数着手指头，算计着新年的到来。为什么我们小孩子那么期待过年？因为在那时候只有过年才能给小孩子带来欢乐和愉快。只有在过年时，父母才有可能给孩子们做新衣服。所以，那时通常说：新年到，穿花衣，戴新帽，新鞋袜，小孩子，闹着要，穿戴上，跳得高。只有在过年时，小孩子才能吃到好吃的东西。那时我们贫苦农民家的孩子，平常就只能每天吃三餐饭，或者摘点野果吃，有时连饭也吃不上，别的什么好吃的东西根本就不能想。过年时，才有糍粑、油角、米粹、糖花等好吃的，有的人家还买糕饼、糖粒子。也只有在过年时，我们小孩子才能玩一些好玩的游戏，如放鞭炮，点花灯、解线井、踢毽子等，所以我们小孩子都盼过年。

但过年对大人来讲却并不是一件容易的事情。首先，每个家长要考虑，买东西的钱从哪儿来。那时农村很贫穷落后，除种田外，就是卖一点小菜，或者有时还卖点自己土产的水果，再没有任何经济来源。过年总要买些东西，所以很多家庭常常为过年的钱而发愁。其次，还有一些人家不敢在家中过年。因为有的欠了地主的租谷，有的借了高利贷无法还。当时的通俗是，到年关都去讨债。为躲避讨债，有的人家不敢在家中过年，而是流浪在外边。我还清晰地记得，一次地主找一个叔父家逼租谷，叔父家闻讯早就躲藏了。地主没找着人在村子里大吵大闹，弄得整个村子一天都没安宁。叔父家在过年好久后才回村里。所以过年对一些人家并不是美好幸福，而是恐惧和灾难。第三，过年是大人最忙碌的日子。大家都期望来年有一个好兆头，走好运，都想在年前把一切全做好，忙这忙那。通常有三个方面的事是必须做好的，一是打扫清洁卫生，二是做过年食品，三是准备除夕的供品和饭菜。清洁卫生的任务繁重，所有的

房间、厅屋、厨房，甚至厕所都要打扫干净。最难清理干净的是厨房，因为烧柴草，窗子上、墙壁上、楼板上、到处积满了厚厚的烟尘。我看到母亲每次打扫厨房，头上披一块毛巾，用根长棍扎把扫帚，清扫一整个下午，头上身上全是灰尘，脸上手上全是黑的，只看见两个眼睛在动。扫完后，她还说只是马虎打扫一下，来不及打扫干净。

做过年的食品也不轻松，做糍粑、油角、餶环、米粹、糖花之类的东西也要花费很多劳力，特别是做餶环不容易。首先要把米舂成粉，并用很细密的筛子筛选，粗的一定要打成很细的粉。然后是炒粉，炼糖水，这两项要求火候分寸把握得好，粉不能炒得太老，也不能太嫩，糖水不能熬得太清或太浓，然后就是把糖水浇到粉上，并随着揉粉，一边浇糖水一边揉粉，把粉揉得软硬适度，这才是完成了做餶环的第一步。做餶环可说是一项艺术，先从揉成的粉团中取出一小团一小团的，将它们搓成均匀细长的条子，然后把条子弯成一个个小圆环，并将两个圆环之间捏紧。在做了很多圆环后，再把这些圆环弯起来，形成一个大圆环，这就做成了一个餶环。当然还可以用条子做石榴，做各种鱼。最后放到油锅里炸，直到显出紫红色，变硬了，再从油锅中捞出来，这就是可吃的餶环了。

准备除夕的供品和年夜饭也有很多事情要做，每个家庭对敬神的供品是十分讲究的。我记得父母总是把最好的东西用来敬神，肉是最好的腿子肉，鸡是整只的大母鸡，鱼是整条的大鲤鱼或草鱼。即使家中再穷，平日根本吃不上，过年时借钱也要将这些物品买来。这些供品，大人是不让小孩子沾边的，怕小孩子弄不干净，弄不乖巧，造成对神的不尊敬。我们小孩做的事通常是帮大人选菜，如剥冬笋、洗海带、鑲豆腐。做完过年的这些准备，有的人家要几天，至少也要一两天，通常是忙到除夕傍晚，才吃团圆饭。

以前的过年当然也有欢乐，但更多的是笼罩着一层神秘色彩，充满着虔诚、期待、幻想和恐惧。人们自觉地遵循着古老的风习。一是除夕的敬神非常庄重肃穆，供品是最好最大最高级的，人员要到得最齐，叩拜祷告要最虔诚，鞭炮要放得最响。我记得那时我和姐妹们跟父母亲一块在上厅屋敬神。上香，点蜡烛，烧纸钱，敬血酒，放鞭炮之后，就是父母亲叩拜祷告，特别是母亲念念有词地讲好多乞求神明、列祖列宗保佑平安、兴旺发达、家庭发财的话。接着就是我们小孩子作揖、叩头。二是初一早上的出行要顺利，充满喜气。首先

起床开大门要选好时辰，一开大门就听到远处鞭炮响，那是最好，表明今年开门大吉，万事顺利。一般是儿子辈最先起来，到灶屋里烧火。按照古老的风习，除夕晚上灶里都要用木炭或杂木煨火。如果新年早上扒开灰木炭燃得红亮，就是好兆头，表示来年家运红火，兴旺发达。烧好洗脸水后，就请父母起床，包括小孩全部起来，洗漱完毕，就全家一块打鞭炮。爆竹要打得连贯响亮，一气响完，表明一切顺利，全家安康。如果中途灭火，或多次灭火，即预兆家运不顺，会有麻烦。打完鞭炮就全家团圆把盅，通常是喝红糖米酒，吃花生、油角、糍粑之类的东西。三是讲话用词有很多规矩禁忌，如鞭炮打完了，不能说“没了”，只能说“响光了”；灯火熄了，不能说“灯盏灭了”，只能说“灯光不亮了”。特别禁忌初一听到“死”这个字，如有人去世了，只能说“老”了，不能说“死”了。为预防小孩讲错话，通常除夕晚上睡觉前，大人都会给小孩叮嘱交代清楚，不能骂人，不能讲不吉利的话，特别是不能说别人“死”了，免得给家里大人添麻烦。有的人家知道自家小孩顽皮，容易惹祸，初一这天，干脆把孩子关在家中不让出门。

但过年给孩子们带来的还是欢乐和愉快。孩子们穿上新衣、新裤、新袜、新鞋，有的还戴上新帽，显得特别神气，心里特别高兴，走起路都是一跳三蹦的。在平时，由于家里穷，穿的都是补丁打补丁，有的衣裤还烂得露出大腿和屁股，哪里有一件完整的好衣服。过年孩子们看到一些新气象也使他们高兴愉快。一是贴对联。过年时，每家每户的大门、房门、厨房门上都会贴对联。孩子们大多不认得字，对联的意思是什么都不懂，但对联上的画让孩子们高兴。对联的边上有的画有龙凤，有的画有鸟和花，我们看了都非常高兴。特别是大门上的门画更吸引孩子们，那上面画的关公，张飞还有财神爷等，有的挥大刀，刺长矛，舞锏棒，成为孩子们玩耍模仿的对象。二是看花灯。有不少人家，特别是经济条件好一些的，通常会在大门外挂灯笼，多半是两种灯笼，一种椭圆形的，一种是四方长形的。椭圆形的灯笼里放一个小油灯，晚上看去红光亮亮；四方长形的灯笼做得比较精致，我记得好像有三层，外边一层是透明的，里面一层是红色的，中间一层吊着一些小动物，如牛、马、羊、狗、兔、猴、公鸡等，这种灯一点燃，里面的小动物就转动，非常好看。是什么原因让它转动，我们弄不清楚。那时我们茶山脚整个村庄都很穷，根本挂不起大花灯，最多挂少数小花灯。那些美丽的大花灯我们是到县城里看到的。三是玩孩

子们自己喜欢的东西。我们最喜欢玩的是放鞭炮。只有在过年时，大人才会给一点红包钱，小孩子才有机会买鞭炮玩。放鞭炮给孩子们带来的乐趣是巨大的。通常是几个男孩在一块，把鞭炮插在泥巴中、沙土中，点燃火，炸得泥土四处飞扬，我们高兴得拍手叫起来。有时我们还模仿大人用鞭炮丢到水里炸鱼，这要把鞭炮拿在手上点火，常常由于丢得不及时，把手指头烧焦痛好几天，也没当回事。我们男孩还喜欢玩的是打三角比赛。用比较硬的纸折成三角，一个三角铺在地上，一个人就用一个三角打它，如果把它掀翻了，就算谁赢了。女孩子们通常玩的游戏是踢毽子、解线井。过年时大哥哥大姐姐、甚至年轻的叔母们都会踢毽子游玩，进行比赛，看谁踢得多。还有一种游戏是解线井。就是用一根比较长的线，结成一个圆圈，用两只手的大拇指和中指将线翻动两次，就变成一个大井和几个小井形，第二个人用手指把它挑起来，线段不散，又变成其他的形状，这样接着下去，可变成很多不同的形状，既好玩，又锻炼了智慧。

过年最让孩子们高兴的是看舞龙舞狮。那时的风俗认为，初一，初二，初三，有人来舞龙舞狮，是吉祥好兆，全家全村都是高兴的。这几天当大家正在互相祝贺新年时，忽然听到锣鼓声响，知道是舞龙舞狮的来了，赶快打鞭炮迎接。哪家的鞭炮响得最早，龙狮队就先到哪家。锣鼓人员在前，一个打鼓，两个敲锣，一个吹喇叭，接着是龙头。龙身的长短就不一样了，有的长龙，舞龙身的有八九个人，而有的短龙舞龙身的只有五六个人，舞龙尾的走在后面。最后面一个人肩膀上挂一个袋子，就是收红包的。龙队一进门，大家呼的叫一声，唱个喏，表示拜年，锣鼓一响就舞起来了。龙头在前面晃动，龙身就一左一右地摆动，龙尾顺着龙身左右摇摆，龙头上的铃铛叮叮当当地响着，和着锣鼓声，非常悦耳动听。这样舞一阵后，就开始跳龙身，后一个人从前一个人身上跳过，动作很灵敏快捷，非常好看，常常获得一阵阵喝彩声。舞到最后，所有舞龙的人直起身来作揖，并讲一句吉利话，锣鼓一停，就算结束了，这时这家的主人就赶快送一个红包给背袋子的人。我记得母亲是很大方的，即使家中再紧张，但给舞龙狮封的红包钱是不会少的。看舞龙舞狮是一件令人高兴的喜事，如果在大坪里舞，整个村子的人都会围拢来看，就是在一户人家的厅屋里舞，屋外面也会围着好多观看的人。小孩子更是高兴得要命，过了好多天还在谈着舞龙狮的事呢。

过年给孩子们带来愉快的另一件事，就是去给亲戚家的长辈拜年。为什么孩子们喜欢去拜年？一是可能吃到好吃的东西；二是可能得到红包，这样就有钱买鞭炮等东西了；三是可能听到或看到一些有趣的事情，小伙伴们在一起就有新闻可讲，让自己神气得不得了。所以，父母说带我去外婆家、舅妈家、姑婆家、姑妈家、姨妈家等拜年，我是高兴得很，好早就做好准备，等待出门。总是高兴而去，满载而归。回来后，我会拿着鞭炮和好玩的东西喊小伙伴们聚在一块，一边讲新闻，一边放鞭炮，玩游戏，高兴好一阵呢。

故乡的风啊，故乡的水

我永远怀念我故乡的风和水，因为它霜雪雨露的滋润使我的心灵善良；它温暖和风的吹拂使我的心扉宽宏大量；它们的美丽多彩给我幼小的心灵以无限的灵感和启迪。

俗话讲：美不美，故乡水。我童年时代故乡的风和水是美丽的，迷人的。无论是春天温暖和煦的风雨，还是冬季凛冽的寒风刺骨的霜雪，在我的心中留下了永远抹不灭的印象。回想童年时代故乡的风和水，会使我忆起很多永远思念的人和事，忆起很多童年的金色的梦幻，忆起很多童年的情趣和欢乐。无论在何时何地，我总是自豪地说，故乡的风啊，故乡的水，是你们养育了我的灵魂，铸造了我的体魄，培养了我的思想和情感。

故乡春天的风是醉人的风。当冬天的冰雪刚刚过去，我们走出户外，走在山间小道上，走在嫩草刚发的田埂上，一阵春风迎面吹来，使人精神为之一爽。迎着温暖、和煦、轻柔的春风往前走，如醉如痴，舒服极了。如果连续下几天春雨，晚上吹一夜春风，第二天早上你就会有惊人的发现：栀子花开了，桃花开了……真是一夜春风吹，千树万树花儿开。一阵春风吹来，芬芳的香气，沁人心脾。我们孩子们常会对着花儿发问：是谁的手一下把所有的花儿掰开了？

春风会在树林里奏出神秘的、美妙的乐曲，让我们孩子们永远听不够，听不烦，永远争不完，猜不透。故乡的后龙山主要是松树林，都是高大的松树，每棵有三四十米高，直径有两尺长左右。此外，还有枇杷树、梨子树、桃子树、桂花树、苦株树、樟树等等。后龙山的后面是一片松树林，它的旁边是一条青石板大路，这是从县城通往城西骑田岭山下的通道。青石板大路的两边是像后龙山那样高大的松树，挺拔直立，高耸入云。大路的那边是满山遍野的松树林。虽没有后龙山的松树那样高大，但直径也有大碗口粗细，也算高的了，

长得密密麻麻，遮天蔽日，阳光是一缕一缕穿透进树林的。也许由于这种多样的树林结构，风吹着树林就奏出各种美妙的乐曲。它仿佛像有箫声的凄鸣，像大海波涛的喋喋细语，像鹧鸪鸟的咕鸣，像深山洞里泉水叮咚的清脆的回音。我们小孩子常三五几个匍匐在青嫩的草地上，用小手撑着下巴，侧耳细听，听得入魂入神。我们争论着，猜测着：美妙的声音是从哪儿发出来的？是谁把它们弹奏出来的？它们在讲着什么？为什么年年月月老是不停？我们长大了能不能吹弹得像它们一样美丽动听？我们议论着，争论着，常常争红了小腮帮。

故乡春天的水是清亮的，碧绿的。淅淅沥沥的春雨下个不停，我们小孩子可高兴得不得了。我们用小手去接屋檐瓦片滴下的水，是透明的清凉的。如果晚上下了雨，第二天早上看花叶子上的水珠，那是碧绿透明闪光的金珠子。特别是在后面的松树林里，常在一片小岩石旁边，会涌出一道道小清泉。这里一道，那里一道，活像一串串银珠从岩石裂缝中射出。我们最喜欢玩这种小泉水，通常在它旁边挖个小坑，让水聚积起来，又用石片修一条小沟，让它流得远远的。

村庄的后面有一条大水渠，它是从石坝下的坝上流来的，水干净清洁，清澈透底。我们全村都喝这条水渠里的水。每天早晨，大家从水渠里挑吃的水，然后是洗菜，早餐后才洗衣服。几棵大芙蓉花树长在它旁边，开着像盘子样大的花朵，映在水面，轻轻摇晃，清静，优美。可是现在这条渠里的水黑黄，发出异味，不仅不能吃喝洗菜，洗衣服都不行了。渠里长着变了色的野草，横着一根根柴枝，漂浮着腐烂杂物。我童年时代美丽的水渠清洁透明的水，再也找不到了。我怎能不思念童年时代故乡的水？

故乡水的美丽是与村庄前小河的水分不开的。村庄前稻田过去两百多米有一条弯弯曲曲的小河，名叫漳河（到了县城就叫玉溪河）。它发源于骑田岭，山上的无数山泉水汇合成了这条小河。它流经城西一大片土地，从我们村庄前流过。河的两岸长满灌木丛林，河床大约宽二十多米，有的河岸地段比较宽，我们小孩子常在那儿放牛，玩耍，摘野果吃。春天的风和雨，使河的两岸开满了各种各样的野花，长满了嫩绿的小草，小鸟不停地鸣叫，穿梭于灌木丛中，蝴蝶翻飞，戏游于花丛之间。河水清澈透底，能看清几尺深水底的鹅卵石，看见小鱼在石板上翻着白肚皮。我们赤着脚淌进河中，翻开石头捉石头下的小鱼和小虾；或者在水中寻找有美丽花纹的小石片；或者在沙滩上掏鳖鱼的蛋；或

者坐在沙滩的石头上争论着，小河会流到哪儿去？鱼是由什么变来的？鳖鱼为什么到沙滩上来下蛋……

如果连续下几天的暴雨，小河就会涨大水。直到现在我还清楚地记得小河涨大水的惊险情景。大水来得凶猛，很快溢出河堤，淹没稻田，滔滔混浊黄水奔腾而去。我们通常站在大门口看大水。水上漂浮着树枝，有时漂浮着门窗家具，甚至猪牛，这是大水冲毁房屋而来的。有时水涨得很大，淹进了村庄，人们就紧张忙碌起来，赶快把矮地方的东西搬上桌子，或搬上楼，赶快把猪牛栏门关紧，并做好人员上后龙山的准备。一年可能发两三次大水，但淹进村庄这样的大水不是每年都有的，要几年才遇到一次。涨大水时，通常大人会去捞鱼。用一种又宽又大的鱼网，鱼网上扎一根很长的把柄，据说在这样的大水中容易捞到鱼。我也看到我父亲和叔叔们捞到满篓满篓的鱼回来。不过，要特别小心，只能在一些水流缓和的地方捞，水急的地方和河中心是不能去的。还有一些人在水流缓和的地方“搬筝”。什么叫搬筝？就是用一张四方形的很大的鱼网，将其四个角吊起来，两个对角用硬竹杆撑开，在两根竹竿交叉点，用结实的绳子扎紧，再吊在一根很长的竹竿上，中间形成一个凹形，将其置入水中，过一段时间慢慢提出水面，在网中心的凹处就网住了一些鱼虾。这种“搬筝”捕到的鱼比较少，而且都是小鱼。

只要大雨一停，小河的水很快就退了。大水一般会带来一些损害，有的河堤冲垮了，需要修补，更多的是稻田的损害，有的禾苗倒伏了，有的禾苗间滞留了树枝和杂草，需要一兜兜扶起来，一兜兜清除干净，给农民增添不少的劳累。但春天下大雨农民还是高兴的。因为下大雨才能把一些靠天水才能插秧的田种下去，才能把旱土里的作物，如红薯、花生、玉米、高粱、大豆等种下去，雨水多的春天会减少农民很多浇水灌溉的劳力，也才能期望一个好的收成。

故乡夏天的风和水是清凉舒适的。当烈日高照，一切变得干热起来，故乡清凉的水永远留在了我的记忆中。我和小伙伴们常常钻进大山沟里，赤脚踩着湿润冰凉的细沙，寻找清凉的山泉。在一块大岩石旁，涌喷着一注小小的清泉。它冲成的水凹池里，冰凉的泉水清亮透底。我们小孩子会高兴得叫起来，我们赶快在流出水的小沟里洗净手，掬起水来喝。那种清凉甘美似乎让全身的每一个细胞都顿时愉快起来，直到今天我仍记忆犹新。我什么时候能重返家园

再喝大山沟里清凉的山泉？尤其是我现在住在城里，炎热的夏天来临，一切都闷热难解时，更有这种向往。

我永远不会忘记，炎热的夏天，我和小伙伴们在河里游泳，当游近河岸边，突然感到一股凉水袭来。原来在河岸边近水的乱石中，喷涌着一股清泉。我们爬在岩石上细听，那小洞里响着叮咚叮咚的声音。大人通常在泉水旁砌成一个水池子，池子里趴满了小虾、小螃蟹和小螺蛳，我们常把它们捉回煮着吃，远比田地里的鲜嫩甜美多了。也许是因为它们吃清凉的泉水长大的吧。最有趣、最让我忘不了的是用这种河边清凉泉水做凉粉。故乡的左边的园子的围墙上长满了藤蔓植物，凉粉籽藤是其中主要的一种。这种藤结的果就是凉粉籽。这种果实形状像无花果，但比无花果大多了。把果实摘下，剖开取下籽晒干，就用来做凉粉。我多次跟母亲和叔母们到河边的泉水旁做凉粉。通常是用一担水桶，里边装一些清凉的泉水，用一块白纱布包着凉粉籽，然后就在桶里的水中使劲揉凉粉籽，直到揉出很浓的白汁来，然后再往桶里加入清凉的泉水，加到一定的分量，就用毛巾把桶盖紧，并把水桶放入泉水中凉着。过一个小时左右，掀开毛巾，桶里就生成了晶莹透亮的、浅绿的凉粉，软软的，但有韧性，在水中荡漾。用竹片削成的刀把凉粉切成块块，用漏勺捞出置入碗内，放少量红糖，吃起来清凉、甜美、润滑，真是美味极了。前不久在长沙也看到卖凉粉的，出于好奇，买来一尝，与故乡的完全是两个样，不凉，不润滑，我还不知道这种不凉的凉粉是怎样造成的。它之所以这样，也许是因为没有我的故乡的那种冰凉的泉水吧。这样一对比，童年时代形成的故乡的水是清凉甜美的印象，在我的心中就更加难以忘记。所以，我任何时候都会说，只有故乡的水才是真正的美，真正的甜。

故乡的夏天的风也是清凉的、迷人的风。它给我带来了舒适和愉快。它的轻拂抚摸，把我的心儿引向很远，也带来了童年的金色的梦幻。我永远不会忘记，当热浪滚滚，阳光灼人，我们钻进了浓密的树林，一阵风儿吹来，感到无比的清凉，舒适，愉快。我们听着风吹着树林奏着的优美乐曲，谈论着采蘑菇，摘野果，捉蜻蜓，扑蝴蝶。我们躺在青草地上，争论着，比划着，在凉风的吹拂下，醉醺醺的，不一会儿，小眼皮就睁不开了，一个个先后进入了甜蜜的梦乡。

从睡梦中醒来，小伙伴们就争先恐后地讲自己梦见了什么。有的说他梦见

抓到一只大青蛙，又去抓一条大鱼，大青蛙就跑掉了，急得大哭起来。有的说，他在梦中坐在牛背上，来到一个美丽的大湖旁，湖边各处都是闪着红色的、蓝色的、紫色的、黄色的、绿色的光华的宝石，他捡了一大堆，装满了两只小口袋，正脱下衣服包宝石时就醒来了。有的说，他在梦中进了一个山洞，看见一只大狮子，狮子会讲话，对他说，我带你去一座果园，那儿有最大最甜的美果，一会儿狮子就变成了一个大汉子，带着他来到一座果园，到处是金黄色的果子，有桃子、梨子、李子、梅子、枇杷等，吃呀吃呀，怎么也吃不完。正当他去摘一串最黄最大的梅子时，脚下一滑跌了下去，吓醒了。我说我梦见了涨大水，坐在一只小船上，顺着河流飘呀飘，来到一个大地方。那儿有很多船，很多房屋，好多人在街上走来走去。有的打锣，有的擂鼓，有的肩上坐着一只小猴。有好多商店卖灯笼，鞭炮，画着花脸的门联，显着蓝色黄色光亮的糖珠子。我走呀走，突然来到一栋大尖房子前，我走进去，里边全是大黄狗，狂叫着对我扑来，我想跑，可怎么也跑不动，急醒了。还有的小伙伴也讲了他做的梦，有的说他没有做梦，睡得好香，好甜。

大家在讲述着自己的美梦，一边比划，一边争论，吹着树林里的凉风，每个人的小肚肚都有些饿了。有的说我们长大了也种好多好多果树，把甜果子吃个饱；有的说我以后一定钻进一个山洞，把好多宝石取回来，让爸妈高兴；我却说我长大了一定到很远的地方去看大街，逛大商店，买最甜最大的糖珠子，让大家吃个饱。这就是我们小小心灵中的幻想，随着时间的推移，它将来一定会慢慢地发芽，长大，一定会开花结果的。

故乡的秋天的风和水是凉爽的，温和的。我永远记得每当秋天早上起来，坐在大门的石墩上揉睡眼时，一阵秋风吹来，凉幽幽的，心里舒服极了。秋风吹着挂在大门两边一串串的红辣椒，一条条萝卜丝，发出沙沙的响声，好像树叶在摩擦，怪好听的。我还看到在凉爽的秋风里，一群群大雁、一只只白鹭从远方飞来，在大门前刚刚收割完的稻田里慢悠悠地寻找食物，偶尔有人从田边经过，它们就“扑”地飞起，落在高高的树梢，等人一走开，它们又回到了田里。我曾经多次问过长辈们：为什么白鹭每年秋季来，然后又飞到哪儿去了呢？大人们也讲不清，只是说，飞到很远的地方去了，每年都会回来一次。

秋天的阳光是美丽的，秋风的凉爽更增加了欢乐和愉快。在秋天里，有时我和父母一块在河边的沙地里挖红薯，父母挖，我帮着把红薯捡成一堆堆的，

并把红薯上的泥沙和小根去掉。种在河边沙地的红薯，只要雨水好，长得又大又嫩。父母看到红薯的丰收，脸上笑眯眯的，高兴极了。休息时，我拿红薯到河里洗，秋阳映照在碧绿的河水上泛着层层的粼光。秋天的河水清凉清凉的，我的脚和手都浸在河水中，几乎使我全身的每根神经都感到轻松愉快。我还记得秋阳中晒谷坪里的忙碌欢乐景象。秋天是收获的季节，也是人们欢乐的时刻。在暖暖的秋阳中，刮着阵阵秋风，天气晴好，几乎每户人家都在抓紧时间做自己该做的事。有的在晒鱼，把稻田里捞回的鲤鱼，一个个剖开，清理干净，挂起来晒干，然后涂上盐，再包一点酸菜，放在瓮子里，密封，过一段时间取出来吃，又香又嫩；有的在晒豆，把田埂上、土里割回来的黄豆晒干，用棒子擂开壳，筛选干净，以备做霉豆豉和过年做豆腐；有的在晒红薯干，用锅子把红薯焖熟，去掉皮，切成一条块一条块的，放在竹排子上晒干。这种红薯干又甜，又软，又韧，十分好吃。现在商店里买的红薯干不软，不韧，远没有童年时代我母亲做的红薯干好吃。有的晒红辣椒，有的晒豆角，整个晒谷坪好一派忙碌景象。你一言，他一语，有的夸自己的好收成，有的讲来年的打算，有的开玩笑，我们小孩子在追逐着，戏闹着，在秋阳秋风里，村里晒谷坪的上空飘荡着阵阵欢乐。

我还不能忘记的是秋天的早晨，踏着露水去捡油茶子的情景。故乡后面的大片树林中，有一片茶子树林，每当深秋，过了霜降，茶子树开满一朵朵白花，去年结的茶子也就成熟了，可以采摘了。我多次听母亲说：茶子树最苦，还没有放下崽（成熟脱果），又开始怀崽了（又开花了）。捡茶子要起得早。深秋的风啊凉爽爽的，阵阵地吹，深秋的露水啊冷幽幽的，沁人心脾。我们踩着湿润的、凉凉的落叶，发出沙沙的响声，小草上的露水打湿了我们的裤脚，我们一棵棵茶树地采摘。茶子树的白花绿叶上都盛着颗颗晶莹透亮的露珠，像一粒粒闪光的宝石，耀人眼睛。翻开绿叶白花去寻找茶子，清凉的露水顺着手背流，使人感到无比的舒适。摘完了树上的茶子，还要寻找掉到地上的。一棵大的茶树，它的枝叶可以伸展得很宽，我们钻进茶树底下寻找，清凉的露水顺着脖子流到了背上，凉幽幽的，头发湿了，脸上全是水滴。茶树上有时还长有茶苞。这种茶苞不是茶花，它像一个花蕾，但瓣叶厚厚的，紫红色，非常好吃，我们小孩子都以采到茶苞为最大的乐趣。采到茶苞后，就去找到一注泉水，洗净后，再吃。茶苞的脆嫩和甜美，世上难找，如果再喝几口泉水，那真

是美味极了。回想这一切，我任何时候都会记得，故乡的秋天的水，你真是美！

故乡的冬天的风和水也在我童年的记忆中留下了难忘的印象。冬天的风是猛烈冰冷的。有时我们在松树林里抓松毛，一阵狂风吹来，吹得人站不稳，把筐子吹得像滚球一样跑得远远的，抓到一堆的松毛又散得遍地皆是。我们虽有些抱怨，但当听到风在树梢发出的阵阵怒吼的涛声，把更多的松叶吹落到地上，我们又感到高兴。因为我们又能抓到更多的松毛了。冬天的风吹出了与夏天的风的不同的另一种乐曲，一方面引起我们高兴，另一方面又引起我们的疑问：两种不同的风是怎样在树梢弹出了不同的乐调？有时我跟母亲在土里摘菜，一阵北风吹来，冷得我们直打哆嗦。母亲提起菜篮，拉着我就往家里跑。那时我们家很穷，每个人过冬也就那么一条夹裤，一件薄薄的烂棉衣。实在冷得不行，就烤火箱。我记得北风夹着细雨敲打着门窗。那时没有玻璃，一股股冷风呼呼地涌进来，整个房子都是冰凉。父母赶快用蓑衣或斗笠紧贴在窗子上，用根长棍叉紧。可风掀起斗笠一开一合，像打拍子样有节奏地响着。我们就是睡到半夜，也常被北风吹跌的东西的巨大响声惊醒。但这种寒冷的北风也锻炼了我的体质，增强了耐寒能力，为后来我到长沙读书，耐住寒冷，打下了基础。

我不会忘记父母在冬天的寒风冷雨中的辛勤劳作。那时我们家为耕田养了牛。整个村子有十多头牛，是轮班值日放牛的。有一天，刮着寒冷的北风，下着冷冰冰的细雨，母亲赶着牛过了河在村庄对面的山上放牧。天阴沉沉的，风雨愈来愈大，尽管母亲戴着斗笠，披着蓑衣，还是一身湿透了，冷得一身直打战。我们送午饭给她吃，她嘴唇是乌黑的，手抖得拿不住筷子。直到傍晚才把牛赶回村庄。回到家中烤了好久的火，全身才暖和起来。我还记得父亲犁冬田的艰苦情景。那时种田比现在要辛劳得多。不仅春天要犁田，而且秋收后冬天要犁田。据说冬天犁了田有水浸着，第二年就会丰收。冬天出了太阳，田里水上的薄冰刚刚融化，父亲就赶着牛下田了。寒冷的水冰得皮肉麻木了，而且刺激骨头像刀割一样痛。父亲催着牛一步一步地犁着。我在田头观看，看见他隔不多久就停下来双手呵呵气，可能手指也冻麻木了，扶不住犁，拿不住牵牛绳了。直到中午他才解下牛，叫我牵到田头吃草，他的双脚走不动，在田埂上坐了好一阵，才慢慢回到家。故乡冬天的田里的水就是那么的冷。

但是我们村子后面大水渠里的水冬季是温暖的，冬天不结冰。它是从骑田岭的山泉水流来的。虽然流了较远的路程，但仍还比较温暖。也就由于这一点，它给故乡的人们带来了很大的实惠，减少了人们不少痛苦。那时人们只能在冷水中洗东西，结冰的水很容易把人的手冻裂，裂开的口子遇到刺激，就钻心的痛，那时又缺医少药，如果冻裂了，会给人们带来很多的痛苦。

冬天大门前稻田里通常都会结冰，我们小孩子可高兴极了，可以玩冰了。最喜欢玩的是在冰上打漂漂。寻找薄薄的石片或瓦片，把它漂出去，不刺破冰，顺着冰面滑行，看谁打的漂漂滑得最远，我们经常进行比赛。还有就是看谁从田中取的冰块大。要从水中取出一块大冰，是不容易的。先要用一根木棍小心敲出一大块破冰来，这就很难，因为冰块的裂开并不听从人的意志。要从水中取出一块大冰来也是不易的，因为冰很容易破碎，这就需要我们动不少脑筋。取出大块的冰通常会把它靠在大门前的墙上，以显示他的本领。我们看到冰、雪、雨、露、霜，就常常想：水还能变成一些什么？

下大雪也是我们小孩子最高兴的。那时我记得故乡几乎每年都会下大雪。我们最喜欢滑雪，用一根棍子撑着在晒谷坪里滑，或者到屋后的山上去滑，常常把屁股、手脚摔得全是痛的，但大家一点也不在乎，都玩得乐哈哈的。下大雪，村子里那棵古老的梅树就会开花了。这棵梅树在村子左边的园子里的大樟树旁，也就是在水渠的一座小桥旁。落雪后我们走那儿过，会闻到一股清香。抬头看，梅树枝头长出了无数的小花蕾，淡黄色，没过几天就开出朵朵的小白花，它预示着春天快来了。下大雪后如果刮北风就会结冰。结冰虽然冻得我们手脚骨头都是痛的，但我们小孩子却十分高兴，因为可以看冰玩冰了。首先是玩屋檐上掉着的冰。瓦行上慢慢融化的雪水，遇到冷风吹，就在屋檐上掉着一根根冰棍。我们用长棍子把它敲下来，用盆子接着，但这样冰棍多半会砸得粉碎。于是我们就到水车上去取。这种水车现在除了湘西少数偏僻山区可能还有外，其他的地方都没有了。这种水车是用来取河里的水灌溉田用的。用木材和藤条扎成一个大圆圈，在圆圈的边上，每隔一定的距离就扎一个竹筒子，扎这竹筒子的位置有一定的技术，到河里它要能把水舀上来，到上面能把水倒在水渠里。通常是在河里拦一道水坝，迫使水往河边低的地方流，推动水车转起来。水车倒水时溅起的水珠在下雪天北风吹拂下，就凝结成长短不齐的一根根冰柱，形成大小不一的一串串冰珠子。如果阳光一照，彩光四射，美丽极了，

就像大岩洞里的石钟乳，千奇百态，炫人眼目。我们小孩子通常会按大人的话做，从水车上搬下一根根冰棍，拿回家放在瓮里。据说用这种冰水淹浸的蒜头夏天最解暑。最好看的是大山沟里的冰柱子。我们村庄后面靠近胡家村的山，由于雨水的侵蚀，崩裂成奇形怪状，并形成一条大龙山沟，每到融雪时，如果又刮冷风，就会在乱石上挂着一根根冰柱子，壮观极了。我们小时候看到只是惊叹不已，现在想起来，确有一点像毛主席在诗中写的：“已是悬崖百丈冰，犹有花枝俏。”在挂冰柱子的时候，村子里的梅花也开了。毛主席写得确实好。我们有时也去搬这种冰柱子，但父母知道就会严厉地责怪，说这样做太危险了。他们担心泥土被冰雪冻松后塌下来，砸伤人。所以，我们多半站在山沟对面的岸上，看阳光下乱石上冰柱子的美丽壮观景象。

故乡的风啊，故乡的水，直到今天我还在时时把你们思念！

听《西游记》的故事

在我发蒙上学前，就听到过《西游记》的故事，这对我的一生有不小的影响。

第一次给我讲《西游记》的故事的是我二祖父。我的曾祖父有两个儿子，我祖父是老大，他没有上过什么学，一辈子种田；而二祖父却读了几年书，能看书写字。我曾祖父曾想让两个儿子都读书，把他们培养成才，但由于家境穷，不得不早早就叫我祖父跟他种田，养家糊口。只有二祖父读了几年书，但也未读出成效。在我的记忆里，以前他没有种田，而在县城里开了一家杂货店，后来还在米行充当别人卖米的仲裁人。躲日本鬼子时，曾被日本鬼子抓住，戴上手铐，后来从县城戴着手铐逃回来。大家帮忙把手铐砸开，但手已铐烂了。据四叔母说，他还好打字牌赌钱，把开店赚的钱全部输光，后来连杂货店也输掉了，才回村子里住的。在县城开店时，他也常回家乡住，就是在这时候，我听了他给我讲的《西游记》里的一些故事。

记得那是在夏天的晚上，吃完饭，洗完澡，大家坐在晒谷坪里纳凉。我搬一条长凳，躺在上面，看月亮慢慢爬上树梢，数满天眨巴着眼睛的繁星。二祖父躺在一张布躺椅上，吸着一根长烟管，烟斗闪着一明一暗的火光。他叫着我的名字，开玩笑地说，（我是“铎”字辈的长孙，那时就我是最大的男孩）如果给他桃子、梨子吃，就给我讲孙猴子大闹天宫的故事。我第一次听到这个名字，新奇得很，就问：“好听吗？”他笑着说：“好听得不得了。”旁边的人也怂恿我拿东西，叫他快讲。我望着母亲，她笑着未表示反对。我真的跑到屋里拿了仅有的两个梨子来，送给他。他却说：“我说着玩的，梨子你留着自己吃，听我讲故事吧。”

于是他就慢慢地讲开了。直到现在我还依稀地记得，他讲有一个花果山，有一个水帘洞，有一个猴子王，叫孙悟空，他拜师学了七十二变，到龙宫里取

了金箍棒，玉皇大帝派很多天兵天将抓他，孙悟空把他们打得大败，他把天宫闹得翻天覆地。我感到十分新奇，听得入了神。二祖父问我，好不好听？我说，好听。他说，那就以后再给你讲吧。后来他有空回到村子，又断断续续讲了好多次，我记得讲了孙悟空吃人参果，借芭蕉扇过火焰山，大战红孩儿，三打白骨精，等等。后来似乎还讲过薛仁贵征东，薛丁山征西等，但内容都记不太清了。这引起了我看这两本书的兴趣。

听《西游记》神话故事在我童年的心灵中产生了重大影响，有它积极的一面，也有它的消极因素。它唤起了我对勇敢英雄的爱慕，对妖魔鬼怪的仇视；它使我的心中萌发了一种对神秘力量的敬畏和恐惧，对无形的外在力量的害怕。这些最初的幼小的精神胚子，后来在我的思想中发展起来，逐渐形成一些模糊的观念。后来我还听说了武松打虎的故事，关公张飞的故事，还有后来母亲多次带我去求神拜佛还愿。所有这些故事和活动，使我头脑中这些观念进一步加强，使我逐步形成一些看法和思想，影响了我一生的性格和意志。

听了《西游记》等神话故事，从另一方面讲，也改变了我们儿童的一些生活内容，增加了儿童的一些幻想和乐趣。如，我在和小伙伴们的游戏中，就玩起了孙猴子打架，玩起了孙猴子抓妖魔鬼怪，玩起了英雄救贫民，玩起了我当小“猴王”命令别人干活等游戏。我当时也就想，什么时候我也学到七十二变那该多好，什么时候我也能上天看看，那该多好，我也能到深山老林里去找人参果，吃了也长生不老……这大概也是我入学之前的启蒙教育之一吧。

母亲带我去“过典”

我记得母亲带我参加过两次“过典”。什么叫“过典”？其实就是一个大宗族检阅本宗族男性力量的一种活动。它的做法是：本宗族的族长、族长老之类的人物商量决定在什么地点，什么时候召开一次本宗族所有男丁的大会。在会上由有声望的族长老之类的人物发表讲话，颂扬本宗族祖先的光辉业绩，表扬现在有贡献的出名人物，介绍宗族之内各个分族男丁增减的情况，然后，由管钱粮的负责人报告财务开支情况。那时每个大宗族都有“公田”、“公产”，有一笔很大的收入。这些钱粮用于下列项目：每年清明祭扫祖墓，几年一次的“修谱”费用，奖励光宗耀祖的人（在官场仕途考试或读书学业上有突出贡献的人），“过典”发放的男丁人头费。所以，每次“过典”都会发一张票，用它到族总部规定的地点去领一定的钱。母亲带我去“过典”，说穿了，也就是为了领这一张票，能得到这一点钱。

我记得第一次“过典”是在城西洞里的一个名叫蓝汀桥的地方举行的。村子里还有几个叔母也带着她们的小儿子，我母亲带着我，我们很早吃完饭就出发了。那时规定男人只代表本人自己，不能带小孩，所有的男孩，只能由母亲带着去。我现在还依稀记得，我们到达那里时，到处都挤满了人，锣鼓喧天，还有一种很长的喇叭，吹出刺耳的啦啦的怪音，几面长条幡旗在摇摆着。母亲带我想进集会的坪里去，但挤到那儿一看，人山人海，会场中间搭起的台上坐满了人，根本进不去。母亲和几个叔母就带着我们在会场外面的路边找地方坐下来。

什么时候开的会，谁讲话，讲了什么，我们全没听到。一方面人声嘈杂，另一方面路对面有一条较大的溪流，水声很响，吵得听不见。我只记得过去了很长时间，肚子都饿了，一些母亲在买煨红薯、油糍粑哄小孩子。就在这时，几个戴着红小帽、穿着长袍礼服的人出来，喊道：不要走动了，在路两旁排好

队，发领钱的“典票”啦。有几个人出来维持秩序，人们按顺序往前去领。领了的就从另一条门出去，不能再进来重领。男人和一些年岁较大的男孩领了“典票”就顺利地走了。有的母亲带的小孩还比较小就须查询问证。据说怕有的带女孩来混领。我记得我母亲带我很顺利就领到了，没问任何话，因为我已有四岁多了，一看就像个男孩。

我第二次参加“过典”是在靠近沿江乡的一个叫做曲子岭的山上举行的。母亲带着我很早就出发。先经过县城，再走一条很宽的沙石子路，母亲告诉我这是马路，是走汽车的。我问什么是汽车？她说，等来了你看就知道了。我心里就盼着，快来汽车吧，快来汽车吧。果然没过多久，听见远处响起了隆隆声，我往前看，只见一个长长的四方的大东西冒着黑烟滚过来，还“滴滴”地叫着喇叭。母亲忙拉我往路旁，说，快看，这就是汽车。等它到面前，我才看得更清楚，前面篷子里坐着两个人，一个人在转一个大圆盘，后面的箱子装着东西，用布盖着。在前面的篷子和后面的箱子中间的左边有一个长筒子，在冒着烟，据说那时的汽车还需要烧木炭，所以冒烟。车子走得不快，隔了好一阵，我往回看，还看见它在远处慢慢爬着。我真是高兴得不得了，因为我第一次看到了汽车！原来汽车就是这个样子。我记得回到家中跟小妹妹们讲起汽车，她们都惊奇地瞪着大眼睛望了我老半天。

我和母亲到达曲子岭时，那儿已有了很多人。这是一个大山坳，有一块很大的坪。一条弯曲的青石板路通到山上，满山遍野的树木，刮着阵阵山风，令人舒适凉爽。路两旁长着和我村子后面一样高大的松树，有人在靠近树蔸的地方把树皮剥了，挖去了一部分，上面在滴着金黄色的松油。挖了滴着松油的松树块，是用来晚上照明的。锣鼓声，喇叭声响着，整个山头热闹非凡。

过了好一阵，突然有人喊道：“来了，轿子来了！”大家齐往下看，只见几乘红轿子被人抬着慢慢地上山来了。有人说，族里的长老来了，典会就要开始了。我问母亲，他们为什么坐轿？轿子不是出嫁的新娘才坐的么？母亲回答说，族里的头头、长老年纪大了，爬不上山了，所以坐轿。她又说，只要有钱，有权势，什么时候都可以坐轿。我记起了母亲以前告诉我的，河边那种鸟叫的：“过江过河，水打秤砣，卖光田地，讨个寡婆”，那个族长不准寡妇出嫁，害得那个农民被淹死的故事，就想，族长有权势，害人，一定不是好人。

过了好一阵，轿子才从我们身边走过，我看到抬轿的人满头大汗，衣服湿

透了，急迫地喘着气，青石板路比较滑，轿夫们穿着草鞋好像还在打滑，走不稳。但轿夫还是咬紧牙关，拼命往上抬，颈脖上的青筋根根暴起，看上去，怪可怜的。我问母亲这些轿夫是哪里的。她说，到处都有，他们没有家，就靠抬轿为生，经常遭人欺负，很辛苦很可怜的。于是，我心中更加同情他们。

轿子在大坪上落定，从轿里出来几个戴礼帽、穿长袍的老头儿，有的好长的胡子，有的戴眼镜，还拄着拐杖。锣鼓声一阵热闹后，寂静下来，有人高声喊道：典会开始了，请族长老讲话。他讲什么，我没有听清。后来又有几个人叽里咕噜了一些什么我根本就听不懂。最后，那个人又高叫道，就有几个大汉带了几个男人和女人出来，这些人都低着头。另一个人又讲了一通，我问母亲，他讲什么？母亲说，那几户人家里的女人上次带了小女孩冒充男孩领了“典票”，假冒领了钱，犯了族里的大规，要严厉惩罚。我问母亲什么是惩罚呀。母亲说，要退还钱，要在族里祖先的神牌前打二十板屁股，还要在祖先的神坛前跪三天三夜悔罪。听说家门前还要挂一个什么牌。我又问母亲为什么女孩就不能领“典票”？母亲可能也说不清，就说，这是上面的规定，女的要嫁出去，不是男丁。过了一阵，那几个男女就被人牵着，胸前挂一块小白牌，从大家面前走了两回，说是“游街示众”，警示大家以后再也不要带小女孩来冒领“典票”。我看到他们都低垂着头，脸黑黑的，无精打采，怪可怜的。

回到家里，我想来想去，觉得“过典”没什么意思，后来可能再没有举行过，我也就再没有参加了。

最爱玩的游戏

我的童年时代是二十世纪的四十年代，根本没有现在的儿童玩具、儿童读物，更谈不上看电影电视。那时没有电，当然晚上点的也不是电灯。那时晚上的照明，比较有钱的人家点“洋油”灯，没钱人家就点松明。什么叫松明?就是从老松树的蔸部挖开一部分，里面的松树就滴着金黄色的松油，把那些浸透了松油的部分砍下来，劈成一小块一小块的，用来点火照明，这就叫松明。那时我们还点着一大堆松明到田里捉泥鳅，捉青蛙，到河里打鱼。还有的稍微好一点的中等人家，有的点豆油灯，有的点茶油灯。用一根灯芯或者棉条浸在油中，燃着一颗黄豆大的火星。那时社会的落后和物质条件的缺乏，极大地限制了儿童游戏的内容和范围。所以，我和小孩子们玩的是一些最普通的、乡村里的土游戏。

我最喜欢的游戏之一是捉迷藏。我永远不会忘记童年时代捉迷藏给我带来的开心和欢笑。

捉迷藏有很多种，我们常玩的有两种。一种是一个人用一块手帕蒙住眼睛，其他的人在其周围，逗他，惹他，引起他来捉别人。当他乱捉乱抓时，人们赶快躲开，他有时抓到树，抓住柱子，或者碰到墙壁，额头撞得砰砰响，大家就开怀大笑。有时有的人也躲不快，被他抓住，这样被抓住者就替换原来的，由这个被抓住者蒙住眼睛又来抓别人。这样轮流着玩，常常玩到大家都满意为止。另一种常用于夜间玩。一个人先蒙住眼睛，其他的人利用夜间的黑暗躲藏起来，有的躲在门角落里，躲在床下面，躲在墙壁后面，躲在桌子下面，等大家全躲藏后，蒙眼睛的人才睁开眼睛找大家。当他去找时，大家就偷偷地回到原来的地方，如果大家都回来了，他一个也没有抓着，第二轮还是他抓，如果抓住了谁，就轮着他来找了。这样轮流着玩，我们玩得十分开心。

我爱玩的第二种游戏是打三角。用一种比较硬的纸，折成一个三角形，两

面各做不同的标记，两三个人在一块玩，一个人把三角放在地上，另一个人就用三角去打，借助风把对方的三角掀起翻个面，如果谁打翻了，就算谁赢了。怎样计算这种赢？一般有三种方式，一种是谁赢了三角就给谁；一种是谁输了，就打谁的手心；还有一种是谁输了就罚谁栽倒立，靠着墙壁，两手撑在地上，脚向上竖起靠近墙，身体倒立起来。

第三种游戏是打弹子。那时有玻璃制的小圆球，我们叫做弹子。玩的方法是：在一块平地上挖几个隔一定距离的小洞，然后每个人就从一个小洞用大拇指把弹子弹出去，目标是瞄准另一个小洞，如果谁把弹子弹进了小洞，谁就是胜利者。没有弹进的，就得把弹子放在两个洞的中间，其他的人用弹子打这颗弹子，谁打中了，并把它推进了洞里，这一颗弹子就归谁所有。这种游戏对锻炼命中目标能力有一定作用。

爱玩的第四种游戏是吊石子。先选好五颗大小基本一样、比较光滑的石子，然后几个人就开始玩了。玩的方法是：把石子撒在地上（或一个平面上），先拿起一颗向上抛，抛的高度和距离要恰到好处，即手在地上抓起一颗石子后，又能准时把它接住。然后就抛第二、第三、第四次，同样把石子抓起，又把抛上的石子接住。第二次又把石子撒在地上，不过要讲究撒的技巧。因为这次抓石子是抓双的，要注意把两个两个撒在一块，如果撒宽了，就很难抓拢。同样向上抛石子，分两次把四颗石子抓起来。第三次又把石子撒在地上，同样要讲究技巧，要把三个撒得挨在一块儿，因为这次是要一次把三颗抓起。抓起三颗石子后，就向上抛一颗，抛两次，然后，再向上抛石子时，就把手中的三颗石子放下去，放得挨着地上的那一颗，以便最后一次抛石子时，能把四颗石子一次抓起。谁能顺利地把这一套动作全部做完，谁就是胜利者。

爱玩的第五种游戏是解线井，其玩法就如前面《过年》那一文里所写的。女孩子喜欢玩这种游戏，我们男孩子同样喜欢，因为它很能锻炼智力和技巧。

我最喜爱玩的第六种游戏是抓蟋蟀和斗蟋蟀。这几乎是当时所有男孩都喜欢的玩耍项目。蟋蟀这种小东西它在杂草丛中吱吱地叫个不停，就逗得人心里痒痒的，想去捉它。捉蟋蟀是一件既快乐又很难的事。它通常隐藏于古老树木根部的杂草丛中或断墙残垣阴暗潮湿的角落里。听到它的叫声，就要放轻脚步小心地靠近它，听准了它在什么位置，就用口吹气把它吹得跳出来。这种小东西跳得很快，要赶快合起手把它捉住。为了捉住它，我们是不顾一切了，不管

荆棘挂破了衣裤还是扎进了皮肉，还是瓦砾玻璃割裂了手脚，都得追上去，把它逮捕住。

捉住蟋蟀，我们快乐得不得了，而且谁捉住就是谁骄傲的本钱。捉住蟋蟀后，把它关在火柴盒里，或者关在杯子里，要看它就得用一块玻璃罩住。它跳走了在屋内很难再捉住。为了不让它饿死，还得悄悄地把饭粒塞进去，给它吃。

最好玩的是斗蟋蟀。所谓斗蟋蟀，就是让两个人的蟋蟀打架。每个人都希望自己的蟋蟀打败别人的，自己的是英雄。蟋蟀的头是扁平三角形的。蟋蟀打架就是互相用头部顶着，努力推对方，推得对方顶不住，逃跑了，胜利者就张着羽翼吱吱地叫着去追赶败者。自己的打赢了对方，会高兴得忘记吃饭，几天都兴奋得睡不着觉。斗蟋蟀是两个人，但旁边观看呐喊助威的却是一大帮人，败者通常不服气，声言过几天再重新斗过，一定会打胜的。

斗蟋蟀游戏给我带来了最大的欢乐，也给我添加了不少的麻烦和烦恼。挂破了衣裤，弄伤了手脚，没按时回家吃饭，都会遭到家中的质问和责难。更为麻烦的是，有时斗蟋蟀还会引发吵架，有的甚至打架，这就带来了更不好的后果。还有，到潮湿肮脏的地方去捉蟋蟀，还容易受到害虫的伤害。我姐姐告诉我，洗澡时发现我的手臂窝里有一个黑乌乌的、如蚕豆那样大的圆圆的东西，用力从我身上拔下来，原来是一只牛身上的吸血虫，爬到了我身上吸血，拔下来时伤口还在出血，不知它吸了我身上多少血。这就是捉蟋蟀时不小心，让它爬到身上的。还有，上面玩的打三角，打弹子，吊石子，都是在地上玩，很容易弄脏手。那时又不懂得要经常洗手，就用脏手拿东西吃，各种病菌吃到肚子里。我记得我拉蛔虫直到上中学吃了药才治好的。

后来，我读书才知道，不仅我们小孩子斗蟋蟀，大人也斗，除了斗蟋蟀，大人还斗鸡，有的还斗牛，这种游戏还多着呢。

八月桂花香

我永远不会忘记八月桂花飘香的那些芬芳甜蜜的日子。

故乡的后龙山中有很多桂花树，是一些古老的树，很大一棵，大约有六七棵。每棵的枝叶撒得宽宽的，特别是那厚实翠绿的叶子，更是逗人喜爱。每当农历八月时，桂花树要开花了，那是一些令人高兴、令人心醉的日子，特别是我们小孩子更是带着期待的心情等着桂花的开放。

桂花在花蕾绽开之前，就有芬芳迷人的香气溢出来。我们来到树林里，闻到一股股香味，就感到桂花要开放了，大家的心里充满喜悦，也在做出安排打算。

在美丽的秋阳的照射下，没过两天，桂花开放了。在绿叶丛中，一簇簇淡黄色、如谷粒般大小一朵的桂花从绿色的枝叶里闪露出来。桂花最迷人的是它的香气。后龙山七八棵树同时开花，花香笼罩了整个山林。这是一种天然美色的香，使人感到舒适、清新、甜蜜、满足。它没有夜来香那种强烈的刺激，也没有人造香水那种闷郁。现在有很多人盛赞桃花、梅花的美丽，建有不少桃园、梅园供人观赏，那当然是不错的。不过，我倒想建议建立巨大的桂花园，那肯定也是一种最美丽的景观。我和小伙伴们在桂花树下玩耍着，沐浴着金色的秋阳，饱吸着桂花的清香。当一阵秋风吹来，把香气扩散到村子上空，好像整个山村都在散发出香气。这是一种迷人的、令人醉心的美景。

我和小孩子们喜欢爬上桂花树，把一簇簇桂花折下。在桂花树上，看到的情景，闻到的香味是另一番景观。一簇簇桂花在阳光映射下，好像从绿叶中射出一线线金光，桂花似乎要和绿叶比赛，努力把自己涌现出来。从树上看，桂花似乎比绿叶要多。从树下看，似乎绿叶在包裹着花。但人的整个身子也犹置于一充满香气的气囊之中。香气从四面八方涌来，从脚下涌上来，从头顶灌下来，真是美味，快乐极了。我们在不同的树上叫喊，互相诉说折到了什么样的

桂花。我们采摘桂花，打算把它插在盛满水的瓶子或钵子里，放在房里，使整个房间都充满香气。

大人们采摘桂花又有他们的打算。他们主要用于三个方面。一是用来酿酒，把采下的桂花晒干，到酿酒时，搅拌到粮食中，让它去发酵。据说蒸出的酒有一种浓郁的芳香。后来读到毛主席写的诗“吴刚捧出桂花酒”，才知道用桂花酿的酒是一种珍贵的酒。二是用来做年糕。把晒干的桂花研成粉，和别的配料一起撒在待蒸的年糕上，蒸出来的年糕上面泛着淡黄色的光芒，真是色香味齐全。三是用来浸香水，把桂花置入瓶或罐中，倒入清净的泉水，再配以其他的药剂，密封，过一段时间取出，不仅很香，还有清凉解毒的作用，可用于擦蚊子叮咬和疮疖之类。那时我们国家的医药很落后，农村里就只能用这些土方法医治一些小毛病。

用于大人目的的桂花，其采摘的方法就不一样了。只能在桂花刚绽开的第一二天，就用棒子把桂花打下来，不能让它落在地上，要用大簸箕接住，然后选净碎枝叶，把干净的桂花晒干。在晒时千万不能淋雨，要不就会霉烂或香气大减。

后龙山的桂花开放飘香，在我童年的心里留下了永远抹不灭的印象。当我离开故乡赴外地求学时，我还多次梦见采摘桂花的欢乐情景。后来我又知道，除了八月丹桂飘香这种桂花外，还有一种每月开花一次的月月桂。我曾想象在故乡的后龙山再种上月月桂，那不是更加美丽？可是，这只是一种梦想。二十世纪五十年代的一场大炼钢铁运动，把后龙山的高大松树全部砍光，桂花树也不能逃此厄运，也是一棵不剩。从那以后，我再也听不到松涛美丽的喧响，再也闻不到桂花迷人的清香。

后来无论在公园，还是外地出差，只要看到桂花开放，我就会停下来，仔细观看，尽情吮吸它的香味，并情不自禁地回想起故乡桂花开放的美景，我和小伙伴在桂花树下的欢乐和我童年的金色的梦幻。我常常会站很久，很久，沉浸在对故乡的桂花的回忆之中。

父亲教我砍柴割草

我在很小时就跟着小孩子们一块砍柴割草了，不过，那只是和小伙伴们边玩耍，边干活，全是好玩似的。真正学会，是父亲严肃认真教育的结果。他的教育让我从小就学会了做一些简单的农活，养成热爱劳动的习惯，对我一生影响很大。

那时做饭菜、煮猪潲都是烧柴草，没有现在的煤炭（那时，煤炭已有，但未进入农村老百姓的家庭生活）、煤气之类的燃料。砍柴解决一家的燃料是每一农家的主要劳作之一，家中的主要男女通常要花不少的劳力砍柴寻找燃料。所以，农村的孩子，很小就会帮着大人干砍柴割草之类的农活。

我记得有一次父亲带我去砍杂树柴。砍这种杂树柴有两个难点，一是荆棘多，容易刺破手，二是柴松散，难以捆紧。父亲带我来到一大片荒野灌木丛中，就教我怎样砍这种杂树柴。他说，先要用刀将木柴掀开，露出木柴的根部。荆棘一般长在上面的枝节上，砍柴时手抓住木柴比较靠近根部的地方，就不会被荆棘刺破。砍柴时刀要平着砍，这样容易砍断，也注意了手的安全。砍了一部分后，要把柴一束一束搬开，便于以后捆柴。按照父亲教的，那一天我砍了较多的柴，手也没有刺破。以前和小伙伴们多次砍都刺破了手，流了不少的血，几天都好不了。

父亲又教我捆柴。他说，用绳子难捆紧，要用比较韧的杂树条子，最好的是一种叫桎木树条，用它可把柴捆得很紧，而且不易断。又说如果找不到桎木树条，用竹枝扭成一根条子也好捆。除了砍杂树柴，砍松树枝也是比较多的。要搬楼梯架在松树上，把松树枝一枝枝削下来，很少刺破手，但小毛虫和蚂蚁却不少，咬得身上起一个个疙瘩，痒痛难忍。最可怕的是野蜂，在松树或杂树丛中都有。如果砍柴不小心搅动了它，就“嗡”的一声从蜂窝里飞出来叮人，如果跑，它就顺风追，一大群蜂围着你叮咬，把你头、脸、手全叮得肿成一个

个大疙瘩，要痛好多天。父亲说，遇到这种情况，唯一的办法就是马上蹲在原地不动，并用手护住自己的头和脸。蜂找不到对象，人就可以逃避蜂叮咬。所以，看到哪里有蜂窝，就悄悄地靠近它，用火把把它烧掉。烧野蜂窝好看极了，发出噼噼啪啪的响声，一个个金黄色、硬邦邦的死蜂掉在地上，我们小孩子捡起死蜂用来玩。

父亲还教我割草。那时农民家每天都要割草，因为每家每户都养有猪牛，要用草垫猪牛栏屋，给牛吃。因此，通常要割两种草，一种用作垫，一种用来给牛吃。有一次父亲带我去割草，来到一块杂草丛生的荒地，野草中还杂有细小的树枝。他说，割草前要用刀把草丛掀动看看，一是看是否有蛇，二是看有没有石头，刀砍在石头上会缺口，就不好使了。他还教我，割草时刀要平着地面，手要把着草的上部，如果遇着小树枝，刀就要斜一点，才能把树枝削断。割下的草要一堆堆放整齐，特别头尾要分清楚，以便装筐带回。有一次他带我去割牛吃的草，来到一条很高的田畔旁。他说，给牛吃的草不能在野地里割，那种草中杂有小树枝，不能给牛吃。要割田畔上的草给牛吃。田畔上的草鲜嫩，也没有各种荆棘。他说，割田畔上的草人难以站稳，因此先要从下面割，先站在田里，从下往上割。父亲又告诉我，田畔上的草虽没小树枝，但可能杂有牛不能吃的野菜，也要注意将其挑出。按照父亲教的我开始割。但是，田畔上我站不稳，几次滑下来，裤子和衣袖全是泥水。他看见，就说，用刀在田畔上挖一个小坑，方便踩脚，身子要靠紧田畔，向前斜一点。我按他教的割，果然灵验，再没有跌下去，而且割得比较快，我心里非常高兴。

我还跟着父母一块学会了插红薯、种蔬菜、插田施肥等，其中给我印象最深的是两件事。一是给禾苗施肥。那时我们把给禾苗施肥叫树蔸。就是给每棵禾苗的根部施一把肥料。那时都是农家肥和草木灰。把铲的嫩草皮晒干，用柴火烧成灰，搅拌上人畜粪便，这就是树蔸的肥料。把草木灰肥料装在一个小灰斗船上，放在两行禾苗中间，人一边推着小灰斗船往前走，一边把人四周的禾苗根部树一把肥。我们小孩子都喜欢干这种活，大人一般不让小孩干，但我们小孩争着干。我有时不小心抓肥料时把手指刺破，好在那时不懂得什么叫感染，什么破伤风，要不然，可会吓得什么也不能干了。我有时树得不好，或者小灰船压倒了周围的禾苗，父亲就会教我，肥料要树到禾苗根部，不能太深也不能太浅，不然禾苗就吸不到肥，就长不快。又说，灰船要在禾苗行间推直，

这样就不会压到别的禾苗，压倒了就要把禾苗扶直。

还有一种是懂得了怎样埮田岸。那时稻田灌水比较困难，因此很重视稻田保水。但青蛙、螃蟹、水蛇常常在稻田岸边钻洞，使水流掉。我记得那时父母亲自己、有时也叫我们常去田里补漏洞。就是发现田岸边有漏水的洞，就用一块小石子或一团硬泥巴把它塞住，再用稀软的泥巴糊平。但这样并不解决问题，因此，要埮田岸。通常是在犁田后，做这项工作。犁田后，父亲叫我牵着牛在田埂上吃草，他就开始做。首先，他用锄头把田岸薄薄挖掉一层，这样就把青蛙等钻的漏水的洞都显露出来了。然后用锄头把一个个洞砸紧，使其不能再漏水。接着就用埮钯勾起软泥巴搭在田岸上，再用埮钯将其糊平，这就叫埮田岸。我看着父亲做很有趣，也试着干。他告诉我，哪一个脚在前，哪一个在后。又告诉我勾泥巴时要注意别让埮钯伤着脚，勾起的泥巴要用力糊上去，才能糊得紧。可惜我手的力气太小，勾不动一大钯泥巴，埮不好田岸，但我知道了种田要怎样埮田岸。有一段时间父亲不在家，请别人犁田后，是母亲做这种事。我看到她做得很吃力，我试着帮她。按照父亲讲的方法，我也慢慢地学会了埮田岸。

父亲教我干这些农活，使我从小就养成了劳动的习惯，懂得了劳动的艰辛，知道了劳动产品的来之不易，这对我后来的成长，以及我一辈子的生活都有很大的影响和深远的意义。

我是“小司令”

在“铎”字辈的男孩中，我是最大的，在我的后面还有一大帮比我小一两岁、小三四岁的男孩女孩。由于我年岁大一些，由于我母亲很早、很多次带我进城，也由于我外婆舅舅家在县城里，所以我常去城里，见识比其他的孩子多一些。所以，在玩游戏时，在劳动时，我出主意多，想办法快，能解决孩子们遇到的困难，大家都不约而同地听我的安排吩咐，实际上我就是这帮孩子们的“小司令”。尽管我在做一些事，如采蘑菇等能力比他们差，但大家还是听我的安排。

玩捉迷藏游戏，谁第一个蒙眼睛来捉别人，小孩子们争论不休，谁都不愿第一个蒙眼睛。在这时我就会讲出道理为什么他该第一个蒙眼睛来捉别人。我的理由是：或者是他昨天玩时被人捉住；或者是上次玩时他弄假耍赖；或者是按年岁这次该轮到他了。大家听我这样说，也说不出反对的理由，就只能照我讲的办，游戏就得以玩起来。玩的过程中出现的争吵，常常也是我来解围，我来当仲裁人。

在劳动时我也起着组织安排的作用。我们小孩子最喜欢采蘑菇，但并不是每个人都一定能采到。有时找错了地方，采不到或采的很少，回到家爸妈有的就会骂，没采到的孩子通常在林子里就会显得不高兴，有的甚至哭泣。看到这样的情况，我就会提出建议，大家帮他采一些。多数孩子都会和我一块去帮这个孩子采，把采到的全给他，然后大家一块高高兴兴地回家。有时还可能出现其他的意外，一般也是我先提出办法，大家赞同而得以解决。

我们孩子都喜欢一块去砍柴，大家在一起有说有笑，好开心。可砍柴的速度有快有慢，捆柴有会捆和不会捆。砍得快的，捆好柴就打算回家，未砍够的心里非常着急，老是用眼睛瞧大家，生怕大家都回去了，他一个人留在深山里害怕。这时我就会劝孩子们留下来帮他，等他。有的孩子说砍累了，不想帮他

了，我就会教他们玩打泥弹子棋。我在县城里看到人们在地上画一个棋盘，用几个小石子就下起棋来。他们有玩了，也就愿意等了。有的愿意帮砍柴，我和大家齐心协力很快就砍够，都给不够的小孩。有的小孩不会捆柴，主要是捆不牢实，我就会叫善于捆柴的帮助他。直到大家都砍够了柴，玩够了，就会用眼睛望着我，意思是说要我下“命令”，大家回家。我就问孩子们：玩够了吗？可以回家了吗？大家“呼”的一声站起来表示同意。于是，大家各自担着柴，唱着连自己也不懂是什么意思的怪调儿，嬉笑着，浩浩荡荡地回家。

记得有一次，我和一些孩子们在树林里采了野果吃，在大路上玩够了，正准备回家。可在跨过大山沟的石板桥上横躺着一条大花蛇，昂着头，眼睛射着绿光，嘴巴吐弄着红红的小舌，怪吓人的。有的被吓得叫了起来，赶快往后跑；有的在地上捡石子准备打。我立即制止，告诉大家，不能跑，不要叫，更不可用石子打。只能是眼睛看着蛇，慢慢地退开，等退到比较远的距离，见蛇没有动静，就赶快跑。为什么我叫大家这样做？因为我听年长的人讲过，蛇会闻风而追，如果在近距离跑，带动一股风，蛇就会顺风追来；如果大叫，它也会闻声而动，这样容易咬着人，非常危险。蛇躺在那儿，或盘在那儿未动，只要不去惹动它，它不会主动攻击人，如果触怒了它，它就会乱咬人。大家按我讲的做，慢慢地轻轻地离开蛇很远了，我就叫大家赶快跑。我和小伙伴们又回到大路，休息一会儿，叫大家别紧张害怕。然后，我带着大家沿大路再往西边走一段路，再过村子西边水渠上的一座小桥，绕着村庄的围墙安全回到了家里。

还有一次，是中秋节晚上偷野菜的事。当时我们那儿有一个习俗，就是中秋节晚上赏月后，孩子们偷别人的南瓜、豆角、茄子等一块煮着吃，就表示大家团圆，会全家幸福，身体健康。所以，在圆月高照的中秋节晚上，我们孩子们通常会聚集在一起，商讨去偷野菜的事。这时，大家就盯着问我：到哪儿去偷，偷谁家的。我把决定告诉孩子们后，大家就跟着我出发了。去偷别人的菜要十分小心，不能被别人发觉和抓住，否则就会遭骂或挨打。所以，不能走大路，要走偏僻的小道，不能叽叽喳喳讲话，要静悄悄，甚至不能发出声响让狗听到，如果狗叫起来，主人就会出来探望，就偷不成了。

我告诉大家偷一家姓高的家里的菜。因为这家的高大娘对我们小孩子特别的凶狠。一次我们在她的菜地里抓蝴蝶，她说我们损坏了她的菜，不分青红皂

白，抢走我们的小网就折断，撕坏；还有一次，正是黄瓜结果时，我们在她的菜地附近钓青蛙。她硬说我们偷了她的黄瓜吃，我们一再讲清，她就是不听，大骂我们，把我们轰走。事后还告诉各人的爸妈，责问我们。其实，听大人们讲，她自己倒是手脚不干净，常顺手捞带别人的菜。所以我们都不喜欢她，恨她。大家听我讲偷她家的菜，都一致同意。

我们在朦胧的月色下悄悄来到高大娘的菜地里。我用手一示意，孩子们就飞快散开，赶紧摘起来。有的摘南瓜，有的摘豆角，有的摘茄子，还有的摘辣椒……一会儿，就摘了不少了。突然，一人被南瓜藤绊倒，发出了“啊”的一声，狗立即叫起来。接着就听到高大娘扯着破嗓门大叫：“有人偷菜啦!”我立即叫小伙伴们拿起菜篮赶快跑。没跑几步我听到高大娘边骂边用棍子打得啪啪响地追来了。我马上叫四个小孩把菜篮子给其他的小孩，叫带菜的小孩快跑到月光照不到的阴暗的地方躲起来，不发出任何声响。我们五个人则故意慢慢地跑。

不一会，高大娘追上来，堵在前面拦住我们，一手叉在腰上，一手举着棍子，对着我们破口大骂：“你们这些该死的小强盗，偷我的菜还跑得掉吗?”

“谁偷了你的菜？你的菜在哪里?”我慢腾腾地理直气壮地反问。

高大娘一看我们的手里空空的，又四周瞧了瞧，确未看到任何东西，就软了三分。但她还是凶狠狠地问：“那你们来这儿干什么?”

“干什么？你看!”我用手一指，那边天空中一只孔明灯正在树梢上缓缓地下落，“我们在追孔明灯，把它捡回来。要走这儿过，来不得这里吗?”高大娘往那边天一望，无话可说，哼了哼就走了，但身后还传来一串谩骂声：“你们这些小强盗，总有一天要抓住你们的，打断你们的小腿……”

我们汇合在一起，把偷来的菜煮了一大锅，大家边吃边学高大娘的凶恶样，嬉闹着，好不开心。但是，那天晚上睡觉时我总在想：偷高大娘的菜也许是应该的，因为她对我们不好；但我说谎骗她可能就不对了。所以有几天，当小伙伴们与我讲起偷菜、煮菜吃的欢乐事时，我总是高兴不起来。

躲日本鬼子

躲日本鬼子的恐惧心理和痛苦的经历，直至几十年后的今天还深深地印在我的心中。

那时人们只要听说日本鬼子来了，害怕得要命。人们慌慌张张地藏东西。有的把粮食藏到山里的红薯窖里，有的把衣物藏到房间的夹壁墙里（那时农村很多人家的房间里砌两面墙，两墙之间留一定的空间，以便藏物品，遇有危急事件，就把墙拆下，把物品放在里面，然后又把墙砌好，用衣柜挡住砌的墙），有的把牛牵到大山沟里，有的甚至杀死全部鸡鸭用麻袋装好丢在牛栏屋里，用杂草盖住。为了杀鸡鸭，追得满坪满巷鸡飞狗跳，整个村庄一片慌乱。把东西藏好后，人们就匆忙地、没命地往高山上跑，往大山沟里钻，往偏僻的杂树丛中藏。

我们村庄的人们之所以这样恐惧害怕，是因为听到了很多可怕的消息。有的说日本鬼子在胡家村强奸了几个年轻妇女，并把不从的杀死了；有的说在腊树坪村，鬼子把全村的男人捆绑在树上，让走不动的老人和小孩看他们怎样把这些男人开腔破肚的。据说当场就把几个老人吓死了；还有的说，一次鬼子在王其湾村没抢掠到东西，发怒放火烧房屋，走不脱的老人小孩艰难地从火海中往外爬，鬼子开枪射击，堵住不让出来，很多老人和小孩被打死或被活活烧死。至于鬼子来到每个村庄抢东西、搬粮食、杀鸡鸭、宰猪牛、捕狗兔，那是经常的，每到一地都是这样做的。

自从曾祖父带我躲日本鬼子被鬼子抓了那次后，他再也不带我逃日本鬼子了。以后的几次就是父母或姑妈或叔母带我逃的。我记得有一次听说晚上鬼子大队人马下乡打掳，全村的人匆忙藏了物品，来不及吃晚饭，就背着小孩，搀扶着老人外逃。有的往后面的大山沟里躲，有的往后山的密林里藏，有的往骑田岭大山上逃。父母考虑到这次鬼子大队人马出来抢劫，也许一两天不会收

场，躲到附近也不方便，而且可能有危险，所以就决定往骑田岭大山上躲。一是鬼子上骑田岭大山抢劫的可能性小，安全性大一些；二是我细舅妈的娘家在那儿，他们全家已躲在那儿，我们有可能就到那儿去，就有了一个更好的落脚之地。

父母匆忙地藏了一些东西，就带着我们姐妹们出发了。母亲背着一个不到一岁的小妹妹，拉着一个不到三岁的妹妹，我和姐姐跟在母亲后面，父亲挑着一点日常生活用品走在最后，匆匆忙忙地往骑田岭山下赶去。

从茶山脚到骑田岭山脚下，大约有四五公里远，要经过石坝下、起山脚周家、下湾李家、寿福吴家、法塘彭家。我们茶山脚彭家就是从法塘搬过来的。一路上逃难的人络绎不绝。弯弯曲曲的道路上，偶尔有火光闪亮一下，还断断续续地听到低沉的话语。附近村子里的狗叫起来了。城西洞里各村庄的人们听说日本鬼子大队人马晚上要来打掳（日本鬼子白天打掳，人们躲起来，把东西也藏了，也难抓到年轻妇女，也抢不到东西，所以就改在晚上，搞突然袭击），估计会很凶猛，怕遭害，就都准备逃走。一个个村子都骚动起来了。一点一点的火光在黑夜中跳动，时高时低的呼喊声阵阵传来。狗叫得更凶了。各条小道上传来急促的脚步声，大道上的人群更加多起来。就在这时从县城方向传来两声凄冷的枪声，惊恐的呼叫，慌乱的奔跑，整个田野处在惊慌恐怖之中。

我们走得很慢，母亲背一个又拉一个小妹妹，我也还刚是五岁多，力气也不够，只得走一阵就停下来休息。路边有的老人在痛苦地呻吟，说是不小心在黑暗中把腿扭伤了，再也走不动，宁肯回到家中被鬼子杀死，也不愿再走了，急得全家人团团转。有的小孩“哇哇”地哭叫，饿得要吃东西，母亲从破袋里掏出一个小红薯让他吮吸着。走了两个钟头了，我也又干又饿，特别是口干得不行。我对母亲说，我想喝水。可是我们现在是走在城西洞里，周围全是稻田，哪儿有可喝的水？即使附近的村庄有井，黑夜里又哪能找得到？父亲对我说，这儿没有井，要喝就喝田里的水。我实在渴得不行，就点了点头。他就在田里找了个水比较深的地方，用手掬水给我喝。那水有泥土气，有点咸味，还有点腥臭，我一口喝下去，也没有感到什么。

走到快半夜，来到寿福的王家，我父亲的大姑母住在这儿（也就是我祖父的姐姐），我母亲累得不行，两个小妹妹也饿得在哭叫，父母决定在这儿歇

息一下。于是转到村子里去，敲开了大姑婆家的门。开门迎接我们的是两位表叔，父母说明了来意。他们非常理解，并说他们也在做准备，看情况也打算到大山里躲两天。但他们一定留我们在他这儿过夜，明早再上骑田岭。盛情难却，也适合我们的情况，我们就留下了。

第二天一大早我们就赶路经过法塘上骑田岭。我们是打算先到大山中的一个小山叫平头岭的大庙脚的地方，听父亲说那儿一个堂叔与我们茶山脚很亲，他们家还种着我们茶山脚的公田（这种公田是祖上留下来作扫墓、修谱用的），我父亲和一些叔叔曾来这儿挑过谷，所以常来往，常见面。

上骑田岭是一条弯曲的青石板路，路的两旁是古老的参天入云的松树。有好多松树的根部挖去了一大块，流着金黄色的松油。路树旁边是小松树和灌木丛，密不透风。山上的雾气很重，隔几丈远就看不清东西。姐姐比我大几岁，使劲往上爬。上山的路很陡，我吃力地跟着姐姐，母亲背着小妹妹，在后面叮嘱着，鼓励着，父亲一头挑着日用杂物，一头挑着大妹妹，喘着粗气，一步一步往上蹬。虽还不是深秋，但阵阵山风吹来，全身感到寒冷。山风吹来了轻微的话语声，在我们的上面和下面好像都有人在讲话。父亲说，上山逃日本鬼子的人愈来愈多了，我们要走快一点，不然路上会挤不开。

我们爬了好一阵，父亲叫坐下休息，吃一点早餐。母亲带了一些红薯和一些糠糍粑，寿福王家表叔还送了几个蕨根糍粑和几个煮熟的鸡蛋。就在我们坐在路旁青石板上吃东西时，一群群人接二连三地过去。有一路人，女人背上背一个小孩，手里拉一个，男的背一个大包，还扶着一位老母亲。还有一路人，前面爬着三个小孩，女人背上还背着一个，左手挽一个包，右手拄一根棍，男人挑着一担谷箩，里面盛着衣服等杂物，后面几个年轻女人，每两个扶一个老人，一个老头和一个老太婆吃力地迈着脚步。过了一会儿，又慢慢爬上来一群人，老远就听到小孩的哭声和母亲的责骂声：“你吵死呀！哪来的东西吃？到你舅舅家再说。”女人拉着两个小孩往上爬，男的背上背着个大包，手里还抱着一个。他们路过我们面前时，那个哭着的小孩盯着我和姐姐妹妹手里拿着的鸡蛋和糠糍粑，闪露出可怜的哀求的目光。母亲二话没说，赶快就从袋里拿起两个糠糍粑和两个小红薯塞在小男孩的手里，小孩可能饿极了，立即就往嘴里送。小孩的母亲赶快制止，但来不及了，只得边骂边向母亲讲感谢话。父母亲都说，大家都在逃难中，这一点不算什么，不用谢。

就在这时，山下边传来了一些男人的高声的谈话声。

“听说了吗，昨夜里鬼子在藤树下和罗家山掳了好多东西，还烧了屋呢。”

“听到了，还听人讲鬼子在兰汀桥吃了大亏。兰汀桥的一些不怕死的村民决心跟鬼子干一次。昨天夜里，天很黑，他们埋伏在桥边的树丛中，用鸟铳土炮跟鬼子干。当鬼子一上木桥，鸟铳和土炮一齐开火，放倒了好几个。鬼子跌到河里痛得哇啦哇啦叫。”

“听说了，等鬼子打开探照灯，村民们早跑光了。”一个二十多岁的小伙子说，“鬼子怕夜里再遭袭击，捞起河里的几个伤员，就退回去了。听说有两个死了。”

“鬼子肯定要报复，不知今天会怎样?”

这五个男人爬山路好快，没有背东西，不像逃难的，可能就是本山上的人。他们匆匆从我们面前走过，还讲那几个鬼子是罪有应得，鸟铳打的比子弹打的更麻烦。他们还说，兰汀桥的人都跑光了，怕鬼子报复洗村。他们从他们村后边的几条路都上骑田岭了。这些就是刚才在路上听他们讲的。

我们又翻过了两座小山，沿着一条大山沟弯弯曲曲走了好一阵，经过平头岭山庄，就到达了大庙脚。在我们到之前，茶山脚的另一个叔叔一家已先到了。堂叔与父亲的关系好像很亲密，他热情欢迎我们，很快把我们安顿好。送给我们两家吃的是红薯米饭和玉米棒子。我们家住在堂叔父房间的隔壁。这原是一间堆东西的杂屋，我们来了临时清理让我们住的。我们住房隔壁就是猪牛栏屋，从小小的窗子外传来猪的叫声和牛的粗鲁的呼气声。房里有一张用两条凳子架起的木床，在靠近墙壁的地上铺了一大片稻草，上面放了两张破竹席，这就是地铺。木床的对面还堆放着箩筐、粪箕、扮禾用的大桶等杂物，屋角的小破洞里还有蟋蟀在吱吱叫个不停。可能蚊子也嗅到了屋里有了人的生气，从猪牛栏屋里赶过来，在我们身边嗡嗡地转个不停。但由于太疲倦了，我们很快就睡着了，任凭蚊子去叮咬。

这是骑田岭半山中的一个小山庄，它在一条峡谷里，大概有几户人家。一条丈把宽的溪流从山边的树丛里奔流出来，溪水不深，到处露出一个个滚圆的鹅卵石，只有下大雨，山洪暴发，溪水才会满河岸。房子紧靠山脚，溪流的两边是一小块一小块的稻田，房屋对岸的山坡上还有一些很小一丘的梯田。在进村的路旁的左边的一块大坪中，有一栋四角飞翘着屋垛、两扇大门上都画着两

个很大的阴阳鱼、褐红色的墙壁一块块剥落的房子，这是一座庙，它的周围有几棵古树。这个村庄叫大庙脚，大概就因它而得名。村庄在骑田岭的半山腰，但总是云雾弥漫，空气中水汽很重，山风习习。不要说秋天，就是炎热的夏天，我想也是凉快的。

两天后，我父亲就下山回茶山脚去了，原因是对家中的情况不放心，再就是这儿的蔬菜不够吃，回去带些菜来。父亲第二天早上很快就返回来了，背来一大麻袋青菜，还带来消息说，日本鬼子到了茶山脚打掳，抢走了粮食、家禽等，没造成大的破坏。但风声还很紧，说日本鬼子还有大的行动，计划扫荡整个城西洞，特别可能要对兰汀桥村进行报复。抓到村民说大家都躲到山上去了，所以，鬼子可能上山搜索，因而躲在骑田岭半山腰就已不太安全了。又说，我的两个舅舅全家都躲到二舅妈的娘家——在骑田岭大山中的深山里，一个叫富家洞的山村。说那儿可能比较安全。于是，父母亲决定，我们也躲到那儿去。

第二天，我们一大早就出发了，爬了大半天山路，半下午时终于到达了目的地。这是几乎快到骑田岭山顶的一个山谷里的一个村庄。由于快到山顶，风大，树木很少了，到处长满齐人深的野草，人走在前边的路上是看不到人，只看见茫茫野草。只在山谷村庄的周边才有一些树木和竹子。躲在这种地方应该说是安全了，山高，路崎岖窄小，弯曲蜿蜒，日本鬼子要开着一队队人马来到这儿确实不容易。

舅妈家的人热忱地欢迎我们，很快就安顿下来。这个山庄叫富家洞，实际上穷得要命，用今天的话来说，可叫还没有开化。村庄大概有十多户人家，有两三户瑶族，是瑶汉杂居的地方。据说离这不远的另一山庄里，就全部居住着瑶胞了。村庄里有几间泥砖房，也是破破落落的，大部分都是用竹了编排扎连起来的房子。我们全家就被安排在一间竹子房里。房子的墙壁用竹子扎连起来，扎上野草，在野草上再糊上泥巴，房子里倒还很温暖。房子的屋顶不是用瓦盖，而是用很大的竹子对边破开，去掉竹节，当瓦用，让它流水。房子的梁柱也是用很长很大根的竹子扎成的，这种全部用竹子编扎成大间牢实的房屋，也可说是一种精巧的建筑技巧。

山庄周围的山坡上有一些旱土，几乎没有看到水田。村民们种的都是红薯芋头之类的杂粮，大米是他们用土特产从山下的农民那儿换来的。村民吃的几

乎都是红薯、芋头、包谷，还有蕨根、野白术根、野菜等，能在红薯饭中放一部分大米，那就相当不错了。蔬菜也很少，几乎天天是吃瘦长瘦长一个的白萝卜，鸡鸭肉等荤菜根本就没有。山下来了几家躲鬼子的，一下增加了不少的人，使山村突然热闹了起来。但问题也来了。一是吃的东西，二是用水困难。由于山村位于快近骑田岭山顶，因而没有大的泉水，全村的用水就靠一个小山洞里一股筷子般大的涌流的泉水，村民们常常挑着桶排队等接水。旱地里根本不能浇水，只能靠天下雨。

父亲把我们安顿好，过了一天，就下山去了。一是放心不下家里，二是要带吃的来。两天后他返回，挑来一些粮食和蔬菜，并说，鬼子这几天没来茶山脚打扰，听说日本鬼子在栗源堡吃了大亏。栗源堡是宜章县南边靠近广东省的一个乡。听说那边一些乡的村民历来就很齐心，历来乡民的家里就备有枪支弹药。这次鬼子也到那边去打抢，那儿的老百姓就和乡丁联合，又添买了更多的枪和炸药，与鬼子大干了一场。他们在栗源堡桥上埋了几包炸药，鬼子一上桥，就拉响了炸药，并开枪射击，桥炸断，炸死、打死了不少鬼子。鬼子也用猛烈的炮火还击，炮弹落到一些平民房上，炸死了不少老百姓。日本人忙于报复，就集中兵力扫荡栗源堡那边，可能就顾不上其他地方了。父亲放下东西又下山去了，还说，如果风声松一些，过几天就来接母亲和姐妹们回去。

几天后，父亲接母亲和姐妹们下山，而我却仍要留在这儿。父亲对我说，这是曾祖父说的，为了我的安全，要等形势完全好转，才接我下去。我不愿，母亲劝我，舅妈家的人也哄我，最后我还是留下了。

留在富家洞村庄，在我一生中留下了两件终生难忘的事。一是吃够吃遍了野菜：蕨根，野白术根，苦株菜，雷公丝，落地根等等。蕨根现在被认为是一种保健食品，很好吃，可在那时既没有糖，又没有油，吃下去就想吐，心窝里像猫爪在抓一样难受，其他的野菜就更不用说了。我和舅妈家的孩子们都是这样吃，大人就吃得更差了。在这种躲难时期，能有这样的吃，能有这样的安全，就算万幸了。所以，我们孩子们虽不懂事，但心里也还是明白，因而都顽强地挺着。二是由于这儿缺水，卫生条件相当差，长期不用抹布擦桌椅板凳，上面积的灰尘厚厚的一层，叫人不敢坐。村民很少洗澡洗衣。我在这儿剃了两次头，就染上了癞子头，使我在很长时期内痛苦不堪。癞子头是头上的一种皮肤传染病，在头上生起一个个红肿包，包内是一些很细小的白色颗粒分泌物，

奇痒，叫人抓个不停。特别剃头时，把这些红肿包剃破，露出白色分泌物，又痒又痛又不能抓，痛苦极了。当时医学观念十分落后，认为要杀死至痒的虫，就用一种火纸（当时一种很粗糙的纸），加上盐，一块烧成灰，研成细分，涂在一个个癞子上。当给我涂上时，痛得我哇哇大叫，满地乱滚，冷汗直冒。后来下山回到家里，年长的人们告诉我，用茶油涂在癞子上，润着它，慢慢就会好。我照着这样做，果然灵验。癞子没有那样痒了，也再没有扩散。后来不剃头了，改用剪刀理发，又坚持涂油，也没吃用任何药，经历了较长时间，大概到我上中学时也就慢慢好了。头上生癞子，剃了头，头上就一个个白疤，大家就编成顺口溜取笑我，常常弄得我一无是处。这种癞子头在我童年幼小的心灵上造成了巨大的伤害，常常使我处在不愉快之中，常常使我心灵上产生一种羞涩的低人一等的不愉悦的压抑。

当我写这段回忆时，正值我国各族人民纪念抗日战争和全世界各国人民纪念反法西斯胜利 60 周年之时，而在此前后一些时日，日本的一些领导人却不能正视历史事实，但无论他们怎样否定和狡辩，日本军国主义对中国人民犯下的滔天罪行，在我们这些亲身经历了日本侵略者给我们带来了痛苦和悲伤的心灵中，是不能抹去的。

父亲没有买到米回来

日本鬼子投降前后的时间里，我们经历了最困难的生活。日本鬼子抢走了我们的粮食，后来我母亲告诉我，我们家的一个谷仓被日本鬼子打烂了，两担谷基本上被抢走了，只是仓角落里还剩下一点点谷子。养的家畜也全没了，整个村庄各家各户生活都非常困难。那两三年由于日本鬼子时常骚扰，种粮食和各种作物都无法正常进行。鬼子快退那年，下乡打抢特别频繁，又恰在插秧时节，有的人家可能插下了一半左右的稻田，我们家一半都没有。秋收割下的谷子，交清地主的租谷还不够。交完后，就基本上没粮食了。那时，我们家种了一家姓曾的地主的五亩地，地租是对半开，一亩田割五百斤谷子，就要交地租二百五十斤。那一年躲日本鬼子，田间管理没下工夫，每亩田没割到两三百斤，地租是一点也不能少的，交完租后全家吃饭就没着落了。鬼子走后，我们家的生活仍然十分困难。

到了秋天，我们家开始每天还能吃一顿饭，不过饭上都蒸一半红薯。后来就三餐都是稀饭了，再过了一段时间连米和红薯的稀饭也吃不成了，就只能吃蓑衣饭了。什么叫蓑衣饭？就是煮一锅蔬菜，里面放一点点粮食，这样煮成的菜里有稀疏的几颗米粒或一点红薯，就叫蓑衣饭。又过了不多久，连煮蓑衣饭的粮食也没有了。记得有一天母亲叫父亲到县城街上买一点米回来，母亲告诉他，家里一颗米都没有了。父亲拿出了家中仅有的一点钱，提着一个袋子就出门了。

我们在家中等着父亲，中午母亲就煮了一些蔬菜给我和姐姐妹妹吃。那时又没有油，猪全给鬼子杀光了。没油的蔬菜吃得我们肚子更饿得慌。我们等呀等，直等到后半下午，太阳快下骑田岭山巅了，父亲才垂着头扫兴地提着一个空袋子回来。母亲问是怎么一回事，父亲讲述了他去县城买粮的经过。

县城里人们传说虽然鬼子走了，是否还回来尚说不准，因而时势风声还很

紧，粮行还不敢开市。很多店铺也没有开门，开门的几家店铺中卖粮的只有两家，买粮的人排成长队。由于卖粮的店铺少，买粮的人又多，老板每隔一段时间就提一次粮价。买粮的人们都叫起来，说老板心太黑。有的人就挤向前去找老板评理，人们都吼叫起来，秩序大乱了，老板怕出问题就说米已经卖完，要关门了。几个大汉冲出来，推开人们就把店铺门关紧了。父亲说他在那儿排了很久，只差几个人就买着了。可老板一关门，就只得和大伙又到另一店铺排队。这家店铺前排队的人就更多了，人们排了几行。一直卖到下午，店铺挂出牌子：米卖完了！大家看店里也确实没有米了，无可奈何地慢慢散去。街上又冷静下来，父亲只能提着空袋子回来。那天夜里我们全家又是吃清水煮蔬菜，不过母亲去借了一勺晒干的红薯丝放在了蔬菜汤里。

家里没有粮，城里有时能买到，有时不能买到，即使有时有卖，由于无钱也买不回。整个村庄的人们都在想办法，找什么东西吃，怎样活下去。我记得，在整个夏秋这段时期内，我们吃过这样一些东西：一是糠菜糍粑，这是吃得最多的。就是把谷壳磨碎，经过多次筛，得到很细的粉，然后就把糠粉与捣碎的蔬菜拌和在一起，捏成一个个蒸熟；第二种就是葛根糍粑，葛根是一种树根，把它挖出来，洗净，捣碎，放在手推石磨上磨成粉浆，然后凉干，再捏成一个个蒸熟；第三种是蕨根，同样是做成糍粑吃。第四种是吃野菜，如马齿苋、野金银花等。吃这些东西，大家都骨瘦如柴，不少人生病了。我吃了有时大便解不出，要用手从肛门里把像羊粪一样的硬邦邦的颗颗粪便抠出来，肛门都出血；有时就腹痛泻肚子，痛得我全身出冷汗，脸色发青。我们就这样一天一天熬着，有的老人熬不过，有两位老人先后去世了。到了晚秋，红薯和萝卜出来了，才结束了吃糠糍粑野菜的日子。

我的发蒙

大约是日本鬼子退走的第二年，父母亲决定送我上学了。那时乡村还很少有学校，有教书的也只是私塾，再加上茶山脚离县城不远，城里才有新式学校，父母叫我到县城里去发蒙读书。那时我舅妈家已在县城南关街曾家湾典租了房屋，已从排头水乡下搬到城里住，父母安排我读书时就寄住在舅妈家。

我发蒙读书不是在县城的两所小学（那时县城已有两所小学），而是在一所私人办的小学，地点就在离舅妈家不远的南关街的李家祠堂（即原宜章一个旧军官曾子远的住宅的对面，其屋后来改为原城南乡政府、城南人民公社的办公地点）。为什么到这儿发蒙？可能办学的那个人与我二舅父有点什么关系。与我一同发蒙的还有我的一个表弟（我大舅妈的二儿子），他比我小一点。

很早家里人就带我们来到了李家祠堂。那是一个很大很气派的祠堂，大楼的正面挂着很多举人、进士、榜眼、探花的大红匾牌，显示出李家宗族的兴旺发达，为官为吏众多。后来我想，舅妈家选择这样的地方让我们发蒙，是不是寄托着他们的一种理想和期待？祠堂里很宽大，几根大红柱子支撑起整个大厅，每根柱子上都有又长又大的对联。大厅靠里边，挂着很多四方形一块一块的帷幔，里边壁上的大框中，排着宗族的各种牌位。大厅右边靠近进门边，摆放有二三十张旧课桌，课桌的前边摆着一张长条桌，桌上放着长条尺、短条尺、马鞭（就是竹子爬延在泥土里的那种长根做成的）。据说两种条尺是用来惩罚学生犯规时的，长条尺用来打屁股，短条尺用来打手心，马鞭则有两用，一是学生犯大错时用来抽打脚腿，二是老师上课用来指点黑板。我记得不知犯了什么错，我就被老师打过手心。桌子后面放着一张靠背椅，这是老师讲课的地方。老师讲桌的左后面挂着一个老头儿的像，后来我才知道这就是孔子像。

照理讲应是按新式样办学了，但我依稀记得，我的发蒙是按半新半旧的方

式进行的。首先，我们二十多个发蒙的孩子跟着老师拜了孔夫子。好像老师长着嗓子喊一句什么话，我们都跪下去，两眼直直地望着孔子像下桌子上燃着的大蜡烛的明亮火光，闻着浓浓的香火味。接着老师像和尚念经那样念了一段什么话。然后，老师就高喊“磕头”，我们所有孩子们就咚咚咚地磕了三个响头。然后，老师喊“礼毕”，大家站起来回到自己的座位。站在门外观看的家长们这时才嘘了口气，叽叽喳喳地轻声议论什么。

接着是发课本，发的是新式的语文、算术，不是旧式的《四书》《五经》。发蒙开始拜孔子像，这是典型的旧式私塾开蒙仪式；教材用语文、算术，这是新式学堂的根本象征。所以，我的发蒙是新旧两种方式的混合。

然后，就是老师上课。我记得上语文课的第一课的内容是：“来，来，来，来上学，去，去，去，去游戏。”其余的是什么，都不记得了。从语文课的第一课开始我就感到不难，因为在我上学发蒙前，曾祖父教我读对联，如“来”，“去”，“上”这些字我就认得了，虽然只比别的小孩多认识一些字，但这对我意义特别重大，一是它使我感到学习轻松，为我今后学习主动，走在前面奠定了基础；二是它帮助我树立了学好的信心，为以后努力克服学习中的困难准备了最初的心理基础。

但是，李家祠堂这种半新半旧的发蒙给我留下的最大的遗憾是：初始的写字书法练习太少。我记不清，我是否描过红，摹过帖，练过多少大字，小字。反正在我朦胧的记忆中，我发蒙读书练字是太少。我的曾祖父教我认字、读对联，但他老人家没有教我书法写字；我的祖父和父亲都只认识很少的字，当然谈不上教我写字了。私塾是很重视书法练字的，但这所半新半旧的学校却没有重视，不能说不是一个遗憾。所以，从小我的字就写得不好，等到读中学时，感到写好字的重要时，已为时太晚，一是没有时间让你再练了，二是小时养成的写字坏习惯已难以纠正。所以，我这一辈子，毛笔字不敢动笔，钢笔字也写得不太像样。中国的私塾教学是特别强调书法写字的，使孩子从小就养成重视写字的好习惯，这点是很值得推荐的。

在李家祠堂读书大概只有一年，父母就将我转到城关小学了。那时宜章县城有两所小学，一所位于菜场旁（即红军湘南暴动的旧址，前几年小学搬走了，改成了湘南暴动纪念馆），似乎只有高小；另一所就在县城东门口外（即现在的二完小所在地），记得当时只有初小，我就转学到这儿继续读初小。

抓壮丁

年长的人们告诉我，在旧社会经常有抓壮丁的恐怖、悲惨的事件发生。大约在日本鬼子退走后不久，我就亲眼目睹了几次。有两次给我留下了终生难忘的记忆。

在躲日本鬼子前后，我父亲这一辈的叔叔伯伯们，都是二十多岁年纪，是当兵的好时机。那时的国民党政府腐败，人们都不愿意去当兵，而国民党又不断地发动打仗，兵源奇缺，就只能靠抓一些年青的男子汉去充当炮灰，这就是抓壮丁。那时，国民党政府在乡村实行的统治机构是乡、保、甲三级。抓壮丁通常是由保长带着乡长和乡丁来抓，有时还加上县里的士兵。虽然政府表面上也公布说，一家是独丁的不抓，但实际上还是无权无钱的农村老百姓倒霉，是独丁的照样抓。一是有钱的可以出钱买壮丁，交了钱给当官的，就可以不抓了；二是有的人躲壮丁，逃到很远的地方藏起来，就抓不着了。而上面规定的抓的人数必须完成，这样，那些贫苦的老百姓就遭殃了。

记得是秋天的一个下午，天灰蒙蒙的，我母亲和六叔母几个叔母在屋前的晒谷坪里擂豆子，晒萝卜。突然狗叫了，戴着礼帽的保长，边用拐杖赶狗，边急急闯进来就问：“文山古家住哪里?”听到保长的急问，我母亲和几个叔母立即意识到：抓壮丁的来了。文山古是六叔的弟弟，正名叫振文，小名叫文山古。保长先朝我母亲问，我母亲慢慢地答：“住是住这里，可他不在家。”听到我母亲的回答，保长歪着脑袋吼道：“什么？不在家?”六叔母故意拉着长音高声喊道：“文——山——古——不——在——家——!”六叔母是有意给他弟弟报信。

话音一停，屋里的过道上就响起急促奔跑的脚步声。保长高叫：“人要跑了，快追!”几个手握步枪的乡丁像野狗扑食一样窜进来，分两路朝大厅屋和过道屋奔去。由于追得太快，过道屋的桌凳被打翻了，鸡扑着翅膀尖叫乱窜，

几条狗奔来奔去狂叫。又传来喊叫："朝后龙山跑了，快追！"就在这时，乡长走进来了，后面跟着两个人，手里拿着两捆绳子。

"壮丁跑了？"乡长朝着保长恶狠狠地问。"乡丁追去了！"保长不安地答道。

我们村庄的后龙山长有很多高大的松树，还有很多杂树，如枇杷树、桂花树、梨树、樟树等等，更多的是灌木丛。后龙山周围的园界是由蔓藤植物和一些矮小的杂树交织在一起的，织成一道厚厚的、密不透风的围墙。人钻进里面，就是来到面前，如不十分细心，也是发现不了的。园界的外面是一大片松树林，也有一大丛一大丛的灌木林，一直通到大山沟边。大山沟那时很深，没有被淤泥填满。山沟的两边壁上布满灌木林，从上面看不见沟底，太阳也照不进。那时，天气炎热，我们就钻进大山沟纳凉，找清凉的泉水喝，玩。躲日本鬼子时，我们村不少人也曾藏在这大山沟里。我记得有一次，父母亲带着全家躲在大山沟里，日寇强盗正满山遍野地搜索，那时我二妹刚出生不久，不知什么原因突然哭叫起来，吓得父母赶快用衣服蒙紧她的嘴，过了好一阵，直到不哭了才松开。我父母正痛心捂死我二妹了，但上天保佑，她没有捂死，过了一会儿，又睁开眼睛在动了，父母高兴得流出了眼泪。这大山沟通得很远，一直通到胡家村背后的高山里。在这儿，山崩裂成很多块，分裂成几条山沟，人逃到这儿藏着，就更难找着了。听到乡丁喊叫，文山古往后龙山跑了，就知道他们这次很难抓到他了。

过了好一阵，后面山上响起枪声，晒谷坪里的人们心中一阵惊颤。文山古被打死了？被打伤了？大家在担心着。保长、乡长也是满脸阴沉，并不高兴。打死了人，抓不到壮丁，这会引出一些麻烦；打伤了，抓一个带伤的壮丁回去，交不了差，也并不乐观。所以，他们俩在晒谷坪里走来蹿去，像两条焦急的狗在奔跑着。村子里的人几乎都聚集在坪上，有的还在干活，有的静静地站着等着。

又过了好大一阵，几个乡丁分别从不同的方向回来了：有两个从过道屋出来，另外两个从右边围墙边道上回来，还有两个从左边围墙边道上跑来，气喘喘的，满头满脸是汗，报告说，追到后龙山还看到一点人影，出了园界进入松树林，就失去了踪影。放了两枪也没起作用，搜遍了树林的每个角落和灌木丛，都没看到人。乡长听了连连大骂"饭桶"，气得在坪里蹦来跳去。保长在

一旁恭敬地站着，做声不得。突然，乡长像有了什么主意似的，停下来对村民问："谁是文山古的婆娘？"没人做声。乡长高声问了三次，才有一个脚有点跛的年轻女人慢慢地说："什么事啰？"

"你是文山古的婆娘？"

"是。"

"你告诉文山古，"乡长提高喉咙，威严地喊道："逃避当兵，是犯国法的大事，是要坐牢，甚至杀头的。你知不知道？"

没有回答。乡长转过身来又煞有介事地对村民教训一番，说什么通风报信也是犯法的；有两个以上男丁的家派一个壮丁是国家规定的，是应该的等等。然后就对保长说："弟兄们来这儿的草鞋钱是要给的吧？"保长立即把我们这片村的甲长叫来，说要给乡丁发草鞋钱。甲长无法，只得把从村民派来的仅有的一点钱拿给保长，保长立即送到乡长面前，乡长盯了一眼，不接。保长立即奔到甲长面前吼道："你又不是冒长眼睛，是谁来了你不知道？这点也拿得出手？快去想办法加一点。"甲长无法，立即叫了我几个祖父辈的老人商量，大家又凑了一些钱，送到保长手里。保长小心翼翼地在乡长耳边说："这一片的几个村，就数茶山脚穷得要命，是不够意思，但无法，请您老叫弟兄们笑纳了吧。"乡长才接了钱装进口袋里，才慢慢地、不高兴地叫了保长、乡丁离去。

文山古叔叔在大山沟里藏到夜边，不敢回家，翻山越岭到一亲戚家躲了两三天，打听家中无事了才在一天晚上偷偷回来。因为家中有些事需要男人才能做好，再则他刚结婚不久。但他还是十分小心，在家中住一两晚，白天不外出露面，晚上又悄悄到亲戚家轮流躲住。这样持续了一月多，家中都无事。

有一天傍晚，正是农民家吃晚饭时，村前村后的狗突然狂叫起来，立即就听到乡长撕开喉咙大叫："快封门！抓人！"一些乡丁和士兵把村子前后进出的门全堵住了，一些人冲进去抓人。只听得六叔住那边的过道里一片追打和喊叫。

过了一会儿，晒谷坪里闹起来了，人们都没有吃饭了，聚集在坪里。我在暗淡的灯光下看到，乡长和保长在指点什么。文山古叔叔被绳索捆绑着，被两个乡丁押着，额头上流着血，他新婚的妻子在地上哭泣跪拜，六叔在跟保长争吵，我父亲和一些叔叔们围拢过去。乡长立即跳到前面高叫："散开！把枪端起来，谁阻拦派壮丁就打死谁。我们走。"乡丁用枪排开众人，乡长走在前

面，两个乡丁押着文山古叔叔跟在其后，保长和几个乡丁、士兵断后。这样，文山古就被抓走了。这次，乡长来抓人为什么算得这样准？后来才知道，原来保长放了暗线，有人给保长，乡长送了信。文山古被抓走后，不久，他妻也改嫁了，这个家也就没有了。

但是，一个人的命运确实很难预料。在很多次的纷飞炮火中，文山古没有被打死，他随着国民党的部队退到了台湾。我们国家改革开放后，海峡两岸关系缓和，台湾民众返乡探亲。他写信到茶山脚老家联系，很快就联系上。在20世纪80年代，他终于回到了茶山脚故乡。这是一个爆炸式的新闻，很快就传遍了宜章县的每个角落，他改嫁了的妻子马上来找到了他，这对离散了近半个世纪的老人又相见了，真是悲伤无限，感慨万千。接着两三年，文山古年年都回大陆探亲，给亲戚带回金银首饰和一些衣物，大家热情地欢迎他。他也积极办理回大陆定居的手续。由于我们党的正确政策，很快就办好了。他在20世纪90年代初始，就回到了宜章定居，他的结发妻子也来到了他的身边，与他住在一起。他走访了亲朋好友，看望了我母亲，因为他叫我母亲为大嫂。他向亲友们讲述了抓壮丁后的痛苦经历。在那些残酷的战争中，他多次从死尸堆里爬出来，在一定要活下去的坚定信念支撑下，拖着负伤的躯体，滚爬回到了自己的部队，最终去了台湾。他说台湾当局对待他们这些老兵，待遇比较高。在台湾他没有再次成亲，因为他想家，他想老了要落叶归根，要回到自己的故乡，要找到自己的“根”。如果再次结婚，他作为一名士兵，只能娶台湾的女子，在那儿生儿育女，有了一个家就很难回来了。机会终于来了，改革开放政策让台湾民众返乡探亲。他说，听到这个消息，有多少大陆去的台湾民众，兴奋得几天几夜睡不着觉，高兴得一提起这件事就泪流满面，对着苍天祈祷返乡路程一帆风顺。现在他终于回来了，与兄弟姐妹亲朋好友生活在一起，他是多么高兴激动啊！他的凄凉的心在暮年的冬天，才获得了亲情太阳的温暖。我母亲多次与我讲起他。我从外地回去，只见过他一次，我叫了他叔叔，他很高兴，由于时间匆忙，我们没有更多的交谈。

抓壮丁给我们家也带来了痛苦和灾难。自从文山古抓走不久，就传出消息，我们家也要派一个壮丁。我祖父生有三个儿子，我父亲老大，还有二叔和三叔。开始传说抓我父亲，吓得他赶快就外逃了；后来又打算抓我二叔，他也连夜逃走了。我三叔的岳父家可能有点什么权力，就没听说要抓他。我二叔无

地可去，后来听说在他岳母娘家整整躲藏了一年。我父亲先在几个亲戚家躲了一段时间，感到不行，就逃到衡阳去了。那时我大舅和几个朋友在衡阳开了一卖盐的店铺，我父亲就找到那儿去。由于没有本钱，合伙卖盐不行。我大舅与几个伙计商量，让我父亲在那儿给他们当厨工，做饭菜。父亲不在家，母亲的劳累和负担就十分重了。她要带着我们几个小孩，还要管理种的几亩稻田，还要种蔬菜，还要种旱地作物，母亲的一双手从早忙到晚，没有一刻停息。我们姐弟妹们也尽可能帮助母亲做一些事。父亲通常是临近年三十晚上，才偷偷赶回来过年，一出年，又悄悄回衡阳去了。由于抓壮丁，在好几年里，我们家就过着这样提心吊胆的生活。

我大姑妈的大儿子被抓壮丁走了，大姑爹又过世得早，全家处在悲伤、思念、艰难困苦之中。我大姑妈艰苦奋斗，劳累奔波，靠一双手把几个儿女拉扯大，特别是她靠卖柴卖菜，把小儿子（我表弟）送上了读大学，得以让他成为国家有用之才，受到了人们的高度赞誉。但她老人家在年近九旬时，还在思念她被抓壮丁走了的大儿子。在她去世的前几年，我从外地回故乡，常在过年时和二叔三叔去看她。她盼望奇迹出现，希望有那么一天，她大儿子从远方回来，她再看看他，就死也瞑目了。可是奇迹没有出现，她老人家带着终生的遗憾离开了人世。改革开放，台湾很多人回来探亲，她的小儿子多方打听他被抓走的大哥的下落，但没有任何信息，多半是在战争中死去了。这就是抓壮丁给她家带来的永远抹不掉的悲伤。抓壮丁带来的悲伤和痛苦，在我们的家族中就有这么多件，在整个旧中国又何止是千千万万？

好一棵老樟树

我永远不会忘记故乡的那棵古老的、带有传奇色彩的、具有象征意义的大樟树。

在村庄的左边园子的最外边，生长着一棵大樟树。离樟树约十米远就是大水渠，在水渠的旁边长着一棵古老的腊梅。在腊梅旁有一座小石板桥，跨过它，是通往县城的小道。村庄左边园子的围墙，把大樟树圈在里面。在大樟树旁边，围墙外面有一栋房子，房子前有一块坪，房子背后和坪的四周都是稻田。

这棵樟树很大，很高。我们六七个小孩子拉起手来还不能把它树干围住。它暴露在外面的树根又长又大。有的树根延伸到水渠边；有的则穿越围墙，伸展到房子周围，在路上形成一道一道的坎，就像鸡脚爪伸开一样。当然，它长在地下的根要负这样重大的躯体，有多大多深可想而知。樟树似乎要与后龙山的松树比高低，尽力往上长，高过了村庄的房屋，高过了后龙山所有的桂花树、枇杷树、梨树、梅树等杂树。所以，从远处看茶山脚这个村庄，就是看到后龙山的高大的松树和像一把大凉伞似的古老的樟树。它枝繁叶茂，向空中伸展开宽广的躯体，笼罩着几十平方米的阴凉地面，那栋房子也在它的遮蔽之下。

特别在夏天，我们都喜欢在老樟树的阴凉下玩。别处没有风，而这儿有；别处热得透不过气，而这儿舒适凉快。特别令人喜欢的是樟树叶散发出一种奇异的香味，这种香味不同于一般樟树的香味，它醇和清凉。老人们常说，如果有点什么头疼脑热的，多闻闻这棵樟树的香味自然就好了。我们小孩子特别喜欢到大樟树的阴凉下来玩，因为它常常掉下一种大毛虫。这种大毛虫是淡绿色的，很大，爬脚也粗，用小棍子戳它这端，则那端动；戳它那端，则这端动；戳中间，则两头动，我们小孩子最喜欢玩这种游戏。年长的人告诉我们，大毛

虫肚里有一种丝，如果把它抽出来，放在醋里浸泡，丝就会变得很牢实，可以用这种丝线来钓鱼。我和其他的孩子们做过，但都失败了。当时就想，等长大了，一定把它做成功，就用它钓很多很多的鱼。

这棵大樟树什么时候种的谁也说不清。据我曾祖父说，我们茶山脚这一族从法塘彭家搬来买这栋房子时，这栋房子已有近一百年的历史，而从曾祖父到我们又已是四代（如果算到我的儿孙，就是六七代了），也有百多年的岁月了。所以，这棵大樟树就算从建这栋房子时种植的，时至今天，已有两百多年的历史是不会错的。

老一辈的人们都说这棵古老的大樟树是有灵气的。一是说它是这样的大，是这样的枝繁叶茂，感到有些不可理解，因而对它充满神秘感。因为在茶山脚通往县城的路上，有两个地方也有这样的樟树。一棵在白子桥往茶山脚方向走过来一百多米远的地方的河边上。由于它的庞大的根系固定了周围的泥土，形成了一块很大的草坪。我们村庄放排牛时，就在这儿接送自家的牛。后来它被砍倒了，草坪不久就被河水冲掉了，现在的年轻人是不知道这块草坪和这棵樟树了。但它没有我们村庄的老樟树那样大。还有就是蒋家湾背后的，虽然有很多棵，形成一块宽大的阴凉地，来往县城的人都在这儿歇息乘凉，但也没有一棵有我们村庄的老樟树大。因此，村子里年长的人们都认为一定有什么神灵在护佑着它，才让它长得这样高大。

二是说老樟树经受巨大的灾害不但未死，反而长得更茂盛挺拔。从老一辈的人那儿知道，有一年持续干旱，几个月未下雨，很多树木枯死了，然而老樟树好像无所谓，仍然青翠茂盛；还有一年发生大火灾，后龙山的杂树和灌木丛都烧光了，老樟树靠近后龙山的这边的树叶烤焦了，但仍无碍，没过多久又换上了新装，长出了绿绿的叶子。至于虫灾，别的树被吃得光秃秃的，而老樟树的叶子虫是不敢吃的，因为这种树叶可能还有杀虫的作用。它自身树上生的大毛虫也不能奈何它。

三是在老樟树的护佑下，它的根部的草地上长满了各种花草。樟树根部的周围是一片较大的草地，草地上长着水仙花、金银花、野蔷薇、野百合花。在秋天，还有淡黄色的野菊花，这些花草使老樟树的底部形成一道非常美丽的景观。围绕着老樟树的围墙上，各种野花和蔓藤植物交织在一起，四季竞相开放。老人们都说，这是它的灵气在起作用，使它全身香气四溢。

四是常有喜鸟在老樟树顶端欢叫。年长的人说，老樟树的上空有瑞气笼罩，招来喜鸟云集，欢叫歌唱。我们见得最多的是喜鹊，它们在樟树上端的枝杈上筑了一个大窝，每天在树顶欢叫个不停，给人们带来高兴和愉悦。我们还看到过白天鹅在樟树之巅亭亭玉立，真是好看极了，大家都高兴得跳起来。老人们还说，他们看到过金凤凰落在樟树顶上，头上有红冠，全身花绿色的羽毛，绿色长尾巴带金色的彩斑，展翅飞起来沙拉拉地响。应当说金凤凰是没有的，孔雀也不大可能，多半是野鸡（即雉），上述描绘的特征与野鸡完全相像，老人们是把野鸡说得神奇起来了。

在我童年时代，后龙山及其后面的山岭都是浓密的荒野的树林，全村庄所有的人家来往于县城方向必须沿着围墙走，经过老樟树底下。樟树底下的房子住了一户人家，孩子们常到房子前面的坪里玩。人来人往，喜鹊在树巅欢叫，老樟树底下热闹非凡，人气很旺，它也长得枝繁叶茂，挺拔向上。

后来，经历了一些运动，后龙山的高大松树全部被砍伐光，村庄前面的大门、围墙也被拆毁，上厅屋的神坛也被搬掉，有些房子也被多次改动，当然主要是人口的大量增长，原来的旧房住不下，人们就在后龙山及其后面的林地里建起了一栋一栋的新房。我们家也在后龙山上建了一栋新房，并于 1974 年从原来旧屋下厅屋的房里搬上来住。大家逐步搬离了原来的旧房，就连原来住在樟树底下的那一户人家，也搬到后龙山新房住了。人们来往县城，也开辟了新的通道，不再经过老樟树底下。旧房空起来了，老樟树底下也就冷落起来了。大约是二十世纪八十年代，家中来信告知我，说在一场雷电交加的狂风暴雨中，老樟树被雷电击中，树叶逐步枯萎，可能是被雷打死了。不久，我回到故乡，特地去看那棵老樟树，看到一道深黑色的线条从树干的顶端一直划到树底，树叶已全部落光，树皮也开始剥落。我有点怀疑，雷电这么一线烧灼就能把一棵巨大粗壮的大树打死？人们说，可能后来树上住了什么妖精，雷公要打妖精，也就把树同时打死了。

又过了两年，我回到茶山脚，一个早晨，我去看原来下厅屋的旧房，也顺便看了老樟树。它仍然还在，只是树皮已全部剥光，只剩下灰白的树干，有些枝干开始腐朽跌落。一堂弟告诉我，有人出高价买它熬樟油，但村里开会决定不卖，因为它有灵气，是我们村庄家族兴旺延续的象征。人高寿之后会离开人世，老樟树也是这样，让它自己老死，腐烂，不要去伤害它。听了他的话我没

说什么，但是从他的话中我理解了村里的人们对老樟树的深厚感情。我在老樟树底下站了很久，回想起童年时代在它的浓密的绿叶下的欢笑嬉闹，喜鹊在它顶端的欢叫，白鹭在它树颠盘旋低鸣，花朵在它底部的遍地开放。看到它今天光秃的树干，腐烂跌落的枝条，倒塌的围墙，杂草丛生的小坪，心中不免涌来一股伤感。当我堂弟唤我去吃早餐时，我才从回忆中醒转过来。抬头看，朝阳已升得高高的，照得后面的一栋栋新房金光闪亮，一阵阵儿童的歌声和欢笑传来，还飘来了石坝下中学上课的清脆的铃声。我又看到老樟树的底部一棵小樟树正在杂草丛中挺拔茁壮成长。我心中突然醒悟，升起一阵希望的高兴代替了心中的伤感。是的，这就是自然规律。妖精是没有的，自然界的事物是不断生灭变化的，造成这种生灭变化有它的必然性，也有它的偶然性，这就是不以人们意志为转移的客观规律。小樟树一定会长得顶天立地，像原来的老樟树，并超过它的先辈。我的故乡茶山脚家族一定会更加兴旺发达，一定会有它更美好的辉煌明天，正像我现在沐浴着的朝阳一样，鲜艳夺目，光辉灿烂。

第一次学游泳

我住在舅妈家发蒙读书时，一天下午，我表哥（我大舅妈的大儿子）对我和表弟说："走，我们游泳去。"我虽生长在农村，常在河边放牛，在河滩上玩沙子，掏乌龟蛋，在浅水滩里捡有花纹的小石子，但还没有到河里洗过澡。原因是屋前的小河多半是急滩或水深的河床，急滩上水太浅，游不起泳；河床里水太深，怕出事，家里不让游。所以，我虽六七岁了，在河水里玩过不少，但在河里游泳却还未尝试过。听表哥这样说，我们自然高兴，问他要带什么东西，拿起一条手巾就跟他跑出去了。

表哥带我们来到三星桥附近的彭家湾祠堂，游泳的地方就在彭家湾祠堂前面的河床里。这是一个学游泳的好地方，河里的水不深不浅，刚好齐小孩子的胸口，河床平坦，一段很宽的地方都是一样深的水，而且河水流得缓慢。在河岸边上有一排光滑的石头，是跳水的好地方。在这段河床的右下方是一段水很深的河床，在深河床的下面是一座石砌拱桥，就是宜章著名的福星桥。福星桥很高很气派。我小时在宜章至少看到过三座这样的石拱桥，一座在白子桥，另一座在起三脚周家，这两座都没有福星桥这样高这样气派。

到了游泳的地方，表哥叫我们把衣裤全脱光，下到水里。他说："你们用水拍拍胸膛，打打手腕上的脉筋，对洗冷水澡有好处。"我和表弟照他讲的办。他拖着我们俩到水比较深的地方，水齐胸口，我有一点感到出气不过来了。他说，要到水深一点的地方才好学，等一下就一切都好了，接着他就教我们游泳。他先教我，用手托住我的下颚，叫我用两手在水里划动，两只腿一跨一伸。我照样做，但他一松手我就沉到水里去了，浮不起来。接着他又教表弟。表弟比我灵敏，过不多久他就有一点浮得起来了。他叫表弟自己练习，回过来又教我。试了几回，我还是浮不起来。接着他又教表弟。然后他说："游的方式有两种，一种是蛙泳，一种是量尺，刚才你们学的是蛙泳，量尺是这样

的，你们看。”他马上做了量尺的动作，我看到量尺比蛙泳快得多。过了两天，表哥又带我们去游泳，在他的耐心教导下，表弟已基本上学会了蛙泳，而我却还没学会。他说：“学游泳还要学会三种动作，一种是躺在水面上睡直，这叫佯泊；另一种是踩水，两只脚在水里伸跨，头和身子浮在水面上；还有一种是钻猛子，人的身子全部钻进水里，还要睁开眼睛。”他一讲完，就做这三个动作给我们看，我觉得表哥做得很美，好看极了。我暗暗下决心，一定要学会游泳。

表哥教了两次后，就是我们自己去练习了，有时和表弟一块去，有时一个人去。那儿是小孩子游泳集中的地方，每天上下午都有好多小孩子在那儿游。没有人托住我的下巴，我就用双手扳住河边的石头，用双脚打水，练习蛙泳。有时不小心手滑落下去，沉在水中，就哇啦哇啦地吃几口水，也没当回事，接着再来。游泳的这段河床河底是粗沙，但有的地方也有小瓦片、小玻璃碎片，一不小心就把脚板划破。几次脚被划破了，不断出血，我照样游，血自己就止住了。有时止不住，回家包扎一下，第二天不出血了，照样游。学钻猛子，我睁不开眼，有时不小心碰到岸边水中的石头，头上撞一个大包包，一直痛半个月，我还是坚持不懈地练习。一次，我去得迟，游得久一点，最后上岸，一看裤子不见了，急得我到处找，哭了好久，没办法只得用衣服扎在小肚子上回家，挨了一顿好骂。看到今天的游泳池优越的游泳设备，比比自己从前的学游泳，真是天壤之别。时代的巨大进步，从这件小事可见一斑。

真是苍天不负苦心人。我这样刻苦地练习，终于有了结果。一天，我划着手，伸跨着脚浮起来了，我学会了蛙泳，那种高兴比吃了糖果、穿了新衣服还快乐。后来我又慢慢学会了踩水、量尺、钻猛子。但我的量尺总是不行，所以，我的游泳速度一直不快。表弟比我先学会，但我通过自己多次的刻苦练习赶上了他，可能并不比他差了。这件事在我幼小的心灵中就树立了一个信念：尽管自己不灵敏，比较笨，学得慢，但只要自己刻苦地持续不断地努力，舍得比别人多花工夫，也一定能学会，甚至可能学得更好。这就是今天人们常说的“笨鸟先飞”的意思吧。这一思想从此就在我心中慢慢生长起来，并扎下了根，影响了我一辈子的学习和工作。

我学会了游泳，回到村子里就跟小伙伴们经常去河里游。有的会游，有的不会。我们就互相帮助，进行比赛，玩得更加开心。

母亲带我去求神、拜佛、还愿

我母亲是文盲，没有宗教信仰，但她信神。她遵循当时中国农村人们对神的一般观念，认为有天神、山神、水神、雷神、五谷神、土地神、灶王神等等，每逢农历初一十五她都上香，点烛，烧纸钱敬神。至于逢年过节进行大祭，那是照规进行。每年春节的初一至初三，她都吃素。

在我童年少年时，母亲常带我去寺庙庵堂求神拜佛，期望神灵保佑我长命富贵、健康成长。母亲带我去过的寺庙给我印象最深的是城隍庙和艮岩这两个地方。

原来的城隍庙位于现在的县人民武装部对面的小巷的中间。对面是两个大戏台，每年春节前后常在这儿演中国的古装戏。当时的城隍庙深长宽大，大门进去是一块宽大的坪，走过大坪即是城隍庙的正殿。正殿里供奉许多神灵，正中最大的是城隍神，民间又称城隍公公。坪两边的房子有很多间，里面用泥土雕塑着人死后在阴间地狱受苦受难的经历。

母亲带我到城隍庙，主要是给城隍公公上香、点烛、跪拜磕头，祈求它保佑我长命富贵，全家平安，兴旺发达。母亲还卜卦，探测家运。卦分阴卦、阳卦、顺卦、平卦等，卜的是好卦，母亲就很高兴，卜的卦不好，她就心神不安，一切小心谨慎。当时我也分不清那种卦是好卦，那种卦不好。我只看母亲的脸色变化来判断。拜完了城隍神，还要给供奉的其他神进香，这些神各司其职，有的是管财运的，有的是管生子的，有的是管寿年的，还有的是管官运升迁的等等，这就看你的需求不同，分别进香。拜完了正殿的菩萨，母亲带我看正殿两边各间房子里关于阴间地狱的泥塑。这里有几间房子记不清了，只记得那里摆设着各种泥塑形像，讲述着人死之后，就进入地狱，阎王爷就根据你生前的表现而做出不同的处置。如果生前行善，做好事，就让你升天，转世投好胎；如果作恶多端，坏事干绝，就让你在地狱受惩罚：上刀山，下火海，下油

锅，割舌头，挖眼睛，开腔破肚，锯断手脚，拦腰切断，身沉冰河，五马分尸，虎豹争食等等，各种可怕的惩罚，应有尽有。地狱里的小鬼千奇百怪，使人感到阴森、恐怖。做了坏事的，下世投胎就让你变猪狗牛马，老鼠青蛙，任人宰割，任人役使，任人捕杀。这就在我幼小的心灵中造成了极坏的影响，使我产生了对鬼神世界的恐惧，对外界的一种无形力量的惧怕，使我在很长时间里胆小心怯，后来竟成了我一生的心态。这是给我坏的方面的影响。但从另一角度讲，这种看阴间地狱的可怕情景，对我形成不能做坏事、只能做好人的道德又起了一定的制约作用。要不然，就会在地狱里受到惩处，来世没有好报。这种制约再加上后来我通过学习，自觉地提高道德修养，使我一辈子没有做过任何一件在道德良心上损害别人的事。这就是我心境一生安宁、欢乐愉快的根本原因。这种儿时的感性经历，对我后来的学习和工作也有影响，如上大学时，我读但丁的《神曲》里的《地狱篇》和《炼狱篇》，读到古希腊罗马的暴君在阴间地狱受恐怖的煎熬，联想到小时在城隍庙看到的情景，就感到容易理解。后来搞西方哲学的教学和研究，讲到基督教的基本教条，就有了一定的感性基础。

母亲带我去得最多的第二个地方是艮岩，它位于原来宜章县城郊的南京洞火烧坪对面的一个小山下面，这里主要供奉观音菩萨和各种罗汉。那时人们十分信奉观音菩萨，认为她是大慈大悲、救苦救难的活菩萨，人们许下的很多心愿据说往往都能实现，因而来进香许愿和还愿的人络绎不绝。

在我儿时的记忆中，那时的艮岩观音菩萨所在地，一半露天一半在山洞里。山洞里泉水淙淙，有一个水洞碧绿深不见底，站在旁边一身发毛，生怕不小心掉下去。洞内阴森肃穆，火光闪动，烟雾缭绕。观音菩萨坐在洞内紧靠山壁的莲花盘上，全身金光闪亮。她的旁边是一些罗汉。母亲点烛进香，虔诚跪拜，口中默念不停，许下各种心愿，并一再保证，只要愿望实现了，一定按时来还愿。母亲是很讲信用的，不管许的愿是否兑现，她都会准时备上丰盛的祭品去还愿。母亲一生对人对事讲信用的好品质深深地影响了我，后来我在一生的为人处世中，确实做到了讲话算数，言必有信。母亲不仅对艮岩观音寺许下的愿按时去还，就是对一些小寺庙，甚至亭子旁、路边的土地庙许下的愿，也会带我去还，备上香烛，叫我作揖跪拜。

我父亲躲壮丁逃到衡阳给别人帮工煮饭菜，后来有机会跟别人一块去了南

岳衡山。他回到家中讲起人们到南岳进香、朝拜南岳的盛况，更使母亲和我大开眼界，无比惊奇。他说，南岳大庙很大，供奉的神佛很多，而且很灵，真是有求必应。因此，去烧香求神保佑、许愿、还愿的信男善女非常之多，而且十分虔诚。有的双手捧着香钵，有的把香炉挂在脖子上，三步一跪，五步一拜，诚心地去朝拜南岳。他们中有的是本省的，有的是从遥远的外省来的，要做到三步一跪，五步一拜，其决心和毅力是何等的大。信男善女的这种真诚也许感动了天地，感动了南岳大庙的神灵，据说他们都得到了美好的回报。父亲讲的未必都真实，但在我心中确实产生了一个愿望：将来长大了有机会一定到南岳大庙去烧香敬神。

母亲的这些信神行动从小就引起了我对神的神秘感和对神的信任感。但随着社会的进步，科技的发展，文明的倡导，封建迷信活动的破除，特别是我读大学，学了马克思主义哲学，懂得了一些无神论后，神的观念在我的头脑中就淡薄了，甚至是用无神论的观点来看待年老的母亲的一些敬神活动，只是尊重她老人家的信仰，并不认同它。但当我从事哲学教学和研究之后，特别是研究西方哲学后，我的观念又发生了一些变化。我研究了古希腊原始宗教和神话的产生，研究了毕达哥拉斯学派灵魂不死、灵魂轮回转世学说，研究了基督教的产生和演变，当然也读了古代琉善的无神论著作，也读了后来法国战斗的无神论者的一些著作，还读了费尔巴哈的《基督教的本质》一书，认真地研读了他的名言“神是人的本质的异化”之后，我得到的结论是：只要人的生理感官还存在局限，不能认识地球和宇宙中的一切神秘现象，特别是当时的智力水平不能解释自然界的一些奇异的现象；只要人对事物的本质和真理的认识还有一个不断深化的过程，事物本质的暴露还是一个历史的过程，那么，神的观念就永远不能从人们的头脑中根除，信神和崇拜神就是地球上一些不可避免的现象。当然，承认有产生神的观念的根源，承认一些人头脑中有神的观念，并不等于世界上就真有神存在，这就可以理解为什么无产阶级政党一方面要提出“宗教信仰自由”的政策，另一方面又积极宣传无神论的主张。这也就是为什么我要写我母亲的信神活动对我产生影响的原因。

让糍粑糊住小鸟的嘴

我们有很多古老的风习，深深植根于人们的生活之中，它寄托了人们的愿望，表达了人们的理想和期待。不同的地方还有各地不同的特异的风习，“让糍粑糊住小鸟的嘴”，就是我们故乡古老风习中的一种。

农民辛勤种下的庄稼，总是期望获得丰收。但自然灾害、尤其是鸟儿对庄稼的损害特别严重。它不仅吃掉很多粮食，而且造成很多浪费。于是农民就想很多办法对付鸟儿：有时用鸟铳打，有时守候在地里赶，有时在地里挂一个纸做的人像吓，有时在一个大铁桶里放鞭炮轰。但这些办法作用都不大，都只是短时间起作用。因为你不能老是打鸟铳，老是守在那儿，老是放鞭炮。于是人们就想，最好能把鸟儿的嘴封紧，让它不能吃东西，这就一切问题都解决了。什么东西能封住鸟儿的嘴？在那时的农村，当然只能是糍粑。于是，一代代相传，就形成一个古老的风习：在每年的农历二月初一插鸟儿糍粑，期望用糍粑糊住小鸟的嘴。

我们小孩子最喜欢做这种事。还不到二月初一，我们就会问爸爸妈妈，什么时候插鸟儿糍粑？爸爸妈妈叫我们先做准备。先砍伐大根的竹枝，而且要砍很多枝，因为要插多个地方。然后把竹枝上的小竹枝的叶子去掉，再把它洗干净。到二月初一那天，早早起来蒸糍粑。糍粑要蒸得不软不硬，软了，挂不上竹枝；硬了，糊不紧小鸟的嘴。然后，把糍粑切成四方形的一小块一小块的，再把小块的糍粑插在小竹枝上。这样一枝大的竹枝上，就挂满了小块的糍粑。农村里的糍粑一般都用野茶树的灰或者稻草的灰浸泡过，橙黄色的，很有韧劲。当把鸟儿糍粑插在田埂上或菜土里时，在阳光下，这一树糍粑就闪着黄灿灿的光芒。

把糍粑插好后，我们小孩就躲在暗处，看小鸟儿来吃糍粑，让糍粑把小鸟儿的嘴糊住。我们是多么希望小鸟儿来吃啊！我们静静地等着，等着。瞧，飞

来一只麻雀，又来了一只，它们叫着，绕着糍粑树高低盘飞了几圈，似乎觉得安全了，就噪叫起来。不一会儿就飞来一群，落在竹枝糍粑树上，叽叽喳喳叫个不停，啄食糍粑，把竹枝糍粑树弄得摇摇晃晃，我们好担心它会倒下。麻雀鸟儿吃饱了，一边飞走一边叫，落在远处的田边的桐子树上叫得更欢。我们心里好生纳闷：麻雀鸟儿吃了糍粑糊住了嘴，为什么还叫得更欢？回家问年长的人，他们含糊其辞地回道：吃一次糊不紧，要多吃几次才能把麻雀的嘴巴糊紧。有时大鸟，如老鸹、长尾巴鸟等也来吃，它们吃得多，而且边吃边叫，一点事儿也没有。我们心里更糊涂了：这些大鸟的嘴也能糊住吗？它们不是边吃边叫吗？回家问年长的人，他们的回答就更奇了：吃了糍粑的大鸟，糍粑糊不紧它的嘴，但山神会把它的嘴糊紧，让它们饿死在山里。于是，过几天我们又到山地里去找，也没看见吃了糍粑的大鸟饿死在山里。

今天我们当然知道，这是哄小孩的胡乱回答，但那时的我们就相信年长的人讲的是真实的，我们就年年插鸟儿糍粑，年年期待一个美好的愿望。这就是一个民族的古老风习的巨大力量。俄罗斯有一个古老的风习，在复活节那天把小鸟放生，就意味着自己能获得自由。所以俄罗斯的伟大诗人普希金也曾在一首诗中写道：他谨守着祖国古老的风习，在一个明朗的节日里把小鸟儿放生，期望自己也能获得自由。因为那时诗人由于写了反对沙皇暴政的诗篇，正被沙皇政府管制流放在外，他渴望解除监禁，获得人身自由，回到自己的家园。

这种古老的风习在我的故乡不止是用糍粑糊住小鸟的嘴这一个，还有其他的各种风习，如，除夕晚听见猫叫不吉利，人们通常在大年三十晚上，拌很多油饭给猫吃，让油迷住猫儿，呼呼大睡，使它不叫；如，人们都希望每年不亏空，而是有所节余，所以大年三十晚上的团圆饭，不管家里多么困难，不管大小，餐桌上总得有一条鱼这道菜，叫做“年年有余（鱼）”；又如，人们都期待来年发财，所以在我的故乡，有一个风习，大年初一去砍柴。因为砍柴，又可叫“伐柴”，“发”与“伐”，取其谐音，把伐柴就当做发财，所以，新年初一砍柴，就期待今年会交好运，会发财。

在县城看故事会

我的故乡宜章县城有一个风习，从每年的农历正月初一到正月十五都装故事。这是人们庆祝新年的一个重要内容，也是人们新年欢乐的一个方面。那时逢年过节玩乐的项目非常单调，除了放鞭炮、踢毽子、打牌赌钱（打字牌，搓麻将等），还有小孩子玩的滚铁环、鞭陀螺外，就再没有其他的了。远没有今天丰富多彩的内容：电视、电脑、电影、歌舞厅、农家乐、卡拉 OK、联欢晚会、外出旅游等等。所以，那时的人们就利用故事会这种形式庆祝春节，进行玩乐。

所谓装故事，就是一个或几个人扮装成古典戏剧或古代历史中的某一个人或某一事件，表达一定的社会意义。当时宜章县城范围很小，只有两三条主街，其中的一条叫南关街，另一条叫东关街。装故事实际上就是这两条街轮流进行，互相比赛，看谁装扮的节目多、内容深刻丰富多彩。从正月初一晚上开始，通常初一是一个节目，那时叫一台故事，然后一个个晚上加多，到正月十五元宵节晚上达到最高潮。如果初一晚上是南关街，初二就是东关街，而且后一晚上装的故事的数目一定要超过前一晚上，不然，就会遭到人们的议论，显得脸上无光。这样故事就越装越多，越装越热闹，看故事的人与日倍增，节日的气氛就越浓厚。

两条街进行装故事比赛，没有政府部门出面组织，也没有谁提供资金，完全是老百姓自己搞起来的，是一种民间行动。据说是由那两条街做生意的几个老板牵头，凑上几个热心人形成一个办事的班子。由这个班子确定，哪个商店，哪户人家，在什么时候装出几台故事，事先排列故事内容，避免重复。人们对这件事都很热心，总会想方设法完成任务。通常是做生意的老板、家境比较好的多派几台，而比较贫寒的居民家有的派一台，有的则不派。但帮助别人装好一台故事都是很热心的。这是因为一方面大家都热心在新年时凑热闹，二

是大家都有一种荣誉感，希望自己那条街能得到人们的赞美。

装扮的故事的内容非常丰富，有的选自古典戏剧，如京剧等剧种中的一个片断、一个题目或一个人物；有的选自古代小说中的一个事件或一个人物；还有的选自民间传说的一段佳话或一个人物。如当时几乎每年都装扮的节目有：《刘海砍樵》《打渔杀家》《武松打虎》《嫦娥奔月》《苏三起解》《五女拜寿》等等。装扮故事的人，有年老年轻的男女，特别多的是男女孩童。因为有很多故事的人物坐或站在桌子上，或坐在轿子里，由孩童扮演就轻便一些，容易抬动。每台故事的形式根据内容确定，有的自己双脚走，有的骑马，有的站或坐在桌子上，有的坐在轿子里。每台故事有一帮工作人员，照明的，敲打或吹奏乐器的，抬轿的，扶着坐在马或桌子上的小孩的。那时的照明还很落后，多半用一个小铁笼，里面点着松明，烧得烟气腾腾；有的挂着煤气灯或马灯，条件好一点的是坐在花轿里的，挂着小手电灯泡，光线柔和明亮，显得特别好看。

看故事会的人特别多，除了县城的居民，县城周围的乡村里的农民也赶来看。我们茶山脚的，还有下庚岭的，罗家山，王其湾，排头水，王土山，曹排，江坡头，长冲，蒋家，胡家，沙坪，沿江等村的农民也多半来看。到了正月十几，最热闹的那几个晚上，县城的几条街道挤得水泄不通，到处人山人海。居民早早吃了晚饭，在屋门前排了两条长凳，小孩子大多坐在屋门前的柜台上，有的坐在楼上临街的窗前。乡下来的农民站在街道的两边。人最多的地方是东门口和三星桥。因为从东关街到南关街要经过这两个地方。东门口是个拐弯的地方，地方宽，可以站很多人；三星桥是座拱桥，没有店铺，位置高，可以站很多人，也好看。

自从我住在舅妈家读书始，几乎年年都看故事会，多数晚上都看了。但有一年正月十五的故事会却给我留下了永远难忘的深刻的印象。我记得那年的正月十五是轮到南关街装扮故事会。为了能看两个回合，我特地来到东关街一个亲戚家，早早吃了晚饭，坐在门前的柜台上，等着南关街装扮的故事的到来。天黑后，店铺点起了灯，到处火光闪亮，街上挤满了人，一片嘈杂声。卖水果小吃的高声叫喊，寻找小孩的母亲到处呼唤，放鞭炮的在争吵由谁放，鞭炮丢到哪儿，还有的人叫喊：前边的人不能站得太高，以免挡住后边人的视线。

突然，东门口那边传来一阵嘈杂声，火光亮起来，南关街装扮的故事来了！人潮水般往前涌来，混合的乐器声传来。我看到最前面的一台故事是双蚌

迎春。化妆得非常漂亮的一男一女，每人用双手撑着两片蚌壳，蚌壳非常大，做得和人一样高，是用彩色纸糊在竹片扎成的蚌壳上，在彩色纸上又贴上各种剪成鱼鳞的金黄色的纸片，在火光的映照下，闪闪发光，非常好看。夹在蚌壳中的男女，边走边使蚌壳一开一合。如果鞭炮一响，他们就翩翩起舞，两个蚌壳一开一合，互相追逐着，表演十分精彩，赢得一阵阵欢呼喊叫声。接着是刘海砍樵，一个化妆成樵夫的大汉，一手拿着一柄开山斧，一手拿着根扁担，扎着绳子，放在肩上，神气十足地大踏步向前走着，敲打乐器的人们走在他旁边。之后，是一个穿着非常漂亮的衣服、化妆得像天仙般美丽的小女孩坐在马上，做着一个吹笛的样子，这台故事叫仙女吹笛。紧接着来了一台台故事，什么孔明借箭，苏三起解，包公审案，三打祝家庄，孙悟空借芭蕉扇，武大郎卖烧饼，梁山伯与祝英台，薛仁贵征东，五虎平西，猪八戒招亲，等等。几十台故事过去了，我看得眼花缭乱。突然，一阵喜气欢乐的喇叭锣鼓声过来了，原来是一台叫五女拜寿的故事过来了。五个化妆得非常美丽的小女孩每个手里拿着寿礼，齐向一个化妆成老寿星的小男孩祝寿。这六个孩子都绑坐在一张大平桌上，不知那几个抬的人要用多大的力气。这台故事吉祥喜庆的气氛满足了人们新年图吉利的心理要求，所以，大家欢呼着，喊叫着，热闹非凡。其实，这些故事我大多看不懂，叫不出名字，好在每次在我旁边都有年长的人，他们是行家，一台台点评，才使我逐步知道了它们叫什么。接着又传来一阵特殊美丽的乐器声，原来是一台叫大观园的轿子故事过来了，轿子里挂着彩色灯泡，光线明亮柔和，里面坐着贾宝玉、林黛玉等《红楼梦》里的人物，这些小男孩女孩被妆扮得十分美丽动人，负责乐器的拉着二胡，吹着笛子，还鞭打着一种竹片，合成一种非常和谐的悦耳的声音，观看的人们跟着轿子跑，特别是一些孩子们比划着，喊叫着，追着故事跑。

这些故事到了东关街尽头，就回转来，因此可以看第二遍。第二遍人少一些，可以看得更真切些。在我的记忆中，两条街装扮故事比赛都是友好的，增加了欢乐，也增加了亲密感情。但偶尔也会出现问题。一是有个别的人装扮出侮辱性的故事，如卖麻风，捣贼窝等，就会引发争议，甚至第二天晚上另一条街就会装出报复性的故事。但这很快就会因一些有权威的老人出面调解而平息。二是因看故事的人拥挤，有时也出现一些踩伤现象，但由于人的数量毕竟不是太多，后果一般都不严重。

后来，由于文娱活动增多，故事会就自发停下来了。再往后就出现了闹元宵等欢乐庆祝活动，内容形式更丰富多彩了。时代进步了，当然应该办得更美好些。而在我的心中，故事会却留下了永不磨灭的印象，甚至做梦还梦到它们。是它们给了我传统文化的启蒙教育，引发了我心中最初的审美观念。也是由于故事会，使我感受到我国多种古老乐器的动听音乐。直到今天我仍十分喜爱古典乐器的演奏，一听到这种音乐，我的心中就会充满和谐、欢愉和安宁。所以，我永远也不会忘记我的故乡的美丽的故事会。

钓 鱼

我很小的时候就模仿大人钓鱼，特别是和几个小伙伴一块钓鱼、钓青蛙，真是欢乐愉快无穷。

钓鱼要先做准备，那时大人是不管我们小孩的事的，他们忙自己的事还忙不过来，像钓鱼这样复杂的事也是我们自己做准备。首先，是准备钓竿。那时钓竿是用小竹子做的。这种小竹子必须是一种竹节短、空心小、很牢实的竹子，我们把它叫做金竹。我们村子没有这种竹子，要到周围的村子或河边去砍伐。砍到后就对其加工。先小心去掉竹枝，不要损坏竹身，特别要保护好竹子细小的顶端，没有这个顶端做的就不像钓竿。然后放到火上烤一烤，让它渗出一点油来，据说这样就牢实些。

第二步是准备钓竿的线。听大人说，用樟树上掉下的大毛虫肚里的丝浸在醋里，用它做钓鱼的线，但我们这样做了，做不成。大毛虫肚里的丝太细小，抽不出来，就是抽出来了，浸在醋里后也不牢实。那时没有今天的尼龙线，所以，我们只能用母亲搓的麻线或棉线做钓鱼的线。但这种线浸在水里久了就不牢实，而且也影响鱼儿吃钓。然后还要在钓竿线上放两样东西：一是在靠近钓钩不远的线上固定一个重的小铁圆砣，没有它，挂了鱼饵的钓钩就不会沉到水底。但这个小铁圆砣不是用铁做的，因为用铁做无法钻通一个小洞，通常用锡做，它比较重，又比较软，容易钻通洞。二是在线上安一个浮标，我们用高粱杆或玉米秆做。选一根小的，切很短的一小节，钻个小洞，穿进线里。这样，钓鱼的线就算做好了。

第三步是准备钓钩。当时是有钓钩卖的，家中的大人不给我们买，我们无钱买，也得靠自己做。我们当时用别针做，利用别针那个锋利的嘴尖。为难的是那个扎线的小圆圈怎样弯成。当时又没有细小的钳子，只得用石头，或者用锤子敲打，常常不小心把手指砸伤砸烂。别针锋利的嘴尖常刺破手指鲜血直

流。但当我们做成钓钩时，这一切都忘到脑后了。

第四步是准备鱼饵。那时没有现在卖的这种鱼饵，通常是挖泥土中的蚯蚓做。在菜土旁，墙脚的泥土里，水沟的淤泥中都有蚯蚓。我们用一个竹筒，里面放一些泥土，挖出的蚯蚓就放在里面。用二指锄挖出的蚯蚓，在泥土里卷动，用手捉它，还真要有一点勇气呢。对挖出的蚯蚓还要有选择，太大条的不能要，大人们告诉我们，小鱼是不吃这种大蚯蚓的，只能要小条的。

做好这些准备，就去钓鱼了。我通常是和几个小伙伴一块去，父母不允许我们单独一个人去，怕在河边出危险。几个人一块去，互相有个照应。如果是晴天，我们每个人腰间扎一条小白汗帕，头上戴个小斗笠，腰间还挂个小鱼篓；如果是雨天，头上戴个大斗笠，身上披件蓑衣，腰间挂个鱼篓，提着竹筒里的蚯蚓，拿着钓竿，赤着脚出发了。

我们先在小河的急水滩上钓鱼。这种急水滩是因为上下河床有点坡度而形成的，水流不深，但很急，能看见水底的石头。在这种急水滩上有一种名叫"爬石头"的鱼，鱼身不大，但头大，身上有五颜六色的花纹。"爬石头"最喜欢吃钓，即使最不会钓鱼的人也容易把它钓上来。我把钓饵放下去，一会儿就有鱼吃钓，扯动钓竿。我用力一拉钓竿，一条五颜六色的鱼被钩住了，在挣扎着跳动，我高兴得大叫：

"我钓到一条'爬石头'了!"

"我也钓到一条了，好大的。"我旁边的小伙伴也叫道。

我把鱼取下来放进鱼篓，就在挨近水边的沙滩上挖一个小坑，等坑里有了水，把小鱼篓放下去，鱼浸在水里不会死掉。我们的收获不少，没多久，每个人就钓了十多条，大家高兴得不得了。就在这时，一个小伙伴叫喊：

"哎哟，不得了啦!"

"怎么啦?"

"我的手被鱼钩划破一个大口子，出血不止呢，怎么得了?"他有些害怕得快哭了。

我们立即跑过去，原来他在上鱼饵时，捏断的蚯蚓还在动，他用力一拉，鱼钩就在中指上划了一条深深的沟，鲜血不断渗出来。大家都急得没法。突然，一个人叫道："来，有办法了，用线把指头扎紧，血就不会出了。"

听到这个主意，大家可高兴了，每个人赶紧搜自己的小口袋，找线给他扎

手指头。一个小伙伴找到了线，大家帮忙缠紧他的手指。手指已有一点紫色了，但血仍在渗出，小孩更害怕了，哭着，准备跑回家去。我突然想起父亲教过我的一个方法，就叫道：“等等，我有办法了！”我立即跑到河岸边摘了桎木条树上的嫩叶，又在河滩沙地上拔了几根丝茅根，洗净，放在口里嚼烂，然后就敷在他手指伤口上。过了一会儿，他说，感到手指有些清凉，就不痛了，血也止住了，小伙伴笑了。大家都惊奇地望着我。我就给他们解释，有几次父亲带我到山里砍柴，有时我不小心手脚被荆棘划破了，有时被刀砍伤了，血流不止，父亲赶忙摘了桎木条树嫩叶，拔了丝茅根，还摘了另外两种树叶（什么树记不得了），放在嘴里嚼烂，敷在我的伤口上，血就止住了。小伙伴们都赞扬我真有办法。

大家继续钓鱼，没过多久，每个人的鱼篓里都有了不少收获，而肚子也在咕咕叫了，一个小伙伴叫道：“回家吃饭了。”于是大家收了钓，提着小鱼篓，排着不整齐的小队，赤着脚，踩着河岸上柔软的小草，听到河边灌木丛中鸟儿的歌声，我们也唱着怪声怪气的小调儿，和着河水哗啦哗啦的响声，汇成一支欢乐曲，伴着大家高高兴兴回家了。

我们有时也在小溪汇入河流的汇合口上钓鱼。在这里主要钓小鲤鱼。这些鲤鱼是农民放在稻田里的，由于下大雨田里的水满了，稻田的水流入小溪，鲤鱼就跳到小溪里来了。它们游到小溪汇入河流的汇口处，也许还不适应河里的水，也许在河里它们还不容易找到食物，就不进入河里，而是聚集在小溪与河流的汇口处。所以这里的小鲤鱼特别多，最喜欢吃钓。有一次，我在一条小溪口不到两小时，就钓满了那个小竹篓，足有两三斤。回到家中，母亲直夸我。其实，我的钓鱼本领是不行的，只不过碰到这种特殊地方而已。

在河水深的地方能钓到鱼，那才是真本事，而我却没有这种真本事。我经常跑到小河边看一些年长的人们钓鱼。他们常常蹲在河边的一棵大树底下或者坐在草地上，把挂了鱼饵的钓抛入水中，慢悠悠地抽着烟，两眼直盯着水中的钓渔线。过了好一阵钓渔线挣动了一下，那是鱼吃钓了，可他们不立即抽钓竿，而是轻轻地挣动一下钓竿。一会儿鱼又吃钓了，他还是不抽钓竿。等到鱼吃牢了钓钩，拖着钓渔线走时，他才快速地用力把钓竿抽起来，一条白亮亮的鱼在水面上蹦跳着。为了不折断钓竿，他们拖动渔线，拉鱼靠近河岸边，就用渔网捞起来。看到这里我佩服极了，心里也痒痒的，决心试一试。

在春天的一个上午，我腰间挂着小鱼篓，左手提着盛有蚯蚓的小竹筒，右手拿着钓竿来到村前的小河边钓鱼，我还叫了一个小伙伴同来。我坐在河边的一棵大树下，他坐在较远的另一地方。我向河里抛下了渔线。这棵树长在河岸边，树身向河里倾斜，枝条拂在流动的水面上，激起一串串涟漪。年长的人们常说，树上的花蕾掉到河里，鱼儿抢着吃，它们就常常聚集在这儿，当然就容易钓到鱼。可是我抛下渔线很久，就是没有鱼吃钓。我想，可能是鱼饵没上好，我拉上渔线换上半条小蚯蚓，又抛入水中，期盼鱼来吃钓。过了好一阵，钓竿还是没动一下。我又想，是不是鱼儿在水中看到了我，不敢吃钓，于是，把钓竿放在地上，用一块大石头压着，把身子隐蔽在灌木丛中，两眼直盯着水中的渔线。心里想，这一下鱼一定会吃钓了。可是又过了好大一阵，鱼还是没来碰一下我的钓竿。我有些灰心丧气了，认为自己没本领钓大鱼，准备拿起钓竿回家了。可就在这时，鸟儿美丽动人的歌声又激起了我的兴趣。

我听到鸟儿叫："过江过河，水打秤砣，卖光田地，讨个寡婆"，于是想起了母亲给我讲的那个动人悲伤的故事，看到灌木丛中确有一对鸟儿在飞来飞去地叫着，我想，那可能是真的了。我还看到一双双蝴蝶翻飞在金黄色的野花丛中，就想到人们讲给我听的故事，那可能就是梁山伯和祝英台变的。我入神地久久地盯着那些五颜六色的快活的小蝴蝶，闻着一阵阵野花的清香，看着一个个大黄蜂在花蕊上爬来爬去，心里舒服极了，早把鱼不吃钓的烦恼抛到脑后了。和我同来的小伙伴可能有了收获，向我摇摇手，对着我笑。

"吱——"一声尖叫几乎把我吓了一跳，原来是一只水鸟从河里啄了一条鱼，尖叫着从水面冲空飞起，在河上空盘旋了几圈，落在河对岸的一棵高树巅，伸着脖子使劲地吞着那条鱼。忽然，我听到细小的鸭叫声，随声望去，看到河那边浮着枝条的河面上游动着四只灰色的像小鸭似的动物，一只大的游在前面，后面跟着三只小的。我想起父母跟我说过的野水鸭，它们可能就是了。我第一次看到野水鸭，高兴极了，我仔细地盯着它们。这些小家伙游得特别快，小脑袋不时钻进水中寻找食物，还轻声叫个不停，但胆小得很，听到一点什么响动，马上就钻进河边的水草中去了。

在明亮的阳光照射下，我看到灌木丛中有一个黄色的东西在闪光，我走过去拨开藤叶看，原来是"狗腰子"。这是一种长在藤蔓植物上的野果，植物学名叫什么我们都不知道。我们那儿乡下的老百姓管它叫"狗腰子"，因为它的

形状像狗肾，有三寸多长，中间有点弯，故得此名。我们小孩特别喜欢“狗腰子”，从前摘过多次，因为它非常好吃。它有点像香蕉，但果肉是白色的，果肉细腻得像冷冻了的猪板油，甜美得像蜂蜜似的清润，有黑色的小籽。我摘下这一个，再拨开枝叶，又看到好几个，我高兴得快跳起来了。一共摘到六个，我吃了一个，给小伙伴吃了一个，其余的带回去给另外的小伙伴们吃。对于“狗腰子”，我真是情有独钟。后来在外地工作，与同事们讲起这种美味的果子，大家都羡慕得不得了，但都说没见过。偶尔一次我去绥宁，与当地的人们又讲起这种野果，他们说他们的河边和大山沟里也有。不过，他们不叫“狗腰子”，他们说它像公牛生殖器掉在外面的那一坨，叫的名字更加土。听了我十分高兴。我相信植物学家和园艺学家肯定见过和研究过。前些年我回故乡，有意到河岸上溜溜，重温少年时代的美好记忆。但再也见不到一大丛一大丛的灌木林，当然也就再也看不到“狗腰子”了。它从我的故乡消失了。

我来到大树底下，提起钓竿，鱼饵已被吃掉了，但没见到鱼的踪影，虽有点遗憾没钓到这条鱼，但心里还是挺高兴，因为今天还是收获不小。我把“狗腰子”装进小鱼篓，背起钓竿，戴上小斗笠，叫起小伙伴，高高兴兴回家了。

我当“送喜郎”

什么叫“送喜郎”？以前，我们家乡女人出嫁，都要一个小男孩陪着去，这个小男孩的任务之一，就是要给新娘的花轿开锁，如果新郎不给红包或不满足嬉闹的人们的要求，就不打开轿门，新郎新娘就拜不成堂，急得新郎团团转，以引起欢乐愉快。小男孩的第二个任务是象征性的，即由他伴着新娘出嫁，则预示着新婚夫妇会早生贵子，给结婚的人家带来喜庆吉祥。这个小男孩送着新娘出嫁，就把他叫做“送喜郎”。当时的中国社会风气是重男轻女，总希望自己生一个男孩。如果生的是男孩，媳妇就能在婆家站住脚，否则，就有可能被休或者丈夫就会纳妾。当然，在有钱有势的大户人家，不管生男生女，三妻四妾是常有的事。所以，我们家族中的两个姑姑出嫁都是我去当的“送喜郎”，以象征她们的结婚吉祥美好，早生贵子，儿孙满堂。但我似乎记得，“送喜郎”不仅仅是送嫁，好像我四叔母娶进来，也是我去接来的，也是我开的轿门锁。我在前面说了，我是我们这个村庄“铎”字辈的第一个男孩，比其他的男孩年岁大一些，因而在这些方面我就占尽了风光。

我姑姑的出嫁是非常热闹的，是我当的“送喜郎”。我姑姑嫁到本县的太平乡的沿江村。从我们村庄到那儿，要经过县城，然后走一段公路，再翻过一座山，就到了她婆家。我姑姑出嫁坐的花轿是四人抬的。据说有钱有势的大户人家的闺女出嫁坐的是八人抬的大花轿。我姑姑坐的四人抬花轿对贫苦农民家来说，在当时也算不错的了。据说还是我祖父和我父亲三兄弟下了决心要把我姑姑嫁得风光些，想方设法才办成的。

那时的花轿很讲究，整个轿身都是红色的，轿顶上一个红色的圆球，上面盖着一个用红绸缎子做的大绣球，轿顶的四周挂着用丝线缠的色彩缤纷的琉璃。轿的左右两边的木板上面镂着梅花，镀上金粉，闪射着金灿灿的光芒。两边还开着两个小窗，挂着红绸缎子的窗帘，是给新娘观看外面的。轿门上有一

幅吉利的对联，对联的旁边绘着美丽的龙凤，轿门的前面还挂有一面门帘，这是用红绸子布做的，上面用彩色的丝线绣着美丽的图案。轿门上有一把金黄色的铜锁，新娘上轿后，就把它锁住。“送喜郎”开锁就是开这把锁。抬轿的竿子是用竹子做的，上面都扎有红布，以示吉祥。据说有钱人家的新娘轿子更加豪华漂亮，四周挂着铜银铸造的吉祥小动物，还挂有串珠和玉片，还有发出美丽乐音的金色小铃铛。现在电视上看到的一些供游客坐玩的花轿比起那时的花轿就大为逊色了。

出嫁那天，我大姑母（我姑姑的姐姐）、三叔母等人给姑姑梳妆，画眉，擦脸，换上嫁衣，戴上凤冠，罩上脸巾，从房里背出来坐上花轿，锁好轿门，把钥匙给我。我姑姑和我祖母还哭着，表示依依不舍。出发时，先放鞭炮，锣鼓敲起来了，喇叭吹起来了，好生热闹。新郎走在最前面，依次是敲打锣鼓的，吹喇叭的，我这个“送喜郎”（一个年长者带着我），花轿，两方迎送亲的人们。我祖父作为亲家大人和媒婆走在最后。

那时的嫁娶是讲究时辰的，花轿什么时候出门进门是定好时刻的。翻过那座山，快接近村庄时就听到锣鼓鞭炮声了，按照预定的时辰他们知道花轿快到了，早有一大群人等候在那儿。在一阵热烈的鞭炮声、锣鼓声、喇叭声、人们的欢笑喊叫声中，花轿抬进了厅屋。现在就是找我这个“送喜郎”开轿门了。带我来的那个人故意把我带到不显眼的地方，新郎推挤着人们左右寻找，有人也高叫：“‘送喜郎’在哪儿？快开轿门呐！”我正要回答，那个人用手把我的嘴一蒙，轻轻对我说：“哪里那么快，新郎的红包都还没拿出来。”又有人喊：“新郎，你多准备几个红包就有人开轿门了。”新郎马上掏出红包高举着说：“红包在这儿哩！”我不愿我姑姑老是闷在轿里，立即答应：“我在这里，我来开门。”我推开人们走过去，新郎立即把红包塞到我手里，我正要掏钥匙，带我那个人又拉住我的手说：“慢，好事逢双，快说，还要一个红包。”我就讲还要一个红包。于是马上有人又封了个包递给新郎。新郎立即给我，我把两个红包给了那个人，正在掏钥匙，又有一个人叫起来：“‘送喜郎’，等一下，让新郎唱个山歌再开轿门，你们说，好不好？”人们笑着高喊：“好！”新郎没法，只得说：“好，我唱几句，唱得不好，大家莫笑。”我的姑父（新郎）拉开嗓子唱了几句，是什么意思，我也没有听懂，反正唱得怪难听的，可大家却哗啦啦鼓起了掌，高叫“唱得好”，要求再来一个。站在门边的一个高个子摆

摆手，说："山歌以后再唱了，我们要新郎答应把新娘从轿里背出来才开轿门，你们看好不好?""要新郎答应当着我们与新娘咬一粒花生米才开轿门，好不好?""好!"大家齐鼓掌叫起来。正闹得不可开交，眼看拜堂的时辰快到了，新郎正着急，用眼到处搜寻媒婆。一看到，就请她帮忙解围。媒婆出来打圆场了："大家提的要求我代姑爷全答应了，先开了轿门拜了堂再说，好不好?"她话一落音，就走过来，拉起我就开了轿门。姑姑穿着新娘衣，戴着凤冠，罩着脸巾走出花轿，就有一个年轻漂亮的女人双手捧着一个盘子，里边盛着红枣、花生、桂圆，递给我，意即"早生贵子"。我把这个盘子放在神堂的桌子上。盘子里的东西人们不能吃，晚上送到新娘房里，给新郎新娘吃的。接着司仪的人就喊起了拜堂的声音。拜天地，拜高堂，夫妻对拜，锣鼓声，喇叭声，好生热闹。

我回到家中把一个红包交给母亲，并问，那个带我去的人是谁，为什么他要一个红包。母亲说："是你一个表叔，白家岭你大姑婆（我祖父的姐姐）的小崽。你应该认得他呀，上次我们躲日本鬼子夜里到过他家。他伴你去，当然他要一半，如果是四个，他就会要两个哩。"听母亲这么说，我哪里还记得那么多，又是夜里，他家又几兄弟，我怎么分得清。

后来我细姑姑（我二祖父的女）出嫁，也是我当的"送喜郎"。拜堂前就闹得更热腾，花样也更多。反正给了我红包，开了轿门，有人带我去玩耍去了，他们怎样折腾新郎，晚上怎样闹洞房，我也不知道了。

掏鸟蛋

有一天，一个小男孩偷偷地推开我家的房门叫我，那时我母亲正在纳鞋底，并管着我坐在桌前读书。小男孩说：“哥，你出来，有事找你呢。”我望了一下母亲，她眼都没抬，我知道她不反对，于是我快速合起了书，就出了房门，并问道：“什么事?”“你去了就知道了。”他领着我奔到后龙山，那儿已有几个小男孩在等着我们。

一个胖小孩看见我们来了就说：“我们掏鸟蛋去。那棵苦株树上筑了一个大喜鹊窝，去年迟些时候，我看到小鸟掉下来，我捡了一只，还没长毛，飞不起，快死了。现在还没出小鸟，一定是蛋，我们去掏吧。”大家一齐望着我。在这群男孩中，我的年龄最大，主意也最多。以前八月中秋偷高大娘的菜，我出主意逃脱了麻烦，大家后来都赞我，夸我。所以，一些事能不能做，大家都看我的表态。我想了一会儿，说：“好吧，我们去掏。”我的话音一落，孩子们高兴得叫起来，跟着胖男孩走了。

其实在这之前我们已掏过鸟蛋了，不过那是麻雀和斑鸠的蛋。麻雀的窝筑在屋檐下，堆积在猪牛栏屋的稻草丛中，或者扎在树干上的稻草堆中；斑鸠的窝通常筑在梨树、樟树、桂花树、枇杷树、桎木条树上，它们的窝筑得比较矮，掏蛋不费劲。但这种鸟蛋掏过几次后，大家就不感兴趣了，因为蛋太小，一不能吃，二也不好玩，所以，孩子们早就在计划掏高树上的大鸟蛋。

我们家乡常见的大鸟是喜鹊、老鸹。这些鸟很多，它们把窝筑在高大的松树、樟树、梧桐树的树杈上。窝很大，里面能栖几只鸟。在温和的阳光下，我们仰头望着树巅，数着喜鹊用嘴衔来一根根树枝、草根筑窝。对这样的鸟窝我们也感到神秘，常常争论：里面有多少蛋，会孵化出多少小鸟，贮藏着什么好东西给小鸟吃？有时我们用皮弹弓打，希望打穿鸟窝，知道一些秘密。而鸟窝实在太高，我们怎么使劲也打不着。但常听到小鸟在窝里吱吱叫，看到大鸟给

儿女们喂食的热闹场景，有时还捡到掉下来摔伤的小鸟和打碎的蛋，更引发了我们的兴趣，一定要掏这种鸟窝，揭开里面的秘密。而且，鸟蛋也一定更好玩，更有用。

胖男孩带着我们来到后龙山东边的园界边，那儿有一株高大的苦株树，下半树身光光的，只在很高的树干才开出几枝大的树杈，在中间树枝高端的枝杈上，喜鹊筑了一个很大的窝。仰头看，喜鹊喳喳叫个不停，盘旋在上空，从窝里飞出飞进。看来窝里确实有蛋，喜鹊准备孵小鸟了。

“去年还迟些时候我在这儿捡到一只掉下的小鸟，现在还没听到小鸟叫，肯定是蛋。”胖男孩继续说一遍。

“喜鹊蛋一定很大，掏下来够我们煮着吃一次。”

“可是树这么高，蛋怎么下来?”另一个问道。

“这不容易，装在口袋里不就下来了。”一个最小的孩子答道。

“不行，装在口袋里爬树时会压碎，上次我爬树口袋里的红蛋、油角全压碎了。”还是那个男孩说。

“我最担心的是怕树枝断，掉下来。”红亮说，他是这儿比我小一点的第二个大男孩。“你看，窝在树尖，那上边的树干不粗，万一树枝断了，那多危险。”

“那怎么办？真倒霉，喜鹊窝还是掏不了啦。”几个小孩同时叹息，但马上又望着我说：“哥，你看有办法吗?”

我来了后一直望着高高的苦株树巅的大喜鹊窝，心想，把喜鹊蛋掏下来，大家会高兴地玩一场，还可能甜美地吃一顿。也在想怎样才能把蛋取下来。倒是红亮的话提醒了我，要防备树枝断，注意安全。听到大家问我，我想了想，就说：“有办法。不过，你们哪个家里有布袋子，有粗绳子，有细绳子?”几个孩子立即答道，有的有布袋子，有的有粗绳子，有的有细绳子。我叫他们赶快回去取来，但不要惹得家里大人生气。

孩子们很快就取了东西来。我说：“把取出的蛋装在布袋子里，扎紧口，慢慢用细绳子吊下来，下面有人接着，蛋就不会烂。喜鹊窝在树顶，那根树枝不够粗，怕树枝断倒是要小心。我的办法是用粗绳子扎套在爬树取蛋人的腰上，另一端扎紧在一枝粗大的树枝上，这样就不会掉到地上，你们看这样行不行?”孩子们想不出更好的办法，都说行。我又说：“要上去两个或三个人才

好，一个取蛋，两个接或装，还注意安全。谁愿意上树?”大家争着去。我说，取蛋那个要手脚灵活而比较瘦的，接蛋和注意安全那个倒要强壮有力的。最后选出了红亮和另一个高瘦男孩。

他们两人把绳子扎紧在腰间，把布袋子揣在怀里，我和另一个大男孩分别做人梯把他们顶高，让他们方便爬上去。红亮他们两人确实很卖力，苦株树干蛮粗糙，疙疙瘩瘩，手脚皮容易划破。但他们不在乎，很快就爬到第三层树杈，快接近顶端了。我们关切地仰望着，大家在叽叽咕咕地议论什么。

等他们爬到树顶端，我就在下面大声喊，叫红亮用身子靠紧一根大树枝，站牢稳，用粗绳子扎套在另一人的腰间，并把绳子的另一端紧紧地扎在一枝大树干上。做好这些，另一男孩才攀紧中间那枝大树干向上爬，接近喜鹊窝。当他爬上看见窝里的蛋就大叫起来：“好大好牢实的窝啊，好多好大的蛋啊!”就在他大叫时，他攀住的中间那根树干在一阵风的吹动下左右晃动起来，吓得树下仰头望的孩子们都“啊”地尖叫起来。

“小心啊! 你一定要每只脚踩稳一枝树干，用一只手抱紧树干，再用另一只手取蛋。”我在下面大声喊。

他站稳后，树干还是在摇晃，但他好勇敢一点也不害怕，一只手抱紧树干，另一只手取蛋递给红亮，忙了好一阵才把蛋取完。红亮把蛋一个个装进布袋，一袋都快满了，扎紧袋口，用细绳子扎牢实慢慢吊下来。孩子们接住蛋，迫不及待打开袋看。蛋都是灰色的，每个蛋上有一些麻麻点点的斑块，有刚生蛋的小母鸡下的蛋那样大一个，比现在的鹌鹑蛋大多了。

大家叫红亮两人小心下树来，一看他们的手，每个人的手上都刮去了几块皮，露出了血丝，但他们笑嘻嘻的，毫不在乎。大家高兴得蹦跳了好一阵，玩了小半天，在山地里挖个小灶，架起一只小锅，煮着美餐了一顿，才乐乐地散去。

后来我们还多次掏了喜鹊窝、老鸹窝、乌鸦窝、野鸡窝、大黑鸟窝等鸟窝，有时我们还顽皮地特意去掏家中的燕子窝，遭到了大人们的严厉呵斥。他们说，燕子是吉祥鸟，它们来你家筑窝、生蛋、孵小鸟，就表示你家将兴旺发达，吉祥安康。我也特别注意了，那天我们掏了喜鹊的窝后，有几天两三只喜鹊盘旋在窝的上空，不安地飞来飞去，噪叫不停；同样掏了乌鸦、斑鸠、麻雀的窝后，它们的表现也是这样。我想，它们是不是在寻找它们的蛋？它们是不

是也有思念的感情？还有一次我看到一只小鸟掉到地上受伤了，再也飞不起来，大鸟就落下，在小鸟周围叫着转来转去，似乎在想法把小鸟带走；我还看到了大燕忙碌飞来飞去觅食哺乳燕的情景，都表示了一个母亲对儿女的关怀。这就给了我很大的触动：鸟儿也有感情，也通人性，真是可爱。过后，我对那些小弟弟们说，我们不再掏鸟蛋了行不行？他们都用诧异的目光望着我，不置可否。他们后来是否掏了鸟蛋，他们也没有再叫我，我也不知道，反正从那以后我再也没掏过鸟蛋。

给猪牛栏屋熏烟

那时的卫生条件特别差，苍蝇、蚊子很多。每到夏天，蚊子到处都是，家里有，田地里有，山野里也有，一不小心就给咬一个大疙瘩。山野树林里的蚊子是花脚杆，很大，特别毒，叮一口，伤口发炎溃烂流脓水，我们都很怕。家中的蚊子更是时时攻击我们。为了防备它们，晚上吃饭或闲谈就用熏烟的办法驱赶蚊子，晚上睡觉用蚊帐。那时的猪牛栏屋要垫稻草积肥，卫生条件就更差，蚊子多于牛毛，咬得猪牛日夜不得安宁。那时猪牛又是农民的宝，特别是牛，要靠它犁田，否则就没有饭吃。所以，为了减少蚊子叮咬猪牛，就用熏烟的办法驱赶蚊子。熏烟没有现在的药物药材，通常家里为人熏烟用谷糠、锯木灰，给猪牛栏屋则用青草。

用青草给猪牛熏烟让我吃尽了苦头。上午就割好一担青草做准备，到夜幕降临时就开始在猪牛栏屋里熏烟。先在关猪牛的房前的地上垫一层青草，然后用干松树枝烧燃，接着就一层一层往上盖青草。不能让火全部烧燃青草，那样就不会产生烟；也不能把火盖没，盖没了就没有烟。而是让火燃着，又要让它产生大烟。烟很浓很大了，我就用一把蒲扇使劲扇，把烟更多地扇进猪牛栏屋里面去。

猪牛栏屋里本来蚊子成堆，可我光着脚杆站在那儿，居然很少被蚊子咬，大熏烟确实能驱赶大量的蚊子。我使劲挥动蒲扇，浓烟四处扩散，全身淹没在浓烟之中，烟呛得我咳嗽不停。特别严重的是眼睛睁不开，一睁开眼就烟得泪水直流。可我又不能离开那儿，而且还得使劲睁开眼睛，因为一要不停地添青草产生大烟，二要使劲把烟扇进猪牛栏屋，三要看住火花不能往上飞。因为猪牛栏屋上方的阁楼堆有稻草，烧起来那就不得了。所以熏烟的一个多小时，我一直处在浓烟的包围之中，又是咳嗽又是流泪，又是使劲，弄得我够苦。我的眼睛睁不开，睁开就刺痛，泪水滚流不停。可我又不能不睁开，因为我得注意

烟火燃得怎样，既要产生大烟，又不能出问题。要不然我怎能看见。我用手揩泪水，因为手拿了青草、松树枝，它们上面有泥沙，不小心又把泥沙弄进眼里，痛涩得我眼睛直流泪水，眨个不停。眼睛很快就发炎了，第二天早上眼粪把眼睛紧紧粘住，眼睛睁不开，只能用口水涂在睫毛上，或用冷开水润湿睫毛和眼皮，才能慢慢睁开眼睛。

给猪牛熏烟，在蚊子多的夏天，几乎天天都要干。父母叫我们小孩子干这种活，一是因为田地里的活忙不过来，二是他们认为这是轻便事，叫小孩子干比较恰当。他们可没想到干这种活会给孩子们的身体健康带来严重的影响。我读初中就感到视力不佳，一进高中就戴上眼镜，一辈子戴着。到了现在六十多岁，视力更加下降，又有白内障，给我各方面带来诸多不便。当然我的视力这么差，主要与我后来学习不注意爱护眼睛有关，但也不能说与孩提时代眼睛遭到重大的刺激没有关系。从小就注意爱护眼睛，避免年老眼睛出现大的毛病，这确实是一个教训。

我的二姐死了

我有两个姐姐，大姐健康长寿，现已七十多岁，头脑清醒，活动自如，身体健康。我的二姐很多人就不知道了，甚至连我的妹妹们可能大都不知道，因为她在七八岁时就不幸死了。二姐大约比我大两岁多。我记得很清楚，当时父亲因为躲抓壮丁逃在外边，母亲忙着田地里的活，大姐只有十四五岁就帮着母亲料理家务：煮饭，煮猪潲，喂猪，喂鸡鸭，从山里背柴回来，没时间带管我和两个小妹妹。二姐带我们玩，她的聪明能干给我留下了深刻的印象，对于她的死，今天想起来我还伤心。

由于那时是动乱时期，更主要的是由于家里穷，我的两个姐姐到了该上学时都没有上学。当时农村的大部分孩子都是这样，特别是女孩子。二姐没读过书，但她很聪明，她带我们玩很多东西，一是教我剪花。这可能是她跟母亲学的。那时的农民都是自己做鞋穿，因此自己剪鞋底样，女人的鞋面上还用丝线绣花。街上经常有鞋面花、枕头花卖。由于无钱买，通常自己剪。我母亲能剪鞋底样，剪女人鞋上的一些花鸟，剪了很多，夹在一本旧书里，就是在我上大学时，假期回家翻衣柜里的抽屉还经常翻出来看。二姐心细，看着母亲学了就教我们。她教我剪梅花、芙蓉花、水仙花、蝴蝶、鸟儿等等。可是我很笨，学得慢，剪得很不像。但她还是不断地教我，主要是陪我们玩。二是教我玩游戏解线井。我在前面讲我最喜爱的游戏中已说过解线井是一种什么样的游戏。二姐玩得很好，能解出多种花样来，我很多不记得了，现在只能解出两三种。三是常带我去捕捉蚱蜢喂鸡鸭。村庄左边沿围墙通往县城的路，过了水沟的小石板桥，过了山沟的石板桥的前面，有一块大草坪（今天这块草坪没有了，人民公社时在这里建了生产队的粮食仓库。人民公社解散后，我大妹家买了这些房子住了一段时间，后来又卖给四叔父的三儿子，他在这儿又扩建了房子，打了一块大的晒谷坪），也就是后龙山的左边园界外的正前方的一块大草坪，是

一块斜坡形长满青草的大坪。那时在风和日丽的日子里，人们常来这儿玩耍，晒太阳。由于从这儿能看见通往县城百子桥那样远的路，所以人们常来这里探望出街的人是否回来了。我记得，我曾多次带着妹妹们坐在这儿的青草地上，盯着远方的路，等候母亲从县城归来。

青草里有蚱蜢、螳螂等小虫子，二姐带我来到这儿用一块以竹子编排成的小打板扑打蚱蜢。这种小打板，只有巴掌那样大小，用竹子做一个把柄，比较沉，打起来很管用。二姐用打板挡住青草，当蚱蜢刚露出要飞还来不及飞时，就用力扑打下去，把它打昏死，我就把它捡了装进小布袋。为什么要用小布袋装？因为打到的蚱蜢多半是昏死，很快会苏醒过来，用篮子装它又会飞走。她打得快，我也捡得快，不多久一小布袋就满了。她就叫我打，我动作不快，挡住青草蚱蜢出来了，打板还未落地它就飞走了。她就教我。回家踩死后，打开布袋用蚱蜢喂鸡鸭。鸭吃得很快，一下就吞进出了，鸡就吃得慢了，伸长脖子卡了好久才费劲地卡进一只蚱蜢。

我二姐身体瘦弱，常常生病。当时家里穷，生活困苦，不用说营养，就连饭也是一天没有一顿饱的，而且常常只能吃“蓑衣饭”。由于营养不良，抵抗力弱，我们常患各种疾病。二姐常头痛，咳嗽，发痧，流鼻血，手脚冰凉。当时没钱买药，经常是弄点小方子吃了了事。有时碰运气吃好了，有时则没有任何作用。二姐有次鼻子大流血，就是用灯草和锅墨堵住的。而我有一次肚痛厉害，痛得在地上四处滚，我母亲听人说吃香灰水能止痛，立即从神坛的香火钵里挖了两汤匙香灰冲水让我喝下去，结果不但没任何作用，而是更加痛了，急得母亲和外婆无法，两人轮流背着我四处转，时刻到神坛面前念着，求神保佑我快点好。但我却足足痛了两天才慢慢止住。所以，有时吃土方子又没有任何效果。至于大人生了病，那就是两个字：拖和顶。年轻力壮的，睡几天，慢慢能吃饭了，病也就好了，这就是顶过来了；年老体衰的，拖顶不过，也就离开人世了。

我二姐的死恰逢我们家最困难的时期。据我的记忆以及我大姐的回忆印证，我二姐生重病时，我父亲躲抓壮丁逃在衡阳，不在家。我母亲生病了，几天没动碗筷。我也病了，母亲还要挣扎着照顾我。二姐因感冒发高烧，又引发大流鼻血。母亲要大姐用灯草塞二姐的鼻孔。当时农村常用这种办法止鼻血。以前她流时，也用此法止住过。但这次止不住，灯草一下全红了，鼻血很快渗

出来。母亲着急了，她把我放在床上，盖好被，拖着带病的身躯赶快叫大姐和她一块割锅墨（即烧柴草的锅底上结成的灰），用锅墨给二姐止血。这也是当时农村流行的一种止血方法。一方面用锅墨调水给二姐喝，一方面用锅墨塞两只鼻孔。但仍不能止血，鼻血还是大流。二姐脸色苍白，眼色无力，已快休克了。母亲急得痛哭，从抽屉里的一个生锈的小洋铁皮盒里拿出仅剩的两个毫子，叫大姐喊一个叔叔赶快奔城里买药救二姐的命。

等买药的叔叔回来，二姐已休克了，脸色苍白，闭着眼睛，在抽着气。母亲在房前的小过道里用两张条凳架起几块短板子，放了稻草和席子，做成一张临时的小床，把二姐搬到这儿躺着。房间和过道都很暗，点着一盏茶油灯。叔叔买回了两副吃的中药和一包止鼻血的中药粉。那时县城还没有西药医院，也就那么两三家中药铺。母亲立即把中药煮成，二姐已不能自己吃，只能撬开牙齿灌进去。鼻子还在渗血，下面胸前的衣领都红了，母亲给擦干净了，用根鹅毛管醮着药粉往鼻子里吹，不敢用药粉往鼻里塞，怕二姐出不来气。祖父母、还有几个叔父母都来看了，大家都摇头叹息，知道没有什么希望了。母亲泣不成声，一会儿看看二姐，一会儿回过来照顾我，又没吃东西，又有病，行动已是跌跌撞撞，她无能为力叹息说："只能听天由命了！"

当天夜里二姐死了，什么时候死的我不知道。早上我醒来看见母亲坐在床边失声痛哭，还有祖母在旁劝慰，我知道肯定出事了。我爬起出房门一看，小床不见了，二姐不见了。我问母亲，祖母止住不让我问。我往灶屋里走，（灶屋就在房间隔壁）大姐边烧火边哭泣，她告诉我，二姐半夜过后就断了气，天蒙蒙亮母亲就叫人把二姐搬到后龙山上的灰厂里去了，把小床撤了，板子丢到外面去了。听大姐讲后，我大声地哭起来，我和大姐俩人一起哭得更凶了。母亲在隔壁房里嘶哑着声音问："什么事?"我们怕母亲更伤心，才放低声音哭。那天早餐后，两个叔叔用粪箕抬着二姐，在后面的松树林山里，挖了一个坑就把她埋了。

二姐的死给我们家带来无比的悲痛，好长一段时间我们家都没有开心欢笑过。我喜欢二姐，我不会忘记她带我玩耍的那些欢乐的时光。那段时间，我想了好久，用什么办法才能救得二姐不死？想到听《西游记》故事里讲的长生果和不死仙丹，可惜自己太小，无法找回来，没有救住二姐。我想，快快长大吧，总有一天我要把这些仙药找回来，就去救别人，帮助别人了。

放“夜毫子”

我小时候最喜欢放“夜毫子”，用这种办法捉了不少的泥鳅，而且非常有趣好玩，那些经历，就是今天还时时浮现在我的脑海之中。

什么叫“夜毫子”？它是一种捉泥鳅的工具，在各个不同的地方有不同的叫法，我们家乡就叫“夜鸭婆”，但我在多数地方听说都叫“夜毫子”，所以在本文中我也叫“夜毫子”了。它的形状像一个长的陀螺，一般是七八寸长，用竹子的篾片编织成，直径大约两寸。它装有两个漏斗式的倒塞，一个安在“夜毫子”的筒子的门口，一个安在它的腰中部。两个倒塞要做得很精致，是用很细小的篾片织成的。但两个漏斗型倒塞的出口，却是用很牢实的薄篾片织成，泥鳅一钻，它就张开，泥鳅一进去，它又合拢，倒塞的作用是让泥鳅钻进去，而让它出不来。“夜毫子”尖的这端，是用很牢固的薄篾片织成的，它的作用是把关在里面的泥鳅放出来，把卡紧这些篾片的紧圈取脱，掰开这些篾片，泥鳅就倒出来了。

怎样放“夜毫子”？泥鳅为什么钻到它里面去？这里边的学问还不少呢。

那时的稻田是真正的水田，就是说一年到头田里的泥土都是水浸着的。而且在秋收后，就已犁好耙好，这样的田里才有泥鳅，才能放“夜毫子”。

为了引诱泥鳅进入“夜毫子”，需要一种诱饵。放之前，先要准备这种诱饵。我们家乡的人们通常用这几种东西合在一起做成诱饵：蚯蚓、芫苏（一种香味很浓的菜）、谷糠，把三样合在一起捶烂，就成了诱饵。

我把捶好的诱饵装在一个鱼篓里，用箩筐装满一担“夜毫子”，再拿一袋记号棍，就和小伙伴们一块出发了。我们通常是两三个人一块去放“夜毫子”，特别是离村子比较远的地方。因为下午出去迟，归来已断黑，早晨去收又天蒙蒙亮就起床，一个人有些害怕，所以都是结伴而行。

我和一个小伙伴来到庙山里下面的一丘大水田，这个地方离村庄比较远，

来放的人少，泥鳅可能比较多。我们把田划开，每人放一边。我挑着“夜毫子”下到田里，田泥细，水也比较深，很适合放。我用左手掏起一团泥巴，然后用右手把它捏成一个空心小钵子型，再取一些诱饵放入其中，接着就把它糊紧在一个“夜毫子”的尾部的上方，然后就把它放入田里泥土中。“夜毫子”入泥土不能太深，也不能太浅。深了泥土堵住“夜毫子”尾部的入口，泥鳅进不来；浅了怕它会浮起来，泥鳅也进不来。把“夜毫子”置入泥土中后，在其旁插一根记号棍，便于明早来收时易找到。在“夜毫子”入口的前边，还要在泥上划一道浅浅的沟，便于泥鳅顺道进入“夜毫子”中。为什么泥鳅会进入“夜毫子”里？因为它闻到了诱饵的香味。“夜毫子”有两个倒塞，泥鳅进时挤开倒塞尾的薄篾片，进去后，薄篾片又收拢了，泥鳅就出不去了。关在“夜毫子”里了，它在里面可能乱窜，就进入第二道倒塞，就更出不来了。

我和小伙伴很快就放完了一丘大水田，接着再找了一丘泥质好的、估计泥鳅多的田。放完了全部“夜毫子”，来到水沟里把脚上的泥土洗净。我用力擦左脚腿上的泥，泥土洗净了，但有一条紫红色的、软软的东西擦不脱。我仔细一看，啊，原来是一条蚂蟥钻进了我脚肚的皮肤里，吸饱了血，还叮得紧紧的。我害怕得叫起来，小伙伴过来用手捏着蚂蟥从我脚上扯脱，血从伤口汩汩流出来。他告诉我赶快到清水里冲洗，就不会痛，也没问题。我照办，一下就不流血，也不痛了。我们洗干净手脚，挑着空箩筐，想着明早泥鳅的丰收，高高兴兴回家了。路有些模糊了，夜鸟在草丛中发出嘶哑的鸣叫，野兔穿窜树丛沙沙响，我们有两个人，一点也不怕，唱着小调儿，很快就到了家。

第二天早晨天蒙蒙亮我们就起床了，提着鱼篓，挑着箩筐去收“夜毫子”。我们都希望“夜毫子”里装的泥鳅满满的，并打算拿泥鳅到城里卖，用卖来的钱买火柴、盐、灯芯草，还可买自己玩的玻璃球。那时我们喜欢玩打玻璃球，在泥地上挖三个或五个洞，每个洞之间隔一定的距离，用大拇指弹出玻璃球，谁能准确地把球弹进五个洞里，就算谁胜，别人就得赔一个球给他，这样玩很有趣味，玩得开心。

我下到田里收起第一个“夜毫子”，拿在手里沉甸甸的，还听见泥鳅在里面跳动的响声，心里真是高兴得不得了。取脱紧圈，掰开篾片，朝鱼篓一倒，五六条泥鳅就掉进了鱼篓。

“我的几个‘夜毫子’都是满的，你的呢？”小伙伴问。

“我的也不少，这个地方真是找对了。”我答道。

“我找的地方还会有错？下次带你去一个泥鳅更多的地方。”他有些吹牛了。

“下次，你一定会叫我吗？”

“当然啰。不过，你得带我到城里买玻璃球弹子。”我马上答应，并告诉他只有在城里的哪条街哪家店铺才有卖。他高兴极了，说：“我们都讲话算数。”

我们很快就收完了全部“夜毫子”，有的泥鳅多，有的少，也有少数一条也没有，是空的，但总的讲是丰收。我们每个人都有大半鱼篓，足有三四斤，可以卖不少钱了。当时我们的生活很苦，营养不良，有时就靠炆泥鳅来补充，田里的自然生长的泥鳅还是很有营养的。但我们都不舍得全部吃，常常是大部分卖掉，因为家中无钱，要靠卖家畜、卖蔬菜、卖鱼虾、卖泥鳅得几个钱来买日常生活用品。

那时春暖又尚未莳田，秋收后天气又尚不冷，在这段时间里我经常放“夜毫子”。而且或多或少总有收获，常卖些钱给母亲，母亲高兴就夸我，我也乐于干。因为把大部分钱交母亲外，还能留下一些钱买我喜欢的东西。但是到二十世纪的五十年代末，我从外地回家就很少看到“夜毫子”了。原因是从 1958 年搞大跃进起，很多田种草籽，不再冬田了，田不犁也无水，当然放不成“夜毫子”了；另一原因是一些人认为那样捉泥鳅太慢太少，都用药毒泥鳅了。但我深深地感到，无论是药毒还是人工养殖的泥鳅都远远没有自然的田里捉的那种泥鳅的美味了。时代进步了，带来了美好和辉煌，给人们增添了不少幸福和乐趣，但也许也有它的遗憾。比如，我现在住大城市里，就再也尝不到我少年时代放“夜毫子”捉的那种泥鳅的美味了。这对我讲难道不是一种遗憾吗？

梅花开放的时候

我们村庄前后左右有几株梅树，它们的开花、结果给村里的人们带来了不少的欢乐和愉快。我特别不能忘记梅花开时在我幼小心灵中引起的惊喜。

最令我难忘的是挨近老樟树旁的那棵古老的腊梅。它在左边园子的东头角上，也就是通往县城的路过水沟的小石板桥的旁边。我为什么把它叫古老的腊梅？因为它与我后来在画册里看到的那些腊梅很相似，斑驳的树皮，众多的枝杈，树枝弯得奇形怪状，从围墙里面伸探出来。不同的是，画册里梅树都比较小，而我们家乡的这棵却很大。我记得曾多次爬上树摘梅子，树枝没有断。还有一棵方向刚好与这棵相反，在右边园子的西头角上，它也在通往骑田岭的小道的过水沟的石板桥附近。它没有东头的那棵古老，它的枝条显得比较茂盛。还有两棵在村庄的后龙山，一棵在后龙山靠近水沟的几株大桂花树旁，一棵在后龙山中部的一棵梨树边。最后这一棵很多年岁比我小的人都不知道，因为它在 1951 年卖后龙山的大松树做铁路枕木时就被毁坏了。桂花树旁的那棵也在后来砍伐后龙山所有的树木时被砍掉了。右边园子西头角上的那棵经历久一些，大约在 20 世纪七十年代人们围园子种菜，才把它挖掉的。只有东头角上的这棵腊梅存活了下来，就在我回故乡看被雷电击死的老樟树时，它仍活着，它是一棵真正古老的梅树。

梅花的开放给村庄里的人们带来了不少的欢乐。冬天草枯叶落，除松树、樟树、桂花树还保住它的绿色外，其他的树都变得光秃秃的。桃树、梨树、李子树都没有一点生气。在寒冬来临，如果又下了大雪，人们从水沟上的石板桥上过，抬头一望，梅树的枝条上长出一个个米黄色的小花蕾，就会当成头等大事在村子里叫起来：“梅花要开了！”这一叫声像春雷会惊动整个村庄，引起热烈的议论。老人路过那儿，看到花蕾就回来说：“今年梅花开得早，明年一定是个早春年。”妇女路过看到花蕾就说：“今年的梅花这么多，一定会开得

特别好看。”孩子们见到，就会邀齐所有的小伙伴站在树下，挥舞着小手喊到：“明年我一定要多摘两篮梅子。”

我对梅花的开放特别喜欢，特别关注，每天不止一次去看它，而是两三次。尽管还是冬天，我会冒着严寒，踏着碎雪来到水沟的小石板桥旁，仰着头盯着那棵古老腊梅树干上的每颗花蕾，看它慢慢发生地细小的变化。起初是在湿润的树枝上长出一点点米黄色的小点，过了几天小点慢慢膨胀，在它的底部变成淡紫色。如果天气晴朗，再过几天花蕾就绽开，花瓣伸展开来，中间有几根细小的淡黄色的花蕊。寒风凛冽，可还是有几只小蜂在梅花的周围飞舞，可能是这些小精灵嗅到了梅花的芳香了吧。我久久地立在石板桥上欣赏梅花，也感一阵阵清香暗暗袭来。后来读陆游的咏梅词，他说梅花凋零辗成了灰尘也还是放清香呢。当然，这是一种夸张，是为了表现诗人孤芳自赏，赞美自己的高洁品质，才这样写的。但梅花确有一种特殊迷人的清香，那倒是实在的。记得二十世纪八十年代我去无锡表哥那儿，表嫂带我去梅园游玩。那正是梅花盛开的季节，满园各色各样的梅花，一阵阵清香扑鼻而来，使我精神为之一爽，心旷神怡，多少天后头脑里似乎还充满着梅花的清香呢。也就是那次我才知道世界上梅花的品种有这么多，其芳香是那样的清幽和奇异。但我也看到，这园子里尽管是无边无际的梅树，也几乎没有一棵有我的故乡那棵古老的腊梅那样高大、那样奇形多姿。

村庄几树梅花的开放会给人们带来巨大的欢乐和高兴。不管人们怎样忙碌，经过那儿人们的脚步总会放慢停下来看看；讲话的不会忘记总要说到梅花盛开的情况；晴天，老奶奶会带着孙儿女来梅花树下玩耍；夜幕，老大爷赶着牛路过石板桥还会叫人看梅花。我们村庄在不同的季节盛开的花有好多种，春天满围墙的牵牛花、喇叭花，夏天像银盘样大的芙蓉花，秋天金黄色的桂花，早冬雪白的株子花，可谓每季都有奇花异彩，但我感到人们最喜爱的还是梅花。人们看了这株看那株，还不断地品评，议论，兴趣还真浓呢。

摘梅子的时候更是高兴。梅雨前后，一颗颗梅子闪露在绿叶中，好诱惑人。特别是一些刚结婚的年轻妇女，也许是怀了孕吧，她们对青梅特别喜欢，因为它酸，早就在打主意摘青梅，老人们就会取笑她们：“当心啰，别把小毛崽酸下来啰。”

但通常我们是在梅子熟了、变黄的时候才摘。我和两个大点的小男孩就爬

上那棵古老的梅树，摘了一颗颗丢下，大人小孩在下面抢着捡。梅树很易折断，无法攀登摘到的，就用根竹竿打落，跌到地上多半烂了，就捡回家洗净，放糖和盐渍着，又酸又甜，很好吃，各家各户都会高高兴兴地吃好一阵子呢。

后来我才知道，我们村庄的乡亲们之所以喜欢梅花开放，是因为它报春。在那饥不得食、寒不得衣的贫穷时代，人们都希望消索的严冬赶快过去，万物生长的温暖的春天赶快回来。所以毛主席在他的词里就写道，梅花开得早，开得俏，不是与百花争春，只是把春来报。梅花的开放就意味着春天的到来。英国的诗人雪莱写下了两句充满哲理的诗句：既然冬天已经来临，难道春天还会遥远？我们是否也可以说：既然傲霜熬雪的梅花已经开放，百花争艳的春天还会远吗？梅花的开放在揭示一种客观自然规律，所以我们常说，规律是客观的，是不以人们的意志为转移的。

但我喜欢梅花却是因为它刚强坚毅的性格。除梅花外，几乎所有的花儿开放都是在春天，而且是在有了雨水，有了温暖的天气才开放的。而梅花却是在寒冬腊月迎着寒风冰雪勇敢地把身子站出来，这就是梅花独特的性格。我们一些优秀人物的成长又何尝不是拥有了这种性格，才成就了震古烁今的伟业？所以古语曰：不经几番霜雪苦，哪得腊梅放清香？

第一次看电影

大约在二十世纪的四十年代的后期，我在县城第一次看到了电影，这在我的一生中是一件了不起的大事。所以过去几十年了，在我的头脑中还记忆清晰。

那时我住在舅母家读小学，一天晚饭后几个小伙伴叫我出去玩。走出曾家祠堂，经过南关街，穿过热闹的三星桥，再经过南门口，就到了有戏台演大戏的城隍庙。在那儿我们看到很多人都往东长街那边跑。一个人问：“你们到哪儿去?”有人答：看电影去。当时我们听不懂看电影是干什么，但肯定是新鲜事儿，就跟着往前跑。

来到东长街的尽头，也就是今天县人武部的附近，在那儿有一个大礼堂，人们都往那儿挤。礼堂前的小坪上已是人山人海，根本看不见进的门在哪儿。我们小孩也不敢往人堆堆里挤，怕挤倒踩伤。我们几个人左瞧右瞧没办法进去，后来看到礼堂的左边有条很狭窄的巷子，有小孩侧着身子挤进去，我们也跟着挤进去。进去后里面宽一些，是礼堂的左边，开有五个大窗子，窗子门都烂了，而且没有玻璃。看到有的小孩蹲下去，用肩顶起另一人爬上窗子，往里面看，而且听到里面的人一阵阵叫喊。

一个小孩顶起我爬上了窗子，我往里面前边看，只见礼堂前边舞台上挂一块大白布，布上闪着亮光，一会儿有很多人在亮光的布上打架，一会儿又是很多人在店里吃东西，一会儿又是一大帮人在田野里厮杀。为什么白布上会发生这些变化？我往后一看，原来后边较远的地方射出一束光在白布上，布上的图景才发生变化。原来这就是演电影。我感到非常新奇，因为我以前看到书上、图画里的人和动物都是死的不能动的，而这在布上却变成了活的、能动的，在当时我幼小的心灵中就认为是非常了不起，真是一个天大的变化。但白布上那些人打架，讲话却听不到声音。所以，演的是什么东西，什么内容一点也不

懂。只知道他们争吵，打架，你追我赶，跑到这，跑到那，因为听不到声音，究竟是讲什么，所以一点也不知道。后来我才听人们说，这是美国最早的无声电影。

我看了一会儿，下面的小孩就在叫，他要上去看。我只能下来，把他顶上去。所有的窗子都爬满了小孩，再没有别的空位。这样轮流爬上爬下，直到看完电影。

电影散场后，在街上听到人们议论纷纷：打得真过瘾，惊险极了；那个女的能飞檐走壁，比古代的剑侠还厉害；那两个男的和女的都是好人，可惜没成功，都死了；他们做的好事不少，杀坏人，救人，给受苦的人发粮食，真够勇敢的，等等。听到这些议论，我隐约知道这是一部讲杀富济贫的英雄的武打影片。我确实也看到了那两个英雄的勇敢打杀。但电影叫什么名字，我至今也不知道。但我当时也感到奇怪，电影没有声音，我只看到那些人追追打打，他们怎么会知道是讲这些内容？

看了这样的电影，对我们小孩产生了不小的影响。一是大家不断地谈论那两个勇敢的英雄。这样，在我们幼小的心灵中就萌发了对英雄的崇拜；二是模仿那两个剑侠用竹竿、木棒进行武打。虽然我们在看中国的古装戏中也有武打，但远没有这两个剑侠对我们的影响大；三是也让我开始感到英雄和好人也不一定就成功，也可能反被别人害死，不一定有好结果，在我的心灵中引发了最初的朦胧的悲剧感。

关于老虎的几则纪事

我在很小的时候就听到过大人们讲到老虎，看到过老虎，摸过死老虎，还看过人们打虎，远比今天的小孩只能在动物园看看铁笼子里的老虎强多了。

（一）常听人们讲老虎

那时故乡的老虎好像很多。有时晚上下了雨，我祖父打开大门到外边看看回来就说："嗯，昨晚来了老虎呢，好大的脚印。"听他一说，大家好奇，都跑到大门外看。在湿泥地上印着像猫脚爪一样的脚印，只是比猫的大很多倍。这就是老虎的脚印，因此在我们家乡又把老虎叫做大老猫。有时我又听到人们回来说，在某某村里老虎咬死了牛猪，还把一只大肥猪拖走了。我还听我的两个叔叔说，他们都遇到过老虎。有一次三叔夜里从外地回来，经过一座大森林，突然看到前边射出两道绿色的光，他知道遇到老虎了，赶快侧身躲在一棵大松树后，屏住气，一动也不敢动。直等到老虎钻进灌木丛中，他才现出身，已是毛发竖起，一身冷汗。因为老虎的两只眼睛在晚间就射出两道像手电一样的绿色的光。三叔一看到这绿色的光，就吓成这样。

那时故乡宜章的老虎多，可能与当时森林茂密有关。我在前面有的篇章说过，那时的山岭几乎都是高大的茂密的森林，除此以外，还有很多杂树灌木丛。这些灌木丛一大丛一大丛的，非常茂密，人钻进里边外边就看不见，何况野兽呢。躲日本鬼子时，有的人家来不及逃到远处，就全家钻进一大丛灌木林，也逃过了鬼子的搜寻。由于有这么好的林木环境，所以那时的野兽很多。我就亲眼看见过黄鼠狼、豺狼、野兔、野麂等等。我二叔的嗜好是打鸟铳，他每次出去从不空手归来，不是野鸡，就是野兔、野麂等，可见那时的野兽之多。

我们村庄隔河的对面叫呼山，这座呼山的下面是茂密的松树林，山的半腰以上就是灌木丛，灌木丛里还有一些石岩洞，人们都说岩洞里住着老虎。原来下庾岭的后面有一大片茂密的松树林（现在这片松林没有了，已建了很多房屋和开成大片大片的菜地），它的右边也有一些岩洞，人们告诉我，这些岩洞里也住过老虎。

（二）亲手摸老虎

我是在县城里第一次看到死老虎的。有一次我来到三星桥，见那儿挤满了人，还听到有人叫："一只好大的老虎啊，快来看！"我一听到老虎就感兴趣了，放肆往人群里钻。挤到里边一看，在用两根竹子扎成的抬竿上，躺着一只死老虎，棕黄色的毛夹着一个个的白圈，头像一只大花猫的头，只是几颗门牙又长又利。肚皮是瘪的，好像饿了很久没有吃东西。几个小孩指指点点，还用手去摸。大人吓唬："小心老虎咬死你！"我也去摸老虎身上的毛，毛足有两寸长，好粗一根；我还去摸老虎的爪子，在一些短绒毛的掩盖下，每只脚有三个硬硬的、前边有点弯曲的尖利的爪子。这时我才相信了人们说的，老虎的爪子一搭在人身上、手腕上、脸面上就撕一大块肉的说法。这样尖利的爪子，再加上老虎的大力气，不撕去一大块肉才怪呢。

打虎的人想把老虎卖给药店，双方在讨价还价。药店的老板说，打死的、毒死的和用夹子夹死的价钱是不一样的。人们说，老虎身上的一切，甚至包括粪便都是宝，但如果是毒死的，内脏就不能用了，价钱就大不一样。打虎的人坚持，他们是用夹子夹到的，可以看，脚上还有很大的伤痕。

我在县城看到过几次死老虎，那时老虎多，好像也容易打到。我们小孩子都喜欢围着观看，而且用手去摸这摸那，感到非常好玩。然后就去向别人吹嘘自己摸到了老虎的什么东西。那时街头经常有卖虎骨的，还有卖虎皮的。有钱人常用虎皮做成长褂子，做为过冬的最保暖的棉衣。老虎的那几颗门牙很值钱，磨水给刚出生的婴儿吃，能治抽风等多种毛病，并且非常神奇。它嘴边的那几根硬胡须也有非常神奇的妙用，人们哪儿酸痛，用它点几点就能解除。人们还常用老虎的内脏熬配各种中成药，特别是用虎骨浸酒，认为那是最好的药酒。吃这样的酒能强身，能去风湿治病。我记得白石渡酒厂的虎骨酒在后来很

长一段时间内，在湖南也还小有名气。

（三）观看打虎

我看过一次打老虎，是在茶山脚家里。一次，可能是从呼山的大石岩洞里，跑出来一只小老虎，躲在下庾岭村东边的岩洞里（也就是现在石壩下中学门前过河的马路的旁边）。那时这里森林茂密，在一大群一大群的杂树丛中隐蔽着一些岩洞，小老虎就躲藏在这些岩洞中。下庾岭村一个砍柴的人偶尔发现了它，回去传开后，大家决定围打这只小老虎。

那天，我和一些小孩子在村庄的大门口玩，突然听到对河那边人声沸腾，有人高声喊：“柴草都准备好了吗？”

“都堆放在洞口了。”

“把守那两个洞的出口的人都到了吗？”又有人问。

“都拿着铁棒、砍刀守在那儿了。”

“打鸟铳的来了几个？”

“五个都来了。”

“看的人站远一些，不要站在打铳的下边，最好爬上树。”又有人高声叫。

这时，我们村庄好多人也来到大门口看热闹，有的说这是打老虎，不久前有人发现岩洞里有一只小老虎。有人跑到河边去，以便看得清。我也跟着跑去。我们来到亭子脚河边，那时没有石壩下中学，也没有桥，只是隔了条河，隔两三丘田，就看得很清楚了。

我看到对岸山林里，人影晃动，喊叫声不断。我听到一些母亲在高声呼叫自己的小孩回家，怕在这儿出问题。一会儿有人高声喊：“点火！”不一会，岩洞前浓烟滚滚，一片火光。原来他们打算用火的烟和热把老虎从洞里赶出来，然后再打死。大火烧了好一阵，有人在不断添加松树柴枝，火越烧越旺，岩洞附近几乎成了一片火海。又过了一阵，突然听到人惊叫：“老虎出来了，快打！”

接着是一片混乱的喊叫声，紧接着“嘣、嘣、嘣”鸟铳连响了四五声，有人高叫：“打着了，老虎挂彩了，跑得不快了，快追！”

山林里响起了一片欢呼声，一些年轻人拿着铁棒砍刀从树林里奔出来。我

看到一只棕黄色的、比狗还大、像一只大猫的野兽从树林奔蹿出来，飞快地跃过水田，奔向河岸。可能是腿部受了伤，奔跑时有些歪斜，但它还是很快钻进了河岸的大灌木丛中。

一个年轻人紧盯着老虎的影子飞奔，他大叫："老虎钻进河边的树丛了，快寻！"来到河岸的人分成了两半，一半沿着河岸，另一半下到河里仔细地搜寻。看热闹的人都陆续来到河岸，几个打鸟铳的也端着铳匆匆赶到。他们之所以来得迟，是因为打了铳后，要清理铳管，重新给铳管装铁砂子，装火药，还要用一个小铁杆上进铳管把它们抖紧，然后再给铳眼装火药，上引爆火子，鸟铳才能再次打响。当时的鸟铳就有这么落后。

突然河里的一个人喊道："大家小心呐，老虎就躲在这儿。"河里的几个人都退了几步，河岸上的人也退得远远的。五个背铳的人走向前了，一个年长者叫："三个下河，两个在岸上，瞄准就打。"老虎的腿部受了伤，跑不动了，又看到河水害怕，就钻进河水边的几块岩石中。几个端铳的小心翼翼地接近老虎。一看清老虎，五个人同时扣响了扳机。铳响了，只见老虎蹦跳到水中，河水冲得它打翻滚。岸上的几个人赶快向河的下游跑去，拿着铁钩、铁棒和砍刀站在急水滩上等着。

一会儿河水冲着老虎下来了。老虎也还没死，在挣扎着，脚爪乱伸乱抓。两个胆大的迎上去，用铁钩扎下去，老虎滚跳起来，把两个人摔得远远的，但铁钩却还插在它身上。另一些人赶上用铁棒、砍刀一阵乱打、乱砍，老虎才慢慢一点也不动了，河水上流着几股血。人们高兴地赶下来看死老虎。整个河岸、河滩上围满了人，好生热闹。几个人用绳子套好，扎紧，两个人抬着老虎上岸，大家高高兴兴回家了。

这是我平生第一次看到打虎，也是到目前为止唯一的一次。后来我到长沙等地读书，就只看到动物园里的老虎了。由于大量垦荒种植，森林的砍伐，灌木林的消失，后来就很少听到有人讲老虎了，甚至连其他的野兽也很少了。不过前两年我回宜章，听说在原始森林莽山又发现了老虎，听后，我非常高兴。我想由于现在又重视植树，并实行封山育林，国家又明文规定进行保护。这种珍贵的动物也许在我的故乡又会慢慢多起来。

在县城看大戏

我在县城读小学时经常看大戏。当时的大戏是什么戏，我也弄不清，反正它是一种古装戏，似乎跟今天的京剧差不多。当时县城演大戏的地方在城隍庙前面，就是今天县粮食局所在地的附近。有两个戏台，中间隔开一定的距离。大戏台与城隍庙之间有一块空坪，约能坐近千人。在城隍庙前演大戏，是县城的一件大事，几乎每个人都关心，每个人都感兴趣。

大约每年演两三次，一般在正月十五元宵节之后，或者中秋节后，或者县城有什么喜庆大事，都会演大戏。每当演戏前，就会有人在街上敲锣高声喊，在什么时候演大戏啦，请大家去看。这就是那时的广告。与今天的广告比，那当然有天壤之别。当时的宜章县城就那么两三条街，一个人只要一两个小时广告也就做完了。

看戏的场面空前热闹。大约在半下午人们开始放凳子占位子。那时没有剧场，更没有舒服的座位。大人小孩背着高凳子，陆陆续续来到城隍庙前，抢占好的位置。戏台前的坪虽是青砖铺成，但由于年久脱落，高低不平，人们常捡一些碎瓦片、石片把凳子垫平。这样做也有麻烦，如不小心压碎瓦片，凳脚歪斜，人们就从凳上跌下来，我就跌过两三次。人们也不会为没有占到正中的好地方而争吵，因为从戏台前的坪到庙里，有一级级阶梯，就像今天影院里楼座的阶梯座位一样，放凳子也就形成了高低不同的层次。有的人家看戏的人多，放几张凳子，就留一个小孩在那儿看管。这些孩子们高声喊叫，使得那儿热闹非凡。在看戏场的两侧，是做小生意摊贩们的天地。有卖甘蔗的，卖慈菇的，卖酸黄瓜、酸萝卜、酸刀豆的，还有卖馄饨、面条、烤红薯、炸油糍粑的，这些小贩有的敲打竹筒，有的高声吆喝，彼起此落，再加上一闪一闪的灯光，人影穿梭，人声嘈杂，整个戏场活跃、热闹、欢乐。但是，台上的锣鼓声一响，台下就是一片安静，人们的目光全投向了戏台。

戏台上挂着四盏煤气灯（那时没有电灯，这种煤气灯是利用煤油加压，燃烧一个沙罩而发光的，1954 年我在宜章县中学读初中时，晚自习就是用的这种灯），把戏台照得雪亮。戏台前的两根大柱子上贴有两条大红对联。戏台的前后台用绣有各种图案的红丝绸布隔开。敲打锣鼓和拉二胡的乐队就坐在它旁边。大戏开始时，这些敲打手会大声吆喝一声，演戏的人就登场了。

这些戏里有什么旦角、小生、花脸、丑角之类的角色，我们小孩子是弄不清的。我们喜欢看的是那些大花脸、长胡子的人们用刀枪打来杀去。这些武打很精彩，有的是两个武将对打，有的是一群士兵厮杀，有的是一个将军用一根枪滚动迫使一个人连续翻滚二三十次，获得台下一阵阵赞美的喝彩声。还有就是武将头上戴的帽子上的那两根很长的花色的羽毛也很吸引人，武将用手一拉很显英雄气概。我们小孩子也模仿用野鸡尾巴的长毛插在帽子边上来演戏。戏台上的士兵对打也引起我们极大的兴趣，刀对刀，枪对枪，棒对棒，那些厮杀的场面深深印入我们心中，特别是厮杀中那些惊险的动作，常获得我们一阵阵的叫好。戏台上也演一些小白脸书生与漂亮小姐谈情说爱的戏，对这些软绵绵的戏我们不喜欢，也看不懂。但这些戏中京胡伴唱的一些唱段却非常动听，也比较容易听清词句，叫人很难忘记。所以，如《苏三起解》中的一些唱句："苏三离了洪洞县，将身来在大街前……"我就记住了，并且还拉长嗓子学着唱了好长一段时间。

演的剧目很多，大多数都不懂，记不住，只有少数常演的，在正月十五装故事会也常出现的剧目才记住了一些，如：《空城计》《九美图》《长坂坡》《西厢记》《打渔杀家》《四郎探母》《孔明借箭》《大闹天宫》《薛刚反唐》《穆桂英挂帅》《薛丁山征西》《三打祝家庄》《杜十娘怒沉百宝箱》《鲁智深拳打镇关西》等等。就是这些剧目多数也看不懂，很多内容也没记住。但是不管怎样，在县城看的这些大戏对我后来智力的发展是有极重要的影响。它们在我心中树起了祖国国宝京剧的崇高地位；引发了我对古典名著的热爱和向往；激发了我对正义与非正义的朦胧思考；唤起了我对祖国古典音乐的深深的沉醉；以及判断是非好坏的初步的审美观念的萌芽。这些初步的意识观念，对后来形成我热爱祖国传统文化，热爱文学，喜欢古典名著，喜欢历史，追求哲理，起了巨大的作用。

放孔明灯

每当中秋节的前后，我的故乡都有放孔明灯的习惯。我们小孩子最喜欢干这件事，它给我们带来很多欢乐和愉快。我永远不会忘记放孔明灯那些兴高采烈的场面，就是今天也还历历在目。

放孔明灯的来历我也说不清，只是听年长的人们说，是模仿诸葛亮的做法，也是为了纪念他，同时也为了庆祝中秋节。中秋节在我国劳动人民心中是一个非常重要的节日，是亲人团聚、遥寄情思的重要时刻。古代有人就写诗说，身在外乡作客，每逢中秋节就思念亲人。当亲人团聚在一起时，就会倍加思念不能团聚的人，“遥知兄弟登高处，遍插茱萸少一人”。我们小孩子当时却有另一种想法，就是希望孔明灯飞到月亮上，把我们的礼物送到月宫的嫦娥姐姐那儿。听大人给我们讲嫦娥奔月的故事，我们就喜欢上了嫦娥姐姐，而且很同情她。

要放孔明灯就先要做好它。我和小伙伴做过好多。首先用竹条编织一个像纺锤那样的高大的竹架子，但这种竹架不能编得太密，只能做几根支撑的筋，否则竹条太多，太重，火气冲它不动，就升腾不起来。然后在竹架上糊纸，纸一定要糊得密实，不能有任何一点漏气，否则，孔明灯也飞不起来。有的孔明灯做得不大，就是底部做一个圆圈，不用做那个竹框架。这样，它自身不重就更容易飞腾起来。那时纸的质量很差，一不小心就破了，但又不能糊几层纸，同样怕太重了。所以，糊孔明灯的纸还真要点本领和技巧。在底部的竹圈上要扎几根小铁丝，便于在竹圈的正中放燃料。当时常用的燃料有几种，一种是松树枝块，就是我在前面讲过的，在古老的松树临近根部的地方挖开一大块，那儿就流出很多松油，把这些流有松油的枝块砍下来，就可以燃烧，农村晚上就用它来照明。用它放孔明灯火气大，冲升得快，但燃不久；另一种就是用煤油（当时叫“洋油”），但花钱多，有钱的人们才用它。也有用其他燃料的，总

的要求是火气大，产生的热气要能将孔明灯冲起来。

通常是很多小伙伴在一块放孔明灯。大家高高兴兴，你做这，我做那，齐心协力，目的就是要把孔明灯放得越高越好。我们用松树枝块做燃料。我和同伴搬来早就砍好的松树枝块，把它放入小铁丝网袋中，把它扎实，两个伙伴竖起孔明灯，点燃松树枝块后，就把它按紧在平坦的地面上，等到感觉火气冲得孔明灯要升腾起来时，就松开手，孔明灯就飞腾起来了，大家是一阵拍手叫好。

孔明灯升空后，我和所有的小孩仰首盯着它，看它愈升愈高，直到剩下一点点影子。这时，它就是一个红色的亮点，和满天眨巴着眼睛的繁星一样，挂在高高的天幕上。不过，没多久，它就会慢慢坠落。这个小红点在我们视线中逐渐消失，最后看不到它，也找不回来。我们虽有点遗憾，但还是高兴，因为我们毕竟放了一次飞得最高的孔明灯。如果松枝块的油渍不多，耐力不强，燃烧不旺，孔明灯就升不了很高，飞腾不了多远。我们就可看到它大致落在什么地方，就马上追着去把它捡回来。

追寻孔明灯虽然好玩，但也让我们吃了不少的苦头。看到它快落了，我们就眼睛盯着它，脚下狂跑，生怕别人捡去，因为做一个孔明灯不容易。眼睛不看路麻烦就多了。有时踢着石头摔一跤，膝盖骨擦破了皮，血直流，根本不算一回事，用手一抹，又往前跑；有时被藤蔓绊倒，跌倒扑在地上，额头上碰一个大疙瘩，一声也不吭，爬起又跑；有时不小心一脚踩进一个大荆棘丛中，里面全是尖利的刺，这下苦头可吃大了，脚杆上划着一条条血痕，裤脚也被撕破了，撕破裤子怎样躲过母亲的责备这一关，倒是我们最怕的。但为了追孔明灯，这一切都丢在脑后了。眼看就要追上了，可空中的风一吹，孔明灯又飘了好远，我们又只能借着月光下的路继续往前追。我记得有一次，追了好远好远，穿过三座森林才把它捡回。我们又累又饿，抬着孔明灯，嬉闹着，高高兴兴回家，已近半夜。

我们有时放孔明灯也遭遇失败，点燃火后，它升起没多高，在空中歪了几歪，纸就烧起来了，整个孔明灯就烧掉了。我们心中十分难过，大家不欢而散，只能等第二天再重新做一个。放孔明灯有时还会引来另外的麻烦。就是它掉落时燃料未烧尽，掉到有干柴草的地方引发火灾。我们听说城里放的孔明灯落在农民扎在树上的禾草垛子上，引起大火，将一个村的后龙山烧掉了，招来

整个村的农民进城找放孔明灯的人要求赔偿。落在山地里引发森林大火却从未听说过。好在我们每年放的几次多半找回来了，没有引起任何麻烦。尽管如此，大人们还是时时敲起警钟，甚至禁止我们放。所以在中秋节前后放过几次，也就停下了，等待来年再放。

石坝下凉亭与妖精的传说

我们村庄往西边走约两三百米就是石坝下。为什么这个地方叫石坝下呢？从骑田岭山上流下来的漳河经过兰汀桥等地，到周家湾，到燕塘洞时，（我们茶山脚村庄就位于燕塘洞）水的落差比较大，于是就在周家湾过来不远的河道上筑了一道石坝。筑这道石坝有两个好处，一是使周家湾以上的河水流速平稳；二是从这儿修条大水渠把水引到我们村庄的所在地燕塘洞里，并流经我们村后，便于人们用水和灌溉燕塘洞里较低的农田。在距石坝约一百米远的地方，即从县城通往骑田岭的青石板大路上，在高山的下面，修建了一个凉亭，这种凉亭不是古代官道上的亭子，纯粹是老百姓来往累了，停脚歇息的地方。这个凉亭就叫石坝下凉亭。

这个凉亭距离我们茶山脚村只有两三百米远，从村庄的大门口就可以看到它。现在的石坝下中学（又叫城南中学）在它旁边。它的右边是茂密的松树林，松树林的后边是一座大石山。由于多年开采石料，石山被打得这儿高一块，那儿矮一团，左边凹一块，右边凸一垛，参差不齐，可说是怪石嶙峋。石山的下部是一面巨大的陡峭平坦的石壁，好像人工砌的一样，显得那样平直，人们都感叹老天的鬼斧神工。石壁上爬满苔藓，渗出滴滴水珠。石壁的底部是一个深潭，潭水绿幽幽的，刮着习习冷风，人靠近它，有种阴森森的感觉。亭子的左边是稻田，再过去就是漳河，水从石坝上流下，冲击着下边河床里的乱石，水花飞溅，发出轰隆的鸣响。

凉亭是一个普通的亭子，长方形，四周的壁用大而厚实的石块砌成。每块石砖约重两三百斤。屋顶盖的青瓦。凉亭的面积不大，只有十来平方米，里面两边摆着几条长石，是当着凳子用的。以前有看亭子的人，就是附近村庄里的人，由于亭子小他不能在那儿住，但他在亭里放两只木桶和木勺，天天挑干净的冷水倒在桶里，便于路过歇息的人解渴。母亲告诉我，这些看亭子的人都是

可怜的命苦人，生活的苦难迫使他们屈服于命运的压力，他们想通过修善积德，祈求善报，祈求来世的好命。在虎背岭的樟树下也有这样的挑水人。

在石坝下凉亭，还让我不能忘记的是妖精的传说，据说最先发现凉亭里有妖精的是一个爱走夜路的老头。城西洞里某村有一孤苦老头，无妻儿子女，他也无事可干，唯一的乐趣就是每天到县城里看风光，东溜溜，西逛逛，哪里热闹往哪里钻。肚子饿了讨一点或捡一点充饥，累了，倒在一个角落里就是呼呼一大觉。但他不是乞丐，他每天还要回自己的家。夜幕降临，他用一根木棍肩着那个破袋子，慢悠悠地从县城回家。经过石岭石马，经过虎背岭，过百子桥，经过我们茶山脚村后，就到石坝下凉亭了。快进入茶山脚村背后这一地带，是满山遍野的茂密的松树林，特别是两边的路树，高耸入云。道路阴暗，刮着习习冷风，使人感到胆怯害怕。也许是为自己走夜路壮胆，他一路走一路哼着小调儿。我祖父就告诉过我，他曾听前辈人说过，他们听到过这个老头唱的好听的小调儿。后来也就是从他嘴里传出了石坝下凉亭里有妖精的说法。

事情是这样的，他说，有一次他喝了酒从县城回来，一路跌跌撞撞的。到茶山脚背后已快半夜了，快接近石坝下凉亭时，突然看到凉亭里面一团光亮。他以为是有人在那儿烧的火，于是他放开喉咙高喊了一声，以告诉对方有人来了。但是奇怪得很，凉亭里没有回应，而光亮却愈来愈大，并见光亮中有个人影晃动。他疑心自己的眼睛看花了，用手一抹眼睛再定睛细看。却看见光亮中一个穿着花衣的女人，在往篮子里装东西。他感到奇怪了，哪有女人半夜来到这儿提篮子装衣服。他相信自己是看到鬼了。他经常走夜路是不怕鬼的。习惯告诉他终究是鬼怕人的，他经常在黑暗中看到黑影在前方晃动，但他壮着胆子往前冲，黑影就消失了。于是他又大喊了一声，并大步朝前走。但这次不同了，光亮不但不消失，反而更大更亮。又过了一会儿，他看见光亮从凉亭慢慢移出来，那个穿花衣的女人也慢慢飘出来，并且还听到细细的歌声。光亮愈来愈大，飘到了松树林顶，飘到了那石山巅。他知道是遇到女妖精了，吓出了一身冷汗，酒也醒了。他壮着胆子快步穿过凉亭，往右边的石山上看，看见在那石山巅上的一团光亮中，那花衣女人正坐在一根石柱上。他回转头就赶快往家中跑，一到家倒头就睡。第二天就从他的嘴里传出了石坝下凉亭里有妖精的说法。

开始人们并不太相信，总以为是老头喝了酒看花了眼。但是有了这种讲法

后，有的人也就格外留心了。后来有的人讲，他们也在黄昏时看到穿花衣的女人坐在石山巅的石柱上。有的人还说他们看到了女妖精在石山上跳舞。更有甚者，一个农村妇女讲出了她在凉亭怎样与女妖精纠缠的事。

一次，这个女人从城里回来已很晚了，她摸黑走了好远，到凉亭时她突然看到一片光亮，她心里一惊，头脑就昏昏沉沉。她走进去，看到一个穿花衣的女人非常漂亮，脚上穿着红鞋，肩上披着黑发，手里拿着一根棍棒，旁边石凳上放着两篮子衣服。那个女人见她进去，就叫住了她，请她看衣服，拿衣服给她比试，并叫她脱下旧衣，穿上篮子里的新衣，跟她一块走。这个农村妇女不肯，用力一挣，“啪”的一声，她撞在了墙壁上，痛得睁开眼睛一看，亭子里黑黑的，什么也没有了。她的三魂七魄都吓掉了，拔腿奔出亭子，一脚踩进稻田里，满身的泥水，回到家里浑身发凉，说不出话来，大病了一场。传出这个女人在凉亭的奇遇后，人们就更相信了。

石坝下凉亭里有妖精的传说，在我们小孩心中造成了一种恐惧感。我们都不敢一个人过凉亭，更不敢黄昏或夜里走近凉亭。我也很害怕，不敢一个人过凉亭放“夜毫子”。我的姨母家在下湾，去她家要经过凉亭。母亲有时叫我去看望姨父母，我不敢在早上很早或下午很迟去，一定在上午行人多热闹时去。看见路上行人有伴，就慢慢过凉亭，否则，就匆匆奔过。过的次数多了，没有遇到妖精，胆子也就大一些了，有时也往石山上看，也没看到妖精。我就想，可能有两种人，一种能看到，另一种不能看到，大概我就属于那种不能看到的人吧。尽管如此，但当我看到那阴森森的绿壁，那黑幽幽的深潭，吹着那习习冷风，心还是胆怯得狂跳，头发还是怕得竖起来。所以，直到现在，一想起石坝下凉亭里的妖精，心里还是有一种恐惧感，这可能就是通常说的“怯自内心生”吧。

放排牛

什么叫放排牛？就是一个村庄或者两个村庄很多农户的牛集中在一起，每户轮流放牧，在我们那儿就简称为放排牛。那时没有机器耕田，牛是农民犁田的唯一动力，因而每家每户都必须养牛。牛需放牧，每家专派一个人看牛是不合算的，因此，经协商一两个村庄的牛集中在一起，每户轮流放牧。这样的好处是每户节省了放牛的人力，但放排牛的辛苦和麻烦却是倍增的。我永远不会忘记放排牛那些艰难辛苦的生活。

有一年春天的一天，轮着我们家放排牛。父亲不在家，通常是母亲去放。那天满布阴云，好像暴风雨即将来临。母亲很早吃了一点饭，披上蓑衣，戴着斗笠，赶着自家的牛到河边去等。放排牛通常在我们村庄对面的呼山一带的山地里，那里地带宽阔，有树林也有草地，适于大群牛在那儿放牧。从我们村庄到对面的呼山要过漳河。各家各户把牛送到漳河边就回家。然后，放排牛的人就负责赶着所有的牛上山放牧。

母亲从河里吆喝牛上岸时，刮起了风，开始下雨，气温骤然下降，变得很冷。牛到了山地里大概也是为了躲避大雨的吹打，都钻进松树林，不到草地吃草。牛在松树林里不好点数，担心牛走失，母亲上下左右奔跑不停，把牛赶得集拢一些。

风雨更大了，闪电划破了黑暗的天空，接着就是雷声的轰鸣巨响，牛被惊吓得四处乱窜。母亲在风雨交加、电闪雷鸣中四处奔跑，照管着牛。她的斗笠和蓑衣在这样的大风雨中不起作用，一身透湿。寒冷使她一身起鸡皮疙瘩，嘴唇都是乌黑的，手指发抖。我们今天都知道在雷电闪鸣中是不能呆在树下的，怕触电，但那时不懂这些，母亲在狂风暴雨的雷电轰鸣中，没有遭雷击，真是万幸。

临近中午，我们村庄附近地区的风雨小了，雷电消失，但骑田岭却被乌云

笼罩，不见山影，黑漆漆的，似乎暴风雨即将在大山岭降临。趁着雨小，我们决定给母亲送午饭。姐姐炒了一碗夹有红薯丝的冷饭，从罐子里掏出腌着的两个小酸萝卜、几根酸豆角放在饭上，用手巾扎好，她知道母亲一身湿了，又拿了一件干衣服，就叫我和她一起送饭去。

我们来到河边，因为下雨河水涨了些，但涨得不大，如果骑田岭山上下大雨，山洪暴发，河水就会涨得很大。姐姐拖着我一块从浅水滩上过河，由于我个子矮小，裤子还是全湿了。我们一上河岸，就往山上爬，并大声叫母亲。叫了好一阵未听到回音。我们担心极了，更大声呼叫，更快往上爬。又过了一阵我们听到了回音，依稀看到一个人影从那边山脊上过来。原来两头牛跑到另一座山里去了，母亲怕走失，去把它们赶拢在一个山头上。

母亲见我们送饭来，好高兴，她头发散乱，脸上是泥水，衣裤倒好像干了一些。我们请母亲吃饭，我们去盯着牛。母亲却叫我们放下饭赶快回去，她说："快回去，大山上下了大雨，大水一来，你们就过不了河了。"丢下东西，姐姐拖着我赶快下山往河边跑。幸好骑田岭的山洪还未来到，我们顺利回到家。但我却在想，今天下午大水到了，母亲怎样赶牛过河回家？

骑田岭上足足下了一场暴雨，直到半下午，雨帘还罩着整个山峦。人们在担心，大水是否又会淹没稻田？而有的在准备捕鱼的工具，等大水来时去捞鱼。而我们却在想着大水来时母亲怎样赶牛过河回家。于是我和姐姐早早就来到赶牛过河的樟树下，在那块草坪上等母亲。

樟树下这个地方在白子桥过来近两百多米的地方，当时那儿有一棵古老的大樟树，它巨大的枝叶伸张开，好像一把大凉伞，进城过往的人们都在这儿歇脚休息。由于樟树的根固定住了周围的泥土，这儿就有一块大草坪。上排牛班的牛都在这儿接送。现在这个地方不存在了，由于有人砍倒了这棵大樟树并将根都挖了去卖钱，不到一两年河水就将这块草坪全冲洗掉了，村子里年轻的人连这个地名也不知道，当然也不知道这块大草坪了。

我们看着河水慢慢涨高，心里好生着急。黄昏来临，接牛的人们陆续到来，但来的多半是小孩，只有两个大人。河水涨高了许多，幸好还不是滔滔大水，牛还是过得了河，懂水性身强力壮的男子汉应该问题也不大。但我们还是担心母亲过得了河吗？因为她不会游泳，我们的心还是悬着。有的小孩也在担心地问我们："牛过得了河吗？"

母亲赶着牛下山，穿过几丘稻田，来到河边。这二十来头牛站在河岸上看到河里的大水，大概牛也懂水性，在母亲的催喊下，有的慢慢地下河，有的站着不动。母亲用鞭子抽打，才把所有的牛逼下河。牛慢慢向河中心游去，河水虽不是很凶猛，但河中心的水势还是很急，多数牛被冲下去很远才竭力靠近岸边，缓慢地游上来。

等所有的牛都下了河，母亲准备过河。她捡了根木棍做拐杖，以便过河时做支撑。我和姐姐大声叫喊，要母亲小心，可能河水声太响她没有听到。我们睁大眼睛盯着她。她往河中迈出两步，急流的河水冲得她向下退，她再用棍子撑在水中，奋力朝河中走两步，一个浪头打来，把母亲淹没在水中。我和姐姐大声喊叫哭起来。这时游过来的牛在陆续上岸，有的人在寻找自家的牛赶回家，没有人注意到母亲淹没在水中。两个叔叔听到我们的哭叫，赶快朝河下边奔去。我们也跟着奔去。过了一会儿，看到母亲浮出了水面，在靠近岸边时，她抓住河水中的一根枝条，她又站起来了。我们的心才松了一下。两个叔叔看见离母亲不远的下边河岸上有一个男子在用渔网捞鱼，就大声喊叫：“捞鱼的兄弟，有一个女人被水冲倒了，淹在水中，快上来救她一下。”

“在哪里?”

“就在你上来十几步远。”

捞鱼的男子急忙往上跑，看到我母亲一只手拉着根河岸上杂树的枝条，已经无力气了，被水冲得左右晃荡。男子赶快伸出长渔网，高叫：“快抓住渔网，我把你拖上来。”母亲看到了男子的渔网，牢牢抓住渔网的边。他把渔网往上拉，母亲靠拢了河岸，两只手抓紧了河边的杂树。他朝河边走下几步，伸出手弯下腰把母亲拉上了河岸。见母亲得救了，我和姐姐高兴得哭起来。

“她怎么过河?”男子汉高声问。

“你带了绳子吗?”

“带了，你们要?”

“我们不要，我们有几根牵牛的绳子。怕河水急冲得我们站不稳。你把绳子扎牢在河边的杂树上，再把绳子套在你身上，我们也把绳子扎紧在樟树根上，也套在身上，她拉着你的渔网的长竹竿慢慢往河中心走，我们来接。”一个叔叔高声回应。

捞鱼的男子和母亲下河，男子站稳，伸出捞渔网，母亲扶着竹竿慢慢向河

中心移动。这边的两个叔叔也拉长绳子，手拉着手一步步向河中心靠过去。浑浊的河水夹杂着树枝草根急速冲去，一阵风吹来还掀起浪头扑打过来。在这奔流的水中人们还真难站稳，如果不是身上套了绳子，很可能就被急水冲走。两边慢慢靠近，眼看叔叔就要拉住母亲的手了，可就在这时一阵急水冲来，母亲向下一退，又拉开一段距离了。男子下死力稳住渔网，并往身边拉，母亲又靠近了男子。

“捞鱼的，你们从上面一个地方过，我们就在这儿等着，水冲得她往下退时，我们就刚好接住她了。”一个叔叔出主意说。

母亲和捞鱼的男子上了河岸，往河上游走了十来米，又下了河。用这办法果然解决问题，母亲被接上了这边河岸。我们高兴得不得了，大声对那边河喊叫：“捞鱼叔叔，谢谢你了！真的太谢谢了！”母亲说，她认得他，就是这不远蒋家湾的，她已经说过感谢他了。母亲说话声音响亮，经过这样的辛劳和寒冷，她显得还蛮精神，她的身体真硬朗。我们说，逢这样的大雨天再也不看排牛，太可怕了。母亲倒毫不在意地说：“哪个没逢个这样的天气？他们男的会游水怕什么？”

又有一次轮着我们家看排牛，那是入夏的一个晴朗的天气，母亲和姐姐要忙着在旱地里种东西，没得空，她决定叫我和大妹去看排牛。她对我们说，她先把牛赶上山，然后就回来种花生等，由我和大妹看，中午会叫姐姐送饭。我们想，天气好，能采蘑菇能在山地里玩，就高兴答应了。

在山地里我们学着母亲吆喝牛，把它们赶得集拢些，太分散，怕牛走失。我叫妹妹在山的上端看着，我在下面奔跑吆喝。天气好，牛都安心各自吃草，我只忙碌了一阵，就打算进松树林子采蘑菇。

春夏之交的上午的松树林里，阳光明媚，绿草青青，野花盛开，群蜂飞舞，鸟儿歌唱，微风拂习，舒服惬意极了。我的眼睛盯着每棵松树底下搜寻蘑菇。走过一棵棵松树，一丛丛灌木，正当我全神贯注搜寻时，“噗”的一声，一只野鸡从灌木丛中飞出，拖着“咯咯咯”的一路叫声腾空而去，我看到它色彩斑斓的翅膀在阳光下闪射着碧绿金灿灿的光，着实把我吓了一跳，也让我高兴极了。我终于找到一大群蘑菇，而且是又香又脆的绿豆菌。我认为自己的运气不错，赶快一朵朵捡起。忽然一根小枝条打在我头上，我没理睬，过一会儿又一样东西擦着我脸边掉下，原来是一个干松树球，我感到奇怪了，抬头一

望，看到一球黄绒毛的长尾巴，还有一个小脑袋上的一双活灵灵的小眼睛在盯着我，啊，原来是小松鼠在跟我开玩笑。它见我望着它，扭转头几蹦几蹦逃没了。我追着去找寻它，想多看几眼，但再也未见踪影。我采了不少的蘑菇给妹妹看，又讲了遇到野鸡和松鼠的事，她新奇得很。她想进松树林看松鼠，也来到刚才的那个地方，当然是没看到。

在温暖的阳光里，有的牛还在吃草，有的躺在草坪上翻滚，有的靠着大树擦痒，而有的公牛则一对一对地低着头，亮着黑黑的、弯弯的两只角在互相拼斗，打得咔咔响。斗输了的逃跑，斗赢了的紧追，牛也知道互相游玩。

中午姐姐送饭来，母亲为奖赏我们，每个人饭里有一个煎蛋。那时养鸡很少，能吃上鸡蛋就很不错了。我们吃得好高兴。姐姐问我们今天上排牛班的有多少牛，我说二十头。她站在高地方点了两遍说，只有十九头，我说她可能未点清。她又走下去绕着牛点了一遍，跑上来说："不好，可能走失了一头牛。"这下可吓了我们一跳。掉了牛可不是小事，那时很多人家，包括我们家都很穷，是倾全家之产也赔不起的。我和妹妹丢下钵子也绕着牛点了两三遍，确实只有十九头，这下可把我们三个都急坏了。姐姐问是否看到牛往哪个方向跑了。我们说，牛往哪儿跑我们都赶拢来了。我们正急得没法，我忽然想到刚才看到下边一个割草的，去打听看是否有消息。

"叔叔，你看到牛往哪边去了吗？我们走失了一头牛。"我跑下来问割草的男人。

"丢了牛？前不久一个小伙子牵一头牛从下边路上过，好像后面一条公牛在跟，是不是跟去了，后来我下到河边割草，就不清楚了。"那个男人答道。

"往哪个方向去的？"

"往罗家山。"

我赶快奔上告诉姐姐，她肯定是那条公牛跟去了，要立即去追。我撒腿就跑，姐姐叫住我，说我一个人去不放心，她在这儿看牛，大妹和我一块去，要小心，快去把牛赶回来。

我和大妹边跑边一路搜索，希望能发现那两头牛。快到罗家山了，我们满头是汗，因为赤着脚，脚板被碎石刺得酸痛。但仍未见牛的踪影。一个老爷爷坐在路边的屋门口吸烟，我上前问："老爷爷，你看到两头牛从这儿过吗？"

"没看到。怎么，牛跑掉了？"

“我们在看排牛，一条公牛就跟着一头牛走了。”我赶快答道。

这时从门口露出一个老奶奶的头，她说：“我看到了，早两袋烟工夫，一个小伙子牵着一头牛，后面跟着一头公牛，往南湾那边去了。”我们谢了老奶奶，拔腿就往南湾方向跑。

这一带我比较熟，因为追捡孔明灯来过。还未靠近村庄，就听到一群狗的狂叫。我和妹妹都有点害怕，赶快在路边拾了根小棍子。我们还未往前迈步，狗就追上来，我们赶快躲闪，来不及了。一条大黄狗向我扑过来，另一条朝妹妹追去，吓得她大声哭叫。大黄狗咬住我的裤脚用力拖，裤子就撕破了，我一挣一只脚踩进荆棘丛中，我左脚后跟一下尖痛，我知道扎进了一根刺，站不稳，跌倒在荆棘丛中。村庄里好心的人来赶狗了，见我妹妹的腿杆子在流血，被狗咬伤了，见我的裤子被撕破了，边骂狗边讲好话，问我们为什么到这儿来。我说明了原委，一个中年男子说：“是有，是腊树坪的一个人买头母牛回来，后面跟着头公牛，可能就是你们的，刚过去不久。腊树坪村就在前面，你们快去就能找到。”一个妇女见妹妹的腿还在流血说：“不要紧，我们这里没有疯狗，来，擦点烟袋水就好。”于是她拿出根水烟筒，从里面倒了一些棕黄色的水擦在妹妹脚杆上，痛得她直发抖。

我们离开南湾村往腊树坪走。妹妹脸庞上还在流泪，我叫她不哭了，赶快去把牛找回来。我的左脚跟不能落地，痛得很，只能用左脚前掌着地跛着走，咬着牙拼命往前赶。快到腊树坪村口，我们看到一个小伙子正往树上扎牛绳子，旁边围着一群小孩看热闹，不远的地方一头公牛在转来转去。几条狗在对着公牛叫。看到那头公牛我们好高兴，把刚才的痛苦全忘了。那个小伙子一看到我们就打招呼问我们是否去找寻牛的，我们说正是。狗马上奔过来朝我们狂吠。他驱赶走狗，走过来向我们解释说，他们家刚买一头牛，是母牛，他牵回从那山下过，这头公牛就一直跟来。他又不敢松手放开刚买的牛去赶公牛，见路上的人请他们把公牛赶回转，一会儿公牛又跟上来，就一直跟到这儿来了。我们说不怪他，他很高兴，留我们吃饭，我们说吃过了。我就小心过去接近公牛，快挨近时我迅速抓住公牛的鼻绳，这家伙还想扭转头用角来斗我，由于我牵住鼻绳，它才没办法。妹妹跑过来拴上绳子，我们就牵着它往回走。

我们走得很慢，我的左脚后跟隐隐胀痛，妹妹的腿虽不流血了，但还痛，再加上这头牛可能还不愿回去，妹妹使劲牵也走不快，我在后面用枝条猛力

抽，它才快走几步。走了好一阵才到南湾，就见姐姐来接我们。姐姐说，母亲见她好久未回，猜想可能出了什么事，就上放牧山里来。知情后本打算她自己来找牛，考虑到下午牛喜欢乱跑，怕再掉牛，所以叫姐姐来接。

我们牵回牛，把情况告诉母亲。她说找回牛来就好，脚上扎刺回去挑了就没事。我大妹的脚回去擦点凉的过两天也就会好。我过河走不稳，母亲牵着我过。到家，母亲用针给我左脚后跟挑刺，划拨开一个小口，用针逼出半粒米长的一根小黄刺。她说，挑出刺了，过两天就好。她又用麻油拌点锅墨涂在妹妹腿上，也说过两天就会好。挑刺后我的脚还是胀痛。过两天，妹妹的脚确实好了，我的脚却越发严重。不久那个小伤口红肿化脓，流脓水，我常常把脓水挤出来，痛得我好长时间跛脚走，晚上不能入睡。母亲请人寻草药槌烂给我敷上，也不见好。又过了一段时间，伤口里化了很多脓，痛得我实在受不了，我索性用力一挤，一团硬的脓头挤出来，伴随着脓血。我好奇用根小香棍挑开脓头看，原来里面还有半粒米长的小黄刺！原来就是它在作怪！前些日母亲挑刺只挑了一半，还有一半断在里头。那时没有现在的西医，也不懂破伤风和狂犬病，就这么七弄八弄硬顶过来好了。当然不是我和妹妹两人是这样，几乎所有农村的贫苦人家都是这样。

放排牛给我带来欢乐，也给我们家带来不少艰辛，也让我吃了不少苦头。但我仍然感到愉快高兴，因为它让我学到了不少的东西。

补锅的，阉猪的

旧农村可说是封闭沉寂的，很少有人来到乡村。乡长、保长抓壮丁，派公差，年终地主逼租讨债也是偶尔来打扰几次，真正给封闭沉寂的农村经常带来一些新鲜信息的，是当时补锅的、阉猪的那些走村串户的少数流动的人们。当时农村的生产生活需要这些人，所以他们的来往频繁，这个去了那个来。他们走得广，听得杂，见得多，常把各地的事情互相传播。他们有时传播的一个讯息，会像在平静的湖里投下一颗石子激起宽广的涟漪，波及深远；他们经常的来往、劳作不仅方便了农民的生活，丰富了农民的见识，而且也给他们的生活带来了警惕、新奇和乐趣，甚至给儿童的生活也留下难忘的影响。

一户农家买口锅是不容易的，特别是煮猪潲的大锅就更不容易。锅漏水不能丢，只能补。所以，做补锅这行生意的人就比较多（今天这个行业消失了，今天谁还会去补一个漏水的破锅？不过，在二十世纪六十年代，湖南还上演过一曲有名的花鼓戏《补锅》，可能补锅这样的人在年岁大的人的心中还有一些印象）。补锅的通常是两个或三个人，每到一村口他们就用动听的声调喊起来。我们小孩子一听到就赶快出来看热闹。各家各户把破裂的漏水的锅拿出。接着是讲价，讲好价后就开始补。

师傅查看各个锅该补多少，并把那些周围破裂的碎片敲掉。两个徒弟各做准备。一个拉风箱生火。这种拉风箱生火跟我在县城看到的打铁的生火的风箱完全一样。不同的是在烧红的焦炭里放的不是铁，而是一个不大的灰色的圆锅。另一个在把细铁块锤碎，再把它们放进那个灰色的圆锅里。风箱拉得呼呼响，焦炭烧得通红透亮，把那个灰色圆锅里的碎铁块慢慢烧融。过不了多久圆锅里的碎铁块就变成了火红透亮的铁水。我感到好奇怪，我们平常把一根铁丝放在烤火的炭火里烧得通红透亮，可怎么也折不断，为什么硬铁块一下就变成了铁水？这铁水怎样补锅？我们怀着好奇心等待着。

师傅开始补锅了。先把破锅支稳，左手拿一块圆形的像牛皮那样的黑色的东西，然后在这块黑色的牛皮块上放上一些灰（后来有人告诉我，这是用旧衣服的碎布烧成的灰），再用一柄小勺从灰色圆锅里舀出通红的铁水放在灰上。由于他的手指弄得黑色的牛皮块成凹形，所以铁水不流走。说时迟，那时快，就在舀出铁水倒在灰上那一刹那，他迅速地把铁水往锅底破裂处补去，同样快用一个圆形的擦子把铁水擦平。擦子冒出一缕缕白烟。后来人们告诉我，这个擦子也是用旧布扎成的。就这样他一个一个火眼的补，很快补好一个一个锅。一个徒弟使劲拉风箱，拉的呼呼响，另一个忙着敲碎铁块往圆锅里添，师徒三人配合得很协调。我感到惊奇的是为什么滚烫的铁水不烧坏他的手，那一点灰就有那么强的隔热作用？直到今天我也还未弄明白。

一个叔母来拿锅，她补的是煮猪潲的大锅。

“大嫂，你还在养大肥猪？”师傅没抬头问，手里没停。

“是呀，不养大一些怎能换回家中的几个零用钱？”

“恐怕你自家得不着约。”

“为什么？”

“你还不知道？日本鬼子打到衡阳了，很快就到郴州了，鬼子什么都抢。那边的人都在杀猪宰羊，带着准备躲到大山里去。”

“什么？日本鬼子要来了？”在场的几个叔叔、叔母都大吃一惊。补锅师傅的这句话，就像一颗炸弹，震动了整个村庄，一下子所有人家都知道了。听了补锅师傅的话，大家立即提高了警惕，该处理的抢先处理了，该转移的也先转移了，做了一些准备，所以后来鬼子到来，就减少了一些损失。

还有一次，一个补锅师傅看到我们村庄家家户户都在杀猪宰鸡鸭准备过年，就说：你们可要小心，听说江西那边遭大灾，很多灾民成群结队成为叫花子来吃大户，有的村不施舍，就闹成大问题，把一个村子都抢光了。你们村这么富，肯定会有叫花子来吃大户。村里的老人们解释说，我们村很穷，只是过年才这样，吃大户应当吃有钱有粮的富裕人家。但补锅师傅的话也引起了村里的重视，村里的甲长（一个叔叔）就要求每家每户派两斤米，派一点干鱼肉做准备。果然，临近过年，来了一大群像乞丐一样的人们，打的打，敲的敲，唱的唱，把村庄大门口围得水泄不通。他们有的在唱莲花落似的调儿，有板有眼，很好听，可惜内容记不住了；有的在敲打竹板说顺口溜；还有的在不断地

念着“恭喜发财”之类的吉祥喜庆的话。一个叔叔（甲长）赶快叫了村里几名长老和他自己一起去客气接待，讲了不少喜庆好话，送上大米、鱼肉、餶环、油角等过年的东西，还端上热气腾腾的米饭和一些荤菜，才让他们散去。后来我读金庸的小说知道，丐帮确实很有组织，很有势力，不过那是在北方，在南方可能不一样。来我们村吃大户的这些叫花子，并不都是乞丐，应当是灾民和乞丐混在一起。我看他们的打扮也不全像金庸描写的那样，都背一个袋子，都拿一根打狗棒，手上都端一个破碗，都会唱莲花落。我还看到一个女的抱着一个小孩，那孩子的小眼可怜地盯着我吃餶环，我挤过去搜出口袋里的一个红蛋给他，他伸出干瘦的小黑手接了，笑了，他母亲也用慈爱的眼光望着我，我高兴极了。事后，我把此事告诉母亲，母亲直夸我做得好。

几乎每次来的补锅师傅都会带来或多或少的新信息。从他们那儿我们还知道了什么时候换了新县太爷；哪儿发生了土匪抢劫村庄；县城的粮价行情上涨了多少；哪个省与哪个省的都督又在开火打仗；哪儿耍的猴把戏又增加了什么新花招，等等。

阉猪的也是来我们村庄最频繁的人群的一种（现在这类人也很少看到了，据说现在不用刀阉猪、鸡了，只要让猪、鸡吃药就能阉了）。那时农民都养殖猪牛鸡鸭猫狗，其中猪和公鸡要阉。那时每年母亲都请阉猪的师傅阉猪和公鸡。来得次数最多的一个阉猪的师傅似乎是一个广东人，他的模样至今还在我头脑中十分清晰。他个子高瘦，长马脸，口里镶有两颗金牙，左肩披一块扎腰的毛巾，右肩挂一个装有工具的小包，手中拿着一根赶狗棍，走近村口，就拉长声音喊叫：阉猪约，阉鸡约。他的声音一响，狗就叫起来，我们小孩子都跑到坪里来看热闹。要阉猪鸡的人们都出来跟他打招呼。

有一次母亲请他阉小猪。我跟在前后看着。他叫母亲拿一条高长凳给他，并把它靠紧墙壁竖起来。然后他跟母亲到猪拦里抓小猪。小猪在栏里乱窜，他动作敏捷地逮住了小猪，倒提着小猪的两条后腿，小猪哇蛙地叫。他把小猪的后腿缚紧在凳上，再从前腿那儿把整个猪身都扎紧在凳上。然后叫母亲用一个盆子盛一点凉水，他从小包里拿出一把锋利的小刀。他用水把猪身擦了擦，就用刀在猪腹部划开道口子，然后伸进两根手指在猪肚里摸，小猪痛得使劲狂叫。过一会儿，从猪肚里摸出一点东西，他用刀割掉，丢在盆里，又用水在伤口上擦擦，就把小猪解开，提回放到猪栏里了。母亲就给他手工钱。

接着他就给二叔母家阉鸡。二叔母已把几只公鸡抓住关在鸡窝里。同样用一个脸盆盛一些凉水。他坐在一条矮凳上，两条腿上塔一块布，戴上眼镜，拿出工具放在盆里的水中。阉鸡的工具比阉猪的要复杂得多。有长柄的锋利的小刀，长柄的像半粒黄豆那样大的小勺子，一片黄铜的小弓条，一根细小的木棍的一端有一个细小的铁丝圈上套有一根比较硬的丝毛，这根丝毛可以松动，松开就形成一个小圆圈，拉紧就把小圆圈拉得很小。

开始阉鸡了，他把一只公鸡抓住，用绳子缚紧它的脚和翅膀，夹紧在他的两条大腿之间，把鸡翅旁的一些毛扒掉，用长柄小刀在鸡身上划开一道口子，然后用黄铜小弓条把这道口子撑开，再用小勺子在鸡肚里翻找要阉掉的东西。找到后，用小棍上的丝毛小圆圈把它套住，拉紧丝毛小圈把它拖出来用刀割掉，丢在水盆里。然后取掉小弓条，把伤口合拢，在上面擦点水，就把鸡放了，这只鸡就算阉好了。阉鸡师傅的技术熟练，动作麻利，很快就把几只鸡阉完，我们小孩子在旁看得津津有味。有一次我问：

“从鸡肚里割出来的是什么？”

“鸡腰子。”他用广东话腔回答。

“割掉鸡腰子，鸡还能活吗？”

“能活，猪阉掉腰子不是活了吗？”

后来我才知道这位广东阉鸡师傅讲的是不对的。通常讲的腰子就是指动物的肾脏器官，一个动物把肾脏去掉肯定活不了。阉猪鸡不是去掉肾脏，而是把公猪公鸡的雄性生殖器的一部分去掉。阉的猪鸡就叫阉猪阉鸡。以前宫中的太监也是按这个道理阉的。我们过年杀的大阉鸡就是这样来的。

还有一次来了两个阉猪的，师傅带一个小徒弟。师傅在干活，我们就跟小徒弟拉上话了。

“你会阉猪、阉鸡吗？”一个小伙伴问。

“会，不过小猪师傅还不让我阉，怕我力气不够。”

“你开始阉鸡没有阉死鸡？”我问。

“不，开始我看师傅阉，后来我就抓小鸟来练着阉，”小徒弟解释说，“小鸟跟小鸡是一样的，学会阉小鸟也就会阉小鸡了。”

“阉小猪是怎样学会的？”又一个小孩问。

“我抓老鼠来阉，剖开老鼠的肚子看，里面的东西跟猪是差不多的。又看

师傅做，自己多练几次也就会了。”

听了小徒弟的这番话，我们都好佩服他，觉得他见识多，好能干。从他这儿我们学会了一种新的玩耍方法，就是经常抓小鸟、青蛙、老鼠、螃蟹、贝壳，甚至大毛虫来解剖，剖开它们的肚子，用小棍挑着一样样看它们的内脏，如果在肚里看到什么新的东西，就当做大新闻在小伙伴们之间传播。后来我上中学，学动物学，讲动物解剖，就感到比较容易理解，才知道小时候的这种胡玩闹对后来学习也还有帮助。

还有一次，一个阉猪鸡的师傅看到我们村庄家家户户还喂养的是本地的土花猪，这种猪易生病，也长不很大，就说，衡阳郴州已有杂交的大白猪，这种猪抗病力强，而且能长三百多斤，建议我们喂养这种大白猪。后来几个叔叔合伙从郴州买回小白猪，果然喂成了二三百斤的大肥猪，获得了好收益，大家都非常感谢阉猪师傅带来的好信息。再一次，一个师傅看到我们村庄成群的鸡鸭，就说，离县城不远的水牛湾（属广东乐昌县）某村在发鸡瘟，叫我们赶快把鸡鸭处理，不然，瘟死了就不值钱了。听了阉猪师傅的信息，我们村的一些人们早早地把鸡鸭卖掉或杀了，等鸡瘟传来时，有的没杀的也提前藏好，就避开了这场大灾害，减少了损失。

我做过的一些蠢事

我童年少年时代做过不少的蠢事，常常弄得父母和年长的人哭笑不得，而我自己却认为是想把事做好呢。在这些蠢事中，有几件我今天仍记得很清晰，就是今天看起来，确实表现了我的愚蠢和不善动脑筋。

把母鸡淹死啦

孵过小鸡的母鸡最喜欢蹲鸡窝，不但不下蛋，而且“咯咯咯”地叫个不停，喜欢啄人，大家最讨厌。怎样让赖窝的母鸡醒过来，不再蹲窝，而能下蛋，当时农村的通常做法是把鸡放到冷水中去浸，并让其头也没入水中几次，据说这样就能让母鸡醒得快，理由是母鸡赖窝是由于身上温度太高引起的，这样做能降低其体温，使其不再赖窝。

有一年，我们家的一只母鸡孵过小鸡后，老是赖窝不下蛋。我希望它快下蛋，以便炒蛋有菜吃。我问母亲怎么办，她叫我捉了它到后面水渠里去浸，并告诉我不能在水中浸得太久。我立即照办。我捉了母鸡来到水渠边，先把鸡身浸在水中，让其全身都湿透，又用一只手将其头压入水中，很快就松开，让它露出水面。这样做了几次后，我提着鸡回到屋里，把鸡放在地上，鸡伸着翅膀扑打，把水珠掀掉，就去啄食，没有直奔鸡窝。母亲说，这样多洗几次，鸡就不会赖窝就会下蛋了。我很高兴，接连几天都这样做了，鸡好像醒了一些，但还是赖窝。

最后这一天，我捉了母鸡心中有些气，心想，我浸了你这么多天，你还赖窝，可能是浸得不够，今天就让你浸久一点，醒得快一些，早点下蛋。我把鸡浸在水中，并不时将其头压入水中。压了几次后，我突然见鸡头晃了几晃，翅膀伸几下就不动了，这可把我吓了一跳。我赶快提了鸡给母亲看。母亲看着地

上不动的母鸡骂道："你这个蠢崽，鸡淹死啦！谁叫你把它在水中浸那么久。鸡头在水中不能出气，当然就死了，这下就没蛋吃啦。"

我心里好生懊悔，本想让母鸡快点下蛋，却把母鸡淹死啦。

让小鸭胀死啦

父亲买了几只小鸭回来，这些小家伙十分可爱。金黄色的绒毛，宽大的嘴巴，红红的脚掌在地上踏得"叭叭叭"响。最逗人喜爱的是，你喂它的食，它就跟着你团团转。我最喜欢用喂食逗小鸭玩。首先我打苍蝇给它们吃。我用蝇板拍打到不少苍蝇喂它们，小家伙在地上奔来跑去争着吃，好像还未吃饱，伸着小脑袋望着我"嘎嘎嘎"叫。

有一天，我想把小鸭喂饱一点，免得它们老朝我叫。我开始到草地里捉了一些蚱蜢，怕小鸭吃一整只吞不下，我把蚱蜢撕裂喂。小鸭吃得可高兴了，边叫边抢着吃。一个小伙伴看了，对我说，喂蚯蚓小鸭长得更快。我就希望它们快点长大。于是我又去挖了两竹筒蚯蚓回来。喂蚱蜢，小鸭的食袋就有些胀大了，现在给蚯蚓，它们照样抢着吃，吃得饱饱的，食袋鼓得像个小包了，小鸭走起来都好像笨一些了。

喂完蚯蚓，我到后边渠里去洗东西，看到一个叔叔家桌上有一大堆苍蝇。我问叔叔怎么捉到那么多苍蝇。他说，用一种蝇药毒的。我又问，这苍蝇鸡鸭能吃吗？他说：当然能吃，我这些不是都给鸡吃了吗。我请他让我拿这些去喂小鸭，他同意了。我好高兴拿着就回来喂小鸭。

小鸭可能因吃蚱蜢和蚯蚓太饱，已在窝里蹲着了。我想，小鸭最喜欢吃苍蝇，前几次喂，它们吃得多吃得高兴，现在有这么多苍蝇喂它们一定会吃得更饱，长得更快。我来到它们窝前，小鸭都爬起来，昂着脑袋"嘎嘎嘎"叫着，向我讨吃。我立即把苍蝇一把把抛下，它们拼命地吃，把食袋鼓胀得像个小圆球，一个个胀得懒得动了，都在窝里蹲着了。我看苍蝇快吃完了，小鸭也胀饱了，我想它们一定会长得更快了，我高兴地干别的事去了。

父亲回来未听到小鸭讨吃的叫，感到奇怪，到窝前一看，四只小鸭翻倒在地上，还有两只也蹲在那儿一动不动。他用棍一拨，四只小鸭死了。父亲问谁喂的食，我把喂的情况一一说了。父亲笑着骂道："你这个脓包崽，真是蠢极

了。人吃多了都会胀死，何况小鸭呢。那药死的苍蝇有毒，小鸭难以消化，当然只能死得更快了。”

听了父亲的话，我心里好难过，本想让小鸭长得快一点，却把小鸭胀死啦。

把小鸡的腿夹断了

那时学校要求每个学生积极参加“除四害”，以利于环境卫生。老鼠是其中的一害。学校要求学生回家想法灭老鼠。而且为了证明自己灭了，要把老鼠尾巴交给学校。当时灭老鼠的通用办法是两种：一种是药毒，但那样难以得到老鼠的尾巴，交不了差；另一种是用夹板夹打。这就能得到老鼠的尾巴，所以，我决定用夹板夹打。这是一种安了弹簧的夹板。在顶住弹簧的小铁丝上挂一片肉，一拉扯那片肉，弹簧就快速打下，把老鼠夹打住。我跟母亲讲清了原因，讨了钱，买了这种夹板。回到家里，我装好了夹板准备夹打老鼠。

把夹板放在哪儿呢？老鼠出没最多的地方，一是厕所里，但我认为那太脏，怕夹板在老鼠的挣扎跳动中跌到粪坑里；二是猪牛栏屋里，我觉得这比较好，于是，我把夹板放在猪牛屋的一块板子上。我躲在远处静静地盯着。牛放出去了，要到黄昏才回，猪在呼呼睡大觉。我等呀等，希望老鼠出来咬那片肉，就把它夹住。等了很久，老鼠的影子都没有。我心想，老鼠可能吃饱了正在睡觉，也许，过一段时间它就会出来，把它夹打住了，我再来收。于是，我就离开猪牛栏屋到别地去了。

大约过了两个多小时我回到那儿，只见我母亲和两个叔母在那儿叫喊：夹子把小鸡的腿夹断了。我近前看，正是我放的那个夹板。它夹断了小鸡的腿，而且也打伤了小鸡的头，小鸡挣扎了好一阵，可能流血过多，不久就死了。母亲问我，是否我放的夹板。我承认是我放的。母亲有点生气地问，那你到哪儿去了？为什么不看着？我说，我盯了好久，老鼠没来吃，也没有小鸡来，我才走的。母亲说：“你呀，真是蠢极了！白天老鼠怎么会出来？小鸡当然会到猪牛栏屋找食，你应该赶开。你到我们屋里捉一只鸡赔二叔母。”我跟二叔母讲，捉只什么样的鸡给她。她笑着说，鸡不用赔了，不过，下次只能夹老鼠，不能再夹着鸡了。

本来想夹打老鼠，现在却把小鸡夹死了，做事太不细心，我懊悔了好几天。

把小果树的根淋霉了

有一次我跟祖父到鸭塘一个亲戚家，吃到很甜、很脆的桃子。我就问：这桃子是哪儿买的，真好吃。那个亲戚说，就是自家的桃树摘的。我就跟祖父说，我们能种棵这样的桃树该多好。那个亲戚马上说，他家就播种很多这种桃树苗，而且拿去卖，如果我们想栽，拔一棵去栽就行。我听了高兴极了，拔了棵桃树苗就跟祖父回家。

回到家我问祖父怎样栽种。他说，栽在菜园有肥的土里就长得快，而且要常淋水，别让它旱死了。我征得母亲同意，就栽在村庄左边园子、龙谷（碾谷）舂米房隔壁的一块菜地里。

栽下后我真希望小桃树快点长。它很快就长高大，开花结桃子，我摘下拿给大家吃，又甜又脆，大家都赞好吃，我就说是我栽的，看大家怎样夸我，那才真美。第二天去看，桃树好像没长什么，于是我淋了水。第三天去看，小桃树还是原样，我想，桃树不长，可能是我淋水少了，那就多淋一次吧，于是，从第三天开始，就每天淋两次水。这样淋了一段时间，菜土湿透了，似乎能挤出水来。菜土旁边本来就有一条小水沟，水沟旁是水稻田，菜土本就被周围的水源浸润得湿湿的，再加上我每天淋两次水，小桃树周围的一片土时时刻刻都被水浸泡着。我持续淋了好长一段时间，小桃树不仅没有长，而且下边的一些叶子有点变黄了。我不懂这是为什么，就去问祖父。他说，不要紧，新栽的树开始总会有点这样。于是我继续每天淋两次水。又过了一段时间，小桃树的叶子大部都变黄了，下边的开始掉了，我就问母亲，这是为什么。她说，是缺肥吧，叫我给小桃树施点肥。于是，我就给它淋了一些人畜粪尿。

有一天我又去淋水，刚好母亲在锄菜土。她看了一眼小树就说："你还淋水？叶子都快掉光了，小桃树肯定死了。"我不信，她叫我拔出看看。我轻轻一拔，小桃树就拉出来了。一看：小桃树的根部全变白了，根须都霉烂了。母亲笑着说："你这个蠢崽，栽树当然要用水落根。但不能天天淋，用水泡着树根，它不霉烂死才怪呢。"

听了母亲的话我心里好难过，我本想多淋水让小桃树快快长，可我却把小树淋死了！

我让小木炭全变成了灰

那时我们农村冬天的取暖主要是烤火箱（有的地方又叫烤火笼子），但又无钱买杜甫在《卖炭翁》中所讲的那种大木炭，只能靠自己去烧一种小木炭来烤，我们的家乡又把它叫“灰火炭”。这种小木炭的取得，是自己砍伐一些小杂木树，挖一个不太大的窑坑，将小杂木树置入窑坑内，点火燃烧后，就将窑坑顶部封闭住，免得燃烧了的木炭全部氧化，得不到小木炭。但又担心顶部封闭后树木不燃烧，就在窑坑的中部开了一个小洞眼。这个小洞眼非常重要，它能关能开。当窑坑内的小杂木燃烧得旺盛时，就将其关闭，免得燃烧的木炭全部氧化；当木柴燃烧得不旺时，就将其打开，让空气进入，使木柴旺盛燃烧。所以，这个小洞眼关闭是否恰当，是决定能否得到小木炭的关键。打开太久，燃烧的木柴全部氧化，变成灰，得不到小木炭；关得太严实，木柴不能充分燃烧，就还是未烧透的木棍，也得不到小木炭。

有一次父亲带我去烧这种小木炭。他砍伐够小杂木树，装好窑，点燃火，盖压紧窑顶，就对我说，他要赶紧去做别的事，就叫我看好窑坑的火。不能让木柴燃不起来，也不能让燃烧后的炭火变成灰，要时常打开洞眼看看，也要注意及时关，过两三个小时他就来淋水，把小木炭从窑坑里掏出来。父亲说完就走了。

那时已是冬天，四周灰蒙蒙的，一阵北风吹来，刺骨的冷。我蹲在窑坑旁的小坑里，看到窑坑上面冒的烟不大了，疑心木柴缺少空气未燃了，就打开洞眼。恰好一阵风吹来，里面的炭火燃得红光四射，噼噼啪啪响个不停，好玩极了，我看了老一阵。突然想起父亲交代的要及时关洞眼，我立即关了。打开洞眼一阵阵热气逼出来，我身上暖烘烘的，一关洞眼，吹着北风就冷得打战。过一会，我一看窑顶冒的烟又不大了，我又怕里面的火不燃了，于是又打开洞眼，让风一阵阵往里吹，吹得里面的炭火明亮明亮地发光，我身上也感到暖和些。又过了好一阵我把洞眼关了。

就这样开开关关搞了好多次，直到窑顶不再冒烟，风往洞眼里吹，火光也

不再闪亮，我才关紧了洞眼，蹲在小坑里等父亲的到来。大约两个多小时后，父亲匆匆赶来。他老远就看到窑顶未冒烟了，就问：“灰火炭烧好了吗?”

“烧好了，我看了好多次，木柴都烧尽了才关紧了洞眼。”我立即答道。

父亲走近窑坑打开洞眼一看就皱紧了眉头，当他用锄头掀开窑顶的泥土，看到里面只有少量发红的炭火，基本上都是淡白的灰时，就说：“不用淋水了，都变成了灰，这一窑是白烧了。”

他问我这是怎么回事。我把经过情况说了。他笑着骂道：“你这个蠢崽，拿你真没办法。怎么能时时打开洞眼让风去吹？风吹多了，全部氧化了，哪里还会有木炭。这样简单的道理都不懂。”

听了父亲的话，我的脸红了一阵又一阵。我又让小木炭变成了灰，心里好生懊悔。

捡茶籽

我们村庄后面有一大片茶子树林，每年秋天的霜降前后，开始捡茶籽。当时农民炒菜的用油主要是两种，一种是猪油，另一种茶籽油。而且农民更加看重茶籽油，因为除炒菜外，更多地用它来油炸各种食品，如过年的油角、馅环等东西都是用茶油炸的。所以霜降时节捡茶籽被当成每户农家的一件大事。捡茶籽又特讲时节，我们那儿的习俗认为，就是霜降前一天从茶子树上摘下的茶籽榨的时候出油率都不高，只有霜降那天从茶树上掉到地上的茶籽出油才最多。所以大家都抢着在这天去捡。

母亲在捡茶籽的前一天就会做好准备，会交代我和姐妹们要早起，各人用什么袋子，往哪几个方向走才有可能多捡一些。

霜降节那天，我和姐妹们早早起来，各人拿着袋子往后龙山后面的茶子树林跑去。天刚蒙蒙亮，有些雾气，还不大看得清晰。我们穿过大路，还未到达茶子树林，就听到人们的讲话声，很多人比我们来得还早。我们按照母亲交代的方向，直奔目标。

我找到一颗大茶树，枝条伸展很宽，在微弱的晨光下，我看到一颗颗泛着亮光的茶籽，心里一阵高兴。我赶快一颗颗捡起来，往袋子里装。为什么要用口袋而不用篮子装？因为要爬山岭，还要钻树丛，篮子装容易倒掉。我看到一处几颗大茶籽在一块，为了快，我想用手使劲扫拢一下子全抓起来，我用力扫去，突然感到手指一下刺痛，缩回手看，一根长刺刺进了我的中指，我毫不犹豫地把长刺拔出，一股鲜血涌出。我把手指放进口里吸一下就没事了，继续捡茶籽。

茶子树周围的捡完了，我看到在开满白花的茶树上还有不少未落地的茶籽，按照习俗摘茶树上的茶籽出油率是不高的。我没管那么多，我想季节到了应该是一样的，照样把茶籽摘了。我看到茶树的根部附近有不少茶籽，要匍匐在地上钻进茶树丛中才能捡到。我毫不犹豫地睡在地上，爬进树丛中把茶籽捡

出。小毛虫爬上了我的脖子，开始冰凉的，一会儿就起了疙瘩，火辣辣的。我用手一抓更加辣痛。爬进树丛还比较容易，退出来却更难。我只得仰着身子，用两只手在地上撑，一寸寸退出来。突然一根小枝条在我脸上一划而过，用手一摸，就有一道渗出血丝的痕迹。把茶籽装进口袋，看到鼓鼓的袋子，什么长刺，什么毛虫，什么出血，全忘记了。

我又捡了好几棵茶子树，太阳也老高了，人们在茶树丛中穿来晃去。我的姐妹也捡了不少，落在地上比较显眼的应当说都捡了，有的人准备往更远的地方去捡，有的打算回家了。我看到有的人在白嫩嫩的茶花中寻找茶苞吃，我就想起了母亲常讲的话：茶子树是最苦命的了，旧的崽崽（指茶籽）还未落地，新的崽崽（指茶花和新茶籽）又背上了。在植物中，前一年的果实尚未成熟，新的果实又开花结果，是否只有茶子树这一种？

我们回到屋里，母亲见捡得多，心里好高兴。但这一点茶籽炸油还是不够的。因而除了在本村捡（因为我们村的茶子树比起别的村还是算少的），还常到外地捡。我记得我们常去的是沿江山地里（我细姑妈就嫁到沿江村）。但这种捡是叫做捡野茶籽，是在本村民众捡了三天后（也就是霜降节气后三天）才能去捡。当然，捡这种茶籽比较难，因为显眼的别人早就捡了，只有捡那些别人不去、或别人未发现的地方的茶籽。

母亲早就与几个叔母约好去沿江捡茶籽。那是一个晴朗的日子，母亲带着我出发了，有的叔母也带了小孩，大家一块热热闹闹朝沿江方向走去。我们村离那儿约十里路，接近中午才到达目的地。

沿江村的山地满山遍野都是茶子树，就是长有松树的地方也有茶子树。有的茶子树长在茅草坪上，而有的则长在一大群一大群的灌木丛中，这种茶树的茶籽难摘、难捡。这片山岭很宽大，沿江村离这很远，周围没有人烟，显得荒凉。高大的松树在和风里发出低鸣的涛声，野鸡声隔山彼此呼应，野兔、野鹿时时穿梭灌木丛发出沙沙的响声，野蜂在花丛中翻飞，在阳光里乱窜。人们还说，这片山地里还有野猪和老虎，所以人们来这儿捡茶籽虽说高兴，但也有几分担心害怕。

母亲与叔母们约定在什么地点汇合回家，然后就分头进山林捡茶籽。母亲带我往一条山沟边的灌木丛中钻去。她来时就做了准备，带了一把镰刀，她用力劈开灌木藤蔓，挨近茶子树摘茶籽。本村的人为了抢快多捡茶籽，都是往平坦的茅草地里的茶树捡，那些灌木丛里的、山沟边上的、有点不方便或危险性

的都顾不上。母亲摘茶树上的，我捡地上的，一棵茶子树就捡了不少。母亲连续劈开几群灌木林，她的两只手背被荆棘刺破，全是血，她毫不在乎，麻利地摘、捡茶籽。母亲往前走了，我还在原来的茶树下捡，想把这棵树全部捡干净。就在这时，我身边的杂树枝哗啦啦地响，吓得我惊叫起来，一只灰色的野兔从我身旁窜过。母亲忙问出了什么事，我说一只兔子吓了我一跳。她说我是老鼠胆，害怕兔子，这儿荒山野岭，野东西多得很，根本不用害怕。

又捡了一阵后，母亲看到我无力的样子，问我是否肚饿了，我说早就想吃东西了，于是我们停下吃中饭。她拿出带来的食物：几个煮熟的红薯，几个用油烤香的硬米糍粑。我吃了后好想喝水，但没有水，她说等捡完下山后，看路边的沟里有没有水，到那时再喝。又说，在前边的山沟里也可能遇到水，那就更好了。在炎热的太阳下，我真是口渴得不行，真希望在我的旁边有一股小山泉涌出来，让我喝个够。母亲回过头看我口渴的样子就说，摘几片绿的茶子树叶放在嘴里衔着也能解渴。我照她讲的办，果然好些。

我们来到一大群灌木丛前，它包围几棵茶子树，里面还有杂树，外边长满各种荆棘，不费一股力气砍开荆棘灌木丛是捡不到那些茶籽的。母亲挥刀使劲砍去，藤蔓拉扯旁边的树枝都摇晃起来。就在这时，一股大黄蜂（我们家乡叫吊脚蜂）急急朝我和母亲飞来，母亲赶忙说："是吊脚蜂，快伏在地上。"我立即匍匐在地上，母亲也伏倒，但来不及了。越来越多的大黄蜂围着我和母亲的身边转，在我们的手臂、脸上足足叮了好几下。这种山野中的大黄蜂最毒，最可怕。它常在松树或杂树上结窝，如果砍柴草惊动了它，就成群结队飞出蜇人。它叮的每个地方奇痒胀痛，肿一个大疙瘩。如果跑它就随风追赶，如及时伏在地上有时倒能躲过。我们砍柴发现它，总是不惊动它，而是举一个火把烧毁它。我和母亲的手脸都肿了几个大包包，又痒又痛，况且我们的袋子也快满了，母亲说不捡了，于是我们下山。

我们来到约定地点，几个叔母也先后到了。我看到一个小妹在哭，别的孩子在哄她，就问怎么回事。叔母说，她的手被蛇咬了，又说，现在已没事了，因为就在那儿有一股山泉，立即就在山泉水里洗干净了，又寻了七叶一枝花几味解蛇毒的草药用嘴嚼烂敷在伤口上，现在暂时无大碍，赶快回去再吃药，敷药。母亲也把我们遭蜂叮的事讲了，大家看我和母亲的脸肿得像包子，都好奇地笑了。各人收拾好东西，就急急回家了。

我跟鱼虾打交道

在我童年少年时代，我还喜欢做的一类事，是捞鱼虾、抓泥鳅、捡田螺、钓青蛙。我之所以喜欢做这些事情，一方面是出于好玩，另一方面也是它们能改善我们家的生活。我是学大人们做的。我的父亲、叔叔们常这样做，看着多了，也就来了兴趣了。

我喜欢捞鱼虾。我们村庄前面全部是稻田，稻田之间有几条小水沟。这些小水沟把大水渠的水引来灌到各丘稻田。水沟里长有一些水草，鱼虾就躲藏在里边。捞鱼虾的工具是：一面不大的三角形渔网；一把三角形的赶棍，赶棍的下边那根棍子上要套几个竹筒子，以便在水中搅动时发出响声，把鱼虾赶进网里；还有一个小鱼篓。通常每天捞一次，有时一天两次。特别是下小雨天，水沟里涨了水，鱼虾增多，我就戴上斗笠，披着蓑衣，腰间挂着小鱼篓，像个渔夫似的到水沟捞鱼虾。我常常运气好，收获大，有时把渔网起上来，既有虾子，又有小鱼，真是高兴得不得了。一般是虾子多，吃不完，母亲把它焖熟晒干，常用来炒辣椒吃。

捞虾子还有另外一套办法。那时的田里不杀农药（那时没有农药，如果要除草等，最多是撒一些石灰），虾子、泥鳅、螺蛳、田鸡都多。在禾苗快抽穗时，农田要晒一次方。把水排干，晒一段时间后，再往田里灌水，禾苗就长得快，抽穗就多，也就能多打粮食。就在农田晒方排水时，把一个像“夜毫子”那样的捞虾工具放在排水的出水口处。不过这种“夜毫子”不是抓泥鳅那样的大小，而是大很多倍，只有这样才能多装虾子。虾子顺着水往下流，全装进了“夜毫子”。有时我放一个这样的“夜毫子”全装满了虾子，背回家打开，盛了一盆子虾子。

我常从三个方面抓得泥鳅。第一种方法就是在田里“盘”。把田里的一条水沟的水排干，然后用双手把泥巴一薄块一薄块搬开，泥鳅钻在泥巴中，这样

就把它掏出来了。由于没有水，它溜不快，就把泥鳅捉住了。这样做有时手指碰到泥中的碎石或玻璃，被划破出血。但这没关系，在泥巴中，血一下就止住了，而且也不痛了。第二是夜里用刺泥鳅的鱼刺把泥鳅刺住。这种泥鳅刺是一排像梳头的梳子那样的小铁棍组成，但两根铁棍间的距离比梳子的宽一点，刺下去刚好能把泥鳅卡紧。它全由铁组成，那根棍把也是铁的，这样比较沉，刺下去才有分量。在晴朗的夜里，用松树块点一个大火把，到田里刺泥鳅。那时讲究冬田，一收割完就把田犁了，田里都有水（少数靠天下雨的田除外）。到夜里泥鳅从泥土里出来趴在泥上，看见泥鳅就快速猛力刺下，提起来在水里把泥土洗净，把泥鳅装在篓里。这里的关键是快和准确。我父亲把握得好，几乎次次刺中，而我则快和准确都不够，刺着的次数就少。第三是捡打石灰药死的泥鳅。那时农田为了除草、杀虫，也常打石灰。一丘田撒了石灰后，泥鳅浮到水面，赶快把它捞起。有的过不久就死了，就把它捡了。但这种泥鳅我们都不大喜欢，因为它吃了石灰水，怕人吃了损害身体，所以捡的比较少。但不论怎样，这三种捉泥鳅的方法都比不上放"夜毫子"那样有乐趣。

我们家乡的田螺是非常美味的，我小时也最喜欢捡螺蛳。螺蛳有不同种类。一种是田里的叫田螺，另一种是塘里的，叫塘螺，当然湖区的还有湖里的螺蛳。我们只捡田里的，因为它美味好吃，塘里的不好吃，很少捡。田里的螺蛳又分为两种，一种叫铜螺，一种叫铁螺。铜螺大个，壳薄，肉大；铁螺小个，尖细的，壳硬厚，肉细小。我常在下午背挂一鱼篓去捡田螺。捡田螺要满田转，才能多捡。但有一个麻烦就是常被蚂蟥叮咬。我在放"夜毫子"那里已讲，蚂蟥叮在脚腿上吸血，扯也扯不脱，又痛又吓人。我捡田螺有几次被蚂蟥叮咬，回到家洗干净脚才把它扯掉，伤口流血，就用祖父的水烟袋里的烟汁涂一下也就了事。捡回的田螺先放在盆里用水养着，让它把泥土吐干净才能吃，但更多的我们是把它卖了，以便换回几个钱。

大人们常在河边或田岸边的洞穴里抓田鸡，我们小孩抓不到，就想办法钓。田鸡比青蛙大，青蛙的皮是青绿色，而田鸡的是灰褐色的。现在人工养的田鸡叫牛蛙。这种田鸡在池塘边、稻田高岸边、牛洗澡擦身的水塅子里最多。我们用钓鱼的钓竿钩上钓饵，在黄昏时，当田鸡一片呱呱地噪叫时，我们躲在隐蔽处，抛出钓线，静静地等着。过不了多久，田鸡从洞穴里爬出来，左右转动着它的鼓眼睛，判断周围无人时，它就慢慢爬过来吃钓。它快速一张口吞下

钓饵就往洞穴跑。这时用力把钓竿一拉，田鸡就被钩住了，它在地上乱蹦。一次，我的运气真好，没多久就钓了三四只，高兴极了。可是在取钓钩时，田鸡一蹦，不小心钓钩把我的手指刺破了，鲜血直流，我把手指放在嘴里吮吸几下也就无事了。我在牛洗擦身子的水塅里钓的田鸡最多，因为这里的田鸡能找到吃的虫食少，最容易吃钓。这种自然生长的田鸡非常好吃，肉质鲜嫩甜润，用来炒辣椒、清蒸都是上等菜。现在人工养殖的牛蛙貌似田鸡，但不好吃，而且吃一两次就再也不愿吃了。况且人们说，它们是被喂了激素才长得这么快，所以，大家不敢多吃。

那时我们村的每户人家都穷，捉到的鲜活大泥鳅，捡到大个的铜田螺，抓到大个的田鸡都是拿去卖了，换几个零用钱。

摘枇杷

我永远不会忘记在故乡和小伙伴们摘枇杷的那些欢乐愉快的日子。

我们村后龙山有很多棵枇杷树，大多长在水渠旁，枝繁叶茂，都是很大一棵的树。每年春天几乎全树开满白花，从枇杷叶中露出来十分好看。到了春夏之交，枇杷成熟了，一簇簇金黄闪亮的枇杷在绿叶中泛光，挺诱惑人的。在这些枇杷树中，有两棵树身最大、结果最多、枇杷也最好吃。一棵长在水渠通往后龙山的小石桥上边；还有一棵是在靠近村庄左边的菜园的水沟旁。我们小孩子最喜欢爬这两棵树摘枇杷。

村里虽然没有明文规定什么时候摘枇杷，但常年的习惯却告诫大家只有当枇杷金黄发亮完全熟了时才能摘。我们小孩子最关心这件事，几乎天天都会去瞧瞧，看那些露在外边能看见的枇杷熟到了什么程度，并不断地问大人：再过几天能摘？如果哪个叔叔、叔母认为哪天能摘，就会在早餐后大家集中在后庭院的水渠边洗衣时把消息传开，哪天摘枇杷了，大家来捡枇杷。这样做避免产生意见，增加了村里的和睦。我们小孩子在前天晚上就会做好准备。

有一年开始摘枇杷那天正是个好天气，太阳早就射出了它美丽的光芒，我和几个大一点的男孩早就来到枇杷树下。有的挽个篮子，有的拿个布袋，在议论是否等大人来了再爬树。几个小妹妹也来了，她们爬树的本领不比我们男孩差。有一个叔母提着一桶衣来洗，我们迫不及待地齐声问：“可以上树摘枇杷了吗?”

“上树要小心，别掉下来。”那个叔母说，“多丢几枝黄枇杷下来吃。”

叔母的话还未停，大家就爬树了。我早就站在小石板桥旁那棵树下，想第一个爬上去。可另一个男孩手脚比我灵活，他一跃就爬上了树身，我只能让他先上，等他爬了一段后，我才上树。其他的男孩和小妹妹各自找准了自己的目标迅速地爬上树。来迟了的边喊叫，边找人上得少的树赶快往上爬。

枇杷树与桂花树、梅花树、梨树比，有它自己的特点。一是它的树身大，枝干开得多、宽，二是它的枝干柔软，有很强的韧性不易折断。所以一条小枝条你也可以踩上去，它不会碎断，人不会因此而掉下。因而在一棵大枇杷树上就可以同时上几个人摘。

我爬到快接近树巅，放眼一望，一串串金黄色的枇杷在宽大的绿叶中闪光，一粒粒鼓胀的枇杷似乎要把它的甜汁流出来，叫人看了几乎要流口水。几棵树上小伙伴们的身影在晃动。大家为摘到好枇杷欢乐高兴地喊叫。后龙山里是一片小孩子的嬉闹声。洗衣的叔母们陆续来到后庭院，停住脚看树上摘枇杷的热闹场面，不断地喊叫丢枇杷下来。一个叔母叫我的名字，让我丢枇杷给她，我立即摘了串金黄色的大枇杷抛下给她，而且接着抛下几串，大家抢捡枇杷吃。

我摘了很多串放进布袋里，换爬了几根大枝干，掀开树叶寻找，看到在几根小枝条的末端还有好多串黄枇杷，可由于枝条太小，去不了人，无法摘到。我看到大妹在树下看摘枇杷，就对她喊："你回去拿根木钩子来，有的摘不到，要用钩子钩过来。"不一会，她拿来根木钩。这是就着一根长树枝在它开杈的地方将枝干削去，而留下一部分而形成的木钩子。妹妹爬了一节树，我也下了几个树杈，就拿着她递上的木钩。用木钩把挂有枇杷的枝条钩过来，就摘到了那几串大枇杷，我心里好生高兴。就在这时我听到有人叫："哥哥，在你头上面还有几串大枇杷。"原来是另外一棵树上的小男孩在叫我。

"在我的头顶上吗？"

"就在你左边头顶上，有好几串呢，你再往上爬，掀开树叶就看到了。"

我小心地再往上爬，枝干在往下沉，不断地弹动着，一下一上，吓得我赶快将身子靠紧那根大枝干。等身子稳住后，我用木钩子拨开树叶，看到几串大枇杷，但还未熟，还是青绿色，我心里感到好生奇怪，为什么它们也长在树顶就没被太阳晒黄，而别的却晒黄了。

"摘到了吗？够大的吧，要分一点给我吧。"那个男孩又喊起来。

"还是绿的，只有一点点黄，下次熟了再摘吧。"

和我同树的另外一个小弟也对我说，他也看到了几串绿的未摘，等熟了再摘，反正还要爬几回树。我说他讲得对，我们就一块下树。其他树上的小伙伴也先后下来，大家在比谁摘得多，谁的最好。大家互相交换尝试着。结果还是

我摘的这棵树的最好吃。和我同树摘的两个小弟说，他要拿到街上卖，这么好吃，一定有人买。卖几个钱给父母买东西，他们一定会高兴的。

确实，这种枇杷好吃，它不是很大一个，但它果肉厚，果汁多，甜中带一点酸味，吃起来非常美味爽口。现在我吃到一种改良了的枇杷，很大一个，但它不甜，是淡的，吃着没有什么味道。一吃这样的枇杷我就会想起故乡的枇杷，想起它的美味给我的甜蜜的感觉。但遗憾的是我再也吃不到那样的枇杷了。为什么？因为枇杷树全部被砍掉了。后来后龙山卖掉一些大松树做铁路上的枕木，砍掉了不少高大的松树。1958 年整个后龙山的树木被砍光，办起了所谓万头猪场，枇杷树、桂花树在这次砍伐中都没有逃脱厄运。后来我回到故乡的后龙山，看到的是一片光光的土地（因为万头猪场未办几天时日就倒闭了），回想起昔日的梅花树、桂花树、枇杷树、桃子树、梨树等，整个葱绿的后龙山，心中不免有一种凄凉的感觉。好在从二十世纪七十年代始，村庄里的人们就陆续将房屋砌到后龙山上，我们家的房屋也砌在这儿。现在是一排排新房，人丁兴旺，热闹非凡。这就是历史的变迁！对于年轻的后代，他们根本不知道什么后龙山，什么枇杷树、梅花树、桂花树、桃子树、梨树；而对于我，那摘枇杷的动人场面，那美丽的梅树、桂花树、枇杷树，那高耸入云的松树凑出的美妙的乐曲，却永远留存在我的心中，成为我终生永不能忘却的美好回忆。

帮老板做月饼

我在县城读书时就帮老板做过月饼，体验了替人干活的劳苦和辛酸，用今天的话讲，就是替人打工的劳苦经历。

那时过中秋节非常讲究，再穷的人家也要买一点月饼过节。因而县城的一些杂货店在中秋节前赶做月饼十分忙碌。那时的月饼比现在简单得多，大至分为两大类：一类是大个的圆月饼，与我们今天的差不多，但内容简单，可能就是三种：火腿，豆沙，五仁；还有一类是所谓的“五大件”，“八大件”，实际上就是今天的饼干，而且按今天标准讲是最差的饼干。就是用一些木模子印出来的带有动物形状的饼干，什么小马、小牛、小羊、小狗、小猪、小鸡等形状的饼干。其实就是面粉里面放了一点蔗糖烤成的饼干。当时有钱人很少，很多农民和贫苦人家只能买很少的火腿、豆沙、五仁之类的大个月饼，用来哄孩子们多半是买所谓的“五大件”，“八大件”，也算中秋月饼，让孩子们过节。因此这种用木模子印小马、小狗、小牛等饼干的生产量就比较大。一般杂货店老板通常雇有两三个店员，他们只能忙着做火腿等圆月饼，这些用木模子印小动物形状饼干就只能临时请人做，包括请小孩子做。因为它工艺简单，任何人都可以做，而且工钱少，或基本不付钱，如我们小孩帮着磕印，就只给一点饼干吃，不给一分钱。

那时我住在我舅母家读小学。从曾家祠堂出来，南关街上有两家杂货店。临近中秋做月饼时，我和曾家湾里的几个小男孩合计，到杂货店里去磕印月饼，弄一点饼干吃。我们这样做，并不是家里买不起月饼，当时我舅妈家还算过得去。我们这样做，纯粹是出于好玩。

一天夜里我们来到附近的一家杂货店，店面已上好门板关门，只开着一扇进出的小门。往里一瞧，里面灯火通明，烟雾弥漫，一片撞击案板的嘈杂声。我们几个小脑袋伸进去，就有一个声音问道：“是来印月饼的吗?”

“是。”我们几个胆怯地回答。

“来，跟我来罗。”一个老者走过来，大概是店里的老板。

我们跟着他走进去，看见屋里挂着两盏煤气灯，发出沙沙的响声，照得屋里明亮。在一张很长的大条案板两边，一些人在忙着做月饼。有的揉面粉，有的杆条子，有的往胚坨里放月饼的馅：腊肉、豆沙、花生米等，还有两三个妇女和两个小孩在磕印“八大件”、“五大件”，即用木模子压出一些动物形状的小饼干。

老板带我们到一段空闲案板旁，说：“你们就做‘八大件’、‘五大件’，像他们一样。”他用手一指那两个妇女和小孩，“不过，先讲好条件，一是要用力压，模子里印出来的月饼要合要求；二是没有工钱，只是给一点月饼吃；三是要全部做完才散工，先走的就没有月饼吃，因为月饼要最后才烤得出。行不行?”

我们看到那些人在做，感到蛮有趣，出于好玩，就都答应了。于是老板叫一个小伙计拿来木模子摆在我们面前的案板上，老板就给我们讲怎样印月饼。一个木模子上雕有四个小动物模型，将面粉胚子压进每个模型，再把它磕出，一个个小动物模型的饼干就做成了。老板又讲了些做的注意事项，但他仍不走开，还站在旁边盯着。

我用切好的面粉坨往木模型里使劲压，压紧四个，费了好大的力气。可是用力敲，却磕不出来。我又敲了几次，有两个出来点点，断了，不是一个完整的小动物。我心里好着急，头上冒出了汗。老板走到我边前冷冰冰地说：“我讲过了，怕面粉粘紧在模子里，要先往模子里撒一点干粉，你听到了吗?”“你听到了吗”几个字讲得特别重，我忙点头，并用手指将磕不出的面粉挖出，撒上干粉再做。老板却在一边咕哝着：“糟蹋了我的面粉。”吓得我低头赶紧做。

一个小伙计拿着米筛到我的一个伙伴前收月饼，他迟疑了好一阵都没捡。老板过来一看，指着那些月饼问：“这是你印出的?”我的小伙伴点了点头。“‘八大件’、‘五大件’是完整的小动物，你磕出来的不像小马、小牛、小猪，这是什么月饼？压不紧，形状就出不来。你没有力气，就不要来做!”我的小伙伴赶快说，下次的一定压紧，做出的一定像这些小动物。

狭长的屋子里人多，煤气灯发出热气，烤月饼炉里的火气也往屋子里冲，

做月饼的屋里又热又闷，弥漫着烟雾。本来是八月里了，可这个地方却仍是蚊子成堆，时时在耳边“嗡”的叫一声，并感到脚杆上一阵阵痒痛。可大家双手忙碌不停，来不及去拍打。有个妇女可能实在忍不住了，用手往脚上用力拍打，发出了响声，老板又看到她在抓痒，就恶狠狠地说：“我的月饼上有蚊子没人要，可会要你全部赔!”吓得大家谁也不敢去拍打蚊子，只能任其叮咬。我的脚杆上一阵阵麻痒，我用两只脚去互相靠搓，可是不解决问题，仍然痒得很。我再快搓，差一点儿跌倒了，还是不能赶走蚊子的攻击。没办法，只能让它把血吸个饱。那天晚上散工时，我在灯光下看我的脚，两只脚杆上有很多个红点点，我看到鞋上有一个黑红色的圆点，用手一摸，原来是个吸饱了血圆滚滚的蚊子！它吸血太多了，飞不动了，就滚落在我鞋面上。它吸了我这么多血，我恨死了它，用力就把它抹死了。

已经快十一点多钟了，加上屋子里的污浊空气，不少人打呵欠，眼皮有些睁不开了。一个店员可能由于瞌睡，不小心把糖罐打翻了，案板上流了不少糖，老板走过去就是两个耳光，打得啪啪响，并说：“还这么早就想睡觉，你们又不是死猪。快点做，这些面粉不做完，今晚是不会散工的。”被打的店员一声没吭，赶快用面粉把糖吸干，还对老板露着和蔼的笑脸。这是没法啊，因为端着老板的碗，就得服从老板的管。你一点不听话，老板立即叫你滚蛋，回到家没吃没喝的，日子怎么过？尽管对老板的无理威胁不满，大家也只能强振作精神，两只手不停地更快地做，屋子里响着更嘈杂的撞击声。

我们几个小孩子更是瞌睡得要命，有的站着就打浪窜，有的木模子没敲在案板上，我甚至连面粉坨与做好的饼干都分不太清了。老板看了，没骂，没惩罚我们，而是督促快做，并说很快就有香喷喷的月饼吃。为什么？因为糅合了糖水的面粉当晚不做完，到第二天就报废了。所以，他这时也只能耐着性子督促快做，不能赶我们走。在他的监视下，我们拼命地做，直到最后，我的脚站不稳，手痛得抬不起，再也坚持不了，才听老板说，今晚做完了，可以散工了，还讲了什么我就没听清。

老板给我们发工钱月饼，小伙伴拖醒了我，我模糊听得他说，我浪费了他的面粉，其他的小孩发十二两，我只能发半斤（八两）。（以前的秤是十六两制）大家打开纸盒看，里面是“八大件”“五大件”的小动物饼。我们二话没说，拿着就跑，那时已是深夜一两点钟了。大家边跑，边吃，边笑，很高兴，

瞌睡也没了。通过这次做月饼，我开始体验到，要获取一点东西，是多么不容易，要付出多么大的劳苦。后来我读高尔基的自传体小说人生三部曲，他讲的给作坊主打工，遭受的苦难和悲惨，我是完全能理解，并深表同情的。

后来，我们还去给老板做过月饼，不过我们也学乖了些，也就没有第一次那么吃亏，受苦了。我还给卖甘蔗的老板打过工，是搬甘蔗和清洁甘蔗，也吃了不少的苦。一次，老板叫我和另一小孩背甘蔗到街面上卖。从一间黑暗的小屋里背出，要跨一道很高的门槛。开始背比较小的、矮把的，都顺利背到了。后来，老板叫我背一捆重的、长的。我一背上肩就感到吃力，腿杆发抖。不小心挡着门槛跌一跤，额头上撞了个大包，左脚杆上撞了一个小洞，鲜血直冒。这下可吓坏了老板，他赶紧刮了锅黑和壁硝（一种长在阴潮的墙壁上的绒毛）混在一块给我敷上，痛得我眼泪直流，给了我几个铜板就打发我走。额头上的血包，过不多久就散掉了，可脚杆上的伤口却让我吃尽了苦头。因为这儿只有皮和骨，伤口很难好。它老是发炎、溃烂，不时地流血水。当时又没有什么药，而且也没有钱买，就用一点土方子涂一下，痛得我多少晚上不能入睡，很长时间跛着脚走。大约过了半年才慢慢好。通过这次教训，后来给别人做事就小心多了。

打　猎

我二叔有一杆鸟铳，他喜爱到山野里打野东西，只要他出去，是从不空手回家的。我也喜欢跟他去打猎，经历了不少惊险有趣的情景，今天回忆起来，仍历历在目。

我开始接触二叔打猎是从要他帮我打麻雀起始的。那时政府号召消灭“四害”，是把麻雀算其中一害的。我在学校读书，老师规定每个学生要完成消灭“四害”的任务，如打麻雀多少只，消灭老鼠多少只，等等。打蚊子苍蝇容易，消灭老鼠的方法也比较简单，这些我都能办到。抓到麻雀却比较困难。当时有人告诉我用两种方法抓它，一是用皮弹弓打，我试过，因为弹出的小石子速度太慢，用来打人或射一个固定的目标可以，用来打麻雀却不行；二是支一个竹簸箕，簸箕下放些谷物，远远地拉一根线，等麻雀进去吃谷粒，用力一拉线让簸箕罩住麻雀。我也试了多回，很难罩住。学校规定一定要打多少只麻雀，甚至规定要验麻雀脚的多少来确定你是否完成了任务。我无法，只得求二叔帮忙，他满口就答应了，我非常高兴。

一个晴朗的日子，早餐后我和二叔出门打麻雀。他肩上挂着装有火药、铁沙子、雷管等东西的袋子，手中提着鸟铳，他叫我拿着一个麻纱袋，说这是装麻雀用的。他说村庄里的麻雀不好打，一是这些麻雀很机灵，人还没接近就飞走了；二是怕伤着鸡等别的东西，所以要到村外去打。我们来到一丘大稻田旁，老远听到一片麻雀叽叽喳喳的噪叫声。二叔蹲下身子借着禾苗遮蔽自己，轻轻地靠近麻雀，两手端着鸟铳，眼睛瞄着前方。我尾随其后屏住呼吸，不敢出大气，生怕惊动麻雀。

“嘣”的一响后，听到一群麻雀惊叫的飞走声，也响起了二叔的喊叫：“快来捡麻雀，打到不少。”我赶快奔过去，看到田角的一块小草地上躺着七八只麻雀，还有的受了伤飞不动，在草丛中乱窜。我把死麻雀捡着往麻袋里

装，二叔把三只飞不起的也抓了回来，塞进袋子，叫我扎紧袋口。二叔在靠近山边的一丘田旁又放了一铳，也打了不少。这种鸟铳跟枪不同，枪一下只能射出一颗子弹，因而只能打中一个目标，就是机关枪一次也只能射出一颗子弹，只不过连续而已；但鸟铳不是一颗颗子弹，而是一堆细小的铁沙子，这些铁沙子有很多粒，撒开去就能同时命中很多目标。当然它射的距离就不远。

二叔说，不在田边打了，到山地里去打山麻雀。这种山麻雀对农作物的危害更大，它不仅成群结队地吃很多稻谷，而且把种在山地里的旱作物大量毁坏。农民常在旱地里种很多作物，如花生、豆子、苞谷、高粱等等，这些旱地作物占农民收获的很大一部分。山麻雀把这些种子从泥土里翻出来吃掉，给收成造成巨大的损失。农民极讨厌它，可又无法奈何它。这种山麻雀与住在农家附近的家麻雀有几点不同，一是比家麻雀个儿大得多，因而也吃得多；二是毛色不同，家麻雀多是黑色或黑黄色，山麻雀多半是像泥土似的棕黄色；三是更加机灵，只要有一点响动，它早早地飞走了；四是筑窝居住的地方不同，家麻雀筑窝在农家屋檐下或禾草堆中，而山麻雀却住在山沟壁的泥土洞中，因而它的羽毛也可能受了影响是棕黄色的。

我和二叔来到村后有一大片旱土的山地里，也是老远就听到鸟雀的噪叫声。他叫我赶快隐蔽在树丛后不动，他自己则敏捷地从一个树丛窜到另一树丛后，一步步地接近旱土地。不知哪儿有了一点响动，“嘣”的一声，一群山麻雀从土里飞出，飞向山沟那边。接着还有鹧鸪、黑尾巴鸟，也腾空飞起，落在山沟边的大松树上。几只老鹰在旱土上空盘旋了几回，大概它们没有发现危险，又落回原地慢慢啄翻泥土，寻觅食物。二叔见山麻雀飞走了，他躲在树后等待，经验告诉他，只要无响动，山麻雀很快又会回来的。阳光照得黄土闪闪发光，松树叶中也在晃动着缕缕金光，小蜂在野花丛中翻飞，发出低微的嗡嗡叫声，偶尔有老鸹的嘶哑叫声，山地里是一片寂静。二叔和我一声不响地躲在树丛后等着。又过了好一阵，突然“呼”的一阵响声，一大群山麻雀飞回来，落在旱土里，噪叫着，跳跃着，高兴地翻寻食物。二叔好高兴，但是他很沉着，慢慢地从树丛中探出半个脑袋，看准麻雀的位置，又轻轻地从树叶中伸出鸟铳瞄准。“嘣”的一响，他放铳了，紧接着是一阵鸟雀的惊叫。二叔大喊：“打翻了不少，快去捡麻雀。”我立即从树丛后奔出，看到土里有的麻雀一动不动躺在那儿，有的脚和翅膀还在战栗，有的在挣扎着往草丛中躲。我全捡了

装在袋里，麻纱袋已沉甸甸的，二叔看了看，就说今天差不多了，不打了，我们就回家了。

我和二叔这样打了几次，我很好地完成了学校规定的任务，还得了老师的表扬。但我认为最有趣的还是跟二叔去打猎，那几次更让我永远也忘记不了。

一次是跟他去打野鸡。那是春天的一个早上，我刚好星期日从学校回来在家。他叫我跟他上山打野鸡，我当然高兴答应。我的任务就是帮他背一个装野兽的麻纱袋。因为他肩上已挂有一个装有火药、铁沙子、雷管等放铳用品的工具袋，再加一个就是累赘。他不背装猎物的袋子，动作就轻巧，灵便得多，有利于放铳打猎。他打猎还带条狗。这是他喂养专用于打猎的。由于他的操练，狗会听从他的一个手势或一句轻轻的口令或停、或站、或坐、或追、或叫、或返回，正如我们今天很多人喂养的用于娱玩的哈巴狗那样，训练得很通人意。但它与哈巴狗又有几处不同：一是它比哈巴狗长、高、大；二是有一双更机灵的眼睛；三是有一个嗅觉非常敏锐的鼻子；四是体形瘦长，奔跑如同驰箭。我们走在山间羊肠小道上，狗摆着尾巴，吐着舌头，跟在后边跑。

二叔说我们屋后的山地里野鸡少，要到更加荒凉、人烟稀少的山地去打。他带着我翻过了一座又一座山岭，来到一个我从未到过叫不出名字的山地里。放眼一望，周围是一大群一大群的灌木林，在灌木林中稀疏长有一些松树，左边有一条很长的松树林，可能是沿着大山沟边长的；前面是一片乱石山，白一块，黄一块，奇形怪状。周围看不到任何村舍，只听到野鸡的叫声，这山那山彼此呼应。偶尔也有别的鸟拖着长音嘶叫一两声，打破荒野的寂静。二叔紧挨着灌木丛，轻轻地移动身躯，眼睛四周扫视，搜寻目标。猎犬一声不响跟在他身后。我借着灌木丛遮蔽身子，小心地往前走。

突然周围响起野鸡的清脆的叫声，我为之一惊。抬头看，前面约十米远的松树上站着一只野鸡，它金碧翠绿的身子在阳光下闪闪发亮，小脑袋上的红冠泛着金光，长羽毛的尾巴高高翘着，它可能听着远山的野鸡的叫声在寻找它的伙伴，没有注意到我们。二叔极隐蔽地靠近离松树最近的一个灌木丛，从树叶中伸出鸟铳口，瞄准，扣动了扳机，“嘣”的一响，紧接着是野鸡的叫声和沙啦沙啦的扑飞声，一蓬羽毛飘飞下来。二叔高喊：“打中了，快追!”他的话一响，猎犬就像脱弦的箭猛追过去。野鸡受了伤，它扑腾飞了几次，飞到了山沟那边，落在一棵松树上，想再飞可能飞不动了，从树上跌落到地上。山沟不

宽，但比较深，狗跃下山沟又爬上追过去了。二叔沿着山沟往上走，他想找桥过去。不远果然找到了桥，是由两根松树干架起的桥。他用脚踩了一下，就说没问题叫我过。我看了两三丈深的山沟，又看了那两根树干桥，大约只有两只手掌宽，我犹豫着不敢迈步。二叔说他用手扶着我走到桥中，到桥的那一半就快步迈过去。狗已发现野鸡，追得它"咯咯咯"叫。我们急着要过去。我拉着他伸长的手，小心翼翼地踏上去，迈出两三步，到了桥中心，已拉不着他的手了，我两眼盯着桥板，快速迈出三步，最后一步向左边晃了一下，我急忙抓住桥边山壁上的一棵松树枝，好险，差一点就跌下去了。由于我的匆忙乱踩踏，不小心已把一根树干蹬出了它原来的固定位置，向山沟壁滑出一些，我回转身还来不及告诉二叔，他就已踏上桥干。我赶快大叫："二叔，小心！怕桥干掉到山沟里。"说时迟，那时快，就在他要踏上这边山岸地的最后一步，一根桥干滑落了。就在他的脚落空时，他极敏捷地扑过来也抓住了那棵松树，把掉下的半个身子爬了上来。他的手臂、胸膛、大腿全被沙石刺破了，有好几处在流着血。好险，全靠这棵松树救了他。

我们赶快追过去，见狗已咬住野鸡，二叔一声招呼，它就咬着野鸡来到他跟前，这小家伙被训练得真听话。二叔把野鸡装进麻袋，叫我背着。我们还去了两座山，放了几铳，但只捡到一只野鸡。已很迟，我们都感到很饿，就绕了很远的路回家。

还有一次二叔叫我跟他们去打野鹿，更是惊险有趣。早些时候就听一个叔父说，他们在后面很远的大山沟里发现了野鹿，几次狗追得汪汪叫，有的人还看到了被狗追赶出的野鹿足有小山羊大，如果猎到，每户可分得几斤鹿肉，够大家美餐几顿。于是大家请二叔出面邀请别村的猎手合议围打这只野鹿。二叔约好了同伴，根据了解到的情况，就与大家商量分好了工：谁带着狗和铳从上面山洞里赶，谁守第一个关口用铳打，谁等在第二个关口用大刀砍，谁守在最后的出口用棍棒打，谁在山地里用铳追赶打。当然能在第一关就打中，那是最好，万一不行，希望后面的哪道关口能打中。

那天很早大家就带着狗、铳和工具出发。走了近一个小时，来到目的地。这是座荒凉的大山，全是灌木和藤蔓织成的树丛，偶尔相距不远有一些松树和杂树，没有道路，只在一些地方能看到猎人曾经穿过的痕迹。有些地段要用刀砍开藤蔓才能前进。时有各种野鸟的怪叫，确是野兽出没的地方。右边是一条

大山沟，可以看到从灌木丛中露出的岩石，左边是一片宽阔的山地，覆盖着灌木、荆棘、藤蔓编织成的树丛，前面是一山接一山的高山，望不到任何人烟。

二叔和另一猎人带着狗来到大山沟的起点，被山洪多年冲洗露出的岩石奇形怪状，还有一些大小不一的山洞。山洞前长满藤蔓，好像它的门，大自然也有这么天然的巧合，真是怪事。他们各自把狗使唤进山沟。狗一进山沟就好像嗅到了什么，立刻奔跑起来。不一会就听到狗叫，大家都惊奇地高兴起来。因为狗叫就意味着已发现野兽。只隐约听到二叔的喊叫："野东西出来了，大家注意。"我和四叔在一块，他不会打铳，他使一把大砍刀守在第二关，听到二叔的喊声，一阵紧张的惊喜。又过了一会，山沟上头响起两铳，并听到叫声："打中了，挂彩了，快追！"四叔紧张得手发抖，两眼紧盯着水沟，只要野鹿冲出，就立即砍下。突然一声狗叫，"哗"的一声，野鹿冲出来，四叔双手举大刀猛力砍下，可是慢了一点儿，未砍着，砍在石头上火星飞溅，由于用力过猛，四叔两手的虎口震裂了，鲜血直流。只听得下面一阵棍棒声，接着有的人高叫："野鹿冲上山沟了，快追！"

狗追得汪汪叫，山地里一片喊叫声。突然一个人大叫："哎唷，我的脚被夹住了！"原来是对门刘家村的一个叔叔的脚被夹野兽的铁夹子夹住了。那时的一些猎人或农民为了捕捉野兽，常在野兽出没的路径上放铁夹子，是捕捉的方法之一。这种夹子夹力很大，灵敏度高，只要轻微振动，立即启动，为了防止大野兽被夹住后有可能跑掉，还常常在夹子上抹上毒药，夹子夹住野兽的脚出血，毒药就渗透进去，野兽就被毒死了。所以人不小心踩到夹子是十分危险的。听到叫声，几个人赶过来。刘叔叔已坐在地上，痛得满脸大汗。大家立即小心帮他解开铁夹子，两个人费好大的劲才解掉。幸好他今天穿的不是草鞋，而是一双胶皮鞋，铁夹子把脚背夹成一个凹，陷下去，但还未伤皮见血，要不然他今天就有性命危险了。

突然又"嘣"地响了两铳，有人大喊："打中了，打中了！"同时也有人叫："不得了，铁沙子炸进我的大腿了，哎唷，好痛哟。"一些人跟着狗追赶受了重伤的野鹿，几个人也赶快过来看喊叫受伤的人。原来是后山胡家村的一个十七八岁的小伙子跟他父亲来看打鹿的，手里拿根木棒，坐在地上哭。大家走近看，他的右大腿在流血，周围是一片紫黑色。一个叔叔蹲下问："是这儿痛吗？"他点了点头，叔叔用双手的大拇指在伤口处压挤，问："我压的痛

吗?”“不痛。”“不要紧，是火药灼伤了皮，过几天就会好的。”原来小伙子追得太快，两边放铳的猎人未注意到他，鸟铳打出是一团散开的火沙，烧伤和擦伤了大腿的皮肉，还算幸运，要是真被铁沙子打进，那还够危险够麻烦。前面讲到的蓝汀桥的农民用鸟铳打日本鬼子，由于打进了很多铁沙子，受的伤比取一颗子弹难得多。

山那边响起了一阵欢呼，野麂终于被抓到了，狗还在围着它叫。树丛中晃动着人影，人们劈开树丛藤蔓过来。为了打到这只麂子，有的被夹伤了脚，有的被火药灼伤了大腿，有的被荆棘划破了脸和手臂，有的震裂了手的虎口，有的挂破了衣裤，我的脸划了两条长血迹，一条裤子也撕开了一条缝，但所有这些都不在话下，因为打到了麂子，我们有了收获，我们是胜利者。当二叔说，抬麂子回去分肉，大家就高高兴兴回家了。

寒风冷雨吹打着窗户

在那贫穷落后的时代，我们经受了各种生活中的困苦。寒风吹破窗户，冷得无法入睡；冷雨滴漏全屋，叫人无处安身，是常有的事。

那时的窗户都是用木材做的花格子窗，由于没有玻璃，只能制成这样的窗户。这种窗户的优点是空气易于流通，但到了刮风下雨、寒冷冰冻的冬天，却给人们带来了很多麻烦和痛苦。呼呼的北风穿过窗户直往房里灌，吹得整个房间冰凉，冷得人们全身发抖。比较有钱的人家常用的办法是用纸糊窗户，但纸容易破，要经常糊。当时纸很少，而且非常昂贵，我们贫苦人家用不起。富贵人家就阔气了，他们的窗子都是装上玻璃，当然就不会受这种苦了。为了避免寒风冷雨的吹打，我们贫苦人家常用的方法有几种。首先，我是用根木棍撑紧一个斗笠在窗子上，但这样做也有不少麻烦。一是我总是听到风吹得斗笠一扇一合的响声，让我担心它掉下来，使我无法入眠；二是狂风把斗笠和撑棍吹翻，有时常在半夜一声巨响，把我从床上惊得跳起，我摸黑下床摸到斗笠和棍子再去撑时，寒风冷雨一阵吹打过来，冷得我全身发抖，牙齿打战。后来我又想了一个办法，把蓑衣扎紧在窗子上用来挡风雨，但这也不能解决问题，因为它也不能把窗户盖严实，冷风还是咕噜咕噜往里灌。我当时睡在床上想：能不能在窗户里边做一扇推动的门，刮风下雨就把它推过来关闭窗子，但这样做由于没有光线，房子就是黑暗的，我想这也不好。而且这些老屋的窗子都是定型的，要改成有推动的门的窗户也很难。于是我又想快快长大挣钱买玻璃，全装玻璃窗子，又挡风雨又透光，那该多好啊。

除了寒风冷雨吹打让我们受尽苦头外，还有房屋年久失修漏雨也使我们遭受了不少的痛苦。据祖父说，我曾祖父的父亲带着他和他的兄弟们搬进这个村庄时，这房子就已有近百年的历史。由于年代久远，由于猫的爬动，树叶在瓦行间的堵塞，在春冬下大雨时，房子这儿那儿漏雨水就是常

有的事。

我们家的住房开始是一间，在东边过道巷的左旁，与猪牛栏屋相邻，又小，又黑，又臭，又漏雨，又多蚊蝇，但当时没有别的住房，我们家也只得住了多年。后来，父母认为这房卫生条件太糟，恰好三祖父家搬到城里住，我们才搬到大厅屋的下厅屋西边原来三祖父家的两间房子。而我们家的灶屋还在原来住房的隔壁，即通往猪牛栏屋的过道屋里。所以从灶屋端饭菜到我们住房吃，就远了。要么经过晒谷坪，要么绕一圈子，经过两条通道和大厅屋。由于通道和大厅屋多处漏水，我有多次端菜到住房处吃饭，菜里就滴有雨水和灰尘。无论是住房还是灶屋都经常漏雨。有一次，下大雨，我们在煮饭菜，堆放柴草的角落雨水落下来，母亲立即用一个水桶去接。烧的柴一般是松树枝或松毛，打湿了就烧不燃，无法煮饭菜。隔一下，水缸旁又漏雨。母亲又用一个木脸盆接。接着煮猪潲的大灶上又漏雨，我们就用一个大钵子接。雨水敲打得盆盆罐罐叮叮当当响，水花飞溅。就是在这样的情况下，我们把一餐饭菜煮完。

住房也漏雨，父母请人检修过屋顶的瓦行，但无济于事。可能是瓦太薄，或检修不认真，检修后前一段稍好，过不久又跟以前一样。下大雨两间房子都漏，又是楼上接雨水，又是楼下接，一个房间几个漏处，几乎把所有的盆盆罐罐全用上还不够。滴滴答答响个不停。房子里溅满了水，湿漉漉的，找不到一块干的地方。有一年入冬不久一个晚上，突起狂风，猛下大雨，两间房子的几个漏处滴水不停。母亲和姐姐按惯例用盆罐接着。突然我感到雨水溅到我脸上，冰凉的，用手摸，原来我枕头边也漏雨了。我喊叫起来，母亲过来看，帐篷顶全打湿，枕头边也湿了一团。母亲忙把蚊帐撤了，把稻草枕头拿开，把被子移到床的一头，用一个盆子接着。母亲叫父亲用竹竿顶动一下瓦片，也许能止住漏水。但夜深天黑，她点灯站在高凳上，父亲也看不清楚，顶动瓦片也无用，雨水照样流着不停。我只能坐在床的这一头，用被子围着身子，听着北风的呼啸，冷雨敲打着窗子和雨水滴到盆罐里高低不同的响声，通夜不眠直到天亮。后来上中学读杜甫的《茅屋为秋风所破歌》，诗里写道："床头屋漏无干处，雨脚如麻未断绝"，感受就特别真切、深刻。杜甫伟大胸怀的期望，是有千万间瓦屋让贫苦的老百姓住上，不受寒风冷雨吹打的痛苦，他一个人被冻死了，他也心满意足。这是多么崇高的人格，多么伟大的品质！应当说今天的住

房，从农村到城市都比以前好多了，特别是城市很多高楼大厦，甚至别墅，这是历史的进步。但我们不能忘记过去人类住过什么，从筑巢到挖洞穴，从编织茅草屋到用泥砖砌房子，再到用红砖砌楼房，这就是我们应当懂得和记住的历史的真实。

对我幼小心灵产生影响的诗、书、画和课本

在进入中学学习前，我偶尔接触到了一些诗、书、画以及上学读的课本。这可能是一些最普通最平常的东西，但对我一生却产生了重大的影响，直到久远之后的今天我仍然还记得它们。

我最早接触到的画册，是一本叫《李子园》的画册，直到今天我还不知道画册的名字对不对。记得当时我翻看时，问过年长的人叫什么画册，他们说叫这个名，我就这样记下来。我似乎是从曾祖父的柜子里翻出来的。它的边角有些残破了，还可看到被虫蛀过的痕迹。画册里画的全是水果花草和树木。里面有桃子、李子、枇杷、梨子、杏子等；有梅花、梨花、荷花、茉莉花、海棠花、水仙花、牵牛花等；有松树、栢树、樟树、桂花树、竹子等。特别是那多姿多样的梅花，奇形怪状的松树，各种特色的青竹给我留下深刻的印象，上面似乎还有岁寒三友几个字。所以后来我长大了一些，人们讲岁寒三友我一下就想到了这些树木。这本画册给了我最初的美的感觉，唤醒了我心灵对美丽事物的向往。我把这本画册很长时间放在母亲衣柜左边的抽屉里，翻阅过多次，可能是二十世纪五十年代破“四旧”，翻出去给烧掉了，要不然留到今天，也许是很珍贵的。

我最早接触像诗的东西大概来自三个方面：一是曾祖父叫我念神堂旁、厅屋柱子上、大门两边的对联什么“祖德功勋远”，“鸟语花香，慈善人家”等等；二是在龙谷（碾谷）舂米屋子的墙上读到《三字经》，《增广贤文》里的一些句子，如：恶有恶报，善有善报，不是不报，时候未到，时候一到，一概都报等等；三是不知从哪儿得到了一本诗集，可能是国民党时代一个诗人写的，是现代诗。但我读的似懂非懂，里边全写的是爱呀，恨呀，心碎呀，永别呀，期待呀，悲痛呀等等。我没有记住任何一首诗的内容，但诗中有的句子还

记住了几行，如：一任你走，一任你飞，一任你风霜雨露永不归等。诗集中的那种消极、颓废、失望的情调却深深地影响了我。所以，今天当我听到蔡琴演唱的《把悲伤留给自己》这首歌时，还会时常勾起我少年时代读这本诗集的惆怅、茫然的消极心境。所以，它使我朦胧地产生了一种缠绵悱恻的情绪，对各种事情都优柔寡断，失去了对事情的勇敢、坚毅、果断，后来有人把这种思绪名曰为小资产阶级情调，我也不知道这样判定是否对。

在小学读的语文课本中，给我留下终生不忘印象的是两篇课文。一篇是写做豆腐的，我还记得课文开头的两句话："咕噜噜，咕噜噜，半夜起来磨豆腐"。课文写了怎样推豆子磨浆，怎样煮豆浆做成豆腐，怎样上格子做成一块块的豆腐，清早又是怎样送到顾客的手中。课文写出了做豆腐的辛勤劳动过程，联系到我自己参加过一些劳动的体验，使我深深地懂得，一财一物，一米一盐都来之不易，都是人们用辛勤劳动的汗水换来的，教育了我从小就知道爱惜财物，在我的心中种下了热爱劳动、尊重劳动人民的优秀种子。所以，我这一生中总是把自己摆在同最普通的劳动人民的同一条线上，总是把他们看作和我一样同等的人。如果请他们做什么事，我总是给以热忱的招待和提供最大的方便，如果我自己也能做的，就自己动手，尽量减少他们的劳作。对他们的劳动结果从不额外挑剔，给他们的报酬总是额外增加，让他们感到高兴和满意。我家的祖祖辈辈都是贫苦的劳动人民，我深知劳动者用汗水换来的几个钱是多么的不容易。

另一篇是写詹天佑和一个女工程师修铁路的事。文中写詹天佑怎样努力钻研技术，深入调查研究，顶住外国人的嘲笑，排除重重困难，终于修好了复杂的京张铁路。还写了修到昆明的铁路，其中有一座很高的连接两个隧洞的桥梁，非常惊险复杂，没人敢承担。政府无法，只得挂牌招聘。中国的很多工程师，甚至不少的外国铁道专家都不敢应聘。就在这时，中国的一位女工程师勇敢地站出来揭了牌，她和她的同伴们设计好了桥梁，修好了这座艰难惊险的隧道桥梁，震动了海内外。这件事就是我今天讲起，也还是激动不已，豪情满怀。我为我们伟大的祖国有这样杰出的巾帼英雄而感到骄傲和自豪。因为在那个时代，外国列强欺凌我们，祖国科学文化愚昧落后，能有这样大勇大智的女性，怎能不让人心潮澎湃，感慨万千？这篇课文给了我极深的教育，使我从小就开始懂得，只有刻苦钻研科学技术，掌握真才实学，拥有切实的本领才能干

成一番事业，报效祖国和人民。而要有学问知识就得努力学习，认真读书。这就为我后来一辈子刻苦读书注入了永不枯竭的源泉。这就成为我后来在科研中百折不挠、努力奋进的最强大的动力。

在小学阶段读的课外读物对我影响很大的还有两本古代小说，它们是《薛仁贵征东》《薛丁山征西》。这两本书读得似懂非懂，因为还有一些字不认识，但它们却给我打下了读古代小说的基础。我至今还能背出《薛仁贵征东》里的一首诗，这首诗是作为小孩的薛仁贵向唐朝皇帝讲明他的出处，姓名和大任的诗："家住逍遥一点红，飘飘四下影无踪，三岁孩童千两价，保主跨海去征东。"这两本书中的两个主帅的英勇善战、足智多谋给了我深深的影响。由于这两本书的影响，我喜欢上了古代历史和小说。后来就接连不断地读了《薛刚反唐》《三国演义》《封神演义》《七侠五义》，等等，这些书多半是从我二祖父和四叔叔那儿借来看的。那时他们家在县城开了家小杂货店，容易弄到这些古代小说。这些书给了我一些好的教益，但也给了我不少消极影响。

我第一次接触到像现代文学作品的书，是我从三叔那儿拿到的一本讲美国侦探破案的小说。小说是讲一个侦探如何机智勇敢，怎样打入敌人内部，怎样搜寻证据，怎样经历重重艰难险阻，最终将敌人揪出，取得最后胜利。

我读小学的年代，国家还相当落后，在我的记忆中整个县城没有书店，除了给学生发几本课本，再没有任何补充读物。哪有像今天一样，各处都有书店，有各种各样的课外读物，有众多的阅览室、图书馆。我就是靠着上面提到的几本书作为我整个小学阶段的课外补充，与今天的小学孩子们比，那真是天壤之别，差得太远。这就是时代对我们老一辈的局限，年轻的后辈们对此应当有所理解。

借谷交地主的租

我们家租了一个姓曾的地主家四亩多田种，每年都给地主交租谷。那时的地租一般都是对半开。也就是说如果一亩田收五百斤稻子就交二百五十斤地租。我父母都是很老实、很讲信用的人，每年都是早早按数交完。即使年成不好或因灾减产，只要还能应付得过去，总是宁肯自己没有吃，绝不短少地租。那时耕地少，有很多地主打算精明，如果你交租讲价钱，他就收回出租的田，弄得你无地可耕。农民除了种田别无其他可作。如果不种田，无粮食，那就只有活活饿死。地主这招厉害，吓得很多农民乖乖地想方设法交清地租。我们村子里有两户人家因交不起租与地主磨缠，就被退了租，弄得全家一年都不安。我父母在能忍受的灾情的情况下，宁肯自己少吃，也不欠租。所以地主没挑剔什么，很多年来一直种着他这些田地。

但是有一年年成不好，首先是水灾。禾刚要抽穗时大水冲洗一遍，多数禾苗倒伏。我父母费尽劳力，将一兜兜禾苗扶直，希望在太阳光的照射下禾苗能够抽穗好一些。可是老天不长眼，接着又来了虫灾。禾穗一串串抽出来了，可虫把稻秆蛀空，营养上不来，一粒粒稻谷都是空的。表面看也割了几担谷，可每担都很轻，大部分是空壳，晒干经风车一吹，每担落下的实在谷子就只有二三十斤。父母望着这样的收成愁得整天不说一句话。用这点谷子怎样交租？全部交完后全家一年怎样过？父母左思右想实在无法，决定去跟地主求一次情，期望开恩减一些租。父亲带着这样的期盼奔地主家去了。

下午父亲回来，从他的脸色看可能是有些好消息。他讲述了到地主家求情的过程。到姓曾这户地主家要求减免租谷的有几户农民。这些农民各自陈述了受灾减产的原因。可地主却说，受灾减产应当请他先去查看落实，才确定是否减租或减多少。可现在已割了，他怎样确定？几户农民苦苦求情，声泪俱下地一再陈述实情，他还是不松口。无法，一个农民只能奔跑回去请来自己村上的

甲长来作证。地主才允诺每亩减两成租，也就是每亩可少交五十斤。父亲也讲述了我们家受灾减产的情形。地主想到我们家每年交租从不讲价钱不打折扣，对父亲的话未表示怀疑，就说也减两成吧。父亲再次陈述受两次灾的严重，请求多减一点。地主开始不同意，说，怕别人攀比，前面的都减两成，我们的多减说不过去。父亲详细地讲清四亩多田一共割了多少担谷，晒干后每担谷车出了多少谷子，这一年总共收了多少斤谷，交租共要多少，把收的谷子全部用来交租还欠多少。地主听后默了一阵子神才吐出一句话：就减三成吧，再也不能少了。减了三成是好事，带来一点高兴，但一算还得借两担多谷才能交清租，心里又在犯愁。父母总是遵循讲信用的那种习惯，借了两百多斤谷交完了租，而我们全家这一年的日子是每天红薯、南瓜、萝卜加野菜，连蓑衣饭都没有吃过几餐。

我们家最痛苦的一年是逃日本鬼子的那一年。由于时时准备躲鬼子，没有心思去种好田。尽管冒着危险抢时间把禾蔸下去了，但田间管理如施肥、除草、灌水等等基本上无法按时进行。禾苗长得高一块矮一块，稻谷成熟时又不能按时收割，而是任鸟雀大量糟蹋。割禾又是避着日本鬼子夜间进行，割得马虎，浪费掉不少谷子。所以这年虽未遭灾，但收成却比遭灾的年头还坏。父亲照样去求地主减租。可地主却向我父亲叫起苦来，说他们家也是借米下锅，佃户再不交租他们可要挨饿了。他说鬼子来之前，政府要他们捐爱国粮用于抗战，就把存粮弄掉一大半；鬼子来了压着每户地主家派粮，几乎把所有的钱粮搞光，偷偷摸摸藏下的两担谷也已吃完，这段时日是借别人的米吃饭，正等着佃户交租呢。

我父亲陈述了今年收成极差的原因，求情减租。可地主却说很难减，他自己也非常困难，一定要按时交，并威胁说如果佃户不交，就自己带人下乡去收租。父亲忍耐着火气再次说清，不是不交，而是因为减产太多，求请减免一些。地主大概也听出了我父亲话音中压抑着的火气，开始软了些，就说，看在你年年按时交租的份上就减一些吧，并问我父亲要求减多少。我父亲要求减一半，他说不行，最多只能减三四成。最后达成减四成。

父亲回家与母亲商量怎么办。交，还差几担谷到哪儿借？不交也不行，地主带人下来收租麻烦更多。前段日子，地主到胡家村一家佃户收租，请了保长带了一大帮人，吵得个天翻地覆，除答应租谷全部交，并把仓里所有的谷挑走

外，还赔一餐饭，还付草鞋钱，弄得吃大亏。反复商量后别无他法，父母决定借谷交。这样他们就在盘算哪家亲戚能借，哪家以前已借过可能不愿再借，能借的大概会借多少。父亲像走马灯似的早出晚归，到别人家求请借谷，奔跑不停。

我们家的日子过得何等艰难困苦就可想而知了。我在前面的篇章中已讲到躲日本鬼子时我们吃谷糠、野菜、树皮、树根等做的糍粑的痛苦生活，在这不再赘述。我看到父亲用麻袋挑回借的谷，凑齐又和母亲挑去交租。可我们自己就是不能用来做一顿饭吃，哪怕是一餐蓑衣饭。这样贫困的生活使我们都面黄肌瘦，骨瘦如柴。父母看在眼里，痛在心里。所以当父母低三下四向人家求情，看人家白眼，东乞讨，西举借，咬紧牙关把地租交清后，父亲深有感慨地说：要是自己有几亩田该多好啊，收多收少都是自己的，也不会像今天这样搞得如此可怜。

看祖父织渔网

我祖父一辈子务农，没上过几天学，认不得多少字。尽管我曾祖父曾想将两个儿子培养读书，学文化知识，可由于家境太穷，很早就叫我祖父跟他一块种田。因此，我祖父在做农活方面练成了一把能手，样样能干，而且干得很出色。我记得解放初期他已快六十岁了，可由于他农活样样精通，建立互助组时还选他当组长。他留给我最深的印象是他几乎每年自己纺线编织渔网。

那时农村各户都需要各种渔网。最大的渔网是在河里围鱼时用的拖网；还有涨大水搬筝时用的筝网；个人打鱼向河里撒的网；涨大水用来捞鱼的长柄大网；个人在小水沟、水渠里捞鱼虾的小渔网等等。几乎每家每户都需要几种渔网。所以，掌握编各种渔网的技术并经常编织是农家的一项重要农活。我祖父在这方面有特长，他编的网网眼大小均匀，线结牢固，网面宽狭适当，很合用。他经常把编的网给我们家和两个叔叔家，我就用他编的网捞过鱼虾。

编织渔网工作的第一步是纺线。因为渔网经常浸在水中，一般的棉纱线不行，当时又没有今天的尼龙线。当时都种苎麻，它的皮织成的线无论在耐水泡和拉力等方面都比棉线强很多，农民就用苎麻纺成的线来编织渔网。织渔网的线每根越长越好，因为这样线结头就少，渔网就越牢实。所以先是由妇女把短根的苎麻皮搓成长根的线才能纺成织渔网的线。

我祖父用一种他自己特制的可说是古老的工具来纺这种渔网线。这种工具很难描述，我只能简单地这样写：靠近人这边有一个作圆周摇动的把柄，把柄的另一端连着几个挂线的杆子，把柄转动时，这几个挂线的杆子也跟着转动，就把搓成的苎蔴线织成一根根很牢实的编织渔网的线。一次能纺几根，就看挂线的杆子的多少。但挂线的杆子不能太多，不然摇柄就转不动。

在秋天的早晨，太阳还没出，祖父就在大门外，在围着院子的围墙边树一根高杆子，通常是用挑大捆柴的长竹扁担，隔二三十米远就放着他自制的纺线

的机子。然后把搓好的苎蔴线来回一端挂在长扁担上，一端挂在有转柄的挂线的杆子上，他使劲地摇转柄，这机子就发出一种怪怪的“呜呜呜”叫声。有时我听到这种叫声就醒来了，跑出来坐在大门口的石墩上，搓着眼睛看祖父纺线。

他使劲摇转柄，要摇几百下才能把这次的线纺成，一般每次能纺三四根，多的时候也有纺五根的。纺好后把线揉起，不是像现在这样揉成一个圆坨，而是揉在一个很长的线叉子上。这种叉子的形状是这样的：像编织渔网的那种针，不过有一尺多长，两头椭圆形，中间凹下去，便于线缠绕在那儿。为什么要揉在这种线叉上，听大人们说，是织渔网时便于松线。祖父一个早上要纺几个来回，把两个线叉揉满了才停止。祖父纺线很细心也很有耐心。他发现原来搓的苎蔴线接头粗了，就拆开重新搓紧变小，以免纺的织网线不均匀；有时线从挂线杆子上脱了，他就从地上捡起线拉直，用自己的衣服揩干净，挂紧在杆子上再纺；偶尔苎蔴线从中间断了，就会叫我帮忙拉起一头，他自己拉一头，细心接好再纺。所以他纺织的渔网线既大小均匀，又牢实耐用。

而最有趣又让我受教育的是看祖父编织渔网。由于白天忙地里农活，通常是在夜里晚饭后编，只是下雨天不能在外做事，才白天也编。我看他编织一张个人打鱼撒的渔网是这样编的：先吊一根绳子，在这根绳子上扎实几根织渔网的线，然后在这些线中间放一个木头圆锥，围绕圆锥小心地编织几圈，每一个线结都用力拉紧，这是相当重要的几圈。织完围绕圆锥的这些圈，一张渔网的网顶（又叫网兜）就织好了。下面就是围绕网顶边编边加针，这样才能将网编宽大。每圈加针有一套口诀，逢单加多少，逢双加多少，是跳跃式地增大，就像今天电视上出现的那种按规律变化增大的数一样。祖父怕忘记每加一次就用烧透了的木柴炭墨记在手边的墙壁上。可惜我没记住，那也一定是有规律的。也许这种规律在今天还会有别的用处。在昏暗的灯光下，祖父戴着老花眼镜，不快不慢地一针一针地编织，他是那样认真，每织完一圈都使劲拉扯，看是否织得牢实；有时甚至将每个针眼数一次，看加的针数对否。他这样编织往往到深夜直到灯油干。每夜编的并不多，但他持续天天做，不出一月多一张大渔网就编成了。我几乎每晚看他编，直到打瞌睡。当时我在和小伙伴们学做城里的走马花灯，做了几次做不好就没耐心了，不打算再做。祖父编织渔网的恒心启发了我。有天晚上我就想，像祖父这样一天天做，花灯也是一定能做成

的。这也许是符合一句古话的精神：只要工夫深，铁棒磨成针。

祖父织渔网用的针是一种特殊的针，它引起我们极大的兴趣。它是由光滑的竹片做成的，大约有两寸多长，有三分左右宽，两头是尖的，在离尖端不远之处，两头都挖空一片长方形，在长方形的中间留有一根像针那样的小棍，织网的线就套在这根小棍上。祖父用它在原来的网眼上套来套去，就把线拉出去了，并打成了线结，一个个网眼就织成了。老实说直到今天我也还未弄懂网眼是怎样织成的。可当时我们的兴趣却在于学会用这种针织小网扑蝴蝶蜻蜓。线容易解决，在妈妈的功夫篮里拿，关键是做那根竹片针。把它削成两头尖的纺锤形还马马虎虎可以办到，而在它的两端各打一个长方形的洞，并在其中留一根小针棍，这点却实在难倒了我们。用大刀砍，竹片一下就裂开；用小刀割则切不进，使劲用力按一不小心就把手指割破。我和小伙伴想尽办法也做不成。一天我问祖父："爷爷，织网的竹片针是怎样做的?"

"是街上的师傅做的。"他答非所问地回答，可能他自己也不知道。

"街上有卖吗?"

"有，但要碰巧才能买到。"

后来有几次我跟母亲进城就特别留意，但总没见这种竹片针，于是我求祖父给我一片针，他迟疑了好一阵才找出一片磨秃了的给我。我又问他怎样套线怎样织，他很熟练很快告诉了我。我当时似乎也看清了，记住了，可我和小伙伴一块织时，又怎么也织不成。我和小伙伴无可奈何地望着它出神：小针啊，小针，我们真拿你没办法，我们要怎样才能会用你呢。无法，我又去看祖父织，他的手上下动作太快，看不清，我又问怎样套线怎样织，祖父手把手地又教我一次。我们学会了套线织网眼，高兴极了。可网还是未织成，因为我们不懂织这种小网加针的数目。所以，扑蝴蝶蜻蜓的小网一直未织成，我们感到很遗憾。这件事也给了我很深刻的教育：看事容易做事难。要真正做好一件事真不容易，在后来的生活实践中逐步加深了对这个真理的认识，它就成为了我一生行动做事的指导原则。

看野火烧大山

夏天晴朗的夜晚，月亮升起照得到处明亮亮的，我们吃完晚饭后在晒谷坪里纳凉。男人们闲聊生活琐事；女人们还在忙碌，有的选菜，有的选花生、豆子，有的给小孩洗澡。我和小伙伴通常玩捉迷藏，在晒谷坪的另一端追追闹闹，很是开心。但有时突然抬头一看，远方的骑田岭山顶端燃起一片火光，我们孩子们就叫起来："看哪，大火烧山了！"随着孩子们的叫声，大人们也会往高山望，并说："好大的火呀，烧了好大一片。"

我们问过年长的人为什么要放火烧大山。他们的回答是：在骑田岭山顶端住着瑶族同胞，他们放火烧掉野草，是为了种粮食和药草。他们那儿山地陡峭，没有什么田和土，只能烧掉野草把旱土作物种在荒地里。不烧山，他们就没有粮食和药材，烧山是他们的生活习惯。我有两次上过骑田岭大山。一次是躲日本鬼子，我们到了黄其岭、大庙脚、富家洞等地，已快接近山顶了。在山的中下部是高大的松树和杉树，越往上走，松杉树减少，多是杂树灌木丛，再往上，灌木丛也少了，几乎全是毛草了。理由是越靠近山顶风愈大，树木难以生长，当然就只能是野草了。在富家洞就有从山顶搬下来的瑶胞同汉族人住在一块。我看到他们的穿着打扮和生活习惯就与汉族有很大不同。他们的男人喜爱用有花边的头巾扎头，挂很大的耳环；女人通常穿绣有花边的衣裤，戴一个用竹片编成的像牛角形的长帽子，两边挂有用银子铸成的小动物铃铛，手上戴银镯子。他们种的粮食主要是玉米、小米、红薯、白薯、蕨根等，拿到城里去卖的主要是编织的各种竹器，特别是割禾装谷用的箩筐，用杂木和竹子削成的各种扁担，还有各种药材。我在县城多次看到瑶族人在街上卖箩筐、扁担、蕨

根和药材，有男的也有女的。他们在卖东西时汉语讲得很好，所以他们和汉族老百姓公平交易，亲密无间，融洽友好。他们卖完东西就在城里买必需日用品回去。但对于卖药的，我们小孩子抱有一种神秘感。他们在地摊上摆放花花绿绿的各种药草，还在一块布上画着奇怪的图形，又由于他们的特殊穿着，再加上听年长的人说，他们会巫术和咒语，所以对他们抱有一种恐惧心理，只是瞧一眼，从他们身边匆匆而过。

我还有一次去到骑田岭山顶端瑶胞家，是我在中学教书时到一个学生家中进行家访。这个学生是瑶族，家住骑田岭大山顶端。我和那个学生从麻田洞里上山。山的下部是茂密的松树、杉树林，越往上走，树木愈少，就只有灌木丛和野草，山也愈来愈陡峭。我们沿着野草中的羊肠小道盘旋向上爬。我不敢往左下边看，下边黑黝黝的，深得看不到底。小道上还布满碎石，脚踩上去容易打滑，我生怕脚未踩稳滑倒滚下去，就一切都完了。所以我慢慢地迈出每一步，试着踩稳才迈下一步，每迈出一步额头都渗出一层冷汗。学生看出了我的心理，就说："老师，你不要往下边看，你看着路一步一步往上走，习惯了，也就不怕了。开初我也有些胆怯，现在我挑着东西也能走得很快呢。"我们慢慢爬了两个多小时，在接近两座山峰间的一个峡谷时，学生用手一指："老师，我的家就在那儿。"随他的手望去，我看到峡谷里与山坡上完全是两番不同的景象。山坡上是枯萎的灰色的野草，而峡谷里却是一片葱绿。愈走近我看清，峡谷里有很多树木，峡谷的山坡上周围全部是竹子，偶尔有些小块的菜土。清澈见底的溪水冲击着鹅卵石溅出清脆的响声，还有几只灰色的大鸟在飞翔鸣叫。房屋低矮狭窄，从墙壁到屋柱到屋顶的瓦片全部是竹子做成的，我心里暗暗佩服瑶族同胞这种精巧的建房艺术。

学生家长热忱欢迎我的到来，用很讲究的瑶族菜招待我：鲜炒嫩竹笋，肉蒸干笋丝，清脆腌笋条等。饭后闲聊，我想起了童年看到的野火烧大山的事，我就问：为什么要放火烧山？学生家长笑着回答我："你们在山下看到大火烧山吗？我们是年年要烧的。我们这儿石头多，没有地，只能烧光野草种杂粮。放火烧山，就能在它上面种苞谷、小米、高粱，烧成的灰又是肥料。烧光野草也烧死了虫子。好处可多呢。"我又好奇地问起另一个问题，也是我们山下人看到大火烧山最关心的一个问题，大火烧毁了森林怎么办。他又说："不会的。火总是往上烧，因为上面风大，下边小，火不往下面烧。你们在山下总是

看到火往上烧，没有看到往下烧的吧。”我想起童年时代看到过的情景，我确认他讲的是对的。

我们有时还看到骑田岭山上同时烧起了两三股火，这三个地方的火都在慢慢扩大，向上燃烧，就像三条火龙在比高低。我们孩子们就会喊叫起来：“看啊，它们在比谁烧得快呢。”我们会仔细盯着，看哪个山头的火烧得更高更大。我和小伙伴们争论着，比划着，当然我们都争不出一个结果，因为随着父母要睡觉，我们也不得不去睡，谁也没有看到最后的结果，谁也说服不了谁。但大火烧山却引发了我们的联想：大火会烧到很远的地方去吗？大山连着天会不会把天也烧起来？我又想起了《西游记》里的火焰山，我们这儿不会变成火焰山吧？

童年时代看大火烧山的情景，直到现在还时时浮现在我眼前。

算命和问仙姑

算命和问仙姑这样的事对我童年少年时代的生活和思想产生了不小的影响。那时社会落后，科学知识少，封建迷信多，我在前面的文章中写过，我母亲出于她的善良愿望，多次带我去烧香求神拜佛还愿。由于在现实社会生活中受到压抑，遭受无数的苦难，人们总期望未来有一个好的结果。怎样知道一个人的未来，在当时盛行的办法就是算命，即所谓看八字。我听大人们说，一个小孩生下不久，通常都要算命，看八字。看八字的师傅几乎都是瞎子，瞎子不能看见人和事物，就不能见风使舵讲逢迎话，有可能实话实说。所以，流行的观点是，瞎子看八字准，大家都喜欢请瞎子算命。

在乡村小道上或村口，你通常可以看到，一个妇女或小孩牵着一个中年男子，男子手里拿着一面小铜锣，一根金属小棒敲击铜锣叮叮响，这就是算命的八字先生。听到击锣声，如果谁家要看八字，女人就出来叫。坐定后，讲好价钱，八字先生就要你报上要看的人的出生年月日和时辰，然后他就慢条斯理地讲起来，看八字的人则认真听他讲的每一个字。我看过和听到过几次八字先生算命。他先用手指头捏来捏去，然后就讲什么金命、木命、火命等，又讲什么谁克谁，谁生谁，这些我当时都听不懂。有些话能听懂，讲到一个人能活多少岁，有几个儿女，死后有几个儿女送葬等。还讲到财运、官运，都是一些模棱两可的话，我也听不懂。所以我从小对算命看八字就印象不好。但由于当时社会普遍盛行，又对它抱着一神秘感。后来我搞哲学，涉及灵魂和命运，就特意关心这方面的问题，看了有关的书，逐步明白，中国的算命看八字，有深远的渊源。从远古的《周易》的河图洛书，到八卦和阴阳五行，在宋朝经周敦颐和邵雍把以上理论与天干地支理论，以及十二生肖理论糅合改造，就为后来的算命术提供了理论基础。当然后来发展算命术的人在里面加进了一些神秘的、有封建迷信色彩的东西，搞得真真假假、模棱两可，从而对人们的命运和生活

形成一种无形的压抑。

我听母亲说，她请八字先生给我算过命，我相信她讲的话，因为我曾看到过她给妹妹算过命。我问她八字先生讲我的命怎样，她不愿详细讲，只简短说，八字先生说我的命很大、长寿、有福气。我常常在思忖八字先生的这几个字：我的一生果真会如此吗？为什么我对它会有怀疑，因为我的童年少年时代多灾多病，可谓艰难困苦；我的中年岁月也步履艰难，霉头不断，没有几天顺心；也许这几个字应验在我的晚年吧，也就是说我可能长寿有后（厚）福。我前面的文章已说过李宗仁的夫人就应验了“大难不死，必有后（厚）福”这句格言，她晚年确实享尽了荣华富贵。我是一个普通教师，荣华富贵的“厚”福是不敢想也说不上，我的期望是“后”福是让我平安健康地享尽人生天年，我也就心满意足了，再别无他求。

在当时的农村还盛行问仙姑。什么叫问仙姑？就是有的妇女她经过“作法”，“接神”，可以接通阴阳两界。活着的人通过她“作法”后，能把死去的亲人“问”活。死去的人能与阳间活着的人对话，并通过对话中死去的人的讲述和提示，阳间活着的人就能知道过去的往事和可能到来的吉凶祸福。所以人们都相信并积极地去问仙姑。如果听说哪儿的灵，去求问的人更是络绎不绝，在门前排长队等候。我没有亲眼看过和听过问仙姑的情形，但我听我母亲和叔母们讲述过。她们讲得活灵活现，说，问出来的死人体现在仙姑身上，仙姑的动作和说话的声音都跟那个人活着时完全一样。我听后是相信，也害怕恐惧。后来我读外国的一些书，知道外国也有这种现象。同时也知道有虔诚相信的，也有怀疑质问的。当然这个问题的实质就涉及自古以来争论不休的“灵魂不死，灵魂轮回”的问题。特别是古希腊的哲学家毕达哥拉斯把这个问题推向极端，产生了极坏的影响。后来的基督教甚至佛教都坚持这一基本观点。但自古以来也有坚决的反对者，最早的，西方有琉善，中国有王充。他们那些持之有据、言之有理的论证，那些犀利击中要害的驳斥，也是能震动心灵，征服人心的。费尔巴哈说，神是人的本质的异化，并倾毕生的精力为之论证和战斗。斯宾诺莎因宣布与教会决裂，被人们赶到荒凉的穷乡僻壤在孤寂中死去也不反悔。但我却认为，只要人的感官还存在局限，还容易受到欺骗，这个问题的争论就永远不会停息。

算命看八字到底灵不灵，准不准？这众说纷纭。有的人说准，有的说不

准，有的说有的部分准，有的部分不准。我听一个叔母就讲过这样一件事：有一个老人看八字，问他死后有几个儿子送葬。他有三个儿子，如果三个儿子都给他送终，那在当时来讲是一件非常荣耀的事。可八字先生却说，没有儿子给他送葬，他的三个儿子都会在他前面死去。老人听后一方面大发火，说八字先生胡说八道，根本不信；另一方面又感到恐惧害怕。他想，三个儿子都壮实如牛，会有可能这样吗？可事实却如八字先生所说，他的三个儿子一个个突发重病在他前面先后死亡。在这事实面前，他想起八字先生的话，深有感慨，悲痛地说：这就是命，我不得不服命了！但我也听另一个叔母说，一个刚结婚的妇女，看八字问她的命上主几个儿子。八字先生说她命上带两个儿子，她高兴得不得了，放肆地生。前面几个生的都是女孩，但她相信八字先生说的，她一定会生两个儿子，继续再生。结果一共生了九个，全部是女孩，最后不能生了，她才怀疑八字先生说的是胡乱的鬼话，哪有什么准不准。其实男女都一样的，只是在旧社会按旧传统旧观念处事，认为男孩才能传宗接代，就特别重视生男孩。不过，有一年不知我母亲是给谁看了八字，过后她对我说："看八字说，你老子（父亲）会死在我的前面。"当时听了我也没在意，因为两位老人家身体都硬朗得很。不过事实，确实如此，我父亲在近六十岁时因与别人争吵，突发脑出血而去世，母亲却活到了八十八岁的高龄，我父亲确实先于母亲离开人世。

不过，在我童年少年时代，算命、问仙姑这种事在我心灵中引起的只是一种好奇、神秘和恐惧，也没有太多的其他想法。只是感到当时的人们太相信它了。由于文化特别落后，根本谈不上科学技术，人们无法解释自然界和自己生活中发生的一些奇怪现象，无法说明自己遭受悲伤和痛苦的原因，相信命运，通过算命预测自己的未来，就成为人们选择的最好方法。特别是有些算命先生在他的模棱两可的话语中又讲中了某些事件，人们就更加相信得不得了。在流传中，那些相信的人们又只讲八字先生讲中的，不讲未讲中的，这就更增加了人们对看八字的信赖。人们的这种愚昧心理中外都有。而且就在今天，外国的一些所谓高科技算命不是到处可见吗？有一年我到香港开会，就看到小街巷的地摊上摆有美国、英国、日本等国的科技算命书，琳琅满目。所以后来我对看八字算命的书也更加留意了。说算命能算准一个人一生的命运和吉凶祸福，这是不科学的。所谓算八字，实际上就是用天干地支表示人的出生年、月、日、

时，合起来就是八个字，来推算一个人的命运。全中国有十几亿人，应该说就有十几亿不同的个人命运，不同的生活经历，不同的甜酸苦辣，一棵树上没有两片完全相同的叶子，哪有两个完全相同的命运。根据《易经》八卦，阴阳五行（金、木、水、火、土），天干（甲、乙、丙、丁……）地支（子、丑、寅、卯……）和十二生肖（鼠、牛、虎、兔……），并以天干地支为骨架，与八卦、阴阳五行、十二生肖等糅合在一起，进行排列组和，最多只能组合成几千、或者几万、几十万个命运吧（我没有计算这种组合的数量究竟是多少），那么全国就有多少人的命都是相同的，这有可能吗？算命先生是以有限的命运框架（在这几千、几万个命运框架中，他实际上又能记住几百个拿来实际运用呢）去套成千上万人的命运，这本身就是可笑的。尽管如此，今天在我们的高等院校可说还有不少的学生他们在求职、婚姻等方面还相信算命。地摊上卖的这方面的书还很行销。所以算命这个问题也不是那么简单，不是政府派一些警察在街头巷尾把八字先生赶走就能了事的，还是一个需要更多研究、更多宣传教育的问题。

网　鱼

看我三叔以各种方式在河里或大水渠里网鱼，是我童年少年生活中一种经常的有趣的活动。三叔有两个爱好，一是用炸药在河里炸鱼，二是在河里网鱼。后来由于丢炸药包不安全，就全力搞网鱼了。我父亲喜欢撒网在河里打鱼，我二叔醉心于用鸟铳在山野里打猎，而三叔的爱好却是网鱼。

他在河里网鱼用的工具不是编织的渔网，而是另外两种东西：竹排和大“夜毫子”。首先要编扎竹排。他砍来很多小根竹子，每根大约都是一米高左右。再砍来很多很牢实的藤蔓，用藤蔓将竹子编扎紧，每两根竹子之间隔几分距离，让稍微大一点的鱼就过不了。用藤蔓在竹排上编扎上中下三遭，每一块竹排短的至少一米，长的可以两三米。第二件事就是编织大“夜毫子”。“夜毫子”的构造我在前面已介绍过，这儿不赘述。小的“夜毫子”用来捉泥鳅，三叔编的大“夜豪子”用来在河里网鱼。他编的大“夜毫子”有几种，最大的进水口直径有一米高，小的也有一尺以上。要织这样的“夜毫子”，首先需大量的篾片。他砍来几根大竹子，用大砍刀剖开。再剖成比较细小的篾片。竹刺划破他的手鲜血直流，他根本不在乎。编织大“夜毫子”可以说是一种技艺，有人说比编织小的容易，我看就难得多。例如编织“夜毫子”里的两个倒塞，编小的只要用木头削一个圆锥体，围绕它编就能织成，而大的则不能这样做。因而织成这两个倒塞就非常难，要慢慢织圆，还要慢慢扩大。他费很大的劲织成。有时织成但又不配套，只得拆毁再重新织。我有时白天晚上都看三叔织大“夜豪子”。看他挥舞着长长的篾片，发出吧吧的响声，十分好听；看他纵横交错地一正一反地扣紧每一根篾条，就像双手在按压琴键一样，非常有趣。大“夜毫子”的顶端直径有一米，不能坐着织要站着做，而且要不停地转动，十分辛劳。他白天干地里的活，晚上就织，这样不停地织，不到十天半月，就能编织成一个。他编织的“夜毫子”分大中小三种，在河里网鱼放在

不同深度的水里。

我们村前的漳河有的河段比较深，有的河滩则比较浅。三叔放“夜毫子”网鱼就是在水不太深的河滩上。做法是这样的：先在河岸的两边各打一个松树桩，然后在河里每隔两米左右远又打一些桩，沿着树桩挖一条小沟，就把竹排插紧在沟里，并扎紧在树桩上。在放“夜毫子”的地方就把河床挖深一些，让“夜毫子”的大部浸在水中。河滩水深的地方就放大的“夜毫子”，水浅就放小的，并把“夜毫子”牢固地扎紧在两个木桩上，并在它的两边用石头垒紧，免得它受水冲击浮动。由于“夜毫子”前面挖了水沟，水流就集中往这儿流，往下游动的鱼就顺着水流游进“夜毫子”出不来了。这种捕鱼的方法效果还很不错，我有好多次在河岸上看三叔把“夜毫子”搬到河岸边，从里面取出一大筐鱼来。因此他家的鱼吃不完，卖不完，剩下的就焖熟晒干放在坛子里腌着。

在河里网鱼不光是网下水鱼，还要网上水鱼。那时我们那儿有个规律，每到春天快涨水时，下边河里的鱼就往上游，我们叫“鱼上水”。那时河里没有筑水坝，鱼上得来，现在很多河段筑了坝，就再也没有“鱼上水”了。所以每年春天前后，三叔的“夜毫子”是倒着放的，进水的口子是朝河下游放的，上水的鱼就钻进了“夜毫子”。下水网着的鱼多半是草鱼、鲤鱼、鲫鱼之类的；上水网着的多半是青鱼、鲢鱼之类的，有时甚至还有鳜鱼、脚鱼等等。

我喜欢看三叔在河滩上网鱼，有时他还叫我帮他做点事，或者叫我从岸上把竹排递给他，或替他提鱼筐。在河里网鱼也是很辛苦的。他要经常去清除竹排上挡着的浮游物：树叶、草根、烂树枝等；夜里有时还要去守看，怕别人把“夜毫子”里的鱼偷走。每逢快下大雨，就得赶快收竹排和“夜毫子”，担心被洪水冲走。他网到的鱼是多，可付出的辛劳也确是不少。有时叫我做了事他还给我一些鱼，我拿回家母亲很高兴，但也告诉我不要随便收三叔的鱼，小孩子帮大人做点事不算什么。

我有时在河岸上边玩边看三叔清除竹排上的废物，看着水流往“夜毫子”里冲，就希望鱼儿快快地都往“夜毫子”里钻，把每个“夜毫子”都装得满满的。但有时网到的鱼也少，我就想能否用一个办法赶得鱼儿都往“夜毫子”里钻？其实这种想法是幼稚的。河那么宽，水那么深，用什么东西赶？但有一次一件事情却应验了我的幼稚的想法，差一点惹出了大麻烦。

我们村前的漳河不是很宽大，大约河面只有三十来米宽，每到秋冬河水就比较小，有的人就想如何把河中的鱼都捉到，于是就想到用什么药来毒河中的鱼，把鱼毒昏浮到水面，便于捞到。但这种撒到河水中的药不是剧烈毒药，那时也还没有今天的这些剧烈毒药。为什么不能向河中撒剧毒药？因为当时人们的饮用水基本上是用这河中的水，所以谁也不敢往河里撒剧毒药闯这个大祸。人们告诉我，用来毒河里鱼的药是一些植物药，如当时常用的一种是茶枯（就是茶籽榨油后剩下的渣滓压缩成的块状东西），另一种是催干子（据人讲是一种树的果实），当然还有其他的。茶枯我经常看到，催干子是什么样我至今尚未见过。茶枯对人讲应当说是没有什么大害的，但用很多在河水中搅拌，使水中油的成分增大，就能把鱼毒昏，让鱼从深水中窜出来浮到水面，便于捞捕到。

一个秋天的晚上，一些人在石坝下河里洗茶枯毒鱼。河岸上亮着火把，人语嘈杂，我们村的人大都醒来了，知道有人在河里毒鱼，都准备去捡鱼。三叔却担心别人把他“夜毫子”里的鱼取走，醒来匆匆往河边奔去。本来他晚上常在河边守，因为这段时间水小，网到的鱼少，就回家睡了。恰好这天晚上有人毒鱼。他赶到河边时，那群毒鱼的人正在叫叫嚷嚷：“难怪我们没捡到什么鱼，所有的鱼都赶到他的‘夜毫子’里了，”

“把‘夜毫子’里的鱼倒出来，全部拿走。”

有人马上动手去搬“夜毫子”。恰在这时三叔赶到，大声喝道：“不要动我的‘夜毫子’！”

“我们的鱼都装到你的‘夜毫子’里了。”

“哪有这样的话？你们毒你们的鱼，我放我的‘夜毫子’，与你有什么关系。”

“我们洗的茶枯水把鱼赶到你的‘夜毫子’里了，所以我们要把鱼拿走。”一个毒鱼的人气汹汹地说。

“你们有本事就拿吧。”我在松树柴火把光里看到三叔铁青的脸，眼睛射着光，拳头捏得发抖。

一些人围上来，准备打架。好在这时村里的几个叔叔正在河里捡鱼，马上赶过来解围。争吵发生了，各讲各的理。几个叔叔一再讲清这样两个事实：一是“夜毫子”放了好久了，并不是今晚针对你们毒鱼才放的；二是河流这么

长，放“夜毫子”上端是短短的一段河流，怎能说把所有的鱼都赶进了“夜毫子”。当然也可能有些鱼赶进了“夜毫子”，你们要多少可以商量，但不能全部拿走。毒鱼的人见几个叔叔讲得有道理，而且他们的人也占不了优势了，打架也不一定得到好处；再则还要赶这水势往下捡鱼，老在这儿争吵更加不合算，也就软下来，只要求打开一个小“夜毫子”，看鱼的多少再决定拿多少。在几个叔叔的劝解下，三叔也同意，一场大冲突才得以避免。

通过这场冲突，三叔也得了教训，每到秋冬河水少，特别是晴朗的晚上，估计有可能在河里毒鱼时，他就把河里的“夜毫子”收了，放在大水渠里，有时也能网到不少的小鱼。我也学他这样做，可惜我织不成大“夜毫子”，只能用几个比较大的“夜毫子”放在稻田里的出水口上，网不到大鱼，只能偶尔网到几条小鱼和很多虾子。但我当时立志，长大了也要编织大“夜毫子”，像三叔一样到河里网大鱼。我的志愿没有实现。一是我再也没有时间回去织大“夜毫子”，二是故乡村前的漳河水已被污染，河里已经没有鱼。

姨父参加了湘南游击队

我姨父曾经参加过湘南游击队，为宜章县的解放、为新中国的建立而英勇斗争，做出了贡献。他那时的一些革命活动在我幼小的心灵中留下了深刻的印象。

我姨父家在城西下湾，离茶山脚村只有两三里路远，经过石坝下凉亭，再过周家湾，就到了下湾。他青年时在当时县城的最高学府宜章师范读书，有较高的文化。在二十世纪的四十年代初，受当时老师和同学的影响，有了革命的进步思想。后来，在同事的引导下，就奔去参加了湘南游击队。那时我不了解湘南游击队是什么组织。只是在后来我读了有关湖南的革命简史，才知道当时的湘南游击队是湖南革命的一支重要的武装力量。它的编制有大队、中队和小队，活动的范围涉及衡阳、郴州、零陵、邵阳等一大片地区。大队领导有李林、谷子良等著名人士；郴州地区的中队领导有黄驭白等人，据说我姨父是一个小队的副队长。湘南游击队在打击国民党反动势力、宣传教育群众、促进湖南解放等方面做出了巨大的贡献。

参加湘南游击队后，姨父受组织的安排回本地做宣传发动群众的工作，发展壮大革命力量。在当时为便于工作，也为了隐蔽自己，经组织同意，他当起了国民党政府在农村的保长，利用这个公开的合法身份巧妙地宣传共产党的主张，团结群众，暗暗保护群众的利益，为党和人民做了很多有益的工作，深得群众的赞扬。没过多久，县里国民党政府就知道了姨父的真实身份，设计抓捕他。好在乡里有位本村人悄悄透了点信息，他立即逃跑回到湘南游击队，得以免除这一大难。

姨父又回到了部队，家里就是姨母带两个一到三岁的小孩在家，困难很多。但他不能回下湾家里，县和乡都放了暗哨在他家附近盯梢。所以他有什么事都是夜里悄悄来到我们家，由我父母想方设法转告和代办。

一次半夜里下着小雨，听到几声狗叫，就听到有人轻敲窗户和小声地喊话："姐姐，是我。"我母亲惊醒了，我同母亲睡同一床也醒来了。母亲听出了是姨父的声音，就轻声说："轻一点，我来开门了。"母亲开了房门、大门，领姨父进来，点亮了煤油灯，我母亲赶快用一个斗笠把窗子遮盖。我在昏暗的灯光下，模糊看到他身上的衣服有点闪光，可能是淋湿了。他说，他是翻晒谷坪的围墙进来的，怕狗叫带了点东西喂狗。他说，带了点钱给姨母，请母亲转给姨母，告诉她他在外面一切都好，叫她放心；又说，天气冷了，如果方便就拿两件夹衣和一件棉衣放在我们家，下次再到我们家来取。母亲说煮东西给他吃，他坚持不要，怕惊动别人。母亲担心地问，他现在做的事有多大危险，能不能不干了，因为大家都为他提心吊胆。姨父请母亲不用担心，并说很快就会变好的。并说马上就走，迟了天亮了路上不方便。母亲赶忙抓了些红薯干和花生塞在他口袋里，姨父就匆匆走了。

又过了两个多月，快到阴历十一月了，我父亲从衡阳打工回来在家。一天半夜过后，姨父在窗外敲并喊话，父亲一下就听出来，立即开门。姨父显出很高兴的样子。父亲问他还好吗，他说很好。他们游击队转到耒阳一带，打了两次胜仗，队伍壮大了好多，宜章分队的人也多了好多。又说世道就要大变，全国快要解放了。有些话我和我父亲听不懂。姨父问他家的情况，母亲告诉他，前一段时日，每隔两天就有人到家中问，他是否回来，近来问得少了；还有那个一岁多的小儿子病了一次重的，急得姨母团团转，搭帮村里的一个叔父请来一个老中医，开了几剂药，现在已好了些。母亲拿出带来的衣服给他。姨父说母亲去也怕有危险，叫母亲小心少去。母亲说她也怕惹麻烦，只偷偷去过两次，多数是请他们村的熟人转告的。又说，姨母一个人带两个细儿在家，打水都不浑，我们不去关照，谁会去瞧问？姨父讲了好多感激的话。父亲一再叮嘱，一切要小心，千万要注意安全。姨父临走时对父母说：要坚持住，就要解放了，好日子就会来了，大家都会有饭吃了。姨父走了后，我在床上想了好久：他干的是什么大事？解放了真的大家都有饭吃，有衣穿？如果真的这样，那该多好！

后来我听说，在解放大军快要来的前夕，我姨父他们带领的湘南游击队攻占了宜章县城，解放了宜章，迎接了南下的解放大军进城。人们说那时城里好生热闹，到处敲锣打鼓放鞭炮，人们都欢天喜地地迎接新社会的到来。后不

久，根据当时南北方干部交流的安排，我姨父、还有我二舅父等人在当时湖南的一个名人彭侃先生的带领下去了东北地区的辽宁省。姨父被安排在朝阳市，我二舅父被安排在辽宁大学工作。还有黄驭白，据说曾被安排在驻外国使馆工作，后来又贬回宜章老家。“文革”后，由于他英语比较好，打算请他到宜章一中教外语。我离开一中外语教研组后，他来了，因此在一中我未与这位老先生共事。后来他又被安排在郴州师专教外语。为了会见这位老先生，有一次我特意去郴州师专拜访他。我们一见面就谈得很对调，建立了很好的友谊。可惜不久老先生就辞别了人世。我对他在湘南游击队的贡献是深怀敬意的。

我姨父在辽宁省朝阳市工作了很多年，尽职尽责，做出了很多贡献，受到了各级的表彰和奖励。但在“文革”中，他全家却被下放回老家宜章，主要的问题是说他在国民党时当过保长。“文革”后落实政策，他又回到原单位，工作了一段时间，他就离休回到故乡居住，安度晚年。老人爱用古代诗词形式写作，写了不少回忆他立志革命和参加湘南游击队战斗生活的篇章。他给我看，我认为写得很不错。老人想发表，看了小报登的消息，只要你寄多少钱来，就给你发，并寄杂志给你。老人给多个这样的部门寄去了钱和稿件，结果全是音信全无。老人后来也逐步明白，这是上当受骗了。后来我去拜访老同事——在宜章一中工作的刘老师，得知他和一些朋友受命在编一本《宜章古今诗词选》，恰要选登这样的老同志的作品。我立即告知了姨父，望他速选一些诗词送交刘老师。后来在这本书上选登了他的十九首诗词，每首都很好，现从书中摘抄三首如下：

辞家许国

打断家乡念，抛开儿女情。
追随壮歌去，为世请长缨。

游击抒怀

烽燹漫晴空，青春火样红。
从戎投笔去，为世立新功。
效命疆场上，常思报国忠。
垂声传后代，气节贯长虹。

旧地重游

战地重游忆往年，风餐露宿万山间。

虽然制胜人间事，报国之心仍似前。

姨父现已高龄八十多岁，在绿水青山的故乡安度晚年。我祝福他的晚年像金秋一样美丽、骄艳、灿烂，享尽人间天年，健康长寿，幸福美满。

买 田

我父亲为了躲抓壮丁，断断续续跑到衡阳打工，曾到一姓曾的老板那儿当押运工，就是老板派车到哪儿去运货，就跟着车去监督把货运回。父亲曾告诉我们，有一次被派到贵阳市押运烟叶，路过高山峻岭的苗人住的少数民族地区，遇上了土匪，同行的有三辆车，父亲押运的车走在前面，快几步就冲过去了，后边的两辆车被土匪拦住洗劫一空，两个押车人和一个司机被打死，另一个司机也被打伤，侥幸逃脱，后孤单一人拖着伤体沿途行乞一月余后才回到衡阳，叙述经历，悲惨极了。他常说，那次他能脱险，硬是托天之福。他就这样拼死拼命地干，想方设法存几个钱，甚至在过年时也不给母亲一点钱。母亲因为天冷想为我们做件夹衣御寒或过年做件新衣无钱买布时，或临近年关无钱买一些过年的常用物品时，她为此就常在我们面前唠叨：你老子的钱是用药水煮过的，比命还珍贵。

父亲为什么存钱，不舍得花钱，一方面固然是他深知道金钱的来之不易，是用血汗换来的；另一个主要的原因是他有一个心愿：想存点钱买一两丘田。借谷交租的劳累奔波和低三下四的求请，灾年请求地主减租的苦苦哀求和遭受的侮辱欺凌，无粮下锅使全家遭受的饥饿和痛苦，排队买粮所遇的欺诈和惊恐，深深地刺痛了他的心！如果自己有几亩田，产的粮食全归自己，又不求人，又不受欺凌，又有饭吃，那该多好啊！所以，他心中树定了一个坚定不移的愿望：赚钱买田。他似乎认为只有这样才能摆脱贫穷和痛苦。

在我们家种地主的田中，有一丘田离河岸不远，是沙质土田，泥土肥沃疏松，灌溉方便，每年产的稻谷都比其他的几丘田多几成，父母非常喜欢这丘田。我多次听到他们二人说，如果这丘田是自己的那该多好。所以，父亲从衡阳打工带回的那点钱，他一分也不舍得用，就一心在盘算着买这丘田。那时是一九四八年，正是全国政局发生大变动的时期。消息灵通的人士可能听到或者

也估计到全国即将解放，要没收地主的土地分配给无地的农民。所以，很多地主和城里的富豪都在出卖土地或房屋，以便携带现金逃离。

我父亲打听到地主愿意卖这丘田高兴得很，就跟母亲商量买。我母亲说不出什么意见，既然这么好的田卖，那买就买吧。父亲虽然心里非常想买，但还是不踏实。因为他偶尔听到参加湘南游击队的姨父匆匆说过，世道要大变了，快解放了。他也不清楚以后到底会怎样。所以，他想到城里问问别人，探听下消息再定。那时城里有亲戚就是我舅父家。大舅父在衡阳，二舅父和两个舅母在街上住。大约他问了他们。可能二舅父等人也听到了一些什么消息，没有积极主张买。所以父亲从城里回来后迟疑了一段时间。但他的心里还是一直在想着买田，时时关心的也是这方面的信息。一次，他挑柴在大路上歇息，听过往的人谈论，某人买了一丘好田，大家羡慕得不得了，真是占了大便宜。父亲听后，心又在动了。还有一次他在犁田，对河刘家村的刘叔叔也在田里干活，休息时二人闲谈，刘家叔叔讲到他们村里谁买了两丘好田，价格比以前便宜多了，实在划得来。听了这些话，父亲暗暗铁了心：买田！

父亲告诉母亲决心买田，我母亲这时也可能听别人讲了什么，就提出，如果不买田，就在城里买间房子做点小生意，是否还好些。父亲讲了一大篇买田的好处的道理说服母亲。母亲拗不过父亲，就只好同意买田。我们小孩子只听父母讲，也不懂，根本插不上嘴。

于是没过多久，父亲到地主家提出买这丘田，地主立即满口答应。很快双方各叫了两个证人在我家写了卖田契约。父母把所有的钱拿出，父亲解开两个用红布做的小长口袋，倒出银元一个个地数。那时是用银光洋，一元一个，也有纸币，但在风声时变的时期，人们最信得过的是硬币银光洋。父亲的手在发抖，数着的钱都掉到了地上，不得不重数几次。他太激动了。激动什么？是因为实现了自己的心愿还是因为拿出了自己的血汗钱而不安？拿出了所有的钱，但还不够，还差很小一部分，父亲当众写了一张欠条，保证在两年内还清。为答谢大家，父母还在家办了一桌酒席，请了村里的几位长辈入席，以资作证。这几位老人又说我父亲置了这样大的产业，表示祝贺。我父母高兴得很，母亲甚至连煮饭菜的辛劳全忘了。就这样父亲用他几年打工的血汗钱买下了这丘两亩多的田，他喜欢的沙质土田，他两人日夜梦想的这丘好田！两位老人为此高兴了好一阵。我们常听到父母讲，以后就用不着那么可怜到处去讨米借谷了，

我们家也有了自己的田，今后的日子会好过些了。

一九四八年秋买田，一九四九年春解放。接着就是减租反霸斗地主，搞土改。土改时，我们村的农户几乎全是贫农成分，就我们家有了这两亩多地被划为佃中农。分田时，这丘田和原来耕种的另外三丘田分给了我们家，根据那时我们七口人之家，分给了七亩多田。这时父亲感到有些后悔了，我们家也有些抱怨。就是不买，土改时这丘田也会分给我们家。那时买，不是白丢了钱吗？但我们又有什么理由抱怨他老人家呢，我们谁又有先见之明呢？所以后来父亲讲到此事有些后悔时，我总是安慰他老人家。

后来搞高级社，所有的田都归了生产队。二十世纪七十年代搞联产承包责任制，分责任田到各户，我母亲提出要自己买的那丘田，生产队满足了我母亲的要求。那时我父亲已去世，只有母亲一个人的户口在家，按当时的平均，一个人只有一亩多地，生产队就将那丘田划开，分了大约一小半左右给我母亲。她年老不能耕种，就由我三妹家代我母亲种植。十几二十年来，尽管她已七八十岁的高龄，她还经常到田里看看水，瞧瞧稻谷的生长，一个人在田头默默地站很久很久。她在想什么？回想没有田地的贫穷痛苦？回想买田的欢乐喜悦？回想渴望这块土地的热爱之情？她天天来往于家门和这快田地之间，直到她八十八岁高龄离别人世。这就是纯朴的中国农民对土地的眷恋。

在县城一完小住宿的奇遇

刚解放时，宜章县城内只有两所小学，一完小和二完小。二完小实际只有初小，只有一完小才有高小五六年级。所以我在二完小初小毕业后，就考入了一完小读五年级。那时的一完小在现在的湘南暴动纪念馆的位置，没有现在的纪念馆的面积大。现在的纪念馆是拆了一些民房扩建而成的。如果从当时校门的位置讲，它的右边隔一条巷就是当时的城隍庙，左边就是赶集场（我们家乡把赶集叫赶闹子，所以又叫闹子坪）。学校面积不大，只有两排房子，每排房子楼下有三个教室，楼上是学生的寝室。两排房子的中间是块空坪，校门是圆形的，一进校门是块不大的操场，操场进去才是上课的教室。

这个学校的历史比较久了，据说大革命时期，朱德、陈毅领导的湘南暴动就是在这所楼房里进行的。后来国民党政府清剿共产党的革命战士，也在这所楼房里杀死了不少的人。在一段时间里这栋楼房是空空洞洞的，没有人敢在这儿居住。只是过了相当久的时间后，才又在这儿办起了学校。

那时读书的人很少，县城周围的几个乡只有这一所高小。所以来这儿读书的十一二岁的小孩（当然也有少数年岁较大的十五六岁的，因为当时教育落后，有的农村孩子发蒙迟），如果家住农村就都是住校。在学校吃住，自己洗衣裤鞋袜，自己放米蒸饭，自己料理自己。

我记得开学是母亲送我去的。她用绳子捆紧一个破旧的小木箱，箱子里装着我的换洗衣裤等，然后扎紧一床旧竹席，一个小布袋里装着钵子、筷子、一瓶子腌菜等零碎东西，一个布袋则装着几斤米，放在进城卖菜的筐上顺便挑着，就送我去报到读高小了。当时的学费很低，办手续也简单。母亲看着东西，我一会儿就办好了。她帮我在指定的寝室铺好席子，就卖菜去了。我就开始了小学高年级的学习，一切都正常。

但是，有一天夜里，我遇到了一件使我终生不忘、在很长时间内都感到非

常恐惧害怕的事情。

那时没有电，寝室里就是点一盏小煤油灯，熄灯睡觉后，整个学校一片漆黑，外面也是一片黑暗。学校的老师都是街上的，除留一个晚上看校，其他的都回了家。学生都很听话，不像现在要班主任盯着。熄灯后，我很快就睡着了。但到半夜过后，我突然醒来了，我感到一个沉甸甸的东西压在我的脚上，并且大声地、吼吼地像在吞东西一样地叫着。我害怕极了，可能把我吓昏了。过了好一阵我似乎清醒过来，听到它还压在我的脚上吼叫着。我听听我右边的同学（因为我的床位在墙边，临近窗户），他睡得很熟，没有声响。而且我的床位与他的隔一定的距离，无法用手触摸到他。我想起在家中听人们常讲到的鬼，我想这一定是鬼，因为人们说过，这栋楼房里曾杀死过很多人，我就更加恐惧了。头发一根根竖起来，脑袋麻木，全身冒着冷汗。我不敢动，也不敢叫，只能静静地躺着，生怕它过来捏死我或打死我。

又过了好一阵，可能我是从昏迷中醒过来，突然感到脚上一松，重压着的那个怪物离开了，我才透上一口气来。过了一会儿，我听到一个重物从窗子落在街上的青石板上坠地的声音，不是很响的声音，而是那种软的重物落地的沉闷的响声。后来我想是否那个鬼从窗子上跳下去了。那天夜里我再也没睡，头脑全是麻木的，心里怕极了。第二天起来，无精打采，心里恐惧不安。我没有跟同学讲，更没有告诉老师，只是心里时时惊恐不安。

但是，从这件事后，我似乎感到在我的生活中出现了两件怪事。一件是我去不得那些阴暗可怕的地方，如坟墓地，特别是听人们讲过死过人或有怪异现象的地方，如果一到那儿，我的脑袋就是麻木的，心中就恐惧害怕。二是我逐步看到有一种叫“死鹭鸟”的鸟儿老是朝我叫。这种鸟除翅膀和尾巴上有一部分毛是白的外，其余全身都是黑色的，并且常在农家的厕所里出入。我们家乡的人们都不喜欢它，从经验中体会到听到它的叫声就预示着会死人或有不吉利的事发生，所以，把它称为“死鹭鸟”。它的叫声有三种，一种是激烈的狂叫：死鹭鹭，死鹭鹭……第二种是大声的嘶叫：呷，呷，呷……第三种是低微的呜鸣：叽呀，叽呀，叽呀……人们都说它的这三种不同程度的叫声，预示灾祸的大小远近是不一样的。如果听到第一种狂叫，则预示着像死人这样的大灾祸即将降临；如听到第二、第三种叫声则预示着或迟或早会有灾祸来临。起初，大人们这样讲，我也没当做一回事，也没有感觉到什么。可是从在一完小

那天晚上发生那件事后，从“死鹫鸟”长期朝我叫的体验中，我逐步意识到它的叫声对我确有灵验的预示性。在比较长的时间里，如果我什么时候听到了它的叫声，过不了很久，我总会听到有关的亲人告诉我，在他们那儿发生了什么不幸的事。

特别让我感到“死鹫鸟”的叫声对我有预示性，是涉及我父亲去世的那一次。大约在我父亲去世前半年多，我随便走到哪儿，“死鹫鸟”总是朝我用低微的声音呜呜：“叽呀，叽呀，叽呀……”或者是大声的嘶叫：“呷，呷，呷……”当时我也没有意识到它的鸣叫预示着我父亲的死亡的到来，只是感到这是不吉祥，可能会有不幸的事发生。有时叫得我实在心烦，我用气枪打，有的打死了，有的赶走了。可过一会儿，它又飞到我窗前或房门前的树枝上叫，搞得我心烦意乱，惊恐不安。这样不断地叫了半年多。有一天我去梅田矿山医院看病，住在梅田街上的一家客店里。大约十二点左右，我刚躺在床上午休，两个死鹫鸟飞到我的窗前连续“死鹫鹫，死鹫鹫”地狂叫两遍，吓得我从床上跳起，胆战心惊。下午接家中来电，说父亲在中午出事，病危，叫我速回。过两天父亲就离开人世。还有一次，新年初一下午出门散步，在热闹的鞭炮声中我听到路旁树上的死鹫鸟朝我狂叫，那天夜里我回家到郴州给老家打电话得知，我一外甥在初一早上突然猝死。再有一次，我和老伴坐的士在车马如龙的吵嚷的郴州市街道上，我突然听到前面围墙内的高树上有死鹫鸟对我狂叫，当天黄昏回到长沙，晚上接表弟来电，说在无锡的表哥不幸去世。几乎我们大家庭中的任何一个亲人去世，我都能听到死鹫鸟的预报。所以我一听到死鹫鸟对我低鸣或嘶叫，我的心中就本能地意识到有灾难要降临到我的头上，我的心中就惊恐不安，就在揣测：是哪个亲人将辞别人世？是什么灾祸即将来临？我就在担心，在挂念，处在忧愁和苦闷之中。

后来我从事西方哲学的教学和研究，认真阅读了宗教和神学方面的书，也研读了古今中外一些无神论的著作，对于上帝、佛祖、真主、造物主、鬼神观念、甚至巫术都有了一定的认识和理解，从而慢慢理解到我在一完小读书夜里压在我脚上的怪物，不是鬼神。为什么？因为按照宗教神学的观点，任何神鬼都是一种精神实体，而精神实体应当说是没有重量的，而那个怪物却是沉甸甸的。再按照王充的观点，形存则神在，形毁则神灭，刀都不存在了，哪还有刀刃的锋利存在了。人都死了，人的精神性的神鬼当然也就不存在。这种学习和

理解增加了我精神上的自卫力量，对解除那夜奇遇在我精神上造成的恐惧压力有积极作用。对我后来去不得黑暗可怕的地方，也应当说不是那儿有什么可怖的事物，而是我神经上的一种敏感，也就是通常讲的“怯自内心生”吧。

但死鹫鸟朝我鸣叫显示的预报性却至今尚存在。这是为什么，我是百思而不得其解。有人会批判我说：你在宣传封建迷信。什么叫封建迷信？按我的理解所谓搞封建迷信，就是在没有客观事实存在的情况下，不相信科学，而是以愚昧的手段和方法，硬是哄弄人们去相信一种违背客观规律的鬼神活动，并用它控制人们的精神，使人拜倒在它面前，任其奴役。但死鹫鸟朝人嘶叫却是随处可见的客观事实，而且我只是陈述我亲身经历的事实，并没有强迫别人接受，只是把我觉得可疑的提出来供大家探讨，并没有确定就是什么。有人又会驳斥我说：死鹫鸟对你的嘶叫的象征预报只是对你个人的一种偶然巧合，没有普遍性。这里要说明两点：一是有些鸟儿的鸣叫具有象征意义并不只是“死鹫鸟”，而是有一些。如鲁迅的小说《药》中，就描写了乌鸦（老鸹）的鸣叫象征倒霉和悲哀；在民间这种象征性就更多，有好的也有坏的，如听到喜鹊叫就象征好事临门；听到燕子叫和看到它来自家筑窝就象征家运兴旺祥和；如黎明听到猫头鹰叫就象征不吉利等。二是关于偶然性与必然性的辩证关系我在前面已讲清，在这儿不再赘述。我想补充说明的是偶然与必然是辩证的统一，任何偶然中一定包含着必然，任何必然一定要通过偶然性表现出来。如苹果打在牛顿头上，这是一种偶然，因为苹果也可以打在张三李四头上，也可以是桃子李子打在牛顿头上；但苹果打在牛顿头上却包含有一种必然性（规律性），即万有引力。正是因为有万有引力这种必然性（规律性），苹果桃子李子才不向上飞，不向两边飘，才恰恰向下落打在牛顿头上。苹果打在牛顿头上的这种偶然性中就包含着万有引力这种必然性。何况死鹫鸟朝我叫具有象征预报性这种情况不独是我有这种感觉，而是民间很多老百姓都有同样的感觉。所以我认为死鹫鸟朝我叫具有象征预报性，这是一种偶然，但这其中是否也包含有为我们现在尚不知的必然性？我认为应当是有的，只不过我们今天尚未认识而已。我们不能把我们今天尚未认识的、客观存在的一些奇异现象一概斥之为封建迷信，这样做不利于科学的探讨，会阻碍人类认识的发展。当代“三论”的提出，拓开了人们对信息的认识。我有时在想，人要发生某种变故时，是否先发送出某种信息，而某些鸟儿却在传递着这种信息？老实说，我对宗教神学是有

一定的认识的，根本就用不着再来宣传封建迷信。我是唯物主义者。马克思主义唯物主义的一条基本原则是：相信和尊重客观事实。我把亲身经历的事实及对我造成的迷惑讲出来，就是因为我相信科学，而且期待它有一天会解开我今天的迷惑。。

我在一完小读书一个晚上的奇遇，在我一生中产生那么深刻的影响，使我终生不忘，是我怎么也始料不及的。

宜章解放啦

一九四九年的春天是一个难忘的春天，宜章县就在这时解放了，一个旧的社会结束了，一个新的社会诞生了，在新旧社会交替时期发生的很多事情至今还牢牢地记在我的心中。

在解放的前夕，社会上流传着很多污蔑毁谤共产党和新社会的谣言。说什么共产党主张共产共妻，共产党来了，你家中的财产全部要没收充公，你家的老婆再不是你一个人的妻子，而是要归大家所有；又说什么解放军战士都是青面獠牙的魔鬼，十分凶残可怖，见男人就杀，见女人就抢；还说什么共产党建立的政权杀人如麻，血流成河，遍地死尸，一片荒凉凄惨。在这些谣言的迷惑下，有不少人对共产党感到恐惧可怕，有的甚至逃离家乡，躲到大山里去。还有些人半信半疑，无动于衷，等着看事实。也有少数的人家不相信这些谣言，因为他们受了湘南游击队和一些地下革命者的宣传，开始知道共产党解放军不是这样的人，而是帮助穷人翻身得解放的好人。我们家听了姨父讲的关于毛主席、共产党、解放军的事迹，就没有听信过那些谣言。

当时还有一种更为严重的现象是，一些人利用封建迷信、神鬼的力量，散布谣言，一方面污蔑毁谤共产党和解放军，一方面恐吓人们不敢接近相信他。当时这方面的谣言有如下几种：一种是散布庙里的菩萨显灵，说什么城隍庙的最大菩萨城隍爷爷发怒出汗，人们在问卦时全部是阴卦，兆示人们共产党即将到来，灭门大灾也即将来临，劝告人们赶快逃灾躲难；还有的传说观音菩萨开口对人讲话，说共产党是打着红旗，穿着红衣，长着红毛的魔鬼，看到谁，抓到谁，就将谁吃掉。二是散布有人看到天上在聚集天兵天将，地下在招集阴兵阴将一齐开上前去与共产党和解放军作战，很快就会消灭共产党和解放军。还有一种谣言是说谁接近共产党和解放军这些恶魔，上天的神就要惩罚他，要么是降天火烧死，要么是涨洪水淹死等等。一些人到处传播这些谣言，连我们小

孩子的耳朵都灌满了。谣言是极少敌视共产党的坏人传出的，多数群众是受欺骗跟着乱讲的。但这些谣言在人们中起了极坏的作用，使一些人惊恐不安，不敢积极大胆地欢迎共产党和解放军的到来，欢迎人民当家做主的新社会的来临。这是一些反对革命的人们在面临灭亡前的挣扎，也是他们对人民犯下的罪行。

同时，我还听说了乡村和城里的地主、富豪们匆忙逃离的狼狈情景。

据说某乡有一个大地主，他有八个小老婆，可地主说，出门逃难不能带那么多人，他只能带一个走，于是这九个女人就吵翻了锅。长房说，她是元配，只有她够资格同地主同生死共命运，所以应是她跟地主一块出逃。二房却说，是她先给地主家生儿子，传宗接代，怎么说应是她和儿子伴地主一块出走。三房说日本鬼子来时不是她机智灵巧与鬼子周旋，救了地主的命和家产，要不然他就死了，他能抛下她这个救命恩人带别人走？几个女人各说各的理，互相揭别人的短，又哭又闹，又争又吵，搞得整个家鸡飞狗跳，无片刻安宁。地主在屋内奔来走去，急得像热锅上的蚂蚁，不知所措。尤其听到最小的第八个小老婆说，如果不带她走，她就把她知道的地主害死人命的事告出去，让地主死无葬身之地，弄个家破人完。听到这，地主急傻了眼。他最宠这个小老婆，为了把她搞到手，他和她策划害死了三条人命，如真的将此事抖出去，无论在何时他都难逃法网。他又最喜欢她。多方权衡之下，地主最终发话了：他决定带最小的老婆走，理由是，往外逃难要年轻的，走得快，也便于照顾他。只要他躲过风头，能活着回来，一定不亏待留在家中受苦的。又说，就这样定了，如果谁再胡闹就按家法处置。又说为了表示大家庭的团结友爱和预示将来的大团圆，也为他送行表示祝福，大家全部到齐再吃一餐团圆饭，由长房来安排，搞丰盛一点。听了这席话，几个女人又恨又急但也不敢再吭声。长房恨得牙齿咬得格格响，但她心地阴险毒辣，马上转为笑脸说：就按老爷子的办，姐妹们都来吃餐团圆送行饭吧。而她心里已有了安排：在菜里放毒，大家都死得干干净净，其他人谁也别想获益。长房指使丫环在菜里放毒，并指定她在哪些菜里放，她自己可不吃以便逃脱。但丫环在慌张之中记不清了。她问丫环办妥否，回答支支吾吾。她大怒把丫头关起，想回头再处死她。地主招呼九个老婆入席，并举杯祝酒，他首先干了一杯，正要带头夹菜吃时，一个仆人匆匆进来通报：县里来要人有急事找老爷，请老爷快快去。地主不敢怠慢，就说，请长房

代他向各位夫人敬酒，多吃菜，吃好，他回来再陪酒。地主一走，三房老婆就开了腔：大姐办的酒菜让我们吃，是干净安全的吧，为让我们放心吃，大姐带头动筷呀。长房老婆的脸红一阵，白一阵，为不露马脚，她被逼得不得不大把大把夹菜往嘴里塞，于是其他的也放开肚肠吞了。长房对三个丫环也说，平日你们难得吃到，以后的机会也少了，就一块吃一点吧。于是三个丫环也动起了筷子。等地主转回来，一幕悲惨的画面展现在他眼前：餐桌旁的九个女人全部死了，还有三个丫环。有的跌倒在地，有的扶在桌边，满地是血。地主大叫一声，倒在地上。等他醒过来弄清情由后，他来不及处理后事，因为刚才县里要人找他，就是告知情况紧急，叫他赶快逃命。他换上破旧的便装，提着一箱金银细软，望着死去的九个老婆，流着眼泪，匆匆奔出家门，消失在黑暗之中。

我听人们给我讲述这个地主逃亡的凄惨事件，我一点也不感到同情，我想起父亲给我讲的地主逼租的凶残景象，又记起了春米房中的话：善有善报，恶有恶报，不是不报，时候未到，时候一到，一概都报。现在是时候到了，所以他应得这样的下场，这是活该。

我还看到了城里富豪逃亡后的凄凉情景。那时我经常住在我舅妈家，在城里的南关街上。当时南关街上有几户富豪之家，但最富的只有两家。一家是一个大军官（听说是国民党中将级高官）的家，一家是一个大地主大资本家的家乡住宅。听说他在长沙、武汉、广州、贵阳都有房产，都在经商。这两户富豪的住宅在当时讲是漂亮极了，同周围的民房相比，简直一个是天上的仙境，一是地上的草棚。这个军官的住宅宽大，宅内有块块花圃，层层厢房，圆形拱门，细竹婀娜，小池金鱼，凉亭石桌，曲径通幽。围墙上都是绿色的琉璃瓦，正厅房前都有裱金的对联或匾块，如遇夕阳映照，满宅金碧辉煌。屋内人声嘈杂，佣人成群，门前护卫吆喝，不许行人停留靠近。多么威风荣耀！快解放时这户人家逃亡后，真是树倒猢狲散，所有的人都走光了，仅仅留下一个耳聋的看门老头。不少人轮番进去偷盗，到处乱翻、乱挖、乱扎、乱打，门窗都打坏了。有时我们小孩子溜进去玩，看到里面冷冷清清，乱七八糟，污泥遍地，鼠猫四闯。风雨吹打门窗发出哀叹似的响声，好一片凄凉景象。比起以前，真是昔日天上，今朝地下，不可思量。现在看来，这就是历史的辩证法，古人写过类似的诗描述了这种社会变迁：“朱雀桥边野草花，乌衣巷口夕阳斜。当年王谢堂前燕，飞入寻常百姓家。”这栋房屋后来曾是城南乡政府、后可能又是城

南人民公社的办公楼房，现今如何就不清楚了。

但是人们看到的事实却有力地粉碎了那些谣言的污蔑和毁谤。

湘南游击队进城后，贴出了很多标语宣传共产党、解放军，宣传党的方针政策，安定民心。解放大军开进县城时，唱着嘹亮的歌，踏着整齐的步伐，雄赳赳、气昂昂地走过来了。起初只有少数人家开着半扇门偷偷看。听到响亮的歌声，看到都是像自己一样的背枪战士，迈着整齐的步伐，面目和善而庄重，哪里是什么长着红毛、青面獠牙的魔鬼？开门观看的人更多了。有的解放军挥手向老百姓致意。有人鼓掌欢迎，不一会就响起了热烈的掌声。接着有人放鞭炮欢迎，紧接着有人大声喊起了口号：“热烈欢迎解放大军进城！”“热烈欢迎人民子弟兵！”“共产党万岁！”“毛主席万岁！”人们都走出家门，鼓掌欢迎解放军，鞭炮更热闹了，歌声更响亮了，到处是口号声、欢呼声。

尤其是到了晚上，当市民欢迎解放军住进自家歇息时，他们却只向老百姓借一些稻草或门板，露宿在室外。第二天天未亮，就捆好了稻草，收好门板整齐地放在老百姓家门口，扫干净地面，不惊醒群众，悄悄地开走了。有一次，一队解放军住进了曾家湾，我正在我舅妈家。他们同样是借了稻草和门板露宿，可那天夜里下起了雨，他们也没有往屋里搬，而是收拾好借的东西，蹲在屋檐下过夜。人们看在眼里，比在心里。原来国民党的军队是怎样的？一拉夫，二强要，三抢劫，自己的枪支弹药行李自己不背，而是强迫老百姓为他们背，稍不满意，就遭毒打；看到他需要的东西拿了就走，哪有公平买卖？老百姓还不能吭声，只能自认倒霉，否则就是拳打脚踢；有时到了稍微偏僻的地方，见村子人少，整队人马开进去，把村庄抢劫一空，扬长而去，可怜的村民只能对天哭拜。而现在的军队却完全是另一个样，不但借了的东西照数归还，稍有损坏就加倍赔偿，还帮老百姓扫地挑水，帮老大爷老大娘劈柴推磨。老百姓一比，心里就明白了，这就是人民自己的军队！这就是共产党、毛主席、朱总司令领导的人民自己的子弟兵！他们遵照毛主席制定的《三大纪律八项注意》，热爱群众，关心群众，不损害群众的一针一线。他们的模范行动赢得了人民的热爱和信任，他们的行动粉碎了敌人的污蔑和毁谤。

自从解放军进入县城与人民群众建立了鱼水情，县城又活跃起来了。被一些别有用心的人散布的谣言和污蔑毁谤影响而产生疑惑的人，现在疑虑打消了，一些暂时躲避的人陆续回到了城里，很多商店开门做起了生意，停封的集

市又开行了，有人卖米，卖肉，卖蔬菜、鸡鸭、鱼虾，还有人卖箩筐粪箕，卖小猪仔，圩场又热闹起来了。

街上行人很多，脸上挂着欢笑。不时街头巷尾响起鞭炮，又出了什么好事，大家在鸣炮表示祝贺。在很多店铺的柜台上插着小三角红旗，有一些高大的楼房从楼门口挂出大面的五星红旗，迎风招展。每天清晨，解放军在大操坪整队操练。我和一些小孩子又挂起书包走进学校读书。太阳从东方升起，映照着迎风招展的鲜艳的五星红旗，放射出灿烂的金光。宜章县解放啦，人们充满欢乐和希望走进一个新社会，期待着新生活的开始。

芙蓉花，为什么你开得这样美

故乡村庄后面有一条大水渠，在人们担水、洗菜、洗衣的渠边生长着几棵大芙蓉花树，经常开着大而美丽的花朵，时时得到人们的赞美和喜爱。

这些芙蓉花树是什么时候种植的，我不知道，但从我懂事时始就看到它年年都开着美丽的大花。为什么故乡的人们喜欢芙蓉花树？一是因为它的叶子宽大。它的每片叶子差不多有一扇小蒲扇那么大。几棵树长在渠边，它们的叶子就形成一把天然的大凉伞。当烈日高照时，它就为洗涤的人们挡住了阳光。二是它的花儿大而美。它的花有向日葵那么大一盘。我看过不少的花，大过芙蓉花的我似乎尚未见过。芙蓉花还以它的美出名。它的花瓣圆润细嫩，像一柄小汤勺，花瓣上有的是单一的一种颜色，但有很多花瓣上有两三种颜色，如红、淡紫、浅蓝，但以一种颜色为主，因此开出的花有红、白、蓝、黄、紫等多种颜色。但在这主颜色中夹杂着其他的色彩，因此它不显得单调，而是色彩斑斓，娇艳璀璨。三是以它平淡清润的香味赢得人们的喜爱。花儿没有一点香味人们自然不喜欢，但香味太浓，像夜来香人们也感到不舒适。芙蓉花却不是这样，它没有夜来香那么浓郁的香味，但也不是没有，而是有点似玉兰花，只有当你有灵敏的嗅觉，才会闻到它平淡舒适的清香。四是以它的平凡普通获得贫苦人们的喜欢。有一些花儿也很美，但过于名贵，它们可说是娇生惯养的宠儿，如玫瑰、牡丹，只有悠闲富有的人们才有时间和精力去培育护理它，而为衣食住行日夜奔劳的贫寒人，哪能养育得起？而芙蓉花却像鲁迅所说的野草样，贱得很，而生命力却极强，只要削下一块根茎随便插在哪儿水边，根本不要任何照料，它就长成大树，开出美丽的花儿。对这样的花儿，劳动的人们岂有不喜欢？

芙蓉花树开花时，我们小孩子总是高兴得在旁边议论指点，有的说这朵大红的最好看，它红得比红绸布还鲜艳；有的说那朵紫红的最美，你看，它显射

多彩的光芒；而我却认为那朵全白的最美，它的洁白胜过乳汁，有好多只小蜂在围着它飞舞，它一定最甜最香。芙蓉花的美丽逗得我们小孩乐趣大生。一个叔母匆匆来洗菜，我说：“三叔母，你看，芙蓉花开得好美丽。”她头也没抬，边洗菜边说：“我才没有心思管它美不美，好看，你们就多看几回吧。”说完提着菜筐就匆忙走了。后来我知道，她没有心思欣赏美丽的芙蓉花，是因为家中无米下锅，叔叔在外借粮还未归，儿子生病在床几天未退烧，愁绪占满了她的心，她怎能高兴得起来，哪还有心思看芙蓉花。还有一天我看到二祖父吸吧着长烟管在后厅院的坪里默默地转来转去，好像心事很重，一点儿也不开心。因为他给我讲过《西游记》等故事，我想让他高兴，就跑过去说：“二公公，你过来看看，芙蓉花开得好漂亮哟。”我的话音还未停，他就厉声呵斥：“滚开!”他用发怒的目光盯着我，“它好不好看关我什么屁事，好看又不能当饭吃。”他的话吓得我赶快退回到小伙伴中来。他大发脾气，四叔母在偷偷瞧着。后来她告诉我，这几天二祖父打牌的手气不好，把街上卖杂货的小店都输掉了，正在生闷气，找人找事发火气，大家都不敢惹他。既然如此，他哪有心事看芙蓉花美不美。赌博害死人，害得多少人家破人亡。二祖父家本来就在街上开小杂货店卖东西，娶四叔母我当“送喜郎”就是在街上进行的。后来他大发赌瘾，将做生意的本钱全部输光，只能将小杂货店批给别人，自己全家回到农村。现在又把小店也输掉，就什么也没有了。

早饭后，洗衣的人陆续到来，有叔母们和我的姐妹们。我们这些小男孩边玩耍边议论着芙蓉花，可她们却全不在意。一个叔母说：“我屋里几天就没油了，这些天吃的都是红锅头菜，肚子里像猫抓一样。”

另一叔母说：“昨天我上街卖菜，说风声紧，好些铺了关了门，连盐和洋油都没有卖，昨夜摸黑，今天要赶紧砍些松树块来点灯。”

六叔母对她一个侄女说：“做了几双鞋？扯了几件衣？快嫁了吧？”我的这个堂姐瞪了她叔母一眼，眼睛就红了，什么也没说，流着泪水提着未洗完的篮子就走了。

“老六，你还没听说她的事吹了？”一个叔母赶紧问。

“什么吹了？我还不知道。出了什么事？“

“听说她那边的男人被抓壮丁抓走了，看来是嫁不成了。”一个叔母同情地说。

接着大家还七嘴八舌地谈了些其他的事，全是些不愉快的、令人烦心的事，大家头也没抬，无精打采地走了。我心中闷闷地想：芙蓉花，你开得这样美，为什么人们都不看你一眼？

可后来事情就不一样了。不久，工作队的人员来村子里做宣传，讲共产党和新人民政府的方针政策，动员村民参加人民乡政府的筹建和选举，参加减租减息和反霸的活动，发动群众参加斗争恶霸地主的大会。我们村里的几户人家都从地主那儿讨回了多交的租谷，吃饭的困难就得到了缓解。城里的买卖又热闹起来，有什么蔬菜和鱼虾拿去就能卖掉，手头就活了起来。万一没有其他的东西可卖，就是砍一担柴或抓一担松树毛挑到城里也能变几个钱，买回基本的日常生活用品。社会安定了，人们再不用担惊害怕，躲租谷的回来了，逃壮丁的也回来了。人民的生活改变了，人们的心情也发生了变化，人们高兴，欢乐地朝着未来的美好新生活走去。

同样的水渠边，同样地洗衣洗菜，同样的芙蓉花儿开放，同样的是我们这些小孩在争论着哪朵花最美，可人们的心境却不一样了。

一天早餐后叔母们和一些姐妹在洗衣。突然一个叔母说："嗯，一种什么怪香味，你们闻到吗？"

"是我在洗肥皂呢。"一个堂姐答道。

"什么肥皂？"

"跟皂角、茶枯一样用来洗衣的肥皂。"堂姐拿出肥皂让人看，"以前我们用皂角、茶枯洗衣，手搓烂了还洗不干净，现在解放了，有这新玩意儿卖，昨天我妈买了一块回来，一用果然不错哩。"其实肥皂早有了，只不过市场上卖得很少，农民又无钱，所以见得少，未买过，因而感到新奇。

"其实呐，是花香呢，肥皂有什么香啰。"一个叔母抢过话头说，"你看，那芙蓉花开得好大朵，好漂亮，好香！"大家抬头看，在几棵大芙蓉花树上，开着几十朵圆盘似的大花，有红黄蓝白紫，色彩鲜艳夺目，好看极了，似有阵阵暗香逼来，沁人心脾。

洗衣的女人们快乐起来，你一言，我一语，把个芙蓉花夸赞得比天堂里的玫瑰花还美。小朋友听了直拍小手掌，而我心里却在暗暗地问：芙蓉花，为什么你今天开得这样美？

还有一天，一个女孩在水渠里漂洗刚买的花布，大家见了感到新鲜，又议

论开了，特别是一些女孩子更羡慕得不得了。为什么？以前能有一件新的青布、蓝布做的衣服穿就相当好了，哪有什么花布，就是出嫁能做两件大红布衣也算很不错了。人们通常穿得都是补丁打补丁。当时流行的话语是："新三年，旧三年，缝缝补补又三年"，可见当时做件衣多么不容易，一件衣服要穿多久。后来党和政府关心人民的生活，尽快恢复发展生产，不久就有了色彩简单的花布。但最先买这种色调很单纯的花布也是一桩震动人心的新闻。但一个叔母却开了腔："这花布新奇倒新奇，色调怎样也比不过我们的芙蓉花，你看，"大家的目光随她的手望去，色彩鲜艳的芙蓉花正迎着朝阳闪烁着五光十色的光芒，"芙蓉花颜色多，多好看。"

"我们以后就照芙蓉花印花布。"一个堂姐蛮有把握地说。

"印不出哩。一片花瓣上有两三种颜色，冒得那么容易，只是你想得美。"

"说来说去，还是我们的芙蓉花美！"一个叔母带有自豪地说。听到这里，我高兴得不得了，我也久久地盯着它：芙蓉花，你今天开的真美，大家把你赞扬哩。

一个大热天的正午，二叔父背着锄头汗流浃背地来到水渠边洗手脚，一走近渠道边，在芙蓉花树宽大叶子的阴影下，他顿感一阵清凉，心里高兴得很，抬头望着芙蓉花树，说："你这种树，花又好看，叶子又遮阴，不错，我要在洗手脚的渠边都种几棵。"后来，他果然在另外两个水渠边插了芙蓉花树块根，长成了大树，开出了美丽的花朵。后来我才知道，芙蓉花是我们湖南的特色花，大概是以它的朴素、花美、叶大、生命力顽强而体现了湖南人的精神吧。所以，唐朝诗人谭用之写过："秋风万里芙蓉国，暮雨千家薜荔村"，就用芙蓉国象征湖南。毛主席在他的诗里描写湖南人民英勇奋斗，取得辉煌的成就，在诗的最后也写道："芙蓉国里尽朝晖"。

参加斗争地主的大会

新中国成立后没多久，轰轰烈烈的土改工作就展开了，为了把土地从地主手中夺回分配给农民，党和政府先领导和发动农民群众做了两件事，一是实行减租减息，二是斗争恶霸地主。只有这样才能打下地主的威风，才能激发农民的革命热情，才能使农民敢于分配地主的土地。通过斗争恶霸地主，让农民群众充分揭发地主的罪恶、地主不劳而活的剥削本质，充分发挥农民当家做主的积极性，在农村进行革命变革，才有利于人民新政权的巩固，有利于社会主义新农村的建设。这样做也正满足了农民对土地的渴望。在中国，农民进行了无数次的起义革命，其根本目的就是为了获得土地，但都没有达到目的。因此，党和政府下大气力发动和组织农民群众斗争恶霸地主，把土地从地主手中夺回来还给农民群众，实现几千年来他们的梦想。

我参加了几次这样的斗争大会，其中罗家山斗争恶霸地主的那次给我留下了深刻的印象。

那天早饭后我们村的负责人二叔父就在喊：吃完饭后大家快点出来，到罗家山参加斗争会去。不一会，男男女女加上我们小孩有了十多个人，二叔带着大家出发了。路上有人问：“今天斗哪个地主?”

“斗元德胖子。”二叔答道，“他是罗家山和我们整个城西洞最大的地主，听工作组同志讲，他害死了几条人命，罪大恶极。”

“元德胖子的屋风光得不得了，别人讲他屋内有二十多间厢房，院子里种有花草，后屋楼上造有一个八角凉亭，他经常和小老婆们在凉亭里饮酒作乐。山上砍柴的人常看到他调情取乐，看得心里作呕。”一个叔父鄙视地说。

“他家的管家四五个，个个厉害得很，就连两条守门的狗也精灵凶残得很，还未接近他家的院落，就追跑过来赶人。有次，我路过那儿，看到一个打铳的打着一只野鸡飞落在他家院子旁，他家的狗立即咬了回去，打铳的去讨，

管家的硬说是狗从山岭上咬回来的，不是他打的。打铳的讲了几句硬话，就说他是诬赖，是无理取闹，不但没讨得野鸡，还挨了一顿打，被赶走。”一个叔父愤愤不平地说。

“我听姐姐（我大姑母，她家就住在下庾岭，离罗家山不远）说，元德胖子还是罗家山李家的族长，权势大得很，哪家哪户的事他都要管，保长和甲长等于是他的一条狗，完全听令于他，看他的眼色行事。他四个儿子都不派壮丁，抓别人的独子去顶他家的份额。太缺德。”三叔父说。

大家你一言，我一语，很快过了漳河，穿过下庾岭背后的树林，来到罗家山村后的一块大坪，这是斗争大会的会场所在地。这是一块大草坪，后面是松树林，左边是种红薯、花生、高粱的旱土，右边是一些灌木林。我们到时草地上已坐了不少的人。在挨近树边的坡地上搭起一个简单的台子，这是一个四面通风的台子，两侧和后面都没有墙壁，都是用四根松树柱子支撑着，台顶是空的，台底用门板铺垫成，两边各放有一条矮木板凳，台正中前面放有一张小桌子。台子的正上方挂着用白纸写的四个大字：斗争大会。台子前面两边的柱子上贴有两条标语：打倒地主和恶霸；穷人翻身得解放。台后边的柱子上贴着用红纸写的两条标语：吃水不忘挖井人；翻身不忘共产党。在周围的一些松树干上还贴有一些蓝白标语，在会场的四周，草坪的边缘有一些背枪的民兵站岗。

大约上午十点多钟，整个草坪挤满了人，男人、女人、小孩，还有拄拐杖的老爷爷和老奶奶，草坪上热闹非凡。大会开始了，我看到几个人走上了台，其中有两个穿军装的，一个农民模样的中年男子用铁皮做的喇叭高声讲话，他们说他是乡农会主席。他讲了什么我没有听清，只见他的话一停，台上就有一个人举起手高呼口号，台下的人也跟着喊：“打倒恶霸地主李元德!”“彻底清算恶霸地主的罪行!”“血债要用血来还!”“把恶霸地主李元德押上台来!”

我看到两个民兵各抓住地主的一条胳膊，把他推上了台。这是一个看去快五六十岁的老头，头发有些花白，身体高大肥胖，被五花大绑捆着，跪在台前，身边站着两个民兵。乡农会主席又用喇叭筒讲了几句话，揭发斗争就开始了。

最先上台斗争的是一个四十多岁的农民，他一上台就重重地抽了地主两记耳光，并说：“李元德，你还认得我吗？你也有今天!”接着他就沉痛地揭露了地主害得他家破人亡的罪恶。一个叔叔转述给我听。地主收租在秤和斗上弄

手脚，农民在家中量的是一石，称的是一百斤，可到地主家就只有七八斗或七八十斤，年年欠租谷，越背越重。有一年遇大灾，几乎颗粒无收，地主逼着要租，说不交就要抓人，吓得他躲到远处，大半年不能回家。他妻刚生一个小男孩，带着一个五岁多的女儿在家。地主说交不起租，就叫他老婆去给他家的地主小少爷和小姐喂奶顶租。地主家给她吃的又差，一小少爷和一个小姐轮流吸奶，就等于吸她的血。晚上两个小宝贝一哭叫，就得赶快去喂奶，晚上也没有休息。她很快就消瘦下去，脸色苍白。她的小孩只能丢在家中由五岁多的女儿照料，饿得哭叫，就喂一点米汤水。过了一段时间，小男孩饿得皮包骨头，眼看快死了，小女孩求一叔母背着一块来到地主家，请管家的答应让母亲给小弟弟喂一次奶，救弟一命。可管家凶暴得很，不但不通告，反而鞭打追赶，吓得她们背着小男孩跌跌撞撞地爬回家。那天夜里小男孩就死掉了。小女孩饿得不行，到潭边去捞螃蟹滑到潭里淹死了。过了不久，一个叔母看到地主家的丫环偶尔出来，就把事情悄悄地告诉丫环，请她偷偷地转告小孩的母亲。小孩的母亲一听就昏死过去了。醒来后她就疯了，讲胡话，屎尿不分。地主家看她无用了，就把她赶了出来。她回到家中翻出了两个孩子的衣服，用一方手巾扎好，背着到河边去找孩子，坐在河岸上哭笑，一天夜里就扑在河滩上的一池水中死去了。恶霸地主李元德害死了他家三条命。

当他揭发到这儿时，他悲痛得泪流满面，泣不成声。台下好多人也哭泣起来，群情激愤。台下有人自觉带头高呼口号，成百上千的人也跟着高呼："打倒恶霸地主李元德！""血债要用血来还！""彻底清算恶霸地主的罪恶！"

第二个上台斗争地主的是一个五十多岁的老年妇女，她一上台就放声大哭，并说："李元德你还我女儿来！我要挖你的心，吃你的肉，我要咬死你！"她猛地扑过去咬地主，旁边的民兵和工作人员用力把她拉开。她泣不成声地断断续续诉说了地主李元德害死她女儿的悲惨过程。她家欠地主的租谷愈欠愈多，地主提出叫她丈夫到地主家每年做几个月短工以抵债，她家同意了，她丈夫去做了两年，减少了一些租谷，第三年她丈夫病了去不成。地主见她大女儿长得乖巧伶俐，已经十七岁，令人见了就喜欢。地主立即生了坏心眼，就说，男的生病不能去就叫她女儿去代。开始她不同意。地主就说，她女儿代一点也不吃亏，不是叫她去干重活、杂活，而是让她女儿照料地主的母亲，又不受风吹雨打，多舒服。她还是不同意，认为一个这么大的姑娘家到外边干活日夜不

能回仍是不放心。地主就保证说，他家那么大的院落，除了几个管家的，就全部是女的小丫环，再无其他杂人，如果出了问题就挖他的心、剥他的皮。她还是不同意，并说，不行就她自己本人到地主家去做杂事。可这时地主发火了，威胁说，如果不让她女儿去，就立即把全部租谷交清，并退佃，把几亩田全收回，不再租给她家种。听到这，病在床上的丈夫又恨又急，气得大叫一声吐出一大口鲜血，昏死过去。第二天地主大管家再来逼迫时，她答应了。因为夜里丈夫醒来后，商量来商量去别无他法，如果退了佃，无地种，全家就只有活活饿死。夫妇只能忍痛、提心吊胆地决定让女儿去。

开始一段时间还比较安然无事，她去打听，女儿只是说老地主婆狠毒，有意刁难她，动不动就打骂她，难以侍候，并不停地哭。母亲只得安慰女儿，并说再做一段时间，等她父亲病好一些就来顶替她回去。可事情很快就发生了大的变化。一天老地主婆走亲戚去了，夜里，地主来到老地主婆房里把她强奸了。受此奇耻大辱，少女想死，可一时找不到死的办法。老地主婆回来，她只得将泪水吞进肚中，以笑脸相迎。也出于少女的害羞和名声，她开不得口，只能隐在心中。又过了几天，地主的大儿子从外地回来休假，来老地主婆房中给祖母请安，见少女长得漂亮，立即动了邪念。就在老地主婆面前撒娇说，他在外边做事好辛苦，要这个姑娘料理几天好好休息一下。老地主婆最疼这个长孙，可说是百依百顺，立即就叫姑娘这几天到大少爷房里侍候他，要侍候周到，如果大少爷哪儿不满意就要给她苦头吃。少女只能默默应允。

地主崽子乐得心里开了花，连续几天兽性大发，把少女糟蹋得不成人样。不久，少女生理上就有了反应，肚子慢慢大起来，满屋的风言流语和鄙视，使少女无地自容。老地主婆不但不理解，反而故意刁难责骂，她天天夜里痛哭到天明。一天夜里地主又来奸污她，少女忍受不了极力反抗，地主恼羞成怒，就污蔑她偷了他儿子房中的珠宝，叫管家将她捆起来拷打审问，少女至死不认。她被打得遍体鳞伤，关在柴房里。少女朝着窗口呼叫父母，放声痛哭，可又有谁同情知晓？她担心活着出去也无脸见父母，于是，在那天夜里，她在柴角落找到一根捆柴的绳子，又撕烂自己的衣服接长绳子，就在柴屋里吊死了。可后来地主通知这户农民家说，是少女偷了东西畏罪自杀。这位老妇女揭发到最后问道："李元德，你这毒蛇，是不是丧尽了天良？"台下的群情激愤到了极点，高声呼起了口号："打倒恶霸地主！""打倒吃人的魔鬼李元德！"

接着又有几个中年男子上台，有的揭发地主私设刑堂拷打农民，把他的一条腿打断；有的揭发地主勾结官府抢走了他家的两亩好田；有的揭发他买通官府抓别人的独子去顶他家的壮丁；有人揭发他利用族长的权势，不准一个寡妇改嫁，逼得寡妇投河自尽。

在这时有一个拄拐杖的老爷爷想上台，他爬了几次都上不了，台上的工作人员问他有什么事，他说要斗争地主李元德。工作人员就把他扶上了台。他一站在台上，就用手杖指着地主说："他是杀人的刽子手，大革命时期他杀害了我们好多农民兄弟。"接着老人就断断续续讲述了二十世纪二十年代朱德、陈毅领导湘南暴动，毛科文等人在宜章组织农会打土豪斗地主的事情。等红军走了后，国民党政府就联络土豪劣绅、恶霸地主进行反攻倒算，把没有跟红军上井冈山的农会会员抓起来，关在一个破庙里，一个个吊着拷打审问，然后就用大刀砍，用梭镖刺，杀死了好多农民兄弟。他亲眼看到李元德砍死了两个人，而他本人就是这次残酷大屠杀中死里逃生的一个。讲到最后，老人悲愤地说："李元德，你的手上是沾满血的啊，你用什么能还得清？你怎么能还得清？"老人的话音还未落，就响起了连续不断的、像春雷爆炸一样的口号声。

接着又有几个人上台揭斗地主。然后，乡农会主席用大喇叭筒宣布，由土改工作组的张同志宣读恶霸地主李元德的罪行。读完后，乡农会主席拿着那份稿子问："李元德，这上面写的你的罪恶行径是不是事实？你承不承认？"地主脸色苍白，由于跪得太久，已经直不起身，是两个民兵硬把他拉直。他已不能回答农会主席的问话，只是点了点头。乡农会主席见他点了头，承认了罪恶，就说，下面由工作组的吴组长宣布对恶霸地主李元德的处理决定。吴组长读了一个宣判书，判处李元德死刑，立即枪毙。宣判声一停，草坪上响起一片掌声和欢呼声。

几个民兵和几个解放军战士把地主押拖下台，一些民兵已经排成两排在维持秩序。两个民兵架着地主往后面山坡走去，几个解放军战士紧跟其后。一些人蜂拥跟在后面去看，民兵把大家挡在后面，不准太靠近。不一会就到了会场左后边的一块空坪上，就在那儿枪毙了恶霸地主李元德。这个血债累累、对农民敲骨吸髓的魔鬼，得到了他应有的下场。当枪声响起，草坪上终生受苦受难的农民解脱了心中的重压，舒了一口气，高兴得鼓掌欢呼，高喊口号："打倒恶霸地主李元德！""农民翻身得解放！""感谢毛主席，感谢共产党！"

我和几个叔母由于害怕，不敢去看，斗争会散会后，我们就一块回家了。路上，大家又议论开了。一个叔母说："真是恶有恶报，善有善报。这个大坏蛋也有了今天的下场。"又一个叔母说："这个坏透了顶的恶霸就是死到了阴间，阎王也不会收他，他只能是个恶鬼在地下流浪，永世不得超度，不能投胎出生。"听到这些议论，我也在默默地想：为什么地主有那么大的权力欺压农民？地主的土地又是从哪儿来的？枪毙李元德就能使那些受苦受难的农民的悲痛消失了吗？参加这次斗争会后，我的心中生起了对强暴行为和恶势力的强烈仇恨。

在森林里迷路

一天夜里，我和两个妹妹到罗家山村委会去开会，经过下庚岭村后的松树林。这片松树林通往县城、罗家山、鸭塘、下庚岭的路应当说我们是很熟悉的，我们走过了多遍，可那天夜里我们在松树林里迷路了。为什么迷路，至今我也讲不出道理，我把事情的经过叙述如下。

解放初，我们茶山脚划归罗家山村委会，开各种会都到罗家山村委会开。为了动员学生投身宣传党的土改方针政策，村委会决定开一次在外读书的学生会议，通知我、二叔的大女儿、三叔的大女儿参会。这两个妹妹只比我小一岁左右，她们也在读小学四五年级了。

那天吃完晚饭就天黑了，我叫齐两个妹妹，提着一盏马灯就出发了。为便于照路，我提着灯走在中间。我们经过村前的田洞，过了漳河，经过刘家村旁，就进入了下庚岭的松树林（现在这片松树林不存在了，原下庚岭的村民都到这片山地上盖新房了，把树木砍伐光了）。那天晚上天气晴好，月亮还未升起，星星在空中闪烁。可我们一进入树林，就刮起一阵阵不停的风，吹得周围的草木沙沙作响，吹得衣服飘起来，吹得耳边嗡嗡叫。我们三个人加紧脚步往前走。一会儿走到前边，路没有了，是一个毛草堆。转回来往另一方向走去，走了一会儿，前边又没有路，是一个灌木丛，我们又折回原地。这时一阵阵的风吹得更加呼呼响，我的头也有些发昏，两个妹妹有些着急了，为什么找不到路？我带着她们再往前走，一会儿没有路了；再往左边走——没路；再往右边走——也没路。我感到周围一片黑沉沉的，风在耳边刮得呼呼叫有些奇怪，小马灯发出微弱的黄光，我们就在松树林里转来转去，找不到路，总是回到原地，转了好长的时间。我们原来熟悉的那些路到哪儿去了？为什么现在都看不见？为什么转来转去总回到原地？我心里好生迷惑。

后来我突然意识到：是不是遇到了“迷路鬼”（我们乡村叫“倒路鬼”）？

我心里害怕了，感到头发都一根根竖起来了。因为我听年长的人说过，遇到“迷路鬼”就是这样的情况。我没有告诉两个妹妹，担心她们害怕就更麻烦。我咬紧牙齿，提着胆子，鼓足最大的勇气走在前边。没有路，遇到一丛茅草窝，我带着她俩冲着茅草窝踩过去，前边又是灌木丛又踩过去，这样踩过了好些荆棘丛，衣服挂烂了，手脚上刺了荆棘，划出了一道道血口，我都不管了，只往前走，希望走出去。这样一顿乱走，乱冲，走了好一阵，终于走出了松树林，来到了山的边沿，借着马灯的光，我看到下面是一条水渠。我知道这条水渠是通到罗家山村委会后面的，于是我带着两个妹妹小心从山边下去，跨过水渠，沿着水渠岸去村委会。但我的耳边风还是刮得呼呼叫，头脑发木昏沉，一脚高一脚低往前迈，几次踏进水沟和稻田里。

我们到那儿已经快散会了。散会后，村里的一个负责人问我们怎么来这么迟，我把经过说了。他说，你们一定是遇到“迷路鬼”了，下庾岭背后的松树林里就有。又问我们：“回去胆不胆小?”我们都说：“好怕。”于是他就送我们回家。

他点盏灯走在前面，一条比较宽的黄泥路清晰地展现在我们面前，我们走进下庾岭的松树林，通往邓家水的路，通往下庾岭村庄的路，通往县城的石板路，通往我们回家的刘家村的路清晰地出现在那儿。可在约一两小时之前，我和两个妹妹在这森林里怎么也找不到这些路，在这儿来回转了一个把小时，这真是奇怪。有这个叔叔送我们，我们胆大了许多，可我的脑袋还是发麻，心里还是胆怯怯的。叔叔送我们出了松树林，过了刘家村，来到河边就转回去了。他说，他一个人也不走松树林，从田洞里绕回去。我们过了河就回到了家里。

第二天我把事情告诉母亲和几个叔叔，他们肯定说昨晚我们是遇到了“迷路鬼”，并讲了他们的经历。我母亲说，有一次白天她一个人到我们村后的山那边的森林里砍柴，捆好柴准备挑着回家，突然树林里暗下来，刮起了风，她就找不到回去的路了，左转右转总是回到原来的地方，在树林里折腾了好长一段时间。我二叔说，有一次他到很远的一个荒凉的山野里打猎，追着去捡一只打伤的野鸡，走进了一片大森林，他突然感到森林里阴暗暗的，怎么也找不到出去的路了。他在森林里转了好久，后来他忽然想到可能遇到了“迷路鬼”。他对空打了一铳，定睛再一看，路就清楚地呈现在他面前。母亲和二叔告诉了我摆脱“迷路鬼”的方法：如果有枪和铳，就放枪或铳；如果没有，

就立即解一个小便，用这两种方法就能破解。我还听其他年长的人们也说，他们也遇到过。

这样说来，遇到“迷路鬼”，就不是我一个人的个别现象，而是较多的人都经历过。怎样认识这种现象？我绝不是想在这儿宣传封建迷信和鬼神思想。相反，倒是想探讨这种现象的原因是什么。鬼神思想属于唯心主义，无神论一般属于唯物主义。划分唯物主义与唯心主义的根本标准是如何看待物质和精神的关系。但列宁给物质下的定义却是：“物质是存在于人们头脑之外的能被人的感官感知的客观实在。”列宁没有讲物质就是外界的客观事物，而是说物质是一种“客观实在”。在森林里奇怪地迷路，而又突然地找到路，这是一些人都经历过的事实，应当说这是一种“客观实在”，它不是一种精神现象。但造成这种迷路的原因又没有被人们的眼睛所看见，所以它不是外界的具体事物，而应是一种“客观实在”。列宁说，“客观实在”最终是能被人们认识的，例如一些基本粒子，如质子、中子、基本粒子等，长时期在物理和医学上造成了很多奇怪现象，由于我们人的肉眼不能看到它，长期内它就是一种奇怪的“客观实在”。但到了近现代，由于加速器等自然科学仪器的使用，延长了人的眼睛的认识能力，就认识了这种奇怪的“客观实在”，揭去了它神秘的外衣，知道它也是一种物质，不过是一种为我们的肉眼所不能直接认清的物质。如果我仅仅是听到别人讲“迷路鬼”这种现象，我还是不会太相信的，正如我在很多书上读到的西方的一些神甫、牧师、传教士他们讲他们坐在枯井里，关在密室里，跪在神像前看到了上帝一样，我是不相信的。因为我自己没有这样的经历。但这次在森林里迷路，所谓遇到“迷路鬼”却是我亲身的经历，是在我的记忆中永远不能抹去的，它是一种客观事实，是我不得不承认的。但究竟是什么原因引起的呢？我曾经想过，这是否是我作为小孩子的错觉？但一些人都遇到过，这种可能就排除了；我听到人们告诉我，他们遇到“迷路鬼”多半都是在松树林。我就在想，是否是因为松树林散发出一种今天我们还不知道的气味、信息、电流等东西刺激我们的神经造成的？或者还有另外的其他原因引起？当然今天我们还不知道，这也就是为什么我要提出这个问题的原因。

人们之所以常常把人的感官不能看到、听到、嗅到、摸到的东西，就认为是不存在，如果谁讲这些东西，就断定谁在宣扬封建迷信的鬼神思想，这是由于他太过于信任自己的感官了。殊不知，人的感官是受人这种高级生物能在地

球上活下来这种局限而形成的，所以，人的感官不是万能的，是有局限的。但人的感官又不能超越这种局限，超越了，人就活不了。比如，人的耳朵能听声音，但科学研究告诉我们，最小只能到一定的分贝，最大也只能到一定的分贝。耳朵的听力就局限在这个最小和最大之间的范围内。超越最小的分贝的更小的声音听不到，同样超越最大的分贝的声音也听不到。人的听力就是在这种局限之内才让人活下来。如果人的听力是万能的，能听到从地球到宇宙中的一切声音，那么，地球上一切生命时刻都在发出大小不同的声音，宇宙中的各种星球变动和爆炸都在发出强烈的轰鸣巨响，人的耳朵时刻充满这些声音，人还能在地球上活下去吗？上面讲的眼睛不能直接看到中子、质子也是同一个道理。所以，我们不能完全以人的感官能否认定来判断事物。因为人的感官是有局限的。因而，有些事物人们的感官还未认识到，而产生怀疑，提出疑问就是可以理解的了。韩愈讲得很对，正是因为有疑，才促使人们去探讨、研究，才有认识的提高，社会的发展。我相信人类的认识能力，相信科学的进步，相信人的自身本能能力的开发，正像人们长时间内孜孜不倦地在探究飞碟的来源、古埃及的金字塔的秘密一样，只要人们进行认真的研究，终有一天会揭开如“迷路鬼”在森林里迷人的路这样的奇怪现象的，会找到它的原因的。到了那时，也许人类的认识能力会有一个巨大的飞跃，人类的视野会有一种新的境界。

我和土改叔叔一块丈量田

斗争恶霸地主后，接着是查田定产，划定家庭成分，然后轰轰烈烈的土改工作就展开了。土改工作队进驻了我们村。要把土地合理地分配给每户农民，首先就得把每户报的每丘田的分亩大小搞清楚。因此，丈量每丘田，弄清它的分亩大小是基础性的工作。那时的土改工作队员，除带队的是一个县里派的干部，有高一点的文化外，其余的都是各乡各村抽的一些农民，基本上是文盲，就是认识几个字，也不大会写和算，只在县乡简短地开会培训后，就分到本乡外的其他乡村去搞土改。丈量田亩要算面积，而且至少要算正方形、长方形、三角形和梯形等几种面积，没有学过高小以上的算术，是无法算的。而那时我快高小毕业了，所以，土改队一进村就通过打听认识了我，要我和他们一块丈量田，算每丘田面积的大小。我很高兴做这样的事，满口就答应了。

丈量田亩是很辛苦的事。那时没有现在的仪器和量尺，是用土办法进行的。用一根长棕绳，每一丈长的点上就扎一根小木棍，数经过了几个小木棍就知道是几丈长。还有一种方法是，做一个三边长都是五尺的三角形框架，在田里拉一根绳子，用这个三角形框架去量这根绳子，再乘上框架转的次数，就知道了田的长度。我站在田岸上，土改叔叔报数字我就记下，然后算田的面积。但丈量有时数不准，就不得不为一个边长要数几次，在田里来回走几次。那时都讲究冬田，田里灌满了水，在水田里不断地来回奔走，满身满头都是泥水，十分辛苦。一个叔叔长时间弯着腰数绳子上的小木棍，腰痛得直不起来，痛得晚上也不能睡，可第二天照样干，使我非常感动。我心里暗暗地想：一定要学习土改叔叔的这种不怕脏、不怕累的吃苦耐劳的精神，自己今后干任何事情都要能吃得苦，经得起磨炼，把自己培养成一个坚强的人。

丈量田亩还是一件非常细致、非常需要有耐心的工作。大多数田不是规则的正方形、长方形、三角形、梯形等，而是不规则的各种形状。丈量一丘田先

取哪种形状，然后再取哪种形状，丈量得才比较准确，往往要进行多次观察、揣摩。有时对一丘田取这两种形状量了，计算了，感到不准确，又得取别的形状再重量。这样做，工作量就非常大，不仅人很辛苦，而且需要很好的耐心。丈量田时，有些农民就蹲在田头看着。因为土改分田时，就很有可能把他原来种的田分给他。如果丈量时把田亩量多了，他就少分得田，就吃亏了，所以他非常关心他自己那丘田丈量的数字是多少。如果丈量的结果比地主租给他种时的数字少，就不做声；如果多，他就会提出可能量错了，要求重量。土改的同志就尊重他的意见，再重新丈量。一次量六叔家种的一丘田，这丘田的形状比较奇特，分作三部分取三种形状量了。他说量多了，不对。土改的同志再取别的形状再量一次，他还说不对。我就说："六叔，量两次都一样，应该是对的。地主租给你可能把田亩数字讲错了。"我的话还未完他就发火了："你懂个屁！你晓不晓得算？不会算，就不要算！"我一听就气急气哭了。土改工作队长就赶忙上田岸来对六叔做解释说服工作，并坚持说："土改工作队尊重大家的意见，可以多次重量，如果几次重量的结果都差不多，那就说明你原来的田亩数字不准，应该以这次量的为准。如果我们相信原来的田亩数字都是准的，那也就用不着这次再搞丈量了。"土改队长的一席话说得六叔无话可答，他只得悄悄走了。他转过身来又安慰我，说我工作认真负责，特别是他们土改工作队人手不够时，我能帮助他们，他们很感谢；又说，多一个人算，有一个比较核对，容易准确；又说，他会写信给学校，建议学校表扬我这种任劳任怨的好品质。听了队长的话，我心里舒服多了。心里想，表扬倒不必要，就是别发火骂人就行了。于是，我跟着他们还继续干了好几天。

在计算丈量的田亩时，巩固了我在学校学的书本知识，训练了我的运算能力，尽管这是很简单的运算能力。那时高小的算术远没有现在讲的内容多，物体面积的计算似乎就是讲了正方形、长方形、三角形三种面积的计算，三角形的一些特殊形式的计算好像都还未学。我来帮助土改叔叔算田亩的面积，一方面固然他们多一个人算，或多或少对他们会有一些帮助，而实际上在这过程中我得到了锻炼和提高。这种多次的计算，巩固和熟练了我对正方形等三种面积的计算，同时又向土改叔叔学到了新知识，学会了梯形面积的计算，一些特殊开关三角形面积的计算。学会了在实际中对一块不规则的土地怎样划分几个相近的图形，才能比较准确地计算出其面积。这就使我初步意识到书上讲的与实

际运用是有差距的，要能真正解决问题，还得要有实际运用，要有实际知识。这一观念的产生对我后来的学习和实践有极重要的指导意义。二十世纪五十年代末，我读高中时，学校强调学生广泛参加社会实践，大搞劳动，炼钢铁，搞双抢，尽管这样做是过了头，当时有不少人不能适应，而表现出行动上的迟缓和抵触。而我却能从正面去理解，看到这种做法的积极的一面，从而能适应，自己在行为上也比较主动。直到今天我养成的注重理论联系实际，看重实践经验，事事主张身体力行，强调对儿孙们进行实践活动的教育的好习惯，可能就是那一初始观念成长、发育的结果。

协助土改叔叔计算丈量的田亩，使我熟悉了他们，我们建立了很好的感情。我有空常到他们那儿玩，了解了他们在土改工作中表现出来的助人为乐、深入调查研究、大公无私的优秀品质，给了我深刻的教育巨大的感染。

他们了解到我们村一个叔叔家里十分困难，叔叔本人在生病，不久前其妻上山砍柴又误砍伤了脚，行动不方便，家中两天无粮了。知道这个情况后，土改队长立即向乡政府反映，要求乡政府拨下救济粮，解了他家的急迫困难。没几天他家的小男孩又生病发高烧、咳嗽。土改工作队员又拿出自己的微薄的工作津贴，把小孩送到医院治病，医好了孩子的肺炎。种农作物都要赶季节、赶天气。那时正是插红薯的时节。一天下了雨，各家各户都忙着插红薯。叔叔拖着病体在地里掏坑，叔母跛着腿在担肥，土改队员看到后，就利用早晚的空隙时间帮他家抢种完红薯，叔叔和叔母感激得掉眼泪。所以，土改队员宣传党的方针政策，发动群众起来查田定产，划定成分，分配土地，他们是一千个地相信，一万个地拥护。他们在村庄会议上的深情发言，打消了很多人的顾虑，极大地帮助土改工作队顺利开展工作。

在划分成分时，先要调查清楚各家有多少自己的土地，租种了地主的多少田，家中有多少人口，才能确定这家是划为雇农、贫农、佃中农、中农还是富裕中农。三祖父家一直种着四亩多地，不是租种地主的，一直都不交租，所以他家的粮食每年在我们村里是最好的，别人无粮下锅时，他家却往往还有余粮剩米。大家看到他不交租，都认为这些田是他自己的。按当时的政策，他家有这么多地，结合他的人口，他家应划为中农或富裕中农的。可三祖父却说，这些田不是他家的，他是种着族上的公田。为什么是种着族里的公田？因为当时每个大的家族中都有公田，公田收入的用途是：用于族里修谱，用于族里举行

的大祭或每年清明给公坟扫墓的开销，用于族里“过典”（什么叫‘过典’我在前面篇章中已解释过）发“典票”的款项，用于族里奖励学业上或功名上有成就的人。三祖父说，他的儿子是高小毕业，是学业上有成就的人。按当时族里的规定，在几年之内每年要奖励他多少担谷。由于茶山脚离族里较远（和我们茶山脚比较近的祖族在法塘和骑田岭山上的大庙脚），去挑谷不方便，当时族里的负责人决定，用法塘的公田换了我们村附近的四亩多田，作为公田给他家种，以作为对他儿子在学业成就上的奖励。三祖父还说，这种公田对他家的奖励早就过期了，应该拿出去了。但由于茶山脚和法塘等地后来一直没出现学业上和功名上有成就的人，也可能由于族里负责人的变更，疏忽忘记了，所以至今公田一直由他家种着，但田的所有权不归他家，因而不能作为他家划成分的根据。土改工作队听了他的陈述后，没有简单下结论，而是尊重他的意见，进行了深入细致的调查了解。先到法塘、大庙脚了解、询问，青中年一辈的人都说不知此事；问年长的老者，则说有这么一种规定，但详情不了解，要问当时族里的经事人。土改工作队员打听原来的负责人，大都去世了。还有一个原来族里负责的，但他非经事人，而且由于年事已高，神志已模糊，讲话前言不搭后语，无法说清任何事情。但他混乱的话语中却提供了一条重要的线索：去查族里的每年大事记录本，也许能查到。土改队员又费了好大的劲，翻了好多本积满灰尘的记录本，最后终于查到了，证明三祖父讲的符实，给他家恰当地划定了成分。三祖父好生感激，对土改工作队深入细致的工作作风，在好长时间内都赞不绝口。

土改工作队在领导农民分配土地时，还涉及山岭的划分。每个村庄的前后左右都有大片的山岭，山上有很多树木，有的还有很多茶子树，茶籽可以榨油，这都是每个村庄的重要的财产。我们茶山脚的山岭主要与胡家村、蒋家村、周家村，王其湾村等相邻。由于祖传多少年来这些毗连的山岭都未划定确切的界线，因而在长时间内，村民常互相指责对方在自家的山岭里砍伐了树木、捡了茶籽，常有争吵，甚至殴斗。因而村与村之间的和睦关系受到极大影响。因此，划分两个村庄之间山岭的界线也就成为土改工作队的一项大而复杂的任务。据说，有的土改工作队因感到这项工作太重、太复杂，向上级打报告，请求回避这项工作。但在我们茶山脚搞土改工作的同志却以他们耐心细致的工作作风，大公无私的高尚品质，出色地完成了任务。

首先，土改工作队了解每两个村庄之间山岭毗邻的沿革，又详细了解现在各方争论的焦点，然后做各个村庄的工作。明确提出以团结友好为重，各自先让一步。土改工作队员中，有的与某村有亲戚关系，他们就明确表示，他们会以大公无私的精神来处理这种关系，绝不庇护自己的亲戚方，反而要做亲戚方的工作，推动工作的顺利完成。在解决白子桥一带的山岭毗连，涉及与王其湾村的关系，而乡长就是该村的。乡长明确表示：他绝不插手涉及他自己村的山岭划分，先按茶山脚村民的意见办，他自己村民的工作他来做。正是由于他们不谋私利、先考虑别人利益的大公无私的精神，使山岭划分这项复杂而繁重的工作在我们村得以比较顺利地解决。至于这位吴乡长的大公无私精神是有口皆碑的。他有很多公而忘私、先别人、后自己的优秀事迹广泛传扬，农民中很多争执不下、无法解决的问题总是去找他评理、当公正的仲裁。我举一个涉及我自身的小例子，就可看出一斑。一九五七年夏天，我从宜章一中初中毕业考取了长沙市一中高中，这在当时是一件很稀罕的事。因为宜章没有高中，通常只能考取郴州或永兴的高中。考取长沙市一中在我之前没有先例。长沙市一中的录取通知书来到了乡政府。吴乡长是怎样看待这件事的？他拿着录取通知高兴地来到我家，表示祝贺，并当作光荣的事情到处宣扬。对比今天，一些农民的儿女辛辛苦苦考上一个重点大学，通知书来到乡政府，有的乡干部把通知书隐匿下来，换上自己或自己亲戚儿女的名字取代农民的儿女上大学。看到这样的报道，我心中的情感怎能不激荡。吴乡长，我怀念你，我要怎样把你赞美？是你朴实的言行在我心中树立了共产党员一心为公、不谋私利的壮丽丰碑，给出了我做人的光辉榜样。我要永远向你学习，直到把心灵洗涤得更加纯净。陶渊明说：富贵非吾愿，帝乡不可期。我没有他的那种心境，更没有他的那种逸洒。但毛主席在《纪念白求恩》中讲的做那五种人的标准却成了我人生永远追求的目标。

与土改叔叔在一起度过的那些时日，是多么欢乐愉快的日子！它让我学到了不少的东西，也给了我很多的教育和启示，使我终生难忘。

我送谢家叔叔去治病

故乡的那棵老樟树旁边，也就是沿村庄左边围墙通往县城的小道、跨过水渠的石板桥的右下边，有一栋房屋，以前谁住在这屋里，我不知道，年长的人们似乎也没有告诉过我。但从我记忆比较明确时起，这屋里住着一户从城里搬来的两夫妇，男的姓谢，女的姓邓。我母亲告诉我，这是一户穷苦人家，原来住在城里时，男的做挑脚贩东西，女的给别人纳鞋底做针线，生活过得十分艰难。躲日本鬼子时，兵荒马乱，人心惶惶，没什么东西可挑可贩，在城里活不下去，才来到茶山脚种田。

这户人家来到茶山脚后，吃苦耐劳，没个天亮没个黑的累，租地主的田种，在荒岭上开土，种旱土作物，田里土里，养猪饲狗，喂养鸡鸭，由于这样的勤劳，尽管时局那样艰难，他家的日子还算过下来了。最为可贵的是他们夫妇为人老实，待人厚道，很快就跟茶山脚的人们融为一体，跟我的父亲和叔叔们都是兄弟相称。我们小孩子也就亲切地叫男的为谢家叔叔，叫女的为叔母。土改时他家又分得了田，就在茶山脚永久安家落户了。

土改工作队离村一年多后，大约是一九五二年秋，由于过度的劳累，谢家叔叔的旧病复发了，而且发得很严重。这种病在医学上可能叫疝气，就是膀胱胀气，肿得很大，小便解不出，人很痛苦，如不及时手术治疗，会因为尿中毒和胀气而危及人的生命。应当说此病在今天算不上什么大病难病，可对当时缺医少药的农村和缺少医学知识的农民来讲，就算严重的事情了。谢家叔母说，他早就有此种毛病，不过以前都发得不严重，吃一点自己弄的土方子也就好了。可这次发得严重，吃任何土方子全无用。已经两三天了，谢家叔叔颗粒未进，而小便解不出，胀痛得不行，人已很衰弱，眼看快不行了。我们村庄的很多叔叔、叔母都来看望过，有的提供了药方，也有的提出要赶快送医院。但送不送则定不下来，一是说无钱，二是这么严重了，能否医好难说，担心人财两

空。谢家叔母自己下不了决心，别人当然也就不好强做主了。

恰好那个星期六下午因某种事放假，我上完了上午的课就赶回了家中吃中饭。吃饭时母亲告知我谢家叔叔病重快不行了，叫我去看望一下。因为小时候我们常在老樟树底下玩，也就是在他家的屋前玩。他家待我们很好，有什么红薯、花生、玉米等会给我们吃；有时突然刮起狂风下起暴雨，他会立即叫我们到他家躲雨，雨小他会拿斗笠给我们戴，让我们回家。村里常在后山的松树林里削一大片松树枝作烧柴用，村里每户人家都去捆松树枝挑回来。那时，我父亲有时不在家。我母亲捆大扎的捆不拢，特别是挑柴跨不过较宽的山沟。谢家叔叔身高力大，母亲叫他帮忙，他就会帮捆、帮挑过山沟。所以我们家对他家有特别的好感。母亲叫我去看，我就急着去了。

我来到他家，谢家叔母轻声地跟我打招呼，由于急和劳累，她自己也病了，也是有气无力。我进房看谢家叔叔，他闭着双眼微弱地喘气，瘦削的长脸苍白，下腹部的裤裆隆起老高，两腿直伸着，他已不能转身动弹。我轻轻地叫他 ，他听见了，慢慢睁开了双眼，说了一声，是你来了。我跟他说，他的病要赶快去医院治，并说是一定能治好的。他艰难地摇了摇头。

出来后，我跟谢叔母说，一定要赶快送医院治。她说，这么重了，还有希望？我告诉她我听老师说过，这种病是能治好的，他现在关键是胀气，胀气一消，小便能解出，就什么都好了。她还是犹豫。我说，去医院就还有治好的一线希望，不去那就真的没法了。她又说，家里一个钱也没有了，怎么去？我说我去跟母亲讲，我们家可能还有点钱拿来应下急。她同意了。我跟母亲说，她完全同意借钱。我叫谢叔母赶快喊两个叔叔抬，两个叔叔听说钱可能还不够，又拿出自家一些凑上，我就更放心了。谢叔母说她两只脚实在拖不动，无法送去医院。我说，就我送吧。她说，就一切都托你了。

抬着谢叔叔到医院已是下午快五点钟了，医院快下班了。看到来了抬着的重病人，医务人员又立即紧张运作起来。医师叫我边去挂号，就边在看病了。等我挂号来到诊室，医师告诉我们，病情严重要立即动手术，叫我立即去办住院手续。医师马上叫护士做好手术准备，并将病人送往手术室。我来到交费窗口，拿出了所有的钱，收费女同志问了一声是哪里的，我答是茶山脚农村的。她没有说要交多少多少钱，才能住院，而是立即办好了。我心里好感激。我抬头一看，见洁白的墙上挂着一幅金光闪闪的毛主席语录：“救死扶伤，实行革

命的人道主义”。我和两个叔叔在过道上等着，一个医师匆匆出来，拿着一张纸条问：“谁是病人的家属？”

“病人家属未来，她也有病。”一个叔叔答道。

“病人拖得太久，病情严重，开刀有风险，可能成功也可能失败，要家属签个字是否同意开刀。”医师一再解释，要家属签字，就是手术失败了，不要他们承担责任。

听了医师的话，两个叔叔犹豫了。一个叔叔说，她只叫我们抬病人来，没叫我们做什么主，那只有回去喊她本人才好办。但医师说来不及了。我仔细想了一下，就说：“我签。是我说服她才把叔叔送来医院的，也是她叫我陪着来的。”

医师用疑惑的眼光打量了一下我这个十二三岁的小孩，最终也可能是出于救人的责任感和紧迫感，他真的让我签名了。我立即在病人家属栏内写下了我的名字。真是初生牛犊不怕虎，后来长大懂事了，才知道签这三个字有多大的分量，要承担多大的责任。

也可能是我的幸运，也可能是病人的福气，当然归根到底是归功于尊敬的医师们的高度的责任感和精湛的医术。手术成功了！谢家叔叔得救了！护士出来告诉我们这个好消息，我和两个叔叔高兴得不得了，我喜悦地流出了眼泪。

第二天谢家叔母拖着病体来料理，十天半月后就出院了，在家休息了两个月，谢家叔叔就全康复了。可能手术除去了病根，这次开刀后，叔叔身体变得更健康了。他们两夫妇结婚七八年一直没生育，可手术后的第二年就生了一个儿子，接着又生了第二个儿子，全家高兴到了极点。虽然大儿子在几岁时就夭折了，但全家还是很高兴，很幸福，很感谢我，见人逢人就说我是他们家的救命恩人，没有我的那次大胆的决定，就没有他的命，就没有他的儿子，也就没有他现在的家，把我夸耀得不得了。

然而，谢家叔叔真正要感谢、要夸赞的不应当是我，而是那些真心实意实践毛主席的“救死扶伤，实行革命的人道主义”的、有高度责任感、有良心的、真心为工农大众服务的、尊敬的医务工作者。是他们救了一个平凡的、贫苦农民的命，他们才是真正的救命恩人。想一想，当时如果医治的任何一个环节，如挂号、收费、签字、手术、手术的准备，为难一下，迟疑一下，还会有谢家叔叔的命吗？所以，我是真心地感谢那些医务工作者的。今天当不少平民

老百姓发出质问："医德，你在哪里?"对比一下，我真想找到当时的那些医师、护士、挂号员、收费员，当着大众的面高声把他们一百遍地赞美，一千遍地赞扬！赞美他们把平民大众的生死时刻放在自己心中的金子般的心灵，赞扬他们崇高的医德！

谢家叔叔、叔母认为是我救了叔叔的命，为了感谢我的救命之恩，在那年快过年时给我家送来一只鸡和其他一些年货。母亲告诉我，我就到他家对他们说："真正对叔叔有救命之恩的不是我，而是医院的那些医师，要感谢就应该感谢他们。"谢家叔叔听了我的话，第二天果真一人担了一担米，一人用篮子装了两只鸡和一些蛋去医院找医师去了。可医院的负责人对他们说，有的医师调走了，谁挂号、收费、看病值班已弄不清楚了，谁也不能来收这个礼物；何况，医院有明确规定，谁也不能收病人的任何礼物，救死扶伤是医院应尽的责任。谢家叔叔怎么说也不行，两人只好把东西全部带回。当我也把东西送还给他家，他们生气了，说我不接他的东西，是嫌他的少，看不起他，叫我一定要收下。我明白了两人的真情厚意，这就是纯朴的农民的感恩之情。我给母亲解释清楚，收下了他们的礼物。同样，在新年拜年时我也给叔叔、叔母带一点礼物，以表示我的心意。但谢家叔叔、叔母就把这当成了一件固定的大事，每年过年都送鸡等东西以表示救命之恩，一连持续了好长时间。我们怎么解释他们都不听，年年照送。我们感到实在不好意思，我心中感到实在是受之有愧。可是我又怎么也不舍得伤害他们那朴实纯正的真情厚意。

后来我在外面工作了，为了表示我对两位老人真情厚意的感激，我每年都买比较多的东西送两位老人，以表示我做晚辈的尊敬和回报。后来我们家在原房屋后面的山上建了一栋新屋，他家也在我们家屋的左边平行地盖了一栋新房，两家成为隔壁邻里，关系非常好。他家的儿子长大了，我和他儿子都是兄弟相称。

后 记

我的文集的出版，完全得益于一些同学的支持、鼓励和资助。

年初，有几位同学来看我，问我退休后的生活、健康及作为。我告知，并顺便提到为防止文稿的再丢失，也为了对儿孙后辈有一个交代，我将寻找到的一部分文稿，自己编印了几本小书，以作慰藉，仅此而已。他们索书回去后即来信来电表示，支持我在出版社出文集，我当时有犹豫，未作回答。

消息在同学中传开后，不久，又有几个同学来信来电询问，表示大力支持我出文集，有的甚至叫我告知银行账号，表示愿意资助。在这些同学热情的支持和鼓励下，我向新闻和出版部门的同学咨询并与之商量，他们认为对书进行选择一两本是可行的，并表示支持。这样，我才不怕献丑，定下来出此文集。

在此，我对孙正威、苏仁进、廖小平、邓良刚、唐巍、李伯雄的资助；对邓德林、雷鸣、邓良刚多次热情的支持和鼓励；对雷鸣、苏仁进的精心策划，妥善安排，劳累奔波，在编辑方面的辛勤劳作，一一表示真诚的感谢！是你们友情的帮助，才让我做成这件大事，我再次表示深深的谢意！

彭铎福

2017 年 11 月 16 日于岳麓山下寓所